# WBC 성경주석

유다서 · 베드로후서

솔로몬

# WORD BIBLICAL COMMENTARY

Volume 50

# Jude, 2 Peter

RICHARD J. BAUCKHAM

THOMAS NELSON PUBLISHERS, Nashville

# 목 차

## 베드로후서

# 편집자 서문

본 성경 주석 전집(WBC: Word Biblical Commentary)이 세상에 나오기까지는 수 년 간의 기획 과정이 필요했다. 1977년에 본 전집의 편집위원회 위원들은 발행인들과 회합한 자리에서 몇 가지 뚜렷한 특징을 지닌 새로운 성경 주석의 발간 가능성을 면밀하게 검토했다. 그러한 특징이 무엇인지는 독자들이 이 주석서들을 진지한 자세로 읽어 내려가는 과정에서 금방 알게 될 것이다. 하지만 본 성경 주석이 당초에 목표로 삼은 것이 과연 얼마나 완벽하게 성취되었는지는 오로지 시간만이 말해 줄 수 있을 것이다.

우선, 우리는 우리와 뜻을 같이하면서도 세계 도처의 대학교, 신학교 등에서 가르침의 사역에 종사하고 있는 학자들을 되도록 폭 넓게 선발하여 본 성경 주석의 기고자로 삼기 위해 많은 노력을 기울여 왔다. 매우 다양한 교단적 배경을 지닌 본서 기고자들의 폭 넓은 시야는 가히 "복음주의적" – 성경을 하나님의 계시로 받아들이고 기독교 복음의 진리와 능력을 자신의 생명처럼 여긴다는 적극적이고 역사적인 의미에서 – 이라 불려지는 것이 마땅하다.

다음으로, 본 전집에 포함된 주석서들은 처음부터 「WBC 성경주석」의 일환으로 씌어진 책들이다. 오늘날 성경 주석 분야에서 상당한 호평을 받고 있는 몇몇 전집들이 영어 이외의 언어로 씌어진 저작들을 영어로 번역한 것에 비하여, 본 성경 주석은 오로지 처음부터 영어로 씌어진 책들만이 포함되어 있다. 또한 본 전집의 주석가들은 성경 원문을 각자 나름대로 영어로 번역한 다음, 그 번역된 성경 본문을 자신들의 주해와 주석의 바탕으로 삼는 것을 원칙으로 삼았다. 나아가서 본 전집의 대표적인 특징으로는, 그 내용이 어디까지나 성경적인 언어를 바탕으로 하면서도 각계 각층의 독자들 – 공부하는 학생들, 현재 목회 사역에 종사하고 있는 교역자들 그리고 이 분야를 전공하는 학자들이나 교수들 – 이 성경에 대한 신학적 이해를 학문적이면서도 실제적으로 쌓아 나갈 수 있고, 또 그들에게 현실적인 도움이 될 수 있도록 구성되어 있다는 점을 들 수 있다.

마지막으로, 본 성경 주석의 구성 양식에 관하여 몇 마디 말을 덧붙이고자 한다. 우리는 여러 계층의 – 그리고 상이한 수준의 – 독자들을 의식하여, 확실하게 구분되는 몇 개의 단락으로 나누어 책의 내용을 구성했다. 예를 들어, 번역된 성경 본문의 바탕을 이루는 히브리어와 헬라어 원문에 관하여 좀더 깊이 있게 공부하려는 독자들은 본 성경 본문의 "원문주해"를 살펴보고, 현대 신학자들이 어떠한 해석을 내리고 있는지에 관심이 있다면 "참고문헌" 및 "양식/구조/배경"을 참조하면 될 것이다. 또한 어떤 성경 본문의 의미 및 그 본문에 포함된 성경적 계시를 좀더 폭 넓은 관점에서 이해하려면 "주석"과 "해설"을 보면 된다. 그러므로 본 성경 주석을 펼쳐든 사람이라면 누구나 자신에게 유익한 자료들을 얻을 수 있으리라 믿어 의심치 않는다.

이상과 같은 우리의 목표가 상당히 만족스러운 수준까지 달성될 때, 우리 편집자들이 당초에 의도했던 것들이 구체적으로 실현됨과 아울러 본 전집의 기고자들이 흘린 땀방울도 충분한 보상을 받을 수 있게 될 것이다.

책임 편집자 : 데이비드 허바드(David A. Hubbard)
글렌 바커(Glenn Barker)
구약 편집자 : 존 와츠(John D. W. Watts)
신약 편집자 : 랠프 마틴(Ralph P. Martin)

# 저자 서문

신약의 책들 중에서 유다서와 베드로후서만큼 학자들에 의해서 소홀하게 취급되어 온 책은 없다. 이 두 책에 대한 학자들의 상투적이고 진부한 견해들 중 대부분은 과거 시대의 신약학계에서 유래한 것들이다. 그러므로 이 주석서는 이 두 책에 대한 연구를 1980년대로 끌어올리고자 하는 시도다. 나는 유다서와 베드로후서의 이해에 기여한 몇몇 중요한 연구들(Fornberg, Neyrey, Ellis 등)에 많은 빚을 졌지만, 신약의 다른 책들을 주석할 때는 활용할 수 있는 최근의 방대한 논문들과 전문 연구서들의 도움을 받을 수 있는 경우는 별로 없었다. 따라서 나는 이 주석서를 여러 가지 점에서 실험적인 것으로 여긴다. 나는 이 주석서를 통해서 여러 가지 생각과 탐구의 길을 열어 놓았기 때문에, 다른 학자들이 나의 결론을 받아들이든 받아들이지 않든 이러한 여러 가지 가능성을 좀더 자세하게 연구하고 논의했으면 하는 것이 나의 바람이다.

학자들이 이 두 책을 소홀하게 취급하는 이유는 대체로 이 두 책의 저작 연대가 늦고 신학적 가치가 별로 없다고 보는 인습적인 생각 때문인 것 같다. 그렇지만 그러한 생각이 옳다고 할지라도, 유다서와 베드로후서가 기독교의 초기 역사를 보여주는 소중한 증거라는 사실은 여전히 변함이 없다. 기독교 역사의 처음 150년 동안에 나온 기독교 문헌은 기독교의 기원을 탐구할 때 너무 중요하기 때문에, 오직 그 한 가지 이유만으로도 치밀하고 철저하게 연구할 가치가 있다. 이 두 책의 배경과 성격에 관한 나의 결론이 옳다면, 이 두 책의 역사적 가치는 꽤 높다고 할 수 있다: 유다서는 예수의 동족들이 지도자로 있던 원래의 팔레스타인 기독교 진영을 엿보게 해주는 희귀한 문헌이고, 베드로후서는 초기 기독교의 한 형태가 사도 시대로부터 사도 이후의 시대로 넘어가는 어려운 시기를 어떤 식으로 대처해 나갔는지를 보여주는 문헌이다. 나는 유다서와 베드로후서가 학자들의 무시와 홀대를 받아도 되는 그런 책들이 아니라는 것을 이 주석서가 보여 주었으면 하는 소망을 갖고 있다. 물론 이 두 책은 복음서나 바울서신과 같이 신학적으로 중심적인 위치와 중요성을 차지하지는 못하지만 이 두 책을 아무런 편견 없이 그 자체로 인내심을 가지고 진지하게 연구하면, 우리는 이 두 책이 정경(正經)에 포함될 만큼 가치가 있고, 오늘날에도 하나님의 말씀의 메시지에 나름대로 기여하고 있다는 사실을 알게 될 것이다. 복음의 도덕적 명령은 윤리적 방임주의가 난무하는 지금 여전히 강력하게 촉구될 필요가 있고, 기독교적인 종말론적 소망은 얄팍한 회의주의에 맞서서 여전히 유지될 필요가 있다.

내가 이 주석서를 준비하는 동안 여러 가지로 많은 도움을 주신 분들이 있는데, 특히 러브데이 알렉산더(Loveday Alexander) 박사, 필립 알렉산더(Philip Alexander) 박사, 맬컴 해리슨(Malcolm Harrison) 씨, 존 케인(John Kane) 박사, 마울(C. F. D. Moule) 교수, 길리언 셰퍼드(Gillian Shepherd) 양, 테리 스미스(Terry Smith) 박사, 데이빗 웬함(David Wenham) 박사에게 감사드린다.

1981년 11월 맨체스터 대학교에서
리처드 보컴

편집자 주: 저자는 이 주석서에서 유다서를 먼저 다룬 후에 베드로후서를 다루고 있는데, 이것은 신약성서에 나오는 순서와 다르다. 저자가 이렇게 순서를 바꾼 이유는 유다서가 사실상 먼저 쓰였고, 베드로후서가 유다서를 참조했음을 보여 주는 여러 징후들이 있다는 그의 판단에 따른 것이다. 이것은 이후의 서술에서 그가 따르고 있는 순서를 설명해 준다.

이 주석서에서 사용한 칠십인경의 판본은 A. Rahlfs ed. *Septuaginta: Id est Vetus Testamentum graece iuxta* LXX *interpretes*. 2 vols. 8th ed(s). Stuttgart: Wurttembergische Bibelanstalt, 1965이다.

성경을 비롯한 문헌들의 번역은 특별히 표시가 없는 한 저자 자신의 것이다.

# 약어표

## 고대문헌

| | |
|---|---|
| *ʾAbot R. Nat.* | *ʾAbot de Rabbi Nathan* |
| *Acts John* | *Acts of John* |
| *Acts Paul* | *Acts of Paul* |
| PH | Hamburg Papyrus of the *Acts of Paul* |
| *Acts Paul & Thecla* | *Acts of Paul and Thecla* |
| *Acts Pet.* | *Acts of Peter* |
| *Acts Thom.* | *Acts of Thomas* |
| *Act. Verc.* | *Actus Vercellenses* (Latin version of the *Acts of Peter*) |
| *Adam and Eve* | *Vita Adae et Evae* |
| Andr. Caes. | Andreas Caesariensis(Andrew of Caesarea) |
| *Ap. John* | *Apocryphon of John* |
| *Apco. Abr.* | *Apocalypse of Abraham* |
| *2 Apoc. Bar.* | Syriac *Apocalypse of Baruch* |
| *3 Apoc. Bar.* | Greek *Apocalypse of Baruch* |
| *Apoc. El.* | Coptic *Apocalypse of Elijah* |
| *Apoc. Paul* | *Apocalypse of Paul* |
| *Apoc. Pet.* | *Apocalypse of Peter* |
| *Apoc. Pet.* A | *Apocalypse of Peter: Greek fragment from Akhmim* |
| *Apoc. Pet.* B | *Apocalypse of Peter*: Bodleian *fragment* |
| *Apoc. Pet.* E | *Apocalypse of Peter*: Ethiopic *version* |
| *Apoc. Pet. R* | *Apocalypse of Peter*: Rainer fragment |
| *Apoc. Thom.* | *Apocalypse of Thomas* |
| *Asc. Isa.* | *Ascension of Isaiah* |
| *As. Mos.* | *Assumption of Moses* |
| *b. ʿAbod. Zar.* | Babylonian Talmud tractate *ʿAboda Zara* |
| Bar | Baruch(1 Baruch) |
| *Barn.* | *Epistle of Barnabas* |
| *b. B. Bat.* | Babylonian Talmud tractate *Baba Batra* |
| *b. B. Meṣ.* | Babylonian Talmud tractate *Baba Meṣiʿa* |
| BG | Berlin Gnostic Codex |
| *b. Ḥag.* | *Babylonian Talmud* |

| | |
|---|---|
| | tractate *Ḥagiga* |
| *Bib. Ant.* | Pseudo-Philo, *Liber Antiquitatum Biblicarum* |
| *b. Ketub.* | Babylonian Talmud tractate *Ketubot* |
| *b. Menaḥ* | Babylonian Talmud tractate *Menaḥot* |
| *b. Qidd.* | Babylonian Talmud tractate *Qiddušin* |
| *b. Šabb.* | Babylonian Talmud tractate *Šabbat* |
| *b. Sanh.* | Babylonian Talmud tractate *Sanhedrin* |
| *b. Yoma* | Babylonian Talmud tractate *Yoma* |
| Cant | Canticles(Song of Songs) |
| *Cant. Rab.* | *Midraš Rabbah* on Canticles |
| CG | Nag Hammadi Gnostic Codices |
| 1 Chr | 1 Chronicles |
| 2 Chr | 2 Chronicles |
| *1 Clem.* | *1 Clement* |
| *2 Clem.* | *2 Clement* |
| Clem. Alex. | Clement of Alexandria |
| *Clem. Hom.* | Pseudo-Clementine *Homilies* |
| *Clem. Rec.* | Pseudo-Clementine *Recognitions* |
| Col | Colossians |
| 1 Cor | 1 Corinthians |
| 2 Cor | 2 Corinthians |
| "*3 Cor.*" | Apocryphal correspondence of Paul and the Corinthians |
| *Corp. Herm.* | *Corpus Hermeticum* |
| Dan | Daniel |
| Deut | Deuteronomy |
| *Diogn.* | *Epistle to Diognetus* |
| Eccl | Ecclesiastes |
| *Eccl. Rab.* | *Midraš Rabbah* on Ecclesiastes |
| 1 Enoch | *Apocalypse of Enoch*(Ethiopic + Greek and Aramaic fragments) |
| 2 Enoch | Slavonic *Apocalypse of Enoch* |
| *Ep. Apost.* | *Epistle of the Apostles* |
| *Ep. Arist.* | *Epistle of Aristeas* |
| Ep. Pet. Phil. | Epistle of Peter to *Philip*(CG 8,2) |
| Eph | Ephesians |
| Ep Jer | Epistle of Jeremiah |
| 1 Esdr | 1 Esdras(LXX) |
| Esth | Esther |
| Exod | Exodus |
| Ezek | Ezekiel |
| Frg. Tg. | Fragmentary *Targum* |
| *Gal* | *Galatians* |
| Gen | Genesis |
| *Gen. Rab.* | *Midraš Rabbah on* Genesis |
| Gnostic *Apoc. Pet.* | *Apocalypse of Peter*(CG 7,3) |
| *Gos. Eb.* | *Gospel of the* |

| | |
|---|---|
| | *Ebionites* |
| *Gos. Eg.* | *Gospel of the Egyptians*(CG 3,2 and 4,2) |
| *Gos. Heb.* | *Gospel of the Hebrews* |
| *Gos. Pet.* | *Gospel of Peter* |
| *Gos. Phil.* | *Gospel of Philip* (CG 2,3) |
| *Gos. Thom.* | *Gospel of Thomas* (CG 2,2) |
| *Gos. Truth* | *Gospel of Truth*(CG 1,3 and 12,2) |
| Hab | Habakkuk |
| Hag | Haggai |
| Heb | Hebrews |
| Herm. *Mand.* | Hermas, *The Shepherd: Mandates* |
| Herm. *Sim.* | Hermas, *The Shepherd: Similitudes* |
| Herm. *Vis.* | Hermas, *The Shepherd: Visions* |
| Hos | Hosea |
| Ign. *Eph.* | Ignatius, *Letter to the Ephesians* |
| Ign. *Magn.* | Ignatius, *Letter to the Magnesians* |
| Ign. *Phld.* | Ignatius, *Letter to the Philadelphians* |
| Ign. *Pol.* | Ignatius, *Letter to Polycarp* |
| Ign. *Rom.* | Ignatius, *Letter to the Romans* |
| Ign. *Smyrn.* | Ignatius, *Letter to the Smyrnaeans* |

| | |
|---|---|
| Isa | Isaiah |
| Jas | James |
| Jdt | Judith |
| Jer | Jeremiah |
| Josephus, *Ant.* | Josephus, *Antiquitates Judaicae* |
| Josephus, *BJ* | Josephus, *Bellum Judaicum* |
| Josephus, *C. Apion.* | Josephus, *Contra Apionem* |
| Josephus, *Vit.* | Josephus, *Vita* |
| Josh | Joshua |
| Judg | Judges |
| *Ker. Pet.* | *Kerygma Petrou* |
| 1 Kgdms | 1 Kingdoms(LXX=1 Sam) |
| 2 Kgdms | 2 Kingdoms(LXX=2 Sam) |
| 3 Kgdms | 3 Kingdoms(LXX=1 Kgs) |
| 3 Kgdms | 4 Kingdoms(LXX=2 Kgs) |
| 1 Kgs | 1 Kings |
| 2 Kgs | 2 Kings |
| Lam | Lamentations |
| *Lev* | *Leviticus* |
| *Lev. Rab.* | *Midraš Rabbah* on Leviticus |
| LXX | Septuaging |
| 1 Macc | 1 Maccabees |
| 2 Macc | 2 Maccabees |
| 3 Macc | 3 Maccabees |
| 4 Macc | 4 Maccabees |
| Mal | Malachi |
| *Mart. Pol.* | *Martyrdom of Polycarp*(Letter of the Smyrnaeans) |

| | |
|---|---|
| Matt | Matthew |
| *Mek.* | *Mekilta* |
| Mic | Micah |
| *Midr. Ps.* | *Midraš on Psalms* |
| *m. Sanh.* | Mishna tractate *Sanhedrin* |
| *m. Soṭa* | Mishna tractate *Soṭa* |
| MT | Masoretic text |
| Nah | Nahum |
| Neh | Nehemiah |
| NT | New Testament |
| Num | Numbers |
| *Num. Rab.* | *Midraš Rabbah* on Numbers |
| Obad | Obadiah |
| *Odes Sol.* | *Odes of Solomon* |
| OT | Old Testament |
| Pap. Oxy. | Oxyrhynchus Papyrus |
| *Paral. Jer.* | *Paraleipomena Jeremiou* |
| *Pesiq. R.* | *Pesiqta Rabbati* |
| 1 Pet | 1 Peter |
| 2 Pet | 2 Peter |
| Phil | Philippians |
| Philo, *Abr.* | Philo, *De Abrahamo* |
| Philo, *Agr.* | Philo, *De Agricultura* |
| Philo, *Cher.* | Philo, *De Cherubim* |
| Philo, *Conf.* | Philo, *De Confusione Linguarum* |
| Philo, *Decal.* | Philo, *De Decalogo* |
| Philo, *Det.* | Philo, *Quod Deterius Fotiori insidiari soleat* |
| Philo, *Ebr.* | Philo, *De Ebrietate* |
| Philo, *Gig.* | Philo, *De Gigantibus* |
| Philo, *Leg. All.* | Philo, *Legum Allegoriarum* |
| *Philo, Mig.* | *Philo, De Migratione Abrahami* |
| *Philo, Mos.* | *Philo, De Vita Mosis* |
| Philo, *Mut.* | Philo, *De Mutatione Nominum* |
| Philo, Plant. | Philo, De Plantatione |
| Philo, *Post.* | Philo, *De* Posteritati Caini |
| Philo, *Praem.* | Philo, *De Praemiis et Poenis* |
| Philo, *Quaest. Gen.* | Philo, *Quaestiones et Solutiones in Genesin* |
| Philo, *Quaest. Exod.* | Philo, *Quaestiones et Solutiones in Exodum* |
| Philo, Quis Her. | Philo, Quis rerum divinarum Heres *sit* |
| Philo, *Sob.* | Philo, *De Sobrietate* |
| Philo, *Som.* | Philo, *De Somniis* |
| Philo, *Spec. Leg.* | Philo, *De Specialibus Legibus* |
| Philem | Philemon |
| *Pirqe ʾAboṯ* | Sayings of the (Jewish) Fathers (in the Mishna) |
| *Pirqe R. El.* | *Pirqe Rabbi Eliezer* |
| Pol. *Phil.* | Polycarp, *Letter to* |

| | |
|---|---|
| | *the Philippians* |
| Pr Man | Prayer of Manasseh |
| *Prot. Jas.* | *Protevangelium of James* |
| Prov | Proverbs |
| *Pr. Thanks.* | *Prayer of Thanksgiving*(CG 6,7) |
| Ps, Pss | Psalm, Psalms |
| *Pss. Sol.* | *Psalms of Solomon* |
| 4Q 176, 177, 182, 183 | Texts from Qumran Cave 4 |
| 4Q *ʿAmram* | *Testament of Amram*(*Visions of ʿAmram*) from Qumran Cave 4 |
| 1 QapGen | *Genesis Apocryphon* from Qumran Cave 1 |
| 4QDibHam | *Words of the Heavenly Lights* from Qumran Cave 4 |
| 4QEn | Aramaic fragments of *1 Enoch* from Qumran Cave 4 |
| 4QFlor | *Florilegium* from Qumran Cave 4 |
| 1QH | *Hodayot*(*Thanksgiving Hymns*) from Qumran Cave 1 |
| 1QM | *Milḥamah*(*War Scroll*) from Qumran Cave 1 |
| 11QMelch | *Melchizedek* text from Qumran Cave 11 |
| 1QpHab | *Pesher on Habakkuk* from Qumran Cave 1 |
| *4QpIsaa,b,c* | *Pesharim on Isaiah* from Qumran *Cave 4* |
| 4QpNah | *Pesher on Nahum* from Qumran Cave 4 |
| 11QPs$^{a}$Zion | *Hymn to Zion* in the Psalms Scroll from Qumran Cave 11 |
| 1QS | *Serek hayyaḥod* (*Community Rule*) from Qumran Cave 1 |
| 4QTestim | *Testimonia* text from Qumran Cave 4 |
| Rev | Revelation |
| Rom | Romans |
| 1 Sam | 1 Samuel |
| 2 Sam | 2 Samuel |
| *Sib. Or.* | *Sibylline Oracles* |
| Sir | Ben Sira (Ecclesiasticus) |
| *T. Abr.* | *Testament of Abraham* |
| *T. Asher* | *Testament of Asher* |
| *T. Benj.* | *Testament of Benjamin* |
| *T. Dan* | *Testament of Dan* |
| *Testim. Truth* | *Testimony of Truth*(CG 9,3) |
| Tg., Tgs. | Targum, Targums |

| | |
|---|---|
| *T. Gad* | *Testament of Gad* |
| *Tg. Neof.* | *Targum Neofiti 1* |
| *Tg. Ps.-J.* | *Targum Pseudo-Jonathan* |
| 1 Thess | 1 Thessalonians |
| 2 Thess | 2 Thessalonians |
| *Thom. Cont.* | *Book of Thomas the Contender* (CG 2,7) |
| *T. Iss.* | *Testament of Issachar* |
| *T. Job* | *Testament of Job* |
| *T. Jos.* | *Testament of Joseph* |
| *T. Jud.* | *Testament of Judah* |
| *T. Levi* | *Testament of Levi* |
| *T. Mos.* | *Testament of Moses*(often called *Assumption of Moses*) |
| *T. Napht.* | *Testament of Naphtali* |
| Tob | Tobit |
| *T. 12 Patr.* | *Testaments of the Twelve Patriarchs* |
| *Treat. Seth* | *Second Treatise of the Great Seth (CG 7,2)* |
| *T. Reub.* | *Testament of Reuben* |
| *T. Sim.* | *Testament of Simeon* |
| *t. Soṭa* | Tosephta tractate *Sota* |
| *T. Zeb.* | *Testament of Zebulun* |
| Wis | Wisdom of *Solomon* |
| *Yal. Rub.* | *Yalquṭ Rubeni* |
| *Yal. Šimʿoni* | *Yalquṭ Šimʿoni* |
| *y. Sanh.* | Jerusalem Talmud *tractate Sanhedrin* |
| *y. Taʿan.* | Jerusalem Talmud tractate *Taʿanit* |
| Zech | Zechariah |
| Zeph | Zephaniah |
| $\theta$ | Theodotion's version |

### 현대의 시리즈물, 잡지, 참고작품들, 성경역본들

| | |
|---|---|
| AnBib | Analecta biblica |
| *APOT* | R. H. Charles ed., *Apocrypha and Pseudepigrapha of the Old Testament* |
| ATANT | Abhandlungen zur Theologie des Alten und Neuen Testaments |
| AV | Authorized(King James) Version |
| BAG | W. Bauer, W. F. Arndt, and F. W. Gingrich, *Greek-English Lexicon of the NT* |
| BaL | Bampton Lectures |
| BDF | F. Blass, A. Debrunner, |

and R. W. Funk, *A Greek Grammar of the NT*

BFCT Beiträge zur Förderung christlicher Theologie

BHT Beiträge zur historischen Theologie

*Bib* *Biblica*

BNTC Black's New Testament Commentaries

BOS Bonner Orientalistischen Studien

BTN Bibliotheca Theologica Norvegica

*BZ* *Biblische Zeitschrift*

BZAW Beihefte zur *ZAW*

BZNW Beihefte zur *ZNW*

BZRGG Beihefte zur *Zeitschrift für Religions- und Geistesgeschichte*

CACat Collezione "Amici delle Catacombe"

CBC Cambridge Bible Comentary

*CBQ* *Catholic Biblical Quarterly*

CBQMS Catholic Biblical Quarterly Monograph Series

CBSC Cambridge Bible for Schools and Colleges

*CDios* *Ciudad de Dios*

CGTSC Cambridge Greek Testament for Schools and Colleges

ConB. NT Coniectanea biblica. NT Series

*ConNT* *Coniectanea neotestamentica*

CThM Calwer theologische Monographien

*DAC* J. Hastings ed., *Dictionary of the Apostolic Church*

*DB(H)* *J. Hastings ed., Dictionary of the Bible*

*DBSup* L. Pirot, H. Cazelles, and A. Feuillet ed., *Supplément au Dictionnaire de la Bible*

*DB(V)* F. Vigoroux and L. Pirot ed., *Dictionnaire de la* Bible

DMOA Documenta et Monumenta Orientis Antiqui

EBib Etudes bibliques

*EE* *Estudios ecclesiásticos*

*EvQ* *Evangelical Quarterly*

*Exp* *The Expositor*

ExpB Expositor's Bible

*ExpTim* *Expository Times*

FRLANT Forschungen zur Religion und Literatur des Alten und Neuen Testaments

GCS Griechische christliche Schriftsteller

GNB Good News Bible

*GRBS* *Greek, Roman, and* Byzantine Studies

HKNT Handkommentar zum Neuen Testament

HNT Handbuch zum Neuen Testament

HTKNT Herders theologischer Kommentar zum Neuen Testament

*HTR* *Harvard Theological Review*

*HUCA* *Hebrew Union College Annual*

| | |
|---|---|
| ICC | International Critical Commentary |
| JB | Jerusalem Bible |
| *JBL* | *Journal of Biblical Literature* |
| *JJS* | *Journal of Jewish Studies* |
| *JNES* | *Nournal of Near Eastern Studies* |
| *JP* | *Journal of Philology* |
| *JSJ* | *Journal for the Study of Judaism in the Persian, Hellenistic and Roman Period* |
| *JTS* | *Journal of Theological Studies* |
| LBC | Layman's Bible Commentaries |
| *LPGL* | G. W. H. Lampe, *Patristic Greek Lexicon* |
| MBTh | Münsterische Beiträge zur Theologie |
| MeyerK | H. A. W. Meyer, Kritisch-exegetischer Kommentar über das Neue Testament |
| *MFOB* | *Mélanges de la faculté orientale de l'université Saint Joseph*(Beyrouth) |
| MNTC | Moffatt New Testament Commentary |
| *MSGVK* | *Mitteilungen der schlesischen Gesellschaft für Volkskunde*(Breslau) |
| *Mus* | *Le Muséon* |
| NCB | New Century Bible |
| NEB | New English Bible |
| *NedTTs* | *Nederlands Theologisch Tijdscrift* |
| *Neot* | *Neotestamentica* |
| NGWG.PH | Nachrichten der Gesell-*schaft der Wissenschaften in Göttingen. Philo*-logisch-historische Klasse |
| NHS | Nag Hammadi Studies |
| *NIV* | *New International Version* |
| *NovT* | *Novum Testamentum* |
| NovTSup | Supplements to *Novum Testamentum* |
| NTAbh | Neutestamentliche *Abhandlungen* |
| *NTApoc.* | E. Hennecke, W. Schnee-*melcher, and R. McL.* Wilson ed., *New* Testament Apocrypha |
| NTD | Das Neue Testament *Deutsch* |
| NTM | New Testament Message |
| *NTS* | *New Testament Studies* |
| NTSR | New Testament for Spiritual Reading |
| OBO | Orbis Biblicus et Orientalis |
| PC | Proclamation Commentaries |
| PG | J. P. Migne, *Patrologia graeca* |
| PGMT | Pelican Guide to Modern Theology |
| PL | J. P. Migne, Patrologia *latina* |
| *RB* | *Revue biblique* |
| RechBib | Recherches bibliques |
| *RESl* | *Revue des études slaves* |
| *RestQ* | *Restoration Quarterly* |
| *RevQ* | *Revue de Qumran* |
| *RHR* | *Revue de l'histoire des* |

| | |
|---|---|
| | *religions* |
| *RivB* | *Rivista biblica* |
| RNT | Regensburger Neues Testament |
| *RSR* | *Revue des sciences religiueses* |
| RSV | Revised Standard Version |
| *RTP* | *Revue de théologie et de philosophie* |
| RV | Revised Version |
| SB | Sources bibliques |
| SBLDS | Society of Biblical Literature Dissertation Series |
| SBLSCS | Society of Biblical Literture Septuagint and Cognate Studies |
| SBS | Stuttgarter Bibelstudien |
| SBT | Studies in Biblical Theology |
| SC | Sources chrétiennes |
| SCHNT | Studia ad Corpus Hellenisticum Novi Testamenti |
| *Scr* | *Scripture* |
| *ScrHie* | *Scripta Hierosolymitana* |
| SD | Studies and Documents |
| *SE* | Studia Evangelica |
| *Sem* | *Semitica* |
| SJLA | Studies in Judaism in Late Antiquity |
| SNTSMS | Society for New Testament Studies Monograph Series |
| SPAW.PH | Sitzungsberichte der preussischen Akademie der Wissenschaften(Berlin). Philosophisch-historische Klasse. |
| SPB | Studia postbiblica |
| *ST* | *Studia theologica* |
| STAT | Suomalaisen tiedeakatemian toimituksia. Annales academiae scientiarum Fennicae. |
| Str-B | H. Strack and P. Billerbeck, *Kommentar zum Neuen Testament aus Talmud und Midrasch* |
| SUNT | Studien zur Umwelt des Neuen Testament |
| SVTP | Studia in Veteris Testamenti pseudepigrapha |
| *SVTQ* | *St. Vladimir's Theological Quarterly* |
| TBC | Torch Bible Commentaries |
| TDNT | G. Kittel ed., Theological *Dictionary of the New Testament* |
| TEV | Today's English Version |
| TextsS | Texts and Studies |
| THKNT | Theologischer Handkommentar zum Neuen Testament |
| TNTC | Tyndale New Testament Commentaries |
| *TS* | *Theological Studies* |
| TU | Texte und Untersuchungen |
| TynB | Tyndale Bulletin |
| TynNTL | Tyndale New Testament Lecture |
| *TZ* | *Theologische Zeitschrift* |
| UNT | Untersuchungen zum Neuen Testament |
| UUÅ | Uppsala universitetsårsskrift |
| *VC* | *Vigiliae christianae* |
| *VT* | *Vetus Testamentum* |
| WC | Westminster Commentaries |

| | |
|---|---|
| WUNT | Wissenschaftliche Untersuchungen zum Neuen Testament |
| *ZAW* | *Zeitschrift für die alttestamentliche Wissenschaft* |
| *ZNW* | *Zeitschrift für die neutestamentliche Wissenschaft* |
| *ZTK* | *Zeitschrift für Theologie und Kirche* |
| *ZWT* | *Zeitschrift für wissenschaftliche Theologie* |

## 기타 약어들

| | |
|---|---|
| *al* | and other MSS |
| *ap.* | *apud*(quoted in) |
| *bis* | twice |
| ed. | edition, edited by, editor |
| EVV | English versions |
| fragm. | fragment |
| lit. | literally |
| Ms, MSS | manuscript, manuscripts |
| par. | parallel to, and parallels |
| *s.* | under |
| sc. | understand |
| *s. v.* | under the word |
| tr. | translator, translated by |
| v. l. | variant reading |

# 유다서

# 서 론

서론에서 다루어지는 대부분의 내용들은 사실 상세한 주석을 해보아야만 그 결과물로 나올 수 있는 것들이다. 그러므로 이 서론은 본 주석서 전체에 나오는 절들과 구절들에 대한 논의에서 도출된 결과들을 한데 모아놓은 것이다. 따라서 서론에 나오는 설명들을 뒷받침하기 위해서 유다서의 절들이 전거(典據)로 사용되었을 때는, 이 주석서에 나오는 그 해당 절들에 대한 해석이 전제되어 있다.

## 양식과 구조

유다서는 실제 서신이다. 이것은 유다서의 서문(1:1-2)이 고대 유대인들이 사용하던 서신의 양식과 일치한다는 것에서 확인할 수 있다. 이 서문은 고대 서신의 서문에 필수적인 구성 요소들을 다 담고 있다. 그런 후에 유다는 고대 서신 양식의 "본론의 시작"과 양식상으로 일치하는 구절(1:3-4)에서 이 서신을 쓰게 된 동기와 그의 메시지의 주제에 대하여 언급한다. 하지만 이 서신의 본론은 서신이라기보다는 설교에 더 가까워서 일련의 성경 인용문들 및 본문들을 해설하는 미드라쉬 부분(midrash, 1:5-19)과 권면 부분(appeal, 1:20-23)으로 이루어져 있다. 유다서는 서신이 아니라 설교에 더 어울리는 결미인 송영(頌榮, 1:24-25)으로 끝난다.

그러므로 우리는 유다서를 "서신의 형식을 빌린 설교", 즉 유다가 만약 그의 독자들을 만날 수 있었다면 그 주된 내용을 설교로 전달했겠지만 실제로 만날 형편이 되지 못했기 때문에 서신의 형식을 빌려 그 내용을 전달한 작품이라고 볼 수 있을 것이다. 서로 멀리 떨어져 있어서 서신이라는 형식을 빌려 설교를 전한 이러한 관행은 서신이라는 양식의 자연스러운 확장으로서 아마도 유다 이전에 이미 사용되고 있었던 것 같다. 바룩이 포로로 사로잡혀 간 자들에게 보낸 서신인 제2바룩묵시록 78-86장은 사실 서신이 아닌데도 자신의 글 속에서 서신이라는 양식을 빌어서 사용한 예이지만, 이러한 예는 그 내용이 실제로 서신이라는 양식으로 쓰일 수 있었음을 보여 주는 것이다. 그러므로 이러한 관행은 초기 기독교만이 아니라 유대교에도 존재했을 것임에 틀림없다. 신약의 서신들은 개인적인 서신과의 유사성의 정도가 다 다른데, 몇몇 경우에는 서신의 구조나 틀은 거의 사라져서 실제로는 글로 쓰인 설교 또는 신학 논문이라고 할 수 있다(히브리서, 야고보서, 요한일서). 유다서의 경우에는 고유한 서신 양식의 형태를 제대로 갖추고 있다고 할 수 있을 정도로 서신의 양식상의 특징들이 충분히 나타나 있다.

또한 유다서는 특정한 수신자들을 위하여 쓰였고 바로 그 수신자들에게 보내졌다는 의미에서도 진정한 서신이다. 유다서가 다루는 내용은 유다서가 이단을 경계하는 소책자가 아니라(Wisse, "Jude"의 주장처럼), 한 무리의 특정한 거짓 교사들이 특정한 교회 또는 교회들을 괴롭히고 있던 특별한 상황 속에서 쓰인 메시지라는 것을 분명하게 보여 준다. 그러므로 이 서신이 쓰이게 된 동기를 밝히고 있는 부분(1:3)을 허구적인 것이라고 볼 필요는 없고, 이 서신의 수신자가 특정한 무리로 한정되어 있지 않고 일반적으로 표현되어 있다고 할지라도(1:1), 우리는 이 서신을 모든 그리스도인들에게 보내진 "공동 서신"이 아니라 특정한 수신자를 염두에 두고 쓴 서신으로 보아야 한다.

이 서신의 주제에 관한 서술(1:3-4)은 두 부분으로 되어 있다: 유다서의 독자들에 대한 권면("믿음의 도를 위하여 힘써 싸우라")과 이 권면의 배경(1:4: 거짓 교사들, 그들의 성격과 그들에 대한 심판). 이 서신의 본론을 이루는 이 두 부분은 이 서신의 단락 구분과도 일치한다. 미드라쉬 부분(1:5-19)은 이 권면의 배경을 다루는 부분으로서, 거짓 교사들이 에녹 시대로부터 시작해서 사도들의 시대에 이르기까지 구약의 모형들과 예언을 통해서 그 행실이 단죄되고 그들에 대한 심판이 예언된 자들이라는 것을 모형들과 예언들에 대한 주석을 통해서 확증하는데, 그 목적은 거짓 교사들이 교회(들)의 심각한 위험임을 보여 주는 것이다. 이렇게 해서 이 미드라쉬 부분은 이 서신의 진정한 목적, 즉 유다가 그의 독자들에게 믿음을 위하여 싸우라고 권면하기 위한 길을 준비해 준다. 1:3에서 이 서신의 주제로 언급된 이 권면은 1:20-23에서 자세하게 설명된다.

주석자들은 흔히 이 미드라쉬 부분(1:5-19)이 길고 이 서신에서 중심적인 위치를 차지하고 있다는 것에 현혹되어 이 미드라쉬 부분을 이 서신의 주된 내용이라고 주장해 왔는데, 그것은 심각한 오해다. 이 서신의 구조는 이 미드라쉬 부분이 중요하긴 하지만 유다가 이 서신을 쓴 주된 목적인 권면 부분(1:20-23)에 꼭 필요한 배경으로서만 중요할 뿐이라는 것을 보여 준다. 이 권면 부분은 이 서신의 끝부분에 위치하고 있지만, 그것은 이 권면 부분이 일종의 "후기"(後記) 또는 "결론적인 권면"이기 때문이 아니라, 이 서신에서 지금까지 얘기된 모든 것이 귀결되는 절정이기 때문이다. 이것을 제대로 인식하는 것이야말로 ㅣ 서신 전체를 이해하기 위한 핵심적인 열쇠가 된다.

1:5-19의 단락이 미드라쉬 양식으로 되어 있다는 것은 엘리스(Ellis, *Prophecy and Hermeneutic*)가 밝혀냈다 – 나는 그의 자세한 분석을 이 주석서에서는 약간 수정하여 인용할 것이다. ("미드라쉬"라는 단어는 여기서 당시의 상황에 적용해서 성경을 주석하는 것을 가리키는 일반적인 의미로 사용된 것이기 때문에, 유다서의 미드라쉬가 후대의 랍비들이 사용했던 미드라쉬라는 주석 형태와 비슷하다는 의미는 거기에 함축되어 있지 않다.) 거짓 교사들의 성격과 그들에 대한 심판이 예언되어 있다는 1:4의 서술이 참이라는 것을 보여 주기 위해서 유다는 일련의 "본문들"(1:5-7, 11, 14-15, 17-18)을 인용한다 – 그가 사용한 "본문들"이 반드시 실제 인용문들은 아니지만 말이다. 처음 두 개의 "본문들"은 구약의 세 가지 모형들을 보여 주는 두 묶음의 본문들에 대한 요약적인 언급(1:5-7, 11)이다. 그 후에 그는 에녹의 예언(1:14-15)과 사도들의 예언(1:17-18)을 인용한다. 각각의 "본문" 뒤에는 거짓 교사들의 성격과 행실을 지적함으로써 그들이 구약의 모형이나 예언에서 말하고 있는 자들이라는 것을 보여 주는 해석(1:8-10, 12-13, 16, 19)이 나온다. 한 경우에는 해석(1:8-10) 도중에 부차적인 본문(1:9)이 도입되기도 하고, 다른 해석들(1:12-13, 16) 속에서는 성경 본문들에 대한 간접적인 인용문들이 나오기도 한다.

"본문"과 해석이 교대로 나오는 미드라쉬 부분은 두 가지 주된 문체상의 특징을 보여 준다. 첫 번째로, 역사적 모형들과 예언들을 보여 주는 성경 인용문들의 과거 시제(1:5-6, 9), 예언적 부정과거(1:11, 14), 미래 시제는 그 예언들의 현재적 성취를 설명하고 있는 모든 해석들에 나오는 현재 시제와 대응된다. 두 번째로, "본문들"에는 일관된 도입구가 사용되고 있지 않지만, 해석들은 후토이(*οὗτοι*, "이 사람들") 또는 후토이 에이신(*οὗτοί εἰσιν*, "이 사람들은…이다")이라는 일관된 도입구가 사용되고 있는데, 이 도입구는 쿰란 공동체에서 성경을 주석할 때 종종 사용하던 도입구와 비슷하다(1:5-10에 대한 주석에 나오는 "양식/구조/배경"을 보라). 그 밖에 유다서의 미드라쉬적 방법론의 일반적인 문체상의 특징은 해석을 "본문"과 연결시키기 위해서 표제어(catchword)들을 사용하는 것을 좋아한다는 것이다: "본문"에 나오는 표제어들은 "본문"의 인용 전후의 해석에서 다시 사용되고, 이것은 종종 "본문들"을 서로 이어주는 역할도 한다. 표제어들은 전적으로 미드라쉬 부분에만 국한되어 있는 것은 아니지만, 거기서 가장 두드러지게 나타난다.

주요한 예들로는 *ἀσεβής/ἀσεβεῖν/ἀσέβεια*(1:4, 15, 18), *σάρξ*(1:7-8, 23), *βλασφημεῖν/βλασφημία*(1:8-10), *πλάνη/πλανήτης*(1:11, 13), *λαλεῖν*(1:15-16), *κατα τὰς* ἐπιθυμίας πορευόμενοι(1:16, 18), ζόφος…τηρεῖν(1:6, 13), τηρεῖν(1:1, 6, 13, 21) 등이 있다.

유다의 미드라쉬적 방법론은 쿰란 공동체의 "페셰르" 주석 방법론과 어느 정도 유사성을 지닌다. 이 두 방법론은 고대의 본문들은 종말론적 예언이고, 해석자는 자기 시대를 종말론적 성취의 때로 이해하여 자기 시대에 일어난 사건들에 그 예언을 적용해야 한다는 동일한 확신을 공유하고 있다. 쿰란 공동체의 주요한 페셰르들은 구약의 어떤 단락 전체 또는 어떤 책 전체에 대한 주석들이긴 하지만("연속적 페셰르"), 한 주제와 관련된 일련의 본문들에 대한 주석들인 "주제별 페셰르"도 존재하는데(4QFlor, 11QMelch, 4Q 176, 177, 182, 183), 이 후자는 유다서의 미드라쉬와 유사하다. ("연속적 페셰르", "주제별 페셰르"라는 용어는 J. Carmignac, "Le document de Qumran sur Melkisédeq," *RevQ* 7[1969-71] 360-61에서 처음으로 사용하였다.) 그러나 유다서와 쿰란 문헌 간에는 차이점들도 있다. 유다서에서는 외경(1:9, 14-15)이나 기독교의 구전 예언(1:17-18, 그리고 아마도 1:11)에서 글들을 인용하고 있고, 구약에서 직접 인용한 글들이 아니라 구약에 나오는 내용을 요약해서 사용하고 있는 반면에(1:5-7, 11), 쿰란 공동체의 페셰르에는 그런 예들이 나오지 않는다. 게다가, 유다서에서 사용되는 모형론(typology, 1:5-7, 11)은 성경의 본문들을 예언으로 해석하는 데만 관심을 보이는 쿰란 공동체의 페셰르에서는 실제로 발견되지 않는다. 유다는 성경을 단지 예언으로만이 아니라 모형으로도 해석하여 종말에 적용하고 있기 때문에, 구속사의 사건들을 종말론적인 사건들의 그림자로 해석한다: 그의 이러한 관점은 유대교의 묵시론이나 초기 기독교의 관점과 일치한다.

## 유다서의 개략적인 구조

| | |
|---|---|
| 1-2 | 소개말과 인사말 |
| 3-4 | 서신의 동기와 주제 |
| 3 | A. 권면 |
| 4 | B. 권면의 배경 |
| 5-19 | B. 권면의 배경: 불경건한 자들의 심판에 관한 예언들에 대한 미드라쉬 |
| 5-7 | (1) 구약의 세 가지 모형 |

8-10 + 해석
9 (1a) 미가엘과 마귀
11 (2) 추가적인 구약의 세 가지 모형
12-13 + 해석
14-15 (3) 에녹의 예언
16 + 해석
17-18 (4) 사도들의 예언
19 + 해석
20-23 A. 권면
24-25 결론적인 송영

## 언어

유다가 헬라어를 얼마나 잘 구사했는지는 그가 어휘들을 폭넓게 효과적으로 사용하고 있는 것에서 가장 잘 나타난다. 유다서는 그 분량이 짧은 점을 고려하면 신약에서 단 한 번밖에 사용되지 않은 단어들(*hapax legomena*)의 사용 빈도가 높다고 할 수 있다. 유다서에는 신약의 다른 곳에서는 발견되지 않는 단어가 무려 14개나 나오고(*ἀποδιορίζειν*, 1:19; *ἄπταιστος*, 1:24; *γογγυστής*, 1:16; *δεῖγμα*, 1:7; *ἐπαγωνίζεσθαι*, 1:3; *ἐπαφρίζειν*, 1:13; *μεμψίμοιρος*, 1:16; *παρεισδύνειν*, 1:4; *σπιλάς*, 1:12; *φθινοπωρινός*, 1:12; *φυσικῶς*, 1:10; *ἐκπορνεύειν*, 1:7; *πλανήτης*, 1:13; *ὑπέχειν*, 1:7), 이 가운데 오직 4개만이 칠십인경에 나올 뿐이다(*ἄπταιστος*, 1:24; 3 Macc 6:39; *ἐκπορνεύειν*, 1:7; *πλανήτης*, 1:13; 호 9:17; *ὑπέχειν*, 1:7). 게다가, 유다서에서 사용된 세 단어는 신약에서 오직 베드로후서에만 나오는데, 이 단어들은 모두 베드로후서가 유다서에서 빌려와 사용한 단어들이다(*ἐμπαίκτης*, 1:18; 벧후 3:3; *συνευωχεῖσθαι*, 1:12; 벧후 2:13; *ὑπερογκος*, 1:16; 벧후 2:18). 물론 이 단어 목록이 보여 주는 의미를 평가할 때는 몇 가지 고려해야 할 점들이 있기는 하다: 몇몇 단어들(*δεῖγμα*, *φυσικῶς*, *ὑπέχειν*)은 신약의 다른 기자들이 어쩌다 사용하지 않아서 그렇지 사실 비교적 흔히 사용되는 단어들이고, 몇몇 단어들(*σπιλάς*, *φθινοπωρινός*, *πλανήτης*)은 유다서가 다루는 독특한 주제 때문에 사용된 다소 전문적인 단어들이며, 몇몇 단어들(*γογγυστής*, *ἐμπαίκτης*)은 신약의 다른 곳에서 발견되는 성경 헬라어의 특징적인 단어들(*γογγύζειν*, *γογγυσμός*, *ἐμπαίζω*, *ἐμπαιγμός*)과 그 어원이 동일한 단어들이고, 또 몇 단어들(*ἀποδιορίζειν*, *ἐπαφρίζειν*)은 잘 사용되지 않는 단어들이다. 이러한 통계보다도 더 중요한 것은 유다가 자신의 어휘를 다양하게 구사하고, 헬라 문헌, 심지어 헬라의 시어(詩語)로부터 효과적이고 적절한 단어들(예를 들면, 1:12-13; *γογγυσταί μεμψίμοιροι*, 1:16)과 표현들(*ὑπο ζόφον*, 1:6; *κύματα ἄγρια*, 1:13)을 가져와서 사용할 수 있는 능력을 갖추고 있었다는 것이다. 유다가 헬라어의 훌륭한 관용어법도 잘 구사했다는 점 역시 눈에 띈다(*πᾶσαν σπουδὴν σπουδὴν*, 1:3; *ποιούμενος*, *πρόκεινται δεῖγμα δίκην ὑπέχουσαι*, 1:7; *κρίσιν ἐπενεγκεῖν*, 1:9; *τὰ ἄλογα ζῷα*, 1:10).

유다서에서 사용된 어휘는 풍부하고 다양한 반면에, 문장 구조는 비교적 단순하지만 접속사 없이 문장이나 절을 나열하는 병렬법(parataxis)은 대체로 피하고자 하는 경향이 있다(그러나 1:11 참조). 그러나 문장 구성은 수사학적 효과에 상당히 신경을 쓴 흔적들이 보인다.

셈어적 표현법들이 발견되기는 하지만 그리 두드러지지는 않고, 아마도 대부분의 유대인들이 사용했던 헬라어에서보다 더 적게 나오는 것으로 보인다. (1:14-15의 셈어적 표현법은 아람어에서 직접 번역한 결과다.) 셈어적 표현법의 예들로는 다음과 같은 것들이 있다: *ἐκ γῆς Αἰγύπτου*, 1:5; *οὐαὶ αὐτοῖς*, 1:11; *ἐν τῇ ὁδῷ τοῦ Καιν ἐπορεύθησαν*, 1:11; *θαυμάζοντες πρόδωπα*, 1:16; 속격과 함께 사용된 *ὀπίσω*, 1:7; 히브리어의 연계형의 영향으로 *κρίσιν*, 1:6과 *ἀγάπῃ*, 1:21 앞에서 관사를 생략한 것. 그밖에 주목할 만한 것들로는 1:11, 14에서의 "예언적" 부정과거, 동의적 평행법(1:6), 반의적 평행법(1:10), 1:1a에서 및 이 서신 전체의 구조 속에서의 교차대구법(위에 나온 유다서의 개략적인 구조를 보라) 등이 있다. 저자가 삼중적 표현을 애용하고 있는 것은 이 서신 전체에 걸쳐서 두드러지게 나타나는 문체상의 특징이긴 하지만 반드시 유대적인 것이라고 할 수는 없고(참조. E. von Dobschütz, "Zwei-und dreigliedrige Formeln," *JBL* 50[1931] 117-47), 개인적인 취향이라고 보는 것이 마땅하다.

유다서의 문체는 생기와 활기가 넘치고, 이 작품 전체는 세심하고 주의 깊게 구성된 흔적들을 분명하게 보여 준다. 자세하게 주석을 해보면, 유다서의 기자가 표현들을 아주 절제해서 사용하고 있다는 것이 금방 드러난다. 단어와 어구, 이미지들은 그것들이 전달해 줄 연상 작용들을 고려해서 하나하나 신중하게 선택되고 있고, 성경에 대한 간접 인용들과 표제어들(catchwords)은 의미의 깊이를 더해 준다. 1:11-13의 단락은 주의 깊게 선택된 어휘들의 사용, 거의 시적인 수준으로 절제된 단어들을 사용한 일련의 생생한 이미지들, 성경의 간접 인용들, 표제어들에 의한 상호연결, 점층법의 사용 등을 통해서 특히 효과적으로 구성되어 있다. 오늘날의 독자들은 이것을 제대로 이해하기 위해서는 연구가 필요하다. 송영(1:24-25)은 오늘날의 독자들도 비교적 쉽게 이해할 수 있다.

## 자료들

유다서의 기자가 헬라어를 능숙하게 구사함에도 불구하고, 그의 지적 배경은 팔레스타인 유대교의 문헌에서 찾아볼 수 있다.

학자들은 흔히 유다도 신약의 다른 많은 기자들처럼 관례적으로 구약성경을 그 헬라어 판본인 칠십인경으로 사용하고 있다고 전제하지만 그러한 전제는 잘못된 것이다. 물론 유다는 칠십인경과 유대교의 후기 헬라어 문헌들에서 사용된 구약의 몇몇 히브리적 표현들에 대한 헬라어 역어(譯語)들을 잘 알고 있었다는 것을 보여 주지만(특히 *ἐνυπνιάζεσθαι* – 에뉘프니아제스다이, "꿈꾸다", 1:8; *θαυμάζειν πρόσωπα* – 다우마제인 프로소파, "아첨하다", 1:16; 참조. *γογγυστής* – 고그귀스테스, "원망하는 자", 1:16), 이것은 두드러지거나 주목할 만한 것이 아니다. 그것보다 훨씬 더 중요한 것은 그가 구약의 특정한 절들을 간접적으로 인용하는 곳에서 칠십인경의 언어를 반영하고 있는 곳은 아무 데도 없다는 사실이다. 그는 두 번의 경우에는 칠십인경이 그가 인용하고자 하는 의미를 제시해 주지 않기 때문에 히브리어 본문에 의지할 수밖에 없었겠지만(1:12: 잠 25:14; 1:13: 사 57:20), 세 번의 경우에 그가 사용한 어휘들은 칠십인경에 나오는 어휘들과 아주 분명하게 차이가 난다(1:11: 민 26:9; 1:12: 겔 34:2; 1:23: 암 4:11; 슥 3:3). 이러한 증거들은 유다가 실제로 친숙했던 것은 히브리어 성경이었다는 것을 결정적으로 보여 준다. 그는 구약성경을 간접적으로 인용하고자 했을 때 칠십인경 본문을 찾아보는 데서 그치지 않고, 유다서의 맥락과 문체에 적절한 단어들을 선택해서 직접 히브리어 본문을 번역하여 사용했다.

유다서의 기자는 적어도 구약을 사용한 것만큼이나 광범위하게 유대교의 외경들을 사용했다. 그는 에녹1서(1 Enoch)를 아주 잘 알고 있었고(1:6, 12-16), 문서 자료에서 가져온 그의 유일하게 공식적인 인용문은 바로 에녹1서에서 가져온 것이다(1:14-15). 그는 헬라어 본문을 알고 있었음이 거의 분명한데도(1:15) 아람어 본문을 사용한 것으로 보인다(1:6, 14). 그가 현존하는 에녹1서 중에서 어떤 부분들을 알고 있었느냐와 관련해서, 그는 1-36장(1:6, 12-13, 14-16; 참조. 1:8)은 확실히 알고 있었고, 80장(1:12-13)과 84-90장(1:13)은 알고 있었을 가능성이 높지만, 그가 비유들에 관하여 말하고 있는 37-71장(참조. 1:4, 14) 또는 91-107장(아마도 참조. 1:8, 11, 16)을 알고 있었음을 보여 주는 결정적인 증거는 없다. 그가 사용한 그 밖의 다른 유대교의 외경은 모세의 유언(Testament of Moses)인데, 그는 이 외경의 현존하는 본문(아마도 1:16; 참조. 1:3)과 지금은 멸실되고 없는 결미(結尾, 1:9)를 둘 다 사용하고 있다.

이러한 문서 자료들 외에도 유다는 어느 특정한 문서 자료라고 꼭 집어서 얘기할 수 없는 유대교의 교훈 전승 및 학가다 전승도 잘 알고 있었다(1:5-7, 11). 이러한 전승들은 이미 유대 기독교의 교훈 속에서 사용되고 있었을 것이다.

유다가 미드라쉬 부분(1:5-19)을 쓰면서 명시적으로 밝힌 목적은 그의 독자들에게 그들이 받은 교훈, 즉 적어도 핵심적인 내용에 있어서는 교회(들)가 설립될 당시에 사도들로부터 받은 교훈을 상기시켜 주는 것이었고, 유다는 분명히 기독교의 교리 전승 자료(1:20-23)와 예전 전승 자료(1:24-25)를 잘 알고 있었지만, 그가 기독교의 문서 자료를 간접적으로 인용했음을 보여 주는 확실한 증거는 없다. 그는 1:18에서 사도들로부터의 인용문을 제시하는데, 이 인용문은 초기 기독교의 모든 전도자들이 신입 교인들을 가르칠 때 포함시켰던 묵시론적 경고를 그가 자신의 언어로 요약한 것일 가능성이 높다. 1:11은 기독교의 선지자가 전한 말씀을 그대로 인용한 것일 가능성이 있다. 복음 전승에 대한 간접적인 인용은 없는 것으로 보이지만, 이 서신의 분량을 감안할 때 이것이 유다서가 신약의 다른 대부분의 서신들과 구별되는 특징이라고 말하기는 어렵다.

대부분의 주석자들은 유다가 바울의 개념들과 용어들을 빌어서 사용하고 있다는 학계의 기존의 통설을 그대로 받아들여서 되풀이한다. 그러나 기존의 통설은 세밀하게 검토해 보면 그리 탄탄하지 않다는 것이 드러난다. 통설은 바울이 사용하는 용어들은 바울 특유의 것이기 때문에, 그런 용어들을 사용하는 다른 기자(記者)들은 바울 또는 "바울 사상"(Paulinism)에 의존하고 있음에 틀림없다는 너무도 안이한 전제를 토대로 하고 있다. 사실 바울 연구자들이 지금까지 보여 주었고, 또한 이치를 따져 생각해 보면 당연한 결과이기도 하지만 바울은 초기 기독교의 공통의 전승들로부터 아주 많은 것을 물려받아 사용했기 때문에, 바울로부터 유래해서 바울 특유의 것이라고 할 수 있는 개념들과 용어들이라고 주장하는 데는 신중을 기할 필요가 있다. 유다서에서 "바울주의"의 예라고 주장되는 것들 중에서 실질적으로 확실하게 증명할 수 있는 것은 하나도 없다. 유다서에서 바울의 언어와 접촉점을 갖는 단어들은 전부 초대 교회에서 공통적으로 사용된 어휘들에 속한다("부르심을 입은", "사랑을 얻고", 1:2; "성도", 1:3; "은혜", 1:4; *ψυχικοί* – 프쉬키코이, "육에 속한 자들", 1:19; "자기를 건축하며", "성령으로 기도하며", 1:20; 1:24-25의 송영).

유다서와 베드로후서의 관계는 베드로후서에 대한 주석의 서론에서 논의될 텐데, 오늘날 대부분의 학자들의 판단은 베드로후서는 유다서에 의존하고 있다는 것이고, 그 반대의 주장은 받아들여지지 않는다.

유다서가 고전 헬라어 문헌들을 간접적으로 인용하고 있다는 주장이 종종 제기되어 왔지만(6, 13절), 그랬을 가능성은 매우 희박하다.

## 유다서의 성격

유다서는 "초기 가톨릭적인" 서신인가, 아니면 유대 기독교의 묵시론적 서신인가?

유다서는 초기 기독교의 지도 상에서 어느 위치에 놓여야 하는 것인가? 이 질문에 대한 통상적인 대답은 유다서는 목회서신, 누가복음-사도행전, 베드로후서 그리고 아마도 신약의 다른 책들과 마찬가지로 사도 시대 직후의 그리스도인들의 세대 가운데서 발전되고 있던 "초기 가톨릭 사상"의 산물로 보아야 한다는 것이다.

신약 학자들이 주후 1세기 기독교의 역사를 밝혀내기 위해서 사용해 온 "초기 가톨릭 사상"이라는 개념 자체를 근본적으로 재검토할 시기가 무르익었다. 이 개념은 의심할 여지없이 기독교의 발전 과정을 너무 단순하게 보는 태도를 조장해 왔다. 마틴 헹엘(Martin Hengel)은 최근에 이렇게 말했다: "우리는 원하기만 한다면 심지어 예수와 바울에게서도 '초기 가톨릭적인 특징들'을 발견해낼 수 있다: 이런 식으로 이름 붙여진 현상들은 거의 전적으로 유대교의 유산이다"(*Acts and the History of Early Christianity*[London: SCM Press, 1979] 122). 그러나 초기 가톨릭 사상에 관한 통설이 받아들여진다고 해도, 유다가 과연 그 범주 속에 포함될 수 있는지는 극심 의심스럽다.

신약에 나타난 초기 가톨릭 사상에 관한 최근의 논의(J. D. G. Dunn, *Unity and Diversity in the New Testament*[London: SCM Press, 1977] chap. XIV)는 세 가지 주된 특징을 구분한다: (1) 파루시아(재림) 소망의 쇠퇴, (2) 교회의 제도화의 진전, (3) 신앙이 일정한 형식들로 정형화됨. 이 세 가지 특징 중 어느 것도 유다서에서 분명하게 드러나는 것은 없다: (1) 파루시아 소망은 생생하며, 이 서신 전체에 스며들어 있다(1:1, 14, 21, 24). 미드라쉬 부분(1:5-19)의 논증 전체는 거짓 교사들이 주께서 오실 때 심판을 받으리라는 믿음(1:14-15)을 축(軸)으로 삼아서 전개되고 있기 때문에 임박한 파루시아를 전제하고 있다. (2) 유다서에는 교회의 직분자들에 대한 언급이 없고(1:8, 11, 16에 대한 "주석"을 보라), 거짓 교사들에 의해서 제기된 위험에 대한 대응으로 직분과 질서를 강조하는 경향을 보여 주는 징후가 전혀 없다. 거짓 교사들은 자기들이 예언적 계시들을 전한다고 주장하며 교회들을 순회하며 가르친 은사자들이었고(1:8), 유다서의 수신자였던 교회(들)에서도 선지자들로 받아들여졌음에 틀림없다(1:12). 유다는 그들이 성령의 사람들이라는 그들 자신의 주장을 부정하지만(1:19), 은사 활동은 적절하게 취임한 직분자들에게 복종해야 한다고 주장하거나, 성령을 수여받은 것은 바로 직분자들이라는 것을 강조하는 방향으로 그들에게 대응하고 있지는 않다. 그는 이단사설에 맞서 신앙을 수호할 특별한 책임이 있는 장로들이나 감독들에게 이 서신을 보낸 것도 아니었다. 도리어 그는 성령의 감동으로 기도하며(1:20) 복음을 견고히 세울 책임이 있는(1:3) 교회 공동체 전체에게 이 서신을 보낸다. 거짓 교사들로 인한 위협에 대한 그의 대응은 감독의 권위를 강조했던 이그나티우스(Ignatius)나 직분을 강조했던 목회서신의 대응과는 완전히 다르다. (3) 유다서를 "초기 가톨릭 서신"으로 분류해야 한다고 주장하는 학자들은 주로 1:3에 의존하고 있는데, 그들은 1:3을 이단에 대항하기 위하여 사도들로부터 내려온 일군(一群)의 고정된 정통 교리를 단언하는 것으로 이해한다(D. J. Harrington, "The Early Catholic' Writings of the New Testament," in R. J. Clifford and G. W. MacRae[eds.], *The Word in the World: Essays in Honor of Frederick L. Moriarty*[Cambridge, Mass.: Weston College Press, 1973] 107; Schelkle, "Spätapostolische Briefe," 226). 그러나 1:3에 대한 그들의 이해는 잘못된 것이다. 왜냐하면 1:3은 어떤 정형화되고 변경될 수 없는 "믿음의 규범"이 아니라 단지 복음 자체를 거론하면서, 복음에서 벗어난 가르침에 반대하여 독자들에게 그들이 회심할 때 받았던 복음에 계속해서 충실하라고 강력히 촉구하는 내용이기 때문이다. 이것은 바울이 거짓 가르침에 맞설 때 사용했던 방법과 정확히 동일하다(갈 1:6-9; 롬 16:17). 유다와 그의 대적자들 간의 논쟁은 신앙에 있어서의 정통과 이단에 관한 것이 아니라, 복음과 도덕적 의무의 관계에 관한 것이었기 때문에, 1:3을 "초기 가톨릭적으로" 해석하는 것은 대단히 부적절하다. 어떤 고정된 형태의 기독교 신앙이 유다의 교회(들)에 존재했든 안 했든, 유다서에서 그의 관심은 기독교의 교리 교육의 본래적인 특징이었던 복음의 도덕적 함의(含意)들에 있었기 때문에, 그에게는 어떤 고정된 신앙 형태를 언급할 기회 자체가 없었다.

제도적 질서와 신조의 정통성을 점점 강조하게 된 "초기 가톨릭 사상"은 대체로 임박한 종말론과 이단과의 싸움이 점차 수그러들어 가면서 발전된 것이기 때문에,

유다서가 그러한 발전 과정에 전혀 속해 있지 않았다는 것은 분명하다. 유다서에는 초기의 종말론적 관점이 여전히 지배적이고, 거짓 가르침에 대한 대응도 "초기 가톨릭적인" 대응과는 완전히 다르기 때문이다. 따라서 유다서에는 단지 "초기 가톨릭 사상"을 보여 주는 증거들이 결여되어 있을 뿐만 아니라, 그 반대의 증거들이 아주 강력하게 자리 잡고 있다고 할 수 있다.

그렇다면 유다서는 어떤 범주에 속하는 것으로 보아야 할 것인가? 대부분의 최근의 주석자들은 유다서에 나타난 기독교가 대단히 유대 기독교적인 특성을 지니고 있다는 점을 지적해 왔지만, 유대 기독교라는 범주 자체가 광범위하고 유동적이다. 유다서의 범주를 논의할 때 우리가 특히 유의해야 할 이 서신의 두세 가지 특징들이 있다.

(1) 모세의 율법에 대한 유다의 태도는 우리가 유다서의 행간을 읽어서 취합할 때만 밝혀낼 수 있다. 그는 거짓 교사들이 율법을 배척하는 것에 맞서서 율법이 그리스도인들에게 여전히 도덕적 권위를 지니고 있다는 뜻을 암시하는 것으로 보이지만(1:8-9), 율법률 폐기론(antinomianism)에 대응할 때는 모세의 율법을 강조하지 않고, 도리어 그리스도의 도적적 권위(1:4, 8)와 복음을 토대로 한 그리스도인의 삶의 거룩성(1:20; 참조. 1:24)을 준거(準據)로 삼는다. 의심할 여지없이, 그는 율법이 복음을 통해서 성취되었다고 보았다. 아마도 율법에 대한 그의 태도는 바울보다는 더 보수적이었던 것 같긴 하지만 예루살렘 교회의 우파가 취했던 강경 노선은 아니었다고 말하는 것이 안전할 듯하다.

(2) 앞에서 이미 보았듯이, 유다서는 짤막한 서신인데도 외경들인 에녹1서와 모세의 유언에 대한 간접 인용들이 주목할 만한 정도로 많이 나온다. 이것은 유다서가 주후 1세기의 대부분의 기독교 문헌으로부터 약간 이탈되어 있다는 것을 보여 주는 한 가지 특징이다. 에녹1서는 주후 2세기 기독교에서 더 널리 보급되었던 것으로 보이지만, 모세의 유언은 기독교 진영에서 널리 사용된 적이 없었다. 유다가 유대교의 묵시론적 저작들인 에녹1서와 모세의 유언을 중시했다는 것은 그의 서신이 보여 주는 다른 측면들과 더불어서 그가 묵시론적 성향을 강력하게 띠고 있던 그런 초기 기독교 진영에 속해 있었다는 것을 보여 준다. 이 기독교 진영에서는 유대교적이었던 묵시론적 전망이 예수를 중심으로 재해석되었기 때문에, 이 진영에 속했던 그리스도인들 중 일부가 구약과 마찬가지로 유대교의 묵시론들도 예수에 비추어서 해석했다고 해도, 그것은 전혀 부자연스러운 일이 아니었다. 유다서는 우리로 하여금 바로 그와 같은 일을 했던 기독교 진영을 얼핏 들여다볼 수 있게 해주는

희귀한 자료다.

(3) 유다서의 성격을 보여 주는 또 하나의 지표는 거짓 교사들에 대한 그의 논법에서 찾아볼 수 있다. 우리는 그가 교회의 직분의 권위를 강조하는 "초기 가톨릭적인" 방식으로 그들에게 대응하고 있지 않다는 것에 대해서는 이미 살펴본 바 있다. 주석자들이 유다서에 대하여 흔히 하는 불평은 유다가 "단순한 규탄"에 머물러 있다는 것이지만(V. Taylor, "The Message of the Epistles: Second Peter and Jude," *ExpTim* 45[1933-34] 439; 참조. Kelly, 223: "Jude's almost unrelievedly denunciatory tone"), 그런 불평은 유다의 묵시론적 사상 세계 속으로 들어가지 못한 데서 기인하는 것이다. 유다는 거짓 교사들을 단지 규탄만 하고 있는 것이 아니라, 오늘날의 독자들에게는 이상해 보이는 진지한 논법을 통해서 무엇이 잘못되었는지를 논증해 나간다. 그의 미드라쉬(1:5-19)는 종말론적인 모형론과 묵시론적 예언에 대한 해설을 통해서 거짓 교사들의 행동이 하나님의 심판을 불러일으키는 것임을 나타내 보인다. 유다서의 해석학적 원리는 하나님의 감동으로 된 성경은 성경을 해석하는 자가 살고 있는 종말에 대하여 말하고 있다는 묵시론적 원리다. 쿰란 공동체도 이 동일한 원리를 통해서 하박국서와 이사야서 속에서 그들의 원수의 모습을 볼 수 있었다. 신약성경에는 이 해석 원리가 광범위하게 적용되고 있지만, 그 주석 작업은 흔히 물밑에서 이루어지기 때문에 겉으로 드러나지 않고 전제된다. 유다는 우리에게 이런 종류의 석의(釋義, exegesis)의 일관된 예를 보여 준다.

묵시론은 기독교 운동 전체에 처음부터 아주 큰 영향을 미쳤고, 그 영향력은 주후 2세기의 기독교(예를 들면, 소아시아 지역)에서도 여전히 강력했다. 유다가 묵시론적 유대 기독교에 속한다고 말하는 것은 아주 정확한 설명은 아니다. 하지만 유다서에 묵시론적 전망이 지배적이고, 유다가 유대 묵시론적 저작들을 사용하고 있는 것으로 보아서, 유다는 묵시론이 단지 하나의 영향력으로 작용했던 기독교 진영이 아니라 묵시론을 지배적인 해석 수단으로 사용해서 예수에 대한 신앙을 표현했던 기독교 진영에 속했다고 우리는 말할 수 있다.

로우스튼은 유다가 당시에 점차 힘을 키워가고 있던 율법 폐기론적인 영지주의에 대항하고자 하는 의도적인 시도로서 묵시론을 사용했다고 주장한다(Rowston, *NTS* 21[1974-75] 561-62; *Setting*, 100-19). 영지주의는 바울 사상과 묵시론으로부터 발전했지만, 그 원천이었던 바울 신학의 묵시론에서 벗어났기 때문에, 유다는 이러한 경향을 되돌려서 바울과 사도적 교회의 묵시 사상을 부활시켜 교회가 사도시대 직후에 영지주의로 흘러가서 표류하는 것을 막아 보고자 했다는 것이다. 그러나 이런 주장은 유다의 전략을 너무나 인위적으로 해석한 것이다. 유다는 묵시론적 종말론을 부정하는 주장들에 맞서서 그런 종말론을 단언하고 있는 것이 아니다(고전 15장이나 벧후 3장과는 달리). 유다는 그의 묵시론을 결코 일부러 의도적으로 내세우고 있는 것이 아니다. 그는 묵시론이라는 세계관 속에서 자연스럽게 생각하고 살아가고 있었으며, 그의 독자들이 그런 묵시론을 받아들인다는 것도 당연시하고 있었다.

### 대적자들

유다의 대적자들은 유다서의 수신자로 되어 있는 교회(들)에 들어온 한 무리의 순회 은사자들이었다. 유다가 그들에 대하여 우리에게 말해 주는 다른 모든 것은 그의 공격의 대상이었던 그들의 율법 폐기론과 관련되어 있다. 그들은 그리스도를 따른다고 주장하면서도 모세의 율법이든(1:8-10) 그리스도의 법이든(1:4, 8) 모든 도덕적 권위를 배척했다. 분명히 그들은 그리스도 안에서의 하나님의 은혜(1:4)를 모든 외적인 도덕적 제약으로부터의 구원으로 이해했기 때문에, 성령을 받은 자(1:19)는 그 어떤 권위에도 종속되어 있지 않기 때문에 오직 그 자신만이 자신의 행위를 판단할 수 있다고 주장했다(참조. 1:9). 그들은 그들의 행위가 모세의 율법이나 창조의 도덕 질서의 표준에 의해서 죄로 고소될 때, 인간에게 율법을 전했거나 세상의 도덕적 질서를 주관하는 천사들에 대하여 험담을 늘어놓으며, 그 천사들은 인간에 대한 악의 때문에 그런 짓을 하고 있는 것이라고 주장했다(1:8-10). 그들은 이런 전략을 사용해서 인간에게 받아들여진 도덕적 표준들이 하나님의 뜻이 아니라 단지 악의적인 천사들의 음모로 치부할 수 있었지만, 유다는 그들이 하나님의 계명들을 멸시하는 것을 근본적으로 하나님의 뜻에 대항하는 주제넘고 뻔뻔스러운 행위로 보았다. 즉 하나님의 계명들에 대한 그들의 불평과 오만방자한 말들은 하나님을 향한 것이고(1:16), 그들의 태도는 불경(不敬)이라는 것이다(1:12). 그들이 장래의 심판을 부정했다는 것은 상당히 유력한 추론이기는 하지만 확실한 것은 아니다(이것은 1:11에 나오는 가인에 대한 언급에 달려 있다). 아마도 그들은 성령의 사람들이기 때문에 그들 자신은 심판을 받지 않을 것이라고 주장했을 것이다.

그들은 도덕적 권위를 배척한 것과 맥을 같이 해서 부도덕한 행실, 특히 성적으로 잘못된 행위들에 빠져 있었다(1:6-8, 10). 이 일에서 그들은 유대교의 공인된 도덕 표준을 의도적으로 거부하고, 그런 것들을 허용했던 이교 사회의 관습을 받아들였다. 그들은 그런 식으로 행동할 수 있는 그들의 권위를 옹호하기 위해서, 은사적인 영감을 통해서 그런 것들에 대한 예언적 묵시들을 받았다고 주장했다(1:8). 그들은 아마도 하늘로부터 계시를 받았고, 그들의 지위가 율법을 수여한 천사들보다 높다는 계시도 받았다고 주장했을 것이다. 그러한 묵시들과 탈혼 상태에서의 여러 현상들은 그들에게 성령을 지니고 있다는 증표 같은 것이었다(참조. 1:19). 그래서 그들은 교회 회중 가운데서 평범한 그리스도인들과는 달리 탈혼 상태의 영적 체험을 한 자들을 따로 모아서 신령한 자들이라는 지위를 부여하고, 그들의 추종 세력으로 삼았다(1:19).

유다의 대적자들이 단지 교회의 지체들이 아니라 교사들이었다는 것은 분명하다(1:11-13). 그들은 교회의 애찬에 참석해서(1:12) 공동체의 나머지 지체들에게 그들의 예언과 가르침을 전했을 것임에 틀림없다. 초기 교회의 다른 순회 교사들처럼 그들은 교회들의 접대와 후원에 의존해서 살았고, 유다는 교회나 그들의 추종자들로부터 받는 물질적인 이득에 대한 탐욕이 그들의 활동 동기라고 비난한다(1:11-12). 유다는 그들의 가르침이 도덕적이지 않은 것이 그들이 추종자들의 환심을 사는 데 일조하고 있다고 넌지시 말한다(1:16).

이러한 특징들 중 대부분은 다른 초기 기독교 문헌에서도 찾아볼 수 있다. 순회 은사자들은 교회들에서 자주 말썽의 원인이었고(마 7:15; 고후 10-11; 요일 4:1; 요이 1:10; *Did.* 11-12), 그들이 교회들의 후원에 의존해서 살아가는 관행은 쉽게 악용되었다(롬 16:18; 딤전 6:5; 딛 1:11; *Did.* 11:5-6, 12). 탈혼 상태의 체험이 그들이 성령을 지니고 있는 자이고, 다른 그리스도인들과 구별되는 신령한 자임을 보여 주는 증거라는 그들의 주장은 고린도전서에서도 그 유례들을 볼 수 있고, 개인의 묵시 체험이 신적 권위를 지닌다는 주장도 다른 곳에서 발견된다(고후 12:1-3; 골 2:18; 참조. 계 2:24). 또한 그들이 주장한 율법 폐기론은 고린도 교인들의 태도(고전 5:1-6; 6:12-20; 10:23)나 "이세벨"과 그녀의 추종자들의 예언적 가르침(계 2:14, 20-22)과 닮았다. 오직 그들이 천사들을 모독하고 욕한 것만이 그 유례가 없는 것으로 보인다.

바울의 가르침이 거짓 교사들에게 일정 정도 영향을 주었을 것이라고 생각할 만한 몇 가지 이유들이 있지만, 그것들은 결정적인 이유들은 아니었다. 바울은 그리스도인의 자유에 관한 그의 가르침이 율법 폐기론적으로 왜곡될 위험을 감지하고 거기에 반대했지만(롬 3:8; 6:1, 15; 갈 5:13), 그들이 보여 준 유례없는 특징인 천사들을 욕한 것은 율법을 수여한 천사들과 "이 세상의 초등학문"(*τὰ στοιχεῖα του κόσμου* – 타 스토이케이아 투 코스무)에 관한 바울의 몇몇 가르침(갈 3:20; 4:3, 8-9; 골 2:8-23; 롬 8:33-39)과 그리 멀지 않다.

거짓 교사들에 대한 위에서의 개략적인 묘사를 밑받침하는 석의가 건전한 것이라면, 그들은 영지주의자들이라고 할 수 없다. 그들의 가르침에는 진짜 영지주의의 이원론적 우주론이 빠져 있다. 도덕적 자율성과 영적 지위에 관한 그들의 인식 및 율법을 수여한 천사들에 대한 그들의 태도가 후대의 많은 영지주의자들의 견해와 닮았다고 할지라도, 유다는 그들이 이 악의적인 천사들을 물질세계의 창조주들이자 주(主)들이라고 봄으로써, 도덕만이 아니라 이 물질세계의 모든 다른 특징들도 최고신인 하나님의 뜻이 아니라고 보았다는 것을 입증해 줄 만한 증거를 전혀 제시하지 않는다. 우리는 그들이 육체의 죄에 빠진 것이 물질인 육신을 아무것도 아닌 것으로 본 것과 연결되어 있었던 것인지를 알지 못한다. 이원론적 우주론을 주장하지 않은 그들의 가르침을 "초기 영지주의"라고 부르는 것조차도 잘못된 것이기 때문에, 그들의 율법 폐기론을 단지 후대의 영지주의로 흘러들어간 여러 흐름들 중의 하나로 보는 것이 더 낫다. 그러나 어쨌든 그들의 율법 폐기론은 이 단계에서는 영지주의적이라고 할 만한 것이 되지 못했다.

많은 주석자들은 유다가 공격한 것들 중의 몇몇에서 진정으로 영지주의적인 가르침들을 찾아내곤 했다: 가현설적 기독론(1:4), 하나님의 단일성을 부정하는 데미우르고스(demiurge:: 영지주의에서 말하는 조물주 – 역자주)와 아르콘들(archons: 영지주의에서 말하는 여러 주[主]들)에 관한 가르침들(1:4, 8, 25), 인간을 영에 속한 자와 육에 속한 자로 구별하는 영지주의적 구분(1:19). 이 주석자들은 이러한 근거들 위에서 유다서의 저작 연대를 그러한 발전된 영지주의가 처음으로 출현했던 주후 2세기라고 주장했다(가장 최근에 주장한 학자로는 Sidebottom). 그러나 유다의 명시적인 말들 속에서는 그러한 가르침들을 찾아낼 수 없다. 유다가 그와 같이 기독교의 보편적인 신앙으로부터 너무도 심각하고 광범위하게 벗어나 있는 주장들에 대하여 반대하면서, 단지 그런 것들에 대하여 반대한다는 암시만을 하고 있다는 것은 도저히 납득할 수 없는 일이다. 유다의 논증이 정말 영지주의에 대항하기 위한 것이었다면, 그의 논증은 터무니없을 정도로 부적절하다고 말할 수밖에 없다. 물론 유다가 그의 대적자들의 이단적인 가르침의 전모(全貌)를 제대로 알고 있지 못했을 가능성은 얼마든지 있지만, 그런 경우에 오늘날의 학자가 그 사실을 알아낼 수 있는 방법은 전혀 없다. 이 주석서에서 제시한 유다의 대적자들의 견해가 지닌 강점은 그것이 거짓 교사들에 대한 통일적인 묘사를 제시함과 아울러서, 유다가 그들에 맞서서 왜 그런 논법을 사용했는지에 대한 이유도 잘 설명해 줄 수 있다는 것이다.

### 저작 연대

유다서의 저작 연대와 관련된 문제들은 이미 앞의 항목들에서 논의되었다. 유다는 "바울 사상"에 의존하고 있지도 않고, 유다서는 사도 시대 이후의 기독교가 지닌 "초기 가톨릭 사상"의 특징들을 보여 주지도 않는다. 이 서신에서 다루어지고 있는 대적자들은 주후 2세기의 영지주의자들이 아니다. 유다는 묵시론적 유대 기독교의 진영에 속해 있고, 바울의 가르침에 영향을 받았을 수 있는 율법 폐기론적 자유주의(antinomian libertinism)를 주창하는 교사들과 싸운다. 이러한 특징들로 볼 때, 유다서가 주후 1세기 말 이후에 쓰였을 가능성은 없고, 주후 1세기 후반기에 쓰였다고 할 것밖에는 더 정확히 말하기가 어렵다. 여기에 나오는 것과 같은 율법 폐기론은 주후 50년대의 고린도에서도 발견될 수 있고, 주후 90년대의 아시아에서도 발견된다(요한계시록의 저작 연대가 도미티아누스 황제 시대라는 것이 옳다면). 묵시론적 유대 기독교는 주후 1세기 전체에 걸쳐 계속해서 교회에서 강력한 영향력을 행사했다. 일단 우리가 유다서를 초기 가톨릭적이고 반영지주의적인 문서로 읽어야 한다는 주문을 떨쳐 버리자마자, 유다서는 원시성(primitiveness) 또는 초기성의 인상을 전반적으로 풍기기 시작한다. 유다서의 특성으로 보아 그 저작 연대는 주후 50년대가 가장 유력하고, 그 이후의 연대로 설정한 필요는 없어 보인다.

베드로후서와의 관계는 유다서의 저작 연대와 연관이 있지만, 유다서가 먼저 쓰였고, 베드로후서가 사도 자신에 의해서 쓰인 것이 아니라면(베드로후서에 대한 주석에서 필자가 취하고 있는 입장), 그 문제는 유다서의 저작 연대와 관련해서 그리 확고한 지표를 제공해 주지는 못한다. 우리가 말할 수 있는 것은 베드로후서가 주후 1세기 후반에 속한다면, 유다서는 베드로후서보다 이른 시기에 써졌을 가능성이 높다는 것이다.

오늘날의 학자들이 유다서의 저작 연대를 주후 1세기 말이나 주후 2세기 초로 보는 것을 선호하는 경향은 1:3에 대한 초기 가톨릭적인 독법과 거짓 교사들에 대한 영지주의적 해석으로만이 아니라, 1:17에 대한 통상적인 해석, 즉 유다는 1:17에서 사도 시대를 이제 지나간 시대로 되돌아보고 있다는 해석으로부터도 기인했다. 하지만 1:17에 대한 이러한 해석은 잘못된 것이다. 유다는 1:3, 5에서와 마찬가지로 17절에서도 독자들에게 그들이 회심할 때 그들의 교회(들)를 세운 사도들로부터 받은 가르침을 상기시키고 있다. 여기서 과거의 일에 속하는 것은 사도들 자신이 아니라, 이 특정한 교회들을 세우게 된 그들의 선교 활동이다. 유다의 진술은 바울이 그들의 교회를 세울 때 그의 독자들에게 그들에게 준 가르침을 상기시키고 있는 많은 대목들(고전 15:1-3; 갈 1:9; 살전 4:1-2)과 정확히 평행이 되는데, 한 가지 차이점이 있다면 그것은 유다는 그의 서신의 수신자로 되어 있는 교회(들)을 세운 전도자들 중의 한 사람이 아니었기 때문에 자신의 가르침이 아니라 사도들의 가르침을 상기시키고 있다는 것이다(그러나 참조. 롬 6:7; 16:17). 사실 1:17-18은 유다서의 저작 연대의 하한선이 아니라 상한선을 보여 준다. 왜냐하면 "그들이 너희에게 말하기를"(*ἔλεγον ὑμῖν* – 엘레곤 휘민, 1:18)이라는 구절은 원래의 회심자들 중 대부분이 여전히 살아 있다는 뜻을 함축하고 있기 때문이다.

그 밖에도 또 한 가지 문제가 저작 연대와 관련해서 중요한 의미를 지니는데, 그것은 저자 문제다(다음 항목을 보라). 유다서가 주의 형제인 유다가 죽기 전에 쓰였다면 그의 진정한 서신이겠지만, 만약에 이 서신이 위서(僞書)라면, 유다서는 그가 죽은 후에 쓰였을 것임에 틀림없고, 우리는 유다서가 주후 2세기에 쓰였을 수 있다는 대안을 고려해 보아야 한다. 그러나 불행히도 우리는 유다가 언제 죽었는지를 알지 못한다. 유다는 주후 90년에 늦게 죽었을 수도 있다(다음 항목을 보라). 로빈슨(J. A. T. Robinson, Redating, 197)은 만약 야고보가 이미 죽은 사람이었다면(1:1), 유다는 마카리오스(*μακάριος*, "복된"), 아가도스(*ἀγαθός*, "선한"), 디카이오스(*δίκαιος*, "의로운" 또는 "의인": 야고보에게 통상적으로 붙은 형용어구: Hegesippus, *ap.* Eusebius, *Hist. Eccl.* 2.23.4; *Gos. Thom.* 21) 같은 어떤 형용어구를 그의 이름 앞에 붙였을 텐데 그렇게 하고 있지 않기 때문에, 유다서는 야고보가 순교한 주후 62년 이전에 쓰였을 것임에 틀림없다고 주장한다. 그러나 이것은 아주 결정적인 논거라고 볼 수는 없다.

## 저자

1:1에 언급된 유다는 예수의 형제인 유다임이 거의 확실하고, 그의 형제 야고보는 예루살렘 교회의 지도자였던 "의인" 야고보다. (필자가 다른 주장들을 논의하면서 이러한 결론을 내리는 과정은 1:1에 대한 "주석"에 자세히 나와 있다.) 오늘날

의 대부분의 주석자들은 이 점에서 일치하지만 유다서의 실제 기자가 유다 자신이었는지, 아니면 유다라는 가명을 쓴 다른 사람이었는지에 대해서는 견해가 갈린다. 최근의 대부분의 주석서들에서는 위서(僞書)라는 가설이 우세하긴 하지만(Barnett, Schelkle, Reicke, Sidebottom, Kelly, Grundmann; 또한 Rowston, *Setting*), 그것은 주로 유다서의 저작 연대를 늦은 시기로 설정한 논거들이 힘을 얻어서, 그러한 저작 연대에 비추어 볼 때 유다가 그 때까지 살아서 유다서를 직접 썼을 가능성이 희박했기 때문이었다. 그러나 그러한 논거들은 이미 효력이 없다는 것을 우리는 이미 앞에서 살펴본 바 있다.

위서 가설에 반대하는 논거로 종종 제기되어 온 반문은 누가 유다같이 별로 유명하지도 않은 인물의 이름을 필명으로 사용할 이유가 과연 있었을까 하는 것이었다. 유다서가 팔레스타인 유대 기독교 진영에서 나왔다면, 이러한 반론은 유효하지 않다. 왜냐하면 "왕가(王家)의 기독교"(Rowston)였던 팔레스타인 유대 기독교에서는 예수의 가족이 존경을 받았고, 유다도 권위 있는 인물이었을 것이기 때문이다. 하지만 그렇다고 해도, 유다서에서 유다를 "주의 형제"라고 부르고 있지 않다는 것은 설명이 잘 되지 않는다. 유다는 유대 기독교에서 언제나 그런 호칭으로 알려져 있었고, 그 호칭은 그의 권위를 나타내는 방식이었기 때문이다. 유다를 단지 "야고보의 형제"(1:1)라고만 설명하고 있는 것은 위서 가설이 아니라 진서(眞書) 가설 위에서 훨씬 더 쉽게 설명될 수 있다(1:1에 대한 "주석"을 보라).

우리는 예수의 형제 유다에 대하여 아는 것이 거의 없다. 유다는 예수의 네 형제들 중의 하나로서 야고보보다 더 어렸던 것 같고(마 13:55; 막 6:3), 다른 형제들과 마찬가지로 예수의 공생애 사역 기간 동안에는 그를 따르지 않다가(막 3:21, 31; 요 7:5) 부활 후에 신자가 되었다(행 1:14). 고린도전서 9:5에 의하면 주의 형제들은 순회 전도자들이었는데, 야고보는 거기에 포함되어 있지 않았을 가능성이 높지만, 유다는 거기에 포함되었을 가능성이 높다. 유다는 의심할 여지없이 유대인들 가운데서 전도 활동을 했지만, 반드시 팔레스타인에서만 했던 것은 아닐 것이고, 디아스포라 유대인들에게도 갔을 것이다. 율리우스 아프리카누스(Julius Africanus, *ap.* Eusebius, *Hist. Eccl.* 1.7.14)는 예수의 일가들(οἱ δεσπόσυνοι – 호이 데스포쉬노이)이 나사렛에서 시작하여 코카바(요단 저편에 있는)에 이르기까지 팔레스타인 전역을 돌며 복음을 전파했다고 말한다. 바울행전(*NT* Apoc. 2, 388)에 의하면, 주의 형제 유다는 다메섹에서 바울을 도왔다고 하지만 이것은 단지 사도행전 9:11에 나오는 유다를 주의 형제와 동일시한 결과임에 틀림없다.

헤게시푸스(Hegesippus, *ap.* Eusebius, *Hist. Eccl.* 3.19.1-20.8)는 유다의 손자들에 관한 이야기를 들려준다(또 다른 단편에서는 이 손자들의 이름이 조케르[즉 스가랴]와 야고보라고 말한다: C. de Boor, *Neue Fragmente des Papias,* Hegesippus und Pierius[TU 5/2; Leipzig: J. C. Hinrichs, 1889] 169). 그들은 다윗 왕가에 속한 자들로 정치적으로 위험인물로 지목되어 붙잡혀서 도미티아누스 황제 앞에 끌려갔다. 그러나 그들은 단지 자기 손으로 노동해서 먹고 사는 가난한 농부들일 뿐이고, 그들이 기다리는 그리스도의 나라는 종말론적이고 하늘에 속한 나라라고 해명했기 때문에, 황제는 그들을 제국에 해(害)가 되지 않는다고 판단하여 석방했고, 교회에 대한 박해를 중지하라는 명을 내렸다. 헤게시푸스는 그들이 교회의 지도자들이 되었고, 트라야누스 황제 시대까지 생존했다는 말을 덧붙인다.

유다서에 대하여 글을 쓰는 대부분의 학자들은 헤게시푸스가 들려주는 이 이야기를 너무나 무비판적으로 받아들이고 있는 것은 놀라운 일이다. 왜냐하면 야고보의 순교에 관한 헤게시푸스의 믿기 어려운 설명을 보면, 그의 역사적 정확성에 대해서 신뢰하기가 어렵기 때문이다. 우리는 유다의 손자들에 관한 그의 이야기 속에서도 분명한 호교론적 특징들과 역사적으로 거의 불가능한 내용들을 볼 수 있다(도미티아누스 황제 앞에서 직접 심문을 받았다는 것; 그 심문의 결과로 교회에 대한 박해가 그쳤다는 것). 이 이야기 배후에는 틀림없이 모종의 역사적 사실이 존재하기는 하겠지만, 유다서의 주석자들이 통상적으로 끌어다 쓰는 이 이야기에 내포되어 있는 **연대기적인** 함의(含意), 즉 유다에게 손자들이 있었고, 그 손자들은 도미티아누스 황제 시대에 성인이었으며, 유다 자신은 이미 죽었다는 것을 지나치게 신뢰하는 것은 현명한 일이 아닐 것이다. 또한 헤게시푸스가 유세비우스(Eusebius)의 본문에 나와 있듯이 유다의 **손자들**에 대하여 말하고 있는 것인지, 아니면 유다의 **아들들**에 대하여 말하고 있는지도 의문이다(H. J. Lawlor, *Eusebiana*[Oxford: Oxford University Press, 1912] 44-45).

설령 우리가 헤게시푸스의 이야기를 신뢰할 수 있다고 하더라도, 그 이야기는 우리에게 유다가 얼마나 오랫동안 살았는지를 말해 주지 않는다. 이 이야기는 이 사건이 일어났을 때 이미 죽었다는 것만을 말해 주기 때문에, 사실 유다는 그 사건 직전에 죽었을 수도 있는 것이다. 메이어(Mayor, cxlviii)가 계산했듯이 예수의 형제들 중 어린 축에 속했던 유다가 주후 10년에 태어났다면, 주후 90년에 그의 나이는 80세였고, 그때 그에게는 30세가 된 손자들이 있었을 수 있다. 이런 계산을 근거로 해서 메이어 같은 주석자들은 이 서신을 진정한 서신으로 보면서도, 그 저작 연대를 주후 80년경으로 설정할 수 있었다(또한 참조. Zahn, *Introduction*, 255). 그러나 어쨌든 우리는 이 서신 자체 속에는 저작 연대를 그렇게 늦게 설정해야 할 것을 요구하는 증거가 전혀 포함되어 있지 않다는 것을 이미 살펴본 바 있다.

유다서를 예수의 형제의 저작으로 돌리는 데 있어서 한 가지 진정한 난관은 그 언어다. 유다서의 기자는 분명히 셈어를 할 줄 안 자로서 히브리어로 된 구약성경과 아람어로 된 에녹서를 습관적으로 사용하던 인물이었지만(위의 세 번째 항목을 보라), 헬라어로 글을 쓰는 데도 상당히 훌륭한 솜씨를 지닌 인물이었다. 최근의 많은 연구들을 통해서 헬라어와 헬레니즘 문화가 유대 팔레스타인에 우리가 생각하는 것보다 훨씬 더 광범위하게 침투해 있었음이 밝혀졌다는 것은 사실이지만, 갈릴리 출신의 촌사람이 헬라어를 이토록 아주 능숙하게 구사할 수 있다는 것은 정말 놀라운 일이 아닐 수 없다. 물론 우리는 예수의 형제가 헬라어를 구사할 수 있는 능력을 어느 정도나 습득할 수 있었는지를 제대로 판단할 수 있는 위치에 있지 않다는 점을 인정해야 한다. 유다가 기독교 전도자가 되었을 때 아직 나이가 어렸고, 강력하게 헬레니즘화된 유대인들 가운데서 순회 전도를 했다고 한다면, 그가 전도의 효율성을 높이기 위해서 헬라어에 대한 그의 구사력을 의도적으로 높이지 않을 이유가 없었을 것이다. 단어를 습득하는 것은 문체를 유려하게 다듬는 것보다는 더 쉬운 일이었을 것이기 때문에, 유다는 그의 서신에서 폭넓은 어휘를 구사하지만 문체에 있어서 보여 주는 솜씨는 그다지 뛰어나지 않다. 그가 보여 주는 문체상의 기법들은 헬라어를 사용하는 유대인 전도자에게 필요한 수사학적 기법들이다. 게다가, 그가 능숙하게 구사했던 헬라어의 문어체 단어들과 관용어법들은 꼭 헬라어로 된 세속 문헌들을 읽어야만 습득할 수 있는 것은 아니었고, 헬레니즘적인 유대교 문헌들을 읽고 유대적이고 기독교적인 설교들을 많이 들어서도 충분히 습득할 수 있는 것이었다. 유다서의 진정성을 부인해야 하는 그 밖의 다른 이유들은 없기 때문에, 사용된 언어와 관련된 이 극히 불확실한 문제를 극복할 수 없는 장애물로 여기는 것은 현명하지 못한 처사일 것이다.

끝으로, 우리는 유다서의 전체적인 성격, 즉 유대적인 특성을 지닌다는 것, 팔레스타인 유대교 문헌과 학가다 전승들에 빚을 지고 있다는 것, 묵시론적 관점과 석의 방법론들, 교리보다는 윤리적 실천에 더 관심을 보인다는 것 등과 같은 특징은 모두 다 예수의 형제 유다가 기자라는 것과 전적으로 부합한다는 것을 지적하고자 한다.

## 유다서의 수신처

유다서가 보내진 교회(들)의 위치를 결정하고자 하는 시도들은 대체로 추측으로 끝난다. 유다는 독자들에게 그의 가르침이 아니라 그들이 회심할 때 사도들로부터 받은 가르침을 상기시키고 있기 때문에, 그는 나중에 그 교회들을 방문했을 수는 있겠지만 그 교회들을 직접 세운 전도자들 중의 한 사람은 아니었을 가능성이 높다. 이 교회들은 유대 기독교의 특징을 강하게 띤 교회들이었을 것이라고 생각하는 것은 자연스럽다. 이 교회들은 유다가 목회적으로 관심을 갖고 책임지고 돌보아야 했던 지역 내에 있었고, 유다의 간접 인용들이 전제하고 있듯이 유대교 문헌들과 전승들을 아주 잘 알고 있던 교회들이었을 것이기 때문이다. 물론 그러한 유대교 자료들은 틀림없이 이방인 회심자들을 가르칠 때도 사용되었고, 글을 쓰는 사람이 언제나 그의 독자들의 지식을 가늠해서 문헌들을 인용하는 것은 아니기 때문에, 후자는 반드시 결정적인 논거는 아니다. 거짓 교사들의 율법 폐기론은 그들의 이방적 배경을 보여 주는 것이라고 흔히 주장되지만, 우리가 주목해야 할 것은 거짓 교사들은 다른 곳으로부터 이 교회(들)에 이르렀다는 것(4절), 율법 폐기론은 주후 1세기의 유대교에서도 알려져 있었다는 것이다(Vermes, "Decalogue"; 또한 유대 기독교와 관련된 마 7:21-23을 참조하라). 그럼에도 불구하고, 율법 폐기론과 관련한 문제가 일어날 수 있는 가장 유력한 맥락은 이방적 환경 속에 있는 교회다(바울의 고린도 교회와 요한계시록의 교회들에서 볼 수 있듯이). 이방 사회 속에 있는 유대 기독교적 색채가 강한 공동체는 우리가 유다서의 수신자들에 관하여 모을 수 있는 얼마 안 되는 증거들을 가장 잘 설명해 줄 수 있는 것으로 보인다.

수리아가 유다서의 수신처였다는 주장은 종종 제기되어 왔고, 그 지역이 후대 교회에서 유다서를 정경으로 받아들이지 않은 유일한 지역이었다는 사실을 제외하고는 여러 가지로 적절할 수 있다(자세한 것은 Chaine, 266-67를 보라). 소아시아는 유대인 공동체들이 광범위하게 자리하고 있었던 지역이고, 바울의 영향력이 컸던 지역이며, 요한계시록 2:14, 20에 의해서 율법 폐기론 운동들이 확인된 지역이라는 점에서 유다서의 수신처로 아주 유력하고, 유다서(1:2, 25)와 폴리갑의 순교(*Mart. Pol.* inscr., 20:2) 간의 접촉점들도 이 방향을 지시해 주는 것으로 볼 수 있다. 유다서의 수신처일 가능성이 있는 또 다른 곳은 애굽이다. 애굽에서는 유다서가 알렉산드리아의 클레멘트(Clement of Alexandria) 때 정경으로 받아들여졌고, 클레멘트와 오리겐에 의해서 사용되면서부터 널리 보급되었던 것으로 보인다.

## 정경성(正經性)

유다서의 영향을 보여 주는 것들로는 흔히 디다케, 클레멘트1서, 바나바서, 폴리갑, 폴리갑의 순교, 저스틴, 아데나고라스(Athenagoras), 데오필루스(Theophilus)에 나오는 구절들이 인용되어 왔지만(예를 들면, Bigg, 307-308; Chaine, 261-62), 그 구절들 중에서 유다서의 영향을 받은 것임을 확실하게 보여 주는 예는 하나도 없다. 유다서가 베드로후서보다 앞서 쓰였다는 것이 받아들여진다면, 유다서의 영향을 보여 주는 유일하게 분명한 초기 증거는 베드로후서다. 그러나 유다서같이 아주 짤막한 문서가 주후 2세기의 기독교 문헌에 확실한 흔적들을 남기지 않았다는 것은 그리 놀라운 일이 아니다. 더 주목할 만한 것은 주후 2세기 말에 이르러서 유다서는 정경으로 폭넓게 받아들여지고 있었다는 것을 보여 주는 증거들이다: 북아프리카의 터툴리안(Tertullian), 알렉산드리아의 클레멘트와 오리겐, 이탈리아의 무라토리 정경 목록(자세한 증거들에 대해서는 Chaine, 263-67를 보라). 유다서가 이렇게 오리겐, 유세비우스, 디디무스(Didymus), 제롬 등에 의한 확증에 의해서 전반적으로 정경으로 받아들여지고 난 후에, 에녹1서와 모세 승천기 같은 외경들을 사용하고 있다는 이유로 유다서의 정경성(正經性)에 대한 의문들이 제기되었다. (반면에 터툴리안은 에녹1서의 권위를 보여 주는 증거로 유다서를 인용했다. *De cultu fem.* 1.3.) 이러한 반론들은 주후 6세기까지 유다서를 정경으로 받아들이지 않았던 수리아 교회를 제외하고는, 유다서가 정경으로 받아들여지는 데 심각한 영향을 미치지는 않았던 것으로 보인다.

# 소개말과 인사말(유다서 1-2)

## 참고문헌

**Spicq, C.** *Agape*, 365-67.

## 본 문

| | |
|---|---|
| **1** 예수 그리스도의 종이요 야고보의 형제인 유다는 부르심을 입은 자 곧 하나님 아버지 안에서 사랑을 얻고 예수 그리스도를 위하여 지키심을 입은 자들에게 편지하노라 | **1** Jude,[a] a servant of Jesus Christ and brother of James, to those who are called, who are loved[b] in[c] God the Father and kept for Jesus Christ.[d] |
| **2** 긍휼과 평강과 사랑이 너희에게 더욱 많을찌어다 | **2** May mercy, peace, and love be given you in abundance. |

## 원문주해

a. 유다스(*Ἰούδας*)는 신약성경의 영역본들이 다른 곳에서는 "유다스"(Judas)로 번역했는데, 전통적으로 이 경우에만은 "유다"(Jude)로 번역해 왔다. 이 주석서에서는 유다서의 기자를 "유다"(Jude)라 부르는 전통을 그대로 따른다.

b. 에가페메노이스(*ἠγαπημένοις*, "사랑을 얻고")는 일부 사본들에는 헤기아스메노이스(*ἡγιασμένοις*, "거룩하여지고")로 되어 있다(K L P. *al*). 이것은 아마도 엔 데오 파트리 에가페메노이스(*ἐν θεῷ πατρὶ ἠγαπημένοις*, "하나님 아버지 안에서 사랑을 얻고")라는 어구가 난해해서 고전 1:2과 동화시킨 결과인 것으로 보인다.

c. Westcott와 Hort는 엔(*ἐν*, "안에서")이 원래 데오(*θεῷ*, "하나님") 앞이 아니라 예수(*Ἰησοῦ*) 앞에 있었다고 주장했고, 메이어(Mayor, clxxxii-clxxxiii)도 이 주장을 따른다. 역본들은 예수(*Ἰησοῦ*) 앞에 엔(*ἐν*)이 있었다는 것을 어느 정도 지지해 주고 있지만, 데오(*θεῷ*, "하나님") 앞에서 엔(*ἐν*)을 생략해야 한다는 것에 대해서는 지지해 주지 않는다. 현재의 본문의 난점은 석의에 의해서 더 잘 다루어진다.

d. 예수 크리스토(*Ἰησοῦ Χριστῷ*, "예수 그리스도"): 이익의 여격. 에가페메노이스(*ἠγαπημένοις*, "사랑을 얻고")와 테테레메노이스(*τετηρημένοις*, "지키심을 입은")의 의미상의 주어는 하나님이고, 신약에서 행위의 여격은 드물기 때문에, "예수 그리스도에 의하여"라고 해석될 가능성은 거의 없다. 예수 크리스토(*Ἰησοῦ Χριστῷ*)를 데오(*θεῷ*) 앞에 나오는 엔(*ἐν*)의 지배를 받는 것으로 보는 것(Wand)은 대단히 부자연스럽다.

## 양식/구조/배경

서신의 서두(序頭)는 고대 서신 중에서 가장 상투적인 부분이었다. 유다는 여기에서 당시 유대적인 서신 양식을 따르고 있는데, 거기에서 서두는 통상적으로 (a) 보내는 자와 받는 자의 이름을 밝히는 당사자 문구(parties' formula)와 (b) 인사말(salutation)을 포함하고 있었다.

(a) 당사자 문구(1:1)는 "X가 Y에게"라는 형식을 따른다(이 형식은 서두가 있는 신약의 모든 서신들 및 나할 헤베르[Naḥal Ḥever]에서 나온 아람어와 헬라어 서신들에서 발견된다). 받는 자를 기독교 신학적으로 규정하는 조금 긴 형용어구가 나오는 것은 초기 기독교 서신들에서 흔한 일이고(참조. 롬 1:7; 고전 1:2; 살전 1:1; 살후 1:1; 벧전 1:2; 벧후 1:2; *1 Clem* inscr.; 이그나티우스의 모든 서신), 하나님과 예수를 언급하는 것도 자주 발견된다(살전 1:1; 살후 1:1; *1 Clem* inscr.; 이그나티우스의 모든 서신은 받는 자를 묘사할 때 하나님 아버지와 예수 그리스도를 언급한다).

초기 기독교의 대부분의 서신들은 당사자 문구에서 해당 서신이 보내지는 수신처, 즉 특정한 교회나 교회들을 구체적으로 언급한다. 유다는 그렇게 하고 있지 않기 때문에, 그의 서신은 모든 그리스도인들에게 보내진 "공동 서신"이라는 견해가 이른 시기부터 하나의 통설로 자리 잡았다. 몇몇 사본들과 수리아 역본은 이러한 견해를 토대로 해서 1절에 토이스 에드네시(*τοῖς ἔθνεσι*, "이방인들에게")라는 어구를 첨가하기도 했다. 오늘날의 학자들 중에서도 플러머(Plummer, 376), 빈디쉬(Windisch), 라이케(Reicke), 크로델(Krodel, 92), 비세(Wisse, "Jude") 등이 이 견해를 여전히 지지한다. 하지만 오늘날 대부분의 주석자들은 유다가 특정한 부류의 거짓 교사들이 활동하고 있던 특별한 상황을 다루고 있기 때문에, 그는 그의 서신을 특정한 교회 또는 교회들을 위하여 썼을 것이라는 데 인식을 같이하게 되었다. 주후 2세기에 이 서신이 당시의 교회 전체를 뒤흔들고 있던 영지주의의 문제와 관련이 있다는 것이 밝혀지면서 필사되어 널리 유포되었을 때 이 서신에 원래 포함되어 있던 수신처에 대한 언급이 생략되었을 가능성이 있다. 또는, 유다는 이 서신을 전달할 자신의 사자(使者)에게 어디에 전해야 하는지를 구두로 알려 주었기 때문에, 또는 자신의 사자를 여러 교회에 차례차례 보내서 각 교회마다 이 서신을 필사하게 할 의도가 있었기 때문에 그의 당사자 문구 속에 수신처를 포함시키지 않았을 수도 있다.

(b) 인사말(1:2)은 초기 기독교의 다른 많은 예들보다 더 유대적인 양식에 가깝다. 이런 종류의 인사말은 축복문구에서 유래한 것이다(K. Berger, "Apostelbrief und apostolische Rede," *ZNW* 65[1974] 191-201): 유다서의 기자는 하나님이 이 서신을 받는 자들에게 복 주시기를 바라고 있는 것이다. 그러한 모든 인사말들은 서신을 받는 자들에게 평강이 있기를 빌고, 어떤 경우에는 긍휼(히브리어의 헤쎄드[חסד]에 해당하는 헬라어 엘레오스[*ἔλεος*])이 있기를 비는 말을 덧붙이기도 한다. 현존하는 유대적인 서신에 나오는 유일한 예는 제2바룩 묵시록 78:2이지만("너희에게 긍휼과 평강이 있기를 비노라": 본문은 P. Bogaert, *Apocalypse de Baruch*[SC 144-45; Paris: Editions du Cerf, 1969] 1, 68, 70; 참조. 2, 142를 보라), 서신이 아닌 다른 문헌들 속에 나오는 축복문들은 그 평행들을 보여 준다(민 6:25-26; Tob 7:12 ℵ; 참조. *1 Enoch* 5:6; 축복문들에 나오는 "긍휼"에 대해서는 삼하 2:6; 15:20; 시 33:22도 참조하라). 초기 기독교 서신들에서 엘레오스(*ἔλεος*, "긍휼")는 디모데전서 1:2; 디모데후서 1:2; 요한이서 1:3; Pol. *Phil.* inscr.; *Mart. Pol.*, inscr.에 나온다(또한 서신의 결미에 나오는 것으로는 갈 6:16도 참조하라): 이러한 예들은 유다서의 예와 마찬가지로 유대적 관행이 지속되었음을 보여 주는 것이다. 하지만 유다서의 인사말 속에 포함되어 있는 세 번째 요소는 이 문구에 첨가된 기독교적인 요소다: 아가페(*ἀγάπη*, "사랑")는 유대적인 서신들 속에서는 발견되지 않고, 초기 기독교 서신들에서는 오직 한 번, 즉 폴리갑의 순교에 나오는 인사말 중에서만 발견된다(서신의 결미에 나오는 것으로는 고후 13:14; 엡 6:23; "고린도 3서" 3:40도 참조하라). 끝으로, "더욱 많다"(*πληθύνειν* – 플레뒤네인, 아람어로 שגא)의 사용도 축복 문구에서 유래한 것으로서(K. Berger, "Apostelbrief und apostolische Rede," *ZNW* 65[1974] 195-96와 n.29; 그의 전거들에는 *Herm. Sim.* 9:24:3이 추가되어 있다), 유대적인 서신들 및 초기 기독교의 서신들의 인사말에서 발견된다(G. R. Driver, *Aramaic Documents of the Fifth Century* b.c.[Oxford: Clarendon Press, 1957] nos. I, II, III, XIII; A. Cowley, *Aramaic Papyri of the Fifth Century* b.c.[Oxford: Clarendon Press, 1923] nos. 38-42; Dan 3:31[Aram.]; Dan 4:1 *Theod. Geeek.*; 4:37c LXX; 6:26[Aram.], *Theod. Geeek b. Sanh.* 11b; *y. Sanh* 18d; 벧전 1:2; 벧후 1:2; *1 Clem* inscr.; Pol. *Phil.* inscr.; *Mart. Pol.* inscr.; *Ep. Apost* 1). 이 동사는 하나님이 이 서신을 받는 자들에게 넘치도록 복을 주시기를 기원하는 "신성 수동태"로 사용되고 있다.

유다서의 인사말은 이렇게 아가페(*ἀγάπη*, "사랑")의 첨가 외에는 유대적인 서신들의 양식을 따르고 있다. 우리가 여기에서 주목해야 할 것은 유다가 초기 기독교 서신들에서 극히 흔하게 사용되던 두 가지 다른 기독교적으로 개작된 인사말을 채택하고 있지 않다는 것이다. 이 두 가지 개작 중의 하나인 카리스(χάρις, "은혜")의 사용은 거의 보편화되어 있었다: 그것은 이런 종류의 인사말이 있는 신약의 모든 서신(모든 바울서신들; 벧전 1:2; 벧후 1:2; 요이 1:3; 계 1:4)과 클레멘트1서에 나온다. 이런 종류의 인사말이 나오는 초기 기독교 서신들 중에서 카리스(χάρις)가 빠져 있는 것은 오직 유다서, 폴리갑의 빌립보서, 폴리갑의 순교뿐이다.

유다서가 채택하고 있지 않은 초기 기독교 서신들의 인사말의 또 다른 공통적인 특징은 "하나님 우리 아버지와 우리 주 예수 그리스도로부터"라는 어구처럼 삼위일체 중 두 분, 즉 하나님과 그리스도를 언급하는 문구를 통해서 축복의 근원을 밝히는 것이다("우리 아버지 하나님으로부터"로 되어 있는 골 1:2을 제외한 바울의 모든 서신들과 살전 1:1; 요이 1:3; 계 1:4-5; *1 Clem* inscr.; Pol. *Phil.* inscr.; *Mart. Pol.* inscr.; Ps-Clementine *Epistle of Peter to James*).

또한 신약의 세 서신들에도 "은혜와 긍휼과 평강"이라는 문구가 나오기는 하지만(딤전 1:2; 딤후 1:2; 요이 1:3), 유다의 인사말의 삼중적 형태도 특이하다. "긍휼과 평강과 사랑"이라는 유다의 삼각축은 폴리갑의 순교에 다시 나타난다(또한 참조. "고린도3서" 3:40: "평강과 은혜와 사랑" – 서신의 결미에서). 그러므로 우리는 유다가 직접 아가페(ἀγάπη, "사랑")를 첨가해서 그런 형태의 인사말을 만들어낸 것인지는 확실히 알 수 없지만, 그가 삼중적 표현을 선호하는 그의 두드러진 문체상의 취향에 따라서 그런 형태를 선택했다는 것은 분명하다.

유다서의 특이한 형태의 인사말은 현존하는 상당한 분량의 초기 기독교 문헌들에 의해서 대변되고 있는 교회들과는 일정 정도 거리가 있는 유대 기독교 진영에 속해 있었다는 것을 보여 주는 작은 증거다. 이것과 가장 근접한 평행은 폴리갑의 순교에 나오는 인사말인데("하나님 아버지와 우리 주 예수 그리스도로부터 긍휼과 평강과 사랑이 차고 넘치게 주어지기를 원하노라"), 흥미로운 것은 폴리갑의 순교에도 유다서에 나오는 것(1:24-25)과 비슷한 송영(20:2)이 나온다는 것이다. 이것이 폴리갑의 순교가 유다서의 영향을 받았음을 보여 주는 것인지, 아니면 유다가 사용하기도 한 공통의 전승의 영향을 보여 주는 것인지를 말하는 것은 불가능하다.

## 주석

[1] "유다"(Ἰούδας – 유다스). 유다라는 이름은 주후 1세기의 유대인들 가운데서 흔한 이름이었다. 이 유다가 누구이냐를 놓고 다음과 같은 견해들이 제시되어 왔다.

(1) 압도적인 다수의 학자들은 이 유다를 마 13:55; 막 6:3; 헤게시푸스(Hegesippus, *ap.* Eusebius, *Hist. Eccl.* 3.19.1-20.6)에 언급된 예수의 형제 유다로 이해해 왔다 – 물론 이 서신을 유다 자신이 쓴 것인지, 아니면 후대의 기자가 그의 이름을 빌려 쓴 것인지에 대해서는 서로 견해가 갈리지만 말이다. 이 견해는 1절에서 유다를 묘사하는 두 개의 어구를 가장 잘 설명해 주고 있는 것으로 보인다: "예수 그리스도의 종이요 야고보의 형제." 주의 형제들은 초기 교회에서 "사도들"이 아니었기 때문에, 독자들에게 서신을 쓰는 유다의 권위는 "사도"가 아니라 "종"이라는 용어로 표현된다(아래를 보라). 두 번째 어구는 초대 교회에서 "야고보"라고만 불러도 혼동할 염려 없이 누구나 그 사람이 누구인지를 다 알고 있던 유일한 인물과 이 유다의 관계를 언급함으로써 이 유다를 같은 이름의 다른 유다와 구별한다(아래를 보라). 이 견해가 지닌 유일한 난점은 왜 유다가 여기에서 "주의 형제" 또는 "예수 그리스도의 형제"라 불리고 있지 않은가 하는 것이다. 유다서가 위서가 아니라 진서(眞書)인 경우에는 이것을 설명하기가 더 쉬워진다. 초기 교회에 있어서 팔레스타인 유대 기독교 진영들에서 "주의 형제"라는 호칭은 단지 육신적으로 예수와 혈연관계에 있다는 것을 나타내는 말로 사용된 것이 아니라, 권위가 부여된 호칭으로 사용되었다. 그러므로 실제로 주의 형제들은 예수와의 단순한 혈연관계를 근거로 한 권위를 주장하고 싶어 하지 않았기 때문에 이 용어를 사용하는 것을 피했다(아래를 보라).

(2) 일부 좀더 오래된 주석자들(예를 들면, 칼빈, 매튜 헨리)은 유다서의 기자가 사도였던 "야고보의 유다"라고 보았다(눅 6:16; 행 1:13: Ἰούδας Ἰακώβου). 그러나 (a) "야고보의 유다"는 "야고보의 형제 유다"가 아니라 "야고보의 아들 유다"를 의미하는 것으로 보는 것이 자연스럽다(AV에서 발견되는 후자의 번역은 이 사도가 주의 형제 유다와 동일 인물이라는 가설로부터 나온 것이다). (b) 유다가 자신을 "사도"라 부르지 않는다. 쾨스터(H. Koester, "*ΓΝΩΜΑΙ ΔΙΑΦΟΡΟΙ*," *HTR* 58 [1965] 297)는 유다가 수리아 기독교 전승 속에서 유다 도마(Judas Thomas) 또는 "쌍둥이" 유다로 알려져 있던 사도 도마라고 주장했다(Eusebius, *Hist. Eccl.* 1.13.11;

*Acts Thom.*; *Gos. Thom.*; *Thom. Cont.* John 14:22 syc). 도마는 사람 이름이 아니라 "쌍둥이"라는 의미의 별명임이 거의 확실하기 때문에, 이 사도에게는 분명히 본래의 이름이 있었을 것이고, 그의 이름이 유다였다는 전승이 옳을 수도 있다. 그러나 그렇다고 해서 쾨스터가 생각하듯이 그것이 "쌍둥이" 유다가 예수의 쌍둥이 형제였고, 따라서 주의 형제 유다와 동일 인물이었다는 것을 의미하는 것은 아니다. 후대의 전승이 "쌍둥이"라는 별명을 **예수의** 쌍둥이로 해석했다는 것은 사실이지만(*Acts Thom.* 31; 39; *Thom. Cont.* 138:4-8), 그것은 통상적으로 그가 예수의 혈육이라는 의미가 아니라, 그의 용모가 예수를 아주 많이 닮았다는 것(A. F. J. Klijn, "John xiv 22 and the Name Judas Thomas," *Studies in John: presented to Professor Dr J. N. Sevenster*[NovTSup 24; Leiden: E. J. Brill, 1970] 88-96), 또는 그가 일종의 영적 쌍둥이였다는 것(참조. J. J. Gunther, "The Meaning and Origin of the Name 'Judas Thomas,'" *Mus* 93[1980] 113-148)을 의미하는 것이었다. 오직 후대에 가서야 예수의 "쌍둥이" 유다 도마는 예수의 혈육이었던 유다와 혼동되었다.

그러므로 이러한 주장은 "야고보의 형제"를 설명할 수 없고, (2)의 경우와 마찬가지로 유다가 자신을 "사도"라 부르지 않은 이유를 설명하는 데에 난관에 부딪치게 된다.

사이드보텀(Sidebottom, 69, 79)은 유다서는 영지주의 이단에 맞서기 위해 주후 2세기 초에 익명의 저가가 쓴 위서라고 주장하면서 동일한 견해를 채택했다. 주의 형제 유다는 그리 유명하지 않은 인물이었기 때문에 필명으로 사용될 가능성이 없었다는 반론에 반대하여, 사이드보텀은 유다 도마는 영지주의 문헌에서 중요한 인물이었다고 지적한다(*Gos. Thom.*; *Thom. Cont.*). 하지만 이러한 논증은 쾨스터와 마찬가지로 유다 도마를 주의 형제 유다와 동일시하는 잘못된 전제에 의거하고 있다. 주후 2세기 영지주의자들이라면 유다 도마를 "야고보의 형제…유다"로 묘사하고자 하지 않았을 것이다.

(4) 몇몇 학자들(Selwyn, *Christian Prophets*, 148; W. J. Fournier에 의한 초기 논증을 발전시킨 du Plessis, "Authorship"; Ellis, "Jude"; 참조. Plumptre, 85-86)은 유다서의 기자를 유다 바사바로 보았다(행 15:22, 27, 32). 그러나 유다서에서 이 유다를 말하고자 했다면, "야고보의 형제" – 이것이 영적인 의미에서의 형제를 의미하는 것일지라도 – 라는 묘사가 아니라, 그의 성(姓)인 바사바를 사용해서 같은 이름의 다른 사람들과 구별하는 것이 훨씬 자연스러운 일이었을 것이다(du Plessis,

"Authorship," 197; 여기에 나오는 "형제"에 대한 Ellis의 해석에 대해서는 아래를 보라).

(5) 스트리터(B. H. Streeter, *The Primitive Church*[London: Macmillan, 1929] 178-80)는 사도헌장(Apostolic Constitutions) 7:46에서 "야고보의 유다"라 부른 예루살렘의 세 번째 감독이 유다서를 썼고, "형제"라는 단어는 유다서 1:1의 본문에 대한 후대의 첨가라고 생각했다. 이런 생각은 그로 하여금 유다서를 위서로 보지 않고도, 그 저작 연대를 주후 2세기 초로 설정하는 것을 가능하게 해주었다. 아주 오래 전에 그로티우스(Grotius)도 유세비우스(Eusebius, *Hist. Eccl.* 4.5.3)에 의하면 예루살렘의 마지막 유대인 감독이었던 유다(그는 앞에서 말한 세 번째 감독과 동일 인물인 것 같다)가 유다서의 기자라고 생각했었다(Chase, *DB*(*H*) 2, 804 n.을 보라). 이러한 주장들은 유다서의 저작 연대를 그토록 늦은 시기로 설정할 수밖에 없게 만드는 아주 강력한 증거가 있을 때만 고려해 볼 만한 주장들이 될 수 있다. 그러나 설령 그런 증거가 있다고 할지라도, 그런 기자의 저작이 어떻게 주후 2세기 말에 이르러서 교회 전체에 걸쳐 권위 있는 서신으로 널리 받아들여지게 될 수 있었는지를 이해하기는 어려울 것이다.

(6) 모팻(Moffatt, 244-46)은 성경의 다른 곳에서 알려져 있지 않은 미지(未知)의 야고보의 형제로서 똑같이 미지인 유다가 유다서의 기자였을 것이라고 생각했다. 이런 생각은 자신의 정체를 밝힐 때 누구의 아들이 아니라 누구의 형제라고 말하는 것은 극히 이례적인 것이기 때문에 반드시 설명을 해내지 않으면 안 된다는 사실을 고려하지 못하고 있다. (그것을 설명할 수 있는 유일한 가설은 여기에 나오는 야고보는 누구나 알고 있던 **바로 그** 야고보였다는 것이다.)

전통적인 견해(1)가 지금도 여전히 가장 좋은 견해다. 유다서가 주의 형제에 의해서 써진 진정한 서신인지, 아니면 그의 이름을 빌어서 써진 위서(僞書)인지에 대해서는 앞의 서론을 보라.

"예수 그리스도의 종"(*Ἰησοῦ Χριστοῦ δοῦλος* – 예수 크리스투 둘로스). 이 어구는 로마서 1:1; 빌립보서 1:1(복수형, 바울과 디모데); 야고보서 1:1("하나님과 주 예수 그리스도의 종"); 베드로후서 1:1에서 서신의 서두에 나온다. 다른 곳에서 바울은 이 어구를 자기 자신(갈 1:10), 에바브라(골 4:12), 디모데(딤후 2:24), 그리스도인들 일반(고전 7:22; 엡 6:6)에 대하여 사용한다. 이 어구의 배후에는 특히 아브라함(시 105:42), 모세(느 9:14; 계 15:30; Josephus, *Ant.* 5:39), 다윗(시 89:3), 다니엘(단 6:20) 같은 지도자들에 대한 존칭으로 사용된 "하나님의 종"이라는 유대적인 용어가 있다. 이 유대적인 칭호가 그리스도인들(벧전 2:16; 계 7:3; *1 Clem* 60:2) 또는 사도들(딛 1:1)에 대하여 종종 사용되었지만, 좀더 기독교적인 특징을 지닌 어구인 "예수 그리스도의 종"이라는 용어가 흔히 사용되었는데, 이 용어는 그리스도가 그리스도인들을 속량하여 포로 생활이나 종살이에서 건져내었기 때문에, 이제 그리스도인들은 그에게 속하여 그의 종들이 되었다는 인식을 보여 준다(고전 7:23). 그러므로 모든 그리스도인들은 "예수 그리스도의 종들"이었다. 그러나 이 어구는 특별한 섬김으로 부르심을 받은 기독교의 일꾼들에 대하여 사용될 수 있었는데, 그 경우에도 어떤 특권적인 지위를 나타내는 것이 아니라, 디아코노스(*διάκονος*, "종")라는 용어가 보여 주듯이 기독교의 일꾼들은 종의 역할을 모범적으로 행하여 하나님의 모든 백성의 본이 되어야 한다는 것을 나타내는 것이었다. 유다가 자신을 지칭하는 용어로 사용하고 있다는 맥락 속에서 볼 때, 이 어구는 권위에 대한 주장을 담고 있기는 하지만 그 권위는 주 예수와의 혈연관계를 토대로 한 권위가 아니라 그가 주를 섬기도록 부르심을 받았다는 사실에 토대를 둔 권위다. "예수 그리스도의 종"이라는 용어는 사도들에 대하여 사용될 수 있었지만, 그 자체로 "사도"와 대등한 호칭은 아니었기 때문에(참조. 롬 1:1; 벧후 1:1), 우리는 유다가 교회에서 모종의 지도자적인 역할을 수행했지만, 그에게 "사도"라는 칭호는 주어지지 않았다고 추론할 수 있을 것이다. 야고보서 1:1(야고보서가 진정한 서신인지의 여부를 떠나서)은 "사도"라는 칭호는 유다의 형제인 야고보에게도 적절한 칭호로 생각되지 않았다는 것을 보여 준다. 반면에 유다서 1:17(해당 "주석"을 보라)은 유다를 사도들의 범주에서 반드시 배제시키고 있는 것은 아니다.

바울이 주의 형제들을 사도들 가운데 포함시켰는지의 여부는 아주 분명하지는 않다(고전 9:5; 15:7; 갈 1:19). 바울은 "사도"를 부활하신 주로부터 직접 선교의 사명을 부여받은 자로 이해하고 있기 때문에, 선교사가 아니었던 야고보는 여기에서 배제될 것이다. 유다를 포함한 주의 다른 형제들은 선교사의 역할을 수행했지만(고전 9:5), 그들이 부활하신 그리스도를 보았는지는 우리가 알지 못한다(행 1:14은 그들이 보았을 것이라는 추측을 가능하게 해주는 근거가 될 수도 있다). 바울의 이 본문들이 실제로 보여 주는 것은 아마도 야고보를 비롯해서 주의 다른 형제들은 바울의 기준에 의하면 "사도"의 칭호를 부여받을 **자격을 갖춘** 것으로 여겨질 수 있었지만, 그들에 대한 통상적인 호칭이 "주의 형제"였기 때문에 실제로는 "사도"로 **불리지** 않았다는 것일 수 있다. 일 세대 그리스도인들의 눈에 그들은 예수와 혈연관계에 있는 특별한 범주에 속한 자들이었기 때문에, 당시의 그리스도인들은 그들을 사도라는 일반적인 범주 속에 포함시키기보다는 주의 형제라는 특별한 범주 속에서 보고, 그런 칭호로 그들을 부르는 것을 선호했다. 그런 까닭에, 바울은 그들을 사도들과 **더불어서** 동급으로 분류하고 있는 것으로 보이지만, 초기 기독교 문헌에서는 결코 그들을 명시적으로 "사도"라고 부르지 않는다. 헤게시푸스(Hegesippus, *ap.* Eusebius, *Hist. Eccl.* 2.23.4)와 위(僞)클레멘트 서신들(the Pseudo-Clementines)에 의해서 대변된 유대 기독교 전승은 야고보를 사도들로부터 구별했다. (물론 우리는 사도직에 대한 바울의 이해가 유다가 활동했던 기독교 진영에서 받아들여졌는지를 확실하게 알지 못하고, 또 하나의 가능성은 "사도"라는 칭호를 열두 제자에게 국한시키는 것은 사도행전에서 나타난 후대의 특징이 아니라, 애초부터 팔레스타인 기독교의 특징이었을 수도 있다는 것이다. 만약 그랬다면, 유다는 자기가 열두 제자 중 한 사람이 아니었기 때문에 자신을 사도로 보지 않았을 것이다.)

주의 형제들이 "사도"로 알려져 있지 않았다면, 그들이 그들 자신을 "사도"라고 부르지 않은 것은 자연스러운 일이다. 그러나 유다서 1:1과 야고보서 1:1(이 서신이 진정한 서신이라고 할 때)을 보면, 다른 그리스도인들은 그들을 "주의 형제"라는 칭호를 사용하여 불렀지만, 정작 그들 자신은 스스로에 대하여 그런 호칭을 사용하는 것을 피했던 것으로 보인다. 이것은 의외의 놀라운 일이 아니다. 그들이 단순히 예수와의 혈연관계가 그들에게 권위를 줄 수 없다는 사실을 그들의 추종자들보다 더 예민하게 의식하고 있었을 것은 너무나 뻔한 일이다(참조. 막 3:33-35). 그들이 예수와 그들의 관계를 언급하기를 피한 것은 많은 주석가들의 주장과는 달리 그들의 겸손함 때문이 아니었다. 요지는 바울이 그의 서신의 서두에서 자신의 사도직을 습관적으로 언급하는 것에서 볼 수 있듯이, 그들은 그들의 서신의 서두에서 그들 자신을 소개하는 호칭을 통해서 독자들에게 어떤 문제들에 대하여 말하고 명령할 수 있는 권위가 그들에게 있다는 것을 확고히 해야 했다는 것이다. 이런 목적을 위해서 그들이 그들에 대한 칭호로 채택하고 있는 것은 "예수 그리스도의 종"이라는 칭호였다(빌 1:1에서 바울, 그리고 사도가 아니었던 디모데가 그렇게 했듯이).

그러므로 유다서 1:1과 야고보서 1:1이 이 형제들이 그들 자신을 소개하는 특징적인 방식을 반영하고 있는 것으로 보는 것은 이치에 맞아 보인다. 이것은 이 어구를 후대의 기자들의 것으로 돌리는 것보다 훨씬 더 설득력이 있다. 왜냐하면 야고보와 유다가 관례적으로 "주의 형제들"로 불렸을 뿐만 아니라, 유대 그리스도인들이 점점 더 예수의 가족을 주의 혈육이라는 이유만으로 권위가 있는 것으로 보았던 때에, 야고보와 유다라는 가명을 사용한 후대의 기자들이 이 어구를 사용했을 것이라고 보기는 힘들기 때문이다. 유다서가 이 "왕가적(dynastic) 기독교"의 위서인데도(Rowston, *NTS* 21[1974-75] 554-63과 "양식/구조/배경"에서 논의했듯이), 유다와 예수의 혈연관계를 명시적으로 이야기하지 않고 있다는 것은 믿기 어렵다. 주 예수에 대한 경외심이 점차 확대되어 가면서, 주와의 혈연관계를 주장하는 것은 무엄한 일이 되었다는 켈리(Kelly)의 주장은 아무런 증거가 없다.

"야고보의 형제"(*ἀδελφὸς δὲ Ἰακώβου* – 아델포스 데 야코부). 세베대의 아들 야고보가 죽은 후에 초기 기독교의 지도자들 중에서 통상적으로 다른 표시 없이 단지 "야고보"라고만 불린 인물은 오직 한 명뿐이었고(행 12:17; 15:13; 21:18; 고전 15:7; 갈 2:9, 12), 형제 관계이면서 야고보와 유다라는 이름으로 불린 예도 신약에 오직 한 번 나온다(막 6:3). 그러므로 유다는 자기보다 더 유명했던 그의 형과의 관계를 밝힘으로써 자신의 신분을 나타내기 위해 이 어구를 사용하고 있는 것이다. 물론 유다는 이 서신을 수신하게 되어 있는 교회들에서 잘 알려져 있었을 것임에 틀림없지만, 유다라는 이름은 기독교의 지도자들 가운데서도 아주 흔한 이름이었기 때문에, 자신의 신분을 분명하게 밝혀 줄 수 있는 표현을 사용해야만 했다(참조. 눅 6:16; 요 14:22; 행 15:22). "예수 그리스도의 종"(*Ἰησοῦ Χριστοῦ δοῦλος* – 예수 크리스투 둘로스)과는 달리, 이 어구는 유다의 권위를 나타내기 위한 것이 아니라, 단지 신분을 나타내기 위한 것임에 틀림없다. 예수와의 혈연관계가 그 어떤 권위도 부여해 주지 않는다면, 야고보와의 혈연관계가 권위를 부여해 줄 리가 없기 때문이다. 그러나 유다는 그의 통상적인 칭호인 "주의 형제"를 비록 그의 권위를 나타내기 위해서는 사용할 수 없었다고 할지라도, 왜 자신의 신분을 확정하는 용도로도 사용할 수 없었을까? 그 대답은 이 칭호는 일반적으로 권위를 수여하는 것으로 이해되었고, 그러한 함의(含意) 없이는 사용될 수 없었으리라는 것이다. 게다가, "예수 그리스도의 종이자 형제"라는 어구는 부자연스럽고 모순된 단어의 조합으로 보였을 것이다.

엘리스(Ellis)는 아델포스(*ἀδελφός*)는 "혈연으로서의 형제"가 아니라 "동역자"를 의미한다고 보고서("Jude," 227), 여기에 나오는 유다는 예루살렘 교회의 "형제들" 중의 한 사람이었던 유다 바나바를 가리킨다고 주장한다(행 15:22). 그러나 사도행전에서 사용된 아델포이(*ἀδελφοί*, "형제들")가 "그리스도인들"이라는 의미 이상의 것을 뜻할 것 같지는 않다(반대 견해로는 E. E. Ellis, "Paul and his Co-Workers," *Prophecy and Hermeneutic in Early Christianity*[WUNT 18; Tübingen: J. C.

B. Mohr, 1978] 15-17를 보라). 이 단어와 관련된 바울의 용례는 또 다른 문제인데, 그는 적어도 종종 아델포이(ἀδελφοί, "형제들")를 기독교 선교에 있어서 그의 동역자들을 가리키는 전문 용어에 가깝게 사용하는 것으로 보인다(Ellis, 14-15). 그러나 이것은 아델포스 야코부(ἀδελφὸς Ἰακώβου, "야고보의 형제")를 "야고보의 동역자들 중의 한 명"이라는 의미로 이해하기 위한 그리 안전한 토대가 되지는 못한다.

"하나님 아버지 안에서 사랑을 얻고"(ἐν θεῷ πατρὶ ἠγαπημένοις – 엔 데오 파트리 에가페메노이스). 유다가 그의 독자들을 묘사할 때 사용한 세 단어는 모두 이사야서에 나오는 여호와의 종의 노래에서 가져왔을 가능성이 있는데, 거기에서 이스라엘은 하나님의 부르심을 받고 사랑을 얻고 지키심을 받은 자들로 묘사된다("부르심을 받고": 사 41:9; 42:6; 48:12, 15; 49:1; 54:6; "사랑을 얻고": 42:1; 43:4; 참조. 44:2 LXX; "지키심을 받은": 42:6; 49:8). 초기 기독교의 용례를 따라서 유다는 이 단어들을 종말론적인 하나님의 백성인 교회에 적용한다. 구약에 의하면, 이스라엘에 대한 하나님의 사랑(참조. 신 7:7-8; 렘 31:3; 호 11:1; 14:4; *2 Apoc. Bar.* 78:3)은 특히 출애굽이라는 구원 사건과 신약이 그리스도 안에서 성취되었다고 보는 새로운 출애굽이라는 종말론적 구원 사건 속에서 나타났다. 칠십인경에서 (호) 에가페메노스([ὁ] ἠγαπημένος)는 거의 이스라엘의 호칭이 되었고(신 32:15; 33:5, 26; 대하 20:7; 시 28:6; 사 5:1; 44:2; Bar 3:37), 마카베오3서 6:11의 기도문에는 호이 에가페메노이 수(οἱ ἠγαπημένοι σου, "주의 사랑을 받은 자들")라는 어구가 나온다. 에가페메노이(ἠγαπημένοι)는 유다가 테테레메노이(τετηρημένοι, "지키심을 받은") 및 클레토이(κλητοί, "부르심을 받은")와 연결시키듯이, 바울도 이 단어를 그리스도인들에게 적용할 때 전에 옛 이스라엘을 묘사할 때 사용했다가 이제는 새 이스라엘을 묘사할 때 사용하게 된 다른 단어들과 밀접하게 연결시킨다("택하심을 받은": 살전 1:4, ἐκλογή – 에클로게; 살후 2:13, εἵλατο – 헤일라토; 골 3:12, ἐκλεκτοί – 에클렉토이; 골 3:12, ἅγιοι – 하기오이)(또한 참조. Ign. *Trall.* inscr.). 이렇게 옛 이스라엘에게 적용되었던 호칭들을 종말론적 이스라엘인 교회에 그대로 옮겨와서 적용한 것은 초기 기독교에서 보편적인 현상이었기 때문에, 유다가 에가페메노이(ἠγαπημένοι)를 사용한 것을 바울의 영향을 받은 것으로 볼 필요는 없다.

완료 분사(ἠγαπημένοι – 에가페메노이)가 사용된 것은 하나님의 사랑이 그의 백성에게 수여된 후에 그대로 머물러 있다는 의미다(참조. 렘 31:3; 롬 8:39).

예기치 않게 엔 데오 파트리(*ἐν θεῷ πατρί*, "하나님 아버지 안에서")라는 어구가 나온 것을 둘러싸고 많은 논란이 있어 왔다. 유다가 그의 독자들을 향한 그의 사랑이 아니라 하나님의 사랑에 대하여 말하고 있다는 것이 분명하기 때문에, 여기에는 하나님을 행위 주체로 언급하는 표현이 나올 것을 기대하는 것은 자연스러운 일이다(참조. 살전 1:4, *ἠγαπημένοι ὑπὸ θεοῦ* – 에가페메노이 휘포 데우; 살후 2:13, *ἠγαπημένοι ὑπὸ κυρίου* – 에가페메노이 휘포 퀴리우). 엔(*ἐν*)의 도구적 용법을 확장해서 "하나님에 의해서 사랑을 얻고"라는 의미로 해석하는 것은 셈어적 표현이라고 볼지라도 거의 불가능하고(고전 6:2의 엔 휘민[*ἐν ὑμῖν*]은 법정적 용법으로 사용되는 전문 용어이기 때문에 진정한 평행이 아니다), "…보기에"(참조. 고전 14:11, *ἐν ἐμοί* – 엔 에모이, "내게") 또는 "…의 영역이나 부문에서"(Moulton, *Grammar*, 103)라는 의미로 해석하는 것도, 그런 의미로 해석되기를 바랐다면 유다가 차라리 휘포 데우(*ὑπὸ θεοῦ*)를 사용했을 것으로 보이기 때문에 가능성이 희박하다. 그러므로 대부분의 주석가들은 이 전치사를 장소의 의미로 보고 "하나님 아버지 안에서"로 해석한다: "하나님에 의해서"라는 의미는 에가페메노이(*ἠγαπημένοι*, "사랑을 얻고")에 함축되어 있고, 엔 데오 파트리(*ἐν θεῷ πατρί*)는 더 나아가서 추가적인 의미를 전달하고 있음에 틀림없다.

이 어구는 엔 크리스토(*ἐν χριστῷ*, "그리스도 안에서")와 엔 퀴리오(*ἐν κυρίῳ*, "주 안에서")라는 바울의 용법과는 거의 상관이 없다. 바울서신에서는 오직 데살로니가전서 1:1과 데살로니가후서 1:1에서만 (아마도) 장소의 의미로 엔 데오 파트리(*ἐν θεῷ πατρί, καὶ κυρίῳ Ἰησοῦ Χριστῷ* – 카이 퀴리오 예수 크리스토를 추가해서)가 사용된다. 하지만 요한의 용법들에서는 그리스도인들과 하나님 간의 상호적인 관계의 한 측면으로 그리스도인들이 "하나님 안에" 있다는 것이 더 자주 언급된다(요 17:21; 요일 2:24; 3:24; 4:13, 15, 16). 요한의 이 용법은 사랑과 밀접히 연관되어 있기 때문에 특히 유다서의 본문과 관련이 있는 것으로 보인다: 내주(內住)는 친밀한 사랑의 관계를 보여 주는 것이다(특히 요일 4:16을 보라). 또 한 가지 주목할 만한 것은 유다서 1:21("하나님의 사랑 안에서 자신을 지키며")도 요한적인 개념(요 15:9-10; 요일 4:16)과 아주 닮았다는 것이다. 그러므로 유다는 하나님이 사랑하시는 자들은 그분의 사랑에 감싸여서 그분의 사랑의 친밀한 교제 속으로 들어가 있는 자들이라는 것을 말하고자 하는 것일 수 있다. 하나님의 사랑 안에 있는 것은 "하나님 안에" 있는 것이다.

"예수 그리스도를 위하여 지키심을 받은"(*Ἰησοῦ Χριστῷ τετηρημένοις* – 예수

크리스투 테테레메노이스). 이 어구는 종말론적인 의미를 지닌다: 그리스도인들은 하나님의 나라에서 그들의 최종적인 구원 속으로 들어가게 될 예수 그리스도의 재림의 때까지 하나님에 의해서 안전하게 지키심을 받는다. (아마도 이 은유는 이런 것이다: 그리스도인들은 예수 그리스도의 자산이기 때문에, 그분이 그 자산에 대한 소유권을 주장하기 위하여 올 때까지 그분을 위하여 안전하게 지키심을 받는다. 그리스도인들의 유업은 그들이 재림 때 그 유업에 대한 권리를 주장할 수 있도록 그들을 위하여 하늘에 안전하게 간직되고 있다고[*τετηρημένην* – 테테레메넨] 말하는 벧전 1:4을 참조하라.) 이러한 종말론적 의미에 대해서는 데살로니가전서 5:23("너희의 온 영과 혼과 몸이 우리 주 예수 그리스도께서 강림하실 때에 흠 없게 보전되기를[*τηρηθείη* – 테레데이에] 원하노라"), 베드로전서 1:5("너희는 말세에 나타내기로 예비하신 구원을 얻기 위하여 믿음으로 말미암아 하나님의 능력으로 보호하심을 받았느니라[*φρουρουμένους* – 프루루메누스]"), 유다서 1:24(퓔랏세인[*φυλάσσειν*, "보호하다"]은 여기에 나오는 테레인[*τηρεῖν*, "지키다"]과 동일한 의미를 지닌다; 참조. 요 17:12)을 참조하라. 하나님이 그리스도인들을 안전하게 지키실 것임에 틀림없다는 개념(이 개념은 요 17:11, 15; 계 3:20에도 나온다)은 초기 기독교의 어느 한 전승에 속해 있었던 것이 아니고 분명히 널리 퍼져 있었다(Chaine, 277은 초대 교회에서 공통적으로 사용되었던 교리 문답에서 나온 것이라고 생각한다). 이 개념은 하나님이 유다서의 독자들을 거짓 교사들의 영향으로부터 안전하게 지켜 주실 것이라는 의미가 담겨 있는 것이었기 때문에, 이 개념이 유다서의 서두에 나오는 것은 특별히 아주 적절한 것이었다. 또한 이 개념이 지닌 종말론적인 지향성도 이 서신 전체의 분위기의 일부다(참조. 1:21).

완료 분사(*τετηρημένοις* – 테테레메노이스)로 되어 있는 것은 안전하게 지키시는 하나님 안에 있는 그들의 안전한 상태를 잘 표현해 준다.

"부르심을 입은 자들에게"(*τοῖς…κλητοῖς* – 토이스…클레토이스). 이것은 구약의 이스라엘에게 적용된 것이 이제는 그리스도인들에게로 옮겨와서 적용된 또 하나의 칭호인데, 이 칭호는 특히 제2이사야에서 자주 사용되었다(41:9; 42:6; 48:12, 15; 49:1; 54:6; 또한 참조. 호 11:1; 쿰란 공동체는 이 칭호를 이스라엘의 신실한 자들인 그들 자신에게 적용했다. CD 2:9; 4:4). 이스라엘의 "부르심"은 하나님에 의한 이스라엘의 "택하심" 또는 "선택"과 밀접하게 연관되어 있다(사 41:8, 9; 42:1; 43:10; 44:1, 2; 49:7; 참조. CD 4:4): 하나님의 택하심은 이스라엘을 부르셔서 그의 종 된 백성이 되게 하심을 통해서 현실화된다. 이 개념은 사람이 믿음으로 응답해야 하는 하나님의 주도권(initiative)을 표현하고 있고, 신약에서 칼레인(*καλεῖν*, "부르다")은 그리스도인의 구원 과정을 나타내는 전문 용어가 되었다. 이 용어는 하나님이 복음을 통해서 사람들을 그의 나라에 들어와 그의 새로운 백성이 되라고 하시는 부르심을 가리킨다. 구약적인 배경과 아울러서, 이 용어에는 하나님의 나라에 들어오라는 부르심을 혼인 잔치로의 초대(*καλεῖν* – 칼레인)를 통해서 나타내고 있는 예수의 비유들(마 22:3-9, 14; 눅 14:8, 16-24; 계 19:9)에 의한 영향도 있는 것 같다. 칼레인(*καλεῖν*)의 전문적 용법은 여기서처럼 그리스도인들을 가리키는 전문 용어인 실명사로 사용되는 클레토스(*κλητός*)의 용법과 맥을 같이 한다. 이 두 가지는 바울의 용법의 특징이긴 하지만 바울에게만 국한되어 있었던 것은 결코 아니다. 그리스도인들은 로마서 1:6-7; 8:28; 고린도전서 1:2, 24(명사로는, 롬 1:6; 고전 1:24)에서만이 아니라, 마태복음 22:14; 요한계시록 17:14; *1 Clem* inscr.; *Barn.* 4:13-14; *Sib. Or.* 8:92(명사로는 계 17:14; *1 Clem* inscr.; *Sib. Or.* 8:92; 참조. 히 9:15, *οἱ κεκλημένοι* – 호이 케클레메노이)에서도 클레토이(*κλητοί*)로 지칭된다. 서신의 당사자 문구에서 클레토이스(*κλητοῖς*)는 유다서 1:1에서와 마찬가지로 로마서 1:7; 고린도전서 1:2; 클레멘트1서의 서문에서도 발견된다.

2 "긍휼과 평강과 사랑이 너희에게 더욱 많을지어다"(*ἔλεος ὑμῖν καὶ εἰρήνη καὶ ἀγάπη πληθυνθείη* – 엘레오스 휘민 카이 에이레네 카이 아가페 플레뒨데이에). 유대적인 인사말인 "긍휼과 평강"(참조. *2 Apoc. Bar.* 78:2)은 유다가 하나님께 그의 독자들에게 풍성히 부어 줄 것을 기원하는 하나님의 복에 대한 포괄적인 표현이다. "긍휼"(구약의 חסד – 헤세드, "변함없이 꾸준한 사랑")은 언약 백성을 향한 하나님의 인자하신 태도이고, "평강"(구약의 שלום – 샬롬)은 그 결과로서 생겨나는 복된 상태다. 틀림없이 유다의 독자들은 이 유대적인 인사말을 기독교적인 뉘앙스를 첨가하여 읽었을 것이다: 그리스도 안에서 나타난 하나님의 긍휼과 그리스도 안에서 그리스도인들에게 주어진 구원. 이 어구에 대한 기독교적인 해석은 유대적인 인사말에서는 발견되지 않는 아가페(*ἀγάπη*, "사랑")의 첨가를 통해서 더욱 강화된다(물론 인사말 다음에 "내 형제들아, 나는 우리를 지으시고 옛적부터 우리를 사랑하신 그분의 사랑을 마음에 간직하고 있다…"고 말하는 *2 Apoc. Bar.* 78:3은 주목할 만한 가치가 있기는 하지만). 그리스도 안에서의 하나님의 사랑에 대한 기독교 중심적인 인식은 초기 기독교에서 이 단어가 자주 사용된 것 속에 표현되어 있고, 유대적인 인사말도 이미 엘레오스(*ἔλεος*, "긍휼")라는 단어 속에 하나님의 사랑이라는 개념을 담고 있긴 하지만 하나님의 사랑에 대한 이러한 기독교 특유의

인식은 여기에 아가페($\dot{\alpha}\gamma\acute{\alpha}\pi\eta$)가 첨가된 이유를 설명해 준다. 하나님의 사랑은 유다서에서 선호하는 주제다(1:1, 2, 21).

## 해설

유다는 자신을 야고보의 형제(즉 주의 형제였던 예루살렘의 "의인" 야고보)라고 밝힌다. 유다가 그의 독자에게 편지를 써서 권면할 수 있는 권위는 그가 예수와 혈연관계에 있다는 것에 있는 것이 아니라(그는 이 사실을 언급조차 하지 않는다), 예수 그리스도를 섬기도록 부르심을 받은 그의 사명에 있다. ("주의 형제들" 중의 한 사람으로서) 그는 초기 교회에서 "사도"라는 호칭으로 알려져 있지 않았지만, 사도들과 더불어서 지도자적인 역할을 수행했던 것으로 보이고, 이것은 "예수 그리스도의 종"이라는 용어를 통해서 표현되어 있다.

유다는 이사야 40-55장에 나오는 이스라엘에 관한 묘사들로부터 가져온 용어들 – 이제는 하나님의 종말론적인 백성의 지체들인 그리스도인들에게 적용되었던 용어들 – 을 사용해서 그의 독자들을 묘사한다. 그들은 하나님이 그의 나라로 부르신 자들, 하나님의 사랑으로 둘러싸여 있는 자들, 예수 그리스도가 그의 재림 때에 자신의 소유 된 자들로 그들을 영접하실 때까지 그들이 이 세상에서 살아가는 동안에 하나님이 안전하게 지켜 주고 계시는 자들이다. 이 서신의 나머지 부분에 비추어 보면, 유다가 독자들을 묘사할 때 사용한 용어들은 주의 깊고 세심하게 선택된 것으로 보인다. 지금 이 그리스도인들은 거짓 교사들의 위협을 받고서 그들의 부르심에서 떨어져 나가 배교하고, 재림의 때에 거짓 교사들에게 임할 심판을 그들 자신도 자초할 위험한 처지에 놓여 있다. 유다는 하나님의 부르시고 사랑하시고 안전하게 지키시는 역사(役事)를 사람들이 믿음으로 신실하게 응답해야 한다는 것을 알고 있고, 그가 1:21에서 1:1의 주제들을 다시 거론하는 것은 이 문제의 다른 측면을 표현하고 있는 것이다: 그의 독자들은 하나님의 사랑 안에서 **그들 자신을 지켜야** 하고, 재림의 때에 그들의 것이 될 구원을 믿음으로 **기다려야** 한다. 하나님이 일하신다고 해서 사람의 이러한 책임이 면제되는 것은 아니다. 그러나 유다는 마지막 절에 나오는 송영을 통해서 그가 처음에 말했던 것, 즉 예수 그리스도로 말미암아 그들의 구원자가 되신 하나님은 그들이 종말에 있을 최종적인 구원에 이를 때까지 그들을 안전하게 지키실 수 있을 것이라는 그의 확신으로 되돌아간다(1:24).

이 인사말은 하나님의 복을 차고 넘치게 부어 주실 것을 기원하는 유대적인 양식으로 되어 있지만, 그리스도 안에서의 하나님의 사랑으로 인한 복들을 나타내기 위하여 "사랑"이라는 단어를 첨가함으로써 개작되어 있다.

# 동기와 주제(유다서 3-4)

## 참고문헌

**Maier, F.** "Zur Erklärung des Judasbriefes(Jud 5)." *BZ* 2(1904) 377-97. **Whitaker, G. H.** "Faith's Function in St Jude's Epistle." *ExpTim* 29(1917-18) 425.

## 본 문

3 사랑하는 자들아 내가 우리의 일반으로 얻은 구원을 들어 너희에게 편지하려는 뜻이 간절하던 차에 성도에게 단번에 주신 믿음의 도를 위하여 힘써 싸우라는 편지로 너희를 권하여야 할 필요를 느꼈노니
4 이는 가만히 들어온 사람 몇이 있음이라 저희는 옛적부터 이 판결을 받기로 미리 기록된 자니 경건치 아니하여 우리 하나님의 은혜를 도리어 색욕거리로 바꾸고 홀로 하나이신 주재 곧 우리 주 예수 그리스도를 부인하는 자니라

**3** My dear friends, although I am very eager to write to you about our common salvation, I find[a] it necessary to write appealing to you to carry on the fight for the faith which was once and for all delivered to the saints.
**4** For certain persons have infiltrated[b] among you, who were long ago designated for this condemnation, as ungodly men, who pervert the grace of our God into immorality and deny our only Master and Lord Jesus Christ.

## 원문주해

a. 에스콘(*ἔσχον*)은 서신용의 부정과거이기 때문에 영어로는 현재 시제로 옮기는 것이 더 자연스럽다.(헬라어에서는 읽을 때 독자들의 관점에 적절한 시제를 사용하는 반면에, 영어에서는 글을 쓸 때 적절한 시제를 사용한다.)

b. 파레이세뒤에산(*παρεισεδύησαν*, B) 또는 파레이세뒤산(*παρεισέδυσαν*, 다른 모든 사본) 가운데 어느 쪽으로 읽든 의미는 동일하다.

## 양식/구조/배경

이 절들은 헬라 서신의 "본론을 여는 말", 즉 서신의 본론으로 들어가는 말에 해당한다. 이 대목은 "통상적으로 서신을 쓰게 된 주된 동기를 밝히는 대목"(White, *Body*, 18)이다.

말로 하는 대화에서처럼 두 당사자에게 공통적인 출발점이 정립되어야 하는데,

이것이 유다가 "우리가 일반으로 받은 구원"(our common salvation)에 대하여 자기가 편지를 써 보내고자 마음이 간절했다고 밝히는 것의 공식적인 기능일 것이다. 그런 후에 유다는 자기가 실제로 편지를 쓰게 된 목적을 밝히는 것으로 나아가는데, 그렇게 하기 위해서 당시의 문학에서 공식적이거나 사적인 요청들을 제시하는 데 사용되는 양식이었던 "청원"(petition)이라는 양식을 사용한다. 멀린스(T. Y. Mullins, "Petition as a Literary Form," *NovT* 5[1962] 46-54)는 파라칼레인(*παρακαλεῖν*, "권하다")이 일인칭으로 되어 있지 않다는 이유로 유다서 1:3-4을 그가 작성한 신약에서 사용된 청원 양식 목록에 포함시키고 있지 않지만, 유다서 1:3-4은 청원 양식에서 일반적으로 사용되던 4개의 동사들 중에서 "가장 개인적이고 강력해서" 개인 서신들에서 애용되었던 동사인 파라칼레인(*παρακαλεῖν*)을 사용하여 청원 양식을 약간 개작한 것으로 보아야 한다(Mullins, "Petition," 48-49). 멀린스는 청원 양식을 세 가지 기본 요소들로 분해한다: (a) 배경, (b) 청원의 동사, (c) 바라는 행위, (d) 부르는 말을 포함한 세부적인 내용(이것은 선택적인 요소다). 유다서 1:3-4에는 이 네 가지 요소가 다 나온다: (a) 고전 1:11에서처럼 청원에 이어서 가르(*γάρ*)에 의해 도입된 4절(참조. White, *Body*, 74), (b) 파라칼론(*παρακαλῶν*, "권해야 할"), (c) 에파고니제스다이(*ἐπαγωνίζεσθαι*, "힘써 싸우라는") 이하의 어구, (d) 3절의 아가페토이 휘민(*Ἀγαπητοί, ὑμῖν*, "사랑하는 자들아 너희에게"). 신약의 서신에서 서로 비교해 볼 수 있는 양식상으로 밀접한 평행은 고린도전서 1:11-12이다(또한 참조. 몬 1:8-10).

3-4절이 이 서신의 나머지 부분과 어떻게 연결되어 있는지를 아는 것은 중요하다. 5-19절의 단락은 4절의 진술, 즉 거짓 교사들의 죄와 그들에 대한 심판이 이미 예언되어 있었다는 것을 성경(과 그 밖의 다른 예언들)을 통해서 확증하기 위한 미드라쉬(해설)로 이루어져 있다. 달리 말하면, 5-19절은 실제로 유다의 청원의 배경, 즉 3절에 나오는 그의 호소를 필요로 하게 된 상황에 대한 그의 설명이라는 것이다. 청원 자체는 20절까지는 더 이상 추가적으로 설명되지 않는다. 이것은 20-23절이 어떤 의미로든 유다의 강해에 대한 부록(주석서들은 이것을 종종 "결론적인 권면들"이라 부른다)이 아니라는 것을 의미한다: 20-23절은 실제로 3절에서 이 서신의 목적이라고 선언되고 있는 유다의 청원의 내용을 상세하게 밝히는 단락이다. 유다가 그의 독자들에게 믿음을 위하여 싸우라고 호소하는 내용은 20-23절에 포함되어 있다.

이렇게 3절의 호소는 20-23절의 권면 단락의 주제를 진술하고 있고, 배경을 이루는 4절은 5-19절의 미드라쉬 단락의 주제를 진술하고 있다. 이러한 관계는 표제어들(catchword)에 의한 상호 연결을 통해서 강화된다: 3절의 하기오이스 피스테이(*ἁγίοις πίστει*)와 20절의 하기오타테…피스테이(*ἁγιωτάτῃ…πίστει*); 4절의 크리마…아세베이스(*κρίμα…ἀσεβεῖς*)와 6, 15절의 크리신(*κρίσιν*), 15절의 아세베이스(*ἀσεβεῖς*), 아세베이아스(*ἀσεβείας*), 헤세베산(*ἠσέβησαν*), 18절의 아세베이온(*ἀσεβειῶν*).

아가페토이(*Ἀγαπητοί*, 17, 20절에서도)는 기독교의 서신들에서 흔한 부름말이다(롬 12:19; 고후 7:1; 12:19; 히 6:9; 벧전 2:11; 4:12; 벧후 3:1, 8, 14, 17; 요일 2:7; 3:2, 21; 4:1, 7, 11; *1 Clem* 1:1; 7:1; 12:8; 21:1; 24:1-2; 35:1; 36:1; 50:1; 53:1; 참조. *1 Enoch* 91:3).

3-4a절에서 두드러진 수사학적 특징은 "p" 음을 사용한 두운법(頭韻法)이다.

"주석"에서 논증하고 있듯이, 데스포텐(*δεσπότην*, "주재", 4절)이 그리스도를 가리킨다면, 4절의 끝부분은 삼위일체 중 두 위격을 평행법을 통해서 언급하고 있는 정형문구이다.

(1) 텐 투 데우 헤몬 카리타 메타티덴테스 에이스 아셀게이안(*τὴν τοῦ θεοῦ ἡμῶν χάριτα μετατιθέντες εἰς ἀσέλγειαν*).

(2) 카이 톤 모논 데스포텐 카이 퀴리온 헤몬 예순 크리스톤 아르누메노이(*καὶ τὸν μόνον δεσπότην καὶ κύριον ἡμῶν Ἰησοῦν χριστὸν ἀρνούμενοι*).

(1) "우리 하나님의 은혜를 도리어 방탕한 것으로 바꾸고."

(2) "홀로 하나이신 주재 곧 우리 주 예수 그리스도를 부인하는 자니라."

## 주석

3 "생각이 간절하던 차에"(*πᾶσαν σπουδὴν ποιούμενος* – 파산 스푸덴 포이우메노스). 스푸덴 포이에인(*σπουδὴν ποιεῖν*)이라는 표현은 훌륭한 고전 헬라어이고, 파산 스푸덴 포이에인(*πᾶσαν σπουδὴν ποιεῖν*)이라는 어구(여기서 파산[*πᾶσαν*]은 "지극한"을 의미한다)는 자주 발견된다(Chaine, 293; Moulton and Milligan, Vocabulary, 586). 이 어구는 "…에 아주 간절하다" 또는 "…에 심혈을 기울이다"를 의미하기 때문에, 유다가 편지하려는 생각이 간절했다는 의미일 수도 있고(RSV), 그가 심혈을 기울여서 이미 편지를 쓰고 있다는 의미일 수도 있는데(NEB), 전자의 의미가 좀더 통상적인 것으로서, 여기서도 그런 의미로 해석할 때 문맥이

잘 통한다.

"내가 너희에게 편지하려는 뜻이 간절하던 차에…편지로…할 필요를 느꼈노니" (*πᾶσαν σπουδὴν ποιούμενος γράφειν ὑμῖν…ἀνάγκην ἔσχον γράψαι* – 파산 스푸덴 포이우메노스 그라페인 휘민…아낭켄 에스콘 그랍사이). 유다는 여기서 두 개의 서신을 말하는 것인가, 아니면 오직 하나의 서신을 말하는 것인가? 우리의 영어 번역(분사구를 "양보"의 의미로 봄)은 대다수의 학자들이 채택한 석의(釋義, exegesis)의 결과를 반영한 것이다. 그 석의에 의하면, 유다는 원래 기독교 신앙을 일반적으로 다룬 하나의 서신을 쓰고자 의도했다가 그 계획을 변경해서 당시의 긴급한 상황으로 인해 필요하게 되었던 또 다른 서신을 쓰게 되었다는 것이다. 하지만 몇몇 학자들(Knopf, Windisch, Reicke; Rowston, *Setting*, 114-18)은 이 본문에 대한 다른 석의를 채택해서(분사구를 "시간" 또는 "원인"의 의미로 봄), 유다는 오직 하나의 서신을 쓰려고 생각하고 있다가 당시에 실제로 그 편지를 쓴 것이라고 주장한다. 이 문제와 관련해서 우리가 생각해 보아야 할 주된 것들은 다음과 같다:

(a) 현재 부정사 그라페인(*γράφειν*, "편지하다")과 부정과거 부정사 그랍사이(*γράψαι*)의 대비(참조. 요삼 1:13; *Barn.* 4:9; 21:9)는 결정적인 것이 아닐 가능성이 높다. 만약 이러한 대비를 부각시킨다면, 그 대비는 편지하고자 하는 일반적인 의도(또는 아마도 이미 시작된 편지 쓰는 과정)와 실제로 수행된 구체적인 행위 간의 대비가 존재한다고 할 수 있을 것이다. 그러나 이러한 대비는 하나의 서신을 의도하고 있다가 당시에 실제로 썼다는 것을 의미할 수도 있고(Reicke), 하나의 서신을 의도하고 있다가 실제로는 다른 서신을 썼다는 것을 의미할 수도 있다.

(b) 페리 테스 코이네스 휘몬 소테리아스(*περὶ τῆς κοινῆς ὑμῶν σωτηρίας*, "우리의 일반으로 얻은 구원을 들어")는 유다가 실제로 쓴 편지의 내용을 말하는 것인가? 빈디쉬(Windisch)에 의하면, 이 어구는 "성도들에게 단번에 전해진 믿음"과 동일한 의미다. 이것이 옳다면, 유다는 "우리의 공통의 구원"의 **내용**에 관하여 편지하고자 한 것이 아니라, 그의 독자들에게 이단에 맞서서 그 믿음을 굳게 지키라고 호소하는 편지를 쓰고자 했다는 뜻이 된다. 이러한 해석도 가능하기는 하지만 "우리가 일반으로 받은 구원에 관하여"라는 어구를 기독교 복음의 내용에 관한 해설을 가리키는 것으로 보는 것이 더 자연스럽다. 그러나 유다가 실제로 쓴 편지는 분명히 그런 내용이 아니다.

(c) 유다가 오직 하나의 서신만을 말하고 있다고 보는 견해를 채택한다면, 유다는 통상적으로 간결한 문체를 사용하는 것과는 대조적으로, 여기에 나오는 "문장은

불필요하게 비비꼬여 있고 내용이 중복되어 있다"(Kelly).

(d) 로우스튼(Rowston, *Setting*, 117)은 유다서는 공을 들여서 쓴 문학 작품이라는 것을 근거로 해서, 이 서신이 유다가 위기에 관한 소식을 듣고서 즉각적으로 단숨에 써 내려간 긴급 서신이라는 견해에 반대한다. 이것은 사실이긴 하지만 유다가 두 서신을 말하고 있다는 견해를 취한다고 해서, 그것이 그가 실제로 쓴 서신을 짧은 시간에 별 어려움이나 고민도 없이 일필휘지(一筆揮之)로 써내려갔다는 것을 의미하는 것은 아니다. 여기에서 대비되고 있는 것은 단지 그가 믿음에 관한 일반적인 주제로 꽤 긴 분량의 서신을 쓰고자 계획했다가, 그의 서신의 수신처인 교회(들)이 거짓 교사들에 의하여 위험에 빠져 있다는 소식을 듣고서 그 당면한 구체적인 문제를 다루는 짧은 서신을 써야 할 필요가 생겨 실제로 그런 서신을 썼다는 것이 전부다.

유다가 쓰고자 의도했지만 우리가 알고 있는 한 실제로는 결코 쓰지 않은 서신을 말하고 있는 것이라면, 유다서에 그런 말이 나오는 것 자체가 현재의 서신이 진정한 서신임을 보여 주는 증거라는 잔(Zahn, *Introduction*, 269)의 주장은 어느 정도 설득력이 있다. 이 서신이 위서(僞書)라면, 이 서신의 기자가 그런 말을 할 이유가 거의 없었을 것이다. 또한 이 서신의 기자가 언급하고 있다고 추정해 볼 수 있는 유다의 이름으로 된 잘 알려진 서신(지금은 멸실된)이 존재했을 가능성도 희박하다. 왜냐하면 만약 그런 서신이 존재하고 있었다면, 이 서신의 기자는 유다가 그 서신을 쓴 의도를 이렇게 모호하게 언급하지는 않았을 것이기 때문이다.

로빈슨(Robinson)은 유다서의 진정성을 논증하면서, 유다는 "우리가 일반으로 받은 구원에 관하여" 편지를 쓰고자 한 그의 의도를 나중에 실행에 옮겨 베드로의 대리인으로서 베드로후서를 쓴 것이라고 생각한다(*Redating*, 193-4). 유다가 제시한 주제("우리가 일반으로 받은 구원")가 유다서보다는 베드로후서에 더 어울리기는 하지만 이 두 서신을 동일한 기자의 것으로 돌리는 데는 뛰어넘을 수 없는 난점들이 존재한다(베드로후서에 대한 "주석"의 서론을 보라). 뒤바를르(A.-M. Dubarle, "Rédacteur et destinataires de l'Epître aux Hébreux," *RB* 48[1939] 506-29)는 유다가 쓰고자 했던 서신은 히브리서로서, 유다는 실제로 히브리서를 편집했으며, 히브리서 13:22에 언급된 "권면의 말"은 유다서를 가리킨다고 주장했다. 그러나 다른 것은 그만두고라도, 히브리서와 유다서에서 다루어지고 있는 교회들의 문제들은 전혀 다른 것으로 보인다.

"우리의 일반으로 얻은 구원을 들어"(*περὶ τῆς κοινῆς ἡμῶν σωτηρίας* – 페리

테스 코이네스 헤몬 소테리아스). 헤 코이네 소테리아(*ἡ κοινὴ σωτηρία*)라는 어구는 통속 헬라어에서 "국가의 안위(安危)"라는 의미로 사용되었다(BAG, s.v. *κοινός*에 나오는 전거들): 유다는 이 통속적인 어구를 기독교적으로 개작해서 사용했을 가능성도 있지만, 단지 표현이 우연히 동일했을 수도 있다. 소테리아(*σωτηρία*, "구원")라는 용어는 신비 종교들에서만이 아니라 유대교에서도 종교적인 의미를 지니고 있었는데(LXX 사 45:17; 46:13; 52:7, 10; Wis 5:2; *Pss. Sol.* 16:5), 초기 기독교에서 예수 그리스도로 말미암아 "우리 구주 하나님"(1:25)에 의해 이루어졌고 장차 완성될 종말론적인 구원을 가리키는 의미로 채택되어 아주 널리 사용되었다. 체이스(Chase, *DB*(*H*) 2, p 805; 또한 Mayor, 19)는 유다가 유대 그리스도인으로서 이방 그리스도인들에게 편지를 쓰면서 "우리의 일반으로 얻은 구원"이라는 어구를 사용한 것이라고 생각했다. 그런 가능성이 없는 것은 아니지만, 유다의 독자들은 주로 유대 그리스도인들이었을 것이고, 이 어구는 그런 상황에서도 아주 자연스러운 표현이었을 것이다. "이 어구는 유대교가 이해했던 하나님의 백성으로서의 구원의 공동체적인 성격, 그러니까 그리스도 안에서의 연합에 관한 확고한 믿음을 지니고 있던 기독교에 의해서 한층 더 생생해진 구원의 공동체적인 성격을 드러내 주고 있다"(Kelly). 그러나 켈리가 그 뒤에 하고 있는 단언, 즉 여기서 말하는 "구원"에는 바울서신이나 베드로전서 1:5에는 있는 종말론적인 측면이 결여되어 있다는 단언은 아무런 근거가 없다. 반대로 21절에 비추어 볼 때, 우리는 유다가 쓰고자 했던 주제는 재림의 때 믿는 자들에게 임할 구원을 강조했을 것이라고 예상할 수 있다.

"믿음의 도를 위하여 힘써 싸우라는"(*ἐπαγωνίζεσθαι τῇ… πίστει* – 에파고니제스다이 테…피스테이). 에파고니제스다이(*ἐπαγωνίζεσθαι*)는 종종 단순 동사인 아고니제스다이(*ἀγωνίζεσθαι*) 대신에 "싸움을 지속하다" 또는 이전의 싸움들을 "계속해 나가다"라는 의미로 사용되는 것으로 보인다(Mayor, *LPGL*에 나오는 예들; 참조. Whitaker, *ExpTim* 29[1917-18] 425). 이익의 여격은 에파고니제스다이(*ἐπαγωνίζεσθαι*)와 함께 사용되는 경우가 흔하지 않지만(그러나 Mayor, xi, 22; LPGL에 그 몇몇 예들이 나온다), 여기서는 그런 의미임에 틀림없다(참조. 빌 1:27: 쉬나들룬테스 테 피스테이 투 유앙겔리우[*συναθλοῦντες τῇ πίστει τοῦ εὐαγγελίου*, "복음의 신앙을 위하여 협력하는"]).

이 동사는 헬라의 육상 경기들로부터 유래한 용어들이 은유적으로 사용된 흔한 예들 중의 하나다. 그러한 은유들은 특히 스토아학파에서 인생을 도덕적 경주에 비유함으로써 널리 유행하게 되었지만, 반드시 스토아학파의 도덕 철학적인 함의들을 내포하고 있었던 것은 아니었다. 이 은유들은 헬레니즘적 유대교에서 널리 사용되었고(V. C. Pfitzner, *Paul and the Agon Motif*[NovTSup 16; Leiden: E. J. Brill, 1967] chap 3), 팔레스타인의 유대교 저작들 속에서도 발견된다(4 Ezra 7:92, 127-28; *2 Apoc. Bar.* 15:7-8). 초기 교회에서 이 은유들은 특히 바울서신(롬 15:30; 고전 9:24-27; 빌 1:27-30; 4:3; 골 1:29-2:1; 4:12-13; 딤전 6:12; 딤후 4:7)에서 등장하지만 다른 곳에도 나온다(히 10:32; *1 Clem* 2:4; 5; 7:1; 35:4; *2 Clem* 7; 20:2; *Barn.* 4:11). 그러므로 우리는 유다의 용례가 바울의 영향을 받았다고 볼 필요는 없다. 이 동사는 자주 은유로서의 성격을 거의 잃고서, 헬라의 경기들을 가리키는 원래의 의미에 대한 암시 없이 그저 힘쓰고 애쓰는 것을 가리키는 단어로 사용된다(Pfitzner, *Paul*, 72). 이 동사가 이 절에서 은유로서의 의미를 어느 정도나 유지하고 있는지는 말하기 어렵다.

피츠너(Pfitzner)는 바울이 스토아학파에서처럼 인생을 도덕적 경주에 비유하기 위해서 경주 은유들을 사용하는 일은 없다는 것을 보여 준 바 있다. 바울은 이 은유들을 주로 복음을 위해 싸우는 그의 사도적 사명의 특성을 나타내는 데 사용한다. 이 은유들은 바울이 복음을 위하여 애쓰는 것, 그리고 아울러 복음을 반대하는 것에 맞서서 고군분투하는 것을 나타내는 데에 사용된다. 이 싸움은 일차적으로 바울과 그의 동역자들의 싸움이긴 하지만 선교사들(빌 4:3; 딤전 6:12)을 비롯해서 모든 그리스도인들도 그 싸움에 참여하고 있다(롬 15:30; 빌 1:27-30). 바울서신 중에서 유다서 1:3과 가장 근접한 평행은 빌립보서 1:27-30이다. 유다는 바울과 마찬가지로 복음을 위한 싸움을 말하기 위해 이 은유를 사용한다(아래의 "믿음"을 보라). 한 가지 말해 둘 것은 바울에게 있어서나 유다에게 있어서나 이 싸움은 단지 복음을 **방어**하는 데서 그치지 않고, 복음의 진보와 승리를 촉진시키기 위하여 **공격적**이기도 하다는 것이다. 또한 이 싸움은 단지 말로 싸우는 데서 그치지 않는다. 바울에게 있어서 이 싸움은 복음에 충실한 삶의 방식을 포함하고 있고(빌 1:27; 딤전 6:11; 참조. 히 10:32-34), 믿음을 위해 싸운다는 유다의 개념은 20-21절의 권면을 포함한다. 그러므로 유다가 사용한 이 어구는 거짓 교사들에 반대하는 소극적인 일을 주로 염두에 두고 있는 것이 아니다. 그는 그의 독자들에게 복음을 섬기는 그리스도인의 삶을 살기 위하여 계속해서 적극적으로 고군분투하라고 호소하는 것이다. 그러나 그렇게 하기 위해서는, 그들이 거짓 교사들의 영향력에 대항하지 않으면 안 된다. 거짓 교사들은 복음의 대의(大義)를 저버리고, 복음이 지닌 도덕적 함의들을 부정함으로써 이 싸움을 포기했기 때문이다.

이 서신의 구조는 유다가 그의 독자로 하여금 믿음을 위한 싸움을 지속하기 위해서 무엇을 하도록 의도했는지를 확증하는 데 아주 중요하다("양식/구조/배경"을 보라). 그는 그의 호소가 무엇을 의미하는지를 전적으로 적극적인 권면들로 되어 있는 20-23절에서 자세하게 설명해 놓는다. 유다서에서 믿음을 위한 싸움은 대적자들을 규탄하는 것을 의미한다고 생각하는 흔한 오해는 5-19절의 의의(意義)에 대한 오해로부터 생겨난다. 이 절들은 유다서의 독자들에게 유다의 호소를 필요하게 만든 그들의 상황의 위험스러운 현실을 일깨우기 위한 것이지만, 유다는 먼저 5-19절을 통해서 그런 준비를 한 후에야, 그들이 어떻게 믿음을 위한 싸움을 지속해야 하는지를 설명하는 것(20-23절)으로 나아간다.

"성도에게 단번에 주신 믿음의 도"(*τῇ ἅπαξ παραδοθείσῃ τοῖς ἁγίοις πίστει* – 테 하팍스 파라도데이세 토이스 하기오이스 피스테이). 이 어구는 종종 유다서가 지닌 "초기 가톨릭 사상"의 흔적으로 여겨져 왔기 때문에(예를 들면, Windisch, Schelkle) 자세하게 검토해 볼 필요가 있다. 이 어구는 과거로부터 권위 있게 전수된 변경할 수 없고 규범성을 지닌 일군의 정통 교리, 전승의 "집적물"을 반영하고 있다고 주장된다. 유다서의 후기 저작설을 전제한다면, 이러한 개념을 유다의 말들 속에 집어넣어서 읽는 것은 분명히 어렵지 않은 일이지만, 유다의 말들이 그런 해석을 요구하는지는 의문이다. 유다서와 제1세대 기독교를 대비시키는 견해는 일반적으로 (1) 처음부터 기독교에서의 전승의 역할에 대한 과소평가와 (2) 유다의 말들이 일군의 공식적인 교리를 함축하고 있는 정도에 대한 과장으로부터 생겨난 결과다.

피스티스(*πίστις*, "믿음의 도")라는 단어는 여기서 믿어지고 있는 것의 내용물을 가리킨다(즉 믿는 행위로서의 신앙[fides qua creditur]이 아니라 믿음의 대상으로서의 신앙[fides quae creditur]이다). 이러한 용법은 이미 바울에게서 발견될 수 있고, 갈라디아서 1:23(*εὐαγγελίζεται τὴν πίστιν* – 유앙겔리제타이 텐 피스틴, "그 믿음을 전한다")에서 가장 분명하게 나타나는데, 거기서 피스티스(*πίστις*)는 "복음", "기독교 메시지"와 동일한 의미다. 헬라어에는 "하나의 신념, 확신"을 의미하는 피스티스(*πίστις*)의 "객관적" 용법이 잘 정립되어 있었지만(예를 들면, Josephus, *C. Apion* 2:163), 그런 용법은 초기 기독교적 용법의 주된 출처였을 가능성은 거의 없다. 갈라디아서 1:23에서 텐 피스틴(*τὴν πίστιν*)은 다른 믿음들과 구별되는 "**기독교적** 믿음"이 아니라, 믿음을 요구하는 메시지로서의 "**믿음**"을 의미한다. 기독교의 복음이 "믿음"이라 불리게 될 수 있었던 것은 복음은 특이하게도 믿음을 요구하는 메시지였기 때문이었다(롬 10:8, "믿음의 말씀"). 따라서 "믿음에 순종한다"는 것(행 6:7; 아마도 롬 1:5; 16:26)은 "복음에 순종한다"는 것과 같은 것이다(롬 10:16; 살후 1:8; 벧전 4:17). 그것은 믿음으로 복음에 응답하는 것을 의미한다. (바울서신에서 피스티스[*πίστις*]가 "복음" 또는 "기독교 신앙"을 의미하는 것으로 보이는 다른 예들은 고전 16:13; 갈 3:23, 25; 6:10; 빌 1:25; 골 1:23이다; 참조. 엡 4:5; 또한 Bultmann in *TDNT* 6, 213을 보라.) 믿음의 대상으로서의 신앙(fides quae creditur)인 피스티스(*πίστις*, "믿음")의 객관적 용법은 목회서신에서 특히 흔하게 나오고(딤전 3:9; 4:1, 6; 딤후 4:7; 다른 예들은 확실하지 않다) 사도 교부들에게서도 드문드문 나오지만(Ign. *Eph.* 16:2; Pol. *Phil.* 3:2?), 사실 이 용법은 바울에게까지 소급되기 때문에 유다서에 나오는 이 용법을 후대 저작설의 증거로 여길 수 있는 근거는 없다. 게다가, 유다가 피스티스(*πίστις*)라는 단어를 통해서 "복음" 이외의 다른 것을 가리키고자 했다고 추정할 만한 근거는 없다. 신앙고백적인 정형문구들이 이미 바울 시대에도 알려져 있었긴 하지만 유다가 이 단어를 통해서 그런 문구들을 가리킬 의도였다는 것을 단정할 수도 없고(Grundmann), 이 단어가 주석자들이 흔히 유다서가 말하고 있다고 주장하는 일군의 확립된 정통 교리들을 가리키는 것이라고 할 수도 없다. 유다는 그의 독자들에게 기독교 신앙의 어떤 특정한 신조들을 위해 싸우라고 호소하는 것이 아니라, 예수 그리스도로 말미암은 구원이라는 기독교의 중심적인 메시지를 위해 싸우라고 호소한다. (사실 Ign. *Eph.* 16:2; Pol. *Phil.* 3:2에 나오는 "믿음"으로서의 피스티스[*πίστις*]의 후대 용례들에서도 이것이 그 의미일 가능성이 높다.)

이 믿음은 "성도에게 전해진" 믿음이다. 대부분의 주석자들이 인정하듯이(Spitta는 이에 반대다), 여기서 "성도들"은 예수 그리스도에게서 복음을 받은 사도들이 아니라, 유다서의 수신자들이자 교회(들)를 세운 사도들로부터 복음을 받은 그리스도인들이다. (호이 하기오이[*οἱ ἅγιοι*, "성도들"]를 그리스도인들을 나타내는 의미로 사용하는 용법은 초기 기독교 전승의 모든 흐름들에 공통적인 것은 아니었지만, 그렇다고 해서 바울 특유의 것도 아니었다: 참조. 행 9:13, 32, 41; 히 6:10; 13:24; 계 5:8; 8:3; 11:18; 13:7, 10; 14:12; *Herm. Vis.* 1:1:9; 1:3:2; Asc. Isa. 4:13, 14, 16; Did. 16:7; Ign. *Smyrn.* 1:2.) 파라도데이세(*παραδοθείσῃ*, "전해진")에 함축되어 있는 의미상의 주어는 사도들임이 거의 확실하다. 초기 기독교는 파라디도나이(*παραδιδόναι*, 전승을 "전수하다, 전하다"; 히브리어의 מסר ל에 해당함)와 그 상관어인 파라람바네인(*παραλαμβάνειν*, 전승을 "받다"; 히브리어의 מן

קבל에 해당함)의 전문적 용법을 이 단어들이 유대 전승과 관련하여 사용되었던 용법으로부터 가져왔다: "바울서신에서 우리는 유대교의 '파라도시스'와 관련된 용어들 전체를 발견한다"(O. Cullmann, "The Tradition," in *The Early Church* [London: SCM Press, 1956] 63). 복음 전승에 대한 유다의 개념은 바울의 용법과 정확히 일치한다(이것에 대해서는 Cullmann, "Tradition," 59-99; P. Fannon, "The Influence of Tradition in St Paul," SE 4/1[=TU 102; Berlin: Akademie-Verlag, 1968] 292-307; G. E. Ladd, "Revelation and Tradition in Paul," W. W. Gasque and R. P. Martin (eds.) *Apostolic History and the Gospel*[F. F. Bruce Festschrift; Exeter: Paternoster, 1970] 223-30; 가장 최근의 것으로는, J. I. H. McDonald, *Kerygma and Didache*[SNTSMS 37; Cambridge: Cambridge University Press, 1980] chap. 4를 보라). 바울은 파라디도나이(*παραδιδόναι*, "전하다")와 파라람바네인(*παραλαμβάνειν*, "받다")이라는 단어들을 그가 교회들을 세울 때 처음으로 가르쳤던 교훈과 관련해서 사용한다: 그는 전승들을 교회들에 전했고, 그들은 그에게서 그 전승들을 받았다(고전 11:2, 23; 15:3; 갈 1:19; 빌 4:9; 골 2:6; 살전 2:13; 살후 2:15; 3:6; 참조. 롬 6:17). 이 전승들의 중심적인 내용은 복음 자체였지만(고전 15:1; 갈 1:9), 거기에는 예수의 삶(고전 11:23), 그리스도인의 행실과 교회의 규례에 관한 가르침들(고전 11:2; 빌 4:9; 살후 3:6)도 포함되어 있었다. 이러한 여러 가지 다양한 요소들은 지나치게 날카롭게 구별되어서는 안 될 것이다. 특히 주목할 만한 것은 바울이 그의 독자들에게 이 전승들을 "굳게 붙잡으라"거나 "유지하라"(이것들도 전문 용어들이다. 참조. 막 7:8)고 명령하고 있다는 것(고전 11:2; 15:2; 살후 2:15)과 이 전승들을 모든 가르침들과 행위들을 판단하는 기준으로 삼으라고 호소하고 있다는 것이다(고후 11:3-4; 갈 1:8-9; 골 2:6-8; 살후 3:6; 또한 함축적으로는 고전 11:2, 17; 살후 2:15).

유다가 그의 독자들에게 그들이 처음에 받았던 복음을 위해 싸우라고 호소하는 것은 바울의 이러한 개념들을 넘어서는 것이 아니다. 하팍스(*ἅπαξ*, "단번에")라는 단어는 복음은 그리스도 안에서 하나님의 "단번의" 구원 행위에 관한 메시지이고 (롬 6:10; 히 9:12; 9:26-28; 10:10; 벧전 3:18) 결코 변할 수 없기 때문에, 유다서의 독자들이 계속해서 충성해야 하는 것은 그들이 그리스도인이 되었을 때 처음으로 받았던 바로 그 복음이라는 것을 강조한다. 또한 이러한 강조는 바울이 마찬가지로 거짓 가르침에 직면했을 때 각 교회들이 그 교회들을 세운 사도들로부터 처음에 받은 복음을 굳게 붙잡으라고 호소한 것과 전적으로 일맥상통한다(롬 16:17;

고후 11:4; 갈 1:9). 바울과 유다는 둘 다 초기 기독교 선교의 공통의 원칙을 반영하고 있다.

유다의 관심은 특히 복음이 지닌 도덕적 함의들에 있다(교리의 정통성에 있는 것이 아니기 때문에, 유다서에서 "믿음"이 일군의 정형화된 교리들을 가리킨다는 개념은 대단히 부적절하다). 의심할 여지없이, 그는 구체적으로 사도들에 의해 주어진 최초의 가르침 속에서 복음에 수반되었던 그리스도인의 행실에 관한 가르침을 염두에 두는 가운데 헤 피스티스(ἡ πίστις)라는 단어를 복음 자체를 가리키는 의미로 사용한다. 왜냐하면 그의 독자들이 복음의 도덕적 요구에 계속해서 충실하여 거짓 교사들의 율법 폐기론에 대항할 때, 그것은 복음 자체를 위해 싸우는 것이기 때문이다. 율법 폐기론은 복음 자체를 왜곡시키는 것이기 때문에, 바울이 갈라디아서에서 할례를 받는 것을 그의 회심자들이 그에게서 처음에 받은 복음에 역행하는 것으로 규정하여 반대한 것과 마찬가지로, 유다는 율법 폐기론을 그의 독자들이 사도들로부터 처음에 받은 복음에 역행하는 것으로 규정하여 반대하고 있는 것이다.

이 대목에서 유다의 후대 저작설을 주장하기 위한 논거로 유다와 바울 간의 두 가지 차이점이 종종 제기된다. 첫 번째로 지적되는 것은 바울의 전승 이해 속에서는 전승에 영감을 부여하고 전승을 해석함에 있어서 성령의 필수적인 역할을 배제하거나, 바울 자신이 그렇게 하고 있듯이 전승을 토대로 신학을 발전시키는 것을 배제할 정도로 전승을 엄격하게 보존되어야 할 고정되고 정형화된 교리들이라고 보고 있지 않다는 것이다. 이 모든 것은 사실이지만, 이러한 함의들이 유다의 전승 이해 속에는 존재하지 않는다는 주장은 전혀 근거가 없다. 바울이 복음의 심한 왜곡들이라고 본 것에 대하여 강력한 반대를 하고 있는 것으로부터 그가 정형화된 전승을 고집했다고 추론할 수 없는 것과 마찬가지로, 유다가 복음의 심한 왜곡으로 보이는 것에 대하여 강력한 반대를 하고 있다는 것으로부터도 그런 추론을 하는 것은 불가능하다.

두 번째로 지적되는 것은 유다는 바울과는 달리 신학적 논증을 통해서 그의 대적자들을 반박하고자 하지 않고 있다는 것이다 – 이러한 지적은 앞의 지적보다 조금 더 일리가 있어 보인다. 하지만 그러한 주장은 우리에게 유다가 바울보다 후대라는 것을 말해주는 것이 아니라, 단지 유다는 바울이 아니라는 것을 말해 줄 뿐이다. 바울이 행하고 있는 것과 같은 신학적 논증은 단지 유다의 취향이 아니었을 뿐만 아니라, 바울의 다수의 동료 사도들의 취향도 아니었을 것이다. 사실 유다는 5-19절의 미드라쉬를 통해서 자기 나름대로의 신학적 논증을 제시하고 있다.

학자들은 모세의 유언 4:8을 유다서 1:3의 평행이라고 지적해 왔다: "두 지파는 그들에게 처음에 주어진 믿음에 머물리라"(라틴어 역본에서는 permanebunt in praeposita fide sua). 유다는 모세의 유언을 잘 알고 있었기 때문에(9, 16절), 아마도 이 어구는 그의 뇌리에 충격을 주었겠지만, 유다의 말은 초기 기독교의 용법을 토대로 해야만 온전히 설명될 수 있다.

4 "이는 가만히 들어온 사람 몇이 있음이라"(*παρεισεδύσαν γάρ τινες ἄνθρωποι* – 파레이세뒤에산 가르 티네스 안드로포이). 파레이스뒤네인 또는 파레이스뒤에인(*παρεισδύ[ν]ειν*, "가만히 들어오다")이라는 동사(신약에서는 오직 여기에만 나온다; 다른 예들은 Mayor, xi, 24)는 반드시는 아니지만 은밀함이나 몰래 행하는 것이라는 뉘앙스를 지니는 경향을 보여 준다(참조. *Barn* 2:10; 4:9에서 마귀의 활동에 대하여 사용된 명사 파레이스뒤시스[*παρείσδυσις*]; 갈 2:10에서 파레이사크토스[*παρεισάκτος*]와 파레이스에르케스다이[*παρεισέρχεσθαι*]의 사용; 벧후 2:1에서 이단적 가르침들과 관련해서 파레이스아게인[*παρεισάγειν*]이 사용된 것; 2 Macc 8:1에서 렐레도토스[*λεληθότως*]와 함께 파레이스포류에스다이[*παρεισπορεύεσθαι*]가 사용된 것). 독자들에게 잘 알려져 있던 한 무리의 한정된 사람들을 가리키기 위해서 티네스(*τινες*, "사람 몇")를 사용하는 것은 흔한 일이다(롬 3:8; 고전 4:18; 15:34; 고후 3:1; 10:12; 갈 1:7; 딤전 1:3, 19; 벧후 3:9; Ign. *Eph.* 7:1; 9:1): 이것은 흔히 경멸의 뉘앙스를 띠고서 대적자들과 관련해서 사용된다.

유다의 표현은 말썽을 일으킨 자들은 한 무리의 추종자들을 거느린 순회 선지자들 또는 교사들이었다는 것을 시사해 준다. 그러한 순회 교사들은 오늘날의 종교계 일반에서와 마찬가지로 초기 기독교의 특징이었고, 초기 기독교 문헌에서 교회들의 분란의 원인으로 자주 등장한다(마 7:15; 고후 10-11; 요일 4:1; 요이 1:10; *Did.* 11-12; Ign. *Eph.* 9:1). 유다서는 이단적 가르침이 교회의 외부로부터 온다는 신학적 주장을 반영하고 있지는 않다(Wisse, "Jude," 136). 왜냐하면 그의 말은 단지 거짓 교사들이 그의 서신의 수신처인 특정한 교회(들)의 외부로부터 왔다는 것만을 의미할 뿐이고, 5-6절은 그가 그들을 배교한 신자들로 여기고 있다는 것을 보여 주기 때문이다. 그는 실제 상황을 반영하고 있다.

"저희는 옛적부터 이 판결을 받기로 미리 기록된 자니"(*οἱ πάλαι προγεγραμμένοι εἰς τοῦτο τὸ κρίμα* – 호이 팔라이 프로게그람메노이 에이스 투토 토 크리마). 이 어구는 난점들로 가득하다. 팔라이(*πάλαι*)라는 부사는 통상적으로 "오래 전에"를 의미하지만 종종 단지 "과거에"를 의미하여 최근의 과거를 가리킬 수도 있는데

(고전적인 예들은 Chaine, 296), 완료 동사인 프로게그람메노이(*προγεγραμμένοι*)와 함께 "오랜 세월 동안"을 의미할 수 있다. 어쨌든 팔라이(*πάλαι*)는 프로게그람메노이(*προγεγραμμένοι*)에서 프로(*προ*)가 시간적 의미를 지니고 있다는 것을 나타내는 것으로 보이지만(갈 3:1에서처럼 "공적으로 내걸린"이나 1 Macc 10:36에서처럼 "명단으로 작성된"이 아니라, 행 1:16; 롬 15:4; 엡 3:3에서처럼 "미리 씌어진"), 일부 학자들은 로마의 관습에 따라서 그 이름이 범법자로 등록된 자들과 관련된 프로그라페인(*προγράφειν*)의 전문적 용법을 지적해 왔다(Polybius, *Hist.* 32.5.2; 6.1; Lucian, *Tim.* 51). 호이 팔라이 프로게그람메노이(*οἱ πάλαι προγεγραμμένοι*)이라는 어구의 해석과 관련해서 세 가지 주요한 가능성이 존재한다.

(1) 거짓 교사들과 그들에 대한 단죄는 하늘의 책들에 이미 기록되어 있다(Clement of Alexandria, Windisch, Kelly). (이러한 개념은 프로게그람메노이[*προγεγραμμένοι*]가 범법자들로 등록되어 있다는 의미를 지닌다는 견해를 구체적화시킨 것이라 할 수 있다.) 이 주장과 관련해서 통상적으로 인용되는 유대교 본문들 중 다수는 이 문제와 상관이 없다. 그 본문들이 채택하고 있는 개념은 악인들의 죄는 그 죄가 범해질 때 기록되므로, 그것은 최후의 심판에서 증거가 될 수 있다는 것이기 때문이다(계 20:12; *2 Apoc. Bar.* 24:1; *1 Enoch* 89:61-71; 98:7; 104:7). 악인들에 대한 단죄는 그들이 죄를 범하기 전에 이미 하늘의 책들에 기록되어 있다는 예정론적인 개념은 앞의 것과 다소 다르고 드물게 제기된다(에녹1서의 부록인 에녹1서 108:7에 이 개념이 나오는데, 유다는 이 부록을 몰랐을 가능성이 크다). 이 개념은 사실 인류의 역사 전체가 이미 미리 결정되어서 하늘의 운명의 책들에 기록되어 있다는 결정론적인 개념에 속한다(*1 Enoch* 81:12; 93:1, 3; 103:2; 106:19; *T. Asher* 7:5). 유다가 에녹1서로부터 하늘의 운명의 책들에 관한 이러한 개념을 가져올 수는 있었겠지만, 만약 그가 에녹처럼 그 책들에 쓰인 내용에 관한 특별한 계시를 받지 않았다면(에녹1서 81:1-2) 거기에 어떤 내용이 쓰여 있는지를 어떻게 알았겠는가? 이것에 대한 유일하게 유력한 답변은 유다가 에녹1서에서 발견한 악인들에 대한 심판의 예언들, 즉 하늘의 책들을 **에녹**이 읽어서 알게 되었다고 하는 에녹1서의 예언들을 거짓 교사들에게 적용했다는 것이다. 그러나 그런 경우에는 프로게그람메노이(*προγεγραμμένοι*)가 하늘의 책들이 아니라 에녹의 예언들을 직접적으로 가리킨다고 추정하는 것이 훨씬 더 간단하다(아래의 해석 (3)을 보라).

(2) 거짓 교사들과 그들에 대한 단죄는 이미 사도적 예언, 즉 베드로후서 2:1-3:4(Zahn, *Introduction*, 249-52)이나 17-18절에서 유다가 인용하는 것과 같은 다

른 예언들(참조. 행 20:29-30; 딤전 4:1-3; 딤후 3:13) 속에 예언되어 있다. 잔(Zahn)의 주장은 그가 투토 토 크리마(*τοῦτο τὸ κρίμα*, "이 판결")를 파레이세뒤산(*παρεισεδύσαν*, "가만히 들어온")에 걸리는 것으로 해석해서, 이 예언이 거짓 교사들이 유다의 서신의 수신처인 특정한 교회(들)에 침투한 것에 관한 것이라고 보는 것에 의존해 있다. 이런 해석은 가능성이 희박하지만(아래를 보라), 그렇게 해석하지 않는다면, 우리는 유다의 인용문(18절)이나 베드로후서를 제외한 그 어떤 다른 현존하는 사도적 예언들이 제공하고 있는 것으로 보이지 않는 거짓 교사들에 대한 단죄에 관한 기록된 사도적 예언을 필요로 한다. 그러므로 이 견해는 실제로는 베드로후서가 유다서보다 먼저 쓰였다고 했을 때만 성립될 수 있다.

(3) 거짓 교사들과 그들에 대한 단죄는 기독교 이전의 예언 속에, 즉 5-7, 11절에 나오는 구약의 모형들이라는 형태로(Maier, *BZ* 2[1904] 384-91; Grundmann), 또는 에녹서 속에(Mayor, Chaine, Cantinat) 예언되어 있다. 이 해석을 취하게 되면 팔라이(*πάλαι*, "옛적부터")의 의미가 제대로 살아나게 되고, 투토 토 크리마(*τοῦτο τὸ κρίμα*, "이 판결")의 의미도 (1)이나 (2)의 해석에서보다도 더 잘 통하게 된다(아래를 보라).

또한 이 해석은 이어지는 절들과의 더 만족스러운 연결을 제공해 준다. 하지만 이러한 구조적 고려는 이 해석의 수정을 요구한다. 왜냐하면 5-19절은 사실 하나의 단위이고, 거기서 유다는 4절에서 행한 주장 즉 거짓 교사들과 그들의 운명이 예언되어 있다는 주장을 실증하기 위한 일련의 모형들과 예언들을 인용하기 때문이다. 따라서 5-19절의 단락 전체는 호이 팔라이 프로게그람메노이 에이스 투토 토 크리마(*οἱ πάλαι προγεγραμμένοι εἰς τοῦτο τὸ κρίμα*)에 대한 해설의 역할을 하고, 오직 5-19절의 일부만을 유다가 4절에서 염두에 둔 예언을 담고 있는 것으로 선별해낼 필요가 없다. 18절의 사도적 예언조차도 4절에서의 유다의 사고로부터 배제할 필요가 없다. 그 사도적 예언이 4절에서 언급된 일련의 예언들 중의 하나일 뿐이라면, 거짓 교사들에 대한 단죄에 대한 언급을 담고 있을 필요도 없고, 팔라이(*πάλαι*)의 온전한 무게를 지니고 있을 필요도 없기 때문이다. 또한 5-19절의 모형들과 예언들이 유다가 4절에서 염두에 둔 예언들의 전체일 필요도 없다: 호이 팔라이 프로게그람메노이(*οἱ πάλαι προγεγραμμένοι*)는 일반적인 진술이고, 유다는 몇몇 예들을 설명함으로써 그 진술을 밑받침하면 되는 것이며, 반드시 모든 예들을 다 열거할 필요는 없기 때문이다.

"이 판결을 받기로"(*εἰς τοῦτο τὸ κρίμα* – 에이스 투토 토 크리마). 이 어구의 주된 난점은 투토(*τοῦτο*, "이")를 설명하는 것이다. 다음과 같은 견해들이 제시되어 왔다.

(1) 첫 번째는 투토(*τοῦτο*)를 뒤에 걸리는 것으로 보아서 이 단어가 정통 교리의 옹호를 통해서 거짓 교사들에 대한 단죄를 함축하고 있는 3b절에 걸리거나(Mayor), 거짓 교사들이 출현한 것 자체를 그 교회들에 심판으로 보아서 파레이세뒤산(*παρεισεδύσαν*, "가만히 들어온": 4a절)에 걸린다고 보는 것이다(Zahn, *Introduction*, 249). 이 두 가지 설명은 둘 다 매우 부자연스럽다.

(2) 두 번째는 4절의 나머지를 예언에 의해서 선포된 거짓 교사들에 대한 평결로 이해해서, 투토(*τοῦτο*)를 그 직후에 나오는 4절의 나머지 부분에 걸리는 것으로 보는 것이다(Spitta). 그러나 크리마(*κρίμα*, "판결")는 형벌이 아니라 평결을 가리키긴 하지만 여기서의 맥락 속에서 이 단어를 그들의 죄에 대한 단순한 진술로 보는 것은 그 의미가 무척 약한 것으로 보인다. 따라서 이 단어는 그들에 대한 형벌로 이어지는 그들의 죄에 대하여 내려진 사법적 판결로 보아야 한다.

(3) 세 번째는 투토(*τοῦτο*)를 5-19절의 일부 또는 전부에 걸리는 것으로 보는 것이다(Clement of Alexandria, Cantinat, Grundmann). 이 견해의 난점은 이 단어가 가리키는 것이 너무 멀리 떨어져 있다는 것이지만, 그러한 난점은 다음과 같은 고려들을 통해서 적어도 완화되기는 한다. (a) 4절의 나머지 부분(*ἀσεβεῖς…ἀρνούμενοι*)은 단지 티네스 안드로포이(*τινες ἄνθρωποι*, "사람 몇")에 대한 추가적인 설명이 아니고, 위의 (2)에서와는 달리 판결을 형성한다는 의미에서가 아니라, 그들이 단죄될 것이라고 말한 예언이 제시하는 그들의 죄들을 구체적으로 적시(摘示)하고 있다는 의미에서 호이 팔라이 프로게그람메노이 에이스 투토 토 크리마(*οἱ πάλαι προγεγραμμένοι εἰς τοῦτο τὸ κρίμα*, "옛적부터 이 판결을 받기로 미리 기록된")와 밀접하게 연관되어 있다. 달리 말하면, 예언이 그들을 단죄하기로 미리 정해 놓은 것은 그들이 하나님의 은혜를 색욕거리로 왜곡시키고 주(主)를 부인하는 불경건한 자들이기 때문이라는 것이다. 유다는 이어지는 절들(5-19절)에서 예언을 통해서 그들의 죄들과 그들의 죄가 초래하게 될 정죄(또는 "판결")를 **둘 다** 실증한다. 이것은 투토(*τοῦτο*)와 이 단어가 가리키는 것 사이에 4b절이 끼어 있는 난점을 어느 정도 해결해 준다. 왜냐하면 4b절은 투토 토 크리마(*τοῦτο τὸ κρίμα*)와 더불어서 전체적으로 5-19절에 걸리는 진술에 속하기 때문이다. (b) 우리가 4절을 유다가 5-19절에서 설명하는 주제를 선언하는 것으로 본다면, 투토(*τοῦτο*)의 사용은 더 자연스럽게 보이게 될 것이다. (c) 5-19절과의 이러한 밀접한 연관관계는 4절에

서 유다가 이미 표제어들(catchwords)을 통해서 본문과 석의를 연결하는 그의 석의 방법론을 사용하여, 에이스 투토 토 크리마(εἰς τοῦτο τὸ κρίμα, "이 판결을 받기로")를 에이스 크리신(εἰς κρίσιν, 6절) 및 크리신(κρίσιν, "심판", 15절)과 연결시키고 있다는 고찰에 의해서 강화된다. 4절에서 크리마(κρίμα) 직후에 나오는 아세베이스(ἀσεβεῖς, "경건치 않은")가 15절의 에녹의 예언 속에 나오는 두 번의 아세베이스(ἀσεβεῖς)와 강조적으로 연결되어 있기 때문에, 후자의 연결은 특히 분명하다.

따라서 투토 토 크리마(τοῦτο τὸ κρίμα)는 5-7, 11절에서 모형론적으로, 그리고 14-15절에서는 직접적으로 예언된 재림 때의 단죄를 가리킨다. 유다가 형벌이 아니라 단죄의 선고를 가리키는 의미로 크리마(κρίμα)를 사용하는 것은 거짓 교사들의 율법 폐기론을 반박하고자 하는 그의 목적에 부합한다. 그는 단지 그들이 멸망을 향하여 돌진해 가고 있다는 것만이 아니라, 그들의 부도덕한 행실이 하나님의 심판을 초래할 것임을 증명하고자 하기 때문이다.

아세베이스(ἀσεβεῖς, "경건치 아니하여")는 "에녹서에서와 마찬가지로 이 서신의 기조(基調)를 이루고 있다(참조. 15, 18절)고 할 수 있다"(Mayor). 이것이 거짓 교사들에 대한 유다의 고소를 요약하는 단어라는 것은 확실하다. 짤막한 유다서에 아세브(ἀσεβ)- 단어군(ἀσεβής, ἀσέβεια, ἀσεβεῖν)이 여섯 번이 나오는데, 이러한 빈도수는 신약과 사도 교부들의 저작들 가운데서 가장 많은 것이다(동일하게 여섯 번 나오는 바나바서서만 예외). 하지만 여섯 번의 용례들 중에서 적어도 네 번은 에녹1서로부터의 인용문(14-15절)에 나오고, 유다는 거기에서 헬라어 번역본의 어휘를 따랐을 가능성이 높다. 그럼에도 불구하고, 유다가 그 인용문을 택하게 된 이유 중의 일부는 그 인용문이 심판 받을 자들의 "경건치 않음"을 강조하고 있기 때문이다. 그런 후에 그는 사도적 예언을 표현할 때 이 용어를 거기에 포함시켰다(18절). 여기 4절에서 아세베이스(ἀσεβεῖς)는 이 진술을 두 예언(14-15절, 17-18절), 즉 이 진술을 옹호하는 유다의 논증을 앞뒤로 둘러싸고 있는 두 예언과 연결시키는 표제어다.

유다서(그리고 헬라어판 에녹서)가 아세브(ἀσεβ)- 단어군을 사용하고 있는 것은 통속 헬라어가 아니라 유대적 헬라어, 특히 칠십인경의 용법을 배경으로 이해되어야 한다. 이 단어군은 칠십인경(특히 רשע의 역어로서), 그 중에서도 아세베이스(ἀσεβεῖς)의 삶의 방식을 의인의 삶의 방식과 대비시키는 지혜 문헌에서 흔하게 나온다. 또한 이 단어군은 윤리적 관심이 강한 열두 족장의 유언에서 아주 흔하게 나온다(에녹1서의 헬라어 판본에서는 그리 흔하지 않지만: 오직 1:9; 5:6-7; 8:2; 10:20; 13:2). 이러한 유대적 용례들 속에서 불경(不敬)의 기본적인 의미에는 강력한 윤리적 지향성이 부여되어 있다. 유대인에게 있어서 하나님의 계명들은 인간의 행실 전체를 규율하는 것이기 때문에, 하나님에 대한 불경스러운 태도는 불의한 행실로 표출된다. 모든 악행은 아세베이아이(*ἀσέβειαι*, "경건치 않은 것들")이고, 아세베스(*ἀσεβής*, "경건치 않은")는 하마르톨로스(*ἁμαρτωλός*, "죄악된"), 아디코스(*ἄδικος*, "불의한"), 아노모스(*ἄνομος*, "불법한")와 같은 말이다. 유다서에서처럼 아세브(*ἀσεβ*)- 단어군이 그러한 악에 임하는 심판이라는 맥락 속에서 자주 등장하는 것은 놀라운 것이 아니다(*1 Enoch* 10:20; *T. Zeb* 10:3; 롬 1:18; 벧전 4:18; 벧후 2:6; 3:7; *1 Clem* 14:15; 57:7-8; *2 Clem* 10:1; 18:1; *Barn.* 10:5; 11:7; 15:5; *Mart. Pol.* 11:2).

이 단어는 거짓 교사들의 율법 폐기론을 요약하는 단어였기 때문에 유다서의 목적에 적절하다: 하나님의 계명들의 도덕적 권위에 대한 불경스러운 배척으로부터 생겨나는 불의한 행실. 이 단어는 이론적인 무신론이 아니라, 실제적인 경건치 않음을 묘사하는 단어다.

"우리 하나님의 은혜를 색욕거리로 바꾸고"(*τήν τοῦ θεοῦ ἡμῶν χάριτα μετατιθέντες εἰς ἀσέλγειαν* – 텐 투 데우 헤몬 카리타 메타티텐테스 에이스 아셀게이안). 하나님의 은혜는 그리스도인이 예수 그리스도로 말미암아 경험하는 하나님의 값 없는 은총, 즉 하나님이 그의 죄를 사하시고 그를 죄 및 율법의 정죄로부터 해방시키시는 은총이다. (카리스[*χάρις*]라는 단어는 비록 바울 신학에 전형적인 단어이긴 하지만 이런 의미에서 바울 특유의 용어는 아니다: 참조. 요 1:14, 16; 히 4:16; 10:29; 12:15; 벧전 1:10; *1 Clem* 16:17.) 유다는 거짓 교사들이 이 은혜를 "색욕거리"(*ἀσέλγεια* – 아셀게이아)로 왜곡시키고 변질시키고 있다고 탄식하는데, 이 단어는 당시의 헬라어에서 육욕에 빠져 있는 것, 특히 음행을 가리킨다(참조. 벧전 4:3; 롬 13:13; 고후 12:21). 달리 말하면, 그들은 그리스도인이 하나님의 은혜로 말미암아 해방된 것을 모든 도덕적 제약으로부터의 해방으로 해석했다(참조. 벧후 2:19). 그들은 율법 폐기론적인 가르침을 통해서 부도덕한 행위를 정당화했다.

그리스도인의 자유가 이런 식의 자유주의로 잘못 해석될 위험성은 초기 기독교에서 바울(롬 3:8; 6:1, 15; 갈 5:13) 및 다른 사도들(벧전 2:16)에 의해서 인식되었고, 바울 시대에는 고린도 교회에서(고전 5:1-6; 6:12-20; 10:23), 요한계시록이 쓰일 당시에는 아시아의 여러 교회들에서(계 2:14, 20) 실제로 현실화되었다. 유다의 교회들 속에서의 자유주의(libertinism)는 고린도 교회에서의 자유주의와 공통점이 많았고(19절도 보라), 두 경우 모두에 있어서 과장되고 왜곡된 것은 율법으로부터의 그리스도인의 자유에 대한 바울 자신의 가르침이었다고 생각할 만한 상당한 근거가 있다. 우리가 이 위험성과 관련해서 "영지주의적" 영향을 전제해야 하는지는 그리 분명하지가 않다: 유다의 대적자들에게 영지주의의 특유한 특징들이 나타났음을 보여 주는 명확한 증거는 없다.

육체의 죄들에 대한 일정 정도의 강조(*ἀσέλγεια* – 아셀게이아, "색욕거리", 참조. 8, 10절; 고전 6:12-20; 계 2:14, 20)는 한편으로는 이교 사회에 전형적이었던 성적 탐닉을 특별한 혐오감으로 바라보는 유대인들의 표준적 성향을 반영한 것일 수 있고, 다른 한편으로는 이교 사회 속에서의 삶의 유혹들(유다의 교회들이 이교 사회 속에 위치해 있었다고 한다면)과 좀더 분명한 인습적인 도덕을 경멸함으로써 그들의 자유를 나타내고자 한 자유주의자들의 결심을 반영한 것일 수 있다. 이것이 영적인 사람은 물질적인 몸의 관심사들을 초월한다는 이원론적인 신념을 반영한 것이라면, 그것은 분명히 초기 영지주의라고 할 수 있겠지만, 그런 가능성은 아주 희박하다.

음행에 관한 고소들은 단지 이단들에 대한 인습적이고 호교론적인 논증을 펴고 있는 것일 뿐이라는 주장(Wisse, "Jude," 137)은 받아들이기 어렵다. 거짓 교사들에 대한 유다의 모든 고소들은 가르침과 실천에 있어서의 율법 폐기론에 관한 것들이기 때문이다. 그는 먼저 어떤 다른 순전히 교리적인 오류를 지적하고서 그들을 이단으로 규정한 후에, 다른 모든 이단들과 마찬가지로 그들도 부도덕한 삶을 영위할 것임에 틀림없다고 결론을 내린 것이 아니었다. 그의 유일한 관심은 그들이 복음의 도덕적 요구들을 거부했다는 것이다.

"홀로 하나이신 주재 곧 우리 주 예수 그리스도"(*τὸν μόνον δεσπότην καὶ κύριον ἡμῶν Ἰησοῦν χριστόν* – 톤 모논 데스포텐 카이 퀴리온 헤몬 예순 크리스톤). 이 어구 전체는 예수 그리스도를 가리키는 것인가, 아니면 톤 모논 데스포텐(*τὸν μόνον δεσπότην*, "홀로 하나이신 주재")은 하나님 아버지를 가리키는 것인가? 퀴리온(*κύριον*, "주") 앞에서는 관사가 종종 생략되기 때문에, 이 사실을 근거로 이 문제를 해결할 수는 없다. 데스포테스(*δεσπότης*, "주재")라는 용어는 유대교에서 하나님과 관련해서 널리 사용되었고(LXX, Philo, Josephus), 호 모노스 데스포테스(*ὁ μόνος δεσπότης*)라는 어구도 발견된다(Josephus, BJ 7:323, 410; *Ant.* 18:23;

이 세 경우에서 유일한 데스포테스[δεσπότης]로서의 하나님은 다른 신들이 아니라 로마의 통치와 대비된다). 초기 기독교는 이 용법을 가져와서 특히 기도와 예전 문구들 속에서 사용했고, 데스포테스(δεσπότης)는 거의 언제나 하나님 아버지에 대하여 사용했다(눅 2:29; 행 4:14; 계 6:10; *1 Clem* 7:5; 8:2; 9:4; 11:1; 20:8, 11; 24:1, 5; 33:1, 2; 36:2, 4; 40:1; 48:1; 52:1; 56:16; 59:4; 61:1-2; *Did.* 10:3; *Barn.* 1:7; 4:3; *Herm. Vis.* 2:2:4-5; *Sim.* 1:9; *Diogn.* 8:7; Justin, *1 Apol.* 61:3). 이 증거는 결정적인 것으로 보이고, 몇몇 사본들과 아람어 역본이 데스포테스(δεσπότης) 뒤에 데온(θεόν, "하나님")을 삽입함으로써 본문의 의미를 명확히 하고 있는 것은 놀라운 일이 아니다. 하지만 다른 방향의 해석을 보여 주는 세 가지 증거가 존재한다.

(1) 그리스도에 대하여 데스포테스(δεσπότης)를 사용하는 유일한 신약 본문(유 4절을 제외할 때)인 베드로후서 2:1은 분명히 유다서 1:4을 그런 의미로 이해했다. 이것은 결정적인 증거는 아니지만, 유다서 1:4의 한 초기 독자가 데스포테스(δεσπότης)를 그리스도를 가리키는 것으로 해석하는 데 초기 기독교의 데스포테스(δεσπότης) 용법이 걸림돌이 되지는 않았다는 것을 보여 준다.

(2) 주후 2세기 말에 엠마오에 살았던 율리우스 아프리카누스(Julius Africanus)에 의하면, 예수의 가족은 호이 데스포쉬노이(οἱ δεσπόσυνοι)로 알려져 있었다고 한다(Eusebius, Hist. Eccl. 1.7.14에서 재인용). 이 특이한 용례는 예수가 그의 가족을 잘 알고 있던 팔레스타인 유대 기독교 진영에서 호 데스포테스(ὁ δεσπότης, "주재")로 알려져 있었다는 의미를 내포하고 있는 것임에 틀림없다. 그러므로 이것은 위에서 살펴본 초기 기독교의 다른 용법들보다 우리를 유다 자신이 살고 있던 환경 속에서의 이 단어의 용법에 더 가까이 데려다 준다.

(3) 데스포테스(δεσπότης)라는 용어는 자신의 가솔인 종들의 주재(또는 주인)로서의 예수의 이미지에 적합하다. 이 용어는 베드로후서 2:1("자기들을 사신 주")에서 그런 뉘앙스로 사용되고, 마태복음 10:25에서는 비유적으로, 마가복음 13:27과 누가복음 13:25($P^{75}$에는 데스포테스[δεσπότης]로 되어 있다)에서는 비유들 속에서 같은 의미의 용어인 오이코데스포테스(οἰκοδεσπότης, "집 주인")가 예수에 대하여 그런 뉘앙스로 사용된다. 물론 퀴리오스(κύριος)도 동일한 방식으로 사용되었지만, 기독론적인 칭호로서 고귀한 의미를 지닌 채로 훨씬 더 광범위하고 급속하게 사용되었다. 그러므로 데스포테스(δεσπότης)가 위의 (2)에서 사용된 것은 특별히 자신의 종들인 그리스도인들의 주재(또는 주인)로서의 그리스도라는 이미지

를 나타내기 위한 것일 가능성이 있고, 이것은 유다가 왜 데스포테스(δεσπότης)를 퀴리오스(κύριος)에 **덧붙였는지**를 설명해 준다. 유다에게 있어서 퀴리오스(κύριος)는 심판이라는 신적인 기능을 행사하는 분으로서의 예수의 신적인 권위를 나타내는 칭호였다(14절, 그리고 아마도 5-6, 9절). 그는 4절에서 그리스도인들인 거짓 교사들은 예수가 사신 종들로서 예수에게 속해 있다는 개념을 전달하기 위해서 데스포테스(δεσπότης)를 덧붙인다. 그들은 예수가 주재(主宰)이신 것을 부인함과 동시에, 만유의 심판자로서의 예수의 권위를 모욕하고 있다.

한 가지 작은 쟁점은 에녹1서 48:10에 나오는 평행문이다: "그들은 영들의 주와 그의 메시아를 부인했다"(Knibb의 번역). 종종 유다서의 본문은 이 평행문을 모델로 삼아서 만들어졌다는 주장이 제기되어 왔지만, 이 평행문은 에녹의 비유들(에녹1서 37-71장) 속에 나오고, 쿰란 단편들 속에서 발견되지 않은 에녹1서의 이 부분은 그 저작 연대가 주후 1세기 말이라는 것이 현재의 통설이다. 유다는 에녹의 비유들을 알고 있었을 가능성이 희박하고, 그의 서신 속에는 그가 이 저작을 알고 있었음을 보여 주는 흔적이 거의 없다(그러나 14절, 참조. 에녹1서 60:8). 그러므로 이 평행문은 데스포텐(δεσπότην)이 하나님을 가리킨다는 것을 옹호하기 위한 증거로 사용하기는 힘들다.

유다가 데스포텐(δεσπότην)과 함께 모논(μόνον, "홀로 하나이신")을 사용하는 것은 얼핏 보면 "주재"가 하나님을 가리키는 것을 지지하는 것처럼 보이지만(참조. 25절: μόνῳ θεῷ – 모노 데오, "홀로 하나이신 하나님"), 유다가 여기서 거짓 교사들의 음행을 다루고 있다는 점을 고려하면, 유일한 주재이신 그리스도를 염두에 두고 있다고 보는 편이 더 문맥에 맞는다(아래에 나오는 아르누메노이[ἀρνούμενοι]에 관한 설명을 보라). 음행에 탐닉하는 것은 다른 주인들을 섬기는 것이다(참조. 마 7:24; 롬 6:12-23; 갈 4:3, 8-9; 벧후 2:19). 따라서 거짓 교사들은 그들의 행실을 통해서 그리스도인들의 유일한 주인(또는 주재)이신 그리스도를 부인하고, 다른 주인들을 섬기고 있는 것이다.

"부인하다"(ἀρνούμενοι – 아르누메노이). 이것은 교리적 부인 또는 윤리적 부인 중에서 어느 쪽을 가리키는 것인가? 이것이 교리적 오류를 가리키는 것이라고 생각하는 자들은 통상적으로 어떤 종류의 영지주의적 신념을 염두에 두고 있는 것이라고 추정한다: 물질세계의 창조주인 데미우르고스(demiurge)의 존재를 전제함으로써 한 분 하나님을 부인하고(데스포텐[δεσπότην]이 하나님을 가리킨다고 했을 때), 가현설적 기독론을 통해서 주 예수를 부인했다는 것(참조. 요일 4:2-3; 요이

1:7). 그러나 이 서신의 나머지 부분은 그러한 영지주의적 신념들이 존재했음을 보여 주는 그 어떤 증거도 제공해 주지 않고, 만약 거짓 교사들이 영지주의에서의 창조주인 데미우르고스를 믿었다면, 유다가 그들을 단지 천사들을 모독하는 것에 대해서만 고소하고 있는 것은 이상한 일이다(8절). 그들이 그리스도를 부인하는 것을 그들의 자유주의적 신앙에 대한 추가적인 증거로 보고(Luther, Plummer, Chaine, Cantinat, Grundmann 등), 4절의 끝 부분에서 두 개의 분사구를 의미상으로 평행이 되게 했다고 보는 것이 이 서신 전체의 증거와 더 부합한다. 거짓 교사들의 경건치 않은 행실(*ἀσεβεῖς* – 아세베이스)은 (1) 하나님 아버지와 관련해서는 그의 은혜를 변질시키는 것이고, (2) 그리스도와 관련해서는 그의 주 되심을 부인하는 것이다.

행실을 통해서 하나님을 부인한다는 개념은 유대교와 초기 기독교에서 확인된다(*1 Enoch* 38:2; 41:2; 45:2; 46:7; 48:10; 67:8, 10 – 그러나 이 모든 예들은 에녹의 비유들에 나온다. 딛 1:16: "저희가 하나님을 시인하나 행위로는 부인하니"). 랍비들은 하나님의 계명들을 순종해야 하는 의무를 거부하는 것은 하나님을 부인하는 것이라고 가르쳤다(E. P. Sanders, *Paul and Palestinian Judaism*, [London: SCM Press, 1977] 136에 나오는 전거들): 유다서에 나오는 자유주의자에 적용되는 개념. 행위를 통해서 그리스도를 부인한다는 언급들은 좀더 드물지만, 클레멘트2서 17:7은 "그들의 언행으로 예수를 부인한" 악인들이 최후의 심판 때 벌을 받게 될 것에 대하여 말하고 있고(또한 참조. 3:1-4), 이러한 사상은 사용하는 단어들은 다르긴 하지만 마태복음 7:21-23에서도 발견된다. 유다가 한 말의 의미는 거짓 교사들은 말로는 그렇지 않지만 그리스도의 도덕적 요구들에 순종하기를 거부함으로써 사실상 그리스도가 주재(主宰)이신 것을 부인하고, 절대 주권자이자 심판자로서의 그의 권위를 거부하고 있다는 것이다. "그들은 그리스도가 아니라 그들 자신을 그들의 주로 여긴다"(루터).

### 해설

이 단락에서 유다는 그의 서신의 배경과 목적을 설명한다. 그의 서신은 그가 처음에 쓰고자 했던 그리스도인의 구원을 상세하게 다룬 서신이 아니라, 그가 이 서신의 수신처인 교회(들)로부터 들은 당혹스러운 소식으로 말미암아 다루지 않을 수 없게 된 **당면 문제**에 대하여 쓴 서신이다.

한 무리의 순회 선지자들이 이 교회(들)에 와 있었다. 유다는 그들을 하나님의 은혜를 그들이 행하고 있는 음행의 변명거리로 변질시키고 있는 경건치 않은 행실의 소유자들로 규정한다. 그들은 "모든 것이 내게 가하다"(고전 6:12; 10:23)는 슬로건을 내걸었던 고린도 교회의 신자들과 마찬가지로, 그리스도인의 자유를 진정으로 신령한 자는 인습적인 도덕의 제약들로부터 자유롭다는 것을 의미하는 것으로 해석했음이 분명하다. 특히 그들은 기독교 내에서 받아들여진 성윤리의 기준들을 무시하고, 이교 사회의 좀더 개방적인 성윤리를 받아들이는 데 앞장섰던 것으로 보인다. 그들은 예수 그리스도를 따르는 자들이라고 주장했지만, 유다는 그들이 예수 그리스도의 도덕적 요구들을 거부함으로써 사실상 예수가 그들의 주인이라는 것을 부인하고, 주로서의 예수의 권위를 부정하고 있는 것이라고 말한다.

하지만 거짓 교사들에 대한 이러한 묘사는 경험적 관찰 이상의 것이었다. 왜냐하면 유다는 옛적의 예언이 그런 자들에 대하여 언급했고, 하나님에 의한 그들의 단죄도 이미 예언되어 있다고 주장하기 때문이다. 이것은 유다가 계속해서 5-19절에서 일련의 모형들과 예언들에 대한 그의 미드라쉬를 통해서 실증해 나가게 될 주장이었다.

유다가 거짓 교사들과 그들에 대한 단죄가 이미 예언되어 있다는 것을 보이고자 하는 목적은 모든 일이 하나님의 계획대로 일어나고 있다는 것을 보여 줌으로써 그의 독자들을 위로하고자 하는 것이 아니다 – 물론 이것은 부수적인 효과일 수 있기는 하지만 말이다. 또한 유다가 그런 자들을 비판하고 규탄하는 것 자체를 목적으로 삼고 있는 것은 더더욱 아니다. 그의 목적은 이 거짓 교사들의 자유주의적인 가르침과 행실을 근거로 그들이 하나님의 진노와 단죄를 초래하게 될 것이라고 성경에 예언된 그런 부류의 사람들이라는 것을 증명하고, 따라서 그들은 교회들에 심각한 위험을 끼칠 자들이기 때문에 유다서의 독자들이 맞서서 싸워야 할 자들이라는 것을 증명하는 것이다. 유다는 그의 독자들에게 그들이 살고 있는 마지막 때의 큰 위험들 중의 하나에 대하여 경종을 울리고 있다. 그러므로 그가 채택하고자 하는 논증 방식이 구약의 모형들과 예언들에 대한 묵시론적 해석의 방법(5-19절)인 것은 아주 적절하다.

실제로 이 위험(4절에서 선언되고, 5-19절에서 구체적으로 실증되는)은 유다가 3절의 호소에서 분명하게 밝힌 그의 서신의 주된 목적을 위한 전제다. 그는 그의 독자들에게 기독교의 복음을 위한 싸움을 계속하라고 강력하게 촉구하기 위해서 이 서신을 쓴다. 복음의 도덕적 함의들에 대한 거짓 교사들의 공격 속에서 유다는 복음 자체("믿음의 도")가 위험에 처해 있는 것을 보는데, 이 점에서 그는 신약의 다른 모든 기자들과 맥을 같이 한다. 복음에 있어서 하나님의 목적은 죄를 장려하는 것이 아니라 죄인들을 구원하는 것이다.

유다는 신약의 다른 기자들과 마찬가지로 교회들을 세운 사도들이 최초의 회심자들에게 전한 복음이야말로 참된 복음이라고 규정한다. 과거 및 전승에 대한 이러한 호소는 믿음을 정통 신앙의 일련의 고정된 정형문구들로 화석화시킨 "초기 가톨릭적인" 성향을 보여 주는 것으로 여겨서는 안 된다. 도리어 유다가 보여 준 이러한 태도는 사도직이라는 개념과 맞물려서 애초부터 초기 기독교에 현존해 있었고, 역사적 사건들 속에서의 하나님의 구원 행위에 관한 메시지 속에 필연적으로 내재해 있었다. 그것은 성령의 생생한 영감이나 합법적인 신학적 발전을 배제하는 것이 아니고, 그런 것들을 원래의 복음의 기준에 비추어서 시험할 것을 요구하는 것이다.

믿음을 위해 싸우라는 유다의 호소는 더 이상 상세하게 설명되지 않다가, 20-23절에 가서야 그는 그것이 무엇을 의미하는지를 자세하게 설명한다.

# 구약의 세 가지 모형(유다서 5-10)

**참고문헌**(유 9절에 관한 보론의 참고문헌도 포함)

**Barrett, C. K.** "Things Sacrificed to Idols." *NTS* 11(1964-65) 138-53. **Berger, K.** "Der Streit des guten und des bösen Engels um die Seele: Beobachtungen zu 4QAmr[b] und Judas 9." *JSJ* 4(1973) 1-18. **Berger, K.** "Hartherzigkeit und Gottes Gesetz, die Vorgeschichte des anti-jüdischen Vorwurfs in Mc 10[5]." *ZNW* 61(1970) 1-47. **Black, M.** "Critical and exegetical notes on three New Testament texts Hebrews xi. 11, Jude 5, James i. 27." *Apophoreta: Festschrift für Ernst Haenchen.* BZNW 30. Berlin: Alfred Töpelmann, 1964. 39-45. **Charles, R. H.** *The Assumption of Moses.* London: A. & C. Black, 1897. **Cramer, J. A.** ed. *Catenae Graecorum Patrum in Novurn Testamentum.* vol.8. Oxford: Oxford University Press, 1844. 160.-63. **Daniel, C.** "La mention des Esséniens dans le texte grec de l'épître de S. Jude." *Mus* 81(1968) 503-21. **Delcor, M.** "Le mythe de la chute des anges et de l'origine des géants comme explication du mal dans le monde dans l'apocalyptique juive. Histoire des traditions." *RHR* 190 (1976) 3-53.(=Delcor, M. *Etudes bibliques et orientales de religions comparées.* Leiden: E. J. Brill, 1979. 263-313.) **Denis, A.M.** *Fragments Pseudepigraphorum Graeca.* In *Pseudepigraphs Veteris Testamenti Graeca* 3, ed. A. M. Denis and M. de Jonge. Leiden: E. J. Brill, 1970. 63-67. **Denis, A. M.** *Introduction aux Pseudépigraphes grecs d'Ancien Testament.* SVTP 1. Leiden: E. J. Brill, 1970. 128-41. **Dubarle, A. M.** "Le péché des anges dans l'épître de Jude." *Memorial J. Chaine.* Lyons: Facultés Catholiques, 1950. 145-48. **Glasson, T. F.** *Greek Influence in Jewish Eschatology.* London: S. P. C. K., 1961. 62-67. **Haacker, K.** and **Schäfer, P.** "Nachbiblische Traditionen vom Tod des Mose." *Josephus-Studien: Untersuchungen zu Josephus, dem antiken Judentum und dem Neuen Testament: Otto Michel zum 70. Geburtstag gewidmet,* ed. O. Betz, K. Haacker, M. Hengel. Göttingen: Vandenhoeck & Ruprecht, 1974. 147-74. **Hanson, A. T.** *Jesus Christ in the Old Testament.* London: S. P. C. K., 1965. 136-38. **James, M. R.** *The Lost Apocrypha of the Old Testament.* London: S. P. C. K./New York: Macmillan, 1920. 42-51. **Kee, H. C.** "The Terminology of Mark's Exorcism Stories." *NTS* 14(1968) 232-46. **Kellett, E. E.** "Note on Jude 5."

*ExpTim* 15(1903-4) 381. **Laperrousaz, E. M.** *Le Testament de Moöse*, 29-62. **Loewenstamm, S. E.** "The Death of Moses." *Studies on the Testament of Abraham*, ed. G. W. E. Nickelsburg, Jr. SBLSCS 6. Missoula, MT: Scholars Press, 1976. 185-217. **Maier, F.** "Zur Erklärung des Judasbriefes(Jud 5)." *BZ* 2(1904) 377-97. **Mees, M.** "Papyrus Bodmer VII($P^{72}$) und die Zitate aus dem Judasbrief bei Clemens von Alexandrien." *CDios* 181(1968) 551-59. **Milik, J. T.** "4Q Visions de 'Amram et une citation d'Origène." *RB* 79(1972) 77-97. **Reicke, B.** *Diakonie*, 355-59. **Schlosser, J.** "Les jours de Noé et de Lot: A propos de Luc, XVII, 26-30." *RB* 80(1973) 13-36. **Sickenberger, J.** "Engels- oder Teufelslästerer im Judasbriefe(8-10) und im 2. Petrusbriefe(2, 10-12)?" *Festschrift zur Jahrhundertfeier der Universität zu Breslau*, ed. T. Siebs=*MSGVK* 13-14(1911-12) 621-39. **Wikgren, A.** "Some Problems in Jude 5." *Studies in the History and Text of the New Testament in honor of Kenneth Willis Clark*, ed. B. L. Daniels and J. M. Suggs. SD 29. Salt Lake City: University of Utah Press, 1967. 147-52.

## 본 문

**5** 너희가 본래 범사를 알았으나 내가 너희로 다시 생각나게 하고자 하노라 주께서 백성을 애굽에서 구원하여 내시고 후에 믿지 아니하는 자들을 멸하셨으며

**5** Now I should like to remind you, though you have been informed of all things once and for all,[a] that the Lord[b] who saved a people out of the land of Egypt, on the second occasion destroyed those who did not believe.

**6** 또 자기 지위를 지키지 아니하고 자기 처소를 떠난 천사들을 큰 날의 심판까지 영원한 결박으로 흑암에 가두셨으며

**6** The angels, too, who did not keep their own position of authority, but abandoned their proper home, he has kept in eternal chains in the nether darkness[c] until the judgment of the great day.

**7** 소돔과 고모라와 그 이웃 도시들도 저희와 같은 모양으로 간음을 행하며 다른 색을 따라 가다가 영원한 불의 형벌을 받음으로 거울이 되었느니라

**7** Similarly Sodom and Gomorrah and the neighboring towns, which practiced immorality in the same way as the angels and hankered after[d] strange flesh, are exhibited as an example by undergoing the punishment of eternal fire.

**8** 그러한데 꿈꾸는 이 사람들도 그와 같이 육체를 더럽히며 권위를 업신여기며 영광을 훼방하는도다

**8** Yet in the same way also these people, on the strength of their dreams, defile the flesh, reject the authority of the Lord, and slander the glorious ones.

**9** 천사장 미가엘이 모세의 시체에 대하여 마귀와

**9** But when Michael the archangel, in debate

다투어 변론할 때에 감히 훼방하는 판결을 쓰지 못하고 다만 말하되 주께서 너를 꾸짖으시기를 원하노라 하였거늘
10 이 사람들은 무엇이든지 그 알지 못하는 것을 훼방하는도다 또 저희는 이성 없는 짐승같이 본능으로 아는 그것으로 멸망하느니라

with the devil, disputed about the body of Moses, he did not presume to condemn him for slander,[e] but said, "May the Lord rebuke you!"
10 But these people slander whatever they do not understand, while by the things they do understand, instinctively, like unreasoning animals, they are destroyed.

## 원문주해

a. 몇몇 사본들(ℵ 1739 *al*)은 하팍스(ἅπαξ, "본래")를 퀴리오스(κύριος, "주께서") 뒤에 놓고 있지만, 이러한 독법(Mayor and Black, "Notes"은 이 독법을 지지한다)은 "본래"를 난해한 토 듀테론(τὸ δεύτερον, "후에")과 일치시키기 위한 시도로 보아야 할 것이다. 하팍스(ἅπαξ)를 토 듀테론(τὸ δεύτερον)과 반대되는 것으로 보는 것도 가능하긴 하지만(Mayor, 29에 나오는 예들), 엄밀하게 말해서 하팍스는 "일련의 것들 중에서 첫 번째"가 아니라 "오직 한 번"을 의미하고, 3절은 에이도타스(εἰδότας, "알았으나")와의 연결관계를 밑받침해 준다.

b. 대부분의 소문자 사본들은 퀴리오스(κύριος 또는, ὁ κύριος – 호 퀴리오스)로 읽지만, 몇몇 중요한 소문자 사본들과 역본들(A B vg cop[sa, bo] eth Origen)에는 예수스(Ἰησοῦς)로 되어 있고, 일부는 호 데오스(ὁ θεός)로, P[72]에는 데오스 크리스토스(θεός χριστός)로 되어 있지만, 퀴리오스(κύριος)라는 독법을 택하는 것이 옳을 같다. 왜냐하면 다른 독법들은 퀴리오스(κύριος)라는 독법의 모호성을 해결하기 위한 시도들로 설명될 수 있기 때문이다(참조. 고전 10:9에서의 비슷한 독법들). 유다가 선재(先在)하시는 그리스도를 예수스(Ἰησοῦς)로 지칭했을 가능성은 없어 보인다(반대 의견으로는 Hanson, *Jesus Christ*, 165-67; F. F. Bruce, *This is That*[Exeter: Paternoster, 1968] 35-36를 보라): 신약의 다른 예들(고후 8:9; 빌 2:5-6; 그리고 아마도 히 2:9)은 성육신을 직접적으로 염두에 두고 있다. 또한 유다가 구약의 여호수아를 예수스(Ἰησοῦς)로 지칭했을 가능성도 없다(Jerome, *In Jovin.* 1.21이 생각했듯이; 또한 Kellett, "Note"; Wikgren, "Problems," 148-49). 여호수아는 믿지 않는 자들을 멸하지도 않았고(5b절), 천사들을 결박하지도 않았기 때문이다(6절). 하지만 주후 2세기에 눈의 아들 여호수아와 예수 그리스도의 이름이 같다는 사실은 모형론적인 관심 속에서 자주 활용되었고(*Barn.* 12:8; Justin, *Dial.* 24.2; 75.1-2; Clement Alex., *Paed.* 1.60.3), 여호수아는 예수의 모형으로서 이스라엘 백성을 애굽에서 이끌어내었다고 말해질 수 있었다(Justin, *Dial.* 120.3). 유다는 이러한 모형론을 마음에 두고 있지 않았지만(이 모형론은 동일한 주제를 다루는 6절에는 적용될 수 없기 때문에), 이것은 필사자가 이 모형론에 이끌려서(이 함정을 피하지 못한 채),

퀴리오스(*κύριος*)를 크리스토스(*Χριστός*)가 아니라(Spitta가 말하듯이 이 독법도 예상할 수 있고, 실제로 고전 10:9에서 나타난다), 예수스(*Ἰησοῦς*)로 수정했을 가능성을 설명해 준다.

c. Lucifer와 고라틴역의 한 사본은 휘포 조폰(*ὑπὸ ζόφον*) 앞에 하기온 앙겔론(*ἁγίων ἀγγέλων*)을 첨가하고, Clement Alex.은 휘포 조폰(*ὑπὸ ζόφον*) 뒤에 하그리온(*ἀγρίων*; 읽기는 *ἁγίων*?) 앙겔론(*ἀγγέλων*)을 첨가한다. 이 첨가가 원래의 본문에 속한 것으로서, 에녹1서 10:4-5, 11-12에서 타락한 천사들을 결박하는 데 책임이 있는 라파엘과 미가엘을 가리킬 가능성도 있지만(참조. Milik, *Enoch*, 177), Mees(CDios 181[1968] 555-6)는 이 첨가를 설명을 위한 난외주로 본다.

d. 직역하면 "…를 따라갔다"(*ἀπελθοῦσαι ὀπίσω* – 아펠두사이 오피소). 칠십인경의 관용어구인 포류에스다이 오피소 데온 헤테론(*πορεύεσθαι ὀπίσω θεῶν ἑτερῶν*, "다른 신들을 따라 가다")을 참조하라(삿 2:12; 3 Kgdms 11:10).

e. 크리신 에페넹케인 블라스페미아스(*κρίσιν ἐπενεγκεῖν βλασφημίας*). 많은 번역들과 주석자들은 블라스페미아스(*βλασφημίας*)를 셈어의 형용사적 속격에 해당하는 "속성의 속격"으로 본다(Moule, *Idiom Book*, 175; Chaine, 276): "욕하는 판단"(RSV), "비방하는 고소"(NIV). 이것은 유다서의 맥락에 부합하는 것으로 보이고, 베드로후서 2:11(*βλάσφημον κρίσιν* – 블라스페몬 크리신, "훼방하는 송사")과도 부합한다. 그러나 유다가 사용한 어구의 의미는 우선적으로 그가 사용한 자료에 의거해서 결정해야 하는데, 그 자료에 의하면 사단은 모세를 살인자로 고소함으로써 "비방했고"(*ἐβλασφήσει κατὰ* – 에블라스페세이 카타), 미가엘은 이 비방(*βλασφημία* – 블라스페미아)을 참지 못하고 사단에 대한 하나님의 심판을 호소했다(보론에 나오는 D, M, N의 본문들을 보라). 이러한 맥락 속에서 볼 때 이 어구의 요지는 미가엘이 마귀를 비방하는 것을 삼가했다거나, 그가 마귀를 비방하며 고소하는 것을 삼가했다는 것이 아니다(NEB의 난외주: "마귀를 신성모독으로 고소하다"). 미가엘의 말은 실제로 그러한 고소에 해당하기 때문이다. 요지는 미가엘이 모세를 비방한 것을 근거로 사단에 대하여 심판을 선언하는 일을 스스로 행하기를 삼가했다는 것이다. 오직 하나님만이 사단의 고소가 거짓되다는 것, 즉 훼방에 해당한다는 것을 판단하실 수 있다. 따라서 크리신 블라스페미아스(*κρίσιν βλασφημίας*)는 모세를 비방한 마귀에 대한 단죄라는 의미가 될 것이다.

## 양식/구조/배경

이 단락의 처음에서 유다는 화이트(White)가 헬라 서신의 양식에 대한 그의 연구에서 "좀더 상세하게 밝히기 위한 정형문구"(the fuller disclosure formular)라 부르는 문체상의 장치 중의 한 판본을 통해서 서론으로부터 그의 서신의 본론으로 옮겨간다. 이 정형문구의 표준적인 양식은 "내가 너희로…를 알게 하고자 하노라"이다(White, *Body*, 3에 나와 있는 파피루스들에 나오는 예들; 신약의 몇몇 예들은 롬 1:13; 11:25; 고후 1:8; 8:1; 갈 1:11). 유다의 판본인 "내가 너희로…를 **생각나게** 하고자 하노라"는 겉으로 보면 관례적인 정중한 양식의 한 예를 보여 주는 것이지만(참조. 롬 15:14-15; 벧후 1:12; *1 Clem* 53:1), 중요한 점을 말해 주고 있기도 하다("주석"을 보라). 이 "좀더 상세하게 밝히기 위한 정형문구"는 주요한 이행을 나타내는 것으로서(White, *Body*, 38), 유다는 17절에서 이것과 비슷한 양식을 사용할 때까지는 다시 이 주요한 이행을 나타내지 않는다. 이것은 유다가 그의 독자들에게 "생각나게" 하고자 하는 것은 단지 5-7절이 아니라, 그가 사용한 구약의 예언 자료가 포괄되어 있는 5-16절의 단락 전체라는 석의를 밑받침해 준다.

이 단락에서 5-7절에는 마지막 날들의 경건치 않은 자들과 그들에 대한 판결에 관한 모형들과 예언들과 관련한 네 개의 인용문들 중에서 첫 번째가 나오고, 8-10절에는 지금 유다의 서신의 수신처인 교회들을 괴롭히고 있는 거짓 교사들 속에서 그것이 성취되고 있음을 보여 주는 그의 해석이 나온다. 여기에 나오는 인용문은 구약의 세 가지 모형들과 관련한 성경 자료들에 대한 요약으로 이루어져 있고(세 개씩 묶여서 두 묶음으로 나오는 모형들의 첫 번째 묶음. 참조. 11절), 유다가 문체상으로 삼중적 표현을 선호한다는 것은 세 가지 모형을 선별한 것에서만이 아니라, 그가 8절에 나오는 그의 해석에서 거짓 교사들의 세 가지 특징을 열거하고 있는 것에서도 분명하게 드러난다(이 점은 의도적이든 아니든 운율에 의해서 강화된다: *μαίνουσιν* – 마이누신…*ἀθετοῦσιν* – 아데투신…*βλασφημοῦσιν* – 블라스페무신, "더럽히며…업신여기며…훼방하는도다").

9절은 자유로운 인용문(모세의 유언에서 가져온 것인데, 아래를 보라)으로서, 표제어인 블라스페무신(*βλασφημοῦσιν*, "훼방하다")/블라스페미아스(*βλασφημίας*, "훼방")를 통해 앞으로는 8절, 뒤로는 10절과 연결된다. 그러나 이것은 9-10절이 본문(9절)과 해석(10절)으로 이루어진 독립적인 단락이라는 것을 의미하지는 않는다. 도리어 9절은 5-7절의 모형들을 해석하는 과정에서 도입된 이차적인 인용문이다. 이것은 9절이 거짓 교사들과 관련한 모형이나 예언이 아니라, 그들과 대비되는 예를 제시하고 있다는 사실에 의해서 드러난다. 게다가 10절은 단지 9절을 해석하는 것이 아니라, 8절에서 시작된 해석을 이어간다. 이렇게 9절은 8절의 마지막 구절과 연결되고(표제어인 블라스페미아스[*βλασφημίας*]가 보여 주듯이), 10절도 그 첫 번째 구절에서 8절의 마지막 구절을 다시 이어받는다. 그러나 10절은 그런 후에

8절의 첫 번째 구절의 주제로 돌아가서 계속해서 설명을 이어가고, 최종적으로는 (엔 투토이스 프데이론타이[ἐν τούτοις φθείρονται]라는 어구를 통해서) 8절이 아직 언급하지 않은 것, 즉 대형(對型, antitypes)들도 모형들과 마찬가지로 심판을 초래했다는 것을 명시적으로 밝히는 것으로 이 세 가지 모형에 대한 해석을 마친다.

그러므로 이 단락의 구조는 다음과 같다: 인용(5-7절), 해석을 돕기 위해 도입된 이차적인 인용문(9절)이 포함되어 있는 해석(8, 10절). (이렇게 석의의 과정에서 이차적인 인용문이 도입되는 예는 쿰란의 페셰르들에서 종종 발견된다: 4QFlor 1:4, 12-13, 15-17; 4QpIsa; 또한 M.P. Horgan, *Pesharim: Qumran Interpretations of Biblical Books*[CBQMS 8; Washington, D.C.: Catholic Biblical Association of America, 1979] 95를 보라.)

인용과 해석의 패턴은 시제의 변화를 통해서 드러나고(5-7절과 9절에서는 πρόκειται - 프로케인타이, "된다"를 제외하고는 과거 시제, 8, 10절에서는 현재 시제가 사용된다), 해석이 시작되는 것을 알리기 위해서 후토이(οὗτοι, "이 사람들")가 사용된다(8, 10절). 후자에 대해서는 약간의 논의가 필요하다.

## 유다서에서의 후토이(οὗτοι)의 용법

유다서에서 모형들에 대한 언급이나 예언의 인용 뒤에 이어지는 각각의 해석 단락들은 후토이(οὗτοι, "이 사람들")라는 단어로 시작되는데, 유다는 이 단어를 비록 약간씩 다른 형태이긴 하지만 하나의 정형어구로 사용하는 것으로 보인다: 8절과 10절에서는 호모이오스 멘토이 카이 후토이(ὁμοίως μέντοι καὶ οὗτοι)와 후토이 데(οὗτοι δέ) 뒤에 동사들이 나오고, 16절에서는 후토이 에이신(οὗτοι εἰσιν) 뒤에 서술어들이 나오며, 12절과 19절에서는 두 번 다 후토이 에이신 호이(οὗτοι εἰσιν οἱ) 뒤에 분사들이 나온다.

특히 이 마지막 세 가지 예는 종종 묵시적인 꿈들과 환상들에 대한 해석에서 사용되는 표준적인 정형문구("이것은…이다", "이것들은…이다"; 단 5:25-26; 슥 1:10, 19-20; 4:10, 14; 계 7:14; 11:4; 14:4; *1 Enoch* 46:3 등)와 비교되어 왔다. 최근에 엘리스(Ellis, "Jude," 225)는 유다서에서의 후토이(οὗτοι)의 용법을 쿰란의 페셰르 석의에서 본문 해석을 도입하기 위하여 종종 사용하던 비슷한 정형문구와 비교했다(4QpIsa 2:6: "이것들은 예루살렘에 잇는 오만한 자들이다"; 2:10: "이것은 예루살렘에 있는 오만한 자들의 회중이다"; 4QFlor 1:2: "이것은…집이다"; 1:3, 11, 17-18; 2:1; 4QpIsa 3:9; 참조. CD 4:14). 이 정형문구는 "페셰르"라는 단어가 들어가는 좀더 통상적인 정형문구들에 비해서는 쿰란 본문들에서 드물게 사용되는 것이긴 하지만 이 정형문구가 "연속적 페셰르"보다 유다서의 미드라쉬와 더 유사성이 있는 "주제별 페셰르"인 4QFlor에서 특히 등장한다는 것은 의미가 있는 것 같다. 신약에서 이와 비슷한 용례는 갈라디아서 4:24("이 여자들은…이다")이다.

묵시론적 정형문구와 페셰르 정형문구 둘 다에서 지시대명사는 해석될 대상, 즉 묵시에 나타난 대상 또는 본문에서 언급된 대상을 가리킨다. 따라서 4QpIsa 2:6-7은 "(본문이 가리키는) 이 사람들은 (우리 시대에) 예루살렘에 있는 오만한 자들이다"라는 뜻이다. 유다가 후토이 에이신 호이(*οὗτοι εἰσιν οἱ*, "이들은…인 자들이다"; 이것은 정확히 쿰란 본문의 "אלה הם…אשר …"에 해당한다)라는 정형문구를 사용하는 두 경우는 이 용법과 일치한다. 12절에서 후토이(*οὗτοι*)는 11절에 언급된 자들을 가리키고, 19절에서는 사도들이 예언한 오만한 자들(18절)을 가리킨다.

그러나 유다는 이 정형문구를 유연하게 사용하고 있기 때문에, 다른 경우들에서 후토이(*οὗτοι*)는 해석될 대상을 가리키는 것이 아니라, 해석이 적용되는 사람들, 본문의 현재적 성취가 적용되는 사람들을 가리킨다(8, 10, 16절): 그것은 "우리가 지금 말하고 있는 이 사람들, 너희의 교회들에 슬그머니 들어온 사람들"을 의미한다. 여기에서 이 정형문구는 거짓 교사들이 모형 또는 예언의 성취임을 보여 주는 진술을 도입하기 위하여 사용되지만, 이 정형문구의 좀더 통상적인 용법과는 달리 이러한 동일시를 직접적으로 진술하지는 않는다. 아마도 이러한 변이(變異)는 단지 이 모형들과 예언들이 거짓 교사들을 가리킨다는 것을 **단언할** 뿐만 아니라, 거짓 교사들의 행실이 그 모형들과 예언들에 합치한다는 것을 보여 주고자 하는 유다의 의도 때문에 생겨난 것 같다.

후토이(*οὗτοι*)의 이러한 용법, 특히 8절에서의 용법과의 부분적인 평행은 디모데후서 3:8에서 찾아볼 수 있다: "얀네와 얌브레가…한 것같이 저희도(*οὕτως καὶ οὗτοι* – 후토스 카이 후토이)…."

유다가 인용문을 도입할 때 투토이스(*τούτοις*, 14절)를 사용하는 것에 대해서는 14절에 대한 설명을 보라.

## 5-7절의 배경과 자료들

유다는 5-7절에서 죄인들에 대한 하나님의 심판을 보여 주는 세 가지 예를 열거할 때 그러한 예들이 열거된 전승의 도식을 가져와서 사용했다. 이런 전승이 존재했음을 보여 주는 증거가 되는 다른 본문들은 Sir 16:7-10; CD 2:17-3:12; 3 Macc 2:4-7; *T. Napht.* 3:4-5; *m. Sanh.* 10:3; 베드로후서 2:4-8(부분적으로 유다서에 의존한)이다. 이 본문들 중 대다수는 Berger, *ZNW* 61(1970) 27-36과 Schlosser, *RB* 80(1973) 26-34에 의해서 연구되었는데, 그들은 이 본문들 간의 연결 관계들을 보여준다. 그러나 시락서 16:6-10에 대한 베르거의 해석은 D. Lührmann, "Noah und Lot (Lk 1726-29)-ein Nachtrag," *ZNW* 63(1972) 131에 의해서 수정된다. 이 본문들에 열거된 예들의 차이들은 전승 속에 열거되어 있던 예들에 이미 존재해 있던 차이들임이 분명하다:

| **시락서** | **CD** | **마카베오3서** | ***m. Sanh.*** |
|---|---|---|---|
| | 파수꾼들 | | |
| 거인들 | 거인들 | 거인들 | |
| | 대홍수의 세대 | | 대홍수의 세대 |
| | 노아의 아들들 | | 흩어짐을 당한 세대 |
| 소돔 | | 소돔 | 소돔 |
| | 야곱의 아들들 | | |
| 가나안 족속 | 애굽의 이스라엘 | 바로와 애굽인들 | 정탐들 |
| 광야의 세대 | 가데스의 이스라엘 | | 광야의 세대 |
| | | | 고라의 무리 |

| **희년서** | **납달리의 유언** | **유다서** | **베드로후서** |
|---|---|---|---|
| 거인들 | 소돔 | 광야의 세대 | 파수꾼들 |
| 소돔 | 파수꾼들 | 파수꾼들 | 대홍수의 세대 |
| | | 소돔 | 소돔 |

사실 유다서에 나오는 세 가지 예는 전승에 나오는 목록의 핵심을 구성한다. (파수꾼들과 그들의 아들들인 거인들은 서로 밀접하게 연관된 예들이다. 가데스의 이스라엘[광야 세대]은 마카베오3서 2장에서 이스라엘의 원수들인 애굽인들이 다른 원수로 대체된 그 역사적 맥락 때문에 생략되고 있고, 납달리의 유언 3장과 희년서 20:5에서는 출애굽 이전에 말해진 것으로 묘사되고 있기 때문에 생략된다.) 주목할 만한 것은 이 목록들이 통상적으로 연대기적인 순서를 따르고 있다는 것이다: 오직 납달리의 유언과 유다서만이 이 순서에서 벗어나 있다.

이 전승의 도식의 주된 맥락은 청중들에게 이 예들을 따르지 말라고 경고하는 유대적 권면이었고(특히, Sir 16:6-14; CD 2:14-17; *T. Napht.* 3:1-4; *Jub.* 20:2-7의 맥락들을 참조하라. 그러나 마카베오3서 2장에서 이 전승은 그런 것들과 비슷한 하나님의 심판을 내려달라고 기도하는 맥락 속에서 사용된다), 통상적으로 이러한 예들은 죄에 대한 하나님의 징벌에 관한 일반적인 격언 뒤에서 그 예화들로 나온다(Sir 16:6; CD 2:16; 3 Macc 2:3-4a; 참조. *T. Napht.* 3:3). 마카베오3서 2장을 제외하면, 강조점은 배교로서의 죄에 두어져 있고(Sir 16:7, 10: 반역, 마음의 완악함; CD 2:17-3:12: 마음의 완고함, 반역하여 하나님의 계명들을 지키지 않고, 그들 자신의 뜻을 따름; *T. Napht.* 3:2-5: 하나님이 주신 그들의 본성의 질서로부터 떠남), 유다서도 배교에 대한 이러한 강조점을 반영하고 있다.

아마도 이러한 유대적 도식은 초대 교회의 권면에서 받아들여져서 회심자들에 대한 최초의 가르침에서 사용되었을 것이다: 그런 까닭에 유다는 이것을 그의 독자들이 이미 잘 알고 있는 것이라고 말할 수 있었다(5a절). 그러나 유다가 이것을 사용하고 있는 용법은 유대교의 본문들에 그 평행이 없다. 유다서에서 이 예들은 그의 독자들에 대한 경고가 아니라, 거짓 교사들(*οὗτοι* – 후토이, 8절)을 대형들(antitypes)로 하는 예언적 모형들로 주어지고 있다. 따라서 유다는 이 예들이 주는 일반적인 격언과 권면적 적용 대신에, 8-10절에서 이 세 가지 모형을 거짓 교사들에게 적용해서 해석한 내용을 추가한다. 그렇게 함에 있어서 유다는 그의 전승 판본을 실제적으로 성경 인용문으로 취급하는데, 그것은 그 전승이 성경의 내용을 요약해 놓은 것이 틀림없었기 때문이다. 유다가 이 전승을 거짓 교사들에 대한 모형론적 예언으로 사용한 것은 그 자신의 새로운 발상이었는가, 아니면 이미 그의 독자들에게 친숙했던 기독교 전승 속에서 이런 식으로 개작되어 있었던 것인가? 후자가 유력한 것은 구약의 모형들을 그런 식으로 사용하는 것이 신약의 다른 저작들 속에서도 발견된다는 것이다(딤전 3:8-9; 계 2:14, 20; 참조. CD 5:18-19).

이 전승에 있어서 여러 저작들 간에 몇몇 세부적인 접촉점들이 존재한다는 것은 주목할 만한 일이다. 소돔을 하나의 예(*δεῖγμα* – 데이그마, 7절)로 보는 개념은 마카베오3서 2:5(*παράδειγμα* – 파라데이그마)에서 발견된다. 유다서의 두 번째와 세 번째 예(*ὡς…ὅμοιον* – 호스…호모이온, 7절)를 연결하고, 세 가지 예들과 거짓 교사들(*ὁμοίως μέντοι καί* – 호모이오스 멘토이 카이, 8절)를 연결하는 문체상의 연결고리는 납달리의 유언에서 소돔의 예와 파수꾼들의 예라는 두 가지 예를 연결시키기 위해서 사용되는데(*ὁμοίως δὲ καί* – 호모이오스 데 카이; 또한 참조. 4:1), 이것은 유다가 알고 있던 이 전승의 특징이었을 것임에 틀림없다. 게다가, 이 문체상의 연결고리가 납달리의 유언에서 전달해 주는 소돔과 파수꾼들이 범한 죄들의 **종류들** 간의 평행은 유다서에도 나타난다.

유다는 그의 두 번째 예, 즉 파수꾼들에 관한 자세한 묘사를 위해서 그가 잘 알고 있던 에녹1서에 나오는 설명("주석"에서 인용된 해당 본문들을 보라)을 가져와서 사용했다. 하지만 유다의 **어휘**가 에녹1서의 헬라어 판본의 어휘를 반영하고 있지 않다는 사실 – 한 대목("큰 날의 심판", "주석"을 보라)에서 그는 현존하는 헬라어 판본이 아니라 아람어 판본에 나오는 어구에 의존하고 있는 것으로 보인다 – 은 그가 헬라어 번역본이 아니라 아람어 원본의 형태로 된 에녹1서를 알고 있었음을 보여 주는 것일 수 있다. (이러한 결론을 위한 훨씬 더 강력한 증거는 14절에서 발견될 것이다.)

## 9절의 배경과 자료

보론에 나오는 자세한 논의를 보라. 거기서는 유다가 모세의 유언의 멸실된 끝부분으로부터 이 내용을 가져와서 사용했고, 그가 거기서 발견한 이 이야기는 재구성되었다는 것을 논증하고 있다. 이 이야기는 고소하는 천사인 사단과 하나님의 백성을 후견인인 천사장이 하나님의 백성을 놓고 법적인 다툼을 벌였다는 이야기들에 관한 전승에 속하는 것이었다. 이 전승은 스가랴 3장으로 거슬러 올라가고, 유다서의 자료는 미가엘이 마귀의 훼방하는 고소를 벌하시도록 하나님께 호소할 때 한 말("주께서 너를 꾸짖으시기를 원하노라")을 거기로부터 가져왔다.

모세의 유언에 나오는 모세의 매장에 관한 이야기는 모세가 하나님의 금지 명령 때문에 약속의 땅에 들어가지 못했지만 사람들이 알지 못하는 무덤에 하나님 자신에 의해서 매장되는 유일무이한 특권을 허락받았다는 신명기 34:1-6의 기사(記事)에 자극을 받아서, 모세의 죽음과 매장을 둘러싸고 생겨난 여러 전설들 중의 하나였다. 신구약 중간기 문헌의 일반적인 경향과 맥을 같이 하여, 모세의 유언은 모세를 매장하는 일을 하나님의 대리자인 미가엘이 담당했다고 말한다. 모세가 느보 산에서 죽자 하나님은 천사장 미가엘을 보내 그의 시신을 그가 매장되기로 예정되어 있던 다른 곳으로 옮기게 하셨는데, 미가엘은 그 명령을 수행하러 갔다가 모세를 장악하고자 하는 최후의 시도를 하기 위해 온 마귀를 맞닥뜨리게 되었다. 모세의 유언은 마귀가 모세의 시체를 이스라엘 백성에게 가져다주어서 숭배의 대상으로 삼게 하고자 했다고 말한다. 마귀가 모세에게서 천사장에 의해서 매장되는 영광을 빼앗고자 했다는 것은 분명하다.

그러므로 마귀는 모세의 시체를 누가 가질 것이냐를 놓고서 미가엘과 다툼을 벌였다. 이것은 사단이 고소자로서의 그의 전통적인 역할 – 그는 비록 악의적인 고소자이기는 했지만 – 을 한 법적인 다툼이었다. 마귀는 모세가 전에 애굽 사람을 죽였다는 것을 근거로 들어서(출 2:12) 그를 살인으로 고소하며 그가 존귀하게 매장될 자격이 없다는 것을 증명하고자 했다.

하지만 모세의 유언은 마귀의 이러한 고소를 훼방 또는 비방(*βλασφημία* – 블라스페미아)으로 묘사했고, 미가엘이 마귀의 훼방을 참지 못하여 그에게 "주께서 너를 꾸짖으시기를 원하노라"고 말했다고 서술했다. 이것은 하나님이 나서서 사단에 대한 그의 권위를 행사하여 모세에 대한 사단의 주장을 기각하시라는 호소였다. 그러자 마귀는 아무 말도 하지 못하고 달아나고 말았다. 그제서야 미가엘은 모세의 시체를 멀리 가져다가 매장할 수 있었다.

이 이야기는 일차적으로 모세의 이력에 있어서의 명백한 흠들에도 불구하고 하나님이 그의 종 모세의 의로움을 밝히셨고, 사단이 모세를 죄인으로 몰아가고자 시도하는 것에 반대하여 그의 천사장에 의해 매장될 유일무이한 존귀를 받을 자격이 있다는 것을 확인해 주셨다는 것을 보여 주는 역할을 했다.

유다가 이 이야기를 언급하는 가운데 나오는 "모세의 시체에 대하여 마귀와 더불어 변론할"(*τῷ σιαβόλῳ διακρινόμενος διελέγετο περὶ τοῦ Μωϋσέως σώματος* – 토 디아볼로 디아크리노메노스 디에레게토 페리 투 모우세오스 소마토스)이라는 어구는 "주께서 너를 꾸짖으시기를 원하노라"는 어구(보론에서 A, E, M, N 본문들)와 마찬가지로 모세의 유언으로부터 인용한 것일 가능성이 크다(참조. 4Q ʿAmram[b] 1: 10-11에 나오는 비슷한 이야기들: "나에 대하여 변론했고…나에 대하여 큰 다툼을 진행하고 있었다"; Origen, *Hom.* 15 on Luke: "변론하여"; 보론에서 B 본문).

## 주석

5 "너희가 본래 범사를 알았으나 내가 너희로 다시 생각나게 하고자 하노라"(*Ὑπομνῆσαι δὲ ὑμᾶς βούλομαι, εἰδότας ἅπαξ πάντα* – 휘포므네사이 데 휘마스 불로마이 에이도타스 하팍스 판타)는 그의 독자들의 지식을 보완해 주고자 할 때 사용되는 세련된 정형문구(*1 Clem* 53:1에 나오는 것과 같은) 이상의 것이다. 이 어구는 신약의 비슷한 구절들(롬 15:14-15; 살전 4:9; 요일 2:21, 27)과 마찬가지로 신학적 의미를 지닌다. 하팍스(*ἅπαξ*, "본래")는 3절을 상기시킨다. 유다의 독자들이 회심할 때 철저하게 가르침 받았던 사도적 신앙은 명확하고 완전한 것이어서 보완하는 것을 필요로 하지 않는다. 그러므로 유다는 거짓 교사들이 했던 것과는 달리 새로운 내용을 가르칠 필요는 없었고, 단지 그의 독자들에게 그들이 전에 가르침 받은 것을 다시 생각나게 하기만 하면 되었다.

"다시 생각하는 것"과 "기억하는 것"(17절)은 역사 속에서의 하나님의 행위들에 토대를 둔 성경적 신앙에 필수적이다(참조. B. S. Childs, *Memory and Tradition in*

*Israel*[SBT 37; London: SCM Press, 1962]). 유대교 저술가들이 그들의 독자들에게 하나님의 구속 역사(役事)들(특히 신명기에서)과 계명들(예를 들면, 민 15:39-40; 말 4:4; *Jub.* 6:22; 2 *Apoc. Bar.* 84:2, 7-9)에 관한 전승을 "기억하라"고 강력히 권했듯이, 초기 기독교 저술가들은 그들의 독자들에게 사도적 복음에 관한 전승을 상기시켰다(롬 15:15; 고전 11:2; 살후 2:5; 딤후 2:8, 14; 벧후 1:12; 3:1-2; 계 3:3). 이러한 경향은 이단적인 편향들에 맞선 전승의 충실한 보존이 강조될 필요가 있는 맥락들 속에서 특히 두드러지게 나타나지만, 그것을 유다서에 나타나 있는 후대의 특징으로 여길 필요는 없다(반대 견해로는 Schelkle 등). 그러한 강조가 진부한 반복의 뉘앙스를 띠고 있다고 생각할 필요는 없다. 복음을 상기함을 통해서 복음의 의미는 더욱 깊게 이해되고, 복음의 타당성은 새롭게 경험되기 때문이다.

판타(*πάντα*, "범사")는 단지 "내가 너희에게 말하고자 하는 모든 것"을 의미할 수도 있지만(Spitta, Mayor clxxxiv, Grundmann), 하팍스(*ἅπαξ*, "본래")와 함께 사용되었음을 고려하면 "너희가 회심할 때 사도가 너희에게 가르친 신앙의 모든 기본들"(참조. 17절)을 의미하는 것으로 보는 것이 더 자연스럽다. 유다가 여기에서 상기시키고자 한 특정한 주제들(5-16절)은 이 본래의 가르침 속에 포함되어 있었다. 이것은 반드시 이 절들의 모든 세부적인 내용이 이미 유다의 독자들에게 친숙했다는 것을 의미할 필요는 없지만, 그가 언급한 구약과 외경의 자료들은 그 자체로 잘 이해가 되는 것은 아니었기 때문에, 그는 상당한 정도로 전승 자료를 가져와서 사용한 것으로 보인다. 5-7절에서 유대교의 전승에 나오는 목록을 따르고 있는 그의 예들("양식/구조/배경"을 보라)은 유대교에서처럼 기독교에서도 권면할 때 죄, 특히 배교는 하나님의 심판을 초래한다는 일반적인 공리(公理)의 예화들로 사용되었을 것이고, 이 경우에 이 전승을 거짓 교사들과 그들의 장래의 심판에 관한 모형론적 예언으로 **해석하고** 있는 것은 유다 자신이다. 마찬가지로, 11절과 14-15절에서도 전승 자료를 거짓 교사들에게 적용하고 있는 것은 유다 자신일 것이다. 반면에 마지막 날들의 거짓 교사들과 구약의 원형들(prototypes)을 비교하는 것은 디모데후서 3:8-9과 요한계시록 2:14, 20에 평행들이 나오는 것으로 보아서, 유다서에 나오는 구약의 모형들은 그가 사용한 전승 속에서 이미 이런 식으로 해석되어 있었을 것이다. 어쨌든 확실한 것은 그의 독자들이 회심할 때 받은 본래의 기독교적 가르침 속에는 마지막 날들에 부도덕한 삶을 사는 거짓 교사들이 등장할 것이고, 그들이 필연적으로 하나님의 심판을 받으리라는 경고의 말씀이 예언되어 있었다는 것이다(유 17절).

"주께서"(*κύριος* – 퀴리오스). "원문주해"에서 우리는 예수스(*Ἰησοῦς*)라는 독법보다 이 독법을 택하는 것이 낫다는 것을 논증했지만, 퀴리오스(*κύριος*)가 하나님을 가리키는 것이냐, 아니면 선재하는 그리스도를 가리키는 것이냐는 문제는 여전히 남아 있다(Bigg; Hanson, *Jesus Christ*, 137; Ellis, "Jude," 232 n. 40이 주장하듯이). 전자는 베드로후서 2:4에서 전제되고 있는 해석이지만, 그러한 사실이 이 문제를 결정지을 수는 없다. 후자를 택하는 경우에 우리가 유의해야 할 것은 출애굽의 사건들만이 아니라 천사들을 가둔 사건(6절)도 그리스도에게 돌려야 한다는 것이다.

이 문제를 결정할 때 다음의 두 가지는 반드시 고려되어야 한다: (1) 구약의 역사 속에서 선재하는 그리스도의 활동에 대한 언급들은 신약에서 드물게 나오는가(가장 일반적으로 인정되고 있는 것은 요 12:41; 고전 10:4, 9이다), 아니면 아주 흔하게 나오는가(Hanson의 주장처럼)? 핸슨의 주장이 전적으로 설득력이 있다고 생각하는 학자들은 거의 없다. (2) 유다는 퀴리오스(*κύριος*)를 일관되게 예수에 대하여 사용하고 있는 것인가? 이 문제를 결정하기에는 증거가 충분하지 않다. 유다는 "예수 그리스도"에 대하여 네 번 퀴리오스(*κύριος*)를 사용하는데(4, 7, 21, 25절), 그 중에서 한 번은 외경의 기자가 분명히 "하나님"을 의도했지만 유다는 예수를 가리키는 것으로 해석할 수 있었던 인용문(9절) 속에서 사용하고, 한 번은 유다가 분명히 예수를 가리키기로 의도한 인용문 속에서의 해석적인 주해(14절) 속에서 사용한다. 게다가, 5절은 4절에서 "우리 주 예수 그리스도"에 대한 언급 직후에 나온다. 또한 신약의 기자들이 구약의 인용문들 밖에서 퀴리오스(*κύριος*)를 하나님에 대하여 사용하는 경우는 드물고, 구약 본문들에 나오는 퀴리오스(*κύριος*)를 종종(결코 언제나 그런 것은 아니지만) 예수를 가리키는 것으로 해석한다는 것은 사실이다(요 12:41; 롬 10:13; 히 1:10; 참조. 고전 10:9).

이러한 요소들을 저울질하는 것은 어렵지만, 유다는 그의 일반적인 용례에 비추어 볼 때 여기에서 퀴리오스(*κύριος*)를 예수에 대하여 사용했다고 할 수 있을 것이다. 이것은 그가 그리스도의 선재적 활동을 설명하는 데에 관심이 있기 때문이 아니라, 구약의 이러한 사건들을 모형론적으로 현재에 적용함에 있어서 그의 백성인 교회를 구원하신 분이자 장차 배교자들의 심판주가 되실 분은 주 예수이기 때문이다.

투스 메 피스튜산타스 아폴레센(*τοὺς μὴ πιστεύσαντας ἀπώλεσεν*, "믿지 아니하는 자들을 멸하셨으며")은 민수기 14장의 기사를 가리킨다. 거기에서 이스라엘 백성은 가나안을 정탐하고 돌아온 자들의 대다수가 보고하는 것을 듣고서 낙심하여, 그들에게 가나안 땅을 주겠다고 한 하나님의 약속들을 믿는 믿음이 없음을 드러내며, 가나안 땅으로 들어가기를 거부하고 "불평했다." 그 결과로 하나님은 불신앙의 죄를 범한 모든 이스라엘 백성, 즉 이십 세 이상의 모든 백성은 여호수아와 갈렙을 제외하고는 광야에서 죽게 될 것이라는 영을 선포하셨다. (민 26:64-65은 하나님의 이 작정하심이 성취된 것을 기록하고 있다.) 유다가 불신앙(부정과거 분사가 보여 주듯이 불신앙의 행위)을 구체적으로 언급하고 있는 것은 그가 어떤 일을 염두에 두고 있었는지를 보여 준다. 왜냐하면 불신앙이라는 단어는 민수기 14:11과 동일한 사건에 대한 다른 언급들(신 1:32; 9:23; 시 106:24; *Bib. Ant.* 15:6; 히 3:19; 4:2) 속에 나오기 때문이다. 물론 불순종을 가져온 것은 불신앙이었다(신 9:23; 시 106:25; 히 3:19; 4:6, 11). 사실상 이 세대 전체가 불신앙의 죄를 범하여 광야에서 죽었기 때문에, 유다는 주께서 구원한 "백성"(*λαός* – 라오스)과 멸하신 믿지 않는 자들을 대비시킬 의도는 없었을 것이다. 분사 구문에 의해서도 강화되고 있는 그의 요지는 주께서 구원한 바로 그 백성이 나중에 심판을 초래했다는 것이다(Maier, *BZ* 2[1904] 393-94).

광야에서 이스라엘의 이러한 배교와 심판은 유다가 이 절들에서 따르고 있는 전승의 도식(특히 이것이 특별히 강조되고 있는 CD 3:7-9을 주목하라; Sir 16:10)에서 및 다른 곳에서(시 95:8-11; 히 3:7-4:11) 사용된 죄와 심판의 잘 알려진 예였다. 랍비들은 광야 세대가 내세에서 분깃을 갖게 될 것인지를 놓고 논쟁했다(*m. Sanh.* 10:3). 바울은 고린도전서 10:7-11에서 광야에서의 죄와 심판에 관한 다른 예들은 언급하면서 여기에 나오는 예를 언급하지 않지만, 이 일들이 "말세를 만난 우리의 경계로 기록"되었다는 그의 설명(고전 10:11)은 히브리서 3-4장에서 이 예를 길게 사용하고 있는 것과 더불어서 기독교 전승이 출애굽 시기의 하나님의 백성의 경험들을 새로운 출애굽 시기에 있는 하나님의 종말론적인 백성을 교훈하기 위하여 어떻게 사용했는지를 잘 보여 준다. 유다는 이 모형론적인 전승에 의존해서 이 경험들을 거짓 교사들에게 적용한다.

유다로 하여금 연대기적 순서를 무시하고서 이 예를 그의 세 가지 모형 중에서 첫 번째의 예로 삼게 만든 것은 아마도 이스라엘과 교회 간의 이러한 특별히 밀접한 평행 관계였을 가능성이 크다. 이 예는 하나님이 출애굽이라는 큰 구원 사건을 통해서 구원한 바로 그 백성에 대한 심판을 상기시키기 때문에, 배교한 그리스도인들과 특별한 연관성이 있었다. 유다가 이 예를 사용한 것은 그가 거짓 교사들을 배교한 그리스도인들로 여겼다는 것을 보여 준다.

토 듀테론(*τὸ δεύτερον*, "후에")은 정확하게 설명하기가 어렵다. 주후 70년에 있은 이스라엘의 두 번째 멸망을 염두에 두고 있는 것이라는 주장(Zahn, *Introduction*, 253-55, 261-62)은 유다의 관점을 억지로 집어넣어 해석하는 것이다. 일부 학자들(Spitta; Berger, *ZNW* 61[1970] 36)은 홍해에서 첫 번째로 불신앙을 보인 사건에 상응하는 두 번째로 불신앙을 보인 사건을 가리키는 것이라고 주장하지만(출 14:10-12; 시 107:7), (1) 그 사이에도 불신앙을 보여 준 다른 많은 예들이 있었고(민 14:22; 시 78:40-41), (2) 그런 경우에는 토 듀테론(*τὸ δεύτερον*)이 투스(*τούς*) 뒤에 나와야 한다. 유다는 하나님이 자기 백성을 구원하기 위하여 행했던 첫 번째 사건(출애굽)과 그들의 불신앙을 심판하기 위하여 행했던 두 번째 사건을 구별하고자 이 어구를 사용했을 가능성이 더 높다(Chaine, Schelkle, Kelly, Cantinat, Grundmann). 그렇게 보았을 경우에, 토 듀테론(*τὸ δεύτερον*)의 취지는 그것이 배교에 대한 심판의 행위라는 것을 강조하는 것이다: 주께서 구원한 백성이라고 해서 그 후에 심판을 면제받은 것이 아니었다. 이것을 대형들(antitypes)에 적용하면, 유다의 취지는 주께서 그리스도인들을 구원하기 위하여 행한 첫 번째 사건 이후에 재림의 때 그가 배교한 그리스도인들을 심판하게 될 두 번째 사건이 있게 되리라는 것이다.

6 "천사들"(*ἀλλέλους* – 앙겔루스)은 유대 전승에 의하면 대홍수 이전의 시대에 하늘로부터 내려와서 사람인 아내들과 혼인하여 인류를 타락시킨 천사들(파수꾼들로 알려진)이다. 창세기 6:1-4에 나오는 "하나님의 아들들"에 관한 기사 – 이 전승은 몇 가지 다른 형태를 지니고 있었지만 – 는 주후 2세기 중반까지 대체로 이런 식으로 이해되었다(우리의 증거가 보여 주는 한에서; *1 Enoch* 6-19; 21; 86-88; 106:13-15, 17; *Jub.* 4:15, 22; 5:1; CD 2:17-19; 1QapGen 2:1; *Tg. Ps.-J. Gen.* 6:1-4; *T. Reub.* 5:6-7; *T. Napht.* 3:5; *2 Apoc. Bar.* 56:10-14). 주후 2세기 중반에 랍비 시므온 벤 요하이(Simeon b. Yohai)의 시대 때부터, 유대교에서 이 전통적인 석의는 "하나님의 아들들"은 천사들이 아니라 사람들이었다는 주장으로 대체되었다. 하지만 기독교에서는 전통적인 석의는 좀더 오래 유지되다가 오직 주후 3세기에 가서야 의문시되었고, 주후 5세기에는 거의 사라졌다.

원래 파수꾼들의 타락은 악의 기원에 관한 신화였지만(에녹1서 6-19장), 주후 1세기에 이르러서 악의 기원이 아담의 타락에 초점이 맞춰지면서(예를 들면, 롬 5장; 에스라4서), 이 신화의 중요성은 이미 기울어 가고 있었다. 이것이 신약에서 이 신화에 대한 간접 인용이 소수인 이유임에 틀림없다(벧전 3:19-20; 벧후 2:4; 아마도 고전 11:10; 딤전 2:9). 그러나 이 신화는 특히 에녹의 문헌이 인기가 있었던 유대 기독교 진영에서는 여전히 널리 알려져 있었고 받아들여지고 있었다. 아마도 파수꾼들의 타락에 관한 신화가 유대교에서보다 기독교 전승에서 그 지위를 더 오래 유지했던 것은 주로 에녹의 문헌이 랍비 진영에서는 인기를 잃었던 반면에, 주후 2세기의 기독교에서는 에녹 문헌이 여전히 인기를 누리고 있었던 것과 그 중심에 서 있었던 유대 기독교 진영의 영향 덕분이었을 것이다.

유다서에 나오는 언급은 파수꾼들의 타락에 관한 현존하는 가장 오래된 기사인 에녹1서 6-19장(가장 후대로 잡아도 주전 2세기 초: Milik, *Enoch*, 22-25, 28, 31)에 직접적으로 의존해 있고, 유다는 에녹1서의 이 장들을 스스로 아주 잘 알고 있었음을 보여 준다. 에녹1서의 이 장들은 야렛 시대에(창 5:18) 이백 명의 천사들이 셰미하자와 아사엘의 인도 하에 사람의 아름다운 딸들에 대한 욕정으로 가득 차서 헤르몬 산에 내려와서 사람인 여인들을 아내로 삼은 이야기를 말해 준다. 그들의 자손인 거인족은 땅을 황폐화시켰고, 타락한 천사들은 사람들에게 금지된 지식과 온갖 종류의 죄를 가르쳤다. 그러므로 이 거인족은 하나님으로 하여금 대홍수를 보내게 만든 세상의 총체적인 타락에 책임이 있었다. 파수꾼들은 심판의 날에 게헨나에 던져질 때까지 결박되어 땅 아래에 감금되는 벌을 받았고, 그들의 자손인 거인족은 서로 싸움을 벌여서 서로를 죽이는 벌을 받았지만(10:9), 그들의 영들은 대홍수와 심판의 날 사이에 세상에서 벌어지는 온갖 악에 대하여 책임이 있는 악한 영들이 되었다(15:8-16:1). 분명한 것은 에녹1서의 이 장들의 저자에게 있어서 대홍수의 때 파수꾼들과 사람들에 대한 심판은 최후의 심판 때 모든 악이 최종적으로 제거될 것에 대한 예표였다는 것이다. 유다가 파수꾼들을 마지막 날들의 거짓 교사들의 모형으로 사용했을 때, 그의 생각 속에도 이와 같은 평행 관계가 자리 잡고 있었을 것이다.

유다가 헤시오도스(Hesiod)의 『신통기(神統記)』에 자세히 나오는 거인족에 관한 헬라 신화에 의존했다고 추정할 필요는 전혀 없다. 헬라 신화와 유대 신화 간의 유사점들은 주로 이 두 신화가 공통적으로 고대 근동의 신화로부터 유래했기 때문일 것이다. 이 헬라 신화는 유대 전승에 약간의 영향을 주었을 것이고(참조. Glasson, *Influence*, 63-67; Delcor, *RHR* 190[1976] 30, 39-40, 44), 일부 유대 저술가들은 분명히 거인족을 타락한 천사들 또는 그들의 자손인 거인들과 동일시했을 것이다(벧후 2:4에 대한 "주석"을 보라). 그러나 유다가 데스모이(*δεσμοί*, "결박")와 조포스(*ζόφος*, "흑암")라는 단어들을 사용하고 있고, 헬라의 거인족이 사슬로 결박당한 채 타르타로스의 흑암 속에 갇혀 있다고 할 때도 이 단어들이 사용되고 있다는 사실(Hesiod, *Theog.* 718, 719)은 유다가 앞에서 말한 이러한 동일시를 행했다거나 헤시오도스를 알고 있었다고 보기에는 충분한 증거가 되지 못한다.

좀더 이전의 주석자들은 유다서 1:6을 아담의 타락 이전에 사단과 그의 천사들이 타락한 것을 가리키는 것으로 이해했지만, 유다가 에녹1서를 의존하고 있다는 것은 이 절에서 보여지는 밀접한 평행들(아래를 보라)과 이 천사들의 죄는 죽을 수밖에 없는 존재인 여인들과의 성적 교섭이었다는 사실을 내비치고 있는 7절의 간접 인용(아래를 보라)으로부터 분명하다. 뒤바를르(Dubarle, "Péché")는 6절에 에녹1서에 대한 간접 인용들이 존재한다는 것을 인정하면서도, 유다가 타락한 천사들에 관한 신화에 비추어서 일차적으로 염두에 두고 있는 것은 이스라엘 백성 가운데서의 자신들의 탁월한 지위(*ἀρχήν* – 아르켄)를 내팽개치고 하나님이 그들에게 약속한 땅(*οἰκητήριον* – 오이케테리온)을 버린 민수기 13장의 정탐꾼들(*ἀγγέλους* – 앙겔루스=사자들)이라고 주장한다. 그러나 유다의 독자들이 소위 이 일차적인 의미층(意味層)을 과연 탐지해낼 수 있었을지는 의문이고, 또한 천사들이 여인들과 성적 교섭을 한 것에 대한 7절의 간접 인용은 그러한 주장을 배제시킨다.

아르켄(*ἀρχήν*, "지위")은 여기서 이 천사들이 하나님을 섬기는 가운데에 세상에 대하여 행사하던 하늘의 권세의 지위 또는 통치 구역을 의미한다(참조. *Jub.* 2:2; 5:6; *1 Enoch* 82:10-20; 1QM 10:12; 1QH 1:11; Justin, *2 Apol.* 5.2). (아르카이[*ἀρχαί*]가 *T. Levi* 3:8; *2 Enoch* 20:1에서는 천사들의 직위로 나오고, 롬 8:38; 엡 1:21; 3:10; 6:12; 골 1:16; 2:15에서는 우주적 세력으로 나오는 것을 참조하라.) 파피아스(Papias)는 하나님이 일부 천사들에게 세상의 일들을 "다스리는 권세를 주고서(*ἄρχειν* – 아르케인) 잘 다스리도록(*ἄρχειν* – 아르케인) 지시했으나… 그들에 대한 지시(*τάξιν* – 탁신)는 무위로 끝나고 말았다"고 말한다(Andr. Caes., In Apoc. 34:12에서 재인용).

"자기 처소를 떠난"(*ἀπολιπόντας τὸ ἴδιον οἰκητήριον* – 아포리폰타스 토 이디온 오이케테리온)(참조. *1 Enoch* 12:4; 15:3: "너희는 높고 거룩하고 영원한 하늘을 떠났다[헬라어로 *ἀπελίπετε* – 아페리페테]"; 15:7: "하늘의 영들은 그들의 거처가 하늘에 있다"[헬라어로 *ἡ κατοίκησις αὐτῶν* – 헤 카토이케시스 아투톤]).

동의 평행법으로 되어 있는 두 개의 분사 구문은 유다가 거짓 교사들의 배교와 비교하고자 하는 천사들의 배교를 강조한다. 음행이 이 천사들의 죄 속에도 포함되어 있었다는 사실은 7절에서 분명해질 것이다.

"큰 날의 심판까지"(*εἰς κρίσιν μεγάλης ἡμέρας* – 에이스 크리신 메갈레스 헤메라스)(참조. *1 Enoch* 10:12[=IVQEnb 1:4:11, Milik, *Enoch*, 175]: 미가엘은 "그들의 심판의 큰 날까지 땅의 골짜기들에 칠십 세대 동안" 이 타락한 천사들을 결박해 두게 될 것이다). 에녹1서의 헬라어 역본과 에디오피아 역본에는 없는 "큰"이라는 형용사가 4Q 아람어 단편에서는 발견된다(아람어로 עד יומא רבא). "심판의 큰 날"이라는 어구는 이례적이고(참조. *1 Enoch* 22:11; 84:4; *Tg. Neof.* Deut. 32:34), 좀더 통상적인 형태는 "주의 큰 날"(욜 2:11, 31[=행 2:20]; 습 1:14; 말 4:5; *2 Enoch* 18:6)이다(참조. 계 6:17, "그들의 진노의 큰 날"; 16:14, "전능하신 하나님의 큰 날"; 에녹1서 54:6, "저 큰 날").

"영원한 결박으로 흑암에 가두셨으며"(*δεσμοῖς ἀϊδίοις ὑπὸ ζόφον τετήρηκεν* – 데스모이스 아이디오이스 휘포 조폰 테테레켄). 에녹1서 10:4-6을 참조하라: "아사엘의 손과 발을 결박해서 그를 흑암(헬라어로 *σκότος* – 스코토스)에 던지라. 닷두엘에 있는 광야에 구멍을 내어(Milik, *Enoch*, 30를 보라) 그를 그 속으로 던지라. 그의 위에 거칠고 뾰족한 바위들을 두고, 그를 흑암(*σκότος* – 스코토스)으로 덮어서, 그로 하여금 거기에 영원히 거주하게 하고, 그의 얼굴을 가려서 그로 빛을 볼 수 없게 하라. 큰 심판의 날에 그가 불 속에 던져지리라." 유다의 언어는 10:12에 나오는 아사엘에 대한 심판 및 셰미하자와 타락한 파수꾼들의 나머지에 대한 심판(위에서 인용된)을 둘 다 반영하고 있다. 유다서에 나오는 휘포 조폰(*ὑπὸ ζόφον*)이라는 어구(에녹서의 헬라어 역본에는 나오지 않는다)는 헬라의 시가(詩歌)에서 지하세계를 나타내는 데 흔히 사용된다(Homer, *Il.* 21:56; *Odes Sol.* 11:57, 155; 20:356; Hesiod, *Theog.* 729; Aeschylus, Pers. 839; *Sib. Or.* 4:43).

유다가 언급하는 사슬에 의한 결박은 파수꾼들의 타락에 관한 전승 속에서 아주 두드러지게 등장한다(참조. *1 Enoch* 13:1; 14:5; 54:3-5; 56:1-4; 88:1; 4QEnGiantsa 8:14[Milik, *Enoch*, 315]; *Jub.* 5:6; *2 Apoc. Bar.* 56:13; Origen, *C. Cels* 5.52; Milik, *Enoch*, 332을 인용한 Oxford MS. 2340 § 19).

이 천사들의 감금은 단지 일시적인 것으로서, 심판의 날이 되면 그들은 게헨나의 불로 옮겨지겠지만, 이 결박은 "영원한"(*ἀΐδιος* – 아이디오스; 이 단어는 7절의 아이오니오스[*αἰωνίος*]와 동의어로서, 문체에 변화를 주기 위해서 선택된 것이 분명하다. 참조. 4 Macc 10:15) 것이라 불린다. 여기서 유다가 사용하는 어휘는 아사엘이 심판 때까지 "영원히"(헬라어로 C: *εἰς τοὺς αἰῶνας* – 에이스 투스 아이오나스; S: *εἰς τὸν αἰῶνα* – 에이스 톤 아이오나) 결박되어 있다고 말하는 에녹1서 10:5에 의존하고 있는 것으로 보인다. 에녹1서 본문에서 "영원히"는 "심판의 날까지 세상이 존속하는 동안"(=10:12의 칠십 세대)을 의미하고 있음에 틀림없다. 이와 동일한 용례가 나오는 곳은 다음과 같다: 14:5(=4QEnc 1:6:15, Milik, *Enoch*, 193, 195): "너희(타락한 천사들)를 영원의 모든 날 동안 결박하다"(아람어로는 [עד כול יומי ע[למא): 희년서 5:10(분명히 에녹1서 10장에 의존해 있는 본문): "그들은 큰 정죄의 날까지 땅의 깊음 속에 영원히 결박되었다." (데스모이스 아이오니오이스[*δεσμοῖς αἰωνίοις*, "영원한 결박"]가 일생 동안의 감금을 가리키는 의미로 사용되고 있는 Josephus, *BJ* 6.434도 참조하라.)

테테레켄(*τετήρηκεν*, "가두셨으며")에 대해서는 다음을 참조하라: 에녹2서 7:2: 둘째 하늘에 감금된 파수꾼들은 "영원한 심판을 기다리고 있다"; 18:4: 그들은 "주의 큰 날에 벌을 받을" 때까지(18:6) 둘째 하늘의 "큰 흑암 속에 가두어져" 있다. 유다서와의 어휘상의 일치점들은 두드러지지만, 그것은 단지 둘 다 공통적으로 에녹1서에 의존하고 있는 것을 반영한 것이거나("가두셨다"는 우연의 일치라고 할 때), 유다서 1:6이 에녹2서에 미친 영향을 반영한 것일 수 있다. 또한 르우벤의 유언 5:5(파수꾼들을 유혹한 여인들에 관하여 말하는)도 참조하라: 에이스 콜라신 투 아이오노스 테테레타이(*εἰς κόλασιν τοῦ αἰῶνος τετήρηται*, "영원한 형벌을 위해 가두어져 있다").

유다가 여기서 테레인(*τηρεῖν*, "가두다")을 사용한 한 가지 이유는 이 절의 전반부에 나오는 메 테레산타스(*μὴ τηρήσαντας*, "지키지 아니하고")와의 무시무시한 언어유희를 위한 것이다. 천사들이 그들의 지위를 "지키지" 않았기 때문에, 주께서는 그들을 결박하여 "가두셨다". 이것은 죄와 벌이 서로 상응함을 묘사하는 흔한 방식의 한 예이다(탈리오의 법칙; 참조. 예를 들면, 고전 3:17; 계 16:6). 테레인(*τηρεῖν*)은 유다의 표제어들(catchwords) 중의 하나인 것으로 보인다(참조. 1, 3, 21절). 이 천사들은 하나님의 사랑 안에서 자신의 지위를 **지키는** 신실한 그리스도인들(21절), 하나님이 마지막 날에 심판이 아니라 구원을 위하여 **지키시는** 신실한 그리스도인들(1절)과 대비된다. 이러한 언어 유희의 가능성은 꽤 유력하다. 초기 기독교(특히 요한 문헌)의 어휘에서 흔하게 사용되던 테레인(*τηρεῖν*)은 다른 곳에서도 여기서와 비슷한 언어유희 속에서 사용되기 때문이다(요 17:6, 11-12; 계 3:10).

7 "소돔과 고모라"(*Σόδομ καὶ Γόμορρα* – 소돔 카이 고모르라)는 오랫동안 하

나님의 심판을 보여 주는 전형적인 사례로 여겨져 왔다(신 29:23; 사 1:9; 13:19; 렘 23:14; 49:18; 50:40; 애 4:6; 호 11:8; 암 4:11; 습 2:9; Sir 16:8; 3 Macc 2:5; *Jub.* 16:6, 9; 20:5; 22:22; 36:10; *T. Asher* 7:1; Philo, *Quaest. Gen.* 4:51; Josephus, *BJ* 5.566; 마 10:15; 11:24; 막 6:11; 눅 10:12; 17:29).

"…와 그 이웃 도시들도"(*αἱ περὶ αὐτὰς πόλεις* – 하이 페리 아우타스 폴레이스). 평지의 다섯 성읍은 소돔, 고모라, 아드마, 스보임, 소알이었지만, 소알은 심판을 면했다(창 19:20-22).

"저희와 같은 모양으로 간음을 행하며 다른 색을 따라 가다가"(*τὸν ὅμοιον τρόπον τούτοις ἐκπορνεύσασαι καὶ ἀπελθοῦσαι ὀπίσω σαρκὸς ἑτέρας* – 톤 호모이온 트로폰 투토이스 에크포르뉴사사이 카이 아펠두사이 오피소 사르코스 헤테라스). 두 번째 구절은 첫 번째 구절을 설명하고 있다. 천사들이 여인들에 대한 그들의 음욕 때문에 멸망했듯이, 소돔 사람들도 천사들과의 성적 관계를 원했다. 여기에서 말하는 것은 창세기 19:4-11에 나오는 사건이다. 사르코스 헤테라스(*σαρκὸς ἑτέρας*, "다른 색"; 직역하면 "다른 육체")는 많은 주석자들과 대부분의 번역들이 추정하듯이 동성애적 행위를 가리킬 수 없다. 동성애에서는 육체가 "다르지"(*ἑτέρας* – 헤테라스) 않기 때문이다. 따라서 이 어구는 천사들의 육체를 가리키고 있음에 틀림없다. 소돔 사람들의 죄(엄밀하게 말해서, 다른 성읍들의 죄는 아니다)는 타락한 천사들과 마찬가지로 창조 질서를 충격적으로 범하는 것이었던 이 엄청난 성적 타락에서 그 절정에 도달했다. 이 두 경우는 납달리의 유언 3:4-5에서도 여기서와 비슷하게 서로 결합되어 나온다.

유대 전승 속에서 소돔의 죄를 구체적으로 동성애적 관습이라고 말하고 있는 경우는 드물다(물론 Philo, *Abr.* 135-36는 소돔 사람들의 동성애에 대한 특기할 만한 기사이긴 하지만; 참조. *Mos.* 2.58). 창세기에 나오는 천사들과의 사건은 통상적으로 손님 접대의 덕목을 범한 죄로 취급되고, 소돔 사람들은 특히 나그네들을 미워한 것(Wis 19:14-15; Josephus, *Ant.* 1:194; Pirqe R. El. 25), 교만과 그들만 풍요롭게 살고자 한 이기적인 생활 태도(겔 16:49-50; 3 Macc 2:5; Josephus, *Ant.* 1.194; Philo, *Abr.* 134; *Tg. Ps.-J. Gen.* 13:13; 18:20), 일반적인 음행(*Jub.* 16:5-6; 20:5; *T. Levi* 14:6; *T. Benj.* 9:1) 등으로 단죄된다. 그러므로 유다가 거짓 교사들을 동성애적인 행위로 고소하고자 했을 가능성은 별로 없어 보이기 때문에(Kelly), 우리는 그들이 그들의 "꿈" 속에서만이라도(8절) 천사들과의 성적 관계를 원했다고 생각하기는 힘들다.

유다가 여기서 파수꾼들과 소돔 사람들의 특이한 성적 범죄들을 강조하는 의도는 거짓 교사들이 하나님에 의해 주어진 질서를 범한 것이 충격적인 성격의 범죄라는 것을 부각시키기 위한 것일 가능성이 크다. 이것은 유다가 여기서 사용하고 있는 것과 동일한 전승에 속하는 납달리의 유언 3장에서의 강조점이기도 하다: "해와 달과 별들은 그들의 질서를 바꾸지 않는다. 따라서 너희도 무질서한 행실로 하나님의 법을 바꾸어서…그 본성의 질서를 바꾼[*ἐνήλλαξε τάξιν φύσεως αὐτης* – 에넬락세 탁신 퓌세오스 아우테스] 소돔과 같이 되어서는 안 된다. 또한 마찬가지로 파수꾼들도 그들의 본성의 질서를 바꾸었다…"(에녹1서 2-5장에 나오는 창조 질서의 파괴로서의 죄라는 여기에서와 동일한 개념도 참조하라). 거짓 교사들은 하나님의 계명들을 거부함으로써 파수꾼들과 소돔 사람들이 그랬던 것처럼 극악무도하게도 하나님이 정한 창조 질서를 거슬러 반역을 행하고 있었다. 게다가 그렇게 함에 있어서 그들은 파수꾼들이나 소돔 사람들과 마찬가지로 성적 욕망이 그 동기였고, 소돔 사람들과 마찬가지로 천사들을 욕보였다(8절).

"거울이 되었느니라"(*πρόκεινται δεῖγμα* – 프로케인타이 데이그마, 직역하면 "본보기가 되었다"; 참조. Josephus, *BJ* 6:103: *ὑπόδειγμα πρόκειται* – 휘포데이그마 프로케이타이, "본보기가 되다"). 마카베오3서 2:5에 의하면, 하나님은 소돔 사람들을 "후세 사람들을 위한 본보기(*παράδειγμα* – 파라데이그마)"로 삼으셨다. 데이그마(*δεῖγμα*)는 "표본, 견본"을 의미하고, 여기서도 벌을 받은 죄인들의 실제 사례라는 의미에서의 "본보기"를 의미한다(E. K. Lee, "Words denoting Pattern' in the New Testament," *NTS* 8[1961-62] 167). 이 본보기는 나중에 그 본보기가 된 사건을 보는 후세 사람들에게 하나님의 형벌의 증거로서의 역할을 한다(*πρόκειν-ται* – 프로케인타이, 현재 시제). 이 어구의 개념은 오래 전에 사해 남쪽에 자리 잡고 있던 이 성읍들의 터, 유황불로 멸망을 당하여 초토화된 그 터는 하나님의 심판이 실재(實在)한다는 것을 보여 주는 영원한 현재적 증거라는 것이다. 부분적으로 이것은 이 본보기가 그토록 자주 인용되는 이유이고, 소돔과 고모라에 대한 심판의 구체적인 특징들(불과 유황, 연기, 사람이 살 수 없는 황무지가 되어 버린 것, 창 19:24-25, 28)이 장래의 심판을 묘사할 때 기본적인 이미지가 된 이유다(신 29:23; 사 34:9-10; 렘 49:17-18; 겔 38:22; *Sib. Or.* 3:504-7; 계 14:10-11; 19:3; 20:10). 따라서 지혜서 10:7에 의하면, 평지 성읍들의 악은 "연기나는 황무지로 인해서 여전히 증거되고 있고"(NEB), 요세푸스는 "하나님의 불의 잔재들"은 여전히 거기에서 볼 수 있다(*BJ* 4.483)고 말하며, 필로(Philo)는 "오늘날까지도 말로 형언할 수 없는 재앙의 가시적인 증표들이 마치 밑에서 여전히 화기를 품고 있는 불에서 올라오는 것처럼 그 폐허의 땅으로부터 계속해서 올라오는 탄 재들, 유황, 연기, 짙은 화염들 속에서 보인다"(*Mos.* 2.56; 참조. *Abr* 141)고 말한다. (흥미로운 것은, 또 다른 전승에 의하면 사해 지역의 온천과 그 유황 성분은 타락한 천사들의 감옥이 그 밑에 있기 때문에 생겨났다는 것이다: *1 Enoch* 67:413; Origen, *c. Cels* 5.52.).

퓌로스 아이오니우(*πυρὸς αἰωνίου*, "영원한 불"; 이 어구는 4 Macc 12:12; 1QS 2:8; *T. Zeb* 10:3; *3 Apoc. Bar.* 4:16; 마 18:8; 25:41에서 사용된다)는 데이그마(*δεῖγμα*, "거울" 또는 "본보기")에 걸리는 것으로 볼 수도 있고, 디켄(*δίκην*, "형벌")에 걸리는 것으로 볼 수 있지만, 후자로 보는 것이 더 나은 것 같다. 유다가 말하고자 하는 것은 여전히 불타고 있는 이 성읍들의 터가 지옥의 영원한 불을 경고해 주는 생생한 현장이라는 것이다.

8 "그러한데 이 사람들도 그와 같이"(*ὁμοίως μέντοι καὶ οὗτοι* – 호모이오스 멘토이 카이 후토이). 이 절에서 묘사되는 거짓 교사들의 죄들은 앞의 세 절에서 묘사된 그들의 모형들이 범한 죄들과 일치한다. 그러나 8절에서 구체적으로 열거된 세 가지 죄는 각각 세 가지 모형 중 어느 하나와 연결시킬 수 없다: 파수꾼들과 소돔 사람들은 육체를 더럽혔고, 세 모형은 모두 주의 권위를 업신여겼으며, 천사들을 욕보인 것은 오직 소돔 사람들뿐이었다. 특기할 만한 것은 이 세 가지 죄는 모두 소돔 사람들에게 해당되고, 8절에 구체적으로 열거된 죄들에 비추어 볼 때 유다의 세 가지 모형의 목록은 세 번째 모형에서 절정에 도달하도록 구성되었을 가능성이 있다는 것이다. 우리가 위에서 논증했듯이, 어떤 의미에서 광야의 이스라엘은 그리스도인들을 위한 가장 강력한 유비(類比)였기 때문에 가장 먼저 다루어졌지만, 구체적인 죄들이라는 관점에서 볼 때 거짓 교사들과 가장 닮은 자들은 소돔 사람들일 것이다. 따라서 호모이오스 멘토이(*ὁμοίως μέντοι*, "그러한데 그와 같이")는 전체적으로 세 가지 모형 모두와 연결되지만, 직접적으로 연결되는 것은 세 번째 모형이라고 보는 것이 적절하다. 멘토이(*μέντοι*, "그러한데")가 의미하는 것은 이것이다: 하나님의 형벌을 보여 주는 이 잘 알려진 본보기들에도 불구하고, 특히 소돔에 대한 형벌이 모든 사람이 다 볼 수 있을 정도로 분명하다는 사실에도 불구하고, 이 사람들은 동일한 죄들을 범하고 있다.

"꿈꾸는"(*ἐνυπνιαζόμενοι*, 에뉘프니아조메노이). 이 분사는 세 개의 주동사들 모두에 걸리기 때문에, 사르카 미아이누신(*σάρκα μιαίνουσιν*, "육체를 더럽히며")

과 연결시켜서 성애적(性愛的)인 꿈들을 가리키는 것이라고 할 수 없다. 또한 이 단어는 단지 에뉘프니아제스다이(*ἐνυπνιαζέσθαι*, "꿈꾸다")의 통상적인 의미가 아닌 상상이나 죄의 무감각 상태에 빠진 자들(Calvin, Plummer) 또는 "최면에 걸린" 자들(Reicke)의 혼수상태를 가리키는 것도 아니다. 오늘날의 대다수의 주석가들이 동의하듯이, 이 단어가 가리키는 것은 예언적 계시의 매개물로서의 꿈들이다. 유다가 이 단어를 선택한 것은 이 단어가 진정한 계시를 가리키는 데 사용될 수 있기는 하지만(단 2:1; 욜 2:28=행 2:17; 참조. *1 Enoch* 85:1), 구약에서 자주 거짓 선지자들의 꿈들과 관련해서 사용되기 때문일 것이다(*ἐνυπνιαζέσθαι* – 에뉘프니아제스다이, LXX 신 13:2, 4, 6; 사 56:10; 렘 23:25; 36:8; 참조. *ἐνύπνια ψευδῆ* – 에뉘프니아 프슈데, "거짓 꿈들", 렘 23:32; 슥 10:2). 또한 유다는 에녹1서 99:8을 기억하고 있었을지도 모른다: 마지막 날들의 죄인들은 "그들의 마음의 어리석음으로 인해서 불경건에 빠지게 될 것이고, 그들의 눈은 마음의 두려움과 꿈의 환상들로 인하여 멀게 될 것이다"(Knibb의 번역). (Daniel, *Mus* 81[1968] 503-21은 에뉘프니아조메노이[*ἐνυπνιαζόμενοι*]가 호짐[חוזים, "선견자들"]의 역어이고, 에세네파는 그들 자신을 "선견자들"이라고 불렀다고 생각하지만 칠십인경에서 "선견자들"은 보통 호이 호론테스[*οἱ ὁρῶντες*]로 번역된다.)

거짓 교사들에 관한 이러한 정보는 5-7절에 나오는 모형들로부터 도출되지 않기 때문에, 그것은 그들이 환상 체험들을 통해서 계시를 받았다고 주장했음을 보여 주는 것임에 틀림없다(참조. 고후 12:1-3; 골 2:18). 이것은 유다의 대적자들이 단지 율법 폐기론적인 **행위**를 했을 뿐만 아니라, 율법 폐기론적인 **가르침**도 행하면서 그들이 받은 예언적 계시들의 권위를 주장했다는 것을 보여 주는 최초의 실제적인 암시다. 하지만 이어지는 단락(11-13절)에서 유다는 교사들이자 다른 사람들을 타락시키는 자들로서의 그들의 성격에 초점을 맞추고 있기 때문에, 우리는 여기에 나오는 그들의 환상들에 대한 유다의 언급은 일차적으로 그들이 다른 사람들을 가르칠 수 있는 권위를 가지고 있다고 주장하기 위한 것이 아니라, 그들 자신의 율법 폐기론적인 행위가 옳다는 것을 밑받침하기 위한 그들의 권위를 주장하기 위한 것이라고 보아야 할 것 같다 – 물론 그들이 보았다는 환상들은 후자의 기능도 했다는 것은 틀림없는 사실이겠지만 말이다.

환상에 의한 계시들은 묵시론적 유대교, 초기 기독교, 오늘날의 이교(異教)에서 흔한 것이었기 때문에, 우리는 이 특징을 근거로 거짓 교사들을 영지주의자로 규정할 수는 없다.

분사 에뉘프니아조메노이(*ἐνυπνιαζόμενοι*)와 세 개의 주동사의 관계는 그들이 환상들을 체험하는 동안에 이러한 범죄들을 저질렀다는 것을 의미하는 것이 아니라, 그들의 행위를 정당화해 준 것은 그들이 환상들 속에서 받은 계시들이었다는 것을 의미하는 쪽으로 설정되어야 한다.

"육체를 더럽히며"(*σάρκα μὲν μιαίνουσιν* – 사르카 멘 미아이누신). 에녹1서는 타락한 파수꾼들의 죄는 여인들로 인해서 "그들 자신을 더럽힌" 것(헬라어로 *μιαί-νεσθαι* – 미아이네스다이, "그들 자신을 더럽히다": *1 Enoch* 7:1; 9:8; 10:11; 12:4; 15:3, 4; 참조. 69:5; IVQEnGiantsc, Milik, *Enoch*, 308; Oxford MS 2340, Milik, *Enoch*, 331에서 재인용)이라고 반복해서 말하고, 희년서 16:5에 의하면 소돔 사람들은 "그들 자신을 더럽히고 그들의 육체로 음행을 범한다". 그러므로 유다는 거짓 교사들의 죄가 두 번째와 세 번째의 모형에 나오는 죄와 일치하는 것으로 규정하고서 음행을 말하고자 하는 것임에 틀림없다(*σὰρκα μιαίνειν* – 사르카 미아이네인, "육체를 더럽히다"라는 어구에 대해서는 참조. *Sib. Or.* 2:279; *Herm. Man.* 4:1:9; *Sim.* 5:7:2; 참조. *μιαίνειν τὸ σῶμα* – 미아이네인 토 소마, *T. Asher* 4:4 *v.l.*; 또한 참조. *Apoc. Pet.* A 32; E 10; *Acts Paul & Thecla* 10). 4절(*ἀσέλγειαν* – 아셀게이안)에 대한 "주석"을 보라.

"권위를 업신여기며"(*κυριότητα δὲ ἀθετοῦσιν*, 퀴리오테타 데 아데투신). 여기서 퀴리오테스(*κυριότης*)라는 단어(이것은 퀴리오스[*κύριος*, "주"]에서 파생된 추상 명사로서 "주로서의 권위"를 의미한다)는 세 가지로 해석되어 왔다: (1) 교회에서든 세속에서든 인간적인 권위들(Calvin, Luther): 그러나 이 해석은 5-7절에 나오는 모형들을 거짓 교사들에게 적용하고 있는 이 절과는 맞지 않는 것으로 보이고, 유다가 이러한 문제에 대해서 관심을 보이고 있다는 흔적이 없다. (2) 퀴리오테테스(*κυριότητες*, "주관들" 또는 "주관하는 자들")로 알려진 일군의 천사들(골 1:16; 엡 1:21; *Greek Legend of Ascension of Isaiah* 2:22; 참조. *2 Enoch* 20:1; 그리고 *Apocalypse of Zephaniah*에서 퀴리오이[*κύριοι*]라 불리는 천사들, Clement Alex., *Strom.* 5.11.77에서 재인용; 이 해석을 주장하는 학자들로는 Werdermann, *Irrlehrer*, 31; Moffatt): 그러나 이 해석을 따르면 퀴리오테타(*κυριότητα*)가 단수로 되어 있는 것을 설명하기가 어렵고(א 사본과 Origen에서의 퀴리오테타스[*κυριό-τητας*]라는 다른 독법은 이 난점을 제거하기 위한 시도다), 이 구절은 다음 구절과 동일한 의미가 되어 버린다. (3) 하나님(*Did.* 4:1에서처럼) 또는 그리스도(*Herm. Sim.* 5:6:1에서처럼)의 주로서의 권위(오늘날의 대다수의 주석자들의 견해). 표제어를 사용하여 연결시키는 유다의 석의 방법에 비추어 볼 때, 우리는 퀴리오테타(κυριότητα)를 퀴리오스(κύριος, 5절)와 연결시켜야 하고, 그럴 때 "권위를 업신여기는" 것은 "홀로 하나이신 주재 곧 우리 주 예수 그리스도를 부인하는"(4절) 것과 같은 의미가 된다. 이러한 배척은 4절에서와 마찬가지로 행위와 관련된 것이었을 가능성이 높다: 거짓 교사들은 기독론적인 이단 사설을 가르치고 있지 않았지만, 그들의 자유주의적이고 방탕한 행실을 통해서 실질적으로 죄를 심판하는(5-7절에 의하면) 주의 사법적 권위를 배척했다.

"영광을 훼방하는도다"(δόξας δὲ βλασφημοῦσιν – 독사스 데 블라스페무신). 천사들을 나타내는 데 독사이(δόξαι, 직역하면 "영광들")라는 용어를 사용하는 것은 사해 두루마리들(נכבדים: 1QH 10:8; 그리고 아마도 11QpPsZionaZion 22:13), 묵시론과 영지주의 문헌들(*2 Enoch* 22:7, 10; *Asc. Isa.* 9:32; Codex Brucianus, in C. Schmidt and V. MacDermot, *The Books of Jeu and the Untitled Text in the Bruce Codex*[NHS 13; Leiden: E. J. Brill, 1978] 248-49, 266-69; *Allogenes* 50:19; 52:14; 55:17-18, 34; 57:25; 아마도 출 15:11 LXX)에서 확인된다. 천사들이 그렇게 불리는 것은 아마도 그들이 하나님의 영광에 참여하거나 그 영광을 구현하고 있기 때문일 것이다(참조. *T. Jud.* 25:2; *T. Levi* 18:5; Heb 9:5; Philo, *Spec. Leg.* 1.8.45). 니크바딤(נכבדים)이 광채가 나는 사람들, 존귀한 자들을 가리킬 수도 있다는 것은 사실이지만(사 3:5; 23:8; 나 3:10; 시 149:8; 1QpHab 4:2; 4QpNah 2:9; 3:9; 4:4; 1QM 14:11), 이 경우들에 있어서 칠십인경은 독사이(δόξαι)를 사용하지 않고, 만약 이것이 유다의 의도였다면 그는 좀더 관용적으로 사용되던 헬라어를 이 히브리어의 역어(譯語)로 택했을 것이다. 어쨌든 이것은 특히 10a절에 나오는 평행적인 서술에 비추어 볼 때 가능성이 없는 해석이다. 알렉산드리아의 클레멘트(Clement of Alexandria)는 오래 전에 이미 유다가 사용한 독사이(δόξαι)를 천사들로 해석했다.

거짓 교사들은 천사들을 "비방한다"(또는 "욕하다, 모욕하다"). 이것이 단지 그들의 율법 폐기론적인 행위들을 가리키는 것일 가능성은 거의 없어 보이고(주의 권위를 배척했다는 것에서와는 달리), 어떤 이유에서인가 그들이 천사들을 비난하거나 폄하하는 말을 했다는 것을 의미하고 있음에 틀림없다. 거짓 가르침의 성격을 평가함에 있어서, 유다가 이 자유주의자들을 하나님 또는 그리스도를 **명시적으로** 모독하는 가르침을 베풀었다고 고소할 수는 없지만, 그들이 천사들을 비방한다고 고소하고 있다는 것을 주목하는 것은 중요하다. 이러한 특징은 신약에서 문제가 된 거짓 가르침들 가운데서 유일무이한 것으로 보인다(벧후 2:10을 제외하고). 이것은 유다가 일반화된 이단 사설이 아니라 구체적이고 현실적인 거짓 가르침과 맞서고 있다는 견해를 확증해 주는 사실이다.

일부 주석가들은 9절이 마귀에 대한 존중을 보여 주는 한 예를 제공해 주고 있다는 것을 여러 근거들 중의 하나로 들면서, 독사이(*δόξαι*)가 악한 천사들을 가리키거나, 적어도 악한 천사들을 포함하고 있음에 틀림없다고 생각해 왔다. 그러나 이것은 9절에 대한 잘못된 해석이다(아래를 보라). 독사이(*δόξαι*)라는 용어는 다른 곳에서 악한 천사들에 대하여 사용되지 않고, 이 용어가 그런 용법으로 사용되는 것은 근본적으로 부적절한 것으로 보인다(Sickenberger, "Engels," 626-29). 또한 유다가 악한 천사들을 모욕하는 것을 그토록 강력하게 반대했다(여기에서와 10a절에서)고 보는 것은 도저히 납득이 가지 않는다. 악한 천사들일지라도 예로 대하고 존중해야 한다는 개념은 유례가 없다(쿰란 공동체에는 사단과 그의 추종자들을 저주하는 예식들이 있었다: 4Q 280-82, 286-87). 거짓 교사들은 여기에 언급된 천사들을 악한 존재로 여겼겠지만, 유다는 이 천사들을 존중을 받아 마땅한 하나님의 천사들로 보았을 것임에 틀림없다. 이러한 결론은 이 구절과 앞에 나온 구절과의 밀접한 연결 관계에 의해서 강화된다. 유다가 그의 대적자들을 주의 권위를 배척했다고 고소해 놓고서는, 얼마 지나지 않아서 그 대적자들이 사단의 세력을 비방했다고 고소했을 것이라고 보는 것은 도저히 생각할 수 없는 일이다. 게다가 5-7절과의 연결 관계를 유지하고자 한다면, 소돔 사람들이 모욕했던 천사들은 하나님의 사자들이었다고 보는 것이 타당하다.

이렇게 해서 거짓 교사들의 행위에 대한 두 가지 주요한 해석들, 즉 그들이 악의 권세를 폄하했다거나 초자연적인 악의 세력의 존재를 부정했다고 보는 해석들은 제거되는데, 그 해석들은 이런 것이다: (1) 거짓 교사들은 확신 가운데서 음행을 저지르면서 마귀 세력을 경멸했다. 그들은 자유로운 신령한 자들로서 사단의 세력에 대하여 승리하며 살아가고 있다고 확신했기 때문에, 누가 그들을 사단의 세력에 붙잡혔다고 고소하면 사단의 세력을 무력하고 그들보다 열등한 세력이라고 말하며 경멸했다(Werdermann, Irrlehrer, 33). (2) 바렛(C. K. Barrett, *NTS* 11[1964-65] 139-40)은 우상들에게 바쳐진 음식의 문제를 염두에 두고 있다고 주장한다(참조. 고전 8; 계 2:14, 20). 거짓 교사들은 고린도 교인들과 마찬가지로(고전 8:4) 우상들의 존재 자체를 부정했고, 그렇게 함으로써 이방 종교 속에서 역사하는 마귀 세력을 인정하지 않았다(고전 10:20). 그러나 위에서 제시한 반론들 외에도, 이러한 해석들은 그 어느 쪽도 블라스페무신(βλαφημοῦσιν, "훼방하는도다": 직역하면, "비방하다")이라는 단어를 적절하게 설명하지 못한다.

(3) 또 다른 해석은 유다가 말하는 거짓 가르침을 천사들 또는 여러 주(主)들(archons)이 세상을 창조했다고 말한 주후 2세기의 영지주의에 비추어서 설명하는 것이다. 이 경우에 천사들은 이 물질세계의 세력이자 초월적인 하나님과 영지주의자들의 원수들이고, 영지주의자들은 천사들에 대한 그들의 승리를 나타내기 위해서 천사들을 비방하고 욕한다(참조. Sidebottom; Bultmann, *Theology of the New Testament*, tr. K. Grobel[London: SCM Press, 1952] 1, 170). 이 견해는 천사들이 유다가 볼 때는 선한 천사들이고, 그의 대적자들이 볼 때는 악한 천사들인 이유를 설명해 주는 장점을 지니고 있다. 그러나 이 견해는 신약에 분명한 증거가 나오지 않는 발전된 영지주의적 이원론 사상을 토대로 하고 있고, 만약 유다의 대적자들이 이 사상을 지니고 있었다면, 유다는 훨씬 더 직접적이고 강력하게 그들을 반대했을 텐데, 실제로는 그렇지 않다는 것이다. 만약 그들이 정말 물질세계가 하나님이 아니라 하나님에게 적대적인 열등한 세력에 의해서 창조되었다고 가르쳤다면, 유다가 그런 가르침에 대하여 단지 변죽만 울리면서 그런 가르침과 맞서서 이토록 무력하게 싸움을 하는 것이 과연 가능한 일이었을까? 9절에 나오는 인용문이 그런 가르침에 대한 반응이라면, 그것은 어이없을 정도로 약한 반응이 아닐 수 없다.

(4) 천사들에 대한 거짓 교사들의 경멸은 단지 환상들 속에서 천계(天界)에 들어가서 천사들보다 더 높아진 신령한 자들(참조. 고전 6:3)이었던 그들의 우월감의 표현이었을 가능성도 있다. 하지만 그러한 환상 체험들은 천사들에 대한 지나친 경외심을 촉진시키는 역할을 하는 것이 보통이었고(골 2:18; 참조. 계 19:10; 22:8), 그 반대는 아니었던 것으로 보인다.

(5) 훨씬 더 유력한 견해는 거짓 교사들이 비방했던 천사들은 모세의 율법을 이스라엘 백성에게 주었던 천사들, 그 율법의 수호자들이었던 천사들이었다는 것이다(Chaine). 또한 우리는 거기에 그 천사들은 창조 질서의 수호자들이었다는 말을 덧붙일 수 있을 것이다. 이 견해는 우리가 거짓 교사들에 대하여 확실하게 알고 있는 것, 즉 그들의 율법 폐기론적 행위와 부합하고, 8절에 나오는 세 가지 고소를 하나로 밀접하게 연결시키는 이점을 지닌다. 이 세 가지 고소는 모두 천사들이 주관하는 도덕적 질서를 그들이 거부하고 있다는 것이다.

유대인들의 신앙에 의하면 모세의 율법은 천사들에 의해서 중개되었고(*Jub.* 1:27-29; Josephus, *Ant.* 15.136; 행 7:38, 53; 히 2:2), 천사들은 율법의 준수를 감시했다(*Herm. Sim.* 8:3:3). 또한 더 일반적으로 창조 질서를 수호하는 천사들이 있었고(파수꾼들은 이 직분을 맡고 있다가 배교했다. 6절), (고전 11:10에 대한 가장 유력한 해석에 의하면) 바울이 그리스도인들이 "천사들을 인하여" 집회에서 합당한 처신을 해야 한다고 권면할 때 그가 염두에 두고 있던 것은 천사들의 이러한 역할이었다는 것이다. 도덕 질서를 수호하는 천사들을 비방한 행위로 인하여 책망을 받은 거짓 교사들은 바로 이 천사들에 대한 속박으로부터 그들이 자유함을 얻었다고 선언하며, 그 천사들을 멸시하고 비방함으로써 그들 자신을 정당화했을 것이다. 그들은 그리스도인의 자유를 도덕적 권위로부터의 자유, 그러므로 천사들의 권위로부터의 자유를 의미하는 것으로 이해했다. 그들은 천사들을 악의 세력으로 규정했고, 천사들이 인간에 대한 시기와 악의 때문에 율법을 인간에게 부과한 것이라고 비난했으며, 그리스도인들은 악의 세력으로부터 구원을 받았으므로 천사들로부터도 자유함을 얻었다고 주장했음에 틀림없다. 달리 말하면, 그들이 천사들을 "비방한 것"은 율법을 하나님으로부터 분리시켜서 율법은 그저 악한 것에 불과하다고 해석하기 위한 방식이었다.

우리는 이 대목에서 그들이 율법에 관한 바울의 가르침을 따르고 있었던 것이라고 추정하고 싶은 유혹을 느끼게 된다. 왜냐하면 바울도 천사들의 전통적인 역할을 언급하면서 율법을 폄하했고(갈 3:19), 율법의 천사들을 타 스토이케이아 투 코스무(*τὰ στοιχεῖα τοῦ κόσμου*, "이 세상의 초등 [세력]")와 밀접하게 연관시킴으로써(갈 4:3, 9; 참조. 골 2:8-23; 롬 8:33-39) 천사들에 대한 강력한 부정적 태도를 보이고 있기 때문이다. 율법과 그 수호천사들은 종살이 하던 옛 시대에 속했고, 그리스도는 그리스도인들을 거기로부터 구원했다(특히, B. Reicke, "The Law and This World According to Paul" *JBL* 70[1951] 259-76를 보라). 이 점에서 거짓 교사들은 유다보다 더 바울의 가르침에 가까웠을 가능성이 높다 – 물론 율법에 대한 유다의 태도를 그의 이 짧은 서신으로부터 정확히 알아낼 수는 없지만 말이다. 다른 한편으로 바울에게 있어서 율법은 "거룩하며 의로우며 선한" 것이었고(롬 7:12), 율법이 지닌 도덕적 내용은 하나님이 정하신 의(義)의 영원한 기준이었기 때문에, 바울은 거짓 교사들이 도출해 낸 그러한 율법 폐기론적인 결론들을 단호하게 거부했다. 만약 그들이 바울에게서 영감을 받았다고 한다면, 그들은 바울의 가르침을 과장하고 심각하게 왜곡시켰다고 할 수 있다. 그러한 율법 폐기론에 맞서서, 유다와 바울은 그리스도인들은 의(義)로부터가 아니라 의를 위하여 자유함을 얻은 것이라고 한 목소리로 말한다.

율법과 그 천사들에 대한 유다의 대적자들의 태도는 후대의 영지주의에서 발견되고(시몬주의[Simonianism]에 대해서는 Irenaeus, *Adv Haer.* 1.23.4; Basilides에 대해서는 1.24.5; *Treat. Seth* 64:1-10; *Testim. Truth* 29:11-30:17; 영지주의적 자유주의 신앙에 대해서는 G. W. MacRae, "Why the Church Rejected Gnosticism," *Jewish and Christian Self-Definition, vol.* 1, ed(s). E. P. Sanders[London: SCM Press, 1980] 128-30 참조), 흔히 바울에 대한 해석으로서 발견된다(Pagels, *Paul*, 66-67). 그러나 영지주의에서 이것은 훨씬 더 철저한 이원론의 일부가 되었고, 물질세계의 창조도 주(主)라 불리는 천사들에게 돌려졌다. 유다의 대적자들에게서는 이러한 이원론적 우주론이 결여되어 있기 때문에, 그것은 사실 영지주의라고 할 수 없다. 아마도 유다서에서 논란이 되었던 율법 폐기론은 후대의 영지주의 속으로 흘러들어간 여러 흐름들 중의 하나였을 것이지만, 그 자체로는 특별히 영지주의적이지 않다.

끝으로, 8절과 관련해서 말해두고 싶은 것은 유다가 멘…데…데(*μέν…δὲ…δέ*)를 사용한 것은 세 가지 죄에 관한 목록을 한편으로는 사르카 멘 미아니누신(*σάρκα μὲν μιαίνουσιν*, "육체를 더럽히며"), 다른 한편으로는 퀴리오테타 데 아데투신 독사스 데 블라스페무신(*κυριότητα δὲ ἀθετοῦσιν, δόξας δὲ βλασφημοῦσιν*, "권위를 업신여기며 영광을 훼방하는도다"), 이렇게 둘로 나누는 효과를 지닌다는 것이다. 이 목록의 첫 번째 항목은 거짓 교사들의 음행이고, 나머지 두 항목은 그들의 음행의 토대가 된 행위, 즉 그들이 권위(주의 권위와 그의 사역자들의 권위)를 거부한 것이다. 이러한 구분은 4절에서 텐 투 데우 헤몬 카리타 메타티덴테스 에이스 아셀게이안(*τὴν τοῦ θεοῦ ἡμῶν χάριτα μετατιθέντες εἰς ἀσέλγειαν*, "우리 하나님의 은혜를 도리어 색욕거리로 바꾸고")과 톤 모논 데스포텐 카이 퀴리온 헤몬 예순 크리스톤 아르누메노이(*τὸν μόνον δεσπότην καὶ κύριον ἡμῶν Ἰησοῦν Χριστὸν ἀρνούμενοι*, "홀로 하나이신 주재 곧 우리 주 예수 그리스도를 부인하는")의 구분과 상응한다. 이것은 독사스 데 블라스페무신(*δόξας δὲ βλασφημοῦσιν*, "영광을 훼방하는도다")의 의미에 대한 우리의 견해를 밑받침해 준다. 10절에서도 거짓 교사들의 오류를 여기서와 동일하게 두 가지로 규정하는 구절이 나오는데, 거기서는 순서가 거꾸로 되어 있다(10절은 8절의 끝 부분과 9절을 이어받고 있기 때문에).

9 "천사장 미가엘"(*Μιχαὴλ ὁ ἀρχάγγελος* – 미카엘 호 아르캉겔로스). 다니엘 12:1과 랍비들의 문헌(*b. Ḥag.* 12[b]; *Menaḥ.* 110[a])에서 미가엘은 "대군(大君)"

(השׂר הגדול – 핫사르 학가돌; 단 12:1 θ: *ὁ ἄρχων ὁ μέγας* – 호 아르콘 호 메가스)이라 불리고, 다니엘 10:13에서는 "군장(軍長) 중 하나"(אחד השׂרים הראשׁנים – 아하드 핫사림 하리쇼님; θ: *εἷς τῶν ἀρχόντων τῶν πρώτων*)라고 불린다. 헬라어 아르캉겔로스(*ἀρχάγγελος*, 신약에서는 여기와 살전 4:16에만 나온다)는 히브리어의 이러한 표현들에 해당하는 역어로 사용되었는데, 통상적으로 넷(참조. 에녹1서 40장) 또는 일곱(에녹1서 20:7)의 천사들에게 사용되었고, "임재의 천사들"이라 불리기도 했다. 어느 경우든 미가엘은 천사장들 속에 포함되었고, 그들 중에서 흔히 지도적인 역할을 담당했으며(참조. *Asc. Isa.* 3:16: "거룩한 천사들의 수장 미가엘"), 특히 이스라엘의 수호 천사(단 12:1; 1QM 17; 아마도 *T. Mos.* 10:2)이자 사단의 대적자이었다(참조. 계 12:7). 미가엘은 유다가 간접적으로 인용하고 있는 모세의 매장과 관련한 이야기에서 이러한 역할들을 했다. 모세의 유언 속에 나오는 그 이야기에 의하면, 미가엘은 모세의 고소자였던 사단과의 법적인 논쟁에서 하나님의 종 모세를 변호하는 역할을 했다.

"모세의 시체에 대하여 마귀와 변론할"(*τῷ διαβόλῳ διακρινόμενος διελέγετο περὶ τοῦ Μωϋσέως σώματος* – 토 디아볼로 디아크리노메노스 디에레게토 페리 투 모우세오스 소마토스). 이 구절은 법적인 논쟁을 가리킨다(욜 4:2 LXX에서처럼 *διακρινόμενος* – 디아크리노메노스). 마귀는 고소자로서의 그의 오래된 역할 속에서 모세가 존귀하게 매장될 자격이 없다는 것을 증명하고, 모세의 시신이 그의 것임을 주장하기 위해서 모세의 범죄 사실을 입증하고자 했다. ("양식/구조/배경"과 보론에 나오는 이야기의 세부적인 내용을 보라.)

"훼방한 것으로 인하여 감히 마귀를 정죄하지 못하고"(*οὐκ ἐτόλμησεν κρίσιν ἐπενεγκεῖν βλασφημίας* – 우크 에톨메센 크리신 에페넹케인 블라스페미아스, 개역에서는 "감히 훼방하는 판결을 쓰지 못하고"). 이 번역은 유다가 간접적으로 인용하는 이야기의 맥락을 보면 옳다는 것이 입증된다("원문주해"를 보라). 그 이야기 속에서 모세를 비방하며 고소한(*βλασφημία* – 블라스페미아) 자는 마귀였다. 미가엘이 마귀를 비방했다는 것은 의문의 여지가 없다. 요지는 미가엘은 변호자이지 재판장이 아니었기 때문에, 직접 자기 자신이 마귀의 고소를 악의적인 비방으로 규정하고 배척한 것이 아니라, 주의 판단에 호소했다는 것이다.

하지만 대부분의 주석가들은 "문맥에 더 잘 부합한다"(Kelly)는 이유로, 미가엘이 "감히 훼방하는 판결을 쓰지 못했다"(RSV)는 번역을 더 선호한다. 유다는 거짓 교사들이 모세를 비방하고 있다고 탄식하고 나서(8절), 이제 그들의 행위를 마귀에게조차도 예를 다해서 대하고 결코 마귀를 비방하는 말을 하지 않았던 천사장 미가엘의 행위와 대비시키고 있다는 것이다. 이러한 번역은 상대적으로 단순하고 명료하다는 장점을 지니지만, 유다가 그런 취지의 말을 했다는 것은 이상해 보인다. 마귀를 비방하거나 욕해서는 안 된다는 개념은 유대교와 초기 기독교의 문헌 속에서 유례를 찾아볼 수 없는 개념으로서, 그 자체로서도 의심이 가는 사상이고, 유다서의 본문으로부터 필연적으로 도출되는 개념도 아니다. 따라서 유다가 언급하고 있는 이야기를 좀더 자세하게 검토해 보면서 이 구절의 의미를 어떻게 보아야 더 나은지를 살펴보는 것은 가치 있는 일이다.

가장 먼저 우리가 주목해 보아야 할 것은 블라스페무신(*βλασφημοῦσιν*, 8, 10절)과 블라스페미아(*βλασφημία*, 9절)의 연결 관계가 일차적으로 표제어에 의한 연결 관계라는 것이다. 그것은 인용문 자체와 거짓 교사들에 대한 그 적용 간의 엄밀한 개념적 연결 관계가 아니라 어휘적 연결 관계를 만들어 낸다. 그러므로 거짓 교사들이 천사들을 비방했다는 것과 미가엘이 마귀를 비방하지 않았다는 것을 평행 관계로 보아야 한다는 근거 위에서, 크리신 블라스페미아스(*κρίσιν βλασφημίας*)를 반드시 "훼방하는 판결"(또는 "비방하는 판단")을 의미하는 것으로 보아야 하는 것은 아니다.

우리가 말할 수 있는 한에서, 거짓 교사들의 주된 특징은 그들이 도덕적 권위로부터 자유롭다고 주장했다는 것이다. 우리는 그들이 율법의 수여자들이자 수호자들이었던 천사들을 "비방했다"는 것을 논증한 바 있다(8절). 그들은 천사들이 모세의 율법을 인간에게 더한 것은 오직 인간에 대한 시기와 악의 때문이었다고 주장했다. 사람들이 율법의 기준에 의하면 그들의 행위는 죄에 해당한다고 지적하면, 그들은 그러한 고소는 오직 율법을 수여한 천사들의 악의에 기초한 것일 뿐이라고 말하며 그 고소를 거부했다. 그들은 율법에 종속되지 않은 자유인들이었고, 신령한 자들로서의 그들 자신의 권위를 내세워서 율법의 고소들을 거부했다. 신령한 자들은 천사들을 판단할 권위를 지니고 있다는 것(고전 6:3)은 천사들의 의도를 대변하는 것인 율법에 의거해서 그들에 대하여 제기된 그 어떠한 고소도 거부하기에 충분한 근거가 된다.

그들의 이러한 태도 속에 들어 있는 주제넘음과 오만방자함을 드러내기 위해서, 유다는 그의 독자들에게 미가엘과 마귀가 모세의 시신을 놓고 변론을 벌였는데, 거기서 마귀는 모세가 율법의 기준에 따라 죄가 되는 살인죄를 범했다고 고소했다는 이야기를 상기시킨다. 이것은 율법의 이름으로 행해진 고소가 의심할 여지없이 악의적인 동기를 지녔던 천사(마귀)에 의해서 이루어졌다는 것을 말해 주는 이야기였다. 게다가, 이 고소는 모세 자신에 대한 것이었다. 모세에 대한 당시 유대인들의 평가에 의하면, 마귀의 그러한 고소를 비방으로 규정하고 거부할 자격이 있는 사람이 있다면 그는 모세였다. 그렇지만 유다가 지적하듯이, 모세의 변호자였던 천사장 미가엘조차도 악의적인 비방을 이유로 마귀를 정죄하는 일을 자신이 할 수 있는 일이라고 여기지 않았다. 미가엘은 마귀의 고소를 반박할 때 자신의 권위로 그 고소를 옳지 않은 것으로 단죄하고 거부할 수 없었고, 단지 주의 판단에 호소할 수밖에 없었다.

유다가 거짓 교사들과 미가엘을 대비시키는 취지는 미가엘이 마귀를 예를 다하여 대했다는 것도 아니고, 우리는 마귀에게조차도 공손해야 한다는 것도 아니다. 이 대비의 취지는 미가엘이 자기 자신의 권위로 마귀의 고소를 배척할 수 없었다는 것이다. 마귀가 악의적인 동기를 지니고 있었고, 미가엘도 마귀 고소가 비방이라는 것을 인식했지만, 미가엘은 자기가 재판장이 아니었기 때문에 마귀의 고소를 자기 마음대로 기각할 수 없었다. 그가 할 수 있었던 모든 것은 오직 홀로 재판장이신 주께 사단이 모세를 비방한 것으로 인하여 사단을 정죄해 달라고 요청하는 것뿐이었다. 그러므로 그 취지는 아무도 자신이 율법이 될 수 없고, 독립적인 도덕적 권위가 될 수 없다는 것이다. 설령 율법이 그들을 죄로 고소할 때 그 고소들은 오직 천사들의 악의에 의한 것이라고 하는 거짓 교사들의 주장이 옳다고 할지라도, 그들이 그들 자신의 권위로 그 고소들을 배척하는 것은 여전히 옳지 않은 일이다. 그들은 설령 모세처럼 의롭고 천사장처럼 권위를 지니고 있다고 할지라도 율법 아래서 죄의 고소를 벗어나 있지 못한다. 그들은 여전히 주의 도덕적 권위에 종속되어 있다.

이러한 해석은 몇 가지 이점을 지닌다. 이 해석을 따르게 되면, 유다가 그의 대적자들에 맞서서 이 본문을 택한 이유가 좀더 분명해진다. 모세의 유언 속에서 이 본문의 맥락을 재구성해 보면, 이 본문만을 따로 고찰할 때보다도 이 본문이 거짓 교사들의 상황에 훨씬 더 잘 들어맞는다는 것을 알게 된다. 또한 이 해석을 따를 때, 우리는 유다가 마귀에게조차도 예를 갖추어야 한다는 의심스러운 개념이 아니라 그것보다 훨씬 더 중요한 것을 말하고자 했다는 것을 알게 된다. 그것은 마귀에 대한 대우라는 문제가 아니었다. 유다의 논증은 율법 아래서 고소를 행하는 **고소자**로서의 마귀의 역할에 그 초점이 맞춰져 있다. 유다가 본보기로 들고 있는 것은 미가엘이 마귀를 예로서 대했다는 것이 아니라, 마귀의 고소에 대한 미가엘의 대응이다. 끝으로, 이 해석은 거짓 교사들에 대한 유다 자신의 변증은 마귀에 대한 미가엘의 대응보다 더 모욕적인 것이라는 고소로부터 유다를 면제시켜 준다. 그것은 모욕하고 비방하는 언사(言辭)에 관한 문제가 아니었다. 유다가 거짓 교사들을 다루고 있는 것은 사실 그 자신의 원칙과 완전히 부합한다. 그는 마치 자기가 그들을 주관하는 재판장인 것처럼 그 자신의 권위로 그들을 정죄하는 것이 아니라, 장차 있을 주의 심판에 호소한다(14-15절).

“주께서 너를 꾸짖으시기를 원하노라”(*Επιτιμήσαι σοι κύριος* – 에피티메사이 소이 퀴리오스). 이 구절은 이미 모세의 유언이 스가랴 3:2(LXX: *Ἐπιτιμήσαι κύριος ἐν σοί διάβολε* – 에피티메사이 퀴리오스 엔 소이 디아볼레, “사단아 여호와가 너를 책망하노라”)에서 인용한 것이다(보론을 보라). 키(Kee)가 이미 보여 주었듯이, 가아르(גער)의 역어인 에피티만(*ἐπιτιμᾶν*)은 흔히 “책망하다”보다 더 강한 의미를 지닌다. 이 어구는 “하나님이 적대 세력을 대적하여서 그 결과로 능력 있는 말씀을 발하여 마귀 세력을 굴복시킨다는 의미를 지닌다”(Kee, *NTS* 14[1968] 238): 그런 까닭에, 이 어구는 하나님이 종말에 그의 원수들을 굴복시키실 것(예를 들면, *2 Apoc. Bar.* 21:23; *Asc. Isa.* 4:18)과 예수의 축귀 사건에 관한 기사들(막 1:25 등)을 표현하는 데 사용된다. 이런 의미와 뉘앙스는 스가랴 3:2과 모세의 유언에서 적절하다 – 물론 종말론적인 뉘앙스는 없고, 두 경우 모두 법적 논쟁이라는 맥락 속에 두어져야 하지만 말이다. 사람들에 대한 사단의 권세(슥 3:2에서는 여호수아와 그의 백성, 모세의 유언에서는 모세의 시신)는 그들에 대한 고소들을 그가 유지할 수 있느냐에 달려 있다. 따라서 천사(슥 3:2에서 מלאך יהוה – 말아크 아도나이의 독법)가 하나님께 사단을 “책망하시라”고 청할 때, 그것은 사단의 고소를 기각하심으로써 사단에 대한 하나님의 권세를 단언하시라고 청하는 것이다(참조. Kee, *NTS* 14[1968] 239).

유다가 이 어구를 통해서 말하고자 하는 취지는 **하나님께 사단**에 대한 **그의** 권세를 단언하시라고 호소하는 것이다. 여기서 유다의 의도에 대한 우리의 해석(위를 보라)은 후대의 랍비들이 “주께서 너를 꾸짖으시기를 원하노라”는 어구를 어떻게 사용했는지를 분명하게 보여 주는 *b. Qidd.* $81^{a-b}$(Str-B 1, 140)에 의해서 어느 정도 밑받침된다. 이 이야기에 의하면, 펠리모(Pelimo)가 “사단의 눈 속에 화살!”, 즉 사단에게 도전하는 거만한 저주를 매일 되뇌이곤 했다. 그러던 어느 날 사단은 그를 이기고서 왜 그가 늘 자기를 이런 말로 저주했는지에 대한 이유를 그에게 물었다. 그러자 펠리모는 사단에게 그를 몰아내기 위해서 자기가 어떤 문구를 사용해야 했느냐고 되물었다. 사단은 “너는 긍휼에 풍성하신 분께서 사단을 꾸짖으시기를 원하노라고 말했어야 했다"고 대답했다. 여기서 대비되고 있는 것은 펠리모가 사단을 이길 수 있는 자신의 능력을 자신하는 거만한 문구였던 그의 습관적인 저주와 하나님께 사단을 제압하시라고 청하는 스가랴 3:2에서 인용한 어구임이 분명하다. 유대교에서 스가랴 3:2에 나오는 어구에 대한 이런 종류의 이해를 보여 주는 추가적인 증거는 아담과 하와 39:1인데, 거기서 셋은 "주 하나님께서 너를 책망하기를 원하노라"(*APOT*에 나오는 번역문)는 말로 하와에 대한 뱀의 고소들을 침묵시킨다.

스가랴 3:2과 모세의 유언에서 퀴리오스(*κύριος*)는 물론 하나님을 가리키지만, 유다는 이 용어를 예수를 가리키는 것으로 해석했을 가능성이 크다(5절에 대한 "주석"을 보라). 예수는 그의 공생애 기간 동안(막 8:33)이나 마지막 날에(*Asc. Isa.* 4:18) 사단을 책망하는 권세를 지니고 있었다.

10 "이 사람들은 무엇이든지 그 알지 못하는 것을 훼방하는도다"(*οὖτοι δὲ ὅσα μέν οὐκ οἴδασιν βλασφηνοῦσιν* – 후토이 데 호사 멘 우크 오이다신 블라스페누신). 유다는 율법 아래서의 고소들에 대한 합당한 반응을 예시한 후에 거짓 교사들에 대한 직접적인 공격을 재개한다. 율법의 수호천사들에 대한 그들의 태도는 그들이 율법의 수여자이자 재판장인 하나님의 일꾼들인 천사들의 실제적인 역할에 대한 참된 이해가 결여되어 있다는 것을 보여 준다. 이 구절은 지식이 있다는 거짓 교사들의 주장에 대한 정면 반박일 가능성이 크다. 왜냐하면 그들은 환상 체험을 한 묵시주의자나 영지주의자들처럼 그들의 환상 속에서 천사들이 있는 천계로 올라가서 특별한 것들을 보았다고 주장했을 것이 틀림없기 때문이다. 이와 동시에 유다는 소돔 사람들이 천사들을 어떻게 대했는지도 염두에 두고 있었을 것이다. 아셀의 유언 7:1은 "주의 천사들을 알지 못하고(*ἠγνόησε* – 에그노에세) 영원히 멸망 당한 소돔"이라고 말하기 때문이다.

"또 저희는 이성 없는 짐승 같이 본능으로 아는"(*ὅσα δὲ φυσικῶς ὡς τὰ ἄλογα ζῶα ἐπίστανται* – 호사 데 퓌시코스 호스 타 알로가 조아 에피스탄타이). 이 구절은 8절의 사르카 멘 미아이누신(*σάρκα μὲν μιαίνουσιν*, "육체를 더럽히며")과 상응하는데, 퓌시코스(*φυσικῶς*, "본능으로")는 사르카(*σάρκα*, "육체")에 해당되는 것으로서 거짓 교사들이 성적인 방탕에 탐닉했다는 것을 가리킨다. 이것은 그들이 무엇을 아는지, 즉 그들은 단지 본능적인 지식 수준에 머물러 있다는 것을 보여 준다. 그들은 하늘의 계시들을 통해서 얻은 특별한 신령한 통찰에 따라 행하고 있다고 주장하지만 사실 이성 없는 짐승들과 똑같은 성적인 본능을 따르고 있을 뿐이다.

에피스탄타이(*ἐπιστάνται*, "저희는…아는")는 인간의 이성적인 앎과 대비되는 짐승들의 앎을 나타내는 표준적인 어구다(Wis 11:15; 4 Macc 14:14, 18; Josephus, *C. Apion* 2.213; *Ant*. 10.262). (사람이 아는 것과 짐승이 본능으로[*φύσει* – 퓌세이] 아는[*ἐπιστάνται* – 에피스탄타이] 것의 비슷한 비교에 대해서는 Mayor와 Windisch가 인용하고 있는 Xenophon, *Cyropaed*. 2.3.9를 참조하라.) 죄를 짐승의 행위와 비교하는 것으로는 에스라4서 8:29-30을 참조하라.

"그것으로 멸망하느니라"(*ἐν τούτοις φθείρονται* – 엔 투토이스 프데이론타이). 그들은 그들의 성적 방탕으로 말미암아 치명적인 질병들에 걸리는 것이 아니라, 광야의 이스라엘과 평지의 성읍들이 멸망을 당했던 것처럼 심판을 불러온다(참조. 고전 3:17). (베드로후서 2:12이 도입하고 있는 개념, 즉 멸망은 이성 없는 짐승들의 자연스러운 운명이라는 개념은 유다의 마음 속에 없었을 것이다.)

## 해설

유다는 그의 독자들이 거짓 교사들의 영향력에 대항하는 것을 돕기 위해서 그들에게 그들이 회심하고 세례를 받을 때 사도들에게 받았던 최초의 가르침, 즉 불신앙과 불순종에 대한 하나님의 심판에 관한 가르침, 이 심판을 불러올 거짓 교사들에 대한 특별한 경고를 포함한 여러 가르침을 상기시킨다.

이것을 예시하기 위해서 유다는 먼저 하나님의 심판을 보여 주는 구약의 본보기들에 관한 잘 알려진 전통적인 목록을 다룬다: 출애굽 후에 믿음 없던 이스라엘의 광야 세대가 멸절을 당한 것, 죽을 수밖에 없는 여인들과의 부정한 관계를 위하여 하늘에서의 자신의 지위를 버린 천사들이 벌을 받은 것, 평지의 성읍들이 멸망을 당한 것. 유다에게 있어서 이러한 일들은 단지 과거에 있었던 경고가 되는 본보기들에서 그치는 것이 아니라, 모형들이기도 하다. 유대의 묵시론적 저술가들 및 초기 기독교의 저술가들과 맥을 같이 하여, 유다는 과거의 구원사 속에서의 하나님의 큰 역사(役事)들을 종말론적인 사건의 예표로 본다. 그러므로 그가 여기서 제시하는 본보기들은 이 마지막 날들에 배교한 그리스도인들에게 경고하는 재림 때의 종말론적인 심판에 관한 모형론적인 예언들이다.

이 세 가지 모형 중에서 첫 번째, 즉 유다가 연대기적 순서를 무시하고 가장 앞에 둠으로써 그 의미를 부각시키고 있는 첫 번째 모형은 특히 주의 구원을 경험한 주의 백성이 주의 권위를 부인한다면 가장 큰 심판의 위험에 처하게 될 것임을 분명히 한다. 다른 두 모형은 소돔 사람들이 천사들을 모욕한 것을 포함해서 그 모형들 속에 나타난 극단적인 음행의 예들 때문에 인용된 것으로 보인다.

8절에서 유다는 이 세 가지 모형을 거짓 교사들에 적용하여 각각의 모형과 일치하는 죄들을 제시함으로써, 그들도 이 모형들에서 있었던 것과 같은 하나님의 심판을 받게 될 것이라고 경고한다. 거짓 교사들은 파수꾼들과 소돔 사람들처럼 음행에 빠져 있다. 그들은 세 가지 모형 모두에서와 마찬가지로 주의 계명들을 부정함으로써 주의 권위를 거부하고 있고, 소돔 사람들처럼 천사들을 비방하고 모욕하고 있다. 이 마지막 고소는 아마도 그들이 율법의 수여자이자 수호자들인 천사들을 깎아내리고 비방함으로써 그들 자신이 율법을 범하는 것을 정당화하고 있는 것을 의미하는 것일 가능성이 크다. 이렇게 세 가지 죄는 모두 그들의 율법 폐기론적 사상의 여러 측면들이다. 아울러 이 세 가지 죄는 모두 그들이 종교적 권위의 토대라고 주장하는 그들이 본 환상에 의한 계시들에 의거하고 있다. 하지만 유다는 그들을 "꿈꾸는" 자들이라고 말함으로써 그들이 받았다고 하는 계시들을 거짓 예언이라고 단죄한다.

9-10a절에서 유다는 그들이 천사들을 비방했다는 고소를 좀더 자세하게 다룬다. 율법과 관련한 천사들에 대한 거짓 교사들의 태도 속에 내포되어 있는 그들의 주제넘음과 오만방자함은 유다와 그의 독자들이 모세의 유언을 통해서 알고 있었던 모세의 매장과 관련한 이야기 속에서 천사장 미가엘의 처신과의 대비를 통해서 부각된다. 거기서 마귀는 악의적인 고소자로서 그의 전통적인 역할 속에서 모세를 살인자로 고소했다. 미가엘은 모세의 변호자로서 마귀와 변론을 벌이면서 그 고소가 비방이라는 것을 알았지만, 그 비방을 근거로 해서 직접 자기가 마귀를 정죄하지는 않았고, 대신에 이 문제를 율법 아래에서의 고소를 처리할 수 있는 유일한 권세를 지닌 재판장인 하나님께 의뢰했다. 미가엘의 태도는 율법의 대변자들인 천사들의 고소를 거부한 거짓 교사들의 태도와 대비되는 것이었다. 그들이 그런 태도를 보인 것은 그들은 그러한 모든 고소들 위에 있고, 그 어떤 도덕적 권위에도 종속되어 있지 않다고 주장했기 때문이었다. 사실 그들이 모세나 미가엘 같은 신분을 지니고 있었다고 할지라도, 그들은 여전히 율법의 수여자이자 재판장에게 종속되어 있는 것이었다. 유다의 독자들이 알고 있던 이 간접 인용의 맥락을 감안하면, 9절은 거짓 교사들의 영적 자만과 독단을 잘 드러내 준다. 천사들에 대한 그들의 태도는 도덕적 권위를 무시하는 그들의 태도, 하나님에게조차도 복종하고자 하지 않는 그들의 태도를 보여 주는 것이다.

그들은 천사들을 비방함으로써(10절), 그들이 환상 속에서 보고 알았다고 하는 천계에 대하여 실제로는 얼마나 무지한지를 보여 주었다. 그들이 천사의 세계를 진정으로 알았다면, 그들은 하나님의 사역자들이자 사자(使者)들인 천사들을 잘 이해했겠지만, 실제로는 소돔 사람들처럼 천사들을 잘 알지 못했다. 다른 한편으로, 그들의 행위는 그들이 유일하게 아주 잘 알고 있는 것은 그들의 성적 욕망을 좇는 법이었다는 것을 보여 준다. 그런 행위를 통해서 이 사람들은 스스로 천사들보다 우월한 신령한 자들이라고 주장하지만 사실은 인간 이하의 짐승 같은 삶을 살고 있다는 것을 보여 주었다.

이 단락은 아주 효과적이게도 이 세 가지 모형이 그들의 대형(對型)인 거짓 교사들과 상응하는 마지막 측면을 다루는 것으로 끝이 나는데, 이것은 이러한 전체 대비의 진정한 핵심이다. 거짓 교사들은 그들의 죄들에 있어서 모형들과 닮았기 때문에, 그들의 멸망에 있어서도 모형들과 닮게 될 것이다.

# 보론: 유다서 1:9의 배경과 자료

모세의 시신을 놓고 변론을 벌인 것에 관한 유다서의 이야기의 자료는 현존하지 않지만, 유다가 알고 있던 이 이야기를 재구성하는 것이 가능할 정도로 풍부한 이차 자료들이 남아 있다. 이 자료들 중 많은 부분은 이미 취합되어 있기는 하지만(Charles, *Assumption*, 106-10; James, *Apocrypha*, 42-51; Denis, *Fragmenta*, 63-67), 유다가 사용한 자료의 내용에 대한 신뢰할 수 있는 접근을 할 수 있게 해주는 데 필수적인 비평적 연구가 행해지지는 않았다.

최근에 4Q'Amram의 발견은 유다서 1:9의 배경에 대한 일정 정도 새로운 논의를 촉발시켜 왔고(Milik, *RB* 79[1972] 77-97; Berger, *JSJ* 4[1973] 1-18), 유다가 사용한 자료를 재구성할 때는 다른 비교 가능한 이야기들에 의해서 제공된 일반적인 배경을 고려해 넣지 않으면 안 된다는 것이 분명해졌다. 유다서의 이야기가 속한 전승에 대한 인식은 그 이야기 자체를 위한 증거를 탐구하는 데 도움이 될 것이다. 그러므로 우리는 유다가 알고 있던 실제의 이야기를 보존하고 있을 수 있는 현존하는 자료들을 살펴보기 전에 이 일반적인 배경을 다루는 것으로 시작할 것이다.

## I. 일반적인 배경

유다의 자료에서 인용된 미가엘의 말은 스가랴 3:2에서 나온 것임이 분명하다. 스가랴 3:1-5의 환상은 고소하는 천사, 즉 "사단"(השׂטן – 핫사탄, "대적하는 자")과 여호와의 사자가 피고인 대제사장 여호수아를 놓고 서로에 맞서서 법적으로 변론을 벌이는 법정 장면이다. 여호수아는 이스라엘의 대표자로서 죄책이 있었기 때문에 그를 고소하는 자인 사단의 주관 아래 놓이게 되었음이 분명하다. 여호와의 사자(유다의 자료는 슥 3:2에서 마소라 본문의 아도나이[יהוה, "여호와"]를 말아크 아도나이[מלאך יהוה, "여호와의 사자"]로 읽었을 것임에 틀림없다)는 여호와의 대변자로서 "사단아 여호와가 너를 책망하시기를 원하노라"는 말로 사단을 침묵시킴으로써 여호수아에 대한 사단의 고소를 기각한다. 키(Kee, *NTS* 14[1968] 237)가 지적하듯이, "책망하다"라는 역어는 그 의미가 다소 약하다: 가아르(גער)는 여기서 책망 이상의 것을 의미한다. 그것은 사단에 대한 권세를 단언하는 하나님의 명령의 말씀, 여호수아와 그의 백성을 사단의 권세로부터 건져내는 하나님의 말씀을 가리킨다(참조. 시 9:5; 68:30; 사 17:13; 말 3:11; 가아르[גער]에 관한 Kee의 논의: *NTS* 14[1968] 235-38).

사단과 여호와의 사자 간의 다툼이라는 개념은 후대에 이스라엘의 역사 속에서 다른 사건들에 적용되었다. 희년서 17:15-18:16은 아브라함이 이삭을 제물로 바친 이야기를 하나님이 아브라함을 시험했다는 틀 안에서 말하고 있는데(참조. 욥 1-2장), 거기서 마스테마(Mastema)의 왕(사단에 해당하는)은 다시 고소자로서 등장하여 아브라함의 신실함을 시험해 보아야 한다고 주장한다. 아브라함이 신실하다는 것이 증명되었을 때, 하나님을 대신하여 이 일에 개입하여 이삭을 구한 자는 임재의 천사였고(참조. 창 22:11-12), "마스테마의 왕은 망신을 당했다"(희년서 18:12). (이 기사를 Chaine, 311에서 인용된 *Yal. Rub.* 43:3에 보존된 전승과 비교해 보라: "이삭이 묶여 있을 때, 미가엘과 사단 간에 다툼이 있었다. 미가엘은 이삭을 풀어 주기 위해서 어린 양을 데려왔지만, 사단은 이삭이 제물로 바쳐지도록 하기 위해서 미가엘을 가로막고자 했다.)

희년서는 특히 모세의 이력(履歷)과 출애굽을 조명하는 48장에서 사단과 천사 간의 다툼이라는 주제를 또다시 사용한다. 48:2-3에 의하면, 모세를 죽이고자 한 것은 마스테마의 왕이었고(창 4:24에서처럼 여호와가 아니라), 모세를 그 왕의 권세로부터 구해 낸 것은 임재의 천사였다(48:5). 사단의 동기는 여기서 분명히 하나님과 그의 백성에 대한 적대감에서 나온 것이지만(48:4), 저자는 여전히 사단이 고소자라는 역할을 하고 있다는 관점에서 이 일을 바라보고자 하는 것 같다: 모세를 사단의 권세 아래 들어가게 만든 것은 모세가 그의 아들에게 할례를 시키지 않았기 때문이었다(창 4:25).

그런 후에 마스테마의 왕은 모세가 애굽 왕 바로와 대결할 때도 모세를 대적했고, 애굽의 술사들을 도와서 모세를 대적하기도 했지만(48:9), 임재의 천사들은 그들을 멸함으로써 모세를 도왔다(48:11). 이 특별한 대결은 다메섹 규범에서도 회상된다(CD 5:17-18): "모세와 아론은 빛들의 왕의 손에 의해서 일으키심을 받았고, 사단은 그의 교활함으로 얀네와 그의 형제를 일으켰다"(Vermes의 번역). 하지만 희년서에 의하면, 모세가 애굽의 술사들에 대하여 승리를 했을 때 사단은 애굽인들로 하여금 이스라엘을 추격하도록 하는 추가적인 조치를 취했기 때문에(48:12, 16-17) 아직 "부끄러움을 당하지" 않았다(48:12). 그 후에 천사들은 홍해에서 이스라엘을 사단에게서 건져내었다(48:13). 우리가 이 기사에서 또다시 주목해야 할 것은 이스라엘에 대한 사단의 권세는 "그들을 고소하는" 그의 권세에 달려 있는 것으로 보인다는 점이다(48:15, 18): 사단은 선한 천사들에 대항하는 악의 세력의 우두머리로서 그가 합법적으로 보유하고 있던 고소자로서의 기능을 완전히 상실하지는 않았기 때문이다(또한 참조. 계 12:10).

이런 이야기들은 유다서 1:9이 간접적으로 인용하고 있는 이야기를 위한 주된 배경을 제공해 준다. 유다서의 이야기는 이 이야기들이 동일하게 보여 주는 패턴에 쉽게 들어맞는다. 모세가 죽자 사단은 모세에 대한 그의 권세를 주장하기 위한 최후의 시도를 행한다. 우리가 앞으로 보게 되겠지만, 사단은 그렇게 하기 위해서 모세를 애굽 사람을 살인한 죄로 고소한다. 사단은 이 고소를 통해서 모세의 시신에 대한 자신의 권리를 주장하고자 하고, 모세에게서 천사장에 의해서 매장되는 영광을 빼앗고자 한다. 하지만 미가엘은 하나님께 사단에 대한 하나님의 권세를 천명하시도록 청함으로써 사단을 침묵시키고("여호와께서 너를 책망하시기를 원하노라"), 그렇게 함으로써 모세의 시신을 사단의 권세로부터 구해낼 뿐만 아니라, 모세를 죄인으로 만들고자 하는 사단의 시도에 맞서서 하나님의 종인 모세가 의롭다는 것을 증명한다.

넓게 보아서 분명히 동일한 전승에 속하는 또 다른 본문은 4QVisions of ʿAmram(또는, 아므람의 유언)인데, 거기서 모세의 아버지 아므람은 자기가 모세를 놓고 두 천사가 법적인 변론을 벌이는 것을 꿈에서 보았다고 말한다. 두 천사(본문에는 멜키레사라는 이름만이 나온다)는 "아담의 모든 자손들에 대한 권세를 지닌" 빛의 왕과 어둠의 왕이라는 두 천사장이었다(1:12). 이 논쟁은 분명히 아므람이 빛의 왕에게 속한 "빛의 아들"이냐, 아니면 어둠의 왕에게 속한 "어둠의 아들"이냐에 관한 논쟁이지만, 현존하는 본문은 그것이 아므람의 사후의 운명에 관한 문제라고 추정할 만한 근거를 우리에게 제공해 주지 않는다. (이 환상은 아므람이 헤브론에 머무는 동안에 있었고, 이 일 후에 그는 애굽으로 돌아가서 얼마 후에 죽었다.) 한 대목에서 이 본문은 유다서 1:9과 주목할 만한 정도로 유사하다: "보라, 그들 중의 둘이 나에 대하여 변론하여 말했다… 그들은 나를 놓고 큰 다툼을 벌이고 있었다"(1:10-11). 이와 같은 유사성은 거의 우연일 수가 없다. 또한 우리는 마일릭(Milik, *RB* 79[1972] 95)과는 달리 유다의 자료가 4QʿAmram의 영향을 받았다고 결론을 내려서도 안 된다. 이 유사성은 마귀와 천사장 간의 다툼들에 관한 폭넓은 전승에 의거해서 충분히 설명될 수 있다. 말을 통한 변론과 논쟁이라는 개념은 원래 고소와 변호가 오가는 법정 장면에서 유래한 것이다.

베르거(Berger, *JSJ* 4[1973] 1-18)는 4QʿAmram과 유다서 1:9을 두 천사 또는 두 무리의 천사들이 죽은 자의 영혼의 소유를 놓고 다투었다는 전승과 연결시키고자 했다. 그는 이 전승을 보여 주는 풍부한 증거를 후대의 기독교 묵시론적 본문들로부터 가져와서, 마귀와 천사 간의 다툼들에 관한 전승이 죽은 자의 영혼의 운명과 관련되어 있음을 보여 주는 아주 유력한 형태를 분명하게 찾아내었다. 하지만 그가 제시한 본문들 중에는 유다서 1:9보다 이전의 것은 없다(아셰르의 유언 6:4-6은 그가 제시한 초기 증거일 수 있긴 하지만 이의를 제기할 수 없는 가장 초기의 증거는 오리겐이 아브라함의 죽음에 관한 외경 문헌에서 인용한 글이다: *Hom. 35 on Luke*). 베르거는 유다서 1:9이 죽은 자의 운명에 관한 것이 아니긴 하지만 이 전승을 특정한 목적을 위하여 개작한 것이라고 본다. 하지만 유다서 1:9을 마귀와 천사 간의 다툼들에 관한 **일반적인** 전승의 특정한 예로 보고, 4QʿAmram을 이 일반적인 전승의 또 다른 특정한 예로 보며, 죽은 자의 영혼의 운명에 관한 본문들의 전승을 아마도 유다의 자료가 씌어진 때보다 더 후대에 분명히 유다의 자료와는 그 어떤 직접적인 연관 없이 만들어진 그 전승의 특정한 형태로 보는 것이 더 낫다. 또한 변론이나 논쟁이라는 개념의 반복적인 등장(Berger의 본문들 가운데서; 특히 Origen, *Hom.* 35: super Abrahae salute et interitu disceptantes, "아브라함의 구원과 죽음을 놓고 다투며"; Syriac *Apoc. Paul* 11: "저 선한 천사들과 저 악한 천사들 간의 다툼")은 유다서 1:9이 베르거가 제시한 특정한 전승에 의존하고 있는 것에서 유래한 것이 아니라, 이 본문들이 공통적으로 일반적인 전승에 의존하고 있는 것에서 유래한 것이다.

## II. 모세의 유언의 없어진 결말

유다서 1:9에서 사용된 자료가 우리에게 오직 라틴어 번역본으로만 남아 있는 저작, 주후 6세기에 밀라노에서 만들어진 불완전하고 다소 허술한 본문으로만 남아 있는 저작, 종종 모세 승천기로 불리지만 모세의 유언이라 불리는 것이 더 적절한 저작의 없어진 결말이었다는 주장은 널리 받아들여지고 있다. 일부 학자들은 이 저작이 마카베오 시대 때 쓰였다가 주후 1세기 초에 부분적으로 개정된 것이라고 주장하기도 하지만 이 저작은 팔레스타인에서 기원한 것으로서 통상적으로 주후 1세기 초에 쓰였다고 보는 것이 통설이다. 유다서는 1:16에서 현존하는 이 저작의 일부를 사용한 것으로 보이기 때문에(16절에 대한 "주석"을 보라), 1:9에서 이 저작의 없어진 결말을 사용했을 가능성이 있다. 게다가, 일부 학자들은 모세의 시신과 관련한 논쟁에 관한 유다서의 이야기가 모세의 유언에 있는 것과는 다른 종류의 문헌에 속하는 것으로 보인다고 주장해 왔지만, 다음과 같은 이유들을 들어서 현존하는 모세의 유언의 본문에 의거하여, 이 저작이 모세의 죽음과 매장에 관한 이야기로 끝이 났을 것임에 틀림없다고 주장하는 것도 얼마든지 가능하다: (1) 유언들은 통상적으로 주인공의 죽음과 매장에 관한 기사로 끝난다는 것(*T. 12 Patr., T. Abr., T. Job*), (2) 모세의 유언 11:6-8은 모세의 매장에 관한 문제를 제기하고, 모세가 미지의 무덤에 매장되었다는 것에 관한 기사를 요구하는 것으로 보인다는 것.

모세의 유언의 결말은 더 이상 현존하지 않지만, 몇몇 기독교 자료들은 그 저작이 담고 있던 이야기의 요지를 보존하고 있는 것으로 보이기 때문에, 지금부터 그 자료들을 자세하게 살펴볼 필요가 있다.

### A. 팔라이아 히스토리카(Palaea Historica)

**모세의 죽음에 대하여**. 모세가 나베(Nave)의 아들 여호수아에게 "산으로 올라가자"고 말했다. 그들이 올라가고 나서, 모세는 약속의 땅을 보았고, 여호수아에게 "백성에게 내려가서 모세가 죽었다고 말하라"고 말했다. 여호수아는 백성에게 내려갔지만, 모세는 그의 생애를 마감했다. 사무엘(Σαμουήλ)은 그의 시신(σκύνωμα – 스퀴노마)을 백성에게로 가지고 내려가서, 그들로 하여금 그를(또는 그 시신을) 신으로 삼게(θεοποιηθῶσιν αὐτόν[또는, αὐτό] – 데오포이에도신 아우톤[또는 아우토]) 하고자 했다. 그러나 군장(ἀρχιστράτηγος – 아르키스트라테고스) 미가엘은 하나님의 명령으로 그 시신을 취하여 옮기려고(συνστεῖλαι – 쉰스테일라이) 왔지만, 사무엘이 그에게 맞서고(ἀνθίστατο – 안디스타토), 그들은 싸웠다(διεμάχοντο – 디에마콘토). 그래서 천사장은 화가 나서 그를 꾸짖으며 "마귀여, 여호와께서 너를 책망하시기를 원하노라"(ἐπιτιμᾷ σε κύριος, διάβολε – 에피티마 세 퀴리오스, 디아볼레) 고 말했다. 그러자 대적(ἀντικείμενος – 안티케이메노스)은 패배하여 도망쳤고, 천사장 미가엘은 모세의 시신(σκύνωμα – 스퀴노마)을 우리 하나님 그리스도로부터 명령을 받은 곳으로 옮겼는데, 아무도 모세의 매장지(또는 매장, ταφήν – 타펜)를 보지 못했다. (여기에 번역된 것은 A. Vassiliev, *Anecdota Graeco-Byzantina*[Moscow: Imperial University Press, 1893] 257-58에 나오는 헬라어 본문이다. 팔라이아 히스토리카는 성경의 전설들을 모아 놓은 비잔틴 모음집이다. 유대의 옛 전승들을 보존해 놓은 것과 관련한 이 모음집의 가치에 대해서는 D. Flusser, "Palaea Historica: An Unknown Source of Biblical Legends," *ScrHie* 22[1971] 48-79를 보라.)

이 본문이 유다서 1:9로부터 독립적이라는 것은 거의 확실하다: 책망의 말을 제외하고는 어휘상의 유사성이 두드러지게 결여되어 있고(오직 디아볼로스[διαβόλος]와 아르캉겔로스[ἀρχάγγελος]), 책망의 말조차도 유다서(에피티마사이 소이 퀴리오스[ἐπιτιμήσαι σοι κύριος]로 되어 있는)로부터 인용된 것이 아니다. 만약 저자가 이 말을 유다서 1:9에서 가져왔다고 한다면, 그는 미가엘 자신이 마귀를 책망한 것이 아니라 여호와께 마귀를 책망하여 달라고 청했다는 유다의 취지를 놓친 것이다.

주목해 보아야 할 본문의 특징들은 다음과 같은 것들이다.

(1) 모세의 죽음은 이 전승에서 아무런 문제도 일으키지 않는다. 모세가 죄악된 인간의 운명에 순복해야 했다는 개념에 저항하는 흔적은 이 전승 속에서 발견되지 않고, 이것은 모세의 죽음에 관한 아주 많은 유대 전승들 속에서도 마찬가지다(특히 Loewenstamm, "Death of Moses"를 보라). 일찍이 주후 1세기에 일부 진영들 속에서 유포되었던 개념, 즉 모세가 육신을 입고서 승천했다는 개념에 대한 흔적도 이 전승 속에서 발견되지 않는다(이 개념은 Josephus, *Ant.* 4.326과 *Bib. Ant.* 19:16에 나오는 모세의 죽음에 관한 기사들 속에 나오기는 하지만 반박되고 있다; Haacker and Schäfer, "Traditionen," 155-56; Loewenstamm, "Death," 197-98; 또한 Str-B 1, 754-55에 나오는 랍비

문헌에 나오는 기사들을 보라). 또한 랍비 전승들 속에서 자세하게 묘사된 개념(*Sipre Deut* 305; *Deut. Rab.* 11:10; *Midr. Peṭirat Moše*), 즉 모세 자신이 죽기를 꺼려했다든가, 천사들이나 죽음의 천사가 모세의 영혼을 받고자 하지 않았거나 받을 수 없었다는 개념의 흔적도 발견되지 않는다. 모세의 영혼이 하늘로 승천했다는 것과 관련된 그 어떤 문제도 발견되지 않는다. 이 기사 속에서 모세의 죽음은 직설적으로 얘기되고 있고, 관심의 초점은 그의 시신의 매장에 관한 문제에 집중되어 있다. 이것은 바로 우리가 현존하는 모세의 유언의 결말에서 기대할 수 있는 바로 그것이다. 그 현존하는 본문 속에서 모세는 그의 죽음을 있는 그대로 바라보고 아무런 이의 없이 받아들이며(1:15; 10:12, 14), 그의 죽음과 관련하여 뭔가 특별하고 주목할 만한 것이 존재할 것이라는 뉘앙스를 풍기는 것이 없다. ("승천"을 의미할 수도 있는 레켑티오네[receptione]라는 단어[10:12]는 일반적으로 사망이라는 의미로 받아들여져 왔다; 아래의 III을 보라.) 모세의 유일무이한 존엄성은 여호수아로 하여금 모세의 유일무이한 죽음의 방식이 아니라 유일무이한 매장 형태를 기대하게 만들고(11:5-8), 천사장 미가엘이 모세의 시신을 미지의 무덤 속에 매장한 것은 이러한 기대를 충족시킨다.

(2) 이 기사는 모세가 여호수아를 다시 내려 보내기 전에 여호수아가 모세를 모시고 산에 오르는 것으로 시작된다. 성경 본문으로부터 오지 않은 이러한 특징은 모세의 죽음에 관한 전승들 속에서 드물다(그러나 Josephus, *Ant.* 4.326 참조). 하지만 우리가 알고 있는 모세의 유언의 본문에는 얼마든지 나올 수 있는 기사다. 거기서는 모세가 그 책 전체에 걸쳐서 말하는 상대는 여호수아이고, 여호수아는 모세의 뒤를 잇는 사명을 위임받고(10:15), 모세가 죽어야 한다는 말에 대경실색하는 반응을 보이며(11장), 모세로부터 다시 한 번 확인을 받아야 했다(12장).

(3) 마귀를 사무엘(Σαμουήλ), 즉 삼마엘이라고 부르는 것은 이사야 승천기(마귀는 1:8에서는 말키라, 즉 4Q'Amram의 멜키레샤, 11:41에서는 사단과 동일시된다)와 랍비 자료들("모든 대적하는 자들의 우두머리", *Deut. Rab.* 11:10)로부터 알려져 있다. 모세의 죽음에 관한 랍비 전승들에서 사무엘은 하나님의 명령을 받고서 모세의 영혼을 데려가려고 했지만 그렇게 할 수 없었던 죽음의 천사(또는 사자)로 등장한다. 그가 미가엘과 변론한 것의 나머지 내용은 이 전승들 속에 남아 있지만, 모세의 매장이라는 맥락으로부터 모세의 죽음이라는 맥락 속으로 옮겨져 있다(*Midrash Peṭirat Moše* 11; *Deut. Rab.* 11:10).

(4) 모세의 시신이 옮겨져서(쉰스텔레인[συνστέλλειν]은 여기서 "옮기다"를 의미함에 틀림없다 – 이 단어가 이런 의미로 사용되는 것은 극히 드물긴 하지만) 다른 곳에 매장된 것은 *Tg. Ps.-J.* Deut 34:6과 *Sipre. Deut.* 355에서 발견되는 전승, 즉 하나님

또는 그의 천사들이 모세의 시신을 그가 죽은 곳에서 4마일을 옮겨서 거기에 매장했다는 전승과 일치한다(Haacker and Schäfer, "Traditionen," 165-66를 보라). 이 특징은 신명기 34:6을 설명하기 위한 것이다.

(5) 하지만 모세의 매장에 관한 랍비 전승들과는 달리, 이 기사는 하나님 자신이 아니라 미가엘이 하나님의 명령을 받아서 모세의 시신을 매장했다고 말한다. 구약에서 하나님이 직접 행했다고 말하는 행위들에 있어서 하나님의 대리인들인 천사들을 개입시키는 것은 신구약 중간기 시대의 유대 문헌의 전형적인 특징이다. 모세의 매장과 관련해서(신 34:6 MT에 의하면, 이 매장은 하나님에 의해서 직접 행해진다) 칠십인경("그들이 매장했다")은 이미 하나님의 대리인들인 천사를 등장시키고자 하는 의도를 보여준다. 하지만 후대의 랍비 전승들은 모세의 유일무이한 존엄을 부각시키기 위해서 하나님이 직접 모세를 매장했다는 사실(*m. Soṭa* 1:9에 의하면, "다름 아닌 하나님이")에 큰 강조점을 둔다(Haacker and Schäfer, "Traditionen," 165). 우리의 본문은 그러한 경향성이 나타나기 이전의 전승을 보존하고 있는 것일 가능성이 높다.

(6) 우리의 본문은 사단이 백성들로 하여금 모세의 시신을 숭배하도록 하기 위해서 그 시신을 백성들에게 가져가고자 했다고 말하는 유일한 본문이지만, 모세의 무덤이 우상화되지 않도록 하기 위해서 하나님이 그 무덤을 사람들에게 알리지 않았다는 개념은 모세의 매장에 관한 전승들 속에서 널리 퍼져 있던 특징이었다(*Midrash Leqaḥ Tob*, Loewenstamm, "Death," 204에서 재인용; Origen, *Selects in Num.*, *PG* 12. 578B; Theodoret of Cyrus, *Quaest. in Deut.* 32, *PG* 80. 447C; *Armenian History of Moses*[M. E. Stone, "Three Armenian Accounts of the Death of Moses," G. W. E. Nickelsburg (ed(s).), *Studies on the Testament of Moses*(SBLSCS 4; Missoula, MT: Scholars Press, 1973) 118-21]; Josephus, *Ant.* 4.326은 모세의 시신의 매장과 관련되어 있는 것은 아니지만, 신격화의 위험성을 암시한다). 게다가, 모세의 유언 11:7은 이미 모세의 시신이 신격화 될 위험성이 있음을 암시하고 있는 것일 가능성이 있다. 하지만 아래의 본문 C를 고찰할 때, 우리는 본문 A의 이 특징이 부차적인 것이라고 의심할 만한 몇몇 근거들을 발견하게 될 것이다: 이 특징이 원래 모세의 유언의 없어진 결말에 속에 있었는지 없었는지를 확실하게 말하기는 어렵다.

(7) 이 항목에서 고찰되는 본문들 중에서 오직 이 기사만은 마귀와 미가엘(여기에서 그는 그의 군대에서의 직함인 "군장"[*ἀρχιστράτηγος* – 아르키스트라테고스]으로 나온다) 간의 다툼을 사단의 고소로 인한 변론과 논쟁이 아니라 물리적인 충돌로 묘사한다. 이렇게 됨으로써 변론이라는 맥락 속에서 가져온 미가엘의 말, 즉 "여호와께서 너를 책망하시기를 원하노라"(슥 3:2)는 말은 여기서의 맥락에 덜 적절하게 된다. 이

점과 관련해서 이 기사는 이 항목에서 다루어지는 다른 본문들보다 원문에서 더 멀어진 것일 가능성이 매우 높다. (J. P. Rohland, *Der Erzengel Michael, Arzt und Feldherr* [BZRGG 19; Leiden: E. J. Brill, 1977]가 보여 주었듯이, 이것은 아마도 후대의 기독교 전승 속에서 미가엘의 군사적 특징이 점점 더 강화된 것을 반영한 것으로 보인다.) 아래의 본문 E, M, N에서도 등장하는 마귀의 저항이라는 모티프는 다니엘 10:13로부터 왔을 것이다.

따라서 (7) 그리고 아마도 (6)을 제외하면, 이 기사는 모세의 유언의 없어진 결말이라고 할 수 있는 내용을 보존하고 있는 것으로 보인다.

### B. 슬라브어로 된 「모세의 생애」 16장

그러나 그 해가 끝나갈 무렵인 열두 번째 달(즉 3월) 제칠일에 하나님의 종 모세는 죽었고, 7월 4일에 군장("아르키스트라테고스") 미가엘에 의해서 어떤 산에 매장되었다. 왜냐하면 마귀가 미가엘과 다투면서 "모세는 애굽에서 사람을 죽여 모래에 숨긴 살인자이다"라고 말하며, 그의 시신을 매장하는 것을 허용하고자 하지 않았기 때문이었다. 그러자 미가엘은 하나님께 기도하니 천둥과 번개가 있었고, 마귀는 갑자기 사라졌다. 미가엘은 그 (자신의) 손으로 모세를 매장했다. (이것은 N. Bonwetsch, "Die Mosessage in der slavischen kirchlichen Litteratur," NGWG.PH[1908] 607에 나오는 독일어 번역문을 옮긴 James, *Apocrypha*, 47-48에 나오는 번역문이지만, 첫 번째 부분은 E. Turdeanu, "La *Chronique de Moïse* en russe," *RESL* 46[1967] 55의 제안을 따라 수정되었다. Turdeanu는 슬라브어로 된 모세의 생애가 중세에 나온 히브리어로 된 모세 연대기의[15세기] 판본으로서 여라므엘 연대기에 나오는 것과 비슷하다는 것을 보여 준다. 모세의 시신을 놓고 벌어진 논란에 관한 이야기는 여라므엘 연대기에는 나오지 않고, Turdeanu는 그 이야기를 원래의 모세 연대기에 중간에 집어넣은 이야기, 즉 히브리어로 된 모세의 연대기가 번역되기 이전에 거기에 집어넣어진 이야기로 본다.)

유다서 1:9에 의존하고 있지도 않고, 팔라이아 히스토리카(Palaea Historica)에 나오는 기사로부터도 독립되어 있는 것으로 보이는 이 본문이 흥미로운 것은 주로 마귀가 모세를 고소하는 내용을 보존하고 있기 때문이다. 본문 A에서는 법적 논쟁이라는 개념이 상당 부분 물리적 싸움으로 바뀐 반면에, 본문 B에서는 마귀의 고소 내용이 그대로 유지됨으로써 법적 맥락이 보존되어 있다. 마귀는 고소자로서의 그의 오래된 역할을 그대로 보유한다. 유다서 1:9의 일반적 배경 속에서 사단이 고소자로서의 그의 역할을 보유하고 있다는 일반적인 근거 외에도(위의 I을 보라) 좀더 구체적으로 유다서의 자료가 스가랴 3:2에서 인용한 천사장의 말, 즉 "여호와께서 너를 책망하시기를 원하노라"는 말이 원래 스가랴 3:1-2에 나와 있는 사단의 고소에 대한 대답이었을 것이기 때문에, 이것은 이 전승의 원래의 특징임에 틀림없다. 본문 A가 사단의 고소를 제외한 천사장의 말만을 보존하고 있는 반면에, 본문 B가 천사장의 대답을 제외한 사단의 고소만을 보존하고 있다는 것은 서로 다른 기사인 A와 B가 서로 보완적인 가치를 지니고 있음을 인상적으로 보여 주는 것이다. B에 나와 있는 사단의 고소와 A에 나와 있는 천사장의 대답은 서로 합쳐져서 이 논쟁에 대한 통일적인 요약을 이룬다. 그러므로 우리는 마귀가 모세를 살인죄로 고소한 것은 유다가 읽은 모세의 유언의 없어진 결말의 일부였다는 것을 확신할 수 있다.

반면에, B에 나오는 또 다른 새로운 특징 – 천둥과 번개 – 은 후대의 수식(修飾)인 것으로 보인다.

## C. 위(僞)오이쿠메니우스(Pseudo-Oecumenius)의 『유다서 1:9』(In Jud. 9)

천사장 미가엘은 모세의 시신을 매장하라는 명령을 받았다고 한다. 그러나 마귀는 모세가 애굽인을 죽인 살인죄를 범했다는 근거를 들어서 존귀하게 매장될 자격이 없다고 고소하며, 그러한 명령을 받아들이고자 하지 않았다. (Denis, *Fragmenta*, 67에 실린 헬라어 본문. "모세가 살인죄를 범했다는 근거를 들어서"라는 번역은 A의 제안을 따라서 아우투[*αὐτοῦ*]를 아이티우[*αἰτίου*]로 수정한 것이다. Hilgenfeld, "Die Psalmen Salomo's und die Himmelfahrt des Moses, B," *ZWT* 22[1868] 299: 수정되지 않은 있는 그대로의 본문은 의미가 없다.)

## D. 크래머(Cramer)의 『성구집』

모세가 산에서 죽었을 때, 미가엘은 그 시신을 옮기도록(*μεταθήσων* – 메타데손) 보내심을 받았다. 모세가 애굽인을 죽였다는 이유를 들어서 마귀가 모세를 비방하고(*κατὰ τοῦ Μωϋσέως βλασφημοῦντες* – 카타 투 모우세오스 블라스페문테스) 살인자로 선언하자, 천사는 모세에 대한 비방을 참을 수 없어서 마귀에게 "하나님께서 너를 책망하시기를 원하노라"(*ἐπιτιμήσαι σοι ὁ θεός* – 에피티메사이 소이 호 데오스)고 말했다. (Cramer, *Catenae*, 163, lines 18-22와 Denis, *Fragmenta*, 67; Charles, *Assumption*, 109-10에 실린 헬라어 본문.)

『성구집』에 나와 있는 몇몇 고전 주석들과 익명의 해설들은 C 및 D와 매우 비슷하다(Denis, *Fragmenta*, 67과 아래의 본문 M과 N을 보라). A 및 B와의 접점들은 주목할 필요가 있다: 미가엘이 받은 명령이 (다른 곳에 매장하기 위해서) 모세의 시신을 옮기는 것이었다는 것은 D와 A가 일치하고, 사단의 고소 내용은 D와 A가 둘 다 B와 일치한다. 또한 유다서 1:9의 석의와 관련해서 흥미로운 것은 D가 마귀의 고소를 모세에 대한 블라스페미아(*βλασφημία*)로 지칭하고 있다는 것이다.

C와 A가 서로 상충되는 점은 마귀의 동기에 관한 문제다. 마귀는 A에서는 모세의 시신을 백성들에게 넘겨서 우상으로 섬기게 만들고자 하는 반면에, C에서는 단지 모세는 살인자이기 때문에 존귀하게 매장될 자격이 없다는 논리를 내세워서 모세가 천사장에 의해서 매장되는 특별한 존엄을 누리지 못하게 하고자 한다. 이 두 가지 동기는 반드시 양립할 수 없는 것은 아니지만, 우리가 둘 중의 하나를 선택해야 한다면, C에 나와 있는 동기가 법적 논쟁에서 고소자로서의 마귀의 고유한 역할에 속하기 때문에 더 본래적인 것으로 보아야 한다. A에 나와 있는 동기는 우리가 앞에서 보았듯이 오래된 전승을 가져와서 사용한 것이기는 하지만 A가 **고소자**로서의 마귀의 역할을 망각하고서 이 이야기 속에 집어넣은 후대의 삽입일 것이다. 한편, 원래의 이야기 속에는 마귀의 이 두 가지 동기가 둘 다 들어 있어서 그 이야기 속에서 서로 다른 기능을 수행했을 가능성이 있다: C에 나와 있는 동기는 모세가 천사장에 의해서 매장되는 특별한 존귀를 누릴 만했다는 것을 보여 주고자 한 이 이야기의 의도에 기여했고, A에 나와 있는 동기는 왜 미가엘이 모세의 시신을 옮겨서 **은밀한** 무덤에 매장하고자 했는지 그 이유를 설명해 주는 역할을 했다(백성들이 모세의 시신을 우상화하는 것을 미연에 방지하고자 했다는 것). 이 두 가지 일반적인 주제를 둘 다 모세의 죽음에 관한 유대의 전승들 속에서 발견할 수 있고, 모세의 유언의 결말은 이 두 가지를 통합시켜 놓은 것이었을 가능성이 아주 크다.

### E. 안디옥의 세베루스(Severus of Antioch)

> 하나님은 여기서[신명기 34장에서] 유형의 이미지를 통해서 영혼과 관련하여 일어나는 신비를 보여 주신다. 영혼이 육신으로부터 분리되어 육신을 떠났을 때 선한 천사의 세력과 아주 악한 귀신들의 무리가 그 영혼을 맞이하기 위해서 나아오고, 그 영혼이 행한 행위의 특질이 악했느냐 선했느냐에 따라서 전자의 무리 또는 후자의 무리가 그 영혼을 적절한 곳으로 데리고 가서, 우리 모두가 심판을 받기 위해 나와서 영생이나 영원히 꺼지지 않는 불로 끌려가게 될 마지막 날까지 지킨다. 하나님은 모종의 유형적인 이미지를 통해서 이스라엘 자손들에게도 이것을 보여 주고자 하셔서 모세의 매장 때, 즉 그 시신을 처리하여 관례대로 땅에 묻을 때 그 일을 훼방하고자 하는 악한 마귀가 그들의 눈앞에 나타나게 하셨고, 선한 천사인 미가엘이 마귀를 쫓아내고자 나타나서 자신의 권위로 마귀를 책망하거나 만유의 주를 위하여 마귀에게

판결을 내리지 않고 "여호와께서 너를 책망하시기를 원하노라"고 말하게 하셨는데, 이것은 가르침을 받고 있는 자들이 이 일들을 통해서 사람이 죽은 후에는 그 영혼을 놓고 벌어지는 싸움이 있다는 것과 귀신들이 우리를 시기하고 대적하여 악한 말을 늘어놓을 때 천사들이 그들의 우군이 되게 하기 위해서는 선한 행위들을 통해서 미리 준비할 필요가 있다는 것을 배우게 하기 위한 것이었다. 하나님이 보여 주신 이 이미지가 그들의 눈앞에 나타났을 때, 하나님은 그들이 모세의 무덤이 어디 있는지를 알 수 없도록 하시기 위하여 구름이나 빛줄기로 그 곳을 비추게 하여 흐릿하게 만드셔서 보는 자들이 그 곳을 알 수 없게 하셨다. 그러므로 성경도 신명기에서 "이에 여호와의 종 모세가 여호와의 말씀대로 모압 땅에서 죽어 벧브올 맞은편 모압 땅에 있는 골짜기에 장사되었고 오늘까지 그 묘(*ταφήν* – 타펜; 또는 그의 죽음[*τελευτήν* – 텔류텐])를 아는 자 없으니라"[신 34:5-6]고 말한다…이러한 내용은 창조에 관한 좀더 자세한 기사(*λεπτοτέραν ἀφήγησιν* – 렢토테란 아페게신)를 담고 있는 한 외경 속에서 발견된다고 한다. (Cramer, *Catenae*, 161, line 20-162, line 17에 실린 헬라어 본문; 부분적으로는 M. R. James, *The Testament of Abraham*[TextsS 2/2; Cambridge: Cambridge University Press, 1892] 17에도 나오는데, 그 본문은 Craner에는 없는 마지막 문장을 포함하고 있다. 이 본문과 함께 James, *Apocrypha*, 46에서 Severus에게 돌리고 있는 Cramer, *Catenae*, 161, lines 9-18도 참조하고, Cramer, *Catenae*, 162, lines 17-30; 162, line 31-163, line 10에 나와 있는 Severus로부터의 추가적인 인용문도 참조하라.)

이 본문은 몇 가지 새로운 특징들을 담고 있다.

(1) 미가엘이 "여호와께서 너를 책망하시기를 원하노라"고 말할 때 자기 자신의 권위로 판결을 내리기를 꺼려했다는 명시적인 서술은 유다서의 자료 자체가 아니라 유다가 유다서 1:9에서 그의 자료를 해석한 것에 의존하고 있는 것으로 보인다. 그 점을 명시적으로 밝히는 것은 유다가 사용한 자료 자체의 관심이 아니었고, 유다가 그 자료를 사용할 때의 의도와 일치하는 것이었다.

(2) 하나님이 미가엘과 마귀 간의 다툼을 백성들에게 보여 주신 것은 사람이 죽을 때 영혼에 어떤 일이 일어나는지를 그들에게 가르치고자 하셨기 때문이라고 설명함으로써, 세베루스(Severus)는 베르거(Berger)가 수집한 본문들이 대변하고 있는 전승과 접촉하게 된다(위의 I을 보라). 하지만 이 다툼에 관한 이야기는 모세의 영혼이 아니라 그의 시신을 놓고 벌인 것이었기 때문에, 이러한 설명은 이 이야기로부터 다소 억지스러운 교훈을 이끌어내는 것으로서 이 이야기를 부차적으로 설교상의 목적을 위하여 개작한 것으로 보아야 한다.

(3) 눈부신 구름 때문에 바라보는 자들이 모세가 어디에 매장되었는지를 볼 수 없었다는 개념은 다른 기사들 속에서도 발견된다(Josephus, *Ant.* 4.326 *Memar Marqah* 5:3 [tr. J. Macdonald, *vol.* 2(BZAW 84: Berlin: Töpelmann, 1963) 202]; *catena*에 실려 있는 "외경과 신비주의 책들"로부터의 인용문 Charles, *Assumption*, xlviii에서 재인용). 이것은 분명히 꽤 널리 유포되었던 전승이었지만, 이 다른 기사들 속에서 구름은 모세가 죽기 **전에** 미리 그 모습을 보지 못하도록 하기 위한 것으로 나온다. 세베루스의 자료 속에서 이것은 미가엘과 마귀 간의 논쟁 뒤에 나오도록 위치가 바뀌었다. 이 논쟁은 백성들이 공공연하게 볼 수 있는 광경이 되었기 때문이다. 이러한 위치 이동은 신명기 34:5-6로부터의 인용문 속에서 분명하게 드러나는데, 그 인용문은 아무도 모세가 죽는(*τελευτήν* – 텔류텐) 것을 보지 못했다는 것을 보여 주기 위한 형태로 인용되고 나서, 그런 후에 아무도 그의 매장 또는 묘(*ταφήν* – 타펜)를 보지 못했다는 것을 전달하기 위해서 이 본문의 통상적인 형태가 난외주로 처리한다. 이것은 모세의 시신을 놓고 벌어진 논쟁을 하나님이 백성들에게 보여 주셨다는 것이 이 전승의 이차적인 특징이라는 것을 말해 주는 추가적인 증표다. 과연 눈부신 구름이 모세의 유언에 나오는 모세의 죽음에 관한 이야기 속에서 본래부터 어떤 역할을 했는지는 말하기가 불가능하다.

(4) 제임스(James)가 지적하듯이(*Apocrypha*, 46), 세베루스는 분명히 그의 기사를 희년서("렙토게네시스"로도 알려져 있던)에 돌린다. 이것은 오해임에 틀림없지만, 세베루스는 이 정보를 간접적으로 얻었던 것으로 보인다. 모세의 죽음에 관한 기사를 담고 있는 어떤 외경은 쉽게 희년서의 속편으로 여겨져서 거기에 덧붙여질 수 있었고, 이것은 아마도 이러한 오해의 원인이었을 것이다. 그렇다면 이 외경은 무엇이었는가? 이 외경이 모세의 유언이 아니었다는 것은 분명하다. 이 외경은 아마도 모세의 유언으로부터 미가엘과 마귀 간의 다툼에 관한 이야기를 가져다가, 사람이 죽을 때 영혼을 놓고 벌어지는 다툼과 관련한 일반적인 원리를 예시하기 위하여 개작해서 사용한 후대의 저작일 가능성이 크다. 미가엘이 자기 자신의 권위를 마귀를 단죄하는 판결을 내리기를 꺼렸다는 설명이 세베루스 자신의 것이 아니라 그의 자료 속에 들어 있었던 것이라면, 이 외경은 유다서 1:9을 잘 알고 있던 그리스도인의 저작이었을 것이다. 어쨌든 세베루스는 우리에게 유다가 사용한 자료에 대한 그 어떤 믿을 만한 정보도 제공해 주지 않는다.

### F. 크래머(Cramer)의 『성구집』

미가엘은 그럴 권위가 없었기 때문에 그에게(마귀에게) 신성모독(*τῆς βλασφημίας* – 테스 블라스페미아스)에 적절한 벌을 내리지 않고, 그를 그의 주인의 판단에

맡겼다. 왜냐하면 미가엘이 모세를 주께서 변모되신 산으로 데려왔을 때, 마귀가 미가엘에게 "하나님이 모세를 그로 하여금 들어가지 못하게 하겠다고 맹세하신 땅으로 들이신 것은 거짓말을 하신 것이다"라고 말했기 때문이다. (Cramer, *Catenae*, 161, lines 4-8에 실린 헬라어 본문.)

이 본문은 분명히 그 유대적 배경에 대한 그 어떤 지식도 없이 유다서 1:9을 설명하고자 한 기독교적 시도다. 이 기자는 유다서 1:9에 언급된 마귀의 블라스페미아(*βλασφημία*)가 하나님을 **대적한** 신성모독이라고 추정하고서, 모세의 시신을 놓고 벌어진 논쟁과 관련해서 그러한 신성모독이 무엇이었을지를 설명하고자 했다. 유다서 1:9이 모세의 매장의 때와 관련되어 있다는 것을 깨닫지 못했던 그는 이 논쟁을 예수의 변모의 때 있었던 것이라고 보고, 모세가 그 산에 모습을 나타낸 것은 모세가 약속의 땅에 들어가지 못할 것이라고 맹세했던 하나님의 말씀에 어긋난다고 생각했다.

제임스(James, *Apocrypha*, 47-48)는 아래의 본문 N에 의거해서 마귀의 이러한 말들이 모세의 유언의 결말로부터 온 것이라고 추정했지만, 그런 추정은 다음과 같은 이유들 때문에 성립될 수 없다: (a) 그 말들은 예수의 변모에 관한 기독교적인 이야기로부터 따로 분리해서는 이해할 수 없는 말들이다. (b) 그 말들은 **모세에 대한** 고소가 아니라 **하나님에 대한** 고소인데, 이것은 모세의 매장을 놓고 벌어졌던 논쟁에 관한 이야기 속에서의 마귀의 역할과 부합하지 않는다.

이렇게 해서 유다가 알고 있던 모세의 시신을 놓고 벌어진 논쟁에 관한 이야기, 즉 모세의 유언의 없어진 결말에 있었던 형태로 된 이야기의 믿을 만한 증거를 제공해 줄 수 있는 본문들에 대한 검토는 끝이 났다. (그러한 증거를 제공해 줄 것이라고 생각되어 왔지만, 사실은 이 이야기의 다른 판본을 반영한 것일 가능성이 큰 다른 본문들은 아래의 III에서 논의할 것이다.) 본문 E와 F(이 본문들은 유다가 알고 있던 이야기의 믿을 만한 증거가 될 수 없다는 것은 이미 살펴본 바 있다), 다른 본문들의 이차적 특징들(A에 나오는 물리적 싸움, B에 나오는 천둥과 번개)을 버리면, 우리는 이 이야기의 개요를 다음과 같이 재구성해 볼 수 있다.

여호수아는 모세를 따라서 느보 산에 올라갔고, 거기서 하나님은 모세에게 약속의 땅을 보여 주셨다. 그런 후에 모세는 여호수아를 백성들에게로 되돌려 보내서 그들에게 모세의 죽음을 알리게 했고, 모세는 죽었다. 하나님은 모세의 시신을 다른 곳으로 옮겨 거기에 매장하도록 하기 위해서 천사장 미가엘을 보내셨지만, 삼마엘(Samma'el) 즉 마귀는 모세가 존귀하게 매장될 자격이 없다고 시비를 걸며 미가엘을 방해했다. 또한 이 본문은 마귀가 모세의 시신을 백성들에게 가져다주어서 그들로 하여금 그 시신을 우상 숭배의 대상이 되게 하고자 했다고 말했을 수도 있다. 그러므로 미가엘과 마귀는 그 시신을 놓고 논쟁을 벌였다. 마귀는 모세가 애굽인을 쳐죽여서 그 시신을 모래 속에 숨겼다는 이유로 모세를 살인죄로 고소했다. 그러나 이러한 고소는 모세에 대한 비방(*βλασφημία*–블라스페미아)에 불과한 것이었기 때문에, 미가엘은 그 비방을 참을 수 없어서 마귀에게 "여호와께서 너를 책망하시기를 원하노라"고 말했다. 그러자 마귀는 도망했고, 미가엘은 그 시신을 하나님이 명하신 곳으로 옮겨서 거기에 자기 손으로 매장했다. 따라서 모세의 매장지를 본 자는 아무도 없었다.

분명히 이 이야기의 의도는 일차적으로 모세는 하나님이 보시기에 최고로 존귀한 인물이었다는 것을 극화하는 것이었다. 성경의 기사 속에서 발견되고, 사단이 모세를 치는 증거로 사용한 명백한 오점들이 그의 이력 속에 있었음에도 불구하고, 모세는 하나님의 천사장이 직접 매장해 주는 특별한 존귀를 누릴 자격이 있는 인물이라는 것이 입증되었다. (모세가 애굽인을 죽인 사건에 관한 출 2:12의 기사가 유대인 주석자들에게 일정 정도 문제가 되었다는 것은 모세가 애굽으로부터 피신한 것에 관한 설명 속에서 이 사건을 언급하는 것을 생략한 Josephus, *Ant.* 2.254와 모세의 이 행위를 정당화하는 Philo, *Mos.* 1.44에서 잘 나타난다.) 모세의 시신을 우상으로 만들고자 한 사단의 의도라는 모티프가 본래의 것이라면, 이 이야기는 모세가 왜 은밀한 무덤에 매장되었는지 그 이유를 설명해 주는 이차적인 기능을 갖고 있었다(신 34:6).

## III. 모세 승천기

II에서 도달한 결론을 확정하기 전에, 모세 승천기가 유다서 1:9에 자료를 제공해 주었다고 말하고, II에서 살펴본 본문들에 나와 있는 이야기로부터 벗어나 있는 것으로 보이는 미가엘과 마귀 간의 다툼에 관한 세부적인 내용들을 그 저작에 나와 있는 것으로 돌리는 몇몇 교부들의 글들에 나와 있는 증거를 살펴보는 것은 필수적이다. 편의상 관련된 본문들을 논의하기 전에 먼저 그 모든 본문들을 열거해 보는 것이 좋을 것이다.

### G. 알렉산드리아의 클레멘트(Clement of Alexandria)의 『유다서 단편』(Fragm. in Ep. Jud.)

(유다서 1:9에 대하여:) 이것은 모세 승천기(Assumptionem Moysi)를 확증해 준다. (Charles, *Assumption*, 107에 실린 라틴어 본문.)

H. 맹인 디디무스(Didymus the Blind)의 『유다서』(in ep. Jud. enarr.)

그들은 모세의 시신을 놓고 천사장이 마귀에게 한 말이 나오는 대목으로 인해서 현재의 서신에 이의를 제기하고, 모세 승천기(Moyseos Assumptioni)에 반대한다. (Charles, *Assumption*, 108에 실린 라틴어 본문.)

I. 오리겐(Origen)의 『원리론』(De Princ.) 3:2:1

창세기에서 뱀은 하와를 속인 것으로 묘사되고, 이것과 관련해서 모세 승천기(in Adscensione Mosis, 사도 유다가 그의 서신에서 언급하는 책)에서 천사장 미가엘은 모세의 시신을 놓고 마귀와 논쟁을 벌이면서 마귀의 영에 감동된 뱀이 아담과 하와의 범죄의 원인이었다고 말한다. (Charles, *Assumption*, 108에 실린 라틴어 본문.)

J. 겔라시우스 키지케누스(Gelasius Cyzicenus)의 『교회사』(Hist. Eccl.) 2.17.17

…모세 승천기에(*ἐν βίβλῳ ἀναλήψεως Μωσέως* – 엔 비블로 아나렙세오스 모세오스) 기록된 대로, 모세는 나베의 아들 여호수아를 불러서 그와 변론하여 "하나님이 나를 창세 전에 그의 언약의 중보자로 미리 정하셨다"고 말했다. (Denis, *Fragmenta*, 63에 실린 헬라어와 라틴어 본문.)

K. 겔라시우스 키지케누스(Gelasius Cyzicenus)의 『교회사』(Hist. Eccl.) 2..21.7

모세 승천기에서 천사장 미가엘은 마귀와 변론하며(*διαλεγόμενος* – 디아레고메노스), "그의 거룩한 영으로부터 우리 모두가 창조되었기 때문이다"라고 말한다. 그리고 그는 다시 "하나님의 면전으로부터 그의 영이 나왔고, 세상이 지음을 받았다"고 말한다. (Denis, *Fragmenta*, 64에 실린 헬라어 본문.)

L. 크래머(Cramer)의 『성구집』

마귀가 대항하며(*ἀντεῖχε* – 안테이케) 속이고자 하여 "나는 물질의 주인이기 때문에 그 시신은 나의 것이다"라고 말했고, 천사로부터 "주께서" 즉 모든 육체의 영들의 주께서 "너를 책망하시기를 원하노라"는 대답을 들었다. (Cramer, *Catenae*, 160, line 29-161, line 1에 실린 헬라어 본문.)

M. 유다서 1:9에 대한 옛 주석

모세가 산에서 죽자, 천사장 미가엘은 그 시신을 옮기기 위해(*μεταθήσαν* – 메타데산) 보내심을 받았다. 그러나 마귀가 대항하며(*ἀντεῖχε* – 안테이케) 속이고자 하여 "나는 물질의 주인이기 때문에, 그 시신은 나의 것이다"라고 말했다. 또는 마귀는 그가 애굽인을 쳐죽였다고 해서 그 거룩한 사람을 비방하며(*βλασφημοῦντος κατά* – 블라스페문토스 카타) 그를 살인자라 선언했다. 천사는 이 거룩한 사람에 대한 비방을 참을 수 없어서 마귀에게 "하나님이 너를 책망하시기를 원하노라"고 말했다. (Denis, *Fragmenta*, 67; Charles, *Assumption*, 110에 실린 헬라어 본문.)

N. 유다서 1:9에 대한 옛 주석

마귀가 대항하며(*ἀντεῖχε* – 안테이케) 속이고자 하여 "나는 물질의 주인이기 때문에 그 시신은 나의 것이다"라고 말했고, 천사로부터 "주께서", 즉 모든 육체의 영들의 주께서 "너를 책망하시기를 원하노라"는 대답을 들었다. 어떤 사람들은 하나님이 우리가 죽은 후에 우리 영혼이 위로 올라가는 것을 귀신들이 방해한다는 것을 보이시기 위하여 모세의 매장과 관련해서 그것을 우리에게 보여 주신 것이라고 말한다. 왜냐하면 마귀는 모세가 애굽인을 쳐죽였다는 이유로 그를 살인자라 부르며 비방했기(*ἐβλασφήσει κατά* – 에블라스페세이 카타) 때문이다. 천사장 미가엘은 그의 비방을 참을 수 없어서 그에게 "마귀여, 하나님이 너를 책망하시기를 원하노라"고 말했다. 또한 마귀는 하나님이 모세로 하여금 들어오지 못하게 하리라고 맹세하셨던 땅에 그를 들이심으로써 거짓말을 하셨다고도 말했다. (James, *The Testament of Abraham*, [TextsS 2/2; Cambridge: Cambridge University Press, 1892] 18에 실린 MS. Bodl. Arch. E.5.9의 헬라어 본문; 번역문은 James, *Apocrypha*, 46에 따라 수정된 것이다.)

본문 L, M, N은 미가엘이 본문 K에서 대답하고 있는 마귀의 말("나는 물질의 주인이기 때문에, 그 시신은 나의 것이다")을 담고 있어서, 본문 K가 명시적으로 인용하고 있는 것과 동일한 자료로부터의 정보를 제공해 주고 있는 것이 분명하기 때문에 이 목록에 포함되었다. 하지만 본문 M과 N은 분명히 여러 이본(異本)들을 합성한 기사들이다. 본문 M은 D가 대변하는 전승을 L이 대변하는 전승과 결합시키고 있고, 본문 N은 본문 D, E, F, L이 대변하는 일련의 여러 다른 전승들 전체에 나오는 내용을 통합해 놓았다. 이 합성된 판본들은 이 모든 요소들이 단일한 자료로부터 유래했다는 증거가 되지 못하고, 옛 주석자들이 그들의 자료들 속에서 발견한 이 이야기의 서로 다른 여러 판본들을 통합시키고자 한 시도들을 보여 준다. 그러므로 이미 II에서 논의된 전승들로부터 유래한 내용은 모세 승천기의 내용을 보여 주는 증거가 될 수 없다.

본문 I, K, L, M, N은 II에서 살펴본 본문들에 나오는 것과는 완전히 구별되는 미가엘과 마귀의 논쟁의 개요를 제시한다. 여기서 마귀는 자기가 물질의 주인이기 때문에 모세의 시신은 그의 것이라고 주장한다. 미가엘은 인간의 시신을 포함해서 물질세계는 하나님의 거룩한 영에 의해서 창조되었기 때문에 하나님의 것이라는 논증을 펴서 마귀의 이러한 주장을 일축해 버린다. 마귀는 물질세계의 합법적인 주인이 아니라, 아담과 하와의 때로부터 하나님의 피조물들을 유혹해서 하나님을 대적하여 범죄하도록 한 반역자이다. 그러므로 미가엘은 "여호와께서 너를 책망하시기를 원하노라"는 말로 하나님의 판결을 청할 때 한 분 창조주께 그 판결을 청하는데, 그것은 사단을 비롯해서 모든 영적 존재들도 한 분 창조주께 종속되어 있기 때문이었다.

이 논쟁을 II에 나오는 본문들 속에서 발견되는 논쟁과 결합하고자 하는 시도들이 있어 왔지만(James, *Apocrypha*, 48-49; Charles, *Assumption*, 105-7; Loewenstamm, "Death," 209-10), 그러한 시도들은 잘못된 것이다. 이 논쟁의 두 가지 판본은 서로 구별되는 두 부류의 본문들 속에 별개로 존재하고, 오직 후대의 옛 주석들(M과 N)에 의해서 결합되었으며, 그 옛 주석들 자체도 그 두 판본이 서로 구별되는 자료들 속에서 발견된다는 것을 보여 준다. 게다가, 이 두 판본에서는 마귀의 역할과 논쟁의 성격이 판이하게 다르다. 마귀는 II에 나오는 본문들에서는 모세의 죄책을 증명하고자 애씀으로써 유대 전승에 전형적인 악의적인 고소자로서의 역할을 그대로 유지하지만 다른 판본에서는 일종의 영지주의적인 데미우르고스(창조주)가 되어서 물질세계의 주인으로서의 권리를 주장하고, 마귀의 주장에 대한 미가엘의 반론도 마귀 자신도 종속되어 있는 한 분 하나님이 물질세계를 창조하셨다는 반영지주의적 단언이 되어서, 이제 이 이야기의 관심은 온통 영지주의적 이원론과의 논쟁이 되었다. 각각의 판본은 나름대로 통일적인 설명을 제시하지만 이 둘을 하나의 이야기로 통합하고자 하는 시도는 오직 앞뒤가 잘 맞지 않는 이야기를 만들어 낼 뿐이다.

모세의 시신을 놓고 벌어진 논쟁에 관한 이야기가 이 두 판본으로 존재했다면, 우리가 II에 나오는 판본을 모세의 유언의 없어진 결말이자 유다서 1:9의 자료라고 규정한 것은 과연 옳은 일이었는가? 얼핏 보면 이 단원에 나오는 본문들은 유다가 읽었던 것, 모세의 유언이라 불린 라틴어 사본에 의해서 대변되는 본문을 포함하고 있던 것은 이 논쟁의 반영지주의적 판본을 담고 있던 모세 승천기였다는 것을 말해 주는 것으로 보인다. 왜냐하면 (a) 본문 G, H, I는 유다서 1:9을 모세 승천기와 명시적으로 연결시키고 있고, (b) 본문 J는 모세의 유언의 라틴어 판본에서 발견되는 구절(1:14)을 모세 승천기(분명히 본문 K에서 인용되고 있는 것과 동일한 저작)로부터 인용하고 있기 때문이다. (a)에 대한 답변은 어렵지 않다. 알렉산드리아 교부들이 모세의 시신을 놓고 벌인 논쟁과 관련해서 모세 승천기에서 발견된 판본만을 알고 있었다면, 그들은 당연히 그 판본을 유다서 1:9과 연결시켰을 것이다 – 특히 이 두 판본은 유다가 인용하고 있는 "여호와께서 너를 책망하시기를 원하노라"는 어구를 담고 있었던 것으로 보이므로.

하지만 본문 J와 K에 나오는 인용문들은 더 심각한 난점을 안고 있다. 이 인용문들은 우리에게 현존하는 라틴어 사본에 의해서 대변되는 본문이 모세 승천기로 알려진 모세의 시신을 놓고 벌어진 논쟁의 반영지주의적 판본으로 끝이 났거나, 아니면 모세 승천기가 이전에 모세의 유언의 **개정판**으로서, 거기에는 모세의 유언 1:14을 포함한 일부 내용이 그대로 남아 있게 되었다고 추정할 것을 요구한다. (Laperrousaz, *Testament*, 60-61에서는 본문 J와 K의 증언이 나오는 니케아 공의회에 관한 Gelasius의 기사가 역사적으로 신뢰할 수 없는 것으로 널리 여겨지고 있다는 이유로 그 증언을 배척한다. 그러나 이것은 Gelasius가 이 인용문들을 모세 승천기의 것으로 돌리고 있는 것을 의심할 만한 적절한 근거가 되지 못한다.) 이 두 가지 대안 중에서 두 번째 대안이 더 낫다. 주후 1세기 초에 팔레스타인에서 씌어진 저작이 이 본문들이 모세 승천기로부터 인용하고 있는 것과 같은 이원론을 반박하는 글을 담고 있었을 것이라고 믿기는 어렵다. 모세의 시신을 놓고 벌어진 논쟁에 관한 모세 승천기의 판본을 주후 2세기에 기독교 진영에서 일어난 반영지주의적 변증에 속한 것으로 보는 것이 훨씬 더 그럴 듯하다.

물론 만약 일부 학자들의 주장처럼 유다서가 정확히 이런 종류의 영지주의적 이원론을 가르치고 있던 교사들을 반박하기 위하여 씌어진 것이라면, 유다서 1:9이 모세의 시신을 놓고 벌어진 논쟁의 이 반영지주의적 판본과 연관이 있다고 생각하는 것은 적절할 수도 있을 것이다. 하지만 실제로 유다서 속에는 유다의 대적들이 발전된 영지주의를 주창했다거나 물질세계의 주인인 데미우르고서(창조주)를 믿었다는 것을 보여 주는 증거가 없다. 만약 그들이 실제로 그랬다면, 유다가 모세 승천기에 나오는 이야기를 거론하면서, 그것을 그들의 이원론을 반박하는 논거로 활용하지 **않았다**는 것은 믿기 어려운 일이다. 유다는 자신의 변증적 목적을 위해서 오직 미가엘이 마귀에 대한 판결을 하나님께 의뢰했다는 사실에만 관심을 가졌던 것으로 보이기 때문이다.

하지만 모세 승천기에 나오는 모세의 시신을 놓고 벌어진 논쟁의 반영지주의적 판본은 다른 방식으로 유다서 1:9과 연결되어 있었을 가능성은 있다. 유다서는 발전된 영지주의에 대항하여 작성된 것이 아니었지만, 주후 2세기와 3세기에 발전된 영지주의에 대항하기 위한 목적으로 **사용되었을** 것임에 틀림없다. (알렉산드리아의 클레멘트는 유다가 카르포크라테스파[the Carpocratians]가 등장할 것을 미리 내다보고 그들을 반박하는 서신을 쓴 것이라고 생각했고, 맹인 디디무스는 유다의 대적자들을 Simon Magus의 제자들이었다고 본다.) 유다서 – 유다서를 반영지주의적 저작으로 이해하는 경우에 – 가 모세의 시신을 놓고 벌어진 논쟁을 변증적으로 사용했고, 거기에서 영감을 받은 주후 2세기의 한 그리스도인이 그 논쟁을 영지주의적 이원론을 반박하는 형태로 개작했다는 것은 사실일 가능성이 있다.

우리는 아직 아나렘시스 모세오스('Ανάληψις Μωσέως, "모세 승천기")라는 명칭에 대해서는 논의하지 않았다. II에서 살펴본 전승들이 모세의 육신이나 영혼의 승천에 대한 그 어떤 암시도 담고 있지 않다는 것은 그 전승들이 이 저작으로부터 유래하지 않았다는 것을 보여 주는 추가적인 증표로 여겨질 수 있다. 게다가 모세의 유언 중에서 현존하는 부분은 레켑티오네(receptione, 10:12)라는 단어를 제외하고는 승천을 암시하는 그 어떤 내용도 담고 있지 않는데다가, 이 단어도 "승천"을 의미하는 것으로 해석하면(아래를 보라) 이 저작의 나머지 부분과 맥이 통하지 않기 때문에(참조. 1:15; 10:14; 11:4-8), 대부분의 학자들은 이 단어를 난외주로 여겨 왔다. 다른 한편으로, 모세 승천기를 명시적으로 인용하고 있는 본문들(위에 제시된)도 마찬가지로 승천에 대해서는 침묵하고 있다. 하지만 모세 승천기를 알고 있던 알렉산드리아의 클레멘트와 오리겐은 그들이 사용한 자료들의 이름을 거론하지 않은 채로 모세의 승천에 관한 기사들을 제시한다. 이 기사들이 모세 승천기에서 나왔다는 것은 적절한 결론이다. (이 기사들은 Clement. *Strom.* 6.15.2-3; Origen, *In lib. Jesu Nave Hom.* 2:1에 나와 있다. 또한 Evodius of Uzala, *Epist. ad Aug.* 158:6과 Clement, *Strom.* 1.23.1에 나와 있는 모세의 "승천"[ἀνάληψις – 아날렘시스]에 대한 추가적인 언급을 참조하라: Denis, *Fragmenta*, 64-66에 수록된 본문들.) 이 기사들 중에는 모세가 천사들과 함께 하늘로 올라가는 것을 보았다는 것도 있고, 땅 속에 묻혔다는 것도 있다. (이 이야기에 대해서는 J. D. Purvis, "Samaritan Traditions on the Death of Moses," G. W. E. Nickelsburg(ed(s).) *Studies on the Testament of Moses*[SBLSCS 4; Cambridge, Mass.: Scholars Press, 1973] 113-14; Philo, *Mos.* 2.291; Denis, *Introduction*, 132를 참조하라. 모세의 시신의 매장과 영혼의 승천의 결합은 다른 헬레니즘 유대교의 유언서들 속에 그 유례들이 있다: 「욥의 유언」, 「아브라함의 유언」.) 그러므로 그것은 모세 승천기에 실린 모세의 시신을 놓고 벌어진 논쟁에 관한 이야기와 양립할 수 있는 그런 종류의 승천 기사이다. 따라서 우리는 알렉산드리아의 교부들에 의해서 보존된 모세의 승천에 관한 기사 단편들은 그들이 모세 승천기로 알고 있던 주후 2세기 저작으로부터 유래한 것이라고 결론을 내릴 수 있다.

이제 우리는 모세의 유언 10:12에 나오는 레켑티오네(receptione)라는 단어(morte receptionem, 이 어구는 통상적으로 morte receptione mea, "나의 죽음과 수용"으로 수정해서 읽는다)를 살펴볼 차례다. 이 단어는 일반적으로 아날렘시스(ἀνάληψις, "승천")의 역어로 해석되어 왔는데, 그런 경우에는 현존하는 모세의 유언의 라틴어 본문 속에서 발견되는 모세의 승천에 관한 유일한 암시가 된다. 라페르루사(Laperrousaz, *Testament*, 41-46)는 이 단어는 단지 통상적인 죽음을 묘사하는 것일 뿐이라고 주장하지만

(참조. *T. Mos.* 11:5: "어떤 곳이 너를 받을까[recipiet, 즉 너희 무덤이 될까]"?), 이 단어가 아날렘시스(*ἀνάληψις*)의 역어이고(Laperrousaz, *Testament*, 42 n. 3, 43를 보라), 그런 의미로 해석되어야 할 가능성은 여전히 크다. 만약 그렇다면, 이 단어는 모세의 승천에 관한 전승을 알고 있던 필사자에 의해서 첨가된 난외주일 가능성이 있다. 또는 모세의 유언을 모세 승천기로 탈바꿈시킨 개정이 그 저작의 결말부에 거의 전적으로 국한되어 있었고, 라틴어 단편에 남아 있는 부분은 이 난외주를 제외하고는 손대지 않은 채로 그대로 남아 있는 것일 가능성도 있기는 하지만(참조. Charles, *Assumption*, xlix, 44, 89), 그 가능성은 희박하다.

끝으로, 모세의 유언과 관련한 우리의 가설, 즉 그 저작은 나중에 개작되어서 모세 승천기라는 제목이 붙여졌다는 가설은 고대의 외경 목록들에 모세의 유언(*Διαθήκη Μωϋσέως* – 디아테케 모우세오스)과 모세 승천기(*'Ανάληψις Μωϋσέως* – 아날렘시스 모우세오스)라는 두 저작이 나란히 존재하게 된 이유를 설명해 준다. 이 목록들에 나오는 모세 승천기는 모세의 죽음과 승천만을 다루는 저작이었다는 찰스(Charles)의 주장은 니케포루스(Nicephorus)의 『고대 사본들의 분량에 관한 분석』(Stichometry)에서 모세 승천기의 분량에 대하여 말한 것을 토대로 하고 있지만(모세의 유언은 1,100행, 모세 승천기는 1,400행), 이것은 모세 승천기의 분량치고는 지나치게 길어 보인다. 모세 승천기가 모세의 유언의 개정판이었다면, 니케포루스의 저작에 나와 있는 모세 승천기의 분량을 좀더 쉽게 납득할 수 있다.

# 추가적인 구약의 세 가지 모형(유다서 11-13)

## 참고문헌

**Boobyer, G. H.** "The Verbs in Jude 11." *NTS* 5(1958-59) 45-47. **Jones, H. S.** "*ΣΠΙΛΑΣ. - ΑΠΑΡΧΗ ΠΝΕΥΜΑΤΟΣ.*" *JTS* 23(1922) 282-83. **Knox, A. D.** "*ΣΠΙΛΑΔΕΣ.*" *JTS* 14(1913) 547-49. **Knox, A. D.** "*Σπιλάς.*" *JTS* 16(1915) 78. **Oleson, J. P.** "An Echo of Hesiod's *Theogony* vv. 190-2 in Jude 13." *NTS* 25(1978-79) 492-503. **Reicke, B.** *Diakonie*, 352-67. **Spicq, C.** *Agape*, 368-72. **Spicq, C.** *Notes de Lexicographie Néo-Testamentaire*. vol. 2. OBO 22/2. Fribourg: Editions Universitaires/Göttingen: Vandenhoeck & Ruprecht, 1978. 809-11. **Vermes, G.** "The story of Balaam - The scriptural origin of Haggadah." *Scripture and Tradition in Judaism: Haggadic studies*. SPB 4. Leiden: E. J. Brill, 1961. 127-77. **Vermes, G.** "The Targumic Versions of Genesis 4:3-16." *Post-Biblical Jewish Studies*. SJLA 8. Leiden: E. J. Brill, 1975. 92-126.

## 본 문

| | |
|---|---|
| **11** 화 있을찐저 이 사람들이여, 가인의 길에 행하였으며 삯을 위하여 발람의 어그러진 길로 몰려갔으며 고라의 패역을 좇아 멸망을 받았도다 | **11** Woe to them! For they walked[a] in the way[b] of Cain, they plunged[a] into Balaam's error for profit, and through the controversy of Korah they perished. |
| **12** 저희는 기탄없이 너희와 함께 먹으니 너희 애찬의 암초요 자기 몸만 기르는 목자요 바람에 불려가는 물없는 구름이요 죽고 또 죽어 뿌리까지 뽑힌 열매 없는 가을 나무요 | **12** These are the people[c] who feast with you at your fellowship meals,[d] without reverence, like dangerous reefs. They are shepherds who only look after themselves. They are clouds blown along by the wind without giving rain; autumnal trees bearing no fruit, dead twice over, uprooted; |
| **13** 자기의 수치의 거품을 뿜는 바다의 거친 물결이요 영원히 예비된 캄캄한 흑암에 돌아갈 유리하는 별들이라 | **13** wild waves of the sea casting up the foam of their abominations; wandering stars for whom the nether gloom of darkness has been reserved for ever. |

## 원문주해

a. 이 동사들의 번역에 대해서는 해당 "주석"을 보라.

b. 이 표현에 나오는 여격으로 된 호도(*ὁδῷ*)에 대해서는 행 14:16; *Herm. Man.* 6:1:2; BDF § 198, 5를 참조하라.

c. ℵ K 등과 같은 사본들에는 호이(*οἱ*)가 생략되어 있는데, 이는 그 사본들이 이 관사를 여성인 스필라데스(*σπιλάδες*, "암초")와 연결시켰기 때문일 가능성이 높다. 하지만 사실 이 관사는 스필라데스(*σπιλάδες*)와 동격 관계에 있는 쉰유오쿠메노이(*συνευωχού-μενοι*, "너희와 함께 먹으니")에 걸린다.

d. A에서는 아가파이스 휘몬(*ἀγάπαις ὑμῶν*, "너희 애찬")을 아파타이스 아우톤(*ἀπάταις αὐτῶν*, "그들의 속임들")으로 읽는다: 이것은 거짓 교사들이 애찬에 참여하는 것이 너무나 거리끼는 것으로 보였기 때문에 생긴 수정이다(참조. 벧후 2:13).

## 양식/구조/배경

유다서 1:11은 화(禍) 선언문(woe oracle)인데, 이것은 지혜 문학에서 기원했지만 구약의 예언서들에서 아주 자주 사용되었고, 구약에서는 거의 전적으로 예언서들에만 나오는 담화 양식이다(D. E. Garland는 *The Intention of Matthew 23*[NovT-Sup 52; Leiden: E. J. Brill, 1979] 72-80에 구약의 화 선언문들에 대한 최근의 연구를 쓸모 있게 개관해 놓고 있다). 화 선언문은 여러 목적들에 따라서 개작될 수 있는 유연한 양식이었지만, 구약 안에서 및 그 이후에(그것은 여전히 일차적으로 비탄의 목적으로 사용될 수 있었지만: "슬프도다!": 참조. 마 24:19; *Gos. Pet.* 7) 점점 더 저주를 기원하는 성격이 짙어져서 죄인들에 대하여 예언적으로 심판을 선언하는 양식이 되었다. 예를 들면, 이것은 에녹1서 92-105장에 나오는 상당히 많은 수의 화 선언문들의 기능이다(이것에 대해서는 G. W. E. Nickelsburg, "The apocalyptic message of *1 Enoch* 92-105," *CBQ* 39[1977] 309-28; R. A. Coughenour, "The Woe-Oracles in Ethiopic Enoch," *JSJ* 9[1978] 192-97를 보라). 하지만 거기서조차도 죄인들의 운명에 대한 슬픔과 탄식의 뉘앙스는 배제되지 않는다(*1 Enoch* 95:1).

화 선언문 양식은 다양하게 존재한다. 에녹1서(또한 Jdt 16:17; Sir 41:8-9)에 나오는 화 선언문들은 다음과 같은 패턴을 따른다: (1) "화 있을진저"("네게"라는 2인칭으로 된 부름말이 자주 함께 나옴), (2) 악인들의 죄들에 대한 구체적인 적시(摘示), (3) 심판의 선언. 그러나 화 선언문들 중에는 (3)이 없는 것도 있고(눅 11:42-44), 아주 드물기는 하지만 (2)가 없는 것도 있다(*Barn.* 6:2). 유다서에서처럼 흔히 탄식의 원인을 구체적으로 제시하기 위해서 호티(ὅτι) 절이 사용되지만, 그 절에서 제시되는 것은 죄에 관한 것일 수도 있고(눅 11:42-44, 46-47, 52), 다가올 심판에 관한 것일 수도 있다(눅 6:25; *1 Enoch* 99:16). 유다는 호티(ὅτι) 다음의 세 개의 절에서 구약의 모형들에 대한 언급을 통해서 죄들과 그 죄들로 인한 심판을 **둘 다** 구체적으로 제시한다. 유다가 사용한 "화 있을진저 **이 사람들이여**"라는 표현은 매우 이례적이다(참조. 호 7:13 LXX). 왜냐하면 좀더 통상적인 양식은 비인칭적인 표현("…인 자들에게 화 있을진저") 또는 직접적인 부름말("네게 화 있을진저")이기 때문이다. 그러나 그것은 유다서의 맥락과 목적에 의해서 결정된 것이다.

화 선언문의 사용은 화자 또는 기자 편에서의 예언자적 인식, 즉 유다가 자기 자신을 하나님의 심판을 선포할 권한을 지닌 자로 인식했음을 보여 주는 것이다(Nickelsburg, "Apocalyptic message," 317). 11절의 예언적 성격은 셈어에서의 "예언적 완료" 용법을 보여 주는 세 개의 부정과거 동사들의 사용에 의해서 확증된다. 이것은 유다 자신이 여기에서 예언의 말씀을 전하고 있다는 것을 의미하거나, 그가 초기 기독교 예언자가 전한 기존의 예언의 말씀을 인용하고 있다는 것을 의미한다(Ellis, "Jude," 224에서 주장하듯이). 이 두 가지 중에서 어느 쪽이라고 단언하기는 거의 불가능하다. 유다는 그의 첫 번째 묶음의 모형들(5-7절)을 전승에 나와 있는 목록에 의거해서 인용한 것과 마찬가지로, 두 번째 묶음도 이미 잘 알려져 있던 예언의 말씀에 의거해서 인용한 것일 수 있다. 한 랍비의 본문(*t. Soṭa* 4:9, Vermes, "Balaam," 134에서 재인용)은 가인, 고라, 발람을 한 무리의 악명 높은 죄인들로 열거하지만 이것은 그들이 기존의 유대 전승 속에서 잘 알려져 있던 하나의 묶음이었다는 것을 보여 주는 충분한 증거가 되지는 못한다. 하지만 적어도 발람과 고라의 경우에서 유다는 교회의 거짓 교사들과 관련하여 이 모형들을 사용한 유일한 초기 그리스도인은 아니었기 때문에(발람: 계 2:14; 고라: 거짓 교사들에 대한 적용이 신 16:5을 인용한 딤후 2:19; *1 Clem* 51:3-4에 함축되어 있다. 또한 "주석"에서 제시된 고라에 대한 유대교의 증거들을 참조하라), 그것은 유다가 사용한 것이 초대 교회에서 잘 알려져 있던(그리고 5절에 의하면, 유다서의 독자들에게도 알려져 있던) 기독교적인 예언적 가르침의 한 단편이었을 가능성을 높여 준다. 다른 한편으로, 유다는 기존의 모형론을 가져와서 사용하긴 했지만, 그것을 화 선언문의 양식으로 변형시켰을 가능성도 없지 않다.

어느 경우든 11절은 여기서 구약의 본문에 해당하는 것이고, 이것을 유다는 12-

13절(16절과 19절에서처럼 후토이 에이신[οὗτοί εἰσιν]으로 시작되는)에서 거짓 교사들에게 적용한다. 이것은 유다서의 "본문"이 거짓 교사들을 직접적으로 가리키는 것으로 보이는 유일한 예이지만, 그것은 그들이 모형들에 합치한다고 말한다는 점에서만 그렇다. 그들이 이 모형들에 합치한다는 것을 보이기 위해서 거짓 교사들의 잘못들을 실제로 서술하고 있는 것은 12-13절이다. 그러므로 그 패턴은 8-10절에서 첫 번째의 세 가지 모형을 해설할 때와 동일하다. 그 해설 속에서 추가적인 본문(9절)이 도입되었던 것과 마찬가지로, 12-13절은 다른 본문들에 대한 간접 인용들을 담고 있다(겔 34:2; 잠 25:14; 사 57:20; *1 Enoch* 80:6). 원래의 "본문"과 그 해설은 플라네(*πλάνη*, "어그러진 길로", 11절)/플라네타이(*πλανῆται*, "유리하는", 13절)라는 표제어에 의해서 연결되어 있다. 끝으로, 8-10절의 해설이 거짓 교사들에 대한 심판을 도출해내는 것으로 끝났듯이, 12-13절의 해설도 마찬가지다.

은유들의 주목할 만한 누적적 사용(모두 합해서 여섯 번)은 유대 문헌에서 이례적인 일이긴 하지만 Wis 5:9-12, 14; *Ep.* Jer; 70-71; 1QH 3:6-7에 나오는 일련의 직유들, 1QH 5:6-8에 나오는 기자의 원수들에 대한 일련의 은유들, 4 Macc 7:1-5; 야고보서 3:2-8에서 사용되고 있는 누적적인 이미지들을 참조하라.

유다서의 은유들 중에서 마지막 네 개는 자연 현상으로부터 가져온 한 묶음으로 된 네 가지 이미지들로 구성되어 있는데, 이것들은 에녹1서 2:1-5:4; 80:2-8로부터 영감을 받은 것으로 보이고, 세계의 네 지역을 나타내기 위해서 사용된 것 같다(해당 "주석"을 보라). 유다서의 많은 부분과 마찬가지로, 이 절들도 주의 깊게 구성되어 있고, 심판의 이미지에서 절정에 달하는 누적적인 이미지들은 수사학적으로 효과적이다.

## 주석

11 이 두 번째 묶음의 모형들(11절) 및 그 해설(12-13절)은 첫 번째 묶음의 모형들(5-7절) 및 그 해설(8-10절)과 무엇이 다른가? 대부분의 주석자들은 유다가 다양한 예화들을 사용하지만 대체로 그의 고소들을 반복하는 것이라고 추정한다. 유다는 거짓 교사들을 세 부류의 악명 높은 죄인들과 비교한 후에, 여기서는 이제 구약에 나오는 세 명의 악명 높은 죄인들과 비교한다. 하지만 좀더 자세하게 살펴보면 유다의 좀더 세밀한 목적이 드러난다. 그는 5-10절에서는 거짓 교사들을 단지 죄인들로 묘사했던 반면에, 11-13절에서는 그들을 다른 사람들을 죄로 이끄는 거짓

**교사**들로 묘사한다. 이러한 해석은 11-13절의 단락에 통일적인 주제를 부여해 주고, 12-13절을 단순히 서로 느슨하게 연결된 일련의 탄핵들이 아니라, 11절의 세 가지 모형을 거짓 교사들에 적용하는 것으로 볼 수 있게 해준다.

그러므로 유다의 대적자들을 거짓 **교사**들로 여기는 것이 정당하다는 것을 보여 주는 것은 주로 이 단락이다. 그들은 단순히 음행을 범한 교회의 지체들이었던 것이 아니라(Chase, *DB*(H): 2, 804; Plummer, 390), 의심할 여지없이 그들이 본 환상들의 권위를 의지해서(8절) 율법 폐기론을 **가르쳐서** 다른 그리스도인들을 죄로 유혹한 자들이었다(계 2:14, 20에 나오는 "발람"과 여선지 "이세벨"의 가르침을 참조하라).

"가인의 길에 행했으며"(*τῇ ὁδῷ τοῦ Κάϊν ἐπορεύθησαν* – 테 호도 투 카인 에포류데산). 성경 이후 시대의 유대 전승 속에서 가인은 단지 최초의 살인자가 아니라, 죄인의 전형(archetype)이자 다른 사람들을 가르쳐서 죄를 범하게 만든 자로 인식되었다. 일부 저술가들은 가인을 형제에 대한 증오와 시기의 원형(prototype)으로 보았다(*T. Benj.* 7:5; 요일 3:11; *1 Clem* 4:7). 요세푸스(Josephus, *Ant.* 1.52-56)는 가인을 탐욕과 폭력과 정욕의 죄를 범하여 인류를 크게 타락시킨 자로 묘사했다("그는 그가 만난 모든 사람들을 부추겨서 사치와 약탈을 일삼게 했고, 그들을 가르쳐서 악한 일들을 행하게 만드는 자가 되었다": 1.61, Loeb tr.). 필로(Philo)에게 있어서 가인은 이기주의자의 전형(*Det.* 32, 78)이자 다른 사람들을 죄의 길로 이끄는 인도자(*Post* 38-39)였다. 이러한 특징들 중 몇 가지, 그러나 특히 다른 사람들을 죄로 유인하는 역할로 인해서 가인은 유다의 대적자들의 모형이 되기에 적절했다.

하지만 아울러 유다는 가인을 최초의 이단으로 묘사한 탈굼들(Targums)에 나오는 전승도 염두에 두었을 가능성이 있다. 옹켈로스(Onqelos)를 제외한 모든 탈굼들은 창세기 4:8에서 성경 본문을 해설하는 학가다식의 확장된 내용을 포함하고 있는데, 그 해설에 의하면 가인은 하나님의 의에 관한 논쟁을 벌이다가 아벨을 죽인 것으로 되어 있다(Vermes, "Targumic Versions"; P. Grelot, "Les Targums du Pentateuque: Etude comparative d'après *Genèse*, IV, 3-16," *Sem.* 9[1959] 59-88를 보라). 이 논쟁은 두 단계로 되어 있다(*Frg. Tg.*에서는 이것을 두 형제간의 한 차례의 의견 교환으로 결합해 놓고 있지만). 첫 번째 단계에서 가인은 하나님이 아벨의 제사는 받으시고 가인의 제사를 거부하신 것은 부당하고 불의하다고 불평하면서, 그것은 하나님이 세상을 의롭게 다스리고 있지 않다는 것을 보여 주는 것이라고 주장한다. 아벨은 세상은 의롭게 다스려지고 있고, 자신의 제사가 받아들여진 것은 자신의 행위가 의로웠기 때문이라고 대답한다. 팔레스타인 탈굼의 게니자 단편(Geniza fragment)에는 오직 이 첫 번째 단계만이 나와 있지만, 위(僞)조나단(Pseudo-Jonathan)과 네오피티(Neofiti)의 탈굼들에는 이 논쟁의 두 번째 단계가 나와 있는데, 거기서 가인은 장래의 삶 속에 정의가 존재할 것임을 부정한다. 가인은 이렇게 말한다: "심판도 없고, 심판자도 없으며, 내세도 없고, 의인에 대한 선한 상과 악인에 대한 벌도 없다"(*Tg. Ps.-J.*, *Neof.*, 참조. *Frg.*; tr. in Vermes, "Targumic Versions," 97-99). 이 말에 대하여 아벨은 이렇게 대답한다: "심판도 있고, 심판자도 있으며, 내세도 있다. 의인에 대한 선한 상과 악인에 대한 벌도 있다"(*Tg(s) Ps.-J.*, *Neof.*, 참조. *Frg.*; tr. in Vermes, "Targumic Versions," 97, 99; Tg. *Neof.*은 "내세에는"이라는 어구가 추가되어 있다). 특히 이 논쟁의 두 번째 단계에서 가인은 단지 악인으로만이 아니라 최초의 이단으로 묘사된다: 그는 하나님의 의와 장래의 심판의 존재에 관한 신앙적 회의론에 빠져서 악행에 탐닉한 자다.

이 전승의 연대를 설정하는 문제와 관련해서는 세심한 주의를 기울일 필요가 있다. 아마도 이 논쟁의 두 번째 단계는 첫 번째 단계보다 나중에 발전된 것일 가능성이 높지만, 그래도 그 시기는 여전히 주후 1세기 초일 것이다(Vermes, "Targumic Versions," 116; 그러나 이것이 장래의 삶을 부정하는 사두개인들에 대한 변증을 반영하고 있다는 S. Isenberg, "An Anti-Sadducee Polemic in the Palestinian Targum Tradition," *HTR* 63[1970] 433-44의 논증은 연대와 관련한 결정적인 증거가 되지 못한다). 이 전승이 유다와 그의 독자들에게 친숙했다면, 가인에 대한 언급은 장래의 심판에 대한 부정을 악행의 핑계거리로 삼는 자를 연상시켰을 것이다. 따라서 유다서에 나오는 이단들은 그들의 음행에서만이 아니라, 하나님이 그들의 음행을 벌하실 장래의 심판이 없다고 가르친 그들의 신앙적 가르침과 관련해서도 가인의 추종자들이었을 것이다. 이것이 그들의 가르침의 일부였다는 말이 명시적으로 나오지는 않지만, 그들이 그렇게 가르쳤다는 것은 일리가 있는 추론인 것으로 보인다: 율법으로부터의 그들의 자유는 장래의 그 어떤 심판으로부터도 면제된다는 의미를 수반하는 것이었다.

"가인의 길에 행했으며"라는 어구의 의미는 그들이 가인의 죄를 모방함으로써 그의 발자취를 따랐다는 의미일 것이다. (이 표현에 대해서는 LXX 3 Kgdms 15:26: *ἐπορεύθη ἐν ὁδῷ τοῦ πατρὸς αὐτοῦ* – 에포류데 엔 호도 투 파트로스 아우투, "그 조상의 길로 행했다"; 15:34; 16:2, 19, 26; 4 Kgdms 8:18, 27; 16:3; 대하 11:17; 21:6; 겔 23:31을 참조하라. 이 모든 경우들에서 그것은 어떤 사람의 도덕적 모범을 따른다는 것을 의미한다. 포류에스다이[*πορεύεσθαι*, "행하다"]는 유대 헬라어에서 흔히 행실 또는 생활 방식을 가리킨다.) 하지만 부바이어(Boobyer, *NTS* 5 [1958-59] 45-47)는 이 문장에 나오는 세 동사는 모두 동의어로서 거짓 교사들이 그들의 죄로 인하여 초래한 멸망을 가리킨다고 주장한다. 그러므로 포류에스다이(*πορεύεσθα*)는 죽음을 뜻하는 완곡한 표현으로 사용된 것으로서(참조. LXX 3 Kgdms 2:2: *πορεύομαι ἐν ὁδῷ πάσης τῆς γῆς* – 포류오마이 엔 호도 파세스 테스 게스; 대하 21:20; 눅 22:22) 아폴론토(*ἀπώλοντο*, "그들이 멸망했다")와 동일한 의미가 된다고 보고, 부바이어는 이 구절을 "그들이 가인의 길에서 죽음으로 가고 있다"고 번역한다. 그러나 (1) 이것은 이 구절의 가장 자연스러운 의미가 아니고(Kelly, 269), (2) 가인은 종종 심판의 본보기로 사용되긴 했지만(*T. Benj.* 7:5; 참조. Wis 10:3; *Jub.* 4:31), 그 강조점은 흔히 그의 형벌의 완화에 두어졌기 때문에(창 4:13-15; Josephus, *Ant.* 1.58; *Tg(s)* Gen. 4:13, 24), 그는 심판의 본보기로서는 별로 적절하지 않은 인물이었다. 따라서 유다가 이 표현을 선택한 것은 가인의 길을 따라가면 가인이 맞은 운명으로 이어지게 될 것이라는 암시를 내포하고 있을 가능성이 있기는 하지만 부바이어의 주장을 배척하는 것이 최선인 것으로 보인다.

"삯을 위하여 발람의 어그러진 길로 몰려갔으며"(*τῇ πλάνῃ τοῦ Βαλαὰμ μισθοῦ ἐξεχύθησαν* – 테 플라네 투 발라암 미스두 엑세퀴데산). 여기서 발람에 대한 유다의 언급도 역시 성경 이후 시대의 유대교에서 발전된 발람에 관한 전승들에 의존하고 있는데(이것에 대해서는 Vermes, "Balaam"; Ginzberg, *Legends* 3, 354-82를 보라), 거기서 발람은 거의 언제나 나쁜 쪽으로 하나님의 백성의 큰 원수들 중의 하나인 "악당 발람"으로 묘사되었다. 발람의 제자들은 아브라함의 제자들과 대비된다(*Pirqe 'Abot* 5:22, 발람의 제자들은 "악한 눈, 탐욕스러운 심령, 거만한 영혼"을 지니고서 "게헨나로 내려간다").

성경의 기사에 의하면 발람은 돈을 받고서 이스라엘을 저주해 달라는 부탁을 거절한 것으로 나오지만(민 22:18; 24:13; 그러나 참조. 신 23:4; 느 13:2), 유대 전승의 석의(釋義)에서는 발락이 그에게 큰 상을 약속하자 탐욕 때문에 그 제안을 받아들인 것으로 묘사되었다(*Tgs* Num 22:7; Philo, *Mos.* 1.266-68; *Mig.* 114; [*Abot R. Nat.* 1.29; *Num. Rab.* 20:10). 물론 발람은 이스라엘을 저주하는 데 실패했지만, 학가다 전승에 의하면 그 실패를 만회하기 위해서 발락에게 이스라엘을 범죄하도록 유혹하라고 조언했다고 한다(참조. 민 31:16). 위(僞)필로의 판본을 보면 발람의 조언은 이런 것이었다: "너희와 미디안 족속 중에서 가장 아름다운 여인들을 골라서 그 여인들을 금과 보석으로 단장시킨 후에 그들 앞에 벌거벗은 채로 두어라. 그들은 그 여인들을 보고서 그들의 하나님 여호와를 거슬러 범죄하여 너희의 수중에 떨어지게 될 것이다. 너희는 다른 방식으로는 그들을 이길 수 없다"(*Bib. Ant.* 18:13; 참조. *Tg. Ps.-J.* Num 24:14, 25; 31:8; Philo, *Mos.* 1.295-300; Josephus, *Ant.* 4.126-30; *y. Sanh.* 10.28d; 참조. 계 2:14). 이렇게 해서 발람은 민수기 25:1-3에 기록된 이스라엘의 배교와 그 결과로 일어난 24,000명의 이스라엘 백성의 죽음을 초래한 하나님의 심판에 책임이 있는 것으로 여겨졌다(민 25:9; 또한 이러한 해석을 생겨나게 한 민 31:16을 참조하라). 이스라엘 백성이 발람을 죽일 때 발람이 미디안의 왕들과 함께 있었다는 사실(민 31:8; 수 13:21-22)은 석의 전승 속에서 발람이 그의 성공적인 조언에 대한 상을 가지러 돌아온 것으로 설명되었다: "발람이 거기에 무슨 일이 있었느냐? 랍비 요나단(R. Jonathan)이 말했다: 그는 24,000명의 이스라엘 백성을 멸망시킨 자신의 공로에 대한 상을 받기 위해서 온 것이었다"(*b. Sanh.* 106a, Soncino tr.; 참조. *Num. Rab.* 20:20; 22:5; Sipra *Numbers* 137).

유대 전승은 이런 식으로 성경의 기사의 몇몇 측면들을 부각시키고 발전시킴으로써(특히 민 31:16), 발람을 상을 위해서 이스라엘을 타락과 우상 숭배로 이끈 탐욕스러운 자로 주로 기억했다. 유다의 대적자들과의 평행은 그들도 발람처럼 하나님의 백성을 유혹하여 음행으로 이끌었고(우상 숭배는 계 2:14에는 언급되어 있지만 유다서에는 나오지 않는다), 그들의 가르침에 대한 금전적인 대가를 받기 위해서 그렇게 했다는 것이 될 것이다. 또한 발람이 어떤 의미에서 꿈과 환상을 통해서 계시를 받았던 선지자였다는 것도 서로 연관이 있었을 것이다. 종종 유대인 석의자들은 발람이 참 선지자였다가 점쟁이나 해몽가로 전락했다고 보았다(*b. Sanh.* 106a; 참조. *Tgs* Num 22:5; *Bib. Ant.* 18:2; *Num. Rab.* 20:7).

"삯을 위하여 발람의 어그러진 길로 몰려갔으며"(*τῇ πλάνῃ τοῦ Βαλαὰμ μισθοῦ ἐξεχύθησαν* – 테 플라네 투 발라암 미스두 엑세퀴데산)라는 어구의 정확한 의미는 결정하기가 쉽지 않다. 부바이어(Boobyer)는 여기서도 또다시 이 동사를 아폴론토(*ἀπώλοντο*, "멸망을 받았도다")와 동의어로 보고서 "그들은 발람의 어그러진 길 속에서 난파했다"로 번역하지만(참조. RV의 난외주: "그들은 발람의 어그러진 길로 말미암아 난파했다"), 이 동사의 이러한 용법과 관련하여 그가 드는 평행들은 별로 설득력이 없다. 다른 한편으로, 이 동사(엑케인[*ἐκχεῖν*] 또는 엑퀴네인[*ἐκχύ-*

νειν, "다 쏟다, 붓다"]의 수동형)는 종종 좀더 통상적인 에이스(εἰς) 대신에 여격과 함께 "…에 자신을 내던지다" 또는 "…속으로 뛰어들다"라는 의미로 사용될 수 있다(Mayor와 BAG s.v.에 나오는 예들). 이 경우에 플라네(πλάνη, "어그러진 길로"; εἰς πλάνην - 에이스 플라넨과 같은 의미)는 거짓 교사들이 뛰어든 곳이 될 것이다.

이 동사는 음행과 관련하여 사용되기에 적절하고(참조. *T. Reub.* 1:6), 유대 전승은 종종 발람을 이런 죄로 고소했지만(자기 나귀와의 수간: *Tg. Ps.-J.* Num 22:30), 이 의미는 여기서 미스두(μισθοῦ, "삯을 위하여")로 인해서 배제된다. 거짓 교사들은 금전적인 이득을 위해서 성적 방종에 자신을 내맡겼다고 할 수 없기 때문이다. 아마도 유다는 유대교의 석의에서 발견되는 개념, 즉 발람이 상 또는 보수에 유혹되어서 큰 열심을 가지고 이스라엘을 저주하기 위해 급히 서둘러 간 것을 염두에 두었을 가능성이 높다(민 22:21을 해석하고 있는 *Num. Rab.* 20:12; *b. Sanh.* 105b). 그리고 이 이야기를 전체적으로 압축해서 보면, 이것은 발람이 이스라엘을 음행으로 이끌기 위한 조언을 해주는 일을 서둘렀다는 것을 의미할 수도 있다. 마찬가지로, 거짓 교사들은 돈에 대한 탐욕 때문에 발람의 길로 몰려갔다.

아울러, 유다는 발람의 이 어그러진 길로 뛰어드는 것은 멸망으로 뛰어드는 것임을 암시하고자 했을 가능성도 아주 농후하다. 왜냐하면 유대교의 석의가 민수기 22:21에서 발견한 발람의 열심은 그 앞 절에 나오는 하나님의 말씀과 연결되어 있기 때문이다. 그 절은 발람이 너무나 가고 싶어 했기 때문에 하나님이 그로 하여금 그가 하고 싶은 대로 하게 하셨지만, 사실 그것은 그를 멸망의 길로 보낸 것이었다는 것을 의미하는 것으로 이해되었다("악당아! 나는 악인이 멸망하는 것을 원하지 않지만, 네가 가서 멸망하여 세상에서 사라지기를 너무도 원하니, 일어나 가라!"; *Num. Rab.* 20:12, Soncino tr.; 참조. *Bib. Ant.* 18:8). 이와 동일한 해석은 민수기 22:35에 주어졌다(Philo, *Mos.* 1.274; *Num. Rab.* 20:15; 참조. Ginzberg, *Legends*, 3, 367).

발람의 "어그러진 길"(플라네[πλάνη]는 직역하면 올바른 길에서 벗어나 "방황하는 것"을 의미한다)은 일차적으로 그가 이스라엘을 범죄로 이끌기 위해서 발락에게 해주었던 조언을 가리키는 것임에 틀림없다. 발람은 이 조언을 해주고 보수를 받았다. 그러므로 플라네(πλάνη)는 능동의 의미로 해석되어야 한다(마 27:64; 살후 2:11에서처럼): 그가 다른 사람들을 어그러진 길로 이끈 것. 그러나 수동의 의미를 배제할 필요는 없다: 그는 다른 사람들을 어그러진 길로 이끌면서 스스로도 어그러진 길로 갔다(참조. *πλανῆται* – 플라네타이, "유리하는" 별들, 13절: 거짓 교사들은 제자리를 벗어나 방황하는 별들이다; 딤후 3:13). 또한 심판에 관한 암시도 있을 수 있다. 참조. *Num. Rab.* 20:9: "발람은 무대에 등장해서 인류를 어그러진 길로 이끌어 음탕함에 빠지게 했다. 그는 다른 사람들을 어그러진 길로 이끌었듯이, 스스로도 어그러진 길로 이끌렸다. 그가 준 모략으로 말미암아 그는 스스로도 걸려 넘어졌다. 찬송 받으실 거룩하신 이가 그를 어그러진 길로 이끄셨다. 왜냐하면 성경에 기록된바 '그는 나라들을 어그러진 길로 가게 하여 멸하시는'(욥 12:23) 분이시기 때문이다"(Soncino tr.).

거짓 교사들은 율법 폐기론적인 가르침을 베풀고서는 보수를 받았다(*μισθοῦ* – 미스두, 참조. Philo, *Mig.* 114: *ἐπὶ μισθῷ* – 에피 미스도, 이것은 모압 사람들이 발람을 "돈 주고 고용했다"는 사실을 가리킨다; LXX 신 23:5; 느 13:2: *ἐμισθώσαντο* – 에미스도산토). 초기 교회에서 교회의 접대와 후원을 받을 순회 선교사 또는 선지자의 권리(고전 9:4; *Did.* 13:1)는 악용되기가 너무나 쉬웠다(롬 16:18; 딤전 6:5; 딛 1:11; *Did.* 11:5-6, 12). 그런 까닭에, 신약에서는 교회의 지도자들이 그들의 사역을 통해서 이득을 취하고자 했다는 구설수에 오르지 않도록 보호하고자 하는 관심이 자주 엿보인다(참조. 행 20:33-34; 살전 2:9; 살후 3:8; 딤전 3:3, 8; 딛 1:7; 벧전 5:2; *Did.* 15:1; Pol. *Phil.* 5:2).

"고라의 패역을 좇아 멸망을 받았도다"(*τῇ ἀντιλογίᾳ τοῦ Κόρε ἀπώλοντο*, 테 안티로기아 투 코레 아폴론토). 다단 및 아비람과 함께 모세와 아론의 권위에 대적하는 반란을 이끌었던 고라(민 16:1-35; 26:9-10; 참조. 시 106:16-18; Sir 45:18-19)는 유대 전승에서 악명 높은 인물이었다. 그는 율법 폐기론적인 이단의 전형적인 모범이 되었다. 이것은 부분적으로는 위(僞)필로(Pseudo-Philo, *Bib. Ant.* 16:1-2)와 위(僞)요나단 탈굼(*Tg. Pseudo-Jonathan*, 민 16:1-2)에 의해서 대변되는 유대의 석의 전승이 민수기 16장의 성경 본문에 이미 나오는 내용에 추가해서, 고라의 반역을 바로 직전에 나오는 술 장식(fringes)과 관련한 법에 관한 기사(민 15:37-41)와 연결시켜서 해석했기 때문이었다. 고라와 그의 일당들은 그것이 도저히 용납할 수 없는 법이라고 불평했다(*Bib. Ant.* 16:1). 그들은 그 법을 위반하여 "여호와께서 명하지 않으셨던 완전히 푸른 솔 장식이 달린 옷들을 만들었다"(*Tg. Ps.-J.* Num 16:2; 참조. *Num. Rab.* 18:3). 고라는 모세가 토라에 자기가 생각해 낸 것들을 덧붙였다고 비난했다(*Num. Rab.* 18:3, 12). 나중에 랍비 전승은 하나님은 오직 십계명만을 주셨다고 주장하는 최소주의(Minim) 이단이 고라에게서 기원했다고 말하고, 고라가 "토라는 하늘로부터 온 것이 아니다"라고 주장한 것으로 묘사했다(Vermes, "Decalogue," 173; 참조. Ginzberg, *Legends*, 6, 100-101).

또한 우리가 주목해야 할 것은 탈굼들(*Neof.* Num 16:1; 26:9; *Ps.-J.* Num. 26:9)은 고라와 다단과 아비람이 "분열을 조장했다"(직역하면 "나누었다", פלג - 팔라그; 아마도 참조. 4QpNah 4:1)고 말하고 있다는 것이다. 그들을 이렇게 분파주의자로 규정하는 것은 클레멘트1서 51:1-4에도 반영되어 있는데, 거기서는 "스스로 반역과 알력(*στάσεως καὶ διχοστασίας* - 스타세오스 카이 디코스타시아스)의 지도자들로 선" 자들을 모세를 대적하여 반역한(*στασιαζόντων* - 스타시아존톤) 고라 및 그 일당과 비교한다(또한 참조. *1 Clem* 4:12). 고라가 다단, 아비람 등과 함께 다른 사람들을 반역하도록 선동한 책임이 있다는 민수기 16:1의 뉘앙스는 그 본문에 나오는 "당을 지었다"는 어구를 고라가 "달변으로 사람들의 마음을 사로잡았다"는 것을 의미하는 것으로 해석한 *Num. Rab.* 18:2에 의해서 강화된다(참조. Josephus, *Ant.* 4.15-21). 그러므로 고라는 이단적인 교사들의 자연스러운 모형이었고, 디모데후서 2:19(*1 Clem* 51:1-4와 더불어서)은 유다가 이 모형을 교회 내의 거짓 교사들에게 적용한 유일한 초기 기독교 저술가가 아니었다는 것을 보여 준다. 디모데후서 2:19에 나오는 언급이 간접 인용(민 16:5의 간접 인용)으로서의 성격을 지니고 있다는 것은 이 전승이 이미 잘 정립되어 있었음을 보여 준다.

유다가 고라를 거짓 교사들의 모형으로 사용한 것은 흔히 그가 그들을 교회의 권위들에 대적하여 반역하고 있다고 고소하고 있음을 보여 주는 것이라고 생각되어 왔지만(Zahn, *Introduction*, 244-45; Werdermann, *Irrlehrer*, 58; Bigg, Windisch, Barnett, Kelly, Reicke), 반드시 그런 것은 아니다. 고라의 반역은 모세와 아론에 대한 것임과 마찬가지로 하나님에 대한 것이었고(민 16:11; 26:9), 유다는 이와 같은 맥락 속에서 모세를 율법을 대표하는 인물로 보았을 것이다. 유다에게 있어서 고라가 진정으로 의미하는 것은 율법의 신적 권위를 부정한 자라는 것이었을 것이다.

고라의 반역과 관련해서 유다는 스타시스(*στάσις*, "선동"; *1 Clem* 51:1, 3; Josephus, *Ant.* 4.12-13에서처럼) 또는 에피쉬스타시스(*ἐπισύστασις*, "폭동"; LXX 민 26:9에서처럼)가 아니라, 안티로기아(*ἀντιλογία*, "다툼"; *Prot. Jas.* 9:2에서 고라의 반역에 대하여 사용된 단어; 칠십인경에서는 민 20:13; 27:14; 신 32:51; 33:8; 신 80:8; 105:32에서 므리바를 번역하는 데 이 단어를 사용함)를 사용한다. 안티로기아(*ἀντιλογία*)는 확장된 의미로서 행위를 통한 반대를 가리킬 수 있지만(Moulton and Milligan, *Vocabulary*, *s.v.*), 이 단어의 어근과 통상적인 의미는 **말에**

**의한** 반대와 시비와 분쟁이다. 고라를 모세에 대하여 이의를 제기하고 율법 폐기론적인 견해들을 제시한 이단적인 지도자로 보는 것은 적절하다(참조. *Pirqe ʾAbot* 5:22: "고라의 다툼[מחלקת]").

우리는 유다가 가인과 발람의 경우에는 비록 그들에 대한 심판도 암시하긴 했을 것이지만 일차적으로 그들이 범한 죄들을 언급했다는 것을 살펴본 바 있다. 하지만 고라의 경우에는 유다는 고라에 대한 심판을 명시적으로 언급한다. 이것은 유다가 고라를 세 사람 중에서 가장 흉악무도한 죄인으로 보았기 때문일 가능성은 없어 보이고(Boobyer가 올바르게 지적했듯이), 고라의 운명이 그 예외적인 성격으로 인해서 가인과 발람의 운명보다도 하나님의 심판을 보여 주는 훨씬 더 두드러진 본보기가 되었기 때문일 가능성이 훨씬 더 높다. 또한 이것은 유다가 연대기적 순서를 무시하고서 고라를 맨 마지막에 놓은 이유를 설명해 준다(연대기적 순서를 따라서 가인, 고라, 발람을 차례로 열거하는 *t. Soṭa* 4:19을 참조하라). 일련의 세 개의 절은 마지막 단어인 아폴론토(ἀπώλοντο, "멸망을 받았도다")에서 절정에 도달한다.

고라는 종종 불에 의해서 타죽은 것으로 생각되기도 했지만(민 16:35; Josephus, *Ant.* 4.56), 통상적으로는 땅이 그들을 삼켜서 그들이 산 채로 스올로 내려갔을 때 다단 및 아비람과 운명을 같이 한 것으로 여겨졌다(민 26:10; *Bib. Ant.* 16:6; *Prot. Jas.* 9:2; 참조. *Num. Rab.* 18:19). 이 독특한(민 16:30) 운명은 흔히 하나님의 심판을 경고하는 본보기로 인용되었다(민 26:10; 시 106:17; Sir 45:19; Josephus, BJ 5.566; *Bib. Ant.* 57:2; *1 Clem* 4:12; 51:4; *Prot. Jas.* 9:2). 위(僞)필로에 의하면, 고라와 그 일당은 부활에 참여함이 없이 멸망을 받게 될 마지막 날까지 스올에 산 채로 있다고 한다(*Bib. Ant.* 16:3; 참조. *ʾAbot R. Nat.* 36:2; *Num. Rab.* 18:13).

부정과거 아폴론토(ἀπώλοντο, "멸망을 받았도다")는 "예언적 완료"에 해당하는 것으로서, 유다는 거짓 교사들에 대한 장래의 심판을 이미 일어난 것처럼 확실한 사건으로 바라보고 있는 것이다. 이러한 관점 때문에 거짓 교사들의 죄들도 이미 완료된 과거로 표현될 수밖에 없었기 때문에, 앞에 나오는 두 동사도 부정과거 시제로 표현되고 있다.

12 "너희 애찬의"(ἐν ταῖς ἀγάπαις ὑμῶν – 엔 타이스 아가파이스 휘몬). 이것은 그리스도인들의 교제를 위한 식사라는 의미에서 "애찬"이라는 용어가 사용된 가장 초기의 용례인데, 이러한 용례는 나중에는 꽤 빈번하게 사용된다(벧후 2:13의 다른 독법: Ign. *Smyrn.* 8:2; *Ep. Apost* 15; *Acts Paul & Thecla* 25; Clement Alex.,

*Paed* 2.1.4; *Strom.* 3.2.10; Tertullian, *Apol.* 39; *De jejun.* 17-18). 이것은 훨씬 덜 사용되는 용어인 "주의 만찬"(*κυριακὸν δεῖπνον* – 퀴리아콘 데이프논: 고전 11:20; 또한 고전 11:20을 인용하는 Hippolytus, *Apost. Trad.* 26.5; Clement Alex., *Paed* 2.2)과 동일한 의미다.

이 관행의 배경에는 유대교의 공동 식사(예를 들면, "하부로트"의 식사들, 쿰란 공동체와 데라퓨타이파[Therapeutae]의 식사들), 가장 초기의 기독교의 공동체적 삶(행 2:44-46)이 있지만, 특히 예수의 제자들이 그의 부활 전후에 그와 함께 했던 최후의 만찬을 포함한 식사들이 그 배경이 되고 있다고 할 수 있다. 애찬 또는 주의 만찬은 저녁 시간에 행해진(행 20:7, 11) 실제 식사였고(고전 11:20-34; 행 2:46), 신약 시대에는 성찬과 구별되지 않았으며(M. J. Townsend, "Exit the Agape?" *ExpTim* 90[1978-79] 356-61; I. H. Marshall, *Last Supper and Lord's Supper*[Exeter: Paternoster, 1980] 110-11를 보라), 신약의 기자들은 성찬을 애찬으로부터 구별하여 지칭하는 용어를 가지고 있지 않았다. 이그나티우스(Ignatius)는 여전히 퀴리아콘 데이프논(*κυριακὸν δεῖπνον*, "주의 만찬")이라는 용어를 성찬을 포함하는 의미로 사용하고 있을 가능성이 높고(*Smyrn.* 8:2), 저스틴(Justin) 때 이르러서는 적어도 일부 지역들에서는 이 둘이 서로 구별되긴 했지만, 애찬과 성찬의 밀접한 연관관계는 주후 2세기까지 지속되었다(*Ep. Apost* 15). 유다가 말하는 애찬은 분명히 나중에 성찬으로 따로 구별된 떡과 잔을 나누는 것을 그 핵심으로 포함하고 있었을 것이다. 애찬이라는 명칭은 하나님의 사랑이 예수 그리스도로 말미암아 사람들에게 전해졌고 그리스도인들 가운데서 사랑의 교제를 만들어 냈다는 초기 그리스도인들의 지배적인 인식으로부터 유래했을 것임에 틀림없다. 이 교제는 식사 교제로 표현되고 행해졌다.

유다가 여기서 애찬을 언급하는 것은 흔히 생각되어 온 것과는 달리 애찬이 방종한 거짓 교사들에 의해서 악용되었기 때문이 아니라(*Strom.* 3.2에 나오는 카르포크라테스파의 애찬에 대한 알렉산드리아의 클레멘트의 말을 참조하라), 애찬은 그리스도인 공동체의 공동생활의 초점이었으므로 경건하지 않게 처신하는(*ἀφόβως* – 아포보스) 거짓 교사들의 존재가 특히 애찬에서 위험했기 때문이다.

"암초"(*σπιλάδες* – 스필라데스). 여기에 나오는 스필라데스(*σπιλάδες*)의 의미를 놓고 많은 논의가 있어 왔다.

(1) 대다수의 주석자들(Spitta, Knopf, Bigg, Windisch, Sidebottom, Grundmann, Cantinat; Spicq, *Agape.*, 368-69; 이미 불가타역에서: maculae)과 대부분의 영역

성경들은 여기서 스필라스(σπιλάς)를 "얼룩, 흠, 점"을 의미하는 스필로스(σπίλος)와 같은 의미로 본다. 이런 견해는 주로 베드로후서 2:13(σπίλοι – 스필로이)과 유다 자신이 23절에서 스필룬(σπιλοῦν, "더럽힌")이라는 동사를 사용하고 있는 것을 그 근거로 제시한다. 그러나 스필로스(σπίλος)와의 혼동에 의해서 생겨난 스필라스(σπιλάς)의 이러한 의미는 극히 드물게 나타난다(우리가 알기로는 이런 용례는 단 한 번 나온다: 주후 4세기에 씌어진 디오니소스를 숭배하는 밀교의 책인 *Lithaca* 614). 유다가 헬라어 어휘들을 훌륭하게 구사했다는 사실에 비추어 본다면, 그가 이 두 단어를 혼동했을 가능성은 아주 낮다.

(2) 스필라스(σπιλάς)를 23절의 에스필로메노스(ἐσπιλωμένος)와 같은 의미의 "더러운" 또는 "더럽힌"이라는 형용사로 보는 견해가 있다: "더럽혀진 자들"(Didymus: maculati; Hesychius: μεμιασμένοι – 메미아스메노이; Zahn, *Introduction*, 245, 258 n.5; 참조. BDF § 45). 따라서 이 견해에 의하면, 유다는 거짓 교사들이 "그들의 음란함에 의해서 더럽혀진" 교제의 식사에 참여하고 있다는 것을 말하고자 한다는 것이다(Zahn, *Introduction*, 258). 이것은 (1)과는 약간 다른 의미이고, 8절에 나오는 거짓 교사들에 대한 유다의 서술과 일치한다. 그러나 이러한 용례는 평행을 찾아보기가 힘들다.

(3) 녹스(Knox, *JTS* 14[1913] 547-49; *JTS* 16[1915] 78; 참조. Jones, *JTS* 23[1922] 282-83)는 스필라스(σπιλάς)가 "더러운 바람"을 의미할 수 있다고 주장했다(형용사적 어구인 스필라스[σπιλάς]를 아네모스[ἄνεμος]로 이해해서). 그러나 이 용법에 대한 그의 증거가 받아들여진다고 할지라도, 이런 의미는 유다서 1:12에서는 잘 통하지 않는다. 여기서 이 단어는 나중에 나오는 바람 은유와 연결시키기에는 너무 일찍 나온다.

(4) 스필라스(σπιλάς)의 통상적인 의미는 "바위", 특히 바닷가에 있는 바위, 그러므로 선박을 좌초시킬 수 있는 암초라는 의미다(Mayor, Spicq, *Lexicographie*, 809-10과 BAG에 나오는 예들). 이러한 해석(Ps.-Oecumenius, Plummer, Mayor, Reicke, Green, Kelly에 의해서 채택된)은 이 단어의 자연스러운 의미일 뿐만 아니라, 문맥 속에서의 의미도 아주 잘 통한다. 해당 문맥 속에서 이 단어는 거짓 교사들이 교제의 식사 속에서 유다의 독자들과 밀접한 사귐을 가짐으로써 그들에게 주는 위험을 나타낸다. 거짓 교사들은 위험한 암초와 같아서, 그들에게 가까이 접근하면 좌초될 위험이 있다고 유다는 말한다. (이 은유에 대해서는 딤전 1:19; *Barn.* 3:6을 참조하고, 사람들에 대하여 더 흔하게 사용되는 덫과 거치는 반석이라는 은

유들에 대해서는 사 8:14-15; 마 13:41; 16:23을 참조하라. 덜 흔하게 사용되지만 더 생생한 은유로 대체하여 사용하는 것은 유다의 스타일과 일치한다.) 스필라데스(σπιλάδες)는 종종 물 뒤에 잠겨서 숨겨진 바위들을 가리킨다고 말해지지만(참조. Etymologicum Magnum, Mayor에서 재인용; Kelly, Reicke), 반드시 이것이 여기서의 용법이라고 할 필요는 없다(특히 *Anth. Pal.* 11.390, Bigg에서 재인용; Josephus, BJ 3.420; Plummet, 428를 보라). 이 바위들은 해변으로부터 돌출되어 있는 눈에 보이는 암석들일 수 있고, 그러한 암석들도 항해하는 데는 위험이 된다. 유다는 거짓 교사들이 어떤 식으로든 "숨겨져" 있다고 생각하는 것은 아니다. 거짓 교사들은 그들의 가르침과 추한 행실을 통해서 확인될 수 있다. 유다의 요지는 그러한 사람들을 가까이 하는 것은 위험한 일이기 때문에, 항해자가 그런 바위들을 피해서 자신의 배를 운행하듯이 그들을 피해야 한다는 것이다.

표제어에 의한 연결 기법의 사용(참조. 이 단락에서 11절의 플라네[πλάνη, "어그러진 길"]와 13절의 플라네타이[πλανῆται, "유리하는"]; 6절에 대한 "주석"에서 테레인[τηρεῖν]에 관한 설명)과 23절에서 스필룬(σπιλοῦν, "더럽히다")의 사용으로 보아 유다가 스필라데스(σπιλάδες, "암초들")/스필로이(σπίλοι, "흠들") 간의 언어 유희를 의도하고 있을 가능성이 없지 않다.

"저희는 기탄없이 너희와 함께 먹으니"(οἱ…συνευωχούμενοι ἀφόβως, 호이…쉰유오쿠메노이 아포보스). 관사 호이(οἱ)는 여성형인 스필라데스(σπιλάδες)가 아니라 쉰유오쿠메노이(συνευωχούμενοι)에 걸리고(참조. 19절의 동일한 구문), 스필라데스(σπιλάδες)는 동격 관계에 있다(Chaine, Kelly).

쉰유오쿠메노이(συνευωχούμενοι)는 그 자체로는 그저 "함께 먹다"를 의미할 수 있지만(Spitta, Bigg, RSV), 이 단어의 의미는 그 뒤에 나오는 어구인 헤아우투스 포이마이논테스(ἑαυτοὺς ποιμαίνοντες, "자기 몸만 기르는 목자요")와 19절(ἀποδιορίζοντες – 아포디오리존테스, "당을 짓는")에 의해서 보충된다: 그들은 식사 때 그들 자신의 당을 형성했다(참조. 고전 11:18-21). 그러나 그들이 그렇게 했든 하지 않았든, 그것은 유다가 여기서 말하고자 하는 요지는 아닌 것 같다. 엔 타이스 아가파이스 휘몬(ἐν ταῖς ἀγάπαις ὑμῶν, "너희 애찬에서") 뒤에서 쉰유오쿠메노이(συνευωχούμενοι)의 자연스러운 의미는 "너희와 함께 먹으니"이다(따라서 휘민[ὑμῖν]을 첨가하고 있는 C와 벧후 2:13은 올바른 해석이다). 이 단락의 주제 – 다른 사람들을 범죄로 유혹하는 자들인 거짓 교사들 – 와 맥을 같이 하여, 유다가 말하고자 하는 요지는 그런 사람들과 가까이 사귀는 것은 위험하다는 것이다.

애찬에서 "먹는 것"이 비난받을 만한 일인 것은 아니지만, 아포보스(ἀφόβως, "기탄없이")라는 말이 수반될 때 거기에는 거짓 교사들이 그들의 방탕함을 따라(10절) 애찬을 주님 및 그들의 동료 그리스도인들과의 교제를 위한 기회가 아니라 단순한 연회, 그들의 식탐(食貪)을 만족시킬 기회로 취급했다는 뉘앙스가 있을 수 있다(참조. 고전 11:20-22, 33-34). 어떤 이들은 아포보스(ἀφόβως, "기탄없이")를 그 뒤에 나오는 어구에 걸리는 것으로 보지만(Zahn, *Introduction*, 258; Mayor, Bigg), 이 단어가 "불경스럽게"(LXX 잠 15:16에서처럼)를 의미한다고 했을 때, 이 단어는 쉰유오쿠메노이(συνευωχούμενοι, "함께 먹으니")와 잘 어울리고, 이 단어가 함께 사용되지 않았다면 이 어구에 결여되었을 단죄의 뉘앙스를 보충해 주는 역할을 한다. 이러한 불경스러운 태도(고린도 교회에서도 이런 일이 일어났다: 고전 11:27-29)는 거짓 교사들의 영적 교만, 즉 그들이 주님께 종속되어 있는 자들이 아니라 그들 자신이 그들의 주인인 것처럼 행세한 데서 비롯된 것일 가능성이 크다. 그들이 애찬을 노골적인 방탕의 기회로 삼았다고 생각할 근거는 없다. 유다가 보고 있는 위험은 그들의 일반적인 태도와 행실이 다른 교인들에게 끼칠 영향이다. 또한 우리는 애찬은 예언과 가르침이 행해지는 때이기도 했기 때문에(참조. 행 20:7, 11), 거짓 교사들은 그 기회를 이용해서 그들의 가르침을 교회에 전파했으리라는 것도 기억해야 한다. 이런 식으로 12절의 첫 구절은 거짓 교사들의 가르치는 활동에 관한 12-13절의 나머지 부분과 꽤 직접적으로 연결되어 있다고 할 수 있다.

유다의 생각 속에서, 거짓 교사들을 가까이 할 때의 위험은 특히 고라와 연결되어 있었을 것이다(11절). 왜냐하면 고라의 반역에 관한 기사는 이스라엘의 나머지 백성이 고라 및 그 일당과 가까이 했을 때 위험에 빠지게 되리라는 것에 주안점이 두어져 있기 때문이다(민 16:24, 26-27, 34; *Bib. Ant.* 16:7).

"자기 몸만 기르는 목자요"(ἑαυτοὺς ποιμαίνοντες – 헤아우투스 포이마이논테스). 이 어구는 흔히 앞의 어구와의 밀접한 관련 속에서 해석되어 왔다: 형제들의 식사 준비가 끝날 때까지 기다리지를 않고 먼저 식사를 한 고린도 교인들처럼(고전 11:21), 그들은 그들 자신이 좋은 식사를 하는 것에만 몰두하는 이기적인 모습을 보였다(Plummer, Moffatt, Kelly). 그러나 포이마이논테스(ποιμαίνοντες, "기르는 목자요")는 목자들의 활동이고, 기독교 지도자들과 관련하여 목자의 활동을 은유로 사용하는 경우는 초기 기독교에서 아주 흔한 일이었기 때문에(요 21:16; 행 20:28; 고전 9:7; 엡 4:11; 벧전 5:2; Ign. *Phil.* 2:1; Ign. *Rom.* 9:1; 참조. CD 13:9-10), 여기서도 이 단어는 그런 의미로 해석되어야 한다. 빅(Bigg)은 이 어구가 거짓 교사들이 반역적인 행위, 즉 교회의 목회자들에게 순종하는 것이 아니라 그들 자신의 목자가 되고자 했다는 것을 가리키는 것이라고 생각한다. 그러나 좀더 자연스러운 의미는 그들은 자신들이 교회의 지도자들이라고 주장하면서도, 양 무리를 돌보지 않고 오직 그들 자신만을 돌보았다는 것이다. 유다가 에스겔 34:2을 간접적으로 인용하고 있는 것을 볼 때, 이러한 의미는 확실해진다. 왜냐하면 거기서 에스겔은 이스라엘의 목자들(즉 관리들)이 백성들을 희생양으로 삼아 자신의 배만 불리고 있다고 고소하기 때문이다. 양들은 그들에게 고기와 양털을 제공해 주지만, 그들은 양들을 돌보지 않는다(34:3). 마찬가지로, 거짓 교사들은 교회의 후원을 받아서 잘 먹고 잘 살고 있다. (또한 참조. *Asc. Isa.* 3:24: "많은 장로들이 그들의 양들에 대하여 불법적이고 폭력적인 목자들이 될 것이고, [양들의] 약탈자들이 되리니, 이는 그들에게 거룩한 목자들이 없기 때문이다": 번역문은 *NTApoc.* 2, 648에 수록된 것이다.) 이 어구는 금전적인 이득을 얻기 위해서 자신의 은사를 빌려준 선지자였던 발람의 본보기(11절)와 연결된다.

유다는 여기서 히브리어로 된 에스겔 34:2을 간접적으로 인용하고 있는 것이 분명하다(칠십인경에는 *μὴ βόσκουσιν ποιμένες ἑαυτούς* – 메 보스쿠신 포이메네스 헤아우투스, "목자들이 그들 자신을 먹이고 있느냐?"; 참조. Symmachus: *οἱ ποιμαίνοντες ἑαυτούς* – 호이 포이마이논테스 헤아우투스, "그들 자신만을 돌보는 목자들").

"바람에 불려가는 물 없는 구름이요"(*νεφέλαι ἄνυδροι ὑπὸ ἀνέμων παραφερόμεναι* – 네펠라이 아뉘드로이 휘포 아네몬 파라페로메나이). 이것은 자연에서 가져온 네 가지 은유들 중 첫 번째인데, 이 은유들은 모두 거짓 교사들이 자칭 선지자이자 교사라고 주장하는 것과 관련되어 있다. 이 은유는 잠언 25:14에서 가져온 것인 듯하다: "선물한다고 거짓 자랑하는 자는 비 없는 구름과 바람 같으니라." (칠십인경 본문에는 이러한 의미가 완전히 모호해져 있는 것으로 보아서, 유다는 여기서도 히브리어 본문에 의존하고 있음에 틀림없다.) 팔레스타인과 수리아의 해안 지역에서는 여름날에 구름이 비를 내릴 듯이 육지로 몰려갔다가는 전혀 비를 내리지 않은 채로 바람에 의해서 불려가는 경우가 종종 목격된다. 마찬가지로, 거짓 교사들은 모두 헛된 기대만을 불러일으키는 자들이다. 그들은 자신들의 가르침이 대단한 것처럼 큰 소리를 치지만, 그 가르침 속에는 유익한 것이 전혀 없다.

"열매 없는 가을 나무"(*δένδρα φθινοπωρινὰ ἄκαρπα* – 덴드라 프디노포리나 아카르파). 프디노포리노스(*φθινοπωρινος*)의 정확한 의미에 대해서는 논란이 있다:

(1) 일부 학자들은 이 단어가 열매를 거둘 시기가 지난 후에 나무에 열매가 전혀 없는 때를 가리킨다고 주장한다(Bigg, Chaine, Kelly). (2) 어떤 학자들은 이 단어가 나무의 열매가 무르익는 수확기의 끝물을 가리키는 것이라고 본다(이 견해는 Mayor의 긴 주해를 통해서 주장된다. 55-59). 시기를 어떻게 보느냐는 사람에 따라 다르기 때문에, 각각의 용례에 대한 증거들은 얼마든지 제시될 수 있는 것으로 보인다. 그러나 (1)은 문맥상으로 의미가 잘 통하지 않는 것 같다. 열매를 맺을 시기가 지나갔을 때 어떤 나무가 열매를 맺지 않는다고 해서 비난 받는다는 것은 말이 안 된다. 두 번째 주장은 앞의 어구와 좋은 평행을 이룬다. 구름이 비를 내릴 것처럼 하다가 비를 내리지 않는 것과 마찬가지로, 나무들은 열매를 맺을 것처럼 보이다가 열매를 맺지 않는다. 무화과나무 비유(눅 13:6)에서처럼, 그런 나무들은 열매가 기대되는 때에 열매를 맺지 않고 있는 나무들이다.

나무와 그 열매에 관한 이미지는 성경의 문헌들 속에서 여러 가지 의미로 흔하게 사용되지만(시 1:3; 렘 17:6, 8; Wis 4:3-5; Sir 6:3; 마 3:10 par. 눅 3:9; 약 3:12; *Herm. Sim.* 4), 여기서 특히 관련이 있는 것은 거짓 선지자들을 그들의 악한 열매들로 안다고 말하는 마태복음 7:16-20(참조. 마 12:33 par. 눅 6:43-44)이다. 하지만 유다가 사용한 이미지는 주로 에녹1서에 나오는 구절에서 영감을 받은 것으로 보이는데, 그 구절에서는 "죄인들의 날들에"(80:2) 자연의 정상적인 운행이 방해를 받게 될 것임을 서술한다: "땅의 모든 것이 변해서, 있어야 할 때 있지 않게 될 것이다"(80:2; 이 구절 전체가 12-13절과 연관되어 있는 것에 대해서는 아래를 보라). 이것의 한 예는 "나무의 열매들이 맺혀야 할 때 맺히지 않게 될 것이다"(80:3, tr. Knibb). 법이 사라진 자연에 관한 이러한 묘사 속에서 유다는 그의 교회들을 괴롭히는 불법한 자들과 관련한 은유를 보았다.

"죽고 또 죽어 뿌리까지 뽑힌"(*δίς ἀποθανόντα ἐκριζωθέντα* – 디스 아포다논타 에크리조덴타). 나무에 관한 은유는 거짓 교사들에 대한 심판을 묘사한다는 점에서, 그리고 그 심판을 11절에서처럼 마치 이미 성취된 것처럼 묘사한다는 점에서 구름에 관한 은유에서 한 걸음 더 진전한 것이다. 나무 은유의 이러한 확장은 전승에 의한 것이다(베임을 당하는 나무들: 마 3:10 par. 눅 3:9; 마 7:19; 눅 13:9; 뿌리까지 뽑히는 나무들: 시 52:5; 잠 2:22; Wis 4:4; 마 15:13). "죽고 또 죽어"에 식물과 관련한 의미를 부여하기는 어렵다. 메이어(Mayor)는 "이 나무들은 수액이 없을 뿐만 아니라, 살아 있는 나무일지라도 죽을 수밖에 없게 뿌리까지 뽑혔기 때문에 두 번 죽은 것이라고 할 수 있다"고 주장한다. 그러나 이 단어는 분명히 거짓 교사들에게 적용하기 위하여 유다가 의도적으로 선택한 것이다. 어떤 학자들은 그들이 배교자이기 때문에 두 번 죽은 것이라고 생각한다. 그들은 회심 이전의 영적으로 죽은 상태로 되돌아갔다(Mayor, Bigg, Green, Grundmann). 아마도 유다는 최후의 심판 이후에 악인의 운명인 "둘째 사망"을 말하고 있을 가능성이 높다(계 2:11; 20:6, 14; 21:8; 탈굼들 속에서 "둘째 사망"에 대해서는 I. Abrahams, *Studies in Pharisaism and the Gospels*, 2nd Series[Cambridge: Cambridge University Press, 1924] 41-49; McNamara, *Targum*, 117-25를 보라).

13 "자기의 수치의 거품을 뿜는 바다의 거친 물결이요"(*κύματα ἄγρια θαλάσσης ἐπαφρίζοντα τὰς ἑαυτῶν αἰσχύνας* – 퀴마타 아그리아 달랏세스 에파프리존타 타스 헤아우톤 아이스퀴나스). 자연에서 가져온 이 세 번째 은유는 이사야 57:20에 토대를 두고 있는 것 같다: "오직 악인은 능히 안정치 못하고 그 물이 진흙과 더러운 것을 늘 솟쳐내는 요동하는 바다와 같으니라." (이 마지막 구절은 칠십인경에는 나오지 않는 것으로 보아서, 여기서도 유다는 히브리어 본문에 의거하고 있음이 분명하다.) 이사야서의 이 절이 쿰란 공동체의 찬송들에서 기자(記者)에 대한 악인들의 공격을 묘사하기 위해 두 번 반영되고 있다는 것은 주목할 만한 일이다(1QH 2:12-13: "그들은 요동하는 바다같이 으르렁거렸고, 그들의 거대한 파도는 진흙과 더러운 것을 솟쳐내었다"; 1QH 8:15: "그들은 내게 더러운 것을 내뿜었다": Vermes의 번역; 악인들을 사나운 파도로 묘사하는 것에 대해서는 1QH 2:27-28; 6:23도 참조하라; 또한 *T. Jud.* 21:9이 바다의 폭풍우 같은 거짓 선지자들을 예견하고 있는 것도 참조하라).

유다는 이사야 57:20을 자유롭게 인용하면서 헬라어를 훌륭하게 구사하는 그의 솜씨를 보여 주지만(요동하는 바다를 표현하는 데 아그리오스[*ἄγριος*]를 사용하고, 드문 단어인 에파프리제인[*ἐπαφρίζειν*, "거품처럼 뿜어내게 하다"]을 사용한 것에 대해서는 참조. Euripides, *Hercules furens* 851: *θάλασσαν ἀγρίαν* – 달랏산 아그리안, Moschus, *Idyll.* 5:5: *ἁ δὲ θάλασσα κυρτὸν ἐπαφρίζῃ* – 하 데 달랏사 퀴르톤 에파프리제; Wis 14:1: *ἄγρια κύματα* – 아그리아 퀴마타; *Sib. Or.* 3:778: *ἄγρια κύματα Πόντου* – 아그리아 퀴마타 폰투, "본도의 거친 파도"), 그가 어느 특정한 헬라어 자료를 사용했다고 생각할 근거는 없다. 올슨(Oleson, *NTS* 25[1978-79] 492-503)은 유다가 Hesiod, *Theog* 147-206에 나오는 아프로디테의 출생에 관한 신화, 그리고 부차적으로는 Euripides, *Hercules furens* 850-52를 간접적으로 인용하고 있다고 주장하지만 헤시오도스가 아프로스(*ἀφρός*, "거품")라는 단어를 사용한 것 외에는 전자와의 그 어떤 어휘적 접촉점이 없고, 올슨이 주장하는 유리피데스에 나오는 구절과의 연관 관계도 그 가능성이 대단히 희박하다.

유다의 언어는 이 은유 전체에 걸쳐서 나타난다: 수치들은 물결이 아니라 거짓 교사들에 속한 것이지만, 유다는 그것들을 물결이 바닷가에 내던지는 더러운 것에 비유한다. "수치들"이 부끄러운 **행위들**을 가리키는 것인지(대부분의 주석자들의 견해; BAG에 나오는 이러한 용례의 전거들을 참조하라), 아니면 부끄러운 **말들**을 가리키는 것인지(Reicke)는 확실하지 않다. 어느 경우든 이 은유는 구름과 나무에 관한 은유들과는 다소 다른 것을 말하고 있다. 구름과 나무는 아무것도 만들어내지 못했지만, 물결은 어떤 것을 만들어 낸다. 그러나 물결이 만들어 내는 것은 기독교의 참 선지자의 가르침이나 행실과는 달리 끔찍하다. 그것은 다른 그리스도인들의 덕을 세우는 것이 아니라, 바다의 거센 물결에 의해서 내뿜어진 더러운 것과 같이 그리스도인들을 더럽힌다.

"유리한 별들이라"(*ἀστέρες πλανῆται* – 아스테레스 플라네타이). 유다가 이 이미지를 에녹1서에서 빌려왔다는 것이 통설이다. 유대의 묵시론적 사상에서는 천사들이 천체를 주관한다고 생각했고(예를 들면, *1 Enoch* 82를 보라), 동방의 신화들에서는 행성들의 불규칙한 움직임들은 천계의 존재의 불순종을 보여 주는 것으로 여겨졌으며, 혜성이나 유성 같은 현상들은 천계의 존재들이 하늘로부터 떨어지는 것으로 해석되었다(참조. 사 14:12-15; 계 8:10; 9:1). 따라서 에녹1서 18:13-16; 21:3-6에서 파수꾼들(유다는 그들이 하늘로부터 떨어진 것과 그들에 대한 심판을 6절에서 언급했다)은 "나와야 할 때 나오지 않았기 때문에 떠오를 때부터 여호와의 명령을 어긴" 일곱 별로 묘사된다(18:15, tr. Knibb; 참조. 21:6). 이 이미지는 나중에 꿈들의 책(에녹1서 83-90장)에서 다시 다루어지는데, 거기서는 세상 역사에 관한 알레고리 속에서 파수꾼들의 타락을 별들이 하늘로부터 떨어지는 것으로 묘사한다(86:1-3). 그런 후에 에녹1서 10장(유다가 6절에서 인용한)에 해당하는 대목에서 천사장들은 그 별들을 지옥의 흑암 속에 던져 넣고(88:1, 3), 그들이 불의 지옥 속으로 던져지게 될 종말의 심판 때까지 그들을 거기에 묶어 둔다(90:24). 많은 학자들의 생각처럼(Plummer, Mayor, Windisch, Chaine, Kelly; Milik, *1 Enoch*, 239) 유다가 이 구절들을 간접적으로 인용하고 있는 것이라면, 그는 여기서도 6절에서처럼 다시 한 번 거짓 교사들을 타락한 천사들과 비교하고 있는 것이다. 유다가 사용한 어구인 아스테레스 플라네타이(*ἀστέρες πλανῆται*, "유리하는 별들")는 통상적으로 행성들에 대하여 사용되었고(*TDNT* 6, 229 n.7에 나오는 전거들), 당시에 점성술사들은 행성들의 움직임이 사실 규칙적이라는 것을 알고 있었지만(Cicero, *De natura deorum* 2.51, Mayor에서 재인용) 여전히 그런 식으로 사용되었다. 이것은 별들이 떨어지는 것(86:1-3)은 혜성이나 유성에 더 적합한 표현이었을 것임에도 불구하고 에녹이 "**일곱** 별들"에 대하여 언급하고 있는 것과 일치한다(에녹1서 18:13; 21:3).

이 견해에 대한 사소한 비판은 에녹1서에서 흑암은 유다서 1:6에서처럼 최후의 심판 때 불 속에 던져지게 될 때까지(에녹1서 90:24; 참조. 10:6, 13; 21:7-10) 타락한 천사들에게 부과된 **일시적인** 운명이지만(에녹1서 88:1; 참조. 10:4-5), 유다서 1:13에서는 흑암이 별들의 영원한 운명이라는 것이다. 그러나 이것은 유다가 그의 자료에 나온 내용을 유연하게 사용하고 있다는 것을 보여 주는 것에 불과한 것일 수 있다.

하지만 에녹1서에는 유다가 직접적으로 염두에 두었을 가능성이 더 크다고 할 수 있는 또 다른 구절이 나오는데, 그것은 이미 앞에서 언급했던 에녹1서 80장에 나오는 구절, 즉 마지막 날들에 있을 자연의 무법(無法)을 묘사하는 구절이다: "별들의 많은 우두머리들이 어그러진 길로 갈 것이고, 그들은 그들의 경로와 활동들을 바꿀 것이며, 정해진 시간에 나타나지 않을 것이다"(80:6, tr. Knibb). 그 다음에 나오는 절은 그 별들이 그렇게 함으로써 어떻게 사람들을 어그러진 길로 이끌게 될 것인지를 묘사한다. 이 "유리하는 별들"을 유다는 하나님에 대한 순종의 길로부터 벗어나 다른 그리스도인들을 의도적으로 범죄로 유혹하는 거짓 교사들에 대한 이미지로 사용한다. 플라네타이(*πλανῆται*, "유리하는")라는 단어의 사용은 스스로 어그러진 길로 가서 다른 사람들을 어그러진 길(*πλάνη* – 플라네)로 이끌었던 선지자인 발람과의 표제어에 의한 연결 관계를 확증해 준다(11절).

플라난(*πλανᾶν*, "어그러진 길로 이끌다")과 플라네(*πλάνη*, "어그러진 길")라는 단어들은 통상적으로 마지막 날들의 거짓 선지자들의 활동을 묘사하는 데 사용되었다(마 24:4-5, 11, 24; 딤전 4:1; 딤후 3:13; 요일 4:6; 계 2:20; 13:14; 참조. *TDNT* 6, 241, 246-49). 알렉산드리아의 클레멘트(Clement of Alexandria)는 유다가 사용한 유리하는 별들이라는 이미지를 카르포크라테스파에게 적용하여 이 이미지의 의미를 제대로 인식했다: "계명들의 좁은 길을 벗어나서 유리하여(*πλανώμενοι* – 플라노메노이) 육적인 죄들의 경계 없는 심연 속으로 빠져들어간 이 사람들은 이 예언 속에서 언급된 '유리하는 별들'(*ἀστέρες πλανῆται* – 아스테레스 플라네타이)이다"(*Letter to Theodorus* 1.6-7, tr. in M. Smith, *Clement of Alexandria and a Secret Gospel of Mark*[Cambridge, Mass.: Harvard University Press, 1973] 446). 안디옥의 데오필로스(Theophilus of Antioch, *Ad Autol.* 2.15.17-19)는 유다서에서 영감을 받았는지의 여부와는 상관없이 고정된 별들을 하나님의 법들을 지키는 의인들에 대한 이미지로 보았고, 행성들을 하나님으로부터 떠나고 그의 법을 버린 자들을 나타내는 것으로 보았다.

"영원히 예비된 캄캄한 흑암에 돌아갈"(*οἷς ὁ ζόφος τοῦ σκότους εἰς αἰῶνα τετήρηται* – 호이스 호 조포스 투 스코투스 에이스 아이오나 테테레타이). 에녹1서에서 최후의 저주의 장소는 통상적으로 불로 상징되지만, 유대 사상은 영원한 흑암에의 감금이라는 개념도 알고 있었고(Tob 14:10; *1 Enoch* 46:6; 63:6; *Pss. Sol.* 14:9; 15:10; 참조. 마 8:12; 22:13; 25:30), 이 두 이미지는 종종 서로 결합되었다(*1 Enoch* 103:8; 108:14; *Sib. Or.* 4:43; 1QS 2:8; 4:13; *2 Enoch* 10:2). 유다가 여기서 흑암이라는 이미지를 선택한 것은 그것이 별들의 운명으로 더 적절했기 때문일 것이다. 하늘의 별들같이 빛나게 될 참된 그리스도인 교사들과는 달리(단 12:3), 사람들을 잘못 이끄는 거짓 교사들의 빛은 흑암 속에서 영원히 꺼지게 될 것이다.

자연에서 가져온 네 가지 이미지로 된 한 묶음 전체와 관련해서, 우리는 마지막으로 두 가지를 고찰해 볼 수 있다. 첫 번째는 라이케(Reicke)의 지적처럼 유다가 물리적인 세계를 구성하고 있는 네 지역에서 각각 하나씩의 이미지를 가져와서 사용했다는 것이다: 공중의 구름, 땅의 나무, 바다의 물결, 하늘의 별. 그러나 이러한 고찰은 사실 두 번째 고찰(Spitta에 의해서 처음으로 제시된), 즉 이 일련의 은유들이 에녹1서 2:1-5:4 및 80:2-8과 연관되어 있다는 고찰과 연결될 때만 의미를 지니게 된다. 이 구절들 중에서 첫 번째 구절은 유다가 14-15절에서 인용하는 에녹1서의 절(1:9)의 직후에 나오고, 5:4에서는 다시 1:9의 주제로 되돌아간다. 따라서 이 구절들 전체는 1:9에 대한 일종의 주해로서, 1:9에서 그 심판이 예언되고 있는 악인들에 대한 것이다. 그러므로 유다는 이 구절들 전체를 반영하고 있을 가능성이 있다.

이 단락의 주제는 자연 속에서의 하나님의 역사(役事)들은 하나님의 법을 어기는 악인들과는 대조적으로 하나님이 정해 놓으신 법들에 부합한다는 것이다. 그 예화들은 유다가 사용하는 네 가지 자연 현상을 포함한다: "여름과 겨울을 생각해 보고, 온 땅이 어떻게 물로 가득한지, 구름과 이슬과 비가 땅에 어떻게 머무는지를 생각해 보라"(2:3, tr. Knibb). "나무들이 어떻게 푸른 잎들로 덮여 있고 열매를 맺는지를 묵상해 보라"(5:1, tr. Knibb). "바다와 강들이 그의 명령들에서 온 그들의 임무들을 바꾸지 않고 어떻게 완수하는지를 보라"(5:4, 헬라어로부터 번역한 것임). "하늘에서 일어나는 모든 사건들, 하늘의 광명들이 어떻게 그들의 경로를 바꾸지 않는지, 각각의 광명이 어떻게 순서를 따라 자신의 때 뜨고 지고, 그들에게 주어진 법을 어기지 않는지를 묵상해 보라"(2:1, tr. Knibb). 그러나 유다는 법을 지키는 자연에 관한 이러한 묘사들과는 대조적으로 이러한 법들을 어기고 그 정해진 기능을 수행하지 않는 자연의 예들을 택하여 사용했다. 그러므로 자연에서 가져와서 사용한 유다의 예들은 악인들의 무법한 행실과 대조되는 것들이 아니라 평행되는 것들이다(에녹1서에서와는 달리).

유다는 자연이 더 이상 악인들의 길들과는 대조적으로 법을 지키는 모습으로 묘사되지 않고, 그 자체가 어그러진 길로 가서 무법으로 빠져들게 될 마지막 날들("죄인들의 날들", 80:2)을 예언하는 에녹1서의 후반("점성술" 단원)에 나오는 대목도 알고 있었을 가능성이 높다. 거기에는 유다가 사용한 네 가지 이미지 중에서 세 가지와 평행되는 것들이 나온다: "비가 내리지 않을 것이고, 하늘이 비를 붙잡아 둘 것이다"(80:2). "나무들의 열매가 제때 열리지 않을 것이다"(80:3). "별들을 지휘하는 많은 우두머리들이 어그러진 길로 갈 것이다"(80:6).

에녹1서에 나오는 이 두 구절은 유다의 일련의 은유들에 영감을 주었을 가능성이 있다. 유다는 세계의 네 지역에서 각각 가져온 예를 선택하여 사용함으로써 마지막 날들에 대하여 예언된 자연의 무법을 묘사하고, 그것들 속에서 마지막 날들과 관련하여 예언된 무법한 교사들에 대한 표상들을 본다. 그런 후에 유다는 잠언 25:4과 이사야 57:20에 대한 간접 인용들을 통해서 이 전체적인 개념의 내용을 구체적으로 채워 넣었다.

## 해설

이 단락에서 유다는 다른 사람들을 가르쳐 타락시키는 자들로서의 거짓 교사들에 초점을 맞추어서, 그들의 이러한 행위가 죄와 심판에 관한 구약의 모형들과 부합한다는 것을 보여 준다. 그는 여기서도 교리문답 전승을 통해 그의 독자들에게 이미 친숙했을 예언적 모형들을 사용하면서, 거짓 교사들에 대한 예언적 화(禍) 선언문이라는 양식 – 이것은 권위 있는 심판의 선포에 사용되는 양식이다 – 을 통해서 이 모형들을 언급하는데, 이 모형들은 그가 초기 기독교의 예언에서 인용한 것이거나, 자신의 예언적 권위에 의거해서 직접 말한 것이다.

화 선언문은 거짓 교사들을 먼저 가인에 비유한다. 가인은 아담의 인류를 타락시킨 장본인으로서 죄인들의 원형(原型)이자 하나님의 의와 심판을 부정함으로써 자신의 율법 폐기론적인 행실을 정당화한 최초의 이단(이 전승이 유다의 시대에 존재했다고 할 수 있다면)이었다. 두 번째로, 거짓 교사들은 발람에 비유된다. 발람은 금전적인 이득에 대한 탐욕 때문에 이스라엘이 벧브올에서 배교하여 재앙을 당하게 만든 조언을 해주는 데 열심을 내었던 선지자였다. 세 번째로, 그들은 고라에 비유된다. 고라는 자신의 추종자들을 끌어 모아서 모세의 권위에 대적하고, 일부 율법의 신적 기원에 이의를 제기했던 분파주의자의 원형이었다. 심판에 대한 언급은 이 세 번째 모형이 등장할 때까지 유보된다. 왜냐하면 사람들의 눈앞에 장관(壯觀)으로 펼쳐졌던 고라의 운명은 유다의 대적자들을 기다리고 있는 운명을 가장 효과적으로 예시해 주는 것이었기 때문이다.

이 화 선언문을 거짓 교사들에게 적용하는 상세한 내용(12-13절)은 교회의 애찬 또는 교제의 식사에 대한 언급으로 시작되는데, 당시에 애찬은 성찬과 구별되지 않았고, 교회의 예배와 교제의 삶의 중심이었다. 거짓 교사들은 전혀 경외심을 지니지 않은 채로 이 교제의 식사에 꼬박꼬박 참석했기 때문에, 그들의 영향으로 인하여 생겨나는 교회 전체의 위험은 그들이 교제의 식사에 참여하는 것에 그 초점이 맞춰졌다. 그것은 유다가 이 단락에서 그들을 묘사할 때 사용하는 여섯 가지 은유들 중의 첫 번째 은유에 집약되어 있다. 그들은 위험한 암초들이기 때문에, 유다의 독자들은 그들에게 너무 가까이 다가가면 좌초될 위험에 처하게 된다.

두 번째 은유는 에스겔 34:2을 언급하는 가운데 그들이 교회 공동체 속에서 지도자로서의 역할이 자신들에게 주어져 있다고 주장하면서, 그것을 악용하여 교회에 대하여 자신들이 높은 수준의 생활을 할 수 있도록 지원해 줄 것을 요구한 것을 묘사한다. 그들은 양들을 돌보는 것이 아니라, 양들을 희생시켜서 자기 자신만을 돌보는 목자들이다.

그 뒤로 이어지는 네 가지 은유는 자연에서 빌려온 것이고, 그 각각은 세계의 네 지역(공중, 땅, 물, 하늘)으로부터 가져온 것으로서 정해진 법을 따르지 않은 자연의 예를 보여 주는 것이다. 묵시론적 저술가들이 마지막 날들의 특징을 묘사하는 데 사용했던 자연의 이러한 무법 속에서 유다는 마지막 날들에 거짓 교사들의 무법에 관한 묘사를 본다.

이 이미지들 중 처음 두 가지 – 비를 내리지 않는 구름과 열매를 맺지 않는 나무 – 는 동일한 것을 말하고 있다: 거짓 교사들은 대단한 가르침을 베풀고 있다고 주장함에도 불구하고 교회에 전혀 유익을 끼치고 있지 못하다는 것. 그러므로 열매를 맺지 못하는 나무가 뿌리까지 뽑히듯이 그들은 둘째 사망을 자초하게 될 것이다.

이 거짓 교사들은 단지 유익한 영향을 끼치지 못하는 데서 그친 것이 아니었다. 해변에 더러운 것을 토해내는 요동하는 바다처럼, 그들은 그들의 영향 아래 들어오는 자들을 타락시키는 실제적으로 해로운 결과를 낳고 있다.

끝으로, 거짓 교사들은 옛적의 점성술과 관련된 신화들에서 행성들이 그랬듯이 하나님이 정하신 경로를 벗어나 어그러진 길로 간 별들, 그 결과 그 별들을 보고 방향을 알고자 하는 자들을 잘못 이끄는 별들에 비유된다. 전승에 의하면, 그러한 불순종하는 별들에 대한 심판은 빛을 잃고 음부의 영원한 흑암 속에 갇히게 되는 것이다.

이 단락의 영향력의 많은 부분은 그 생생한 이미지가 주는 힘으로부터 나온다. 유다서의 독자들 중에서 다수는 의심할 여지없이 거짓 교사들이 인상적이고 설득력이 있다는 것을 발견했기 때문에, 유다가 할 일 중의 일부는 거짓 교사들에 대한 이미지가 만들어 낸 그들의 전체적인 인식을 바꾸어 거짓 교사들을 완전히 다른 빛 가운데서 보게 하는 것이어야 했다. 유다는 이러한 목적을 가지고서 그의 독자들이 거짓 교사들을 인식할 때 사용하는 일련의 상상력과 연상 작용에 영향을 미칠 일련의 강력한 이미지들을 제시한다.

# 에녹의 예언(유다서 14-16)

## 참고문헌

**Bauckham, R. J.** "A Note on a Problem in the Greek Version of I Enoch i. 9." *JTS* 32(1981) 136-38. **Black, M.** ed. *Apocalypsis Henochi Graece.* In *Pseudepigrapha Veteris Testamenti Graeca* 3, ed. A. M. Denis and M. de Jonge. Leiden: E. J. Brill, 1970. **Black, M.** "The Christological Use of the Old Testament in the New Testament." *NTS* 18(1971-72) 1-14. **Black, M.** "The Maranatha Invocation and Jude 14, 15(I Enoch 1:9)." *Christ and Spirit in the New Testament: in honour of Charles Francis Digby Moule,* ed. B. Lindars and S. S. Smalley. Cambridge: Cambridge University Press, 1973. **Charles, R. H.** *The Book of Enoch or I Enoch.* 2nd ed. Oxford: Clarendon Press, 1912. **Knibb, M. A.** *The Ethiopic Book of Enoch.* Vol. 2. **Laperrousaz, E. M.** *Le Testament de Moïse,* 51-58. **Milik, J. T.** *The Books of Enoch.* **Osburn, C. D.** "The Christological Use of I Enoch i. 9 in Jude 14, 15." *NTS* 23(1976-77) 334-41. **vander Karo, J.** "The Theophany of Enoch I 3b-7, 9." *VT* 23(1973) 129-50.

## 본 문

**14** 아담의 칠세 손 에녹이 사람들에게 대하여도 예언하여 이르되 보라 주께서 그 수만의 거룩한 자와 함께 임하셨나니

**15** 이는 뭇사람을 심판하사 모든 경건치 않은 자의 경건치 않게 행한 모든 경건치 않은 일과 또 경건치 않은 죄인의 주께 거스려한 모든 강퍅한 말을 인하여 저희를 정죄하려 하심이라 하였느니라

**16** 이 사람들은 원망하는 자며 불만을 토하는 자며 그 정욕대로 행하는 자라 그 입으로 자랑하는 말을 내며 이를 위하여 아첨하느니라

**14** It was also about these[a] that Enoch, the seventh in descent from Adam, prophesied, saying, Behold, the Lord came[b] with his tens of thousands of holy ones,[c]

**15** to execute judgment on all, and to convict all the ungodly of all the ungodly deeds which they had committed in their ungodliness,[d] and of all the hard things[e] which ungodly sinners had spoken against him.

**16** These people are discontented murmurers, who follow their own desires. Their mouths utter arrogant words and they show partiality for the sake of gain.

## 원문주해

a. 여격 투토이스(*τούτοις*)의 이런 용법은 이상하긴 하지만 이 의미를 지니고 있음에 틀림없다.

b. 부정과거 엘덴(*ἦλθεν*)은 "예언적 완료"를 나타낸다.

c. 다른 독법들에 대해서는 Osburn, *NTS* 23(1976-77) 337-38를 보라. $P^{72}$를 포함한 몇몇 사본들에서 앙겔론(*ἀγγέλων*)의 첨가는 보충 설명을 위한 난외주일 가능성이 크다. 기독교의 통상적인 용법에서 단독으로 사용된 하기오이(*ἅγιοι*)는 천사들이 아니라 그리스도인들을 의미하게 되었기 때문이다.

d. 이 어구는 헬라어에서 동사 에세베산(*ἠσέβησαν*)에 포함되어 있는 어간 아세브(*ἀσεβ*)의 반복을 영역문에서 나타내고자 한 것이다.

e. 에녹1서 1:9(C)에서처럼 로곤(*λόγων*)의 첨가(ℵ 등)는 보충 설명을 위한 난외주일 가능성이 크다.

## 양식/구조/배경

이 단락은 유다가 그의 미드라쉬 중에서 기록된 자료로부터의 공식적인 인용문을 그의 본문으로 제시하고 있는 유일한 단락이다. 그는 표준적인 도입 문구를 사용함으로써 이것을 보여 주는데(참조. 4QpIsa 2:7; 4QFlor 1:16; 행 2:16; 4:11), 이 문구에서 투토이스(*τούτοις*, "이 사람들")는 거짓 교사들을 이 예언이 적용되는 자들로 규정하는 역할을 한다. 초기 기독교의 관행에 따라서 그는 그 본문에 대한 그의 석의를 반영하는 몇 가지 수정들을 행한다(아래를 보라; 참조. Osburn, *NTS* 23[1976-77] 340-41).

해석 부분에서(16절) 카타 타스 에피뒤미아스 헤아우톤 포류오메노이(*κατὰ τὰς ἐπιθυμίας ἑαυτῶν πορευόμενοι*, "그 정욕대로 행하는 자")라는 어구의 사용은 그 뒤에 나오는 인용문(18절)과 표제어로 연결되는 결과를 만들어 낸다.

### 에녹1서로부터의 인용문에 대한 검토

유다는 이 단락에서 에녹1서 1:9을 인용한다. 이 절의 본문과 관련해서 원래의 아람어 단편은 쿰란 문헌 속에 보존되어 있고(IVQEnc 1:1:15-17: Milik, *Enoch*, 184와 Plate IX), 헬라어 역본은 Codex Panopolitanus(약어로 C; Black의 판본의 도표에 나와 있다)에 있으며, 에디오피아 역본(Knibb이 번역한 도표에 나와 있다)이 있고, 유다서가 아니라 에녹1서로부터 직접 온 것으로 널리 알려져 온 라틴어 역본은

Pseudo-Cyprian, *Ad Novatianum* 16(본문은 Charles, *Enoch*, 275에 나와 있다)에 보존되어 있다. 유다서의 본문을 에녹1서 1:9 본문에 대한 이러한 증거들과 비교해 보면 다음과 같은 두 가지 질문이 생겨난다: (a) 유다는 헬라어 역본(C)을 따른 것인가, 아니면 아람어에서 직접 번역을 한 것인가? (b) 유다는 이 본문을 자신의 필요들에 맞게 개작했는가?

유다서가 C와 다른 다음과 같은 점들은 잘 살펴볼 필요가 있다.

(1) 이두(*ἰδού*): 여기서 유다서는 C와 다르고 에디오피아 역본 및 라틴어 역본과 일치하는데, 아람어 본문을 따르고 있는 것이 거의 확실하다(vander Kam, *VT* 23[1973] 147-48; Black, "Maranatha," 195; Osburn, *NTS* 23[1976-77] 335-36; 하지만 Milik, *Enoch*, 186는 이에 반대다). [이두(*ἰδού*)와 C의 호티(*ὅτι*)는 둘 다 원문의 ארי(Knibb, *Enoch*, 59의 주장처럼), 또는 원문의 ארי הא, 즉 탈굼의 미 1:3(에녹1서가 의존하고 있는 하나님의 현현 본문)에서 כי הנה로 번역된 어구(칠십인경에는 디오크티 이두[*διοχτι ἰδού*]로 되어 있다)로부터 왔을 수 있다; 참조. vander Kam, *VT* 23(1973) 147-48.]

(2) 엘덴(*ἦλθεν*): 유다서의 부정과거(이것은 위키프리안의 본문과 일치한다)는 셈어의 "예언적 완료"를 나타내는 것으로서 아람어 원문을 좀더 직역한 것인 반면에, C와 에디오피아 역본은 좀더 관용적인 번역들일 것이다(vander Kam, *VT* 23[1973] 148; Osburn, *NTS* 23[1976-77] 337; 아람어에서의 예언적 완료에 대해서는 Black, *NTS* 18[1971-72] 10 n.; "Maranatha," 196를 보라).

(3) 퀴리오스(*κύριος*). 에녹1서에서 이 문장의 주어는 1:4에 언급된 하나님이다. 다른 역본들로부터 전혀 지지를 받지 못하는 유다서의 퀴리오스(*κύριος*)는 유다가 이 절을 예수 그리스도의 재림에 적용하기 위한 기독론적인 해석으로서 보충해 넣은 것임에 틀림없지만(Black, "Maranatha," 195; Osburn, *NTS* 23[1976-77] 337), 이것은 초기 기독교에서 재림에 적용되었던 또 다른 하나님의 현현 본문들(사 40:10; 66:15; 슥 14:5; 참조. *1 Enoch* 91:7)과의 유비를 통해서 행해진 것일 가능성이 있다.

(4) 엔 하기아이스 뮈리아신 아우투(*ἐν ἁγίαις μυριάσιν αὐτοῦ*): 여기서 유다서는 에디오피아 역본 및 아람어 단편과 일치하고 C와 다르다. (C의 긴 독법을 본문에 대한 기독교적 해석으로 설명하고자 하는 시도로는 Bauckham, "A Note"를 보라.) C에서 나타나는 본문의 확장이 헬라어 역본에서의 이차적인 난외주 또는 필사자의 오류의 결과일지라도, 유다가 C의 쉰(*σύν*) 대신에 셈어적 표현인 엔(*ἐν*)을 사용한다는 사실은 그가 여기서 헬라어 역본을 따르고 있지 않다는 것을 보여 준다(참조.

| *4QEn^c 1:1:15–17* | *Ethiopic* | *Greek (C)* | *Jude* | *Ps.-Cyprian* |
|---|---|---|---|---|
| | And behold! he | ὅτι | ἰδοὺ | Ecce |
| | comes with ten | ἔρχεται σὺν | ἦλθεν κύριος ἐν | venit cum multis |
| [רבו]את | thousand holy ones, | ταῖς μυριάσιν αὐτοῦ | ἁγίαις μυριάσιν | milibus nuntiorum |
| קדישו[הי] | | καὶ τοῖς ἁγίοις αὐτοῦ, | αὐτοῦ, | suorum |
| | to execute judgment | ποιῆσαι κρίσιν | ποιῆσαι κρίσιν | facere iudicium |
| | upon them | κατὰ πάντων, | κατὰ πάντων, | de omnibus |
| | and to destroy | καὶ ἀπολέσει | καὶ ἐλέγξαι | et perdere |
| | | πάντας τοὺς | πάντας τοὺς | omnes |
| | the impious | ἀσεβεῖς | ἀσεβεῖς | impios |
| | and to contend | καὶ ἐλένξει | | et arguere |
| [ב]שרא | with all flesh | πᾶσαν σάρκα | | omnem carnem |
| על | concerning every- | περὶ πάντων | περὶ πάντων τῶν | de omnibus |
| עובד[י] | thing which the | ἔργων τῆς | ἔργων | factis |
| | sinners and the | ἀσεβείας αὐτῶν | ἀσεβείας αὐτῶν | impiorum |
| | impious have done | ὧν ἠσέβησαν | ὧγ ἠσέβησαν | quae fecerunt impie |
| [רב]רבן | and wrought | καὶ | καὶ περὶ πάντων | et de omnibus |
| וקשין | | σκληρῶν ὧν | τῶν σκληρῶν ὧν | verbis impiis quae |
| | | ἐλάλησαν λόγων, | ἐλάλησαν | de Deo locuti sunt |
| | | καὶ περὶ πάντων | | |
| | | ὧν κατελάλησαν | | |
| | against him. | κατ' αὐτοῦ | κατ' αὐτοῦ | |
| | | ἁμαρτωλοὶ ἀσεβεῖς. | ἁμαρτωλοὶ ἀσεβεῖς. | peccatores. |

Zahn, *Introduction*, 287).

(5) 카이 엑셀렉사이 판타스 투스 아세베이스(*καὶ ἐξελέγξαι πάντας τοὺς ἀσεβεῖς*). 역본들을 비교해 보면 유다가 여기서 본문을 축약했다는 것이 드러난다. 에디오피아 역본, 위키프리안 역본, C에 의하면 하나님이 오시는 목적은 세 가지다: (a) 심판하는 것, (b) 멸하는 것, (c) 정죄하는 것. 유다는 (b)와 (c)를 한 어구로 결합함으로써 그가 당연히 유지할 것이라고 생각될 수 있었던(참조. 5, 10절) 멸망이라는 개념을 생략하고, 아울러서 원래 (c)의 목적어였던 "모든 육체"도 생략한다. 이러한 생략은 이 본문을 오로지 "경건치 않은 자들"(*ἀσεβεῖς* – 아세베이스)에게 적용하는 효과를 낳는데, 유다는 여기서 거짓 교사들을 바로 그런 자들로 규정하고자 한다(참조. Osburn, *NTS* 23[1976-77] 338). "멸하다"(에녹1서에서 이것이 "정죄하다" 앞에 나오는 것은 다소 이상하다)의 생략은 그들의 멸망에 선행하는 그들에 대한 사법적 정죄를 강조하는 효과를 가져온다.

(6) 페리 판톤 톤 스클레론 혼 엘랄레산 카트 아우투(*περὶ πάντων τῶν σκληρῶν ὧν ἐλάλησαν κατ' αὐτοῦ*). C의 긴 독법은 에디오피아 역본이 분명히 이 대목에서 그렇게 하고 있듯이 유다가 여기서도 본문을 축약한 것이 아니라면 중복오사(重複誤寫)로 설명될 수 있다(Charles, *Enoch*, 8; Knibb, *Enoch*, 60). 아람어 단편에는 모든 역본들과는 달리 5:4에서처럼(헬라어 역본에서는 *μελάλους καὶ σκληροὺς λόγους* – 메갈루스 카이 스클레루스 로구스; 에디오피아 역본에서는 "교만하고 강퍅한 말들") 여기서도 "크고 강퍅한"으로 되어 있다. 유다서에서는 16절이 이런 의미를 지닌다(*ὑπέρογκα* – 휘페록카, "자랑하는").

유다서 본문이 C와 다른 점들은 그가 헬라어 역본을 기억해 두었다가 인용하고 있다는 추정을 통해서 설명될 수 있는 것으로 보이지 않는다(Chaine, Kelly). (3)과 (5)에서 유다는 의도적으로 본문을 그가 그 본문에 부여하고자 하는 해석에 맞게 개작했지만, (1), (2), (4) 그리고 아마도 (6)에서는 C가 아니라 아람어 원문에 더 가까운 것으로 보인다. 반면에, 다른 곳에서 그의 번역은 C와 거의 일치한다. 이러한 일치는 유다와 C가 각각 아람어 원문을 직역했다고 추정하면 단지 우연일 수도 있지만(Milik이 재구성한 아람어 원문을 참조하라), 그럴 가능성은 없어 보인다.

가장 간단한 설명은 유다가 헬라어 역본을 알고 있었지만, 아람어 원문으로부터 자기가 직접 번역하여 사용했다는 것이다. 그 밖의 다른 가능성들은 C의 본문은 유다가 인용한 헬라어 역본이 훼손된 것이거나, 헬라어 역본을 만든 사람이 유다서를 알고 있던 그리스도인이었다는 것이다(Zahn, *Introduction*, 287).

## 주석

14 "예언하여"( Προεφήτευσεν – 프로에페튜센). 이 단어는 유다가 에녹1서의 예언들을 하나님의 감동을 받은 것으로 여겼다는 것을 보여 주는 것이기는 하지만 이것은 그가 에녹1서를 정경으로 여겼다는 것을 의미하는 것은 아니다. 예를 들면, 쿰란 공동체에서는 에녹 문헌과 그 밖의 다른 외경 저작들을 정경에 포함시키지는 않았지만 귀하게 여겼음이 분명하다.

"아담의 칠세 손"(ἕβδομος ἀπὸ Ἀδαμ – 헵도모스 아포 아담). 이것은 에녹에 대한 전통적인 서술(*1 Enoch* 60:8; 93:3=4QEn$^g$ 1:3:23-24; *Jub.* 7:39; *Lev. Rab.* 29:11)로서, 세대들을 전부 통틀어 계산했을 때 도달되는 결론이다(창 5:3-19). 이것은 완전수로서 족장들의 족보에서 에녹이 지닌 매우 특별한 성격을 지니고 있다는 것, 즉 하나님과 동행하다가 하늘로 끌어올려져 간 특별한 인물이라는 것(창 5:24) – 신구약 중간기의 유대교에서 에녹에 관한 모든 전설과 문헌의 뿌리 – 을 보여 준다. 여기에 나오는 묘사는 아마도 에녹이 아주 오래된 인물이라는 것이 아니라, 그의 예언에 권위를 부여해 주는 그의 특별한 지위를 강조하기 위한 것일 가능성이 크다.

"주께서 임하셨나니"(ἦλθεν κύριος – 엘덴 퀴리오스). 퀴리오스(κύριος, "주")는 이 본문에 대한 유다의 해석이 들어간 주해일 가능성이 큰데(위의 "양식/구조/배경"을 보라), 유다는 이 주해를 통해서 하나님의 종말론적인 도래에 관한 예언(에녹1서 1:4)을 주 예수의 재림에 적용한다. 그는 그렇게 할 때 초기 기독교에서 널리 행해졌던 것으로 보이는 관행, 즉 구약에 나오는 하나님의 현현에 관한 본문들을 주 예수의 재림에 적용하는 관행을 따르고 있는 것이다(예를 들면, 사 40:10[계 22:12]; 사 63:1-6[계 19:13, 15]; 사 66:15[살후 1:7]; 슥 14:5[살전 3:13; *Did.* 16:7]). 에녹1서의 첫 단락은 사실 구약에 나오는 그런 일련의 본문들, 특히 전사(戰士)이신 하나님이 장차 오실 것을 묘사하는 본문들에 토대를 두고 있다(vander Kam, *VT* 23[1973] 129-50를 보라).

초기 그리스도인들이 종말론적인 하나님의 현현이 주 예수의 재림이라는 형태를 띠게 될 것을 기대했다는 것은 가장 초기의 기독론의 발전들에 관한 연구에서 상당한 중요성을 지닌다. 왜냐하면 그것은 하나님에 관한 표현들이 그리스도에 대하여 사용되는 하나의 통로였기 때문이다. 대부분의 초기 기독론과 마찬가지로, 이것은 기능이라는 면에서 예수를 하나님과 동일시했다. 예수는 하나님의 대표자로서 종말론적인 심판(그리고 구원)이라는 하나님의 기능을 수행하게 될 것이다(21절에 대한 설명을 보라). 유대교의 메시아 대망도 그러한 기능들을 메시아에게 이전시킬 수 있기는 했지만(4 Ezra: 12:31-33; 13:37-38; *2 Apoc. Bar.* 40:1; 72:2), 주목할 만한 것은 재림에 관한 초기 기독교의 생각 중 많은 부분은 구약의 메시아 본문들을 예수에게 적용해서 나온 것이 아니라, 하나님의 도래에 관한 구약의 본문들을 직접적으로 사용한 것으로부터 나왔다는 것이다. 유다서는 팔레스타인 유대 기독교에서 그런 일이 일어났다는 것을 보여 주는 분명한 증거다.

블랙(Black, *NTS* 18[1971-72] 10-11; "Maranatha")은 유다서 1:14에 주어진 형태로 된 에녹1서 1:9은 "마라나타" 문구의 출처라고 주장하지만 그런 주장은 (1) 에녹1서 1:9이 초기 기독교에서 널리 사용되었다는 것과 (2) 퀴리오스(*κύριος*)가 유다 자신이 만들어 낸 것이 아니라, 본문에 대한 전통적인 기독교적 개작이라는 것을 전제하고 있다. 만약 (1)이 받아들여질 수 있다면, (2)는 충분히 유력하게 될 것이다. 그러나 유다가 에녹1서를 사용하고 있는 것은 신약의 기자들 가운데서 다소 예외적인 현상이기 때문에(주후 2세기의 기독교 저술가들이 놀라울 정도로 에녹1서를 빈번하게 간접적으로 인용하고 있는 것과는 대조적으로), 우리는 에녹1서 1:9이 유다가 속한 진영들 외부에서도 예수의 재림에 대하여 널리 사용되었다는 것을 그리 확신할 수 없다. 물론 유다가 "마라나타"가 유래한 바로 그 아람어를 사용하던 기독교 진영들에서 나온 극소수의 증인들 중의 한 사람이었을 가능성이 없지는 않다. 그러나 이 문구를 좀더 일반적으로 초기 기독교가 장차 여호와가 도래할 것을 언급하는 구약의 본문들을 사용한 것과 연결시키는 것이 더 안전할 것이다(신 33:2; 시 68:17; 사 40:10; 66:15; 미 1:3; 슥 14:5). 요한계시록에서 사용될 때(22:12, 20) 이 문구는 바로 이 다른 본문들 중의 하나(사 40:10)와 연결되고 있는 것으로 보인다.

"그 수만의 거룩한 자와 함께"(*ἐν ἁγίαις μυριάσιν αὐτοῦ* – 엔 하기아이스 뮈리아신 아우투). 에녹1서 1:9의 저자는 1:4에 나오는 시내 산에 관한 언급에 맞춰서 이 어구를 신명기 33:2에서 가져왔다(이 본문을 *Tg. Onq.*에서처럼 "수만의 거룩한 자와 함께"로 이해해서; 참조. 시 68:17과 vander Kam, *VT* 23[1973] 148-50). 주께서 재림 때에 천사들의 무리를 거느리고 오실 것이라는 초기 기독교의 대망(마 16:27; 25:31; 막 8:38; 눅 9:26; 살후 1:7; 아마도 살전 3:13; Bauckham, "A Note"를 보라)의 주된 출처였을 가능성이 큰 스가랴 14:5에서와 마찬가지로, 여기서 "거룩한 자들"은 전사이신 하나님의 하늘 군대인 천사들이다.

15 "뭇사람을 심판하사"(*ποιῆσαι κρίσιν κατὰ πάντων* – 포이에사이 크리신 카타 판톤). 이 어구는 단죄로서의 심판(참조. 4절의 *κρίμα* – 크리마)으로서, 특히 유다가 개작한 본문 속에서 모든 사람에 대한 심판이 아니라 모든 경건치 않은 자들(*ἀσεβεῖς* – 아세베이스)에 대한 심판을 가리킨다.

"경건치 않은 자"(*ἀσεβεῖς* – 아세베이스) : 4절에 대한 "주석"을 보라. 이 인용문은 어간 아세브(*ἀσεβ-*)의 반복이 그 특징인데(2번의 *ἀσεβεῖς* – 아세베이스, 1번의 *ἀσεβείας* – 아세베이아스와 *ἠσέβησαν* – 에세베산), 이것은 유다가 이 인용문을 선택한 한 이유임에 틀림없다. 실제로 유다에게 있어서 이 인용문은 거짓 교사들과 그들에 대한 심판이 예언되어 있다는 것을 보여 주는 핵심 본문이었고, 4절(*οἱ πάλαι προγεγραμμένοι εἰς τοῦτο τὸ κρίμα, ἀσεβεῖς* – 호이 팔라이 프로게그람메노이 에이스 투토 토 크리마 아세베이스, "저희는 옛적부터 이 판결을 받기로 미리 기록된 자니 경건치 아니하여")은 이 인용문만을 가리키는 것은 아닐지라도 특히 이 인용문을 염두에 두고 있었을 가능성이 높다.

"주께 거스려한 모든 강퍅한 말을 인하여"(*περὶ πάντων τῶν σκληρῶν ὧ ἐλάλησαν κατ' αὐτοῦ* – 페리 판톤 톤 스클레론 호 엘랄레산 카트 아우투). 경건치 않은 자들은 그들의 행위들과 그들의 말들로 인하여(이 어구에 나오는 것처럼) 정죄를 받게 될 것이다. 아마도 유다는 이미 전자의 측면에 대해서는 아주 자세하게 다루었고(5-10절), 이제는 거짓 교사들의 교사로서의 역할에 더 집중하고자 했기 때문에, 그의 해석 부분(16절)에서 후자를 집중적으로 다루게 된다. "강퍅한 말"을 하는 것(참조. *1 Enoch* 5:4; 27:2; 101:3; 또한 LXX Gen 42:7, 30; 1 Kgdms 20:10; 3 Kgdms 12:13)은 에녹1서 5:4에 나오는 "완악한 마음"과 결부되어 있고, 에녹1서에서는 하나님의 뜻에 대하여 완강한 저항을 표현하는 것을 의미한다.

16 "원망하는 자들"(*γογγυσταί* – 곡귀스타이). 에녹1서로부터의 인용문 속에서 "강퍅한 말"(*σκληρῶν* – 스클레론)이라는 어구에 함축된 의미는 유다로 하여금 그가 5절과 11절에서 이미 모형들로 인용한 바 있는 광야에서의 이스라엘 백성을 다시 생각나게 했을 것이다(참조. 시 95:8; "마음의 완악함"의 고전적인 예로서의 광야에서의 이스라엘에 대해서는 Berger, *ZNW* 61[1970] 1-47를 보라). 이스라엘의 완고함, 하나님에 대한 불평들, 하나님의 뜻에 대한 저항은 오경과 후대의 문헌들 속에서 거듭거듭 "원망"(לון – 룬, רגן – 라간; LXX: *γογγύζειν* – 곡귀제인, *διαγογγύζειν* – 디아곡귀제인, *γογγυσμός* – 곡귀스모스)이라는 말로 표현되고 있기 때문이다(K. H. Rengstorf, *TDNT* 1, 728-37를 보라). 유다서의 곡귀스타이[*γογ-*

*γυσταί*]는 칠십인경과 신약성경에서 하팍스 레고메나, 즉 단 한 번밖에 사용되지 않은 단어이지만, Symmachus 역본의 잠 26:22; 사 29:24; Theodotion 역본의 잠 26:20에서 발견된다.) 유다가 5절에서 언급한 가데스에서의 이스라엘의 불신앙은 고라의 반역과 마찬가지로(민 16:11; 광야에서 이스라엘의 원망의 다른 예들에 대해서는 출 15:24; 16:2, 7-9, 12; 고전 10:10; 4 Ezra 1:15-16을 보라) "원망"으로 표현되었다(민 14:2, 27, 29, 36; 신 1:27; 시 106:25; CD 3:8). 물론 이 단어는 다른 문맥들 속에서도 사용될 수 있었지만(Sir 10:25; *Pss. Sol.* 16:11; 1QH 5:23; 1QS 11:1; 마 20:11; 눅 5:30; 요 6:41, 43, 61; 7:32; *Did.* 3:6; *3 Apoc. Bar.* 8:5; 13:4), 광야에서의 이스라엘과의 연관성이 워낙 강했기 때문에, 유다는 여기에서 그런 연관성을 의도했을 것임에 틀림없다.

유다는 에녹의 예언에 나오는 경건치 않은 자들이 "주께 거슬러 한"(*κατ' αὐτοῦ* – 카트 아우투) "강퍅한 말"을 해석하고 있는 것이기 때문에, 이 어구가 가리키는 것은 교회의 권세자들에 대한 거짓 교사들의 불평이 아니다(Werdermann, *Irrlehrer*, 58-59; Zahn, *Introduction*, 247). 유다가 말하고자 하는 것은 거짓 교사들은 광야에서의 이스라엘처럼 하나님(또는 그리스도)의 권위에 이의를 제기한다는 것이다. 그들은 그들을 향한 하나님의 뜻을 받아들이는 대신 그 뜻에 저항하고 그 뜻에 대하여 불평한다(참조. 민 14:2-3). 유다는 여기서 또다시 그들의 율법 폐기론을 염두에 두고 있다. 틀림없이 거짓 교사들은 율법의 계명들을 지켜보아야 거기에서 선한 것이 나오지 않는다고 말했고, 그 계명들을 인간의 자유에 대한 거추장스러운 제약으로 여겼을 것이다.

"불만을 토하는"(*μεμψίμοιροι* – 멤프시모이로이). 이 단어(*γογγυσταί* – 곡귀스타이, "원망하는 자들"에 걸리는 형용사일 가능성이 높은 단어)는 곡귀스타이(*γογγυσταί*)의 의미에 무엇을 더해 주는 것은 별로 없지만, 수사학적 효과를 강화시키는 역할을 한다. 신약성경(과 칠십인경)의 또 하나의 하팍스 레고메나인 이 단어는 자신의 운명에 불만을 토하는 자들을 가리킨다. 필로(Philo, *Mos.* 1.181)는 이스라엘이 광야에서 원망한 것을 멤프시모이레인(*μεμψιμοιρεῖν*)이라는 단어를 사용하여 표현하고 있고, 유다는 이 단어를 모세의 유언 7:7에서 가져왔을 것이다(Charles, *Assumption*에서 복원된 본문에 의하면, quaeru [⋯]; 불가타 역본도 유 16절에서 멤프시모이로이[*μεμψίμοιροι*]를 quaerulosi로 번역한다; 그러나 Laperrousaz, *Testament*, 51-52는 이 견해에 반대한다).

거짓 교사들은 하나님이 그들에게 부과한 도덕적 제약들에 만족하지 못하고, 그러한 제약들을 벗어버리고자 한다.

"그 정욕대로 행하는"(*κατὰ τὰς ἐπιθυμίας αὐτῶν πορευόμενοι* – 카타 타스 에피뒤미아스 아우톤 포류오메노이). 그들이 하나님의 뜻을 거부하고 배척한 것의 필연적인 결과는 그들 자신의 뜻을 따르는 것이다. 에피뒤미아(*ἐπιθυμία*)는 흔히 죄악된 욕구라는 나쁜 의미를 지니지만, 여기서 유다의 요지는 그들이 성적 욕구든 탐욕이든 어떤 특정한 죄악된 욕구를 탐닉한다는 것이 아니라, 그들은 **하나님이 원하시는 것**이 아니라 **그들 자신이 원하는 것**을 따른다는 것이다. 이것을 CD 2:14-3:12(유 5-7절에 나오는 목록과 연관이 있는)에 나오는 죄와 심판의 역사적 예들의 목록과 비교해 보면 상당한 도움이 되는데, 거기서 죄를 묘사하는 데 사용되는 반복적인 어구들은 이런 것들이다: "그들의 마음의 완고함 가운데서 행했다", "계명(들)을 지키지 않았다", "그들 자신의 뜻을 택했다"(또한 참조. CD 8:7-8; 렘 18:12). 이 중에서 마지막 어구는 유다서에 나오는 어구와 동일한 의미다(또한 참조. 사 65:2; *T. Jud.* 13:2; 딤후. 4:3; Aristides, *Apol.* 7).

"그 입으로 자랑하는 말을 내며"(*τὸ στόμα αὐτῶν λαλεῖ ὑπέρογκα* – 토 스토마 아우톤 랄레이 휘페록카). 쿰란 문헌 중에 있는 에녹1서 1:9의 아람어 단편(4QEnc 1:1:17)에는 악인들이 "자랑하는 강퍅한 말"(רבן וקשין [רב])을 낸다고 되어 있다: 유다가 이 본문을 읽었다면, 그는 그의 인용문에서는 "자랑하는"이라는 단어를 뺐다가 그의 해석 부분에서 그 단어를 사용하고 있는 것이 된다. 어쨌든 이 어구는 에녹1서에서 1:9의 주제를 재개하는 5:4에서 다시 사용된다(4QEna 1:2:13): "너희는 너희의 부정한 입으로 그의 엄위하심을 거슬러 자랑하는 강퍅한 말을 내었다(헬라어로는 *μεγάλους καὶ σκληροὺς λόγους* – 메갈루스 카이 스클레루스 로구스)." 이 어구는 에녹1서 101:3에 다시 반영된다: "너희는 너희의 입으로 그의 엄위하심을 거슬러 자랑하는 강퍅한 말(*μεγάλα καὶ σκληρά* – 메갈라 카이 스클레라)을 낸다"(또한 참조. 27:2). 또한 유다는 모세의 유언 7:9(os eorum loquetur ingentia, 이것은 유다서의 어구와 정확히 동일하다)과 다니엘 7:8, 20(LXX과 $\theta$: *στόμα λαλοῦν μεγάλα* – 스토마 랄룬 메갈라, "자랑하는 말을 내는 입")에 나오는 동일한 표현을 떠올렸을 수도 있다(또한 참조. 시 12:3[LXX 11:4]; 계 13:5; *2 Apoc. Bar.* 67:7).

유다는 헬라어로 옮길 때 통상적으로 사용되던 메갈라(*μεγάλα*, "큰")를 사용하지 않고, 그 대신에 헬라어에서 더 나은 관용 표현이었던 휘페록카(*ὑπέρογκα*, 직역하면, "거대한"; 신약의 다른 곳에서는 벧후 2:18에서만 사용됨)를 사용하는데, 이것은 이 단어가 말과 교만함 둘 모두에 대하여 사용될 수 있었기 때문이다(Mayor에 나오는 Plutarch의 글에서 가져온 인용문들을 보라. Theodotion 역본은 단 11:36에서 *λαλήσει ὑπέρογκα* – 랄레세이 휘페록카, "그가 오만한 말들을 하리라"로 되어 있다). 그러나 유다의 의도는 이 단어가 셈어에서 지니는 관용적 의미를 따라 결정되어야 하기 때문에, 이 단어는 거짓 교사들이 통상적인 의미에서 자신을 뽐내며 자랑한다는 의미로(RSV, JB, NIV 등에서처럼) 해석되어서는 안 된다. 그들의 자랑하는 말들은 느부갓네살(*2 Apoc. Bar.* 67:7), 안티오코스 에피파네스(단 7:8, 20; 11:36), 적그리스도(계 13:5)의 말들과 마찬가지로 하나님을 거슬러 한 말들이다(*1 Enoch* 5:4; 101:3). 그 말들은 하나님에 대한 그들의 오만방자하고 주제넘은 태도, 하나님의 계명들에 대한 그들의 오만한 멸시, 하나님의 도덕적 권위를 배척하고 그들 자신이야말로 도덕적 권위라고 주장하는 것을 표현하는 말들이다.

"이(利)를 위하여 아첨하느니라"(*θαυμάζοντες πρόσωπα ὠφελείας χάριν* – 다우마존테스 프로소파 오펠레이아스 카린). 이 어구가 앞에 나오는 것과 어떻게 연결되는지, 이 어구의 정확한 의미가 무엇인지를 이해하기는 쉽지 않다. 다우마제인 프로소폰(*θαυμάζειν πρόσωπον*) 또는 프로소파(*πρόσωπα*)라는 표현은 히브리어의 관용 표현인 나사 파님(נשׂא פנים)에 대한 통상적인 번역이다(칠십인경에서 사용됨: 예를 들면, 신 10:17; 28:50; 대하 19:7; 욥 13:10; 22:8; 잠 18:5; 칠십인경에서 이 어구에 대한 다른 번역은 람바네인 프로소폰[*λαμβάνειν πρόσωπον*]이다). 이 어구는 항상 나쁜 의미를 지니는 것은 아니지만(참조. 창 19:21; 신 28:50), 구약에서는 통상적으로 재판을 할 때 편파성을 보인다는 것을 의미하고, 흔히 뇌물을 받고서 재판을 굽게 하는 것과 결부되어 있다(신 10:17; 16:19; 대하 19:7; 잠 28:21; Sir 35:12-13).

유다서 1:16에서 이 어구는 흔히 "아첨하다"로 번역되어 왔지만(RSV, JB, NIV), 그런 의미로 해석된 전례가 거의 없다(참조. 욥 32:21-22). 이 어구는 가난한 자들을 무시하고 부자들을 예우하는 것은 잘못이라고 지적하는 야고보서 2:1-9에서처럼 아주 일반적인 의미에서 "편파성을 보이다"를 의미할 수 있다. 그러므로 대부분의 주석자들이 주장하듯이, 유다는 거짓 교사들이 교회의 부자들과 영향력 있는 지체들에게 아첨한다는 것을 표현하고자 했다. 이 어구를 이렇게 해석하면, 앞에 나오는 내용과 아주 느슨하게 연결된다는 점만을 제외하고는, 앞뒤의 문맥이 잘 통하게 된다.

이 어구의 의미는 다소 좀더 구체적인 의미를 지닌 것이었을 수 있다. "사람의 외모를 보는" 죄를 신앙적인 **가르침**의 활동과 연결시키는 구절들이 꽤 있다. 이 구절들은 이 어구의 통상적인 법정적(judicial) 맥락과 밀접하게 연관되어 있다. 왜냐하면 재판관이 부자나 힘 있는 자의 편을 들기 위해서나 뇌물을 받아서 율법을 굽게 할 수 있는 것과 마찬가지로, 율법의 교사도 그의 청중들이 듣고자 하는 것에 맞춰서 그의 가르침을 굽게 할 수 있기 때문이다. 그는 그의 가르침을 베풀면서 자기와 이해관계 속에 있는 자들이 저지른 죄들을 못본 체하고 말하지 않을 수 있다. 따라서 말라기 2:9에서는 율법을 가르칠 때 편파성을 보이는 제사장들을 고소하고(LXX: *ἐλαμβάνετε πρόσωπα ἐν νόμῳ* – 엘람바네테 프로소파 엔 노모; 참조. 미 3:11), 누가복음 20:21(참조. 마 22:16; 막 12:14)에 의하면 유대교 교사의 이상형은 "사람을 외모로 취치 아니하고"(*οὐ λαμβάνεις πρόσωπον* – 우 람바네이스 프로소폰) "참으로써 하나님의 도를 가르치는" 자이다. 또한 우리는 초기 기독교의 교리 교육에서의 가르침들, 즉 잘못을 범한 어떤 형제를 책망할 필요가 있을 때는 사람의 외모를 보지 않고 편파성 없이 책망해야 한다고 하는 가르침과 이 어구를 비교해 볼 수 있다(*Did.* 4:3; *Barn.* 19:4; *Ep. Apost* 46, 참조. 38, 42).

많은 주석자들은 유다가 특히 모세의 유언 5:5을 염두에 두었을 것이라고 생각하고서, 그 본문을 토대로 이 어구의 의미를 결정해야 한다고 주장한다. 그 본문은 다소 훼손되기는 했지만(Charles, *Assumption*, 72-75를 보라), "사람의 외모를 취하고"(mirantes personas) 뇌물을 받고 재판을 굽게 하는 율법 교사들(magistri, doctores eorum; 6절에 나오는 재판관들이 아니라)에 대하여 말하고 있는 것으로 보인다. (마지막 날들에 교회에 등장할 거짓 교사들을 다루는 후대의 기독교 묵시론에 나오는 대목 중에서 여기에 나오는 것과 비슷한 것은 *Ep. Apost* 37이다; 또한 참조. *Asc. Isa.* 3:25.)

유다의 대적자들은 자칭 교회의 교사들이라고 주장하지만 하나님의 도덕적인 요구들을 두려움이나 편파성 없이 신실하게 제시하기는커녕 도리어 폐기처분했다. 왜냐하면 그들은 그런 식으로 해서 교회의 부자들이나 힘 있는 자들의 호감을 사서 자신의 이익을 도모하고자 했기 때문이다(유다의 주장에 의하면). 이러한 해석은 이 어구가 이 절의 나머지 부분과 잘 연결되게 해주는 이점을 지닌다. 이 절 전체는 거짓 교사들이 그들의 가르침을 통해서 하나님의 뜻을 배척한다는 것에 관한 것이다. 이것은 하나님과의 관계 속에서 그들의 주제넘은 오만방자함만을 보여 주는 것이 아니라("그 입으로 자랑하는 말을 내며"), 사람들을 향한 그들의 아첨을 보여 주는 것이기도 하다고 유다는 말한다. 거짓 교사들이 가르침을 베풀면서 하나님을 거슬러 "자랑하는 말"을 하는 의도는 그들을 후원하는 자들에게 도덕적 제약으로부터 놓여나는 자유를 선사함으로써 그 후원자들의 환심을 사기 위한 것이다.

## 해설

에녹으로부터의 인용문은 유다의 미드라쉬 부분 속에서 핵심 본문인 것으로 보인다. "주"라는 단어의 첨가를 통해서 해석된 이 인용문은 주 예수께서 악인들을 심판하기 위하여 오실 것에 관하여 말하고 있다. "경건치 않은"이라는 단어의 반복을 통한 강조는 유다의 미드라쉬 전체의 메시지를 단단하게 못 박는 역할을 한다: 거짓 교사들처럼 "경건치 않은" 행실에 빠져 있는 자들은 장차 심판을 받게 되리라는 메시지.

유다는 이 예언을 거짓 교사들에게 적용하면서, 경건치 않은 자들이 주를 거슬러 한 "강퍅한 말들"에 대한 이 예언의 언급을 특히 강조하여 거짓 교사들의 말들이 하나님의 뜻에 순복하고자 하지 않는 자들의 말들이라는 것을 부각시킨다. 그들은 광야에서의 이스라엘처럼 하나님의 뜻을 "원망하며", 율법이 사람들에게 부과하는 제약들에 대하여 불평을 늘어놓는다. 하나님의 뜻과 그들 자신의 뜻이 충돌할 때, 그들은 후자를 따르기 위해서 전자를 배척한다. 그들은 그들 자신이 하나님의 계명들을 폐기할 수 있는 도덕적 권위를 지니고 있다고 주장하며, 부끄러움을 모르는 오만함으로 그런 일을 행한다. 또한 그들은 도덕적 방종을 정당화하는 가르침을 통하여 그들 자신을 합리화하는 것은 물론이고, 그들을 아낌없이 후원하여 잘 먹고 잘 살게 해주는 교회의 유력한 지체들의 환심을 살 목적으로 그런 일을 행한다.

이 단락은 거짓 교사들에 대한 우리의 지식에 별로 더해 주는 것은 없지만, 그런 것은 이 단락의 목적이 아니다. 이 단락은 오로지 그들이 율법 폐기론자들이라는 사실을 집중적으로 보여 주고, 유다가 실제로 관심을 갖고 있는 것은 오직 이 사실뿐이다. 그의 노력은 그의 독자들을 설득해서 그러한 율법 폐기론적인 교사들은 성경에서 단죄된 모든 세대의 죄인들, 특히 재림 때에 심판 받을 것이 예언되어 있는 마지막 날들의 죄인들과 같은 부류라는 것을 알게 하는 데 맞춰져 있다. 에녹의 예언의 가치는 이 점을 아주 효과적으로 말해 주고 있다는 데 있었다.

# 사도들의 예언(유다서 17-19)

## 본 문

17 사랑하는 자들아 너희는 우리 주 예수 그리스도의 사도들의 미리한 말을 기억하라

18 그들이 너희에게 말하기를 마지막 때에 자기의 경건치 않은 정욕대로 행하며 기롱하는 자들이 있으리라 하였나니

19 이 사람들은 당을 짓는 자며 육에 속한 자며 성령은 없는 자니라

17 But you, my dear friends, should remember the predictions of the apostles of our Lord Jesus Christ,

18 how they said to you, In the final age there will be scoffers, who will follow their own desires for ungodliness.[a]

19 These people are the ones who create divisions, who follow mere natural instincts, and do not possess the Spirit.

## 원문주해

a. 톤 아세베이온(*τῶν ἀσεβειῶν*, "경건치 않은")은 셈어적인 용법으로서 속성의 속격일 수도 있고("경건치 않은 욕구들"), 목적격적 속격일 수도 있다("경건치 않은 행위들을 위한 욕구들"). 복수형으로 사용된 것으로 보아서 후자가 더 유력하다. 이 어구는 유다가 잘 사용하는 표제어에 의한 연결 기법의 한 예를 보여 주는 것이기 때문에, 난외주로 여겨서 배척해서는 안 된다(Spitta의 제안과는 달리).

## 양식/구조/배경

호격 아가페토이(*ἀγαπητοί*, "사랑하는 자들아")가 사용된 서두의 어구는 이 어구가 주요한 이행문에 속한다는 것을 보여 주는데(White, *Body*, 15-16, 38를 보라), 유다는 이 주요한 이행문들에서 5절에 나오는 서두의 어구의 사상을 반복한다. 이 공식적인 이행문은 구약의 모형들과 예언들(5-16절)로부터 사도적 예언(17-19절)으로 이행되고 있다는 것을 보여 주는 역할을 한다. 유다는 여전히 그의 독자들에게 그들이 회심의 때 받은 가르침을 상기시키고 있지만, 여기서는 그들이 가르침 받은 구약의 내용으로부터 그들의 교회(들)를 세운 사도들이 그 권위로 그들에게 준 예언들로 옮겨간다.

베드로후서 3:3 외에는 밀접한 평행이 없는 유다의 인용문은 문서 또는 구전 자료를 그대로 인용한 것이 아니라, 초기 기독교의 가르침 속에 흔하게 포함되어 있

던 예언 내용 중 일부의 일반적인 의미를 유다가 나름대로 자신의 말로 표현한 것일 수 있다. 여기에 나오는 말들이 유다 자신의 것일 수 있다는 것은 카타 타스 헤아우톤 에피뒤미아스 포류오메노이 톤 아세베이온(*κατὰ τὰς ἑαυτῶν ἐπιθυμίας πορευόμενοι τῶν ἀσεβειῶν*, "자기의 경건치 않은 정욕대로 행하며")이라는 어구가 표제어를 통해서 16절을 반영함과 동시에, 에녹의 예언으로부터의 인용문(15절) 속에 나오는 반복적인 아세브(*ἀσεβ-*) 어군의 단어들을 반영하고 있다는 사실이 보여 준다. 반면에, 유다가 이미 고정된 형태로 되어 있던 어구를 인용한 것일 가능성도 있다. 그렇다면 그는 이 어구가 표제어인 아세베이온(*ἀσεβειῶν*)을 사용하고 있었기 때문에 이 어구를 선택했을 것이고, 16절에서 이 어구의 인용을 위한 준비를 미리 의도적으로 했을 것이다.

## 주석

**17** "그러나 너희는"(*ὑμεῖς δέ* – 휘메이스 데)은 거짓 교사들(16절)과의 대비를 나타내는 것이지만, 많은 주석자들이 생각하듯이 이 단락과 앞 단락(5-16절)의 대비를 나타내는 것은 아니다. 유다는 지금 거짓 교사들을 고소하는 것에서 신실한 자들을 권면하는 것으로 옮겨가는 것이 아니다. 이 단락에서 그는 여전히 그의 독자들에게 거짓 교사들이 예언 속에서 경고를 받은 자들이라는 것을 설명하고 있다. 그러나 미드라쉬 부분 전체에 걸쳐서 유다의 의도는 그의 독자들이 이러한 경고들에 유의해서 더 이상 거짓 교사들을 따르고자 하는 유혹을 받지 않게 되는 것이었다.

"너희는 우리 주 예수 그리스도의 사도들의 미리한 말을 기억하라 그들이 너희에게 말하기를"(*μνήσθητε τῶν ῥημάτων τῶν προειρημένων ὑπὸ τῶν ἀποστόλων τοῦ κυρίου ἡμῶν Ἰησοῦ Χριστοῦ, ὅτι ἔλεγον ὑμῖν* – 므네스데테 톤 레마톤 톤 프로에이레메논 휘포 톤 아포스톨론 투 퀴리우 헤몬 예수 크리스투 호티 엘레곤 휘민). 이 어구에 대한 해석은 유다서 전체의 저작 연대 및 성격과 관련해서 아주 중요하다. 이 어구는 흔히 유다서가 사도 시대 이후에 작성되었다는 것을 보여 주는 증거로 이해되어 왔기 때문이다. 이 어구는 사도들의 시대가 과거에 속한 것으로 묘사하고 있다고 말해진다.

이러한 견해를 반박하는 두 가지 결정적인 고려들이 있다: (1) 양식상으로 5절과 연결되어 있다는 것("양식/구조/배경"을 보라)은 유다가 여전히 그의 독자들에게 그들이 **처음에**, 즉 그들의 교회(들)가 세워질 때 받았던 기독교적 가르침을 일깨워 주고 있다는 것을 보여 준다. 일단 우리가 이 점을 깨닫는다면, 이 어구 전체를 유다서가 사도 시대 이후에 작성되었다는 설을 전혀 전제하지 않고도 자연스럽게 읽을 수 있게 된다. 과거에 속한 것은 사도들 자신이 아니라, 그 사도들이 교회를 세우기 위해서 유다서의 독자들이 있는 곳으로 와서 그들을 가르친 일이다. (2) 이러한 해석은 사도들이 가르친 것은 유다서의 독자들 자신이었다는 명시적인 언급(*ὑμῖν* – 휘민, "너희에게")에 의해서 밑받침된다. 따라서 우리가 이 어구로부터 얻을 수 있는 정보는 사도들의 예언이 주어진 때로부터 어느 정도 시간이 흘렀다는 것뿐이다. 이 어구는 사도들이 교회(들)를 세울 때의 최초의 회심자들 중 대부분이 유다가 이 서신을 쓸 때 여전히 살아 있었다는 것을 말해 준다. 프로에이레메논(*προειρημένων*, "미리 한")이라는 단어를 반드시 오랜 시간이 흘렀다는 것을 의미하는 것으로 해석할 필요는 없다. 이 단어는 단지 그 예언들이 그 성취에 앞서 주어졌다는 것을 나타내 주는 역할만을 할 뿐이다.

유다가 여기서 그의 독자들이 받은 최초의 기독교적 가르침만을 가리키고 있다는 이러한 논증에 반대해서, 미완료 동사 엘레곤(*ἔλεγον*, "그들이 말하기를")은 그 가르침이 "종종 반복되었다"는 의미를 함축하고 있다는 반론이 있을 수 있다(Mayor). 그러나 (1) 이 동사의 경우에 미완료와 부정과거(aorist)가 지니는 의미를 엄격하게 구별하는 것이 과연 가능한지가 의심스럽다(BDF § 329를 보라; 참조. 마 9:34; 막 3:21-22). (2) 또한 설령 그런 구별이 가능하다고 할지라도, 그러한 반복은 오직 사도들에 의한 한 번의 방문 기간 중에 이루어진 것일 수 있다. 이것과 관련해서, 바울의 데살로니가 서신들은 유익한 평행들을 보여 준다. 왜냐하면 바울은 그가 데살로니가를 한 차례 방문한 동안에 베푼 가르침과 관련해서 세 개의 미완료 동사를 사용하기 때문이다(*προελέγομεν* – 프로엘레고멘, 살전 3:4; *ἔλεγον* – 엘레곤, 살후 2:5; *παρηγγέλλομεν* – 파렝겔로멘, 살후 3:10). 게다가, 바울이 사용한 프로엘레고멘(*προελέγομεν*, "우리가 미리 말했더니")은 얼마 전에 주어졌지만 서신을 쓸 당시에는 이미 성취된 사도적 예언을 가리키는 것으로서 유다서에 나오는 프로에이레메논(*προειρημένων*, "미리 말한")과의 평행을 보여 준다. 바울의 예언이 종말론적 환난의 때 관한 묵시론적 기대로 해석된다면, 그 평행은 한층 더 밀접해진다. 유다서의 이 어구와의 추가적인 평행은 데살로니가후서 2:5("내가 너희와 함께 있을 때 이 일을 너희에게 말한 것[*ἔλεγον ὑμῖν* – 엘레곤 휘민]을 기억하지 못하느냐")에서 발견된다: 여기서 바울(데살로니가후서가 바울의 진정한 서신이라고 할 때)은 그의 독자들에게 그가 그들의 교회를 세우기 위한 선교적 목적으로 그들을 방문한 동안에 그들에게 주었던 적그리스도의 도래에 관한 묵시론적 가르침을 상기시킨다. 바울과는 달리, 유다는 여기서 자기 자신이 그의 서신의 수신처인 교회(들)을 세운 사도들 중의 한 사람이 아니었기 때문에 사도들을 삼인칭으로 언급한다. 그러나 바울의 말이 그가 데살로니가를 선교차 방문한 때와 데살로니가 서신들을 쓴 때의 시간 간격을 염두에 두고 있었던 것과 마찬가지로, 우리는 유다의 말에 대해서도 그런 시간 간격보다 더 긴 기간을 반드시 전제할 필요는 없다.

톤 레마톤(*τῶν ῥημάτων*)은 직역하면 "말들"이다. 복수형은 "말한 것들"을 가리키는 것으로 해석하는 것이 가장 자연스러워 보이는데, 뒤에 나오는 인용문은 사도들이 말한 것들, 즉 그들의 예언들 중에서 단지 하나의 표본 또는 요약일 뿐이라는 것을 보여 준다.

"우리 주 예수 그리스도의 사도들"(*τῶν ἀποστόλων τοῦ κυρίου ἡμῶν Ἰησοῦ Χριστοῦ* – 톤 아포스톨론 투 퀴리우 헤몬 예수 크리스투)은 모든 사도들, 즉 후대의 공경하는 눈을 통해 바라본 "사도의 무리"를 가리키는 것이 아니라(Kelly), 문맥상으로 볼 때 구체적으로 유다서의 수신처인 교회(들)를 세운 사도들을 가리킨다고 보는 것이 자연스럽다. 사도들에 관한 이런 장황한 표현은 신약의 다른 곳에는 유례가 없지만(바울서신들에서 통상적인 표현은 "그리스도 예수의 사도"다. 그러나 참조. 엡 3:5: "그의 거룩한 사도들"), 사도들의 권위가 주께로부터 나왔다는 것을 강조하는 표현이다 – 이것은 사도들의 동시대인들의 입장에서는 대단히 자연스러운 것이었다.

거의 모든 주석자들은 유다가 여기서 자기 자신을 사도들의 수(數)에서 배제하고 있지만, 그의 편지의 수신처인 교회(들)를 세운 사도들의 수에서 자신을 배제하고 있을 뿐이라고 생각한다. 실제로 "주의 형제"로서 그는 사도로 알려져 있지 않았을 가능성이 크지만(1절에 대한 설명을 보라), 그러한 결론은 이 절로부터 이끌어 낼 수는 없다.

18 "마지막 때"(*'επ' ἐσχάτου τοῦ χρόνου* – 에프 에스카투 투 크로누). 베아하리트 하이야밈(באחרית הימים, "말일에")이라는 구약의 표현은 칠십인경과 초기 기독교의 문헌 속에서 아주 다양한 방식으로 번역되고 있는데, 그 중에서 가장 흔한 것은 에프 에스카투 톤 헤메론(*'επ' ἐσχάτου τῶν ἡμερῶν*)과 엔 (타이스) 에스카타이스 헤메라이스(*ἐν [ταῖς] ἐσχάταις ἡμέραις*)이다. 카이로스(*καιρός*, "때")는 종종 헤메라(*ἡμέρα*, "날") 대신에 사용되지만(딤전 4:1; 벧전 1:5; *Did.* 16:2;

Ign. *Eph.* 11:1), 크로노스(*χρόνος*, "시간, 때")는 오직 여기서와 베드로전서 1:20 (*'επ' ἐσχάτου τῶν χρονῶν* – 에프 에스카투 톤 크로논, "이 말세에")에서만 사용된다. 여기서도 우리는 유다가 셈어 자료를 비교적 독자적으로 번역했음을 보여 주는 증거를 갖는 셈이다. 다소 어색한 표현(사본들은 투[*τοῦ*]의 생략을 통해서 본문을 "개선함")은 좀더 통상적인 번역인 에프 에스카투 톤 헤메론(*'επ' ἐσχάτου τῶν ἡμερῶν*)에서처럼(LXX 민 24:14; 렘 23:20; 25:19; 단 10:14; 히 1:2) 에스카투(*ἐσχάτου*)를 히브리어 아하리트(אחרית, "나중 부분" 또는 "마지막 부분")에 해당하는 실명사로 사용한 것에서 비롯된 것이다.

구약에서 흔히 그렇듯이, 이 어구는 통상적으로 단지 미래를 가리키지만(G. W. Buchanan, "Eschatology and the 'End of Days,'" *JNES* 20[1961] 188-93), 후대에 묵시 문헌과 그 밖의 저작들 속에서 구약의 예언들이 성취될 때, 그러니까 "종말론적인" 미래를 가리키는 표준적인 표현이 되었다(CD 4:4; 6:11; 1QSa 1:1; 1QpHab 2:5; 9:6; *2 Apoc. Bar.* 6:8; 41:5; 78:5). 이미 성취의 때에 살고 있다는 인식을 갖고 있던 초기 기독교의 저자들은 여전히 저 멀리 있는 미래(약 5:3; 벧전 1:5; *Did.* 16:2, 3; *Asc. Isa.* 3:30)만이 아니라, 과거에 그리스도가 오신 것(히 1:2; 벧전 1:20; *2 Clem* 14:2; *Asc. Isa.* 9:13; 참조. 히 9:26) 및 그들이 살고 있는 현재(*Barn.* 4:9; Ign. *Eph.* 11:1; 참조. 요일 2:18)와 관련해서도 어 어구를 사용할 수 있었다. 동일한 저자가 이 어구를 과거 및 미래 둘 다와 관련하여 사용하는 것도 가능했다(벧전 1:5, 20). 그런 까닭에 유다는 사도들이 마지막 날들의 사건들을 예언한 것으로 묘사할 때 사도들이 그들 자신이 이미 마지막 날들에 살고 있다고 보았다는 것을 부정하고 있는 것이 아니었다. 이 어구는 융통성 있는 표현이었기 때문에, 가장 초기의 기독교적 가르침에서 묵시론적 미래에 관한 사도들의 예언들 속에서 사용되었을 것임에 틀림없다. 이 어구가 유다서 1:18의 맥락과 비슷한 맥락들 속에서 사용된 예들에 대해서는 1QpHab 2:5.-6; 딤전 4:1; 딤후 3:1; *Did.* 16:3; *Asc. Isa.* 3:30을 참조하라.

"기롱하는 자들"(*ἐμπαῖκται* – 엠파이크타이). 구약의 지혜 문학에서 "기롱하는 자"(לץ – 루츠)는 신앙과 도덕을 멸시하고 무시하는 사람이고(시 1:1; 잠 1:22; 9:7-8; 13:1 등; 참조. 4 Ezra 7:79, 81), 유다는 이 히브리어에 해당하는 헬라어 엠파이크테스(*ἐμπαίκτης*)를 이런 일반적인 의미로 사용한다. 이 단어군은 유대 헬라어에서 전형적이지만(엠파이그마[*ἔμπαιγμα*], 엠파이그모스[*ἐμπαιγμός*], 엠파이그모네[*ἐμπαιγμονή*], 엠파이크테스[*ἐμπαίκτης*]는 칠십인경과 신약에서만 발견되고, 엠파이크테스[ἐμπαίκτης]는 오직 사 3:4; 벧후 3:3; 유 18절에서만 발견된다), 통상적으로 악인들에 의해서 의인들이 조롱을 받고 박해를 당하는 맥락 속에서 사용된다(*TDNT* 5, 633를 보라). 이 단어군은 칠십인경에서는 히브리어 루츠(לִיץ)를 번역하는 데 결코 사용되지 않는다. 여기서도 유다의 헬라어가 칠십인경의 헬라어로부터 비교적 독립되어 있다는 것이 다시 한 번 확인된다. (쿰란 문헌들 속에서 "기롱하는 자"[איש הלצון]와 "기롱하는 자들"은 쿰란 공동체가 이사야 28:14에서 빌려와서 그들의 원수들인 악한 제사장과 그의 일당을 가리키는 데 사용하는 용어들이다: CD 1:14; 4QpIsa[b] 2:6, 10.)

"자기의 경건치 않은 정욕대로 행하며"(*κατὰ τὰς ἑαυτῶν ἐπιθυμίας πορευόμενοι τῶν ἀσεβειῶν* – 카타 타스 헤아우톤 에피뒤미아스 포류오메노이 톤 아세베이온). 이 어구는 유다가 16절에서 이미 사용했던 어구이지만, 거기에 톤 아세베이온(*τῶν ἀσεβειῶν*, 직역하면 "경건치 않은 행위들을 위한")이 첨가되자 뉘앙스가 달라져서 단지 그들 자신의 욕구가 아니라 악에 탐닉하고자 하는 그들의 욕구를 가리키게 되었다. (참조. *Herm. Vis.* 3:7:3: *πορεύονται πάλιν ὀπίσω τῶν ἐπιθυμιῶν αὐτῶν τῶν πονηρῶν* – 포류온타이 팔린 오피소 톤 에피뒤미온 아우톤 톤 포네론, "그들은 다시 한 번 그들의 악한 욕구들을 따라 행한다"; *T. Iss.* 6:12; *T. Jud.* 13:12.)

거짓 선지자들이나 거짓 교사들에 관한 예언들은 초기 기독교의 종말론적인 가르침 속에서 흔했지만(마 7:15; 24:11, 24; 막 13:22; 행 20:29-30; 딤전 4:1-3; 딤후 4:3-4; 요일 2:8; 4:1-3; *Did.* 16:3; *Apoc. Pet.* A 1; *Sib. Or.* 2:165-6), 유다는 그런 예언을 명시적으로 인용하지 않았다. 그는 그가 인용한 일련의 본문들을 그의 대적자들이 지닌 율법 폐기론적 성격을 다시 한 번 강조하는 본문으로 끝내고자 했을 것이기 때문에, 밀접하게 연관되어 있고 마찬가지로 전통적인 주제를 다루는 예언을 인용했다: 마지막 날들에 있을 참된 신앙과 도덕으로부터의 믿는 자들의 배교(딤후 3:1-5; *Asc. Isa.* 3:21, 25-28; 참조. 마 24:12; *Did.* 16:3-4). 그러한 예언들이 지금 성취되고 있다는 그의 확신에 대해서는 요한일서 2:18; 디모데후서 3:1-9을 참조하라.

19 "당을 짓는"(*ἀποδιορίζοντες* – 아포디오리존테스). 이 매우 드문 단어(*διορίζειν* – 디오리제인 또는 *ἀφορίζειν* – 아포리제인의 강조 형태)는 아리스토텔레스(Aristotle, *Pol.* 4.4)에 의해서 분류를 위해 "정의하다", "구별하다"라는 의미로 사용되었고(Mayor에 인용된 Maximus Confessor와 Severus에 나오는 후대의 용례들

도 보라), 일부 주석가들은 유다가 이 단어를 그런 동일한 의미로 사용하고 있다고 생각했다: 거짓 교사들은 공동체 내에서 구별들을 행하고 있다. 이런 견해는 거짓 교사들을 영지주의자들로 해석하는 데 특히 적절한 증거를 제공해 준다. 그들은 그들 자신을 영에 속한 자들로, 평범한 그리스도인들을 혼에 속한 자들로 분류한다(Mayor, Windisch, Chaine, Kelly, Grundmann, NEB). 그러나 아포디오리제인(*ἀποδιορίζειν*)은 *Corp. Herm.* 3:2a에서 만유의 창조에 있어서 고등 요소들을 하등 요소들로부터 분리하는 것과 관련하여 사용되고 있는 것에서 볼 수 있듯이 "분리하다"를 의미할 수도 있는데(디오리제인[*διορίζειν*]과 아포리제인[*ἀφορίζειν*]과 같이), 이것이 유다서에서 좀더 적절한 의미인 것으로 보인다. 거짓 교사들은 교회에서 분열을 초래하고 있다(Spitta, Bigg, Reicke). 그들은 여전히 교제를 위한 공동식사에 참여하고 있기 때문에(12절), 유다가 한 말은 그들이 완전히 분리되어 나갔다는 것을 의미할 수는 없지만, 그들이 고라처럼 교회 내에서 그들의 파당을 끌어모으고 있다는 것을 의미할 수 있다(11절에 대한 설명을 보라). 그들의 가르침은 자신을 진정으로 성령을 소유한 자들로 여기는 엘리트 집단을 따로 만들어 내기 때문에 분파적인 성향을 지닌다(아래를 보라).

유다가 사도들의 예언에 대한 그의 해석(18절)에서 이 주제를 도입하고 있다는 사실은 이 주제도 초기 기독교 선교사들의 종말론적 예언들의 주제였다는 것을 보여 주는 것일 수 있다. 참조. agraphon, "분파들과 파당들이 있으리라"(*ἔσονται σχίσματα καὶ αἱρέσεις* – 에손타이 스키스마타 카이 하이레세이스, Justin, *Dial.* 35.3; J. Jeremias, *Unknown Sayings of Jesus*, tr. R. H. Fuller[London: S. P. C. K, 1957] 59-61); 고전 11:19, "너희 중에 편당(*αἱρέθεις* – 하이레데이스)이 있어야." 따라서 거짓 교사들이 이미 예언된 "기롱하는 자들"이라는 것을 보여 주는 한 가지 특징은 그들이 예언된 대로 파당들을 조장하고 있다는 사실이다.

제임스(M. R. James, xlv)는 유다가 "불만을 토하는"(querulosi=*μεμψίμοιποι* – 멤프시모이포이, 유 16절에서처럼)이라는 단어 직전에 "멸하는 자들"(exterminatores)이 나오는 라틴어로 된 모세의 유언 7:7로부터 아포디오리존테스(*ἀποδιορίζοντες*)라는 단어를 가져왔다는 흥미로운 주장을 펼친다. 제임스는 이것은 아포디오리존테스(*ἀποδιορίζοντες*)의 직역이라고 추정하지만(-디오리제인은 라틴어 exterminare와 동일한 의미를 지닐 수 있기 때문에), 아포디오리존테스(*ἀποδιορίζοντες*)가 모세의 유언 7:7의 문맥 속에서 무엇을 의미할 수 있었는지를 아는 것은 어렵다(이 문헌은 주지하다시피 단편으로 현존하기 때문에).

"육에 속한 자며 성령은 없는 자니라"(*ψυχικοί, πνεῦμα μὴ ἔχοντες* – 프쉬키코이 프뉴마 메 에콘테스). 프쉬키코스(*ψυχικός*, 즉 *ψυχή* – 프쉬케, "혼" 또는 "목숨"에 속한)는 고린도전서 2:14; 15:44에서 프뉴마티코스(*πνευματικός*, 즉 *πνεῦμα* – 프뉴마, "성령"에 속한)와 대비되는 말로 사용되어 성령의 종말론적 은사가 없는 이 세상의 삶, 단순히 육체적인 삶을 가리킨다. 야고보서 3:15(신약에서 이곳 이외에 이 단어가 나오는 유일한 구절)에서 프쉬키코스(*ψυχικός*)는 여기서와 비슷하면서도 한층 더 날카롭게 부정적인 의미를 지닌다: 거기서는 하나님이 주신 "위로부터 내려온" 지혜가 "세상적이요 정욕적이요 마귀적인"(*ἐπίγειος* – 에피게이오스, *ψυχική* – 프쉬키케, *δαιμονιώδης* – 다이모니오데스) 지혜와 대비된다.

바울이 고린도전서 2:14-15에서 프뉴마티코스(*πνευματικός*)와 프쉬키코스(*ψυχικός*)를 사용한 것은 고린도 교회에서 활동하던 그의 대적자들이 쓰던 용어들을 반영한 것이라는 견해가 통설이긴 하지만 – 모두의 일치된 견해는 아닐지라도 – 이 용어의 출처에 대한 전적으로 설득력 있는 설명은 아직 제시되지 않았다. 주후 2세기의 영지주의자들이 프뉴마티코스(*πνευματικός*)와 프쉬키코스(*ψυχικός*)를 사용한 것(B. A. Pearson, *The Pneumatikos-Psychikos Terminology in I Corinthians* [SBLDS 12; Missoula, MT: Scholars Press, 1973] chap. 6)은 바울에 대한 그들의 석의로부터 나온 것이다(Pagels, *Paul*, 59, 163-64).

헬레니즘적 유대교의 지혜 신학이 이러한 단어들의 출처일 가능성은 한층 더 높기는 하지만(Pearson, *Pneumatikos-Psychikos*), 프뉴마티코스(*πνευματικός*)와 프쉬키코스(*ψυχικός*)라는 용어의 존재가 거기에서 확인되지 않을 뿐만 아니라, 인간에 있어서 고등 요소인 프뉴마(*πνεῦμα*, "영")와 하등 요소인 프쉬케(*ψυχή*, "혼")를 구별하는 통상적인 인간론적 구분조차도 그 신학 속에는 나오지 않는다(R. A. Horsley, "Pneumatikos vs. Psychikos," *HTR* 69[1976] 270-73에서는 Pearson을 비판한다). 헬레니즘의 일부 인간론에서는 하등 요소인 프쉬케(*ψυχή*, "혼")를 고등 요소인 누스(*νοῦς*, "마음")를 구별했지만, 프쉬케(*ψυχή*, "혼")를 프뉴마(*πνεῦμα*, "영")와 비교해서 평가절하 하는 것은 성령을 인간 본성의 구성 요소가 아니라 하나님이 신자에게 주신 선물로 인식했던 초기 기독교의 신앙으로부터 온 것임에 틀림없다.

바울이 프뉴마티코스(*πνευματικός*)와 프쉬키코스(*ψυχικός*)를 사용한 것의 배경은 너무나 불확실하기 때문에, 우리는 유다서에서의 용법과 바울의 용법과의 관계에 관한 확고한 결론, 즉 유다가 프쉬키코스(*ψυχικός*)라는 용어를 바울에게서 빌려온 것인지, 아니면 유다의 대적자들이 이 용어를 바울에게서 빌려온 것인지, 아니면 유다의 대적자들이 이 용어를 바울의 대적들과 공유했던 것인지를 확실하게 도출해내는 것은 불가능하다. 따라서 유다가 사용한 이 용어들을 그 자체의 맥락 속에서 해석하는 것이 더 안전하다.

"성령은 없는 자니라"(*πνεῦμα μὴ ἔχοντες* – 프뉴마 메 에콘테스)가 "육에 속한 자"(*ψυχικοί* – 프쉬키코이 )를 설명하고 있다는 것은 분명하다: 거짓 교사들은 하나님의 성령을 소유하고 있지 않고, 순전히 자연적이고 땅에 속한 생명의 차원에서 살아가고 있다. 대부분의 주석자들이 인정하듯이, 유다는 여기서 성령을 소유하고 있다는 그의 대적자들의 주장을 반박하고 있는 것일 가능성이 있다. 아마도 거짓 교사들은 이러한 주장을 그들의 환상 체험들과 그들이 환상 가운데서 받았던 계시들과 연결시켰을 것이다(8절). 예언적 감동을 주는 성령이 그들에게 영감을 주었기 때문에, 그들은 성령의 사람들로서 도덕적 제약들로부터 자유롭고 도덕적 판단들보다 우월하다고 주장했다. 유다가 그들의 이러한 주장을 반박하는 근거는 그들의 음행인데, 이 음행은 그들이 하나님의 성령의 인도하심을 받고 있지 않고, 단지 "자기의 경건치 않은 정욕대로 행하는" 자들이라는 것을 보여 준다(18절). 그런 자들은 단순한 "육에 속한 자"(*ψυχικοί* – 프쉬키코이)에 불과하고, 성령은 없는 자들이다. 프쉬키코이(*ψυχικοί*)가 거짓 교사들이 그들의 은사 체험과 도덕적 자유를 공유하지 않은 다른 평범한 그리스도인들을 지칭할 때 사용했던 용어였는지는 확실하지 않다. 거짓 교사들이 다른 그리스도인들을 판단할 때 사용했던 용어를 유다가 이런 식으로 그들을 규정하면서 사용하고 있을 가능성이 없지 않지만, 프쉬키코이(*ψυχικοί*)가 단지 유다가 자신의 판단으로 이 용어를 그들에게 적용하고 있는 것일 가능성도 없지 않다.

이것이 "당을 짓는"(*ἀποδιορίζοντες* – 아포디오리존테스)과 연결되어 있다고 한다면, 거짓 교사들은 단순한 인습적인 그리스도인들과는 대조적으로 성령을 소유하고 있다고 주장하는 하나의 파당을 만들고 있다는 뜻이 될 것이다. 거짓 교사들을 영지주의자들로 보는 학자들은 유다의 이 말들 속에 영지주의적 인간론이 반영되어 있다고 본다: 거짓 교사들과 그들의 추종자들은 그들 자신을 더 높은 차원의 지식과 삶의 방식을 지닌 영에 속한 자들(*πνευματικοί* – 프뉴마티코이)로 보고, 평범한 그리스도인들을 육에 속한 자들(*ψυχικοί* – 프쉬키코이)로 보고 있다는 것이다(Windisch, Moffatt, Barnett, Sidebottom, Kelly, Grundmann). 이러한 전적으로 영지주의적인 해석은 단지 엘리트 집단(다른 그리스도인들도 가입할 수 있는)을 전제하는 것이 아니라, 그리스도인들을 자연적으로 구분되는 여러 계층으로 확고하게 구분하는 것을 전제한다는 점에서 우리가 이미 앞에서 살펴본 견해와 다르다. 그러나 이러한 이론이 주후 2세기 이전에 가르쳤다는 증거는 없고, 또한 이런 이론은 주후 2세기에서도 모든 영지주의 분파의 특징인 것도 아니었다. 그러므로 우리는 이런 이론을 유다의 말들 속에 집어넣어서 읽을 필요가 없다. 유다의 말들은 이런 종류의 발전된 이단 교리를 보여 주는 것이 아니라, 성령에 관한 초기 기독교의 공통적인 개념들을 율법 폐기론적 사상에 의해서 왜곡시킨 것을 보여 주는 것이다.

## 해설

유다는 그의 마지막 "본문"에서 사도적 예언으로 눈을 돌려서, 독자들에게 그들이 그들의 교회(들)를 세운 사도들로부터 받은 가르침의 일부였던 묵시론적 예언들을 상기시킨다. 그가 여기서 인용하는 말들은 아마도 초기 기독교의 선교사들이 주었던 예언들을 나름대로 요약한 것일 가능성이 많다. 그들은 역사의 마지막 시기에 참 신앙과 도덕을 부인하는 원수들이 교회에 출현하게 될 것이라고 예언했다. 유다는 이 예언이 지금 한 걸음 더 나아가 거짓 교사들을 교회에서 분열을 조장하는 자들로 규정되고 있는 거짓 교사들에게서 성취된 것으로 본다. 그들은 그들 자신이 주장하는 것과 같은 예언적 감동을 공유한 그리스도인들로 구성되는 엘리트 파당을 만들어 가고 있었다. 그러나 유다는 그들의 그런 주장을 반박한다. 유다에게 있어서 그들의 음행은 실제로 그들이 하나님의 성령을 소유하고 있지 않고, 순전히 자연적이고 구속 받지 못한 삶의 차원에서 살아가고 있다는 것을 보여 주는 충분한 증거였다.

# 권면(유다서 20-23)

## 참고문헌

**Bieder, W.** "Judas 22 f.: *Οὓς δὲ ἐᾶτε ἐν φόβῳ.*" *TZ* 6(1950) 75-77. **Birdsall, J. N.** "The Text of Jude in $P^{72}$." *JTS* 14(1963) 394-99. **Marshall, I. H.** *Kept by the Power of God.* London: Epworth Press, 1969. 161-63. **Mees, M.** "Papyrus Bodmer VII($P^{72}$) und die Zitate aus dem Judasbrief bei Clemens von Alexandrien." *CDios* 181 (1968) 551-59. **Osburn, C. D.** "The Text of Jude 22-23." *ZNW* 63(1972) 139-44. **Spicq, C.** *Agape.*, 372-74.

## 본 문

**20** 사랑하는 자들아 너희는 너희의 지극히 거룩한 믿음 위에 자기를 건축하며 성령으로 기도하며
**21** 하나님의 사랑 안에서 자기를 지키며 영생에 이르도록 우리 주 예수 그리스도의 긍휼을 기다리라
**22** 어떤 의심하는 자들을 긍휼히 여기라
**23** 또 어떤 자를 불에서 끌어내어 구원하라 또 어떤 자를 그 육체로 더럽힌 옷이라도 싫어하여 두려움으로 긍휼히 여기라

**20** But you, my dear friends, build yourselves up[a] on the foundation of your most holy faith,[b] pray[a] in the Holy Spirit,
**21** keep yourselves in the love of God, wait[a] for the mercy of our Lord Jesus Christ to grant you eternal life.
**22** Snatch some from the fire,
**23** but on those who dispute[c] have mercy with fear,[d] hating even the clothing that has been soiled by the flesh.

## 원문주해

a. 명령법들로 사용된 것일 가능성이 큰 이 절들에 나오는 분사들에 대해서는 아래의 "양식/구조/배경"을 보라.

b. 에포이코도문테스(*ἐποικοδομοῦντες*, "건축하며")에서 에피(*ἐπί*)는 여기서 "…위에 (짓다)"라는 의미를 그대로 유지하고 있는 것일 가능성이 크다(고전 3:12; 엡 2:20에서처럼). 그러므로 여격으로 사용된 테 피스테이(*τῇ πίστει*, "믿음")는 그 건물이 세워지는 토대를 가리킨다. 이런 해석은 도구적 여격으로 보는 견해보다 더 나은 것 같다: "너희의 지극히 거룩한 믿음을 통해서"(Reicke의 주장).

c. 디아크리노메누스(*διακρινομένους*)를 이런 식으로 해석하는 것에 대해서는 "주석"

을 보라.

d. 22-23a절의 번역은 $P^{72}$의 본문을 따른 것이다: 아래에 나오는 이 본문에 대한 주해를 보라.

## 유다서 1:22-23a의 본문

"의심할 여지없이 신약 문헌 중에서 가장 훼손된 구절들 중의 하나"(Osburn, *ZNW* 63[1972] 139)인 22-23a절의 원문을 확실하게 복원하는 것은 거의 불가능하다. 사본들과 역본들은 당혹스러울 정도로 다양한 독법들을 보여 주고 있지만, 크게 두 부류로 나누어 볼 수 있다: 두 구절로 이루어진 짧은 본문과 세 구절로 이루어진 긴 본문. 학자들은 짧은 본문과 긴 본문 중 어느 한 쪽을 선호하는 데서만이 아니라, 각각의 본문의 특정한 형태를 선택하는 데 있어서도 각자 다른 입장을 취한다. 아래의 것들은 학자들의 판단의 다양성을 보여 주는 번역문들을 곁들인 주된 독법들이다.

## (A) 두 구절로 된 본문

1. $P^{72}$: 후스 멘 에크 퓌로스 하르파사테(*οὓς μὲν ἐκ πυρὸς ἁρπάσατε*)
디아크리노메누스 데 엘레에이테 엔 포보(*διακρινομένους δὲ ἐλεεῖτε ἐν φόβῳ*)

이것은 이 주석서에서 사용된 본문으로서 위에 그 번역이 나와 있다. 모팻(Moffatt)은 이렇게 번역한다.

> 어떤 자들을 불에서 끌어내라
> 어떤 의심하는 자들을 두려움으로 긍휼히 여기라.

알렉산드리아의 클레멘트(Clement of Alexandria, *Strom.* 6.8.65)도 이 본문을 지지한다:

> 후스 멘 에크 퓌로스 하르파제테(*οὓς μὲν ἐκ πυρὸς ἁρπάζετε*)
> 디아크리노메누스 데 엘레에이테(*διακρινομένους δὲ ἐλεεῖτε*).

리베르 콤미쿠스(Liber Commicus)의 라틴어 역본, 필로크세누스(Philoxenus)의 아람어 역본과 사히드어(Sahidic, 애굽어) 역본들, Jerome, Ez. 18에 나오는 라틴어 역본에서는 클레멘트의 본문과 마찬가지로 엔 포보(*ἐν φόβῳ*)가 생략되어 있다(이 본문들은 Osburn, *ZNW* 63[1972] 139-40에 수록되어 있다).

2. C: 후스 멘 엘렝케테 디아크리노메누스(*οὓς μὲν ἐλέγχετε διακρινομένους*)
후스 데 소제테 에크 퓌로스 하르파존테스 엔 포보(*οὓς δὲ σώζετε ἐκ πυρὸς ἁρπάζοντες ἐν φόβῳ*).

3. K, L, P, S: 후스 멘 엘레에이테 디아크리노메노이(*οὓς μὲν ἐλεεῖτε διακρινόμενοι*)
후스 데 엔 포보 소제테 에크 퓌로스 하르파존테스(*οὓς δὲ ἐν φόβω σώζετε ἐκ πυρὸς ἁρπάζοντες*).

이 본문에 대한 AV의 번역은 이렇다.

어떤 의심하는 자들을 긍휼히 여기고
두려움으로 어떤 자들을 불에서 끌어내어 구원하라.

(이 본문에 대한 J. B. Phillips, Reicke의 번역도 있다.)

4. B: 후스 멘 엘레아테 디아크리노메누스 소제테 에크 퓌로스 하르파존테스(*οὓς μὲν ἐλεᾶτε διακρινομένους σώζετε ἐκ πυρὸς ἁρπάζοντες*)
후스 데 엘레아테 엔 포보(*οὓς δὲ ἐλεᾶτε ἐν φόβῳ*).

이 본문에 대한 NEB의 번역은 이렇다.

너희의 긍휼을 필요로 하는 어떤 의심하는 심령들이 있으니, 그들을 불길에서 끌어내어 구원하라
또한 너희가 두려움으로 긍휼히 여겨야 할 어떤 자들도 있다.

(이 본문에 대한 TEV[1966], JB의 난외주, Kelly의 번역도 있다.)

(B) 세 구절로 된 본문

1. ℵ: 후스 멘 엘레아테 디아크리노메누스(*οὓς μὲν ἐλεᾶτε διακρινομένους*)
후스 데 소제테 에크 퓌로스 하르파존테스(*οὓς δὲ σώζετε ἐκ πυρὸς ἁρπάζοντες*)
후스 데 엘레아테 엔 포보(*οὓς δὲ ἐλεᾶτε ἐν φὸβῳ*).

이 본문에 대한 RV의 번역은 이렇다:

어떤 의심하는 자들을 긍휼히 여기라(난외주: 그들이 너희와 다툴지라도)
어떤 자들을 불에서 끌어내어 구원하라

두려움으로 어떤 자들을 긍휼히 여기라.

(이 본문에 대한 TEV/GNB[1976], NIV의 번역도 있다.)

2. A: 후스 멘 엘렝케테 디아크리노메누스(*οὓς μὲν ἐλέγχετε διακρινομένους*)
후스 데 소제테 에크 퓌로스 하르파존테스(*οὓς δὲ σῴζετε ἐκ πυρὸς ἁρπάζοντες*)
후스 데 엘레아테 엔 포보(*οὓς δὲ ἐλεᾶτε ἐν φόβῳ*).

이 본문에 대한 RSV의 번역은 이렇다:

의심하는 어떤 자들을 확신시키라
어떤 자들을 불에서 끌어내어 구원하라
어떤 자들을 두려움으로 긍휼히 여기라.

(이 본문에 대한 JB, NEB 난외주의 번역도 있다.)

이 독법들 외에도 일부 학자들은 그 어떤 사본의 지지도 받지 못하는 수정들을 제안해 왔다: 빈디쉬(Windisch)는 세 구절로 된 본문에서 만족스러운 절정을 얻고자 하는 시도로 사본 A의 엘레아테(*ἐλεᾶτε*, "긍휼히 여기라")를 에크발라테(*ἐκβάλατε*, "내쫓으라")로 수정할 것을 제안했고, 볼렌베르크(Wohlenberg)는 엘라사테(*ἐλάσατε*)를, 비더(Bieder, *TZ* 6[1950] 75-77)는 에아테(*ἐᾶτε*)를 제안했다. 그러나 이러한 수정들은 뒤엉킨 본문을 설명하는 일을 한층 더 어렵게 만들 뿐이다.

$P^{72}$에 나오는 가장 짧은 독법이 원래의 독법일 가능성이 높은 근거로는 이 독법의 존재가 확인된다는 점, 유다서의 문맥에 잘 어울린다는 점, 여러 가지 긴 독법들은 이 짧은 독법의 확장 내지 개작으로 설명될 수 있다는 점 등이 있다. 버드졸(Birdsall, *JTS* 14[1963] 394-99), 특히 오스번(Osburn, *ZNW* 63[1972] 139-44)은 그 밖의 다른 독법들이 어떻게 생겨났는지를 설득력 있게 설명했다. ($P^{72}$의 독법은 이 독법 자체가 알려지기 전에 이미 Moffatt[244]과 Bigg[340-42, 그러나 *σῴζετε⋯ἁρπάζοντες*를 제안함]에 의해서 지지를 받았다.)

보충해석을 위한 소제테(*σῴζετε*, "구원하라")가 없는 $P^{72}$의 첫 번째 구절은 유다의 간결한 문체 및 성경을 간결하게 간접 인용하는 그의 경향과 맥을 같이 한다. 이 은유를 설명할 필요를 느낀 것은 아마도 후대의 필사자들이었을 것이다. 이 독법에서 디아크리노메누스(*διακρινομένους*)는 "다투다"는 의미로 해석될 수 있고("주석"을 보라), 이것은 유다가 9절에서 이 단어를 사용하는 방식이다. 유다는 이 단어를 얼마든지 두 가지 서로 다른 의미로 사용할 수 있었을 것이지만, 22-23절을 쓸 때

9절을 염두에 두었던 것으로 보인다(모세의 유언이 슥 3:2에서 인용한 "주께서 너를 꾸짖으시기를 원하노라"는 어구는 분명히 그에게 그가 22-23절에서 간접적으로 인용하고 있는 슥 3:1-5의 대목을 상기시켰을 것이다). 따라서 디아크리노메누스(*διακρινομένους*)는 그가 앞서 사용했던 이 단어의 반영일 가능성이 있다. 사람들을 두 부류로 구별하는 것은 유다가 이 서신을 쓰고 있는 상황에 적절하다("주석"을 보라). 일부 학자들(예를 들어, James, xxxviii)은 세 구절로 된 독법은 유다가 문체상으로 세 개로 된 묶음들을 좋아한다는 것에 의해서 밑받침되고 있지만, 이것이 다른 고려들을 압도할 정도로 중요한 근거가 될 수는 없다고 주장한다. 유다는 상황 자체가 오직 둘로 구별하는 것을 요구했다면 셋으로 구별하는 것을 억지로 밀어붙이고자 하지는 않았을 것이다(세 가지가 아니라 네 가지 명령을 제시하고 있는 20-21절을 참조하라). 끝으로 $P^{72}$의 독법에 나타나는 문체상의 장치, 즉 분사 디아크리노메누스(*διακρινομένους*)가 두 번째의 후스(*οὕς*)를 대신하는 문체는 헬라어에서 좋은 문체이긴 하지만(Birdsall, *JTS* 14[1963] 397), 신약의 다른 곳에서는 확인되지 않는다. 그러므로 미즈(Mees, *CDios* 181[1968] 558)는 유다가 이런 문체를 사용하지 않았을 것이라고 주장하지만 그런 주장은 유다의 헬라어 실력을 과소평가하는 태도인 것 같다.

다른 독법들의 발전에 있어서 다음과 같은 요인들이 역할을 했을 수 있다: (1) 소제테(*σώζετε*)는 에크 퓌로스 하르파사테(*ἐκ πυρὸς ἁρπάσατε*, "불에서 끌어내라")라는 은유를 설명하기 위한 보충해석의 난외주이다(Osburn, *ZNW* 63[1972] 141). (2) 디아크리노메누스(*διακρινομένους*)는 몇 가지 의미로 이해될 수 있다: "의심하는"(신약에서 자주 이런 의미로 사용됨), "판단받는"(불가타 역본의 유 22절: iudicatos), "구별하는"(공인 본문에서 디아크리노메노이[*διακρινόμενοι*]에 대한 AV의 번역), "다투는." 이 단어에 대한 서로 다른 해석들 때문에 이 본문은 여러 가지로 재배열되고 개작되었다(Birdsall, *JTS* 14[1963] 398; Osburn, *ZNW* 63[1972] 141). (3) "설득시키다" 또는 "책망하다"라는 의미를 지니는 엘렝케테(*ἐλέγχετε*)는 의심하는 자들 또는 다투는 자들을 다루는 적절한 태도로 제시된 것으로서 디다케 2:7에 반영된 교리문답 전승의 영향을 받을 것일 수 있다(아래를 보라). (4) 이 본문을 필사자들이 알고 있던 교회들에서의 치리 관례와 일치시키고자 하는 시도들은 특히 세 구절로 된 본문의 형성에 있어서 한 역할을 했을 것이다.

끝으로, 디다케 2:7과의 관계에 대하여 특별히 한마디 해둘 필요가 있다:

우 미세세이스 판타 안드로푸(*οὐ μισήσεις πάντα ἄνθρωπον*)
알라 후스 멘 엘렉세이스(*ἀλλὰ οὓς μὲν ἐλέξεις*)

페리 데 혼 프로슈세(*περὶ δὲ ὧν προσεύξῃ*)
후스 데 아가페세이스 휘페르 텐 프쉬켄 수(*οὓς δὲ ἀγαπήσεις ὑπὲρ τὴν ψυχήν σου*).

너는 아무도 미워하지 말라
그러나 너는 어떤 자들을 책망하고
어떤 자들을 위해서는 기도하며
어떤 자들은 네 자신의 목숨보다 더 사랑하라(Loeb의 해석).

바나바서 19:3-5 및 라틴어로 된 사도행전(Doctrina apostolorum)과 비교해 보면(J. P. Audet, *La Didachè*[Paris: Gabalda, 1958] 142), 두 번째와 세 번째 구절이 디다케가 여기에서 의존하고 있는 "두 길"(Two Ways) 문서에 없었지만, 부분적으로는 칠십인경의 레위기 19:17-18에 의거한 기독교의 교리문답 전승으로부터 가져와져서 추가되었을 가능성이 높다는 것이 드러난다. 유다서를 C 또는 A의 본문(*ἐλέγχετε* – 엘렝케테)으로 읽을 때만 유다서와의 그 어떤 어휘적인 관계성이 존재하게 되기 때문에, 유다서가 디다케를 직접적으로 의존했을 가능성 또는 그 반대의 가능성은 없어 보인다. 하지만 디다케가 두 부류의 죄인들(책망하여 고치게 할 자들과 한층 더 완악하여서 오직 그들을 위하여 기도할 수만 있을 뿐인 자들)을 구별한 기독교의 전통적인 가르침의 파편을 보존했고, 유다가 이 전승을 그의 언어로 다시 표현했을(두 구절로 된 본문) 가능성은 존재한다. 디다케 2:7의 마지막 구절(이것은 "두 길" 문서로부터 왔다, 참조. *Barn.* 19:5)이 세 번째 부류의 죄인을 가리킬 가능성은 거의 없고, 십중팔구는 신실한 그리스도인들을 가리킨다. 그러므로 이것은 유다서에서의 세 구절로 된 독법들을 전혀 지지해 주지 않는다.

후대의 필사자들은 분명히 이 두 가지 본문을 좀더 밀접하게 일치시키고자 애를 썼다. C와 A에서 유다서의 엘렝케테(*ἐλέγχετε*)라는 독법은 디다케 또는 디다케의 배후에 있던 교리문답 전승의 영향을 받았을 것이다. 다른 방향으로의 영향은 후스 멘 엘렉세이스(*οὓς μὲν ἐλέγξεις*) 뒤에 후스 데 엘레에세이스(*οὓς δὲ ἐλεήσεις*, "너는 어떤 자들을 긍휼히 여기라")라는 또 다른 구절을 첨가한 사도헌장(Apostolic Constitutions) 6:4에서 분명하게 나타난다. 아마도 유다서에서 이 독법과 세 구절로 된 독법들은 본문들을 세 단계의 교회 치리 체계와 맞추기 위한 시도들인 것 같다(개인적인 책망, 공개적인 경고, 출교; 참조. 마 18:15-17: 네 단계).

## 양식/구조/배경

이 절들은 3절에서 이미 밝혔듯이 그의 독자들에게 믿음을 위해 싸우라고 호소하는 유다의 권면을 담고 있기 때문에 이 서신의 부록이 아니라 그 절정이다(3-4절에 대한 설명과 "양식/구조/배경"을 보라). 처음 구절은 17절에서처럼 다시 한 번 여기서 주요한 단락이 시작된다는 것을 보여 주고, 3절과 연결되어 있다는 것은 20절의 테 하기오타테 휘몬 피스테이(*τῇ ἁγιωτάτῃ ὑμῶν πίστει*, "너희의 지극히 거룩한 믿음")와 3절 끝부분의 토이스 하기오이스 피스테이(*τοῖς ἁγίοις πίστει*, "성도에게…믿음의 도") 간의 표제어에 의한 연결을 통해서 확인된다. 또한 21절과 1절도 내용과 표제어들에 의해서 서로 연결되어 있다(21절: *ἐν ἀγάπῃ θεοῦ τηρήσατε* – 엔 아가페 데우 테레사테, "하나님의 사랑 안에서 자기를 지키며"; 1절: *ἐν θεῷ πατρὶ ἠγαπημένοις…τετηρημένοις* – 엔 데오 파트리 에가페메노이스…테테레메노이스, "하나님 아버지 안에서 사랑을 얻고…지키심을 입은"). 유다가 거짓 교사들과 그들의 추종자들에 대한 그의 독자들의 태도에 대하여 말하고 있는 22-23절 속에는 7-9절과의 연결고리들이 존재한다: 퓌로스(*πυρός*, 22절)와 퓌로스(*πυρός*, 7절); 디아크리노메누스(*διακρινομένους*, 23절)와 디아크리노메노스(*διακρινόμενος*, 9절); 아포 테스 사르코스 에스필로메논(*ἀπο τῆς σαρκὸς ἐσπιλωμένον*, 23절)과 사르카…미아이누신(*σάρκα…μιαίνουσιν*, 8절; 또한 참조. *σπιλάδες* – 스필라데스, 12절); 스가랴 3:2-4절에 대한 간접 인용들("주석"을 보라)과 9절에 나오는 미가엘의 말(슥 3:2).

20-21절에서 유다는 교리문답 전승으로부터 네 개의 명령들을 선별해서 가져와 사용한다. 신약(바울서신만이 아니라)의 다른 곳에 나오는 이 네 개의 명령들의 평행들("주석"을 보라)은 유다가 신약의 다른 기자들에게 의존한 것이 아니라, 그가 초기 기독교의 공통적인 권면 전승에 빚을 지고 있다는 것을 보여 주는 증거다. 또한 그의 권면들의 문법적 형태는 이 권면들이 지닌 전승으로서의 성격을 반영한 것일 가능성이 있다. 유다는 세 개의 분사(*ἐποικοδομοῦντες* – 에포이코도문테스, "자기를 건축하며"; *προσευχόμενοι* – 프로슈코메노이, "기도하며"; *προσδεχόμενοι* – 프로스데코메노이, "기다리라")와 한 개의 명령법 동사(*τηρήσατε* – 테레사테, "지키며")를 사용한다. 이 구문을 헬라어의 통상적인 용법이라고 설명하는 데에는 아무런 어려움이 없는데, 이 분사들은 이 명령법 동사에 걸린다. 그러나 신약의 서신들에 나오는 권면 단락들(롬 12:9-19; 엡 4:2-3; 골 3:16-17; 히 13:5; 벧전

2:18; 3:1, 7-9; 4:7-10)에서 분사들이 종종 명령법 동사들 가운데에 함께 뒤섞여서 명령의 의미로 사용되는 특별한 용법이 발견된다는 사실에 비추어 볼 때, 유다도 그러한 용법을 따랐을 가능성이 높다. 이 용법에 대한 설명은 도브(D. Daube, "Participle and Imperative in I Peter," E. G. Selwyn, *The First Epistle of St Peter* [London: Macmillan, 1946] 467-88)에 의해서 제시된 이론, 즉 이러한 용법들은 분사를 직접적인 명령은 아니지만 행위의 준칙이나 규범을 표현할 때 사용할 수 있는 랍비 히브리어의 용법을 반영한 것이라는 이론에서 찾아볼 수 있다. 이것이 사실이라면, 신약에 나오는 그런 예들은 원래 히브리어로(또는 가능성은 좀 적지만 아람어로) 표현된 그리스도인의 행실에 관한 초기 규범들로부터 왔을 것이다. (그러한 규범들에 대해서는 W. D. Davies, *Paul and Rabbinic Judaism*[London: S. P. C. K, 1948] 122-45도 보라.) (자신의 독자들을 직접 부르는 유다의 말은 Daube가 골 3:16; 벧전 3:7에서 추정하듯이 그가 전승 형태를 약간 수정한 것이다.)

한 묶음으로 된 네 개의 명령문들 속에서는 두 가지 패턴이 드러난다. 첫 번째, 세 번째, 네 번째 명령문은 믿음, 사랑, 소망이라는 친숙한 삼각축을 보여 주는데, 이것은 아마도 바울 이전에 형성된 기독교의 전통적인 정식(定式)이 여기서 기도의 추가로 인해서 사각축으로 확장된 것일 가능성이 크다(A. M. Hunter, *Paul and his Predecessors*, 2nd ed(s).[London: SCM Press, 1961] 33-35). 두 번째, 세 번째, 네 번째 명령문은 성령, 하나님, 그리스도라는 삼위일체 정식과 상응한다. 이러한 두 가지 패턴 중 어느 하나 또는 둘 다는 유다가 전승 자료로부터 이 명령문들을 선별하는 데 지침으로 작용했을 것이다. 또는 아마도 그는 이 두 가지 패턴 중 하나를 따라 구성되어 있던 세 개의 명령문들로 이루어진 한 묶음의 전승을 확장했을 수도 있다.

22-23절에서 스가랴 3:2-4에 대한 간접 인용들("주석"을 보라)은 유다 자신이 이 교훈들을 직접 지었을 가능성이 높다는 것을 보여 주지만, 그는 디다케 2:7에서도 발견되는 교리문답 전승(위의 유다서 1:22-23a의 본문에 대한 주해를 보라), 즉 죄인들을 두 부류로 구별하여 각각 다르게 대해야 한다는 것을 말하고 있는 전승을 자신의 언어로 개작하여 표현했을 수도 있다.

## 주석

20 "자기를 건축하며"(ἐποικοδομοῦντες ἑαυτοὺς – 에포이코도문테스 헤아우투

스). 종말론적 성전으로서의 기독교 공동체라는 개념은 가장 초기의 팔레스타인 기독교까지 거슬러 올라가기 때문에(참조. "기둥"인 사도들: 갈 2:9) 초기 기독교의 많은 전승층들에서 발견된다(고전 3:9-15; 고후 6:16; 엡 2:19-22; 벧전 2:5; *Barn.* 4:11; 6:15; 16; *Herm. Vis.* 3; *Sim.* 9; Ign. *Eph.* 9:1). 아마도 이 개념으로부터 기독교 공동체를 "건축한다"는 이미지가 도출된 것으로 보이는데, 이 이미지는 특히 바울서신에서 다양한 방식으로 사용되었지만(롬 14:19; 15:2, 20; 고전 3:9-15; 8:1; 10:23; 14:3-5, 12, 17, 26; 고후 10:8; 12:19; 13:10; 갈 2:18; 엡 2:18; 2:20-22; 4:12, 16; 골 2:7; 살전 5:11), 다른 곳에서도 사용되었다(마 16:18; 행 9:31; 15:16; 20:32; 벧전 2:5; *Barn.* 16:8-10; Ign. *Eph.* 9:1; Pol. *Phil.* 3:12; 12:2; *Odes Sol.* 22:12). 이 은유가 바울서신 이외의 다른 곳에서 사용된 모든 예들이 바울의 용법으로부터 연유한 것이라고 볼 필요는 없다. 바울 자신도 기독교의 공통적인 용법에 의존했을 것이고, 바울서신 및 다른 곳에 나오는 공동체를 "건축하라"거나 그리스도인 형제의 "덕을 세우라"는 권면들(롬 14:19; 15:2; 고전 14:12, 26; 살전 5:11; 벧전 2:5; 유 20절)은 전통적인 교리문답 자료까지 거슬러 올라간다. 유다의 말은 그의 독자들이 각각 자기 자신을 건축해야 한다는 뜻이 아니라 – 이것은 이 은유의 통상적인 기독교적 용법과 반대된다 – 모두가 공동체 전체의 영적 성장에 기여해야 한다는 것이다. 3절의 "싸우라"는 은유에서와 마찬가지로, 여기서 "건축하라"는 은유가 어느 정도나 생생한 은유적 의미를 유지하고 있는지, 영어의 "덕을 세우다"(edify)라는 단어처럼 은유로서의 의미를 어느 정도나 상실하고 있는지를 알기는 어렵다. 하지만 그 뒤에 터에 관한 언급이 나오는 것으로 보아서, 건물을 세운다는 은유적 묘사가 완전히 상실된 것은 아닌 것 같다.

이 은유의 사용은 앞 절에 나온 거짓 교사들의 활동과 대비를 이룬다: 그들은 교회를 분열시키고 갈기갈기 찢어 놓는(*ἀποδιορίζοντες* – 아포디오리존테스) 반면에, 유다의 독자들은 교회를 세워 나가야 한다.

"너희의 지극히 거룩한 믿음 위에"(*τῇ ἁγιωτάτῃ ὑμῶν πίστει* – 테 하기오타테 휘몬 피스테이). 피스티스(*πίστις*, "믿음")는 3절에서처럼 여기서도 복음을 말하고, 그것은 하나님으로부터 오기 때문에 거룩하다("거룩한 믿음"이라는 표현에 대해서는 *Act. Verc.* 8을 참조하라). 복음이 유다의 독자들에게 처음으로 전파되었을 때 그들이 받은 것이 믿음이다(3절). 그러므로 "**너희의** 믿음"은 거짓 교사들의 메시지와는 구별된다. 의심할 여지없이, 유다가 말하고자 하는 골자는 교회가 복음의 토대 위에서 살 때 그 생활이 그의 대적자들의 율법 폐기론적인 행동 원리들로부터

오는 음행과는 대조적으로 거룩하게 되리라는 것이다.

유다가 복음을 교회의 터로 보는 것은 바울이 예수 그리스도 자신을 터로 보는 것(고전 3:11; 참조. 엡 2:20)과는 다른(상반된 것은 아니지만) 관점이다.

"성령으로 기도하며"(*ἐν πνεύματι ἁγίῳ προσευχόμενοι* – 엔 프뉴마티 하기오 프로슈코메노이). 엔 (토) 프뉴마티(*ἐν* [*τῷ*] *πνεύματι*, "성령으로")라는 어구는 초기 기독교의 문헌 속에서 흔히 "성령의 주관 속에서" 또는 "성령의 감동 아래에서"를 의미하고(마 22:43; 막 12:36; 눅 2:27; 4:1; 행 19:21; 롬 8:9; 고전 12:3; 계 1:10; 4:2; *Barn.* 9:7; *Asc. Isa.* 3:19; Polycrates, *ap.* Eusebius, *Hist. Eccl.* 5. 24.2, 5; 참조. *Did.* 11: 7-12), 기도와 관련해서는 성령에 의해서 말씀이 주어지는 은사적 기도를 가리킨다(J. D. G. Dunn, *Jesus and the Spirit*[London: SCM Press, 1975] 239-40를 보라). 성령으로 기도하는 것은 방언 기도에 국한되지는 않지만 방언 기도를 포함한다(고전 14:15-16; Dunn, *Jesus and the Spirit*, 245-46: "유다서 1:20은 방언 기도를 포함한 은사적 기도를 가리킨다고 할 수 있다").

성령으로 하는 기도는 바울서신에서만이 아니라(엡 6:18; 참조. 롬 8:15-16, 26-27; 갈 4:6) 제4복음서에서도 확인된다(요 4:23-24). 그러므로 여기서 유다는 특별히 바울의 영향을 받고 있다고 볼 필요는 없지만, 에베소서 6:18(*προσευχόμενοι ἐν παντὶ καιρῷ ἐν πνεύματι* – 프로슈코메노이 엔 판티 카이로 엔 프뉴마티, "무시로 성령 안에서 기도하고")과의 밀접한 어휘적 평행은 두 본문에서 모두 분사를 명령의 의미로 사용하고 있는 것과 아울러서("양식/구조/배경"을 보라) 이 두 본문이 전승에 의한 권면 자료를 반영하고 있을 가능성을 보여 준다.

여기서도 다시 한 번 거짓 교사들과의 대비가 존재하는데, 그들은 성령 안에서 예언을 한다고 주장하지만 그들의 행실은 그들에게 "성령은 없다"(9절)는 것을 보여 준다.

21 "하나님의 사랑 안에서 자기를 지키며"(*ἑαυτοὺς ἐν ἀγάπῃ θεοῦ τηρήσατε* – 헤아우투스 엔 아가페 데우 테레사테). 대부분의 주석자들은 데우(*θεοῦ*, "하나님의")를 주격적 속격(너희를 향한 하나님의 사랑)으로 보지만, 일부 학자들(Chaine, Cantinat)은 여기서의 명령법은 그리스도인들의 편에서의 행위를 요구하기 때문에 이 속격을 목적격적 속격(하나님을 향한 너희의 사랑)으로 해석해야 한다고 생각한다. 하지만 요한복음 15:9에 나오는 평행 본문인 "나의 사랑 안에 거하라"(*μείνατε ἐν τῇ ἀγάπῃ τῇ ἐμῇ* – 메이나테 엔 테 아가페 테 에메)에서 사랑은 분명히 자기 제자들을 향한 그리스도의 사랑이다. 그들은 그의 계명들을 지킴으로

써 그의 사랑 안에 거한다(15:10). 마찬가지로, 유다가 말하고자 하는 것은 그리스도인들을 향한 하나님의 사랑(1절)은 적절한 응답을 요구한다는 것일 가능성이 크다. 하나님의 뜻에 대한 순종이 없이는 하나님과의 교제는 상실될 수 있고, 이것은 거짓 교사들의 율법 폐기론적인 가르침에 의해서 교회가 위협 받고 있는 위험이다.

요한 문헌의 구절들(요 15:9-10; 요일 4:16)과의 유사성은 유다서나 요한 문헌이 둘 다 공통의 권면 전승에 의존하고 있음을 보여 준다. 테레사테(*τηρήσατε*, "지키라")라는 표제어에 의한 연결 관계에 대해서는 6절에 대한 "주석"을 보라.

"우리 주 예수 그리스도의 긍휼을 기다리라"(*προσδεχόμενοι τὸ ἔλεος τοῦ κυρίου ἡμῶν Ἰησοῦ Χριστοῦ* – 프로스데코메노이 토 엘레오스 투 퀴리우 헤몬 예수 크리스투). "긍휼"(*ἔλεος* – 엘레오스)은 하나님의 백성의 종말론적 소망과 관련되어 있는 전승에 의한 용어였다(2 Macc 2:7 v.l.; *Pss. Sol.* 7:10; 8:27-28; 10:4, 7; 14:9; 17:45; *1 Enoch* 1:8; 5:6; 27:4; *2 Apoc. Bar.* 78:7; 82:2; 4 Ezra 14:34; 마 5:7; 딤후 1:18; *1 Clem* 28:1; *Herm. Vis.* 3:9:8; *Sim.* 4:2). 물론 통상적으로 긍휼이라고 할 때는 그것은 **하나님의** 긍휼을 가리키고, 유다가 사용한 "우리 주 예수 그리스도의 긍휼"이라는 어구(참조. 딤후 1:18: *ἔλεος παρὰ κυρίου* – 엘레오스 파라 퀴리우, "주로부터의 긍휼"; *2 Clem* 16:2: *τοῦ ἐλέους Ἰησου* – 투 엘레우스 예수, "예수의 긍휼")는 그가 14절에서 에녹1서 1:9을 기독론적으로 해석한 것과 맥을 같이 한다: 하나님은 주 예수께 최후의 심판을 맡기셨다는 것. 유다서의 독자들은 앞에 나온 세 가지 권면을 따름으로써 계속해서 신실하다면, 재림의 때에 거짓 교사들과 같이 정죄를 받는 것이 아니라 구원을 받게 될 것을 기대할 수 있다. 그러나 신실한 그리스도인이라고 할지라도 주의 긍휼에 의하지 않는다면 정죄를 피할 수 없는 것은 물론이다.

초기 기독교의 문헌 전반에 걸쳐서 "기다림"은 종말론적 기대를 묘사하는 말이다(*προσδέχεσθαι* – 프로스데케스다이: 막 15:43; 눅 2:25, 38; 12:36; 23:51; 행 24:15; 딛 2:13; *2 Clem* 11:2; *προσδοκᾶσθαι* – 프로스도카스다이: 마 11:3; 눅 7:19-20; 벧후 3:12-14; *1 Clem* 23:5; Ign. *Pol.* 3:2; *ἐκδέχεσθαι* – 에크데케스다이: 히 11:10; *Barn.* 10:11; *2 Clem* 12:1; *ἀπεκδέχεσθαι* – 아페크데케스다이: 롬 8:23; 고전 1:7; 갈 5:5; 빌 3:20; 히 9:28; *ἀναμένειν* – 아나메네인: 살전 1:10; *2 Clem* 11:5) – 물론 권면들 속에서는 흔하지는 않지만 말이다(벧후 3:12; *2 Clem* 12:1; 참조. Hab 2:3; *2 Apoc. Bar.* 83:4). (Sir 2:7: *ἀναμείνατε τὸ ἔλεος αὐτοῦ* – 아나메이나테 토 엘레오스 아우투, "그의 긍휼을 기다리라"는 종말론적인 것이

아니다.) 이 용어가 이렇게 널리 사용되게 된 것은 부분적으로는 오랫동안 종말론적 기대의 고전적인 본문이었던 하박국 2:3("그것을 기다리라": LXX: *ὑπομείνον αὐτόν* – 휘포메이논 아우톤, "그를 기다리라": A. Strobel, *Untersuchungen zum eschatologischen Verzögerungsproblem auf Grund der spätjüdisch-urchristlichen Geschichte von Habakuk 2, 2 ff.*[NovTSup 2: Leiden: E. J. Brill, 1961] Part 1을 보라)과 종말론적으로 해석된 그 밖의 다른 예언적인 본문들(사 30:18; 49:23; 51:5; 60:9; 64:4, 특히 LXX(64:3): *ὑπομένουσιν ἔλεον* – 휘포메누신 엘레온, "(그들은) 긍휼을 기다린다": 단 12:12; 믹 7:7; 습 3:8) 때문일 수 있다. 물론 이러한 기다림은 단순히 수동적인 태도인 것이 아니라, 삶 전체를 다 드려서 종말론적인 소망을 지향하는 것을 나타낸다.

"영생에 이르도록"(*εἰς ζωὴν αἰώνιον* – 에이스 조엔 아이오니온). 영생, 즉 내세의 부활 생명은 그리스도가 그의 긍휼 안에서 재림의 때에 신실한 그리스도인들에게 수여할 선물이다.

22 "어떤 자들을 불에서 끌어내라"(*οὓς μὲν ἐκ πυρὸς ἁρπάσατε* – 후스 멘 에크 퓌로스 하르파사테). 이것은 이 단락에 나오는 스가랴 3:1-5의 환상에 대한 두 번의 간접 인용 중에서 첫 번째 것인데, 유다는 스가랴 3:2에서 가져온 "주께서 너를 책망하시기를 원하노라"는 말씀이 나오는 모세의 유언의 본문을 9절에서 사용하다가 이 대목에 주목하게 되었을 것임에 틀림없다. 스가랴서의 이 동일한 절(3:2)에서 대제사장 여호수아는 "불에서 꺼낸 그슬린 나무"로 묘사된다. 이 동일한 어구는 아모스 4:11에서는 소돔과 고모라에 대한 심판과 관련해서 등장하지만 유다서 1:23은 스가랴 3:3-4을 간접 인용하고 있을 가능성이 높기 때문에(아래를 보라), 아모스서가 아니라 스가랴서가 유다가 22절에서 사용한 이미지의 출처였을 가능성이 크다. 유다는 여느 때와 마찬가지로 여기에서도 그가 칠십인경의 번역에 의존하지 않고 있음을 보여 준다(암 4:11과 슥 3:2: *δαλὸς ἐξεσπασμένος ἐκ πυρός* – 달로스 엑세스파스메노스 에크 퓌로스).

이 불은 7절에서처럼 지옥에서의 최후의 심판의 불이다. 유다는 그가 가리키는 자들이 이미 불 가운데에 있다(Windisch)고 말하는 것이 아니라, 그들이 불에 던져지기 직전에 있기 때문에 그 전에 다시 빼낼 수 있다고 말하는 것이다. 그들은 재림 때 심판을 받게 될 절박한 위험에 처해 있는 죄인들이다(참조. 14-15절). 여기에서 유다의 종말론적 전망이 초대 교회의 임박한 종말 기대에 의해서 얼마만큼 지배 받고 있는지가 특히 분명하게 드러난다.

불로부터 끌어내져야 할 자들은 거짓 교사들의 영향 아래에서 죄악된 행실에 빠져 있긴 하지만 그 잘못을 지적 받을 때 회개하게 될 교회의 지체들임이 분명하다. 유다는 그의 독자들이 어떻게 그들을 불에서 끌어내야 할지를 설명할 필요가 없었다. 왜냐하면 잘못을 범한 형제를 형제애의 정신을 가지고서 책망하고 경고해야 한다는 것은 초기 교회들에서는 어디에서나 다 알고 있었기 때문이다(마 18:15-17; 눅 17:3; 갈 6:1; 살후 3:15; 딤전 5:20; 딛 3:10; 약 5:19-20; *Did.* 2:7; 15:3).

23 디아크리노메누스(*διακρινομένους*)는 여기서 "심판 아래에 있는 자들"을 의미한다거나(Birdsall, *JTS* 14[1963] 398), 교회의 책망을 듣고도 여전히 회개를 하지 않아서 출교를 당한 자들을 가리킨다는 주장이 있다(참조. 고전 5:3-5). 이러한 해석은 문맥상으로 의미가 잘 통하기는 하지만 다음의 두 가지 비중 있는 고려는 이러한 해석이 별로 적절하지 않다는 것을 보여 준다: (1) 거짓 교사들은 교회(들)에서 아주 강력한 영향력을 지니고 있었기 때문에, 공식적인 출교 절차를 개시하는 것 자체가 불가능했을 것이다(Bieder, *TZ* 6[1950] 75). (2) 유다는 이 동일한 동사를 9절에서 "다투다"라는 의미로 사용했는데, 그것이 여기서의 이 동사의 의미를 반드시 결정짓는 것은 아니지만, 우리는 22-23절에 스가랴 3:2-4에 대한 유다의 간접 인용들이 나오는 것과 마찬가지로 9절에도 스가랴 3:2에 대한 간접 인용이 나온다는 사실을 주목할 필요가 있다. 그러므로 유다는 자기가 앞에서 디아크리네스다이(*διακρίνεσθαι*)를 사용한 것을 염두에 둔 가운데 여기서 이 단어를 택하여 사용했을 가능성이 높다.

"다투는 자들", "이의를 제기하는 자들"이라는 의미는 여기서의 문맥과 잘 통한다. 유다는 동료 그리스도인들의 책망을 받아들이고자 하지 않고, 도리어 거짓 교사들이 전파하고 있던 율법 폐기론적인 가르침들을 거론하며 반론을 제기하면서 그들의 행위를 정당화하고자 하는 자들을 이 단어를 통해서 지칭하고자 했다. 이런 자들은 거짓 교사들 자신이거나 그들의 제자들일 것이다. 아마도 유다가 이 절들에서 구별하는 두 부류의 사람들은 그들이 거짓 교사들에 의해서 영향을 받은 정도에 의해서가 아니라, 교회의 책망에 대한 그들의 반응에 따라서 구별된 것일 가능성이 높다. 거짓 교사들 중 일부가 첫 번째 부류의 사람들, 즉 회개한 자들 속에 포함되어 있었을 가능성도 얼마든지 존재한다.

디아크리노메누스(*διακρινομένους*)의 의미로서 또 하나 가능성이 있는 것은 "의심하는 자들" 또는 "주저하는 자들"이다. 이 의미는 첫 번째 부류를 묘사하기 위해서 이 단어를 사용하는 이 본문의 여러 다른 독법들(위의 "원문주해"를 보라)에 적합하긴 하지만 이 단어를 통해서 첫 번째 부류보다 더 조심스럽게 대해야 할 자들의 무리를 묘사하는 우리가 따르고 있는 본문에는 부적합하다.

"두려움으로 긍휼히 여기라"(*ἐλεεῖτε ἐν φόβῳ* – 엘레에이테 엔 포보). 이 말 속에 함축되어 있는 것은 죄를 고집하며 계속해서 그들의 율법 폐기론적인 행위를 옹호하는 자들은 유다서의 독자들에게 심각한 위험이 된다는 것이다. 유다는 이어지는 구절 속에서 그 위험은 그들의 죄에 의한 오염을 통해서 온다고 설명한다. "두려움"은 이러한 오염에 대한 두려움, 이러한 자들에 의해서 영향을 받을 것에 대한 두려움(대부분의 주석자들)일 수도 있겠지만, 하나님을 경외하는 두려움일 가능성이 대단히 높다(Kelly, Green). 위험스러운 영향력을 피하고자 하는 동기는 죄에 대한 하나님의 심판을 두려워하는 태도다. 왜냐하면 유다서의 독자들은 율법 폐기론적인 행위가 하나님의 심판을 초래하게 되리라는 것을 알기 때문이다. 이렇게 본다면, 엔 포보(*ἐν φόβῳ*, "두려움으로")는 여기서 12절에서 거짓 교사들의 태도의 특징을 규정하는 단어로 사용된 아보포스(*ἀφόβως*, "기탄없이")와 대비된다.

하지만 이런 자들로부터의 위험은 유다서의 독자들이 그들을 사랑하고 그들의 구원을 바라는 것을 계속하지 않아야 한다는 것을 의미하는 것은 아니다. 그들은 그들 자신이 받았고(1절) 기대하고 있는(23절) 하나님의 긍휼(눅 6:36)을 본받아서 그들을 "긍휼히 여겨야" 한다. 유다는 이 긍휼을 어떠한 행위로 표현해야 하는지를 말하고 있지는 않지만, 단지 관용의 태도에서 그치지 않고 어떤 종류의 행위까지 의도하고 있다는 것은 분명하다. 아마도 가장 유력한 행위는 기도일 것이다(참조. *Did.* 2:7). 기도는 위험에 빠지지 않기 위해서 그런 자들과의 접촉을 완전히 피해야 하는 상황 속에서도 그들이 그런 자들을 위하여 할 수 있는 행위이기 때문이다(*Ign. Smyrn.* 4:1). 이 경우에 유다가 그의 독자들에게 죄인들과의 모든 접촉을 피하라고 하고 있기 때문에, 그런 자들을 긍휼히 여기는 유일한 수단은 기도뿐이라고 해야 하는지는 다음 구절에 대한 해석에 달려 있다.

"또 그 육체로 더럽힌 옷이라도 싫어하여"(*μισοῦντες καὶ τὸν ἀπὸ τῆς σαρκὸς ἐσπιλωμένον χιτῶνα* – 미순테스 카이 톤 아포 테스 사르코스 에스필로메논 키토나). 여기에는 여호수아가 "더러운 옷을 입고" 있다고 말하고 있는 스가랴 3:3-4에 대한 간접 인용이 존재할 가능성이 크다. 유다는 여기서 다시 한 번 칠십인경(*ἱμάτια ῥυπαρά* – 히마티아 뤼파라)에 의존하지 않고 있음을 보여 준다. 체이스(Chase, *DB*[*H*] 2, 800-1)는 유다가 사실상 스가랴 3:3-4에서 "더러운"으로 번역된 히브리어(צֹאִים – 초임)에서 연상되는 것들을 간접 인용하고 있는 것이라는 유력한 주장을 제시한다.

이 단어는 체아(צֵאָה) 또는 초아(צֹאָה)와 연결되어 있고, 이 단어들은 구약에서 아주 빈번하게 인간의 배설물을 가리키는 데 사용된다(신 23:14; 왕하 18:27; 잠 30:12; 사 36:12; 겔 4:12; 또한 사 28:8에서 초아[צֹאָה]는 술 취한 자들이 토한 것을 가리키고, 사 4:4에서는 악행에 대한 비유로 사용된다). 그러므로 유다는 "더러운 옷"을 육체로 더럽혀진 옷을 의미하는 것으로 해석한다. 키톤(χιτών, "옷")은 맨살 바로 위에 입는 속옷을 가리키는 단어였다.

그러므로 여기에 나오는 묘사는 의도적으로 불쾌한 모습에 관한 생생한 묘사인데, 유다는 이 묘사를 사용해서 이런 자들과 접촉하게 되는 것은 무엇이든지 그들의 죄로 인해서 오염된다는 것을 나타내고자 한다. 더럽혀진 옷이라는 이미지를 여기에서와 꽤 비슷하게 사용하고 있는 예에 대해서는 요한계시록 3:4을 참조하라. 유다가 "육체"를 언급한 것은 그가 육체 자체를 근원적으로 죄악된 것으로 보고 있다는 것을 나타내는 것이 아니라, 그가 거짓 교사들이 빠져 있던 육체의 죄들을 생각하고 있다는 것을 보여 주는 것이다(참조. 8, 10절).

이 어구 속에는 유다서의 독자들이 이런 자들을 긍휼히 여기는 마음을 지녀야 하지만 그들이 그들의 죄에 의해서 오염되지 않기 위해서는 그들의 죄 및 그 죄와 관련되어 있는 모든 것을 혐오하는 마음도 아울러 지녀야 한다는 의미가 담겨져 있다. 대부분의 주석가들은 이 어구 속에 유다서의 독자들이 그들과 전혀 접촉하지 않기를 바라는 유다의 의도가 담겨 있는 것으로 해석하면서, 유다가 한 말은 반드시 그런 식으로 해석되어야 하는 것은 아니지만(Plummer), 다른 곳에서 확인되는 초기 교회의 관행으로 보아서 그러한 해석이 유력하다고 주장한다. 신앙을 고백한 다른 그리스도인들과의 개인적인 접촉을 피하는 것은 통상적으로 두 가지 경우에 요구되었다: 죄를 고집함으로써 출교를 당한 자들(마 18:17; 고전 5:11; 딛 3:10)과 거짓 교사들(요이 1:10-11; Ign. *Eph.* 7:1; *Smyrn.* 4:1; 7:2). 전자의 경우에 이것은 교회의 유익을 위한 것임과 동시에 범죄자의 유익을 위한 것이었지만(고전 5:5), 후자의 경우에는 그런 자들의 영향력이 위험하다는 이유로 인한 것으로서 주로 지혜로운 처신에 속하는 것이었다. 이것은 유다가 상정(想定)하고 있는 그런 종류의 상황인 것으로 보인다.

그럼에도 불구하고, 그런 자들을 파멸에 이르도록 그들의 운명에 내버려 두는 것은 옳지 않다. 유다가 그들의 구원을 계속해서 바라고 있다는 것은 엘레에이테(ἐλεεῖτε, "긍휼히 여기라")에 의해서만이 아니라, 스가랴 3:3-4에 나오는 더럽혀진 옷에 관한 묘사를 그의 묘사의 출처로 삼은 것을 통해서도 드러난다. 거기에서 하나님은 여호수아의 "더러운 옷"을 벗기시고 깨끗한 옷으로 갈아입히셨는데, 이것은 하나님의 죄 사함의 상징이었다(3:4-5). 마찬가지로, 유다의 대적자들이 그들의 죄 및 그 죄와 연관된 모든 것을 버린다면, 그들에게도 죄 사함이 주어질 것이다.

## 해설

이 단락에서 유다는 그의 서신의 주된 목적에 다다르게 되는데, 그 목적은 그의 독자들에게 그들이 처해 있는 상황 속에서 어떤 식으로 "믿음의 도를 위하여 싸워야"(3절) 하는지에 관한 적극적인 가르침들을 주는 것이었다.

교리문답 전승에서 가져왔을 가능성이 큰 네 개의 명령문들은 기독교 공동체 속에서 그리스도인의 삶의 의무들을 요약한 것들이다. 첫째, 그들이 사도들로부터 받은 복음은 교회 생활의 토대가 되어야 하고, 그들은 이 토대 위에 종말론적 성전인 기독교 공동체를 세워야 한다. 이 토대 위에 세워진 교회 생활은 율법 폐기론자들이 폐기 처분하고 있는 복음의 도덕적 함의(含意)들을 구현하게 될 것이다. 둘째, 그들은 성령의 감동 아래서 기도하는 일에 전념함으로써 거짓 교사들이 영감을 받았다고 하는 거짓 주장과 대비되는 교회의 참된 은사적 성격을 실현해야 한다. 셋째, 그들은 하나님의 뜻에 순복함으로써 하나님의 사랑 안에서 그들의 본분을 지켜나가야 한다. 끝으로, 그들은 주께 신실한 자들이 그의 긍휼 안에서 최종적인 구원을 받게 될 주의 재림에 초점이 맞춰진 소망을 지닌 채 살아야 한다. 이런 식으로 이 네 개의 명령문들은 유다의 대적자들 및 그들의 영향 아래 있는 모든 자들이 가고 있는 종말론적인 심판으로 이어지는 불경건의 길과 대비되는 종말론적 구원으로 이어지는 순종의 제자도의 길을 제시한다. 그러므로 율법 폐기론에 맞서서 "믿음의 도를 위하여 싸우는" 것은 그런 이론의 영향력에 저항하여 기독교적 순종이라는 적극적인 과제들로부터 이탈하지 않는 것이다.

유다는 그의 독자들이 거짓 교사들 및 그들의 가르침에 의해서 영향을 받은 자들에 대하여 어떻게 처신해야 하는지에 관한 가르침들을 계속해서 베푼다. 잘못을 범한 형제나 자매에 대한 공인된 기독교적 관행은 기독교적 사랑의 정신으로 그들의 죄를 지적하고 경고하는 것이고, 이러한 경고에 대하여 회개로 응답하는 자들은 임박한 심판에서 구원을 받게 될 것이다. 그러나 거짓 교사들이 그랬던 것처럼 회개하기를 거부하고 죄의 고소로부터의 그들의 자유를 계속해서 주장하는 자들은 유다서의 독자들에게 심각한 위험이지만, 그들은 그런 자들의 영향을 받지 않도록 극히 주의하는 가운데에 그런 자들을 향하여 기독교적인 긍휼을 베풀어야 한다. 그들은 만약 자신들이 이러한 죄인들의 죄들에 의해서 감염된다면, 자신들도 하나님의 심판을 초래하게 될 것임을 알고서 두려워해야 한다. 유다는 앞에서 거짓 교사들을 가까이 하면 파선과 좌초를 불러오는 암초들에 비유했듯이(12절), 여기서는 그들의 죄가 그들 주변의 모든 것을 오염시킨다는 것을 보여 주기 위해서 육체의 배설물에 의해서 더럽혀진 옷이라는 은유를 사용한다. 그러므로 유다가 충고하는 것은 그의 독자들은 자신의 잘못들을 버리지 않고 고집하는 거짓 교사들 및 그들의 추종자들과 그 어떤 접촉도 하지 말아야 한다는 것일 가능성이 크다. 그러나 그는 그런 자들의 구원에 관한 소망을 버리지는 않는다: 그의 독자들도 그런 자들을 향한 기독교적 사랑을 행하기를 계속해야 한다 – 물론 그렇게 할 수 있는 유일한 실제적인 수단은 기도뿐이긴 하지만 말이다. 이러한 가르침들 속에서 유다는 거짓 교사들이 조장하고 있는 죄들을 혐오하는 태도와 죄에 대한 하나님의 심판과 관련한 강한 믿음을 가장 완악한 자들조차도 고침 받기를 바라는 진정으로 기독교적인 관심을 결합시킨다.

# 결론적인 송영(유다서 24-25)

## 참고문헌

**Crafer, T. W.** "The connexion between St Jude and the Magnificat." *The Interpreter* 4(1908) 187-91. **Deichgräber, R.** *Gotteshymnus und Christushymnus in der frühen Christenheit.* SUNT 5. Göttingen: Vandenhoeck & Ruprecht, 1967. 25-40, 99-101.

## 본 문

**24** 능히 너희를 보호하사 거침이 없게 하시고 너희로 그 영광 앞에 흠이 없이 즐거움으로 서게 하실자
**25** 곧 우리 구주 홀로 하나이신 하나님께 우리 주 예수 그리스도로 말미암아 영광과 위엄과 권력과 권세가 만고 전부터 이제와 세세에 있을지어다 아멘

**24** Now to the one who is able to keep you from stumbling, and to present you without blemish in the presence of his glory, with rejoicing,
**25** to the only God our Savior, through Jesus Christ our Lord, belong[a] glory, majesty, power and authority, before all time, now and for evermore. Amen.

## 원문주해

a. 이 동사는 의미가 통하게 하기 위해 첨가한 것으로서 대부분의 번역들은 "있을지어다"를 보충해 넣어서 이 송영을 기도문으로 만든다. 이 번역에 전제된 직설법적 의미에 대해서는 아래의 "양식/구조/배경"을 보라.

## 양식/구조/배경

이 서신은 송영으로 마무리되는데, 이 송영이 예전(禮典) 전승을 따르고 있다는 것은 틀림없지만, 그 세부적인 표현들 중 일부는 유다 자신의 것일 수 있다.

다이히그래버(Deichgräber, *Gotteshymnus*, 25)는 초기 기독교의 송영들의 기본적인 형태를 다음과 같이 제시한다:

호/토/아우토/소이 헤 독사 에이스 투스 아이오나스 아멘(*ᾧ/τῷ/αὐτῷ/σοὶ ἡ δόξα εἰς τοὺς αἰῶνας. ἀμήν*)

"영광이 누구에게/그에게/당신에게 영원히 있을지어다."

이 송영은 네 부분으로 구분된다(Deichgräber, *Gotteshymnus*, 25-27): (1) 통상적으로 여격으로 표현되는 찬송을 받는 자; (2) 통상적으로 독사(*δόξα*, "영광")로 표현되는 찬송의 말; (3) 시간의 표시; (4) 듣는 자들이 그 기도를 그들 자신의 것으로 만들기 위한 응답을 나타내기 위하여 덧붙여지는 "아멘"(벧후 3:18의 일부 사본들을 제외한 신약에 나오는 모든 예들에서). 계사(繫辭, copula)는 보통 송영들에서는 생략되기 때문에, 직설법 또는 희구법 중 어떤 동사를 보충해 넣어야 하는가라는 문제는 논란이 되어 왔다(Deichgräber, *Gotteshymnus*, 30-32를 보라). 동사가 주어져 있는 경우에는 보통 직설법 동사가 나오지만(*ἐστιν* – 에스틴: Pr Man 15; 벧전 4:11; *Did.* 8:2; 9:4; 10:5; *1 Clem* 58:2), 종종 희구법(Clement of Alexandria, *Quis div. salv.* 42.20)이나 명령법(*1 Clem* 32:4) 동사가 나오기도 한다. 분명히 송영들을 사용하는 자들은 송영들을 서술문 또는 기도문 중 어느 쪽으로도 이해할 수 있었지만, 전자가 실제로 그 내용에 더 적합하고, 특정한 송영의 내용에 의해서 종종 요구되기도 한다(Deichgräber, *Gotteshymnus*, 32). 유다서 1:24-25에서는 과거에 대한 언급이 나오기 때문에, 이 송영은 직설법적인 의미를 지닐 수밖에 없다.

송영의 기본적인 형태는 여러 가지 다양한 방식으로 확장될 수 있었고, 유다서의 송영은 좀더 정교한 예들 중의 하나다. (1)은 기본적인 형태에서처럼 오직 대명사만 나오는 경우가 대다수이지만 확장될 수도 있다(예를 들면, 빌 4:20; 딤전 1:17; 계 5:13; *2 Clem* 20:5). 유다서의 송영은 토 뒤나메노(*τῷ δυναμένῳ*, "~하실 수 있는 자에게")로 시작되는 형태에 속하는데, 이 형태는 이 곳 외에도 다른 세 곳에서도 발견된다(롬 16:25; 엡 3:20; *Mart. Pol.* 20:2). 이것은 비록 그 뒤의 내용은 각각의 예에서 서로 다르기는 하지만 표준적인 예전 형태를 반영하고 있음에 틀림없다(*Mart. Pol.* 20:2은 유 24절을 사상 면에서는 유사하지만 어휘 면에서는 유사하지 않다). 이러한 확장은 송영의 이 부분을 형태상으로는 아니지만 실질적으로 기도문으로 만드는 효과를 지닌다. 유다서의 모노 데오(*μόνῳ θεῷ*, "홀로 하나이신 하나님께")도 롬 16:25; 딤전 1:17; *2 Clem* 20:5(참조. 딤전 6:15-16; *1 Clem* 43:6)에 나오는 다른 송영들에 그 평행이 있다. (2) 오직 독사(*δόξα*)만이 나오는 송영도 많긴 하지만 많은 송영들은 몇 가지 속성들을 열거하는 역대상 29:11의 예를 따른다(유다서에 나오는 것들과 평행되는 것들에 대해서는 "주석"을 보라). 둘, 셋, 넷, 다섯, 일곱 가지 속성을 열거하는 목록들이 존재한다(Deichgräber, *Gotteshymnus*, 28). 디아 예수 크리스투(*διὰ Ἰησοῦ Χριστοῦ*, "예수 그리스도로 말미암아")

라는 어구는 송영들에서 흔히 발견되고(롬 16:27; *Did.* 9:4; *1 Clem* 58:2; 61:3; 64; 65:2; *Mart. Pol.* 14:3; 20:2; 참조. 고후 1:20; 벧전 4:11), 통상적으로 그 송영들의 유일하게 기독교적인 특징을 이룬다. 이 어구는 전승된 유대교적 형태들에 기독교적 특징을 부여하기 위하여 첨가되었다(Deichgräber, *Gotteshymnus*, 39-40). 거의 모든 예들(그러나 *2 Clem* 20:5을 보라) 영광을 돌리는 것은 "예수 그리스도로 말미암은" 것이기 때문에, 아마도 유다서에 나오는 이 어구의 의미도 그런 것일 가능성이 크다("주석"을 보라). (3) 에이스 투스 아이오나스(*εἰς τοὺς αἰῶνας*, "영원히, 세세에")라는 단순한 정식은 흔히 영원을 나타내는 좀더 복잡한 정식들로 확장된다(Deichgräber, *Gotteshymnus*, 27-28; E. von Dobschütz, "Zwei- und dreigliedrige Formeln," *JBL* 50[1931] 138). 과거와 미래(*Tg. Neof.* Exod 15:18; *1 Clem* 65:2; *Mart. Pol.* 21) 또는 현재와 미래(벧후 3:18; *1 Clem* 64; *Mart. Pol.* 14:3; *Acts Pet.* 39)를 언급하는 이중적 형태가 발견되지만, 과거와 현재와 미래를 언급하는 유다서의 삼중적 형태는 유대교 및 초기 기독교의 송영들 속에서 유례가 없다.

다이히그래버(Deichgräber)는 유다서의 송영이 지닌 이러한 특징들 중 몇몇을 후대 저작의 표징들로 여기지만, 그의 추론들은 설득력이 없다. (a) 예전 문구들이 후대로 갈수록 더 복잡해지는 경향이 있다는 것(*Gotteshymnus*, 28-29)은 상대적인 저작 연대를 정함에 있어서 확고한 원리로 제시될 수 없다. 단순한 형태들은 분명히 좀더 정교한 형태들과 나란히 오래도록 살아남았기 때문이다. (b) 구약에서 송영들의 기본 형태인 역대상 29:11은 다섯 가지 속성으로 구성된 목록으로 되어 있는 것으로 보아서, 여러 속성들을 나열한 더 긴 목록들이 반드시 짧은 목록들보다 시기적으로 후대의 것은 아니다. (c) 속성들을 관사 없이 나열하는 형태(딤전 1:17; 6:16; *1 Clem* 64; 65:2; *Mart. Pol.* 14:3; 20:2; 21에서도 나타난다)는 후대의 저작임을 보여 주는 확실한 증표가 될 수 없다. 왜냐하면 다이히그래버(Deichgräber, *Gotteshymnus*, 28 n. 3) 자신도 그가 팔레스타인 히브리어로 된 원본이 있는 것으로 보았던 누가복음 2:14을 하나의 예외로 보지 않을 수 없었기 때문이다. (d) 디아 예수 크리스투(*διὰ Ἰησοῦ Χριστοῦ*, "예수 그리스도로 말미암아")라는 어구는 오직 후대의 예들에서만 등장한다고 다이히그래버는 주장한다(*Gotteshymnus*, 40). 그러나 로마서 16:27의 진정성은 논란이 되지만, 고린도후서 1:20은 이 어구가 바울 시대에 송영들에서 사용되었음을 보여 주는 증거일 가능성이 크다(그리고 참조. 롬 1:8; 5:11; 7:25; 골 3:17). (e) 영원을 나타내는 좀더 복잡한 문구들은 유대교에 그 전례들이 있기 때문에 반드시 후대의 것이 아니다(시 41:14; 106:48; *Tg. Neof.* Exod 15:18). 유다가 시간을 셋으로 구분하는 것은 다른 송영들에서는 발견되지 않기는 하지만 그 자체가 전승에 의한 것이고(*2 Apoc. Bar.* 21:9; 23:3; 히 13:8; 계 1:4; 4:8), 그가 이런 구분을 사용한 것은 삼중적 형태의 표현을 선호하는 그의 취향으로 돌릴 수 있다.

다이히그래버가 이 송영은 분명히 축복문("하나님은 찬송받으실지라…")과 구별되어야 한다고 주장하는 것은 옳다. 송영들(Doxologies)은 고대 유대교의 문헌 속에서는 드물고 초기 기독교에서는 흔한 반면에, 축복문들(benedictions)은 초기 기독교 문헌 속에서는 비교적 드물고(Deichgräber, *Gotteshymnus*, 40-43) 유대교에서는 흔했다. 이런 차이의 이유는 알려져 있지 않지만, 초기 기독교의 송영이 유대교에서 유래했다는 것은 의심의 여지가 없다. 다이히그래버는 팔레스타인 유대교의 문헌에서 초기 기독교에서 등장하는 것과 같은 고정된 형태의 송영은 발견되지 않고, 단지 그런 송영으로 몇 걸음 나아가고 있는 것만이 발견된다고 주장한다(대상 29:11; 시 22:28; 62:11-12a; 단 2:20). 이런 송영들은 연대 표시가 없고, 기독교의 송영들과는 달리 기도나 설교의 **끝부분**에 일관되게 나오지도 않는다. 신약에서 발견되는 것과 같은 고정된 형태의 송영은 헬레니즘 유대교의 문헌에서 처음으로 등장한다(4 Macc 18:24; Pr Man 15; 1 Esd 4:40, "진리"를 기리는 송영; 참조. 1 Esd 4:59; 5:58). 그러므로 다이히그래버는 신약의 송영들은 디아스포라의 헬레니즘 유대교의 회당들의 예배에서 유래했다고 주장한다. (이것의 예외들은 눅 2:14; 19:38; 계 7:10; 19:1에서 발견되는 비전형적인 형태들인데, 거기에서 송영은 하나의 글을 마무리하는 정형문구가 아니라, 독립적인 "구원의 노래" 또는 "승리의 노래"다.)

하지만 유대교의 송영들을 보여 주는 증거들은 사실 팔레스타인 유대교와 헬레니즘 유대교 간의 이러한 날카로운 구별을 뒷받침해 주지 않는다. 영원을 나타내는 정형문구는 다이히그래버가 형태에 있어서 기독교의 송영들과 아주 유사하다고 인정한(*Gotteshymnus*, 37) 팔레스타인 본문인 솔로몬의 시편 17:3, 여기에 나오는 송영의 기원과 관련해서 다이히그래버가 인정하는 것보다 더 중요한 의미를 지니는(*Gotteshymnus*, 37 n. 5; McNamara, *Targum*, 204-9는 이것들을 요한계시록에 나오는 송영들과 연결시킨다) 출애굽기 15:18의 탈굼들, 여기에 나오는 송영의 형태에 쉽게 영향을 주었을 유대교의 축복문들(대상 29:10; 시 41:14; 72:19; 89:52; 106:48; 단 2:20)에서 발견된다. 므낫세의 기도의 출처가 팔레스타인 유대교가 아니라 헬레니즘 유대교라는 것은 결코 확실하지 않다(Deichgräber가 단언하는 것과는 달리, *Gotteshymnus*, 38 n. 1). 게다가 다이히그래버는 요한계시록에 나오는 송영들이 팔레스타인 유대 기독교의 용례를 보여 주는 증거라고 인정하지만(*Gotteshymnus*, 38-39), 형태상으로 비전형적인 7:10과 19:1만을 언급하고, 초기 기독교의 통상적인 형태를 지니고 있는 1:5-6과 5:13을 언급하는 것을 생략한다. 따라서 우리는 분명히 이 송영이 팔레스타인 유대교에서 기원했을 가능성을 배제할 수 없고, 유다서의 배경이 팔레스타인임을 보여 주는 다른 증표들에 비추어 볼 때 그의 송영을 그가 팔레스타인 유대 기독교의 예전에서 사용되던 형태를 나름대로 개작한 것으로 볼 수 있다.

송영들은 기도(Pr Man 15; 엡 3:20-21)나 설교(*2 Clem* 20:5; 참조. 1 Esd 4:40)를 마무리하는 데 사용되었다. 초기 기독교에서도 송영들은 후자의 용법의 연장선상에서 서신(롬 16:25-27; 벧후 3:18; *1 Clem* 65:2; *Mart. Pol.* 21; *Diogn.* 12:9) 또는 끝인사 이전에 서신의 주요 부분(빌 4:20; 딤후 4:18; 히 13:21; 벧전 5:11; *1 Clem* 64; *Mart. Pol.* 20:2)을 마무리하는 데 사용되었을 것이다. 유다의 서신의 끝맺음에서 특이한 것은 어떤 개인적인 인삿말이나 특별히 서신의 결미(結尾)라고 할 수 있는 것이 없다는 것이다. 그는 마치 구두로 행한 강해를 마칠 때처럼 예전적 송영으로 그의 서신을 마친다.

## 주석

**24** "너희를 보호하사 거침이 없게 하시고"(*φυλάξαι ὑμᾶς ἀπταίστους* – 퓔락사이 휘마스 아프타이스투스)는 시편에 흔히 나오는 은유를 반영한 것일 가능성이 큰데, 시편에서 시편 기자는 하나님이 그를 재난들로부터 보호해 주시리라는 것을 그의 발이 걸려 넘어지거나 미끄러지지 않게 해주시리라는 말로 표현한다(시 38:16; 56:13; 66:9; 73:2; 91:12; 94; 116:8; 121:3). 아마도 이런 표현의 배경 속에서는 악인들이 의인으로 하여금 발을 헛딛게 하거나 의인이 넘어지도록 덫을 놓는다는 사실이 어른거리는 것 같다(시 140:4-5; 141:9; 142:3). 하나님이 의인들을 걸려 넘어지지 않게 "보호하실" 수 있으시다는 것은 시편 121:3-8; 140:4; 141:9에서 두드러지게 나타난다. 하나님이 그리스도인들을 보호하시거나 지키신다는 것에 대한 신약의 언급들은 데살로니가후서 3:3(*συλάσσειν* – 쉴랏세인, "지키다"; 아마도 여기에는 유다서에서처럼 예전적 배경이 있는 것으로 보인다); 요한복음 17:11,

15; 요한계시록 3:10(*τηρεῖν* – 테레인); 베드로전서 1:5(*φρουρεῖν* – 프루레인) 등이 있다(1절에 대한 "주석"을 보라). 아프타이스토스(*ἄπταιστος*)는 신약의 하팍스 레고메논(hapax legomenon)이지만(그러나 롬 11:11; 약 2:10; 3:2; 벧후 1:10에서 프타이에인[*πταίειν*]이 은유적으로 사용되는 것을 참조하라), 마카베오3서 6:39에서도 여기서와 다소 비슷한 은유적인 방식으로 사용된다(*ἀπταίστους αὐτοὺς ἐρρύσατο* – 아프타이스투스 아우투스 에르뤼사토, "그들을 재난에서 구원하시고"). 일반적인 의미는 하나님이 유다서의 독자들을 보호하셔서 거짓 교사들의 죄악된 길들로 빠져들어가서 최종적인 구원에 이르지 못할 위험에서 건지시리라는 것이다.

"너희로 그 영광 앞에 흠이 없이 서게 하실"(*στῆσαι κατενώπιον τῆς δόξης αὐτοῦ ἀμώμους* – 스테사이 카테노피온 테스 독세스 아우투 아모무스). 다음의 구절들과의 비교는 예전 전승 속에 공통의 배경이 존재했을 가능성이 높다는 것을 보여 준다: 살전 3:13, "너희 마음을…하나님 우리 아버지 앞에서(*ἔμπροσθεν* – 엠프로스텐) 거룩함에 흠이 없게(*ἀμέμπτους* – 아멤프투스) 하시기를 원하노라"; 골 1:22, "너희를 거룩하고 흠 없고(*ἀμώμους* – 아모무스) 책망할 것이 없는 자로 그 앞에(*κατενώπιον* – 카테노피온) 세우고자(*παραστῆσαι* – 파라스테사이) 하셨으니"; 엡 1:4, "우리로 그 앞에(*κατενώπιον* – 카테노피온) 거룩하고 흠이 없게(*ἀμώμους* – 아모무스) 하시려고"; 엡 5:27, "자기 앞에 영광스러운 교회로 세우사(*παραστήσῃ* – 파라스테세) 티나 주름잡힌 것이나 이런 것들이 없이 거룩하고 흠이 없게(*ἄμωμος* – 아모무스) 하려 하심이니라"; 폴리갑의 빌립보서 5:2, "마찬가지로 집사들은 그의 의로우심 앞에서(*κατενώπιον* – 카테노피온) 흠이 없어야(*ἄμεμπτοι* – 아멤프토이) 한다"(Loeb의 번역); 또한 참조. 고전 1:8; 살전 5:23. 이 구절들 가운데서 유 24절; 살전 3:13; 엡 5:27; 골 1:22은 종말론적 준거(準據) 위에서 말하고 있고, 그것들은 모두 다 그리스도인들은 하나님 앞에 흠 없는 희생 제물로 드려져야 한다는 희생 제사 은유를 사용한다. (희생 제물인 짐승들의 아모모스[*ἄμωμος*]에 대해서는 예를 들면 출 29:38; 레 1:3; 3:1; 히 9:14; 벧전 1:19을 보라. "여호와 앞에" 드려지는 희생 제물들에 대해서는 레 1:3; 3:1, 12을 참조하라.) 카테노피온(*κατενώπιον*, "앞에")이라는 단어는 초기 기독교 문헌 속에서 오직 다음의 네 개의 구절들에서만 발견된다: 유 24절; 골 1:22; 엡 1:4; Pol. *Phil.* 5:2(그리고 다른 곳에서는 오직 칠십인경에서만).

테스 독세스 아우투(*τῆς δόξης αὐτοῦ*, "그의 영광")는 "하나님 자신"을 나타내는 경외심에 의한 우회적 표현이다(참조. Tob 12:12, 15; *1 Enoch* 27:2; 63:5; 102:3; 104:1; *T. Abr.* 4[Rec. B]): 하나님의 영광은 그의 존재 자체의 광채다. 하나님 앞에 나아간다는 이러한 종말론적인 소망에 대해서는 4 Ezra 7:98; 마 5:8; 계 7:15; 22:3-4을 참조하라.

"즐거움으로"(*ἐν ἀγαλλιάσει* – 엔 아갈리아세이). 아갈리아시스(*ἀγαλλίασις*)라는 단어는 오직 유대 및 기독교 헬라어에서만 발견되고, 엔 아갈리아세이(*ἐν ἀγαλλιάσει*)라는 어구는 *1 Enoch* 5:9; 눅 1:44; 행 2:46; *Mart. Pol.* 18:3에 나온다. "즐거워함"은 전통적인 종말론적 모티프다: 하나님의 백성이 하나님의 뜻이 이루어지는 것을 보고 기뻐하는 것(사 12:6; 25:9; 60:5; 61:10; Tob 13:13; Bar 4:37; 5:5; 4 Ezra 7:98; *T. Levi* 18:14; *1 Enoch* 5:9; 103:4; *Apoc. Abr.* 29; 벧전 4:13; 계 19:7). 이 종말론적인 즐거움은 여기에 나오는 제의적 장면이라는 맥락 속에서 제의적 축제로 묘사된다(Schelkle).

25 "홀로 하나이신 하나님께"(*μόνῳ θεῷ* – 모노 데오). 이스라엘의 하나님이 유일하신 참 하나님이라는 것은 유대인 특유의 신앙고백이었기 때문에, 모노스(*μόνος*, "홀로")는 유대교의 신앙고백(2 Macc 7:37; 4 Macc 5:24) 및 예전(LXX 4 Kgdms 19:15, 19; 느 9:6; 시 82:19; 85:10; 단 3:45; 1 Esd 8:25; 2 Macc 1:24-25; 참조. 4QDibHam 5:8-9; *Apoc. Abr.* 17)의 맥락 속에서 흔히 하나님에게 적용되었다(G. Delling, "*ΜΟΝΟΣ ΘΕΟΣ*," *Studien zum Neuen Testament und hellenistischen Judentum: Gesammelte Aufsätze 1950-1968*[Göttingen: Vandenhoeck & Ruprecht, 1970] 396-99를 보라). 초기 기독교는 이러한 용법을 계승했기 때문에(요 5:44; 17:3; 계 15:4; 참조. E. Stauffer, *New Testament Theology*, tr. J. Marsh [London: SCM Press, 1955] 242-44; Delling, *Studien*, 399-400), 몇몇 송영들에서 유대교의 모델을 따라 모노스 데오스(*μόνος θεός*, "홀로 하나이신 하나님")가 사용되는 것을 보는 것은 이상한 일이 아니다(롬 16:27; 딤전 1:17; *2 Clem* 20:5; 참조. 1 Esd 8:25; 딤전 6:15-16; *1 Clem* 43:6). (유다서의 모노 데오 소테리 헤몬[*μόνῳ θεῷ σωτῆρι ἡμῶν*, "우리 구주 홀로 하나이신 하나님께"]이라는 어구는 두 개의 별개의 어구를 결합한 것이기 때문에, 모노스 소테르[*μόνος σωτήρ*, "유일한 구주"]라는 정형문구와 결부되어서는 안 된다: 헬라 종교와 Philo에 나오는 이 정형문구에 대해서는 Delling, *Studien*, 392, 397를 보라.) 이 어구 속에서 데미우르고스(Demiurge, 창조주)에 관한 영지주의적 사변들에 대한 반대를 보고자 하는 것은 쓸데없는 짓이다(Moffatt, Wand, Kelly).

"우리 구주"(*σωτῆρι ἡμῶν* – 소테리 헤몬). 이것도 하나님을 지칭하는 전통적인 유대교의 용어로서 엘로헤 이쉬에누(אלהי ישענו, "우리 구원의 하나님")를 번역한 것이다(소테르 헤몬[*σωτὴρ ἡμῶν*]은 LXX 시 64:6; 78:9; 94:1; *Pss. Sol.* 8:33; 17:3에 나온다; 참조. *TDNT* 7, pp. 1012-15). 그리스도가 초기 기독교 문헌에서 소테르(*σωτὴρ*, "구주")로 불리는 일은 아주 흔했던 반면에, 하나님이 그렇게 불린 경우는 드물었다(오직 눅 1:47; 딤전 1:1; 2:3; 4:10; 딛 1:3; 2:10; 3:4; *1 Clem* 59:3). 여기서 이 용어는 적어도 유대교적 용법의 잔재임에 틀림없다. 이 용어를 특별히 헬레니즘적인 것으로 여길 이유는 전혀 없다(Deichgräber, *Gotteshymnus*, 100).

"우리 주 예수 그리스도로 말미암아"(*διὰ Ἰησοῦ Χριστοῦ τοῦ κυρίου ἡμῶν* – 디아 예수 크리스투 투 퀴리우 헤몬). 이 어구가 소테리 헤몬(*σωτῆρι ἡμῶν*, "우리 구주")에 걸리는 것인지(Spitta, Chaine, Grundmann, Green), 아니면 뒤에 나오는 속성들에 걸리는 것인지(Mayor, Bigg, Cantinat, Kelly), 즉 그리스도가 구원을 우리에게 전달하는 것인지, 아니면 하나님의 영광과 권세를 하나님께 전달하는 것인지는 논란이 있다. 후자에게 유리한 것은 이 어구가 다른 곳에 나오는 송영들에서 사용되고 있다는 것이지만(롬 16:27; *Did.* 9:4; *1 Clem* 58:2; 61:3; 64; 65:2; *Mart. Pol.* 14:3; 참조. 고후 1:20; 벧전 4:11), 이것은 결정적인 논거는 되지 않는다. 왜냐하면 주지하다시피 후대의 한 송영(*2 Clem.* 20:5)에서 "그로 말미암아"(즉, 그리스도; *δι' οὗ* – 디 후)가 이 송영의 첫 번째 부분의 확장으로서 그리스도로 말미암은 하나님의 구원 사역을 가리키고 있고, 폴리갑의 순교 20:2에 나오는 송영에서는 "그의 유일하신 자녀 예수 그리스도로 말미암아"(*διὰ τοῦ μονογενοῦς παιδὸς αὐτοῦ Ἰησους Χριστοῦ* – 디아 투 모노게누스 파이도스 아우투 예수스 크리스투)라는 어구가 유다서에 나오는 어구와 동일한 모호성을 지니기 때문이다. 또한 이 어구가 뒤에 걸린다고 보는 것에 유리한 것은 이 어구를 명사 소테리(*σωτῆρι*, "구주")에 갖다 붙이면 문법적으로 어색하게 된다는 것이다. 한편으로, 그리스도는 "만고 전부터" 하나님께 영광을 전달하는 자로 여겨질 수 없다는 주장이 있지만(Chaine, Green), 클레멘트1서 65:2은 그런 내용을 담고 있는 송영을 보여 준다. 그것은 그리스도의 선재(先在)에 의해서(Cantinat; 5절에 대한 "주석"을 보라), 또는 이런 종류의 예전적 표현에 있어서는 정밀성이 결여되어 있다는 주장에 의해서(Kelly) 설명될 수 있다. 이 어구를 해석하는 이 두 가지 대안 중 어느 하나를 굳이 선택할 필요는 없어 보인다: 이 어구는 이 두 가지 사상을 결합하여 보여 주기 위하여 의도적으로 모호하게 표현된 것일 수 있다(클레멘트1서 58:2에 나오는 송영에서 사용되고 있는 디아 예수 크리스투[διὰ Ἰησοῦ Χριστοῦ, "예수 그리스도로 말미암아"]의 축약 형태인 디 후[δι' οὗ, "그로 말미암아"]; 참조. 65:2). 우리가 굳이 선택해야 한다면, 송영들에서의 지배적인 용례를 고려할 때 두 번째 대안이 더 유력하다고 할 수 있겠다.

"영광"(δόξα – 독사)은 거의 모든 송영에서 발견되는 속성이다(딤전 6:16; 벧전 5:11은 예외다): 이것은 하나님의 존재의 본질에 속하는 영광이다. 이 송영을 서술문이 아니라 기도로 이해한다고 할지라도(그럴 가능성은 거의 없지만), 예배자가 하나님께 하나님이 소유하지 않은 영광을 돌린다는 것은 있을 수 없는 일이다.

"위엄"(μεγαλωσύνη – 메갈로쉬네)은 구약에서 송영들에 나오는 속성들의 목록들의 기본 출처인 역대상 29:11(LXX)과 *1 Clem* 20:12; 61:3; 64; 65:2; *Mart. Pol.* 20:2; 21(참조. LXX 신 32:3; Sir 39:15)에 나온다. 이 속성은 하나님의 "두려운 초월성"을 묘사하는 것으로서(Kelly), 초기 기독교 문헌에서 오직 하나님에 대해서만 사용되었고, 하나님의 아주 특징적인 특질이어서 "영광"과 마찬가지로 실제로 하나님 자신을 가리키는 우회적 표현으로 종종 사용되었다(*1 Enoch* 5:4; *T. Levi* 3:9; 히 1:3; 8:1; *1 Clem* 27:4; 36:2; 58:1).

"권력"(κράτος – 크라토스)은 송영들에서 흔하게 등장하는 속성이다(딤전 6:16; 벧전 4:11; 5:11; 계 1:6; 5:13; *1 Clem* 64; 65:2; *Mart. Pol.* 20:2; 또한 참조. *Pss. Sol.* 17:3). 이 단어는 흔히 하나님의 권능에 대하여 사용된다(LXX 욥 12:16; 시 61:13; 사 40:26; Jdt 9:14; 2 Macc 3:34; 11:4; 3 Macc 1:27; 엡 1:19 등).

"권세"(ἐξουσία – 엑수시아)는 다른 곳에서는 오직 에스드라1서 4:40에 나오는 "진리"를 기리는 송영에서만 발견되지만, LXX 다니엘 4:17; Sir 10:4; Josephus, *Ant.* 5.109; Philo(자주); 누가복음 12:5; 사도행전 1:7; 로마서 9:21; 계시록 16:9; *Herm. Man.* 4:1:11에서 하나님의 권능에 대하여 사용된다. 이 단어의 의미는 크라토스(κράτος)와 비슷하지만 성경적 용법에서는 통치자로서의 하나님의 주권적 권위를 가리키는 경향을 보여 준다(참조. *TDNT* 2, 562-74).

### 해설

유다서의 장엄한 송영의 첫 번째 부분은 사실상 기도, 즉 하나님이 이 서신의 수신자들을 거짓 교사들이 위협하는 영적 재난으로부터 보호하고, 거짓 교사들을 하나님이 그들을 위해 예비한 종말론적 운명에 처할 것이라는 확신에 찬 기도다. 유다는 앞 단락에서 그의 독자들의 책임을 강조한 후에, 여기서는 그들에게 하나님의 지지(支持)와 보호하심 – 이것이 없다면 그들의 모든 노력은 헛된 것이 되고 말 것이다 – 을 약속한다.

유다는 예전에 관한 전승 자료를 가져와서 마지막 날을 종말론적인 예배의 축제로 묘사하는데, 거기서 자기 백성을 향한 하나님의 뜻의 성취는 그들이 하나님의 하늘 성소에서 예배자들이 즐거워하는 가운데 온전한 희생 제물들로 하나님의 영광을 위하여 드려지는 모습을 취하게 될 것이다. 이 서신 속에서의 유다의 모든 관심, 즉 교회의 건강과 그 지체들의 기독교적 순종을 위하여 거짓 교사들과 싸워야 한다는 유다의 관심의 궁극적인 목표는 그들을 결국 하나님께서 받으실 만한 희생 제물이 되게 하는 것이다.

이러한 묘사가 교회가 하나님이 세세토록 크시다는 것을 인정하는 고유한 의미의 송영으로 이어지는 것은 지극히 당연한 일이다. 이 서신이 큰 소리로 읽혀졌을 때, 회중들은 이 서신의 마지막에 나오는 "아멘"이라는 말로 화답할 것이었다.

# 참고문헌

## A. Commentaries

이 책들은 본문의 주석에서는 저자의 이름으로만 언급된다.

**Barnett, A. E.** "The Epistle of Jude." *The Interpreter's Bible.* vol. 12. New York/ Nashville: Abingdon Press, 1957. **Bigg, C.** *A Critical and Exegetical Commentary on the Epistles of St. Peter and St. Jude.* ICC Edinburgh: T. & T. Clark, 1901. **Boobyer, G. H.** "Jude." *Peake's Commentary on the Bible,* ed. M. Black and H. H. Rowley. London: Thomas Nelson, 1962. **Calvin, J.** *Commentaries on the Catholic Epistles.* Tr. J. Owen. Edinburgh: Calvin Translation Society, 1855. **Cantinat, J.** *Les Epîtres de Saint Jacques et de Saint Jude.* SB Paris: Gabalda, 1973. **Chaine, J.** *Les épîtres catholiques: La seconde épître de saint Pierre, les épîtres de saint Jean, l'épître de saint Jude.* EBib. 2nd ed. Paris: Gabalda, 1939. **Clement of Alexandria.** *Adumbrationes in epistola Judae catholica.* GCS 3, ed. O. Stählin, 206-9. Leipzig: J. C. Hinrichs, 1909. **Cranfield, C. E. B.** *I & II Peter and Jude.* TBC London: SCM Press, 1960. **Green, M.** *The Second Epistle General of Peter and the General Epistle of Jude.* TNTC Leicester: Inter-Varsity Press, 1968. **Grundmann, W.** *Der Brief des Judas und der zweite Brief des Petrus.* THKNT 15. Berlin: Evangelische Verlagsanstalt, 1974. **Hauck, F.** *Die katholischen Briefe.* NTD 10. 3rd ed. Göttingen: Vandenhoeck & Ruprecht, 1937. **James, M. R.** *The Second Epistle General of Peter and the General Epistle of Jude.* CGTSC Cambridge: Cambridge University Press, 1912. **Kelly, J. N. D.** *A Commentary on the Epistles of Peter and Jude.* BNTC London: A. & C. Black, 1969. **Knopf, R.** *Die Briefe Petri und Judä.* MeyerK 12. 7th ed. Göttingen: Vandenhoeck & Ruprecht, 1912. **Krodel, G.** "The Letter of Jude." *Hebrews, James, 1 and 2 Peter, Jude, Revelation,* by R. H. Fuller, G. S. Sloyan, G. Krodel, F. W. Danker, E. S. Fiorenza. PC. Philadelphia: Fortress Press, 1977. **Kühl, E.** *Die Briefe Petri und Judae.* Meyer K 12. 6th ed. Göttingen: Vandenhoeck & Ruprecht, 1897. **Lawlor, G. L.** *Translation and Exposition of the Epistle of Jude.* Nutley, N.J.: Presbyterian and Reformed Publishing Co., 1976. **Leaney, A. R. C.** *The Letters of Peter and Jude.* CBC. Cambridge: Cambridge University Press, 1967. **Luther, M.** "Sermons on the Epistle of St. Jude." Tr. M. H. Bertram. *The Catholic Epistles*, ed. J. Pelikan and W. A. Hansen. Luther's Works 30. St Louis, Missouri: Concordia Publishing House, 1967. **Mayor, J. B.** *The Epistle of St. Jude and the Second Epistle of St. Peter.* London: Macmillan, 1907. **Michl, J.** *Die katholischen Briefe.* RNT 8. 2nd ed. Regensburg: Verlag Friedrich Pustet, 1968. **Moffatt, J.** *The General Epistles: James, Peter, and Judas.* MNTC. London: Hodder & Stoughton, 1928. **Pseudo-Oecumenius.** *Epistula Judae apostoli catholica. PG* 119. 703-722. **Plummer, A.** *The General Epistles of St James and St Jude.* ExpB London: Hodder & Stoughton, 1891. **Plumptre, E. H.** *The General Epistles of St Peter and St Jude.* CBSC Cambridge: Cambridge University Press, 1892. **Reicke, B.** *The Epistles of James, Peter, and Jude.* AB. New York: Doubleday, 1964. **Schelkle, K. H.** *Die Petrusbriefe, der Judasbrief* HTKNT 13/2. Freiburg/Basel/Vienna: Herder, 1961. **Schlatter, A.** *Die Briefe des Petrus, Judas, Jakobus, der Brief an die Hebräer.* Stuttgart: Calwer Verlag, 1964. **Schneider, J.** *Die Briefe des Jakobus, Petrus, Judas und Johannes: Die katholischen Briefe.* NTD 10. 9th ed. Göttingen: Vandenhoeck & Ruprecht, 1961. **Schrage, W.** *Die "katholischen" Briefe: Die Briefe des Jakobus, Petrus, Johannes und Judas*, by H. Balz and W. Schrage. NTD 10. 11th ed. Göttingen: Vandenhoeck & Ruprecht, 1973. **Sidebottom, E. M.** *James, Jude and 2 Peter.* NCB London: Thomas Nelson, 1967. **Soden, H. von.** *Hebräerbrief, Briefe des Petrus, Jakobus, Judas.* HKNT 3/2. Freiburg i. B.: J. C. B. Mohr, 1899. **Spitta, F.** *Die zweite Brief des Petrus und der Brief des Judas.* Halle a. S.: Verlag der Buchhandlung des Waisenhauses, 1885. **Wand, J. W. C.** *The General Epistles of St. Peter and St. Jude.* WC. London: Methuen, 1934. **Windisch, H.** *Die Katholischen Briefe.* HNT 15. 3rd ed., ed. H. Preisker. Tübingen: J. C. B. Mohr, 1951.

## B. Other Works

**Berger, K.** "Hartherzigkeit und Gottes Gesetz, die Vorgeschichte des anti-jüdischen Vorwurfs in Mc $10^5$." *ZNW* 61(1970) 1-47. **Bauer, W., Arndt, W. F.**, and **Gingrich, F. W.** *A Greek-English Lexicon of the New Testament and Other Early Christian Literature.* 2nd ed., ed. F. W. Gingrich and F. W. Danker. Chicago/London: University of Chicago Press, 1979. **Blass, F., Debrunner, A., Funk, R. W.** *A Greek Grammar of the New Testament and Other Early Christian Literature.* Chicago/London: University of Chicago Press, 1961. **Charles, R. H.** ed. *The Apocrypha and Pseu-*

*depigrapha of the Old Testament.* 2 vols. Oxford: Clarendon Press, 1913. **Charles, R. H.** *The Assumption of Moses.* London: A. & C. Black, 1897. **Chase, F. H.** "Jude, Epistle of." *DB(H)* 2. 799-806. **du Plessis, P. J.** "The authorship of the Epistle of Jude." *Biblical Essays:* Proceedings of "Die OuTestamentiese Werkgemeenskap in Suid-Afrika," and Proceedings of the Second Meeting of "Die Nuwe-Testamentiese Werkgemeenskap van Suid-Afrika." Potchefstroom, S. Africa: Potchefstroom Herald(Edms.) Beperk, 1966. 191-99. **Ellis, E. E.** "Prophecy and Hermeneutic in Jude." *Prophecy and Hermeneutic in Early Christianity: New Testament Essays.* WUNT 18. Tübingen: J. C. B. Mohr, 1978. 221-36. **Eybers, I. H.** "Aspects of the Background of the letter of Jude." *Neot* 9(1975) 113-23. **Ginzberg, L.** *The Legends of the Jews.* Tr. P. Radin. Vols. 3 and 6. Philadelphia: Jewish Publication Society of America, 1911, 1928. **Hastings, J.** ed. *A Dictionary of the Bible.* 5 vols. Edinburgh: T. & T. Clark, 1898-1904. **Hennecke, E., Schneemelcher, W.**, and **Wilson, R. McL.** *New Testament Apocrypha.* 2 vols. London: Lutterworth Press, 1963, 1965. **Kittel, G.** *Theological Dictionary of the New Testament.* Tr. G. W. Bromiley. 10 vols. Grand Rapids, Michigan: Eerdmans, 1964-76. **Knibb, M. A.** *The Ethiopic Book of Enoch: A new edition in the light of the Aramaic Dead Sea fragments.* Vol. 2. Oxford: Clarendon Press, 1978. **Lampe, G. W. H.** ed. *A Patristic Greek Lexicon.* Oxford: Clarendon Press, 1961-68. **Laperrousaz, E. M.** *Le Testament de Moïse(généalement appelé "Assomption de Moïse"): Traduction avec introduction et notes.=Sem* 19(1970) 1-140. **Leconte, R.** "Epître de Jude." *DBSup* 4, 1288-91. **McNamara, M.** *The New Testament and the Palestinian Targum to the Pentateuch.* AnBib 27. Rome: Pontifical Biblical Institute, 1966.(Midrash) **Freedman, H.** and **Simon, M.** ed. *Midrash Rabbah.* 10 vols. London: Soncino Press, 1939. **Migne, J. P.** ed. *Patrologiae Cursus Completus.* Series Graeca. 162 vols. Paris: J. P. Migne, 1857-66. **Milik, J. T.** *The Books of Enoch: Aramaic Fragments of Qumrân Cave 4.* Oxford: Clarendon Press, 1976. **Moule, C. F. D.** *An Idiom Book of New Testament Greek.* 2nd ed. Cambridge: Cambridge University Press, 1959. **Moulton, J. H.** *A Grammar of New Testament Greek. Vol. I. Prolegomena.* 3rd ed. Edinburgh: T. & T. Clark, 1908. **Moulton, J. H.** and **Milligan, G.** *The Vocabulary of the Greek Testament illustrated from the papyri and other non-literary sources.* London: Hodder & Stoughton, 1929. **Pagels, E. H.** *The Gnostic Paul: Gnostic Exegesis of the Pauline Letters.* Philadelphia: Fortress Press, 1975. **Pirot, L., Cazelles, H.**, and **Feuillet, A.** ed. *Supplément au Dictionnaire de la Bible*. Paris: Letouzey & Ané, 1928-. **Reicke, B.** *Diakonie, Festfreude und Zelos in Verbindung mit der altchristlichen Agapenfeier*. UUÅ 1951:5. Uppsala: A. B. Lundequistska/Wiesbaden: O. Harrassowitz, 1951. **Robinson, J. A. T.** *Redating the New Testament*. London: SCM Press, 1976. **Rowston, D. J.** "The Most Neglected Book in the New Testament." *NTS* 21(1974-75) 554-63. **Rowston, D. J.** *The Setting of the Letter of Jude*. Unpublished doctoral dissertation, Southern Baptist Theological Seminary, Louisville, KY. 1971. **Schelkle, K. H.** "Spätapostolische Briefe als frühkatholisches Zeugnis." *Neutestamentliche Aufsätze für J. Schmid*, ed. J. Blinzler, O. Kuss, F. Mussner. Regensburg: Verlag Friedrich Pustet, 1963. 225-32. **Selwyn, E. C.** *The Christian Prophets and the Prophetic Apocalypse*. London: Macmillan, 1900. **Spicq, C.** *Agape in the New Testament*. Vol. 2. Tr. M. A. McNamara and M. H. Richter. St Louis/London: Herder, 1965. **Strack, H. L.** and **Billerbeck, P.** *Kommentar zum Neuen Testament aus Talmud und Midrasch*. 4 vols. Münich: Beck, 1922-28. (Talmud) **Epstein, I.** ed. *The Babylonian Talmud*. 35 vols. London: Soncino Press, 1935-52. **Vermes, G.** *The Dead Sea Scrolls in English*. 3rd ed(s). Harmondsworth, Middx.: Penguin Books, 1968. **Vermes, G.** "The Decalogue and the Minim." *Post-Biblical Jewish Studies*. SJLA 8. Leiden: E. J. Brill, 1975. 169-77. **Werdermann, H.** *Die Irrlehrer des Judas- und 2. Petrusbriefes*. BFCT 17/6. Gütersloh: C. Bertelsmann, 1913. **White, J. L.** *The Form and Function of the Body of the Greek Letter*. 2nd ed. Missoula, MT: Scholars Press, 1972. **Wisse, F.** "The Epistle of Jude in the History of Heresiology." *Essays on the Nag Hammadi Texts in Honour of Alexander Böhlig*, ed. M. Krause. NHS 3. Leiden: E. J. Brill, 1972. 133-43. **Zahn, T.** *Introduction to the New Testament*. vol. 2. Tr. M. W. Jacobus and others. Edinburgh: T. & T. Clark, 1909.

# 베드로후서

# 서 론

이 서론은 유다서의 서론과 마찬가지로 본 주석 속에서 이루어진 석의(釋義)적 논의를 전제한다.

## 양식과 구조

베드로후서는 두 개의 문학 장르, 즉 서신과 유언에 속한다. 베드로후서는 스스로 서신이라 부르고 있을 뿐만 아니라(3:1), 실제의 서신이고, 그 서두(1:1-2)는 유대교 및 초기 기독교 서신의 양식에 부합한다. 주제에 관한 서론적인 진술(1:3-11)과 이 서신을 쓰게 된 계기에 대한 설명(1:12-15)이 이어진다. 유다서와 마찬가지로 베드로후서는 서신 특유의 결미(結尾)나 개인적인 인사말 없이 오직 송영(3:18b)으로 마무리되기는 하지만 신약의 많은 서신들과 마찬가지로 끝부분에 권면 단락(3:11-18a)이 나온다. 하지만 고대 서신의 진정으로 필수적인 양식상의 구성요소는 서신의 서두 부분이었다.

또한 베드로후서는 특정한 수신자들을 대상으로 씌어져서 보내졌다는 점에서도 진정한 서신이다: 베드로전서의 수신자들이었고(3:1), 바울의 하나 이상의 서신이 보내졌던(3:15) 교회(들). 따라서 수신자에 관한 말(1:1)이 일반적으로 되어 있다고 할지라도, 베드로후서는 모든 그리스도인들을 대상으로 한 "일반 서신"이 아니라, 특정한 지역의 청중을 위해 작성된 서신이다. 이 점은 기독교적 가르침에 대한 특정한 반론들 및 몇몇 구체적인 특징들을 지니고 있던 한 무리의 거짓 교사들을 대상으로 한 베드로후서의 변증적 내용으로부터도 분명하게 드러난다.

하지만 베드로후서가 오늘날의 학자들에게 "고별사" 또는 "유언"으로 알려진 고대 유대 문학의 장르에 속한다는 것도 마찬가지로 분명하다. 구약의 위인(偉人)들이 마지막으로 남긴 말들을 독립적인 저작(예를 들면, *T. Mos.*, *T. 12 Patr.*, *T. Job*, *1 Enoch* 91-104)이나 역사서 또는 위(僞)역사서의 일부(예를 들면, Tob 14:3-11; 4 Ezra 14:28-36; *2 Apoc. Bar..* 57-86; *Jub.* 21-22; 35; 36:1-18; *Bib. Ant.* 19:1-5; 24:1-5; 28:3-4, 5-10; 33; *Adam and Eve* 25-29; Josephus, *Ant.* 4.309-19)로 자세하게 다루는 글들이 중간기 시대에 꽤 유행하였다. 이러한 유언들은 내용상으로 두 가지 주된 유형으로 되어 있었다: (1) 윤리적 권면들: 죽기 전에 족장은 그의 자손들에게, 한 나라의 지도자는 백성에게 그들이 장차 따라야 할 윤리적, 종교적 교훈을 명확하게 요약해서 전달해 주는데, 흔히 여기에는 종말의 상벌에 관한 내용이 부가되어 있다. (2) 장래에 관한 계시들: 위대한 인물은 그의 생애의 마지막 시간들에 장래에 관한 예언적 지식을 부여받는다는 오래된 믿음에 따라서 위인은 흔히 종말론적 권면을 위한 토대로서 마지막 날들에 관한 묵시론적 계시들이라는 형식으로 자손들의 장래, 또는 백성의 장래의 운명을 예언한다. 유대인들의 유언이 지니는 이러한 특징들에 대해서는 특히 *Aux Sources de la Tradition Chrétienne* (M. Goguel Festschrift; Neuchâtel: Delachaux & Niestlé, 1950) 155-70에 실려 있는 Stauffer, *Theology*, 344-47; Kolenkow, *JSJ* 6(1975) 57-71; J. Munck, "Discours d'adieu dans le Nouveau Testament et dans la littérature biblique"를 보라. 고별사라는 장르가 초기 교회에서 사도들에게 적용된 것은 꽤 자연스러운 현상이었고(행 20:17-34; 딤후; *Acts Pet.* 36-39; *Acts John* 106-7; *Acts Thom.* 159-60), 베드로후서는 "베드로의 유언"으로 의도된 것으로 널리 인식되어 왔다(Munck, "Discours," 162; Spicq, 194; Reicke, 146; Grundmann, 55-56; Knoch, "Vermächtnis," 149-54; Neyrey, *Polemic*, 99-105).

다음의 단락들은 베드로후서가 이 장르에 속해 있음을 보여준다: (1) 설교의 축소판인 1:3-11은 에스라(4 Ezra 14:28-36)와 요한(*Acts John* 106-7)의 고별사들에서 사용된 패턴을 따르고 있다(1:3-11 단락의 "양식/구조/배경"을 보라). 1:12, 15에서 이 단락을 참조하고 있는 구절들에 비추어 보면, 이 단락은 베드로의 사후에 독자들을 교훈하기 위하여 기록된 그의 윤리적, 종교적 가르침에 대한 명확한 요약으로 의도된 것임이 분명하다. (2) 1:12-15은 고별사들에 전형적인 표현들로 가득 차 있고(이 구절들에 대한 "주석"을 보라), 베드로가 그의 죽음이 가까운 것을 알고서 사후에 그의 가르침이 기억되도록 하기 위한 의도로 베드로후서를 썼다고 명시적으로 서술한다. 이 두 특징은 이 장르가 보여주는 표준적이고 거의 보편적인 특징들이다. (3) 두 단락(2:1-3a; 3:1-4; 참조. 3:17a)에서 베드로는 그가 죽은 후에 말일에 교회들에서 거짓 교사들이 출현할 것을 예언한다(3:4, 이 구절은 "조상들"의 죽음에 관하여 언급하는데, 이 조상들 속에는 베드로도 포함되어 있었다). 이 네 개의 단락, 특히 1:12-15은 오늘날의 독자들에게 베드로후서가 "유언"의 장르에 속한다는 것에 대하여 의구심을 품지 못하게 만든다. 여기에 아마도 우리는 유언으로서의 추가적인 특징들로 베드로에게 장래를 계시해 준 사건으로서의 변화산 사건(1:16-18의 "양식/구조/배경"을 보라), 3:7, 10의 묵시론적 예언, 3:11

-15a의 종말론적 권면(3:11-16의 "양식/구조/배경"을 보라)을 들 수 있을 것이다.

베드로후서의 나머지 부분은 분명하게 유언 장르에 속한 단락들을 중심으로 해서 다음과 같은 방식으로 구조화되어 있다. 1:3-11은 베드로의 유언의 핵심으로서 윤리와 종말론을 강조함과 동시에 이 둘의 연결 관계를 강조하는 베드로의 명확한 가르침에 대한 요약을 제시하고 있는데, 그의 유언의 목적은 바로 이 가르침을 독자들에게 "상기시키기" 위한 것이다(1:12-15). 예언으로 이루어진 두 단락(2:1-3a; 3:1-4)은 장차 기독교 윤리를 훼손하고 종말론적 기대를 부정할 거짓 교사들의 출현에 관한 베드로의 예언들이다. 이 서신의 나머지 부분은 이 거짓 교사들에 의해서 제기될 반론들을 반박하고 윤리와 종말론에 관한 베드로의 가르침을 옹호하는 내용이다. 종말론적 기대에 대한 일련의 반론들에 답변하는 네 개의 단락이 있다(1:16-19; 1:20-21; 2:3b-10a; 3:5-10): 거짓 교사들의 반론은 한 경우에는 베드로의 예언 속에서 구체적이고 직접적으로 인용되어 나오고 (3:4; 참조. 3:9), 다른 세 경우에는 그 반론에 대한 베드로의 부정(否定) 속에 묵시적으로 포함되어 있다(1:16a, 20b; 2:3b). 이러한 변증적인 논증들 외에도 거짓 교사들의 자유주의적 행실에 대하여 규탄하는 내용이 길게 나오기도 하고(2:10b-22), 대비의 방식을 통해서 독자들에게 종말론적 기대의 토대 위에서 거룩한 삶을 살라고 권하는 종말론적인 권면을 담고 있는 단락도 나온다(3:11-16). 이렇게 유언의 두 가지 전통적인 특징 – 베드로의 윤리적, 종교적 메시지에 관한 명확한 요약(1:3-11)과 장래에 관한 계시들(2:1-3a; 3:1-4) – 은 거짓 교사들에 대항하여 베드로의 가르침을 변증적으로 옹호하는 내용을 엮는 틀 역할을 한다.

이제 베드로후서에서 유언 장르의 사용이 지닌 두 가지 추가적인 측면들이 검토되어야 할 차례인데, 그 한 측면은 서신 장르와의 결합이고, 다른 측면은 위서(僞書)적 성격이다. 서신 형식으로 되어 있는 유대인들의 유언의 한 예는 제2바룩묵시록 78-86장이다. 바룩은 유대 땅에서 이미 백성들에게 고별사를 한 상태에서, 그들의 요청에 응해서 포로 생활 가운데에 있는 백성에게도 글을 쓰는데, 78-86장은 아홉 지파와 반 지파에게 보내는 그의 고별 서신으로서, 주로 종말론적 권면으로 이루어져 있다. 허구적인 역사의 틀 내에 들어 있는 이 서신을 우리는 베드로후서와 완전히 동일선상에 놓고 비교할 수는 없지만, 어쨌든 이 서신은 유언을 서신이라는 형태로 표현하게 된 동기를 분명하게 보여주는데, 그것은 유언하는 자가 멀리 떨어져 있는 사람들에게 그의 뜻을 전하기 위한 방편이었다. 대부분의 유언들에서 고별사는 현장의 청중들에게 구두로 전하는 설교이다. 따라서 화자(話者) 자신이 그 고별사를 기록한 것으로 생각되지 않기 때문에, 사실 대부분의 유언들은 고별사를 하고 있는 위인 자신에 의해서 써진 것으로 묘사된다고 하여도, 엄밀한 의미에서 위서라고 할 수는 없다. 그 유언들은 (흔히 최소한의) 서사적 틀 내에서 익명의 기자(記者)에 의해서 글로 보도되고 있는 유언자들의 구전 설교들에 관한 기사(記事)들이다. 유언들은 엄밀한 의미에서 위서라기보다는 허구적이다. 그러나 제2바룩묵시록 78-86장은 바룩 자신에 의해서 씌어졌다고 추정되는 유언을 그대로 재현하고 있는데, 이러한 예외가 생겨난 이유는 바룩이 그의 마지막 교훈들을 멀리 떨어져서 살고 있던 사람들에게 전하고 싶었기 때문이다. (이 유언은 이 경우에 그 자체로 위서라고 할 수 있는 서사적 틀 속에 놓여지고, 바룩에 의해서 일인칭 화법으로 구술되게 되었다.)

멀리 있는 사람들에게 자신의 뜻을 전하고자 하는 의도는 물론 거의 모든 진정한 서신들이 생겨나게 된 이유이고, 멀리서 종교적인 가르침을 전하고자 하는 의도는 초기 기독교의 사도 서신들이 생겨나게 된 이유였다. 그의 유언이 그가 생을 마감한 로마 교회가 아니라 다른 곳에 있는 교회들에게 전해지게 하기 위한 것이었다면, 베드로의 유언이 서신의 형태로 써진 것은 분명히 두 장르의 결합이었다. 그러나 이 경우에 두 장르의 결합은 독특한 소통 역량을 지닌 장르를 탄생시켰다: 유언 서신은 (다른 모든 서신들과 마찬가지로) **공간적으로** 멀리 떨어진 곳에서만이 아니라 **시간적으로** 멀리 떨어진 곳에서도 자신의 의사를 전할 수 있게 해주었다. 왜냐하면 기록된 유언을 통해서는 당장에 그 유언을 읽는 자들에게만이 아니라, 유언하는 자가 죽은 후에 그 유언을 읽을 자들에게도 명시적으로 자신의 뜻을 전하는 것이 가능하였기 때문이다(1:12-15이 아주 분명히 밝히고 있듯이). 유언 서신이 지닌 이러한 독특한 역량은 위서를 쓰는 사람들에게 대단히 유용하였을 것이다. 사도들의 가르침을 사도들의 사후에 살고 있는 그리스도인들에게 전하고자 사도의 이름으로 위서를 쓰고자 하는 사람은 문학 장르와 관련하여 심각한 문제에 직면하였다. 어떤 장르를 사용하여야, 사도가 그의 사후에 존재하게 될 상황에 대하여 직접 말하는 것으로 묘사될 수 있을까? 서신은 사도들이 글을 쓸 때에 사용하였던 주된 장르였기 때문에, 어떤 의미에서는 서신이 이때에 가장 유력하게 검토될 수 있는 장르였지만, 서신은 당대의 사람들을 대상으로 소통할 때에 사용되는 것이 당연한 일이었다. 사도의 이름을 빈 위서로서의 서신은 사도의 생전에 존재하였던 허구적인 독자들을 대상으로 하는 것으로 구성된다면 자연스러울 수 있었지만, 그렇게 하면 사도가 실제 독자들에게 직접적으로 말하는 것으로 구성할 때에 얻게 되는 직접

성의 요소가 사라지고 만다. 이러한 딜레마 속에서 유언 서신은 가장 이상적인 해법이다. 유언 서신은 사도가 죽기 직전에 침상 머리에서 특별한 예언의 능력을 얻어서 그의 사후에 존재하게 될 독자들에게 직접 얘기하는 것으로 묘사할 수 있는 거의 유일한 방법이다. 베드로후서가 위서라면, 이 서신의 기자는 자신의 목적을 위해서 이 이상적인 양식을 고안해낸 것이 된다. 그러나 우리는 베드로 자신이 그의 사후에 존재하게 될 그리스도인들에게 자신의 뜻을 전하고자 하는 의도를 정말 갖고 있었다면 이 유언 서신은 그의 그러한 목적을 위한 이상적인 양식이었을 것이라는 가능성을 무시해서는 안 된다. 베드로후서가 위서이냐를 놓고 벌어지는 논쟁이 오직 문학 장르를 토대로 해서만 결정될 수 있는가라는 문제가 발생한다.

유대인들 사이에서 유언은 **허구적인** 문학 장르였다(통상적으로 엄밀한 의미에서의 위서가 아니다: 위를 보라). 중간기 문헌 속에서 고별사들은 종종 구약에 기록된 마지막 말씀들을 확대하고 정교하게 다듬은 것들이었지만(예를 들면, *T. Mos.*), 대부분의 경우에는 전적으로 자유로운 창작이었고, 통상적으로 그런 것으로 받아들여졌을 가능성이 대단히 높다. 대부분의 유대인 독자들은 그런 고별사들을 정확한 역사적 보도들로 여기고 읽을 정도로 순진하지 않았고, 그 저자들도 독자들이 그런 식으로 읽을 것이라고 기대할 정도로 순진하지 않았다고 보는 것이 옳을 것이다. 학가다 미드라쉬의 저자들은 그 어디에서도 구약의 본문을 확대함에 있어서 고별사들을 구약의 인물들에게 돌릴 때만큼 그렇게 자유롭지 않았다. 의심할 여지없이, 그러한 고별사들은 진실에 가까운 것, 즉 실제로 말해진 내용과 유사한 것으로 기대되었지만, 그 고별사들을 구약의 본문 자체와 비교할 수 있었던 사람은 누구든지 그 고별사들이 역사적 상상력의 산물이라는 것을 알았을 것임에 틀림없다. 고별사들은 단지 이러한 관행 중에서 특별히 인기 있는 양식이었을 뿐이었다.

베드로후서는 유언 장르가 지닌 아주 많은 표지(標識)들을 지니고 있기 때문에(특히, 1:12-15에 나오는 관례적인 유언적 표현), 이 장르에 익숙한 독자들은 그들이 알고 있던 다른 예들과 마찬가지로 이것도 허구적인 것으로 여겼을 것임에 틀림없다. 그들은 이 서신이 로마에 있던 베드로파 진영으로부터 나왔다는 것을 알았다면("저자 문제와 위서 논란"을 보라), 이 서신의 기자가 베드로의 가르침의 핵심을 전달하는 일을 잘 해내었다고 보고 신뢰할 수 있었을지는 모르지만, 베드로가 이 서신을 직접 썼다고는 생각하지 않았을 것이다. 어쨌든 우리의 추정은 베드로가 쓰지 않았다는 것이다.

자신의 유언을 직접 기록하고자 하는 사람이 그렇게 하기 위해서 허구적인 장르를 사용하였을 가능성은 언제나 열려 있기 때문에, 만약 이 서신을 베드로가 직접 썼다는 것을 보여주는 상당한 증거가 나온다면, 이 추정은 폐기될 수 있을 것이다. (유대 묵시록은 위서 장르였지만, 신약의 묵시록의 기자인 요한은 그 자신의 이름으로 묵시록을 썼다.) 하지만 베드로후서의 경우에 베드로를 기자로 내세운 것이 허구라는 추정은 다음과 같은 두 가지 고려에 의해서 우리에게(그리고 원래의 독자들에게도) 결정적으로 강화된다. 그 중 하나는 저작 연대와 관련된 증거들이지만("저작 연대"를 보라), 다른 하나는 베드로를 기자로 내세운 것은 이 서신이 전적으로 **명백한** 허구적인 저작으로 의도되었음을 보여주는 이 저작의 추가적인 문학적 특징이다.

베드로후서의 변증 부분의 주요 단락들(2:3b-22; 3:5-10, 16b)은 유언 장르에 속한 단락들(2:1-3a; 3:1-4, 15b-16a, 17)과 밀접하게 붙어 있는 경우에도 실제로 유언 장르 내에서 서술되지 않는다. 이 단락들은 거짓 교사들과 그 추종자들을 베드로의 사후에 거짓 교사들의 출현을 예언하는 베드로의 예언으로 취급하여 미래 시제로 표현하는 것이 아니라, 실제 기자의 동시대인들로 취급하여 현재 시제로 표현한다. 달리 말하면, 유언에서 필수적인 미래성이라는 관행적인 장치가 계속해서 유지되는 것이 아니라, 그 장치가 포기되는 단락들이 교대로 등장한다는 것이다. 이것을 실제 기자의 부주의로 돌리고자 하는 것은 받아들이기 힘들다. 베드로후서는 결코 부주의하게 써진 글이 아니기 때문이다. 현재 시제들이 미래를 **마치** 현재인 것**처럼** 생생하게 표현할 목적으로 사용되었던 것이라고 믿기도 힘들다. 이 현상에 대한 명백한 설명은 기자가 특정한 문학적 효과를 위하여 자신이 사용하고 있는 장르의 관행적인 장치들을 자유롭게 깨뜨리는 것에 부담감을 느끼지 않고 있다는 것이다. 거짓 교사들의 출현에 관한 베드로의 예언들을 그 교사들에 관한 현재 시제로 된 설명들을 의도적으로 나란히 배치해 놓은 것은 베드로후서의 독자들에게 이런 메시지를 전해 준다: 이 사도적 예언들이 지금 성취되고 있다는 것. 또한 이것은 기자로 하여금 거짓 교사들과의 변증적 논쟁에 참여할 수 있게 해준다(3:5에서처럼). 그러나 이 서신이 베드로가 쓴 것이라는 허구를 이렇게 의도적으로 깨뜨리는 저자의 행위들은 이 허구가 누구나 알 수 있는 허구로 의도되었다는 전제 하에서만 가능하다.

저자가 이 서신을 유언 양식으로 쓴 목적에 대한 추가적인 고찰에 대해서는 아래의 "저자 문제와 위서 논란"을 보라.

### 베드로후서의 구조 개요

| | |
|---|---|
| 1:1-2 | 인사말 |
| 1:3-11 | 주제: 베드로의 메시지 요약 |
| 1:12-15 | 계기: 베드로의 유언 |
| 1:16-18 | 반론 1에 대한 답변: (a) 사도적 증인 |
| 1:19 | 반론 1에 대한 답변: (b) 구약 예언의 가치 |
| 1:20-21 | 반론 2에 대한 답변: 구약 예언의 영감성 |
| 2:1-3a | 거짓 교사들에 관한 베드로의 예언 |
| 2:3b-10a | 반론 3에 대한 답변: 심판의 확실성 |
| 2:10b-22 | 거짓 교사들에 대한 규탄 |
| 3:1-4 | 기롱하는 자들에 관한 베드로의 예언(반론 4가 포함되어 있음: 4절) |
| 3:5-7 | 반론 4에 대한 답변: (a) 하나님의 말씀의 절대 주권 |
| 3:8-10 | 반론 4에 대한 답변: (b) 주님의 오래 참으심 |
| 3:11-16 | 권면 |
| 3:17-18 | 결어 |

## 언어

베드로후서는 유다서보다도 신약에서 단 한 번밖에 나오지 않는 단어들(hapax legomena)의 비중이 더 높고, 신약의 책들 중에서 하팍스 레고메논의 비중이 가장 높은 책이어서(그 비중들에 대해서는 Chaine, 15를 보라), 신약의 다른 곳에 나오지 않는 단어가 58개나 된다. 이 단어들 중에서 32개는 칠십인경에도 나오지 않는 것들이고(*ἀκατάπαστος*, 2:14; *ἀμαθής*, 3:16; *ἀμώμητος*, 3:14; *ἀστήρικτος*, 2:14; 3:16; *αὐχμηρός*, 1:19; *βλέμμα*, 2:8; *βραδύτής*, 3:9; *διαυγάζειν*, 1:19; *δυσνόητος*, 3:16; *ἐγκατοικεῖν*, 2:8; *ἑκάστοτε*, 1:15; *ἔκπαλαι*, 2:3; 3:5; *ἐμπαιγμονή*, 3:3; *ἐξέραμα*, 2:22; *ἐπάγγελμα*, 1:4; 3:13; *ἐπίλυσις*, 1:20; *ἰσότιμος*, 1:1; *καυσοῦσθαι*, 3:10, 12; *κυλισμός*, 2:22; *μυωπάζειν*, 1:9; *ὀλίγως*, 2:18; *παραθρονία*, 2:16; *παρεισάγειν*, 2:1; *παρεισφέρειν*, 1:5; *πλαστός*, 2:3; *ῥοιζηδόν*, 3:10; *στηριγμός*, 3:17; *ταρταροῦν*, 2:4; *τεφροῦν*, 2:6; *τολμητής*, 2:10; *φωσφόρος*, 1:19; *ψευδοδιδάσκαλος*, 2:1; 또한 2:4의 *σειρός*[이 독법을 택한다면]), 25개는 칠십인경에 나온다(칠십인경의 전거들이 제시된 경우에, 그 전거들은 칠십인경

에서의 모든 용례들이다: *ἄθεσμος*, 2:17; 3:17; 3 Macc 5:16; 6:26; *ἅλωσις*, 2:12; 렘 27:46; *ἀποφεύγειν*, 1:4; 2:18, 20; Sir 22:22; *ἀργεῖν*, 2:3; LXX에서 6번 나온다; *βόρβορος*, 2:22; 렘 45:6; *ἔλεγξις*, 2:16; 욥 21:4; 23:2; *ἐντρυφᾶν*, 2:13; *ἐξακολουθεῖν*, 1:16; 2:2, 15; LXX에서 6번 나온다; *ἐπόπτης*, 1:16; *κατακλύζειν*, 3:6; *λήθη*, 1:9; *μεγαλοπρεπής*, 1:17; *μέγιστος*, 1:4; *μίασμα*, 2:20; *μιασμός*, 2:10; Wis 14:26; 1 Macc 4:43; *μνήμη*, 1:15; *μῶμος*, 2:13; *ὁμίχλη*, 2:17; *παρανομία*, 2:16; *σειρά*, 2:4[*σειρός*라는 독법을 택하지 않는다면]; *στρεβλοῦν*, 3:16; *ταχινός*, 1:14; 2:1; LXX에서 6번 나온다; *τήκεσθαι*, 3:12; *τοιόσδε*, 1:17; 2 Macc 11:27; 15:12; *ὗς*, 2:22).

성경에 나오지 않는 이 32개의 하팍스 레고메논 가운데서 15개(*ἀμαθής*, *ἀμώμητος*, *βλέμμα*, *βραδύτης*, *διαυγάζειν*, *ἐγκατοικεῖν*, *ἔκπαλαι*, *ἐπάγγελμα*, *ἐπίλυσις*, *ἰσότιμος*, *παρεισάγειν*, *πλαστός*, *τεφροῦν*, *τολμητής*, *φωσφόρος*)는 동시대의 다른 헬레니즘적 유대교 저술가들(*Sib. Or.*, *Ep. Arist.*, Philo, Josephus)의 글에 나오고, 2개는 다른 유대인들의 구약 판본들에 나온다(*κυλισμός*: 잠 2:18 *θ*; *ὀλίγως*: 사 10:7 Aquila). 이것은 베드로후서가 헬레니즘적 유대인들이 사용하던 헬라어에 속할 가능성을 시사해 준다(야고보서, 베드로전서, 히브리서, 목회 서신 등과 같이, A. Wifstrand, "Stylistic Problems in the Epistles of James and Peter," *ST* 1[1948] 170-82). 초기 기독교에서 베드로후서가 위치해 있는 맥락이 단지 신약만이 아니라 사도 교부들과도 관련되어 있다는 점을 감안할 때, 우리는 베드로후서의 하팍스 레고메논 중에서 17개가 사도 교부들의 글 속에 나온다는 점도 주목하여야 한다-비록 17개 중에서 오직 4개만이 성경의 하팍스 레고메논이지만(*βλέμμα*, *Herm. Sim.* 6:2:5; *δυσνόητος*, *Herm. Sim.* 9:14:4; *ἐγκατοικεῖν*, *Barn.* 1:4; *ἐπίλυσις*, *Herm. Sim.* 5-9에 6번). 또한 성경의 하팍스 레고메논에 속한 베드로후서의 단어들 중에서 1개는 베드로 묵시록의 헬라어 본문에 나온다(*αὐχμηρός*, *Apoc. Pet.* A 21).

유다서에는 많은 수의 희귀한 단어들이 나옴에도 불구하고, 우리가 주목할 필요가 있는 것은 베드로후서가 유다서의 내용을 가져와 사용하면서 희귀한 단어들을 거의 가져오지 않았다는 것이다. 신약의 다른 곳에서 단지 한두 번 나오는 베드로후서의 38개의 단어들 중에서 오직 4개만이 유다서에 나오고, 이 4개의 단어들은 신약에서 오직 유다서와 베드로후서에만 나오는 단어들이다(*ἀσεβεῖν*, *ἐμπαίκτης*, *συνευωχεῖσθαι*, *ὑπέρογκος*; 그리고 이 가운데서 *ἀσεβεῖν*은 유다서에서 가져온 것이 아닐 가능성이 높다). 이것은 베드로후서가 유다서를 포함해서 다른 자료들을 의존했음에도 불구하고, 베드로후서에 나오는 희귀한 단어들 중에서 다른 자료들로부터 유래하였을 가능성이 있는 단어는 거의 없다는 것을 말해준다. 즉, 베드로후서의 하팍스 레고메논들은 기자 자신의 것이라는 말이다.

물론, 이 하팍스 레고메논들 중에서 일부는 비교적 흔히 사용된 단어들이긴 하지만(예를 들어, *ἀμαθής, ἀργεῖν, βραδύτης, λήθη, μέγιστος, μίασμα, μνήμη, ὁμίχλη, παρανομία, ὗς*), 베드로후서 외에는 그 어디에서도 아직까지 발견되지 않는 13개의 단어들 중 대부분을 포함한 일부 하팍스 레고메논들은 아주 드물게 사용된 단어들이다. 그 중에서 3개의 단어는 현존하는 헬라어 문헌에서 그 어디에서도 사용되지 않은 단어들이다: 2:14의 가장 좋은 독법인 아카타파스토스(*ἀκατάπαστος*)는 아카타파우스토스(*ἀκατάπαυστος*)를 잘못 표기한 것이라는 설명이 아주 유력하긴 하지만 후자의 단어조차도 드물게 사용되는 단어이다; 3:3의 엠파이그모네(*ἐμπαιγμονή*)는 베드로후서의 기자가 엠파이제인(*ἐμπαίζειν*)을 토대로 직접 만들어낸 단어일 가능성이 있다(참조. *ἐμπαίκτης*, 3:3; 유 18절; 사 3:4; *ἐμπαιγμός*, 히 11:36; 겔 22:4; 2 Macc 7:7; Sir 27:28; Wis 12:25; *Pss. Sol.* 2:11; *ἔμπαιγμα*, 시 37:8; 사 66:4); 2:16의 파라프로니아(*παραφρονία*)는 파라노미아(*παρανομία*)와의 유운법(類韻法)을 위해서 파라프로쉬네(*παραφροσύνη*) 또는 파라프로네시스(*παραφρόνησις*, 슥 12:4, 아주 드물게 사용되는 단어) 대신에 사용된 단어일 가능성이 크다. 메이어(Mayor)가 주장하듯이(lxii), 베드로후서의 희귀한 단어 형태들 중 몇몇은 기자가 신경을 많이 썼던 음운(euphony)과 운율을 위해서 좀더 평범한 형태들 대신에 사용된 것 같다. 이것은 기자가 2:4에서 더 흔한 단어인 카타타르타룬(*καταταρταροῦν*) 대신에 타르타룬(*ταρταροῦν*)을 사용한 이유일 수 있고, 2:22에서 희귀한 단어들인 퀼리스모스(*κυλισμός*)와 엑세라마(*ἐξέραμα*)가 사용된 이유를 설명하는 데에도 도움이 될 수 있다. 그밖에 희귀한 단어들로는 아스테리크토스(*ἀστήρικτος*, 2:14; 3:16; 그러나 이것은 성경의 하팍스 레고메논인 *στηριγμός*, 3:17가 그렇듯이 기자가 좋아하는 *στηρίζειν* 단어군에 속한다), 카우수스다이(*καυσοῦσθαι*, 3:10, 12; 다른 곳에서는 오직 의학서 저술가들에 의해서 열병을 가리키는 데에 사용된 단어), 뮈오파제인(*μυωπάζειν*, 1:9, 유일한 용례), 로이제돈(*ῥοιζηδόν*, 3:10), 프슈도디다스칼로스(*ψευδοδιδάσκαλος*, 2:1, 유일한 용례; Justin, *Dial.* 82:1에 나오는 용례는 베드로후서 2:1에 의거한 것일 가능성이 크다; 참조. *ψευδοδιδασκαλία*, Pol. *Phil.* 7:2; 그러나 이 단어는 프슈도프로페테스[*ψευδοπροφήτης*]처럼 초기 기독교적 용례에서 프슈도[*ψευδο*]의 다른 복합어들과 유비를 통해서 만들어진 단어임이 분명하다) 등이 있다.

하팍스 레고메논의 목록에 극히 희귀한 단어들이 포함되어 있다는 것은 기자의 독서 범위가 폭넓었고 기자가 다소 문학적이고 시적이며 심지어 모호하기까지 한 단어들을 선호하였음을 보여준다. 전체적으로 보아서, 이러한 단어들은 평범한 단어들로도 충분한데 일부러 현학적으로 보이기 위하여 사용된 것이 아니라, 기자의 문학적이고 수사학적인 목적에 기여하는 것으로 보인다: 신화적 배경을 지닌 타르타룬(*ταρταροῦν*)은 2:4에 대단히 적절하고, 카우수스다이(*καυσοῦσθαι*)와 의성어(擬聲語)인 로이제돈(*ῥοιζηδόν*)은 3:10에 나오는 묵시적 이미지의 시적 특질에 기여한다; 3:3에서 엠파이그모네(*ἐμπαιγμονῇ*)를 엠파이크타이(*ἐμπαῖκται*)와 함께 사용한 것은 진정한 히브리식 표현은 아니지만 칠십인경의 어법을 효과적으로 만들어낸다; 스테리그모스(*στηριγμός*)와 아스테리크토스(*ἀστήρικτος*)는 스테리제인(*στηρίζειν*)과 더불어서 기자가 거의 전문적인 의미로 사용하는 단어군을 형성한다; 뮈오파제인(*μυωπάζειν*, 1:9)은 튀플로스(*τυφλός*)와 함께 수사학적 효과를 위해서 유사 동의어들을 하나의 단어 쌍으로 사용하는 기자의 특성을 보여주는 한 예이다; 상대적으로 드문 3개의 단어들인 아우크메로스(*αὐχμηρός*), 포스포로스(*φωσφόρος*), 디아우가제인(*διαυγάζειν*)가 사용된 1:19은 시적으로 표현하고자 하는 기자의 의도가 개입되어 있고, 실제로 그런 효과를 발휘한다; 3:16의 뒤스노에토스(*δυσνόητος*)와 스트레블룬(*στρεβλοῦν*)은 대단히 적절하게 사용된 단어들이다. 하지만 기자가 단지 덜 평범하거나 더 문학적인 단어를 선호하였다는 것 외에는 달리 설명할 수 없는 것으로 보이는 몇몇 예들도 있다: 3:14에서 아모모스(*ἄμωμος*) 대신에 아모메토스(*ἀμώμητος*)를 사용하고, 1:5에서 평범한 에이스페레인(*εἰσφέρειν*) 대신에 스푸덴 파레이스페레인(*σπουδὴν παρεισφέρειν*)을 사용한 것. 그러나 문학적인 소질을 지닌 저자치고 종종 그렇게 하지 않는 사람이 어디 있겠는가? 이 경우들에 있어서 기자가 단어들을 잘못 사용하고 있다는 평가는 있을 수 없다(Chase, *DB (H)* 3, pp. 807-8에 제시된 "문법 위반 사례들"의 목록은 단어들의 용례에 관한 우리의 지식에 대한 지나친 과신을 전제한다; 참조. Mayor, lx-lxi).

희귀한 단어들의 사용은 베드로후서가 야심찬 문학적 효과를 의도하였다는 전체적인 인상을 우리에게 주는 것들 중의 일부일 뿐이다(참조. Chase, *DB(H)* 3, p. 808). 마울튼(Moulton)은 이렇게 말한다: "수사학자들과 책들로부터 배운 고급스러운 단어들을 사용한 인위적인 언어 사용"; "전체적인 문체는 일상생활의 언어와 많이 동떨어져 있다"(*Grammar* 2, pp. 28, 6). 분명히 기자는 다소 장엄한 문체를 선호하고(참조. 1:3-4, 16-17), 동의어들 또는 유사 동의어들로 이루어진 단어 쌍들을 서술의 효과를 높이기 위한 수사학적 장치로, 때로는 이사일어(hendiadys)로 사용하는 대단히 특징적인 문체상의 습성을 지니고 있다(1:3, 4, 8, 9, 10, 16, 17; 2:10, 11,

13; 3:7, 11, 14, 16). 또한 기자는 단어들을 반복적으로 사용하는 습성도 지니고 있다. 이것은 유다가 사용한 표어(catchword) 기법과는 기능상으로 판이하게 다르다. 반복되는 단어들은 종종 기자의 준전문적인 종교 용어들이고(*ἀστήρικτος, εὐσέβεια, τηρεῖν, φθορά, προσδοκᾶν, ἐπίγνωσις, ἀπωλεία*), 때로는 의도적인 언어유희(word-play)도 존재하지만(*μισθὸς ἀδικίας*, 2:13, 15; *σπουδήν*, 1:5; *σπουδάσατε*, 1:10), 대체로 이 반복 속에는 문학적 의도는 없는 것으로 보인다. 단지 다소 드물게 사용되는 단어가 기자의 상상력을 자극해서, 기자가 그런 단어를 보통 이상으로 더 자주 사용하기를 좋아한 것으로 보인다(*ἀποφεύγειν*, 1:4; 2:18, 20; *ἐξακολουθεῖν*, 1:16; 2:2, 15; *δελεάζειν*, 2:14, 18; *ἔκπαλαι*, 2:3; 3:5; *δωρεῖσθαι*, 1:3-4; *ἐπιχορηγεῖν*, 1:5, 11; *ἐπάγειν*, 2:1, 5; *σπουδάζειν*, 1:10, 15; 3:14; *ταχινός*, 1:14; 2:1; 덜 두드러진 예들로는 Bigg, 225-26; Chase, *DB(H)* 3, p. 808). 이것은 그의 어휘가 "빈약하고 부적절하다"는 것을 의미하지는 않지만(Chase), 문체에 집착하는 자는 자신의 상상력을 자극하는 단어에 쉽게 사로잡혀서 그런 단어를 지나치게 자주 사용할 위험성이 있음을 보여준다. 이러한 습성은 대부분의 기자(記者)들 속에서 약간만 발견되는 데에 비해서, 베드로후서에서는 그 정도가 지나친 것으로 보인다.

베드로후서의 헬라어 문체는 오늘날의 많은 독자들의 취향에 맞지 않는다: "종종 현학적일 정도로 장황하고 정밀하다"(Kelly, 228); "멋진 글을 쓰고자 애쓴 흔적이 보인다"(Turner, in Moulton, *Grammar* 4, p. 142); "다소 인위적인 수사학적 작품"(Chase, *DB(H)* 3, p. 809). 애봇(Abbott)은 여기에서 더 나아가 베드로후서의 문체를 인도 영어의 우스꽝스러운 예와 비교해서 "인도 헬라어"(Baboo Greek)라는 별명을 붙이기도 했지만(*Exp* 2/3[1882] 204-19; 참조. 그의 *Contrast*), 이런 평가는 분명히 기자의 문학적 자질에 대한 오해에서 비롯된 것이다. 라이케(Reicke, 146-47)가 지적하듯이, 베드로후서는 라이케가 유럽의 바로크 스타일에 적절하게 비유하였던 당시에 유행하던 "아시아" 스타일의 헬라어 수사학, 즉 고급스러운 표현들, 화려하고 장황한 언어, 정교한 문학적 효과들을 선호하였던 인위적인 문체를 중심으로 한 수사학의 영향을 받은 것임에 틀림없다. 베드로후서의 언어가 우리에게 과장되고 현학적이며 뽐내는 듯한 것으로 보인다면, 그것은 당시의 취향을 반영한 것으로 평가되어야 하기 때문에, 우리는 기자가 과도한 문학적 야심을 가지고 글을 썼다는 식으로 기자에 대하여 함부로 속단해서는 안 된다. 어쨌든 1:19과 2:12-16 같은 의심할 여지없이 성공적인 대목들이 존재하고(이 대목들에서 사용된 문학적 장치들에 대해서는 2:10b-16에 대한 "양식/구조/배경"을 보라), 장황하고 복잡한 문장들이 종종 괴로울 정도로 그 뜻이 모호하긴 하지만(1:3-4; 3:5-6), 2:4-10은 나름대로 효과적이다.

마울튼(Moulton)에 의하면, 베드로후서의 언어는 "뒤늦게 언어를 익힌 자의 서투른 솜씨로 사용되고 있다"(*Grammar* 2, p. 28). 기자가 인위적인 문학적 문체를 채택한 것이 이러한 인상에 어느 정도나 영향을 미쳤는지를 판단하기는 어렵지만, 연결사들이 거의 사용되고 있지 않은 것(Chase, *DB(H)* 3, p. 808), 전치사들의 빈약한 사용, 뜻이 애매모호한 경향이 있는 것(Turner, in Moulton, *Grammar* 4, p. 141), 메이어(Mayor)가 "무관사 명사의 파격적 사용"이라 부른 것(xxxiv) 등도 이러한 방향을 보여주는 것 같다. 반면에, 기자가 셈어 원어민이었음을 보여주는 진정한 셈어적 어법들이 존재하는 것인지, 아니면 기자의 의도적인 문체에 속하는 칠십인경과 연결된 어법들만이 존재하는지는 분명하지 않다(참조. 형용사 대신에 사용된 속성의 속격: *ἐπιθυμίᾳ μιασμοῦ*, 2:10; *ὑπέρογκα ματαιότητος*, 2:18; *οὐδεμία* 대신에 *πᾶσα⋯οὐ*의 사용, 1:20; *ὀπίσω σαρκὸς πορεύεσθαι*, 2:10; *ἐπ' ἐσχάτων τῶν ἡμερῶν*, 3:3; *κατάρας τέκνα*, 2:14; 속격 앞에서 한정명사에 관사를 생략한 것들은 히브리어의 연계형을 반영한 것일 수 있지만[Chaine, 18], 기자의 관사의 사용은 너무 잘못된 것들이 많아서 확실하게 말하기는 힘들다; 엔 엠파이그무에 엠파이크타이[*ἐν ἐμπαιγμονῇ ἐμπαῖκται*, 3:3]는 칠십인경의 어법을 흉내 낸 분명한 경우인데, 해당 "주석"을 보라; 엔 테 프도라⋯프다레손타이[*ἐν τῇ φθορᾷ⋯φθαρήσονται*, 2:12]는 통상적으로 거론되기는 하지만 사실 칠십인경의 어법조차도 아닌데, 해당 "주석"을 보라; 셈어의 문학적 장치들로는 2:3b의 동의 평행법, 2:21의 '토브' 양식[Tobspruch], 1:16-2:3; 3:4-10의 교차대구법적 구조). 기자가 셈어 원어민일 가능성이 배제될 수는 없지만, 자주 무관사 명사를 부적절하게 사용하는 것으로 보아서, 기자가 라틴어 원어민일 가능성도 고려되어야 한다(Salmon, *Introduction*, 637n.; Reicke, 147에 의해서 주장되었지만, 동의하는 학자가 없다). 만약 후자라면, 그것은 베드로후서가 로마에서 기원하였다는 학설과 잘 맞아 들어가게 될 것이다("저자 문제와 위서 논란"을 보라).

**문헌상의 연관관계**

이 단원에서는 다양하고 서로 다른 문헌들의 연관관계가 다루어지는데, 이러한 논의는 많은 경우에 베드로후서의 저작 연대 및 성격과 맞물려 있어서 그 문제와 관련된 함의들도 여기에서 제시될 것이다.

### 1. 구약

베드로후서에는 유다서만큼 구약에 대한 간접 인용들이 많이 나오지는 않지만, 종종 주장되는 것과는 달리 그리 적게 나오는 것도 아니다. 다음은 간접 인용임이 확실하거나 아주 유력한 구절들이다: 1:17-18(시 2:6-7); 1:19(민 24:17); 2:2(사 52:5); 2:5(창 6:17); 2:6(창 19:29); 2:15-16(민 22:21-35); 2:22(잠 26:11); 3:5(창 1:1); 3:8(시 90[LXX 89]:4); 3:9(합 2:3); 3:10, 12(사 34:4); 3:12(사 60:22); 3:12-14(합 2:3); 3:13(사 65:17). 잘 알다시피, 이 간접 인용들 중 다수는 기자가 자신이 사용한 자료들에서 가져온 것으로 보이는데, 그런 구절들로 가장 유력한 것은 1:17-18; 2:22, 그리고 3:8-13 전체이다. 또한 간접 인용임이 확실하지는 않지만 가능성이 있는 구절들은 1:11(단 7:27); 1:17(시 8:5[LXX 6]; 단 7:14); 1:19(아 2:17)이다.

베드로후서의 간접 인용들은 유다서와는 달리 습관적으로 칠십인경 본문을 사용한다. 다음의 간접 인용들은 칠십인경의 언어와 일치한다: 1:11(단 7:27 q, LXX); 1:17(시 8:6); 1:19(민 24:17); 2:2(사 52:5); 2:5(창 6:17); 2:6(창 19:29); 3:12(사 34:4); 3:13(사 65:17). 다음의 경우들에 나오는 간접 인용은 분명히 칠십인경 본문은 아니지만, 첫 번째 경우를 제외하면, 기자는 다른 문헌에 나오는 칠십인경 본문을 간접적으로 인용했을 가능성이 높다: 1:19(아 2:17); 2:22(잠 26:11); 3:9, 12-14(합 2:3); 3:12(사 60:22).

기자가 칠십인경에 친숙했음을 보여주는 또 하나의 증거는 칠십인경에 전형적인 어구들을 사용한다는 것이다(예를 들면, *πορεύεσθαι ὀπίσω*, 2:10; *ἐπ' ἐσχάτων τῶν ἡμέρων*, 3:3; *ποῦ ἐστιν*; 3:4).

또한 기자는 성경 외에 유대교의 학가다 전승들에도 친숙하였다(2:4-5, 7-8, 15-16).

### 2. 유대교의 위경(僞經)들

유다서에 대한 서론에서 우리는 그 기자가 유대교의 외경 저작들을 간접 인용한 것이 유다서의 두드러진 특징이라는 것을 지적하였다. 이러한 외경 저작들에 대한 간접 인용들은 베드로후서에는 거의 전적으로 배제되어 있다. 베드로후서가 유다서에 의존해 있다는 가설 위에서 논의를 진행할 때, 우리는 유다서 1:6에 문자 그대로 반영되어 있는 에녹1서 본문이 베드로후서 2:4의 개작 속에서는 완전히 사라진 것을 발견한다 – 파수꾼들에 관한 이야기(에녹1서보다 훨씬 더 광범위하게 유포되어 있었던)에 대한 간접 인용은 여전히 보존되어 있는데도(세이라이스[σειραῖς - 가 아니라 세이로이스[σειροῖς]로 읽는다면, 우리는 기자가 에녹1서에 나오는 전승들에 독자적으로 접근하였다고 보아야 한다). 유다서 1:12-13에 나오는 에녹1서의 흔적들은 베드로후서 2:17에서는 거의 찾아볼 수 없고, 유다서 1:14-15에 나오는 에녹1서로부터의 명시적인 인용은 베드로후서에서는 완전히 배제되어 있다. 우리는 이러한 생략들이 어느 정도나 의도적인 것이었는지를 확실하게 말할 수 없다. 기자는 베드로후서 2:4, 17에서는 유다서가 에녹1서를 간접 인용한 것들을 알아차리지 못한 가운데, 그 유다서 본문을 개작할 때에 우연히 그 간접 인용들이 없어졌고, 유다서 1:14-15에 대해서는 단지 그 본문들을 사용할 필요성이 없다고 판단했을 가능성이 크다(3:1-4에 대한 "양식/구조/배경"을 보라). 그러나 베드로후서 2:11에서는 유다서 1:9을 오해하여 그 요지를 일반화함으로써 모세의 유언에 나오는 미가엘과 마귀에 관한 이야기에 대한 간접 인용이 본문에서 사라지게 되었음이 분명하다. 적어도 이 경우를 통해 볼 때, 우리는 베드로후서의 기자가 유다서에 간접 인용된 외경 자료들을 가져오는 것을 의도적으로 피하였다는 것을 확신할 수 있다. (벧후 2:3이 모세의 유언 7:6에 의거해 있고, 베드로후서 2:13이 모세의 유언 7:4, 8에 의거해 있다는 주장은 E.-M. Laperrousaz, *Le Testament de Moïse*=*Sem.* 19 [1970] 63-66의 논의 가운데서 올바르게 거부되고 있다.)

이러한 현상들은 흔히 베드로후서의 기자가 유다서의 외경 저작들의 사용을 **거부하였음**을 보여주는 증거이기 때문에 베드로후서가 주후 2세기에 씌어졌음을 반영하는 것이라고 설명되어 왔다: "유다서는 이 문헌[외경]에 대하여 순진한 태도를 지니고 있는 반면에, 베드로후서는 이미 이 문헌을 사용하는 데에 거리낌을 느끼고 있다"(Kümmel, *Introduction*, 431; 또한 Schelkle, 177, 220-21; Kelly, 227; Grundmann, 104; Käsemann, "Apologia," 173). 베드로후서는 정경(正經)에 대한 후대의 좀더 엄격한 견해를 반영하고 있기 때문에, 에녹1서와 모세의 유언 같이 정경의 권위를 지니지 못한 저작들에 대한 간접 인용을 부적절한 일로 생각하였다는 것이다. 하지만 이러한 설명은 초기 기독교에서의 외경 저작들의 사용과 관련한 역사적 사실들을 무시하고 있는 것이다. 모세의 유언은 기독교 진영에서 잘 알려져 있지 않았던 것으로 보이지만, 에녹1서의 경우에는 주후 1세기 기독교 문헌 속에 이 책에 대한 간접 인용들은 거의 나타나지 않는 반면에 주후 2세기에는 기독교회에서 가장 인기 있는 책들 중의 하나가 되었음을 보여주는 증거들이 있다. 주후 2세기의 저술가들은 에녹1서를 거리낌 없이 자유롭게 간접 인용 한다(*Barn.* 4:3; 16:5

-6; Papias, *ap.* Andr. Caes., *In* Apoc. 34.12; Athenagoras, *Apol.* 24-26; Justin, *2 Apol.* 5; *Dial.* 79.1; Tatian, *Oratio*, 8-9, 20; *Ap. John* 29:16-30:2; Irenaeus, *Adv Haer.* 1.10.1; 1.15.6; 4.16.2; 4.36.4; *Proof* 18; Clem. Alex., *Eclog. Proph.* 2.1; 53.4; *Strom.* 5.1.10.2; 1.17.81.4; Tertullian, *De Idol.*; 3, 9, 15; *De Cult. Fem.* 1.2; 2.10; *De Orat.* 22.5; *Adv. Marc.* 5:18; *De Virgin. Vel.* 7-8; 참조. H. J. Lawlor, "Early Citations from the Book of Enoch," *JP* 25(1897) 164-225; A.-M. Denis, *Introductions aux Pseudépigraphes grecs d'Ancien Testament*[SVTP 1; Leiden: E. J. Brill, 1970] 20-24). 에녹1서의 권위에 관한 그 어떤 의심도 터툴리안(Tertullian, *De Cult. Fem.* 1.3)과 오리겐(Origen, *C. Cels* 5:54; *Comm. in. Joh* 6.25) 이전의 문헌에 등장하지 않고, 그러한 의심들은 주후 4세기에 이르러서야 비로소 보편화된 것으로 보인다. 베드로후서의 기자가 에녹1서를 거부하였다면, 그가 주후 2세기에 살았을 가능성은 극히 희박하다.

증거들이 보여주는 것은 주후 2세기 초까지는 에녹1서가 기독교 진영에서 널리 알려져 있지 않았다는 것이다. 에녹1서는 유다서가 대표하는 팔레스타인 기독교 진영에서만 유포되었고, 거기에 아람어로 읽혀졌으며, 이때까지는 헬라어로 번역되지 않은 것 같다. 헬라어 역본이 나왔다는 사실 자체는 에녹1서가 주후 2세기에 점점 인기를 얻게 되었음을 반증하는 것일 수 있다.

베드로후서의 기자가 유다서에 나오는 에녹1서에 대한 인용문과 모세의 유언에 대한 간접 인용을 생략한 것은 그가 이 저작들을 거부했기 때문이 아니라, 이 저작들에 친숙하지 않았거나 적어도 그의 독자들이 이 저작들에 친숙하지 않을 것이라고 생각하였기 때문일 가능성이 크다. 이 저작들에 대한 지식이 없는 경우에는 유다서 1:9과 14-15에 나오는 내용은 단지 독자들을 헷갈리게 만들 뿐이었기 때문이다(반면에, 벧후 2:4이 간접 인용한 파수꾼들에 관한 이야기의 개요는 에녹1서를 한 번도 읽지 않은 유대인들과 그리스도인들에게 잘 알려져 있었다). 에녹1서와의 관계 속에서 이러한 결론은 베드로후서의 후기 저작설이 아니라 초기 저작설을 지지해 준다. 왜냐하면 에녹1서가 기독교 진영에서 인기를 끌게 된 것은 주후 2세기였기 때문이다.

베드로후서의 기자가 유대교의 외경 저작들을 원칙적으로 거부하지 않았다는 결론은 그 자신이 3:4-13에서 외경 저작을 그의 자료로 사용하였을 가능성이 크다는 사실에 의해서 확증된다. 3:4-13에 대한 주석에서 우리는 베드로후서 본문이 유대의 한 묵시문헌에 의거하고 있고, 거기에 나오는 인용문들은 *1 Clem* 23:3-4; *2*

*Clem* 11:2-4; 16:3(또한 아마도 *1 Clem* 23:5; 27:4)에서 가져온 것일 가능성이 크다는 것을 논증하였다. 이 묵시문헌은 분명히 당시의 로마 교회에서 인기가 있던 문헌으로서 헤르마스(Hermas, *Vis.* 2:3:4)가 인용한 엘닷과 모닷서(*Book of Eldad and Modad*)였던 것 같다. 우리가 이 저작의 연대를 알아낼 수 있다면, 그것은 유익할 것이다. 이 저작은 종말의 지체(eschatological delay)라는 문제를 다룬다. 이 문제는 특히 주후 70년의 예루살렘 멸망 이후에 유대 묵시문헌들 속에서 첨예하게 대두되었고, 베드로후서 3:9의 논법이 특히 주후 70년 이후 시기에 있었던 유대인들의 논의와 비슷하다는 점을 감안하면(Bauckham, *TynBul* 31[1980] 3-36), 엘닷과 모닷서는 주후 70년의 대재앙의 여파로 출현한 유대 묵시문헌들 중의 하나였을 가능성이 있다.

3. 그 밖의 유대 저작들

애봇(Abbott, *Exp* 2/3[1882] 49-63; *Contrast*, 39-41)은 베드로후서가 요세푸스(Josephus)에 의거하였다고 주장하였다. 파라르(Farrar, *Exp* 2/3[1882] 401-23; *Exp* 3/8[1888] 58-69)는 애봇이 이러한 문헌상의 연관관계를 증명하였다고 생각했지만, 거꾸로 요세푸스가 베드로후서에 의거했을 것이라고 주장하였다. 하지만 애봇의 주장은 샐먼(Salmon, *Introduction*, 638-53; 또한 참조. Mayor, cxxvii-cxxix; James, xxv; Fillion, *DB(V)* 5, col(s). 409-10)에 의해서 설득력 있게 반박되었다. 그 유사점들(모세의 마지막 말들에 관한 요세푸스의 기사 속에서의)의 일부는 "유언" 장르가 보여주는 문학적으로 관례적인 요소들에 기인하는 것이고(1:12-15에 대한 "주석"을 보라), 일부는 당시의 문어체 헬라어 및 헬레니즘적 유대교의 개념들에 기인한다.

또한 애봇(Abbott, *Exp* 2/3[1882] 54-56)은 베드로후서가 필로(Philo)에 의거하고 있다고 주장하였지만(Mayor, cxxix-cxxx도 참조하라), 그 유사점은 마찬가지로 헬레니즘적 유대교의 문헌이라는 공통적인 배경을 근거로 충분히 설명될 수 있다(특히, 1:20-21에 대한 "주석"을 보라). 하지만 이러한 유사점들 및 시빌 신탁서(*Sib. Or.*)와의 몇몇 일반적인 유사점들(2:5; 3:6-7, 10에 대한 "주석"을 보라)은 베드로후서와 헬레니즘적 유대교 문헌과의 유사성을 부각시켜 준다. 증명할 수는 없지만, 베드로후서의 기자가 필로의 저작들 중 일부를 읽었을 가능성도 완전히 배제할 수는 없다.

### 4. 유다서

베드로후서와 유다서 간에 모종의 밀접한 관계가 존재한다는 것은 모든 독자들에게 명백하다. 유사점들은 주로 유다서 1:4-13, 16-18과 베드로후서 2:1-18; 3:1-3간에 존재한다. (이 구절들은 베드로후서의 해당 본문들에 대한 주석의 "양식/구조/배경"에서 나란히 비교되어 있다.) 이 두 서신의 전반부와 후반부에서 좀더 느슨한 여러 접촉점들이 흔히 지적되어 왔지만(예를 들면, Fornberg, *Early Church*, 34에 나오는 목록을 참조하라), 그 가운데서 유다서 1:5과 베드로후서 1:12을 제외하고는 우연한 유사성 이상의 의미를 지닌 구절은 없는 것 같다. 이두 저작 간에 문자적으로 정확히 일치하는 구절들은 비교적 드물지만(예를 들면, 마태복음과 누가복음에 나오는 Q 단락들에서보다도 훨씬 더 드물다), **문헌상의** 연관관계에 대한 설명을 필요로 하는 정도로는 충분히 두드러진 유사성을 보여준다(오직 Reicke, 190만이 이 유사성을 공통의 구전 자료에 기인하는 것으로 설명할 수 있다고 생각하는 것 같다).

네 가지 설명이 제시되어 왔다(그리고 이것들은 논리적으로 가능한 거의 모든 설명들을 망라한 것이다): (1) 유다서가 베드로후서를 사용하였다는 설(루터를 비롯한 이전의 많은 주석자들; Spitta, 381-470,에 아주 상세한 논증이 나와 있다; Zahn, *Introduction*, 250-51, 265-67, 285; Bigg, 216-24; Falconer, *Exp* 6/6[1902] 218-24). (2) 베드로후서가 유다서를 사용하였다는 설(대다수의 오늘날의 주석자들; 이 입장에 대한 상세한 논거들은 Mayor, i-xxv; Chaine, 18-24; Sidebottom, 65-69; Grundmann, 75-83에서 찾아볼 수 있다). (3) 이 두 저작이 공통의 자료를 사용하였다는 설. 롭슨(Robson, *Studies*)은 베드로후서가 유다서도 사용하였던 베드로의 진정한 단편들과 "예언적 강론"을 비롯해서 여러 다양한 자료들을 결합시켜 놓은 저작이라고 주장하였다. 라이케(Reicke, 148, 189-90)는 이 두 저작의 배후에는 아마도 구전으로 유포된 공통의 "설교 패턴"이 작용하고 있다고 생각하였고, 그린(Green, 50-55)은 이단을 반박하는 소논문이 존재해 있었다고 생각하였다(또한 참조. Spicq, 197 n. 1). (4) 저자 동일설은 로빈슨(Robinson)의 가설인데(*Redating*, 192-95; 그의 입장은 R. Davidson and A. R. C. Leaney, *Biblical Criticism*[PGMT 3; Harmondsworth, Middx.: Penguin Books, 1970] 319에 실린 Leaney의 입장을 발전시킨 것이다), 그는 유다가 이 두 저작을 다 썼다고 주장한다. Guthrie, *Introduction*, 919-27에는 (1), (2), (3)의 논거들이 잘 요약되어 있다.

동일 저작설은 가능성이 없는 학설이다. 왜냐하면 이 두 저작은 문체(두 서신에 대한 주석의 서론들에 나오는 "언어"에 관한 항목을 보라)와 배경(유다서는 팔레스타인 유대적 특성을, 베드로후서는 헬레니즘적 특성을 보여준다)에서 서로 상당히 다른 면모들을 보이고 있고, 한 명의 기자(記者)가 베드로후서의 기자가 유다서를 사용하는 것과 같은 방식으로(예를 들면, 벧후 2:11, 13, 17에 대한 "주석"을 보라) 자신의 저작을 활용하였을 것이라고 믿기는 어렵기 때문이다.

공통의 자료를 사용하였다는 설은 좀더 매력적이고 가능성도 있는 학설이다. 유다의 미드라쉬(1:5-19)는 분명히 그의 독자들이 익히 알고 있던 전승 자료(5절)를 토대로 하고 있기 때문에, 베드로후서와 유다서 간의 평행들이 유다서의 미드라쉬 부분에 한정되어 있다면, 이 학설은 상당한 개연성을 지니게 될 것이다. 그러나 유다서 1:4과 베드로후서 2:13은 부인할 수 없을 정도의 연관성을 지니고 있다는 점에 비추어 볼 때, 이 학설은 가능성이 희박하다. 이 견해에 대한 통상적인 반론, 즉 공통의 자료가 사용되었다면, 유다서의 훨씬 더 많은 내용이 이 공통의 자료를 사용하였을 것이고, 유다 자신이 직접 쓴 부분은 아주 적었을 것인데도 불구하고, 유다가 왜 그토록 고민을 했는지 그 이유를 발견해내기 어렵다는 반론 속에는 상당한 힘이 실려 있다. 하지만 이러한 반론은 유다서에 관한 주석에서 논증된 견해, 즉 유다가 이 서신을 쓴 주된 목적이 담겨 있는 유다서의 **가장** 중요한 부분은 권면 부분(1:20-23)이라는 견해에 비추어 보게 되면 그 힘의 상당 부분을 잃게 된다. 이 권면 부분(1:1-3 및 결미의 송영과 더불어서)은 유다가 가설상의 자료에 추가한 것으로 보이는 바로 그 구절들이다. 이것은 납득될 수 있는 논증이기 때문에, 공통 자료설의 가능성은 완전히 배제될 수 없다.

하지만 공통 자료설은 어느 한 서신이 다른 서신을 직접 사용하였다는 직접 사용설보다 더 복잡한 가설이기 때문에, 공통 자료설을 특히 더 선호하게 만든 상당한 이유가 제시되지 않으면 안 되는데, 이 학설을 주장하는 학자들은 그런 이유를 제시하지 못하는 것으로 보인다. 공통 자료설이 유다서와 베드로후서의 유사한 구절들 속에 나타나는 **차이점들을** 좀더 분명하게 설명해 준다고 생각하는 것은 잘못이다. 베드로후서의 문체는 아주 일관된 것으로 보아서, 베드로후서의 기자는 어쨌든 그의 자료를 꽤 자유롭게 개작하였음에 틀림없다. 그가 유다서를 개작하였을 것이라고 생각하는 것은 그가 가설상의 공통자료를 개작하였을 것이라고 생각하는 것만큼이나 타당하다. 공통자료와 유다서는 공통 자료설이 베드로후서가 유다서를 직접 사용하였다는 설보다 더 큰 이점을 지니고 있다고 할 정도로 그 내용이 서로 별로 다르지 않았을 수도 있다. 공통 자료설은 유다서가 베드로후서를 직접 사용하였다는 설보다는 여러 이점들을 지니고 있을 수도 있다. 유다서가 베드로후서가 아니라 공통자료에서 빌려와 사용했다고 생각하는 편이 더 쉬울 수 있기 때문이다. 그러나 이 경우에도 공통 자료설은 베드로후서가 유다서보다 먼저 씌어졌다는 강력한 근거들이 존재할 때에만 매력적일 수 있다.

베드로후서가 유다서를 직접 사용하였다는 설을 그 반대의 가설보다 선호하게 되는 가장 중요한 문헌상의 이유는, 이 주석서가 보여주고 있듯이, 유다서 1:4-18은 기자가 세부적인 구성과 단어 사용에 이르기까지 아주 세심한 주의를 기울여서 쓴 대목인 반면에, 이 유다서 본문과 대응되는 베드로후서 본문은 결코 아무렇게나 써진 것은 아니라고 할지라도 그 구성이 비교적 치밀하지 못하고 느슨하다는 것이다. 유다서에서 보이는 치밀한 미드라쉬적인 구성은 구약과 에녹1서에 대한 그의 많은 간접 인용들 및 표제어(catchword)를 이용한 연결 기법과 아울러서 베드로후서에는 전적으로 결여되어 있다. 베드로후서 2:3b-10a은 단순하지만 의도적인 문학적 구조로 되어 있지만, 2:10b-18은 그 구성이 모호하고 엉크러져 있다. 또한 베드로후서에는 유다서에 나오는 것들과는 다른 성경에 대한 몇몇 소수의 간접 인용들만이 나올 뿐이다(2:2, 5-6). 예를 들어서, 유다서 1:6-8이 베드로후서 2:3b-10a에서 약간 다른 목적으로 새로운 문학적 형태로 어떻게 개작되었을지, 유다서 1:8c-16의 미드라쉬적인 구조와 간접 인용들을 알아차리지 못하였거나 그런 것에 관심이 없었던 기자가 베드로후서 2:10b-18에서 그 자료를 직접적인 규탄의 본문으로 어떻게 개작하였을 지를 설명하는 것은 비교적 쉬운 일이다. 이것에 비하면, 유다가 자기 앞에 놓인 베드로후서 2장을 가지고서 그의 정교만 미드라쉬를 구성해냈다고 생각하는 것이 훨씬 더 어려운 일이다. 베드로후서의 기자가 어떻게 유다서 1:8c-16을 거짓 교사들의 죄들을 규탄하는 글을 쓰는 데에 유용한 자료라고 판단해서 가져와서 사용했을 지를 설명하는 일은 쉬운 일이지만, 유다가 베드로후서 2:10b-18에서 거짓 교사들과 그들의 운명이 성경에 예언되어 있다는 것을 보이기 위한 미드라쉬를 구성하는 데에 유용한 자료를 발견하게 된 일이 어떻게 일어나게 되었는지를 설명하는 것은 어려운 일이다. 간단한 자료를 토대로 해서 좀더 복잡한 글이 써지는 일은 **선험적으로** 생각해 보아도 얼마든지 가능한 일이고, 또한 실제로 그런 경우들이 있었지만, 베드로후서와 유다서의 경우에 증거들은 좀더 복잡한 내용을 담고 있는 저작이 시기적으로 앞서 등장하였다는 것을 보여주는 것 같다. 그러나 최종적인 판단은 독자들이 이 주석서를 읽는 가운데에 스스로 내려야 할 것이다.

오직 최근에 와서야 편집비평적인 통찰들을 통해서 유다서와 베드로후서의 관계에 관한 연구가 시작되었다(Fornberg, *Early Church*, chap 3; Neyrey, *Polemic*, chap 3; 또한 참조. Danker, 89-90; Cavallin, *NovT* 21[1979] 263-70). 두 저작의 선후 관계를 결정하기 위하여 평행 본문들을 세부적으로 연구하려는 시도들은 적어도 초보적인 수준에서는 언제나 편집과 관련된 고려들을 포함하여 왔지만, 한 저자가 이전의 자료를 새로운 목적을 위하여 편집하였을 가능성에 대한 충분한 인식은 없었던 것이 보통이다. 두 서신이 모두 비슷하거나 심지어 동일한 이단들에 대항하기 위하여 씌어졌고, 비슷한 배경을 반영하고 있다는 통상적인 전제들은 이 두 서신의 평행 본문들의 차이점들을 정확히 이해하는 데에 특히 걸림돌이 되어 왔다. 네이리(Neyrey)와 폰버그(Fornberg)는 둘 다 편집비평적인 연구를 통해서 이 두 서신이 서로 다른 상황에서 유래하였고, 서로 다른 대적자들을 상대하고 있기 때문에, 이 두 서신이 공통적으로 사용한 자료를 서로 다른 방식으로 바꾸어서 활용하였다는 것을 인식하게 되었다. 네이리와 폰버그는 둘 다 유다서 우선설을 작업가설로 전제하고 있기 때문에, 그들의 편집비평은 베드로후서가 유다서를 어떤 식으로 편집하였는지를 설명하는 데에 그 초점이 맞춰져 있다. 본 주석서도 이와 동일한 과정을 따랐다.

폰버그는 이러한 방법론을 사용한 연구를 통해서 자기가 베드로후서 우선설을 "논박하였다"고 생각하지만(Fornberg, *Early Church*, 58), 이것은 너무 지나친 결론이 아닌가 싶다. 그는 베드로후서가 유다서를 편집하였을 가능성은 있지만, 유다서가 베드로후서를 편집하였을 가능성은 아예 없거나 희박하다는 것을 보여 주었다. 편집비평은 오직 각각의 대목에서 베드로후서에 의한 유다서의 편집 가능성과 유다서에 의한 베드로후서의 편집 가능성을 **상대적으로** 비교해서 이 두 가지 가능성의 전체적인 상대적 개연성을 계산함으로써 유다서 우선설이 옳다는 것을 **입증할** 수 있다. 그러나 편집에 의한 수정들이 서로 다르게 해설될 여지가 아주 크기 때문에, 이것은 대단히 복잡한 과제가 될 것이다. 네이리와 폰버그와 나는 유다서에 대한 베드로후서의 편집적 수정들 중 다수에 대한 해석에서 서로 견해를 달리한다. 우리는 베드로후서가 유다서를 사용하였다는 것을 보여주는 설득력 있는 해석을 제시할 수 있겠지만(나는 이 주석서가 이 목적을 이룰 수 있기를 바란다), 유다서가 베드로후서를 사용했음을 보여주는 마찬가지로 설득력 있는 해석이 불가능하다고 단정적으로 말할 수 있는 없다. 슈피타(Spitta)와 비그(Bigg) 이후로 베드로후서 우선설을 입증하고자 시도한 학자는 없었지만, 공관복음서에 대한 비평적 연구에 비추어 볼 때에 그들의 견해가 다시 부활할 때가 무르익지 않았나 하는 생각이 든다.

이러한 유보조건들과 단서들에도 불구하고, 현재의 증거들로 볼 때, 베드로후서가 유다서를 사용하였다는 설이 지금으로서는 유력하고, 또한 독자들이 베드로후서에 관한 주석서의 해당 부분들을 연구해 보면, 이 학설의 강점을 깨닫게 될 것이다. 게다가, 베드로후서의 저작 연대를 유다서보다 늦은 시기로 잡는 설은 이 두 서신의 문헌상의 연관관계를 고려하지 않고, 단지 다른 강력한 근거들에 토대를 두고 있다(두 서신의 서론에 나오는 "저작 연대"에 관한 항목을 보라).

끝으로, 우리가 주의 깊게 눈여겨보아야 할 것은 베드로후서와 유다서의 문헌상의 관계를 근거로 해서 이 두 저작을 동일한 배경과 맥락에서 나오고 동일한 신학적 전망을 보여주는 비슷한 저작으로 한데 분류하는 관행을 정당화하는 것은 옳지 않다는 것이다. 한 저작에 나오는 내용의 일부를 다른 저자가 다시 사용하였다고 해서 두 저작을 비슷한 저작으로 분류하는 것은 열왕기와 역대기, 마가복음과 누가복음의 경우에서와 마찬가지로 이 경우에도 옳지 않다. 이 주석서에서 석의(釋義)의 한 가지 분명한 목표는 유다서와 베드로후서가 판이하게 서로 다른 역사적 상황에서 나온 판이하게 서로 다른 저작임을 보여주는 것이다.

### 5. 베드로전서

어휘와 문체에 있어서 베드로전서와 베드로후서 간의 차이는 적어도 제롬(Jerome, *Ep.* 120.11) 이래로 지적되어 왔는데, 이 문제에 대한 제롬의 해법 – 베드로가 두 명의 서로 다른 "해석자들"을 사용하였다는 것 – 은 이 두 서신을 어떤 의미에서 베드로의 저작으로 보아야 한다고 주장하는 학자들이 제시하는 통상적인 근거가 되어 왔다.

이 두 서신의 공통적인 단어들과 공통적이지 않은 단어들 간의 비율을 계산해서 각각의 서신에 사용된 어휘의 차이를 통계학적으로 제시하고자 한 메이어(Mayor, lxx-lxxiv)의 시도는 성공적이지 못한 것으로 평가되어야 한다. 홀츠마이스터(Holzmeister, *Bib* 30[1949] 339-55)는 베드로후서에서 사용된 단어들 중에서 38.6%는 베드로전서와 베드로후서에 공통적이고, 61.4%는 베드로후서에만 나오는 것들인 반면에, 베드로전서에서 사용된 단어들 중에서 28.4%는 베드로전서와 베드로후서에 공통적이고, 71.6%는 베드로전서에만 나오는 것들임을 보여 주었다. 이 비율들을 고린도전서와 고린도후서 간의 비율과 비교해 보는 것은 나쁘지 않다: 고린도전서에서 사용된 단어들 중에서 40.4%는 고린도전서와 고린도후서에 공통적이고, 59.6%는 고린도전서에만 나오는 것들이다; 고린도후서에서 사용된 단어들 중에서

49.3%는 고린도전서와 고린도후서에 공통적이고, 50.7%는 고린도후서에만 나오는 것들이다. 홀츠마이스터는 베드로전서와 베드로후서에 공통된 단어들의 비율이 다소 낮은 이유를 설명하기 위해서, 이 두 서신이 각각 서로 다른 자료들을 사용하였다는 사실을 든다(홀츠마이스터에 의하면, 로마서, 에베소서, 히브리서, 야고보서가 베드로전서에 영향을 준 반면에, 베드로후서는 유다서를 사용하였다). (홀츠마이스터가 지적하고 있지는 않지만) 두 개의 고린도 서신은 훨씬 더 길고, 베드로전서와 베드로후서는 많은 수의 신약의 하팍스 레고메논(벧전에는 60개, 벧후에는 56개)을 사용하였다(이것은 저자들이 많은 어휘를 구사하였음을 보여준다)는 사실도 영향을 미쳤을 수 있다.

하지만 이러한 통계들은 베드로전서와 베드로후서의 진정한 차이들을 밝혀주지 못한다. 이 두 서신에 공통된 단어들은 대체로 아주 흔한 단어들이다. 베드로전서와 베드로후서에서 사용된 154개의 단어들 중에서 26개는 신약에서 20회 이내로 나오고, 10개는 10회 이내로 나온다. 베드로후서에서 신약의 다른 곳에서 오직 한 번 내지 두 번 등장하는 단어는 38개이다. 이 38개의 단어들 중에서 오직 두 개(*ἀπόθεσις*, *ἀρετή*)만이 베드로전서에 나온다(반면에, 10개는 사도행전에, 8개는 목회서신에, 7개는 바울서신의 나머지에 나온다). 오직 한 단어(*ἀπόθεσις*)만이 신약의 저작들 가운데서 오로지 베드로전서와 베드로후서에서만 사용된다. 이 수치들이 부분적으로 보여주듯이, 이 두 베드로 서신의 **특징**이라고 할 수 있는 단어는 없다고 보아야 한다. 아나스트로페(*ἀναστροφή*, 벧전에서 6회, 벧후에서 2회, 신약의 다른 곳에서 5회), 아스필로스(*ἄσπιλος*, 벧전에서 1회, 벧후에서 1회, 신약의 다른 곳에서 2회), 아레테(*ἀρετή*, 벧전에서 1회, 벧후에서 3회, 신약의 다른 곳에서 1회: 그러나 벧전과 벧후에서 판이하게 다른 의미로 사용된다), 필라델피아(*φιλαδελφία*, 벧전에서 1회, 벧후에서 2회, 신약의 다른 곳에서 3회) 등이 그런 단어들이라고 주장하는 자들이 있겠지만, 이 단어들은 그리 특색 있는 단어들이 아니다. (베드로전서와 베드로후서에서 사용된 어휘의 유사성을 주장하는 Zahn, *Introduction*, 289 n.9; Bigg, 225; Green, *Reconsidered*, 12-13에 나오는 견해들은 한층 더 근거가 희박하다.) 어느 한 쪽의 서신에 진정으로 특징적인 어휘들 중 어느 한 단어도 다른 쪽 서신에 다시 나오지 않는다. 예를 들면, 베드로후서의 특징을 이루는 그리스도를 아는 에피그노시스(*ἐπίγνωσις*, 회심 때에 받은 지식, 1:2, 3, 8; 2:20), 유세베이아(*εὐσέβεια*)와 유세베스(*εὐσεβής*)의 사용(1:3, 6; 2:9; 3:11), 스푸다제인(*σπουδάζειν*)과 스푸데(*σπουδή*)의 사용(1:5, 10, 15; 3:14), 호도스(*ὁδός*)와 관련된 어휘들(2:2, 15, 21), 그리스도인의 "요동치 않음"(στηρίζειν, στηριγμός, ἀστήρικτος: 1:12; 2:14; 3:14, 17; στηρίζειν는 벧전 5:10에서 사용되고 있기는 하지만 다른 뉘앙스를 지닌다)이라는 개념, 그리스도를 지칭하는 데에 소테르(σωτήρ)라는 호칭을 사용함과 아울러서 퀴리오스(κύριος)와 결합하여 사용하는 것(1:1, 11; 2:20; 3:2, 18), 그리스도에 대한 퀴리오스 헤몬(κύριος ἡμῶν)이라는 호칭(1:8, 11, 14, 16; 3:18), 데이오스(θεῖος)의 사용(1:3, 4) 등은 모두 베드로전서에서는 나타나지 않는다. 이 예들 중에서 베드로후서의 자료들 또는 자료들일 가능성이 있는 것들로부터 유래한 것은 하나도 없고, 또한 이 모두는 베드로후서의 특별한 주제로부터도 비교적 독립되어 있다. 따라서 이 예들 중 일부는 동일한 저자가 쓴 다른 저작들에 다시 나오리라고 우리가 충분히 예상할 수 있는 것들이다. 이 두 서신이 동일한 개념을 나타내기 위해서 서로 다른 어휘를 사용하는 예들 중에서(Mayor, lxxiv-lxxvi) 가장 두드러진 것은 그리스도의 재림이 베드로후서에서는 파루시아(παρουσία, 1:16; 3:4; 참조. 3:12)로, 베드로전서에서는 아포칼륍시스(ἀποκάλυψις, 1:7, 13; 4:13; 참조. 5:4의 φανεροῦν-파네룬)로 표현되고 있다는 것이다.

물론, 이 두 서신은 비교적 짧고, 서로 다른 문제들과 상황들 속에서 씌어졌으며, 전체적으로 서로 다른 주제들을 다루고 있다. 하지만 이러한 점들을 감안한다고 할지라도, 공통적인 어휘들이 무시할 만한 정도이고, 공통적인 개념들도 초기 기독교 전체에 걸쳐서 발견되는 개념들에 거의 전적으로 국한되어 있다는 이 두 가지 사실로 볼 때, 이 두 서신의 저자가 동일인일 가능성은 매우 낮아 보인다. 이와는 대조적으로, 바울의 서신들(심지어 많은 학자들이 진정한 바울서신이 아니라고 평가하는 서신들조차도)은 특징적으로 반복되어 나오는 어휘들과 주제들을 공유하고 있다. 또한 우리가 기억해야 할 것은 이 두 개의 베드로 서신이 진정한 것이라면, 이 두 서신은 시간적으로 아주 멀리 떨어져 있을 수 없다는 것이다. 우리가 안전하게 말할 수 있는 것은 만약 베드로전서와 베드로후서가 익명의 저자들이 쓴 문서들이었다면 아무도 이 두 서신을 동일한 저자가 썼을 것이라고 생각하지 않았으리라는 것이다.

어휘와 개념의 차이들은 문법적인 용법과 문체의 차이들보다 더 두드러진다. 모튼(A. Q. Morton)은 컴퓨터 분석을 통해서 베드로전서와 베드로후서가 언어학적으로 구별되지 않는다는 것을 보여 주었다(Green, 17 n.8에서 재인용). 메이어(Mayor)는 이 두 서신의 문법과 문체를 세밀하게 분석한 후에(lxxxix-civ), "이 둘 간에는 일부 학자들이 밝혀내고자 한 그런 균열이나 차이가 존재하지 않는다"(civ)고 결론을 내렸다. 예를 들면, 이 두 서신에서 관사의 서로 용법은 비슷하다(lxxxix-xc). 단어들을 반복해서 사용하는 습관도 두 서신에서 공통적이지만(Bigg, 226-27; Mayor, civ), 사실 이 현상은 베드로전서에서보다도 베드로후서에서 훨씬 더 두드러진다. 한 쌍의 동의어나 유사 동의어들을 사용하는 베드로후서의 매우 두드러진 문체상의 습관(1:3, 4, 8, 9, 10, 16, 17; 2:10, 11, 13; 3:7, 11, 14, 16)은 대부분의 기자들에서처럼 베드로전서에서도 비슷하게 나타나긴 하지만(1:19, 23; 2:18, 25; 3:4; 4:7), 베드로전서에서보다는 베드로후서에서 훨씬 더 두드러진 특징인 반면에, 세 개의 단어를 한 쌍으로 사용하는 특징은 베드로전서에서는 나타나지만(1:4, 7; 3:22; 참조. 5:10), 베드로후서에서는 나타나지 않는다. 대부분의 주석자들은 베드로전서의 문체가 더 단순하고 성공적인 반면에, 베드로후서는 웅장한 표현들, 야심 찬 문학적 효과들, 현학적인 단어들을 매우 선호한다는 데에 견해를 같이 한다.

제롬(Jerome)은 베드로전서와 베드로후서의 동일 저자설을 주장하며 이 두 서신의 차이들은 베드로가 대필자의 도움을 받았기 때문에 생겨난 것이라고 설명하면서, 베드로는 이 두 서신에 다 대필자를 사용하였거나(Dillenseger, *MFOB* 2[1907] 193; Falconer, *Exp* 6/6[1902] 117-27; Green, 16-17; tentatively, Guthrie, *Introduction*, 840) 어느 한 서신에만 대필자를 사용하였을 것이라고(Spitta and Bowman, 159-60은 베드로전서는 실라가 대필하고, 베드로후서는 베드로 자신이 썼을 것이라고 주장한다; Robinson, *Redating*, 166-69, 192-95은 베드로전서는 베드로 자신이 썼고, 베드로후서는 유다가 대필하였을 것이라고 본다; Selwyn, *Christian Prophets*, 157-63은 베드로후서를 누가가 대필하였다고 본다) 하는 견해를 제시한 많은 학자들 중 최초의 인물이었다. 하지만 이 두 서신의 가장 중요한 차이들은 문법과 문체의 차이가 아니라 사상과 주제들과 신학적 용어들의 차이이기 때문에, 이 대필설에서 대필자는 단순히 구술을 받아 적는 기능을 한 사람이 아니라(amanuensis), 표현은 물론이고 서신의 내용까지도 완전히 자유롭게 결정할 수 있었던 사람(agent)이라고 해야 적절하다(Robinson의 지적처럼). 달리 말하면, 두 서신 중 적어도 어느 한 쪽은 실제로 베드로가 아닌 다른 누군가에 의해서 씌어졌고, 베드로는 그 서신을 추인하여 자기 이름으로 보내는 것을 허락하였다는 것이다. 로마에 한 무리의 기독교 지도자들이 있었고, 그들이 베드로를 그들의 가장 연장자요 가장 권위 있는 인물로 여겼다면, 이 가설이 허무맹랑한 이야기는 전혀 아니다. 하지만 이것은 단지 베드로전서와 베드로후서 간의 외적인 연결고리만이 보존된다는 것을 의미한다. 베드로가 다른 사람에 의해서 씌어진 서신을 추인했다는 의미로만 한 서신 또는 두 서신의 "저자"라고 한다면, 이 두 서신의 관계는 독립적으로 고찰되어야 하는 베드로후서의 "진정성" 문제와는 별 상관이 없게 된다.

우리가 명심해야 할 것은 이 두 서신이 로마에 있던 베드로 "진영"의 기독교 지도자들로부터 나왔을 것이라는 주장은 그 "진영"이 "학파"가 **아닐 때에만** 가능하다는 것이다. 바울 "학파" 또는 요한 "학파"를 전제하는 학자들은 한 저자에 돌릴 수 없는 여러 저작들 간의 신학적 및 문학적 유사성들을 설명하기 위하여 그렇게 전제하는 것이다. 그러나 베드로전서와 베드로후서의 경우에는 그런 유사성들이 존재하지 않는다. 이 두 서신의 저자들이 둘 다 베드로에게서 가르침을 받은 베드로의 **제자들**일 수는 없다. 이 두 서신이 베드로의 "진영"에서 나온 것이라면, 그 진영은 공통의 신학을 공유한 "학파"일 수는 없고, 단지 로마 교회를 이끌어 가기 위하여 함께 일한 한 무리의 동역자들로 이루어진 진영일 수밖에 없으며, 그들 중에는 베드로와는 신앙 사상이 다른 독자적인 사고를 한 인물들도 일부 있었다고 보아야 한다(벧전 5:12-13은 실라와 마가가 그런 베드로의 "진영"에 속해 있었음을 보여주지만[Elliott, "Peter"가 생각하듯이], 그들이 베드로의 제자들이었을 가능성은 물론 거의 없다).

이 두 서신 간의 유사성은 거의 없기 때문에, 동일 저자설이나 동일한 기독교 "학파"로부터 나왔을 가능성이 아주 희박할 뿐만 아니라, 베드로후서의 기자가 베드로후서를 쓸 때에 베드로전서의 영향을 받았을 가능성도 아주 희박하다. 그러한 영향의 흔적을 보여주고자 한 부바이어(Boobyer, "Indebtedness"; 이 견해에 동조하는 학자로는 Kelly, 353; Fornberg, *Early Church*, 12-13)의 시도에도 불구하고, 그가 제시한 예들 중에서 개연성이 있는 예는 실제로 하나도 없다(1:1-2["양식/구조/배경"]; 1:3-11["양식/구조/배경"]; 1:3; 2:5; 3:9에 대한 "주석"을 보라). 실제적으로 유일한 접촉점은 베드로전서 3:20과 베드로후서 2:5; 3:9이지만, 베드로후서의 이 구절들은 전적으로 베드로전서 3:20로부터 나올 수는 없고, 유대 전승들의 영향도 독립적으로 받았을 것임에 틀림없기 때문에, 이 유사성은 베드로전서 3:20이 베드로후서의 자료로 사용되었다고 보는 것이 아니라, 이 두 서신이 꽤 잘 알려진 주제들을 공통으로 사용한 것이라고 설명하는 편이 더 간단하다. 베드로후서의 서두와 인사말(1:1-2)은 베드로후서가 그의 저작이 베드로에 의한 것임을 나타낼 목적으로 베드로전서를 의도적으로 모델로 삼았다는 견해를 반박하는 결정적인 증거가 된다. 왜냐하면 인사말에 나타난 유사성(표준적인 정형문구)은 베드로의 자기소개에 나타난 차이성에 의해서 압도되고 있기 때문이다.

그렇지만 3:1은 베드로후서의 기자가 베드로전서를 알고 있었음을 보여주는 것일 가능성이 크다(그가 3:1에서 베드로전서를 언급하는 이유들에 대해서는 해당 "주석"을 보라). 베드로전서에 대한 베드로후서 저자의 관계, 즉 베드로전서를 알고 있었으면서도 그 영향을 받지 않은 것은 바울서신들에 대한 베드로후서 저자의 관계(서론의 항목 6을 보라)와 유사하지만 여기에서 주목할 가치가 있는 것은 그런 관계는 사도의 이름으로 위서를 썼던 주후 2세기의 저자들의 관행과는 다르다는 것이다. 그들은 어떤 사도의 이름으로 위서를 쓸 때에 그 사도가 쓴 기존의 저작들이 있는 경우에는 통상적으로 그 저작들을 의식적으로 반영하고 흉내 내서 위서를 만들어내었다. 바울의 이름을 빈 위서인 라오디게아서는 바울서신들에 나오는 구절들을 짜깁기한 것에 불과하고, "고린도3서"는 바울의 어휘들과 개념들로 가득 차 있으며, 사도 바울의 기도(CG 1, 1), 바울 묵시록, 그리고 바울행전에 나오는 바울의 강론들, 심지어 바울과 세네카(Seneca) 간에 오고간 서신 형식으로 씌어진 위서 속에서도 그 정도가 덜 하기는 하지만 바울서신들에 대한 분명한 반영들이 존재한다. 요한행전은 요한에게 특유하였던 용어들을 그 주인공의 입에 넣어 준다. 베드로의 이름을 빈 위서들(서론의 항목 8을 보라)의 경우에서는 베드로 묵시록과 베드로행전에 나오는 베드로의 설교들은 분명히 베드로후서를 반영하고 있고, 베드로행전은 베드로전서도 반영하고 있는 것일 가능성이 크며, 베드로의 빌립보서(CG 8, 2)는 베드로후서와 사도행전에 나오는 베드로의 설교들을 반영하고 있는 것일 가능성이 크다. 영지주의적인 위선인 베드로 묵시록(CG 7, 3)은 베드로의 다른 저작들에 대한 분명한 반영을 담고 있지 않고(그러나 참조. 79:31과 벧후 2:17), 대부분 그리스도가 베드로에게 한 말씀들로 이루어져 있다. 현존하는 베드로 복음서와 베드로 어록집(*Ker. Pet.*)은 베드로전서나 베드로후서를 간접적으로 인용하고 있지 않지만, 이 저작들은 단지 단편으로만 남아 있기 때문에, 그 저자들이 베드로의 다른 저작들을 알고 있었는지는 우리가 확인할 수 없다.

베드로후서가 베드로전서를 사용하지 않았다는 사실과 주후 2세기의 위서 저자들의 관행 간의 이러한 대비를 어떤 논거의 확고한 증거로 삼는 것은 위험하겠지만, 그것은 적어도 우리에게 개연성 있는 방향을 보여준다. 베드로후서의 기자와 베드로의 관계는 스승의 가르침을 소화해서 반영한 제자의 관계나 자신의 위서를 진서(眞書)처럼 보이게 할 목적으로 진정한 저작들을 세심하여 연구하여 반영하였던 주후 2세기의 위서 저자들의 관계일 수 없고, 베드로의 유언을 그의 사후에 자신의 방식으로 쓰면서 자기가 베드로의 핵심적인 메시지에 충실하게 글을 쓰고 있다고 확신할 수 있었던 베드로의 이전 동료의 관계일 수 있다. 그는 이 확신을 갖기 위해서 베드로전서를 연구할 필요가 없었을 것이다. 또한 베드로전서 자체가 베드로에 의해서가 아니라 베드로 진영의 또 다른 동료에 의해서 씌어진 것이라면, 그는 이 사실을 알고 있었을 것이기 때문에, 베드로전서를 토대로 해서 그의 저작을 쓸 필요를 더더욱 느끼지 못하였을 것이다.

### 6. 바울의 서신들

베드로후서의 기자는 바울서신들의 모음집 – 그 모음집이 어떤 규모였는지를 우리는 알 수 없지만 – 을 알고 있었고, 그 서신들을 구약과 더불어서 "성경", 즉 기독교 예배에서 봉독하기에 적합한 영감 받은 권위 있는 글들로 여겼다(3:15-16). 그렇지만 베드로후서에는 바울서신의 영향을 보여주는 흔적이 거의 없다. 바넷(Barnett)은 베드로후서 기자에 의한 바울서신의 사용은 "극도의 은폐가 특징"이라고 지적하는데(*Paul*, 222), 바울서신에 대한 간접 인용일 가능성이 있는 것으로 그가 지적한 대목들은 대체로 그 가능성이 매우 낮은 것들이다(*Paul*, 223-28). 린데만(Lindemann)은 베드로후서는 바울 신학의 영향을 전혀 받지 않았고, 바울서신에 대한 그 어떤 간접 인용도 담고 있지 않다고 결론을 내린다(*Paulus*, 263). 사실, 로마서에 대한 2번의 간접 인용(2:19: 롬 8:21; 참조. 6:16; 7:5; 벧후 3:15: 롬 12:3; 15:15)과 데살로니가전서에 대한 1번의 간접 인용(3:10: 살전 5:2)만이 일말의 가능성이 보이지만, 이 세 경우에도 가능성은 대단히 낮다.

이렇게 베드로후서의 기자가 바울서신을 알고 있었으면서도 사용하지 않은 것은 의외이다. 베드로후서의 기자가 바울서신을 "알기 어려운"(3:16) 것으로 여겼을 리는 없다. 린데만이 지적하듯이(*Paulus*, 262), 베드로후서의 기자가 자기도 "무식한 자들과 굳세지 못한 자들"(3:16)인 그의 대적자들과 동일한 처지에 있다고 생각했을 리가 없다. 또한 그가 바울도 이단에 가깝다고 여겼고, 그가 바울을 언급한 것은 단지 그의 대적자들이 바울을 많이 거론하였기 때문일 가능성도 없다. 왜냐하면 3:15-16은 바울의 정통성을 당연한 것으로 전제하고, 바울을 전적으로 믿을 만하고 실제로 영감 받은 권위로 취급하기 때문이다. 바울에 대하여 언급할 때에 베드로후서의 기자에게서 당혹감이나 유보(reserve)의 흔적은 찾아볼 수 없다. 베드로후서의 기자는 단지 바울의 서신들이 자신의 상황과 별 상관이 없는 것으로 본 것일 뿐이라는 린데만(Lindemann)의 주장은, 그 자신도 인정하듯이, 적어도 완전한 설명이라고 할 정도로 만족스럽지는 못하다(*Paulus*, 262-63). 만약 그의 주장이 옳다면, 우리는 베드로후서에서 바울에 대한 의도적인 간접 인용들을 발견할 수는 없다고 할지라도, 베드로후서가 바울의 영향을 어느 정도 받았다는 것을 보여주는 흔적 정도는 있어야 마땅할 것이다. 게다가, 베드로후서의 기자는 바울이 자신의 주제 중 일부를 명시적으로 다루었다는 점을 직접 밝힌다(3:15-16). 또 다른 가능성은 베드로후서 기자가 바울 신학을 많이 접하기 이전에 그의 신학적 사고와 용어가 형성되어 있었고, 그가 베드로후서를 다 썼을 무렵에야 바울서신들의 모음집을 활용할 수 있게 되었을 가능성이다. 베드로후서의 수신자였던 소아시아 교회들 속에서 바울의 서신들은 이미 확고한 권위를 지니고 있었지만, 그가 베드로후서를 썼던 로마 교회에는 로마서를 제외한 바울의 서신들은 최근에야 알려지게 되었을 가능성은 충분히 있다("저자 문제와 위서 논란"에 관한 항목을 보라).

그러한 상황은 주후 1세기 후반의 상황과 잘 맞아떨어지고, 이 시기는 바울의 서신들이 "성경"(*γραφαί* – 그라파이: 3:16에 대한 "주석"을 보라)이라 불렸을 가능성이 아주 높은 시기이기도 하다. 전체적으로 보아서, 우리가 베드로후서의 저작 연대를 늦은 시기로 잡을수록, 베드로후서에 바울서신의 영향이 결여되어 있는 현상은 더욱 더 이해하기 힘든 일이 된다. 바울의 영향을 거의 또는 전혀 보여주지 않는 주후 2세기의 저술가들(Justin 같은)도 있기 때문에, 우리는 이러한 주장을 너무 지나치게 몰아 부칠 수는 없지만, 흔히 주후 2세기 저작설을 지지해 주는 근거로 인용되는 베드로후서와 바울서신의 관계는 전체적으로 보아서 이른 시기에 씌어졌다는 – 아주 이른 시기는 아니겠지만 – 학설을 더 지지해 주고 있는 것으로 보인다.

### 7. 복음 전승들

베드로후서에는 복음 전승에 대한 확실한 간접 인용이 4번 나온다: 1:14(요 21:18에도 나오는 전승); 1:16-18(변화산 사건에 관한 공관복음서 기사들과는 독립되어 있지만 마가나 누가보다는 마태에 더 가까운 전승); 3:10(마 24:43과 그 평행인 눅 12:39에 나오는 비유에 토대를 둔, 권면 전승에서 나왔을 가능성이 큰 구절, 참조. 살전 5:2). 그밖에 복음 전승의 반영 또는 간접 인용일 가능성이 있는 구절들은 1:16(막 9:1과 그 평행인 마 16:28; 그렇다고 하더라도, 이것은 이 말씀의 독립적인 형태이다); 2:9(마태 판본 또는 그것과 유사한 판본에 나오는 주기도문, 마 6:13); 2:21(막 9:42; 14:21 par. *1 Clem* 46:8); 3:4(막 9:1 par.; 막 13:30 par.).

분명한 것은 몇몇 경우들에서 베드로후서의 기자는 현존하는 복음서들과는 독립적인 구전 또는 문서로 된 복음 자료들을 사용하였다는 것이다. 베드로후서의 기자가 현존하는 복음서들 중에서 어느 것을 사용하였는지를 알아내는 것은 불가능하다 - 마태복음이었을 가능성이 가장 높긴 하지만. 정경(正經) 이외의 복음 전승들을 사용하였다는 것은 후기 저작설보다는 전기 저작설에 더 무게를 실어주는 것이긴 하지만 주후 2세기 저작설이 배제되는 것은 아니다. 또한 우리가 주목해야 할 것(1:16-18에 대한 "양식/구조/배경"에서 볼 수 있듯이)은 베드로후서에서 사용된 변화산 사건 전승의 성격은 초기적인 것으로서, 헬레니즘의 색채를 강하게 띠게 된 주후 2세기의 기사들과는 판이하게 다르다는 것이다.

### 8. 베드로의 이름으로 된 다른 위서들

베드로후서가 위서라면, 베드로후서는 베드로의 이름으로 된 여러 위서들 중의 하나인 것이 된다. 주후 1세기 말과 2세기에 나온 것들로는 베드로전서(위서라는 견해를 따른다면), 베드로 묵시록, 베드로 복음서, 베드로 어록집, 베드로행전이 있고, 주후 3세기에 나왔을 가능성이 있는 것들로는 영지주의적인 문헌인 베드로 묵시록(CG 7, 3), 베드로의 빌립보서(CG 8, 2), 베드로행전(BG, 8502, 4)이 있다. (이 위서들 가운데서 베드로행전, 베드로의 빌립보서, 베드로행전, 그리고 아마도 베드로 어록집은 베드로에 의해서 씌어진 것처럼 가장하고 있지 않기 때문에 엄밀한 의미에서는 위서가 아니다.) 사도적인 인물로서의 베드로의 위상을 생각하면, 베드로의 이름으로 된 위서들이 많이 나온 것은 아주 자연스러운 일이다. 위서들의 성격이 다양하다는 사실은 "정통 진영"과 영지주의 진영 등 아주 다양하고 광범위한 그리스도인 집단들이 그들 자신의 견해가 베드로의 정통성을 계승하고 있다고 믿었음을 보여준다.

후대의 베드로 위서들 중 일부는 베드로의 이전 저작들을 두드러지게 의존하고 있고, 일부는 그 저작들의 영향을 받았을 가능성이 높은 것으로 생각된다. 이것은 우리가 예상할 수 있는 일이지만, 그 관계는 문헌상의 영향의 관계인 것으로 보이고, 베드로 "학파" 또는 "전승"의 존재를 보여주는 설득력 있는 증거는 아니다. 이러한 결론은 최근에 초기 교회에서 베드로라는 인물을 둘러싼 논쟁들을 추적하기 위해서 베드로의 진서(眞書)와 위서들 간의 관계를 연구했던 스미스(Smith, *Petrine Controversies*)를 통해서 확증된다. 베드로후서에 의존하고 있음을 보여주는 증거는 베드로행전에서 확실하게 찾아볼 수 있고(*Act. Verc.* 12; 참조. 벧후 2:16; 1:1;

2:2; *Act. Verc.* 20: 참조. 벧후 1:16-18; 그리고 아마도 *Act. Verc.* 2: 참조. 벧후 1:9; *Act. Verc.* 6: 참조. 벧후 2:9, 15; *Act. Verc.* 7: 참조. 벧후 1:16, 18; 2:15), 또한 베드로의 빌립보서(132:13-14: 참조. 벧후 3:15; 132:17-18: 참조. 벧후 1:11)와 영지주의적인 문헌인 베드로 묵시록(79:31: 참조. 벧후 2:17)에서도 발견되는 것 같다. 스미스는 베드로후서와 영지주의적인 문헌인 베드로 묵시록은 동일한 논쟁을 다루고 있는 것으로 보이지만, 오직 강력한 변증적 성격을 띠고 있다는 점과 그 말씀들을 베드로에게 돌리고 있다는 점에서만 비슷하고, 그 신학적 주제들은 판이하게 다르다고 주장하였다.

오직 베드로 묵시록만이 베드로후서와의 광범위한 유사점들을 보여준다. 앞에서 우리는 이러한 것들이 베드로후서에 대한 문헌적 의존성 때문에 생겨났다는 것을 보았다. 베드로 묵시록의 저자는 베드로후서를 세밀하게 연구했음이 분명하다. 그는 특정한 어휘들만이 아니라, 베드로후서에 특유한 "도" 또는 "길"이라는 용어(벧후 2:2, 15, 21: *Apoc. Pet.* E 7; A 22, 28, 34; B) – 이 용어는 베드로행전에서도 발견된다(*Act. Verc.* 6, 7, 12) – 와 종말에 있을 불에 의한 심판(이것에 관한 그의 개념들이 모두 베드로후서에서 온 것은 아니지만)이라는 개념도 가져와 사용하였다. 이 나중에 언급된 사항들은 문헌상의 의존성과 더불어서 모종의 신학적 "전승"의 존재, 즉 베드로 묵시록의 저자가 베드로후서의 기자의 제자였을 가능성을 시사해 주는 것일 수 있겠지만, 이러한 것들만으로는 충분한 증거가 되지는 못한다.

그러므로 베드로의 이름으로 된 위서들은 베드로 묵시록(아마도 주후 110-40년)과 베드로행전(주후 180년)이 씌어졌을 당시에 베드로후서가 베드로 전승의 원천으로서의 권위를 이미 획득하고 있었음을 보여줄 뿐이고, 베드로후서의 성격과 기원을 결정하는 일에는 거의 도움이 되지 않는다.

### 9. 클레멘트1서, 클레멘트2서, 헤르마스서

신약의 다른 문서들과 비교해 볼 때, 베드로후서는 대단히 독특한 저작이다. 베드로후서에 나오는 개념들 중 일부와 그 종교 용어들 중 다수는 신약의 다른 기자들 속에서 평행이나 유례를 찾기 어렵다. 베드로후서는 내용적으로는 유다서와, 주로 양식상으로는 베드로전서 및 바울과 연결고리들이 존재하긴 하지만 사상과 언어면에서는 그 어떤 실제적인 유사점들을 보여주지 않는다. 베드로후서는 신약의 다른 문서들 속에 반영되지 않은 기독교적 환경과 화법을 반영하고 있는 것으로 보인다.

하지만 신약의 그 어떤 책들보다도 베드로후서와 더 밀접한 유사점들을 보여주는 한 무리의 초기 기독교 저작들이 있다: 클레멘트1서, 클레멘트2서, 헤르마스의 목자서. 본 주석서를 주의 깊게 읽는 독자들은 이 주석서 전체에 걸쳐서 베드로후서와 이 저작들 간에서 발견되는 개념들과 어휘들에 있어서의 많은 평행들이 지적되고 있는 것을 발견하고, 이 세 저작이 초기 교회에서 베드로후서의 가장 가까운 친척들이라는 인상을 점점 강하게 갖게 될 것이다. (본 주석서 전체에 걸쳐서 지적될 평행들 외에도 여기에서 주목할 만한 것은 베드로후서에 나오는 57개의 신약의 하팍스 레고메논 중에서 16개가 클레멘트1서, 클레멘트2서, 헤르마스서에 나오는데, 그 중에서 15개가 사도 교부들의 글의 그 어디에도 나오지 않고, 신약의 다른 곳에서 오직 한두 번 나오는 베드로후서의 38개의 단어들 중에서 17개가 클레멘트1서, 클레멘트2서, 헤르마스서에 나오지만, 그 중에서 10개가 사도 교부들의 글의 그 어디에도 나오지 않는다는 것이다. 그러나 이러한 수치들을 평가할 때, 우리는 클레멘트1서와 헤르마스서가 상당히 긴 분량이라는 점을 고려하여야 한다.)

베드로후서와 이 세 저작의 관계는 문헌상의 의존성으로 설명될 수 있거나 공통의 저자를 상정(想定)할 수 있는 그런 관계가 **아니다**. 이 네 명의 저자들은 그들 간의 연결고리들에도 불구하고 여전히 각각 자신의 독특한 사상과 언어의 특징들을 지닌 별개의 개성 있는 인물들이다. 본 주석서가 보여주는 이 네 저작의 유사성은 공통의 기독교 전승들의 사용 및 공통의 기독교적 언어 환경으로부터 나오는 유사성이다. 클레멘트1서와 헤르마스서가 의심할 나위 없이 로마에서 씌어진 저작들이라는 것, 클레멘트2서는 그 저작 장소가 논란이 되고 있지만(로마 또는 고린도가 가장 유력하다) 어떤 식으로든 클레멘트1서와 밀접하게 연결되어 있다는 것이 널리 인정되고 있다는 것, 베드로후서가 로마에서 씌어졌을 가능성이 아주 높다는 것("저자 문제와 위서 논란"에 관한 항목을 보라)은 우연일 수 없다. 이 네 저작의 유사성은 그것들이 모두 공통적으로 로마 기독교 전승에 빚을 지고 있음을 보여주는 것일 가능성이 대단히 높다. (이 가설은 클레멘트1서, 클레멘트2서, 헤르마스서 간의 평행들을 검토해서, 본 주석서에서 행해진 베드로후서와 이 세 저작 간의 평행들에 대한 검토를 보완하는 방식으로 검증되어야 한다.)

이 네 저작이 이렇게 공통적으로 로마 기독교 전승에 빚을 지고 있다고 해서, 그것이 반드시 그 저작 시기가 서로 근접해 있다는 것을 의미하지는 않는다. 그러나 이 저작들 간의 문헌상의 의존성을 보여주는 증거가 없기 때문에, 이 네 저작이 씌어진 연대는 서로 그리 멀리 떨어져 있지 않을 가능성이 높다 – 아마도 20년 안팎의 기간 내에 이 네 저작이 씌어졌을 것이다. 클레멘트1서의 저작 연대를 대략 주후 96년경으로 잡는 것이 통설이기는 하지만 불행히도 클레멘트2서와 헤르마스서의 저작 연대에 대해서는 학자들 간에 일치된 견해가 없다. 클레멘트1서의 저작 연대를 좀더 이른 시기로 보는 최근의 논거들에도 불구하고(Robinson, *Redating*, 328-34, 거기에 나오는 다른 문헌들도 참조하라), 클레멘트1서의 저작 연대가 주후 90년대라는 견해에 이의를 제기할 만한 충분한 근거는 없는 것으로 보인다. 헤르마스서의 경우에는 그 저작 연대를 주후 80-100년으로 보는 것이 학계의 추세인 것 같다(Edmundson, *Church of Rome*, 208-21; J. Daniélou, *The Theology of Jewish Christianity*, tr. J. A. Baker[London: Darton, Longmann & Todd, 1964] 39; Robinson, *Redating*, 320-22, 거기에 언급된 다른 문헌들; 참조. R. J. Bauckham, "The Great Tribulation in the *Shepherd* of Hermas," *JTS* 25[1974] 28-29). 클레멘트2서의 저작 연대는 주후 2세기로 보는 것이 여전히 학계의 관례이긴 하지만 돈프리드(Donfried)는 최근에 상세한 연구를 통해서 클레멘트2서가 클레멘트1서 직후에 씌어졌을 것이라는 추정 및 좀더 일반적인 여러 이유들을 들어서 그 저작 연대를 주후 1세기 말로 설정한다(*Second Clement*, 1, 79-81, 124, 191). 이 세 저작의 저작 연대를 모두 주후 1세기 말에 속한 비교적 짧은 기간 내로 설정하는 또 하나의 이유는 이 세 저작이 모두 그것들이 씌어진 곳에서 사도들의 세대 또는 최초의 회심자들의 세대가 거의 또는 막 사라진 때에 씌어졌음을 보여주는 증거들이 이 세 저작 모두에서 나타난다는 것이다(*1 Clem* 23:3; 44:1-3; *2 Clem* 11:2; Hermas, *Vis.* 3:5:1; *Sim.* 9:15:4). 이것과 비슷한 판별기준은 베드로후서의 저작 연대를 이 동일한 시기로 설정할 때에도 사용될 수 있다("저작 연대"에 관한 항목을 보라).

**베드로후서의 성격**

케제만(Käsemann)은 베드로후서에 대한 전면적인 신학적 공격을 담고 있는 한 유명한 논문에서 베드로후서를 "처음부터 끝까지 초기 가톨릭적인 관점을 표현한 문서"이자 "초기 가톨릭 사상이 출현하였음을 가장 분명하게 보여주는 증언"이라고 규정한다("Apologia," 169, 195). 케제만에게 있어서 "초기 가톨릭 사상"은 역사적 범주가 아니라 신학적 비난이기는 하지만 베드로후서의 성격을 "초기 가톨릭적"으로 규정한 그의 평가는 많은 학자들의 지지를 받고 있다 – 물론, 이 학자들이 모두 베드로후서에 대한 그의 지나친 폄하를 따르는 것은 아니지만: "정경에서 초기 가톨릭 사상을 보여주는 가장 명백한 예"(R. H. Fuller, *A Critical Introduction to the New Testament*[2nd ed.: London: Duckworth, 1971] 166), "초기 가톨릭 사상의 최고의 모범"(J. D. G. Dunn, *Unity and Diversity in the New Testament*[London: SCM Press, 1977] 351), "이른바 초기 가톨릭 사상의 고전적인 문서"(Schrage, 118; 또한 참조. Schelkle, "Spätapostolische Briefe"; 그러나 Fornberg, *Early Church*, 3-6는 초기 가톨릭 사상을 "베드로후서와 같은 문서를 제대로 다루기에 마땅치 않은 인위적인 범주"로 여긴다). 유다서의 경우에서와 마찬가지로, 베드로후서를 이런 식으로 규정하는 것이 유익한 것인지는 검토할 필요가 있다.

우리는 유다서에 관한 논의에서 사용되었던 초기 가톨릭 사상의 세 가지 특징이라 불린 것들을 적용함으로써 그러한 검토를 시작할 수 있을 것이다: (1) 재림(파루시아)에 대한 소망이 엷어짐. 베드로후서의 기자가 초기 기독교의 임박한 종말 기대를 포기하였다고 보는 것은 심각한 오해이다. 도리어, 베드로후서의 기자는 다른 기자들과 마찬가지로 그것을 당연한 것으로 전제한다: 그의 대적자들과 독자들은 둘 다 파루시아를 경험하게 될 것이고(1:19; 2:12; 3:14), 종말론적 심판은 그의 대적자들에게 신속하게 다가오고 있다(2:1). 물론, 그의 시대에 파루시아의 지연은 문제가 되었고, 그의 대적자들에게 종말에 대한 철저한 회의적 시각을 정당화할 수 있는 빌미를 주었기 때문에(3:4, 9), 그는 파루시아의 지연에 대하여 어떤 식으로든 해명하지 않으면 안 되었다. 그러나 그가 사용한 논증들의 취지는 파루시아가 먼 미래로 연기되었다는 것이 아니다. 그의 논증은 종말의 임박에 대한 인식과 그 지연의 문제에 대한 씨름 간에 존재하는 유대 묵시사상의 특유한 긴장관계라는 맥락에 속하는 전통적인 유대 묵시사상적 논증이다(3장에 대한 주석 외에도 Bauckham, *TynBul* 31[1980] 3-36을 보라). 재림에 관한 소망은 베드로후서의 기자의 시대에 일정 정도 문제가 되었지만, 그는 그 소망이 없어지는 것을 용인한 것이 아니라, 도리어 열렬하게 그 소망을 재확인하고 역설한다.

그 밖에도 케제만(Käsemann)은 베드로후서의 종말론에 대한 다음과 같은 비판들을 제시한다: 그 종말론에는 "그 어떤 기독론적인 지향성도 결여되어 있다"는 것("Apologia," 178), (1:4과 관련해서) 그 종말론은 "헬레니즘적인 이원론으로의 회귀"라는 것("Apologia," 180), 그 종말론은 오직 도덕적 응보에만 관심을 둔 인간중심적인 종말론이라는 것("Apologia," 179-80). 베드로후서의 이러한 특징들이 "초기 가톨릭적인" 것으로 여겨지고 있는 이유가 분명하지 않고, "초기 가톨릭적"이라는 것과 "비바울적"이라는 것이 동일시되고 있다는 의구심이 있다. 이런 점에서 "초기 가톨릭적"이라는 용어는 케제만의 신학적이고 비평학적인 목적에는 유용한 용어일 수 있겠지만, 역사적 연구를 위해서는 유용한 용어가 아니다. 간단히 말해서, 그의 비판들은 베드로후서를 공정하게 바라본 것이 결코 아니다. 그의 첫 번째 비판은 베드로후서의 기자가 변화산 사건(1:16-18)을 하나님이 예수를 만유에 대한 하나님의 통치권을 행사하게 될 자로 세운 사건으로 제시하는 가운데 재림에 관한 소망의 토대로 제시하고 있다는 사실을 무시한(또는, 오해한) 것이다("Apologia," 186-87을 보라). 1:4(케제만의 비판에 관한 자세한 논의는 해당 "주석"을 보라)은 베드로후서의 종말론의 전부가 아니고, 베드로후서의 헬레니즘적 표현이 3장의 묵시사상적 관점과 나란히 병존하는 이 모순 되어 보이는 현상은 배제되어야 할 문제가 아니라 정면으로 다루어져야 할 문제이다(아래의 서술을 보라). 베드로후서의 종말론은 응보를 중심으로 주로 윤리적인 측면을 관심 있게 다루고 있지만, 그것은 하나님의 의에 대한 관심이지, 결코 순전히 인간중심적인 관심이 아니다. 베드로후서의 이러한 강조점은 유대 묵시 사상적 종말론에서의 강조점과 맥을 같이 하는 것이고, 이것은 베드로후서의 기자가 3장에서 유대 묵시사상의 자료를 사용하고 있는 것을 정당화 해준다. 요약하면, 1:4에서 베드로후서의 종말론은 대체로 묵시 사상적이지만, 강력한 헬레니즘적 어휘들로 표현되고 있다는 것이다. 이러한 조합을 이해하는 데에 "초기 가톨릭적"이라는 용어가 과연 우리에게 도움이 될 수 있을지는 의문이다.

(2) 점증하는 제도화는 초기 가톨릭 사상의 두 번째 표지(標識)이다. 베드로후서의 기자가 그의 대적자들을 "거짓 선생들"(*ψευδοδιδάσκαλοι* – 프슈도디다스칼로이, 2:1)로 지칭하는 것이 교회의 직분을 가리키는 것이 아니라면, 교회의 직분에 대한 언급은 베드로후서에 전혀 나오지 않는다. 1:20-21에 대한 가장 유력한 해석에 의하면, 이 절들은 성경에 대한 해석과는 아무 관련이 없고, 따라서 성령을 소유한 교회 직분자들만이 성경을 권위 있게 해석할 수 있다고 주장하는 것이 아니다(반대 견해로는 Käsemann, "Apologia," 189-91). 3:16은 대적자들에 의한 성경의 그릇된 해석을 암시하고 있지만, 성경 해석을 권한이 있는 사람들만으로 제한하는 방식을 통해서 그 문제를 해결하고 있지는 않다. 도리어, 3:15은 베드로후서의 기자의 견해가 그의 독자들이 읽은 바울의 글들과 부합하는지를 볼 수 있는 능력이 그의 독자들에게 있다는 전제 아래에서 바로 그 능력에 호소하고 있는 것으로 보인다. 베드로후서가 교회들 속에서의 직분자들을 언급하지 않는다는 사실은 물론 교회들 속에 직분자들이 전혀 없었다는 것을 의미하는 것이 아니라, 거짓 선생들과의

싸움에 대한 베드로후서 기자의 인식 속에서 직분자들의 역할은 무대의 중심을 차지하지 않고 있다는 것을 보여준다. (이 점을 인식한 Knoch, "Vermächtnis," 158-59는 목회 서신들에서와는 달리 베드로후서에서는 이단들에 대항해서 사도전승을 보존하는 일은 명시적으로 아직 직분자들의 일이 되어 있지 않았다는 점을 지적한다.)

(3) 신앙이 일정한 형식들로 고정되고 정형화됨. 기독교 신앙을 가리키는 베드로후서의 특징적인 용어들로는 다음과 같은 것들이 있다: (a) "도" 또는 "길"이라는 어구들: "진리의 도"(2:2), "바른 길"(2:15), "의의 도"(2:21). 대적자들의 분방한 자유주의적 신앙에 맞서 의도적으로 사용된 이러한 어구들은 기독교 신앙을 한 묶음의 신념들이 아니라 윤리적인 삶의 길로 규정한다; (b) "거룩한 명령"(2:21)과 "주 되신 구주께서 명하신 것"(3:2)이라는 어구들도 비슷한 의미를 지닌다; (c) "예수 그리스도를 앎(ἐπίγνωσις-에피그노시스)"(1:2, 8)은 "정통 교리 전승"(Käsemann, "Apologia," 193)이 아니라, 기독교적 회심에서 얻어진 이론적이고 인격적인 본질적 지식을 가리킨다; (d) "너희에게 이미 있는 진리"(1:12)는 유다서에 나오는 "믿음의 도"(유 3절)와 마찬가지로 그저 복음을 가리킬 뿐이다. 이 마지막에 언급된 어구 속에서 "계시는 이제 공동체의 처분에 맡겨져 있는 자산의 일부"(Käsemann, "Apologia," 174)라는 의미를 추출해내는 것은 불합리하다. 여기에는 정형화된 신조를 중심으로 한 정통 교리의 존재를 주장할 수 있는 증거가 전혀 없다. 분명히, 베드로후서는 전통적인 기독교 종말론과 윤리를 옹호하기 위한 목적으로 씌어졌다. 베드로후서의 기자는 재림 기대와 그 종말론적 함의들이 사도적 메시지에 본질적인 것이라고 믿고서 그것들을 변호하고 옹호한다. 그러나 그는 신조적 정형문구들을 사용하지 않는다. 그의 대적자들은 개인적인 성령의 감동을 주장하였던 영지주의자들이 아니라(Käsemann, "Apologia," 175), 회의주의자들이자 신앙적 자유주의자들이었기 때문에("대적들"에 관한 항목을 보라), 그는 그의 대적자들에 대항하기 위해서 정통 교리를 정형화하고 그 정통 교리를 제도적 권위와 결부시킬 이유가 없었다.

이단에 대한 베드로후서 기자의 대응은 제도적 권위와 정통 교리를 역설하는 "초기 가톨릭적인" 대응이 아니다. 또한 그는 파루시아의 지연이라는 문제에 대해서도 "초기 가톨릭 사상"이 사용하였을 것으로 추정되는 방식, 즉 임박한 재림 기대의 불가피한 상실을 보완할 목적으로 기독론이나 교회론을 강조하는 방식으로 대응하지 않는다. 도리어, 그는 초대 교회의 종말론적 관점을 재확인하고 재천명한다. 따라서 "초기 가톨릭적"이라는 용어가 베드로후서를 이해하는 데에 전혀 도움이 되지 않는다는 것은 명백하다.

사실 케제만(Käsemann)의 비판은 단지 한 가지 점에 있어서만 베드로후서의 성격을 규정하는 일과 관련하여 타당하다. 그는 사도들이라는 개념의 중요성과 베드로후서의 기자에게 있어서 사도 전승의 규범적 성격을 강조하고, 이것을 위경사용과 관련한 베드로후서 기자의 태도와 연결시킨다("Apologia," 177). 베드로후서가 "베드로의 유언"을 가장한 위서라는 것을 우리가 인정한다면, 기자는 자기가 사도들의 세대가 지나갔고, 사도들이 그들의 사후에 일어날 것이라고 예언하였던 "기롱하는 자들"이 이 중요한 시기인 "말세에" 이미 활동하고 있음을(3:4) 의식하고 있다는 것이 분명해진다. 이 "기롱하는 자들"은 종말론과 윤리에 관한 사도들의 가르침을 믿지 못할 것으로 여긴다. 그러나 기자에게 있어서 그것은 기독교 신앙의 규범이다. 기자가 이 가르침을 기계적으로 되풀이하고 있는 것은 물론 아니다. 1:3-11에서 그는 베드로의 메시지를 상당 부분 자기 자신의 상황에 맞춰서 자신의 언어로 표현하고 있고, 사도들의 재림 소망의 신빙성을 주장하기 위해서 옛 것이든 새 것이든 자신이 이해하고 있는 논거들을 사용한다. 그렇지만 그가 해석하고 옹호하는 것은 다름 아닌 베드로의 메시지이고, 이것은 그에게 **사도적** 메시지이다. **사도 이후의** 상황 속에서 **사도적** 메시지를 전하는 것이야말로 베드로후서의 기자가 인식한 자신의 과제의 핵심이었다.

이 과제는 이 서신에 특별한 성격을 부여하기 위해서 기자가 가져와서 사용한 특별한 자료들과 결합된다. 한편으로, 기자 자신의 배경(또는, 적어도 그가 자신의 것으로 삼은 기독교 전통의 배경)은 헬레니즘적 유대교인 것으로 보이고(서론의 "언어" 항목과 "문헌상의 연관관계," 항목 1, 3을 보라), 그는 헬레니즘적 유대인들이 그들의 문화적 환경에 적합한 용어들로 성경적 신앙을 표현하고자 애썼던 문헌들에 친숙하다. 그가 헬레니즘의 종교적, 윤리적 용어들을 자유롭게 구사하는 것(특히, 1:3-8)은 그의 교회의 이방 문화적 배경과의 그의 상호작용만이 아니라, 적어도 부분적으로는 헬레니즘적 유대교와 관련된 그의 이러한 배경 때문이다. 또한 성경의 영감에 관한 그의 이해(1:20-21)도 헬레니즘적 유대교로부터 왔다. 베드로후서의 기독교는 적어도 헬레니즘적 문화라는 배경에 맞춘 그럴 듯한 포장을 갖추었지만, 중요한 것은 이것이 일차적으로는 이미 이교적 배경에 맞추어진 헬레니즘적 **유대교**라는 종교 문화에 맞춘 것이었음을 깨닫는 것이다. 1:3-8에 대한 주석에서 볼 수 있듯이, 베드로후서의 기자는 기독교적인 내용물이 훼손되지 않도록 하기 위하여 헬레니즘적 용어들을 상당히 주의 깊고 능숙하게 활용한다.

하지만 다른 한편으로, 베드로후서는 그 기자가 유대적 묵시사상 및 유대 기독교적 묵시사상을 담고 있는 자료들을 사용하였음을 보여준다: 변화산 사건과 관련하여 그가 사용한 전승(1:16-18), 유다서(2:1-18; 3:1-3), 또한 3:4-13의 근저에 있는 유대 묵시사상. 그가 유다서의 묵시사상적 미드라쉬와의 문화적 거리 때문에 실제로는 그 미드라쉬를 자세하게 이해하지 못하였을지라도, 그 미드라쉬의 대체적인 의도는 2:4-9에 나오는 임박한 종말론적 심판에 대한 역설과 모형론적 자료의 사용을 통해서 이루어지고 있다. 유대 묵시사상적 개념들은 3:5-13에서 충실하게 재현되고 있는 것으로 보인다. 변화산 사건에 대한 묵시사상적 해석은 그의 논증의 일부이다.

헬레니즘과 묵시사상의 이러한 놀라운 결합은 베드로후서의 기자가 사도 시대 이후의 세대에게 사도적 메시지를 해석해 주고 옹호하고자 하여 사용한 방식이다. 그가 어떤 자료를 따르고 있지 않는데도 그에게 아주 자연스러워 보이는 논증 방식은 바로 교회의 이교적 환경이 추구하는 이상(理想)들 및 기대들과 접촉한 사도적 메시지를 헬레니즘의 영향을 받아 **해석하는** 방식을 보여주는 것이다(1:3-8). 그러나 그는 헬레니즘을 토대로 사도적 메시지에 비판적인 태도를 보이는 대적자들, 즉 그가 보기에 결국 사도적 메시지의 폐기로 이어질 수밖에 없는 주장을 하는 대적자들과 직면한다. 그들은 종말론에 대한 이교적 회의론을 받아들이고, 이교의 자유분방한 윤리를 인정할 것을 주장한다. 이에 맞서서, 베드로후서의 기자는 사도적 가르침 속에 담긴 종말론의 내용 및 종말론에 근거를 둔 윤리를 **방어하지** 않을 수 없었다. 이 목적을 위해서 그는 본능적인 확신을 가지고서 초대 교회의 묵시론적 전망에 가까운 자료들의 도움을 받는다. 그는 헬레니즘화된 기독교가 단순히 이교화된 기독교가 되지 않으려면 이 묵시론적 전망을 재천명하지 않으면 안 된다는 것을 알았다. 주석자들은 종종 베드로후서에 나오는 헬레니즘이나 묵시사상 중 어느 하나를 무시하는 경향을 보여 왔다. 그러나 사실은 이 두 가지 요소의 병존이야말로 베드로후서에 그 독특한 성격을 부여한다. 정도 차이는 있지만 이 두 요소가 베드로후서에서처럼 결합되어 있는 것이 베드로후서와 동일한 시대적 배경에서 씌어진 클레멘트1서, 클레멘트2서, 헤르마스서의 특징이다("문헌상의 연관관계," 항목 1을 보라). 이 로마 기독교 지도자들은 새로운 문화적 환경 속에서 복음을 의미 있게 표현하는 가운데 복음의 핵심적인 내용을 보존해야 하는 교회의 영원한 과제에 직면하였다. 이 과제에 대한 베드로후서의 공헌은 오늘날의 학자들의 평가보다도 더 긍정적인 평가를 받을 만하다.

### 대적자들

베드로후서는 유다서와 마찬가지로 변증적인 문서이다. 베드로후서의 목적은 이 서신의 수신자인 교회들에서 활동하는 한 무리의 교사들의 영향을 차단하는 것이고, 이러한 목적을 위해서 이 서신은 그 교사들에 대한 비난과 규탄만이 아니라, 그들의 반론들에 맞서서 사도들의 종말론적 가르침을 옹호하는 변증적 논증도 사용한다. 기자가 반박하는 반론들을 통해서, 우리는 적어도 베드로후서의 기자가 이해한 대적자들의 가르침의 주된 취지를 알아낼 수 있다.

2:1-3a, 14, 18을 통해서 분명한 것은 대적자들은 제자들을 거느린 선생들이었다는 것이다. 그들의 가르침의 중심적인 주제는 종말론적 회의론이었다. 예수 그리스도의 재림에 대한 기대가 사도들이 생존해 있는 동안에는 계속해서 유지되었지만, 결국 기독교의 첫 세대는 이제 지나가 버렸고, 거짓 교사들이 보기에 이것은 초대교회의 종말론적 기대가 완전히 오류였음을 증명해 주는 것이었다(3:4, 9a). 종말론적인 심판은 없을 것이고(2:3b), 하나님이 개입하여 악을 제거하고 의의 세상을 세우는 일도 없을 것이다. 의심할 여지없이, 이러한 가르침은 사도들의 세대의 마지막 거목들이 마침내 죽었지만 재림에 관한 예언이 여전히 성취되지 않음으로써 그 직전에 최고조에 달했던 종말론적 기대가 허무하게 무너지는 것을 보면서 일부 그리스도인들이 느꼈던 실망감을 토대로 한 것이었다. 그러나 거짓 교사들의 생각 속에는 세상은 하나님의 극적인 개입 없이 계속해서 유지될 것이라는(3:4) 상식 수준의 합리주의적 세계관도 한 몫을 했던 것으로 보인다. 심판들이 예언되었지만, 결코 일어나지 않았다는 것이다(2:3b).

이러한 회의론을 밑받침하기 위해서 그들은 사도들이 신자들을 윤리적으로 통제하기 위한 목적으로 재림 사상을 날조해내서(1:16a) 재림을 기독교 메시지의 핵심으로 선포한 것이라고 주장하였다. 전통적으로 재림에 관한 것이라고 해석된 구약 예언의 구절들에 대해서 그들은 그 구절들은 하나님의 영감을 받은 것들이 아니고, 단지 선지자들이 자신의 꿈과 묵시들을 잘못 해석한 것들이라고 주장하였다(1:20-21a). 그들에게 종말론적 기대는 하나님의 약속에 토대를 둔 것이 아니라 사람들이 날조해낸 것에 토대를 둔 것이었다.

대적자들의 종말론적 회의론은 단지 지성적 정직성에 충실하기 위해서가 아니라

도덕적 자유를 획득하기 위해서 제기된 것이었다. 그들은 자신들이 사람들을 하나님의 심판에 대한 두려움에서 해방시키고 있는 것이라고 주장하였다(2:19a). 사소한 도덕적 구속들은 아무렇지도 않게 무시될 수 있었다. 좀더 엄격한 그리스도인들이 그들에게 다가올 심판을 경고하거나, 악의 세력에 빠져들어서 그 세력이 장차 처해지게 될 운명, 즉 종말론적 멸망을 함께 받게 될 것이라고 경고할 때에도, 그들은 미동도 하지 않았다. 도리어, 그들은 마귀와 그 사자들의 힘과 능력을 비웃었다(2:10b). "자유"는 그들의 구호였고, 분명히 그들은 음행이나 술 취함, 그리고 일반적인 방탕함에 스스럼없이 빠져들었다(2:2, 10a, 13-14, 18). 의심할 여지없이, 이교의 도덕적 기준들을 용인하는 것을 손쉽게 만들어 준 것은 그들의 가르침이 인기를 끈 이유 중의 하나였다(2:18).

그들은 표면상으로 여전히 자신을 그리스도인으로 여겼기 때문에 권위 있는 기독교 저작들 속에서 그들의 견해를 뒷받침해줄 증거들을 찾았고, 바울이 그들의 교회들에서 주된 권위였으므로(3:15), 그리스도인의 자유와 이신칭의에 관한 바울의 가르침을 그들의 가르침의 근거로 제시하였던 것 같다(참조. 2:19; 3:16). 그러나 3:15-16은 그들이 바울을 비롯해서 권위 있는 그들을 비난하고 반대하는 방식으로 잘못 해석하였다는 것, 즉 그들이 재림의 임박에 관한 구절들을 재림이 성취되지 않았다는 것을 근거로 들어서 거짓 예언으로 규정하였다는 것을 의미할 수도 있다. 어쨌든 그들에 대한 바울의 실제적인 영향을 말하기에는 증거가 부족하기 때문에, 우리는 다만 그들이 급진적인 바울주의자들이었다고만 말할 수 있을 뿐이다. 3:15-16에 바울에 대한 언급이 나옴에도 불구하고, 베드로후서에 나오는 거짓 가르침이 바울의 가르침을 배경하고 있었음을 보여주는 증거는 유다서에 나오는 대적자들의 경우에서보다도 덜 확실하다.

대적자들에 관한 이상의 개략적인 서술은 베드로후서가 당시에 논란 가운데에 있던 종말론 문제의 중심성을 제시하고 있고 그 문제를 제대로 다루고 있다는 증거에 충실하고자 하였다. 또한 베드로후서의 기자가 유다서를 편집한 방식을 볼 때에 우리가 주목해야 할 것은 그가 유다서에서 대적자들이 성령을 소유하고 있고 예언적 계시를 받고 있다는 그들의 주장과 관련된 내용(유 8절; 참조. 벧후 2:10; 유 19절)과 은혜를 왜곡하는 그들의 율법 폐기론적 주장에 대한 유다의 언급(유 4절; 참조. 벧후 2:1-3)을 생략하고 있다는 것이다. 우리가 말할 수 있는 한, 베드로후서에 나오는 대적자들은 선지자가 아니라 교사라고 자칭하였고(2:1), 은사 체험을 주장하지 않았다(2:16에 대한 주석도 참조하라). 그들의 윤리적 자유주의는 은혜에 대한 율법 폐기론적 이해가 아니라 그들의 종말론적 회의론과 더 관계되어 있었다. 그들이 조롱하였던 천사들은 율법의 수호천사들이 아니라 악의 세력이었다(벧후 2:10-11: 참조. 유 8-9절). 이와 같이, 편집비평적 연구는 베드로후서의 거짓 교사들이 유다서에 등장하는 대적자들과는 판이하게 다르다는 것을 보여준다. 이 두 대적이 유일하게 실질적이고 확실하게 유사한 점은 그들의 윤리적 자유주의인데, 이것은 베드로후서가 유다서를 가져와서 사용한 이유를 설명해 준다.

베드로후서에 나오는 거짓 교사들의 태도의 배후로 가장 유력한 것은 그들의 이교적 배경이다(Fornberg, *Early Church*, 65, 104-5, 119-20, 126, 132: "신학적으로 무지해서 그들이 몸담고 있던 세상에서 통용되던 사상들에 동화된 기독교인들로 이루어진 대적자들"). 네이리(Neyrey)는 베드로후서의 종말론 논쟁이 섭리와 종말론에 관한 에피쿠로스 학파의 견해들을 둘러싼 이교의 헬레니즘적 논쟁과 어느 정도나 닮았는지를 보여주었는데(*Polemic*, chap 4; *JBL* 99[1980] 407-31), 이러한 평행들은 본 주석서의 관련된 대목들에 제시되어 있다. 또한 유대 묵시사상에 속한 종말론이 헬레니즘 사상, 아니 심지어 많은 헬레니즘적 유대 사상과 어느 정도나 이질적이었는지를 기억하는 것이 중요하다. 1:16a과 1:20-21a에 나오는 대적자들에 대한 비난들도 예언과 신탁들에 관한 헬레니즘적 논쟁(헬레니즘적 유대교를 포함해서)에 속한 것으로 보인다(해당 구절들에 대한 "주석"을 보라). 음행을 중심으로 한 대적들의 윤리적 행실은 이교 사회의 관대한 윤리 의식을 받아들인 결과로 보이는데, 이것은 기독교 윤리가 이방 도시들의 사회생활에 참여할 때에 장애가 되었던 초기 교회에서 끊임없는 시험거리였다. 그러므로 거짓 교사들은 그들의 문화적 환경 속에서 곤혹스러운 것으로 보였던-특히, 재림 기대의 명백한 실패 이후에-종말론과 엄격한 윤리로부터 기독교 신앙을 해방시키고자 했던 것이라 할 수 있다. 그들은 헬레니즘 속에서의 종교적 논쟁을 전반적으로 잘 알고 있었기 때문에 종말론과 신적 계시에 관한 당시의 회의론적인 논거들을 활용할 수 있었다. 아마도 그들은 교회로부터 말도 안 되는 많은 전통들을 몰아내고자 하는 다소 겁 없는 급진적인 젊은이들로 자처했을 것이다. 그들이 적극적으로 어떤 종교적 가르침을 제시하기도 했는지에 대해서는 증거가 부족해서 우리가 뭐라고 말하기 힘들다. 다른 세대들 속에서의 급진주의자들의 예에 비추어 보았을 때에 아마도 주로 부정적인 메시지만으로도 그들은 사람들에게 충분한 영향을 끼칠 수 있었을 것이다(참조. 2:18a).

베드로후서에 등장하는 대적자들은 영지주의자들이 아니다. 그들을 영지주의자로 규정하는 것이 베르더만(Werdermann, *Irrlehrer*) 이래로 통설이었지만, 이 통설은 최근에 베드로후서에 나오는 대적자들을 유다서에 나오는 대적자들과 분리하여 꼼꼼하게 연구한 폰버그(Fornberg, *Early Church, passim.*)와 네이리(Neyrey, *CBQ* 42[1980] 506)에 의해서 거부되었다. 본 주석서는 그들의 결론을 확증해 준다. 유다서의 경우와는 달리, 베드로후서의 거짓 교사들이 진정한 영지주의의 본질적인 표지(標識)인 이원론적 우주관을 주장하였음을 보여주는 증거가 없다. 또한 그들의 윤리적 자유주의가 그러한 이원론에 토대를 두고 있었다거나, 그들의 종말론적 회의론이 미래적 종말론을 버리고 실현된 종말론만을 고집한 영지주의적 관점으로부터 나왔음을 보여주는 증거도 없다. 그들은 구약의 예언이 하나님의 영감으로 되었음을 부정하였다는 점에서는(1:20-21a) 주후 2세기의 어떤 영지주의자들과 닮았지만, 주후 2세기의 영지주의자들과는 달리 구약의 예언을 데미우르고스(demiurge, 세상의 창조주)에게 돌린 것이 아니라, 단지 인간이 날조해낸 것이라고만 주장하였을 뿐이다. 영지주의적 이원론과 연결되어 있어서 통상적으로 종말론에 관한 반영지주의적 논쟁의 주된 초점이 된 육체의 부활에 관한 논쟁이 베드로후서에서 이루어지고 있음을 보여주는 암시도 없다(예를 들면, 참조. 고전 15; 딤후 2:18; *1 Clem* 24; *2 Clem* 9; Pol. *Phil.* 7:1; "3 Cor" – 이 모든 본문들이 다 반영지주의적인 것은 아니지만). 역으로, 베드로후서에서 아주 중요한 문제인 재림의 지연이 전통적인 종말론에 맞선 주후 2세기의 영지주의적 논증에 등장했음을 보여주는 증거도 없다.

베드로후서에 나오는 대적자들을 영지주의자로 규정하는 근거로 "신화들"(1:16, 개역에서는 "공교히 만든 이야기들")에 대한 언급이 제시되어 왔지만, 이것은 대적자들에 대한 베드로후서 기자의 비난이 아니라 사도들에 대한 대적자들의 비난이다. 주목할 만한 것은 베드로후서의 기자가 대적자들을 비난할 때에는 "신화들"이라는 단어가 다시 등장하지 않는다는 것이다(2:3a): 분명히 대적자들은 거짓된(회의적인) 논거들을 제시하였지만, 그것들은 "신화들"만큼 적극적인 것이 결코 아니었다. 또한 베드로후서에서 "지식"이라는 주제가 사용된 것도 이단적인 '그노시스'(영지)를 겨냥한 것으로 해석되었지만, 꼼꼼하게 연구해 보면, 사실 베드로후서에 나오는 "지식"(*ἐπίγνωσις* – 에피그노시스와 *γνῶσις* – 그노시스)은 변증적인 색채가 없고, 대적자들의 구호였을 수도 없다는 것이 드러난다(특히, 1:2; 2:12에 대한 "주석"을 보라).

단지 종말론적 기대에 대한 실망이 영지주의적 운동의 출현에 기여했을 수 있다는 점에서만, 베드로후서에 나오는 대적자들은 영지주의의 선구자들로 보아질 수 있을 뿐이다.

## 저작 연대

신약의 책들 중에서 베드로후서만큼 그 저작 연대에 관한 추정이 아주 넓은 시기에 걸쳐 있는 책은 없다. 지난 20년 동안에 나온 주석서들과 연구서들만 살펴보아도, 베드로후서의 저작 연대는 주후 60년대에서 160년에 이르기까지 10년 간격으로 거의 모든 시기에 놓여져 있다(오직 주후 70-80년대만이 빠져 있는 것으로 보인다). 이것은 베드로후서의 저작 연대에 관한 통상적인 논거들은 이례적일 정도로 결정적이지 않다는 것을 보여준다. 다행스러운 것은 우리의 연구는 좀더 폭넓은 범위의 연대기적 지표들을 제시하고, 저작 연대에 관한 비교적 새로운 관점을 제시하고 있다는 것이다.

문헌상의 연관관계에 관한 연구들이 베드로후서의 저작 연대와 관련하여 보여주는 증거들은 다음과 같이 요약될 수 있다.

(1) 베드로후서가 알고 있던 문서들

| | |
|---|---|
| 주후 50-60년경 | 바울서신들 |
| (주후 55-59년경 | 로마서) |
| 주후 50-60년경 | 유다서 |
| 주후 60-65, 또는 65-75년경(?) | 베드로전서 |
| 주후 70-80년경(?) | 베드로후서 3장에서 사용된 유대 묵시문헌 |

(2) 베드로후서와 대략 동시에 나온 문서들

| | |
|---|---|
| 주후 80-100년경 | 헤르마스의 목자서 |
| 주후 80-100년경 | 클레멘트2서 |
| 주후 96년경 | 클레멘트1서 |

(3) 베드로후서에 의거한 문서들

| | |
|---|---|
| 주후 110-140년경 | 베드로 묵시록 |
| 주후 180년경 | 베드로행전 |

아울러 우리가 지적해야 할 것("문헌상의 연관관계"에서의 검토에 의거해서)은 바울서신들의 모음집에 대한 베드로후서 기자의 관계 및 태도는 주후 1세기말 저작설과 확실하게 부합하고(항목 6; 또한 3:16에 대한 주석), 복음 전승들의 사용은 저작 연대와 관련하여 결정적인 증거는 되지 않지만, 이것 역시 주후 1세기말 저작설과 부합한다(항목 7). 또한 에녹1서를 사용하지 않은 것도 주후 2세기 저작설보다는 주후 1세기 저작설을 지지해 주는 것으로 보인다(항목 2).

베드로후서의 저작 연대는 심한 논란 가운데에 있는 다른 문서들의 저작 연대(예를 들면, 베드로전서와 유다서)와 불가피하게 서로 얽혀 있긴 하지만 어쨌든 이러한 증거들은 베드로후서가 주후 75년과 100년 사이에 씌어졌을 것임을 보여준다 -물론, 이러한 증거만으로는 주후 2세기초 저작설이 완전히 배제될 수 있는 것은 아니지만. 베드로후서의 그밖에 다른 특징들도 주후 1세기말 저작설을 지지해 준다. 베드로후서의 기독론(1:1; 3:18에 대한 "주석"을 보라)은 그러한 저작 연대와 부합한다. 후기 저작설의 근거로 종종 제시되는 1:4의 언어는 단지 팔레스타인 외부에서의 기독교의 발전의 어느 단계에서 헬레니즘적 유대교의 영향을 보여주는 것일 뿐이다(해당 "주석"을 보라). 제도적인 직분자들의 역할을 강조하는 방식으로 이단에 대응하는 "초기 가톨릭적인" 대응 방식은 비교적 늦은 시기에 씌어졌을 가능성을 보여주는 증거가 될 수 있지만, 베드로후서에는 그런 경향이 보이지 않는다("베드로후서의 성격"을 보라). 임박한 종말 기대가 여전히 중요하고("베드로후서의 성격"을 보라), 대적자들은 주후 2세기의 영지주의자들이 아니다("대적들"을 보라).

이러한 누적적인 증거들은 인상적이지만, 저작 연대와 관련해서 베드로후서는 그 중요성이 간과되어 온 한 가지 추가적인 강력한 단서를 보여주는데, 그 단서는 3:4이다. 의미심장한 것은 베드로 저작설을 지지하는 학자들조차도 이 절을 진정한 예언으로 취급하지 않고, 베드로후서가 씌어질 당시에 제기되고 있던 반론으로 여긴다는 것이다(Spitta, Green; Dillenseger, *MFOB* 2[1907] 207-9). 죽은 조상들은 기롱하는 자들의 조상들이 아니라, 기독교의 제1세대, 즉 사도들의 세대를 가리킨다. 물론, 한 세대가 죽은 시기나 연대를 구체적으로 제시하기는 불가능하다. 하지만 우리가 해야 할 일은 "기롱하는 자들"(조소하는 자들)이 기독교의 제1세대가 다 죽어서 그들이 살아 있는 동안에 재림이 있을 것이라는 약속은 무효화 되었다고 주장할 수 있었던 시기나 연대가 언제쯤 이었을 지를 추정하는 것이다. 사도들의 세대는 주후 10년경보다 늦지 않게 태어난 사람들로 이루어져 있었을 것이다. 주후 1세기에 사람들이 70세 이상 사는 것이 드문 일이었다고 추정한다면, 주후 80년경은 사도들의 세대가 지나가기 전에 재림이 있을 것이라는 소망을 지니고 있던 사람들이 사도들의 세대가 실질적으로 끝났다는 것을 첨예하게 느끼기 시작했던 때였을 것이라고 우리는 추측해 볼 수 있다. 따라서 3:4에 나오는 "기롱하는 자들"의 반론은 주후 80-90년대에 나왔을 가능성이 많다.

3:4에 대한 주석에서 우리는 이 반론이 제1세대가 지나감으로써 야기된 직접적인 위기라는 맥락 속에 자리 잡고 있다는 것을 논증하였다(또한 Fornberg, *Early*

*Church*, 65). 이 반론은 종말론적 기대가 최고조에 달한 시기 직후에 사람들이 느꼈던 큰 실망에 토대를 둔 것으로서(특히, 참조. *Asc. Isa.* 4:13), 오래 전에 치솟아 올랐다가 망각된 위기를 나타낸다. 제1세대의 죽음은 주후 2세기에는 더 이상 쟁점이 아니었다.

우리는 이렇게 3:4의 증거만을 근거로 해서도 베드로후서의 저작 연대가 주후 80-90년경이 유력하다고 주장할 수 있다. 게다가, 그밖에 다른 폭넓은 증거들이 주후 1세기말 저작설을 지지해 주고 있다는 사실을 감안하면, 이러한 결론은 대단히 높은 개연성을 지닌다고 할 수 있다(베드로후서의 저작 연대를 주후 80년 또는 90년경으로 보는 학자들로는 Chaine, Spicq, Reicke). 학계의 기존의 통설과는 반대로, 베드로후서는 신약에서 가장 늦게 씌어진 책이 아닐 가능성이 높다.

### 저자 문제와 위서 논란

오직 언어적인 측면에서만 보아도 베드로가 베드로후서를 썼을 가능성은 극히 희박하고("언어"에 관한 항목을 보라), 베드로후서의 기자가 헬레니즘적인 어휘들을 선호한다는 사실("베드로후서의 성격"에 관한 항목을 보라; 또한 "문헌상의 연관관계," 항목 3을 참조하라)도 베드로와 전혀 부합하지 않는다. 베드로후서의 기자는 유대인이긴 했지만, 대단히 헬레니즘화된 유대인이었을 가능성이 높다. 팔레스타인 유대교와 헬레니즘적 유대교의 차이가 종종 지나치게 과장되어 악용되어 온 것은 의심할 여지없이 사실이긴 하지만 그렇다고 해서 거기에 대한 반발로 유다서가 지닌 팔레스타인적인 성격과 베드로후서가 지닌 헬레니즘화된 성격 간의 명백한 차이를 우리가 놓치는 일이 있어서는 안 된다. 베드로전서와 베드로후서의 관계는 베드로 저작설이라는 문제와 관련해서 모호하긴 하지만 분명한 것은 베드로가 이 두 서신 모두의 진정한 기자일 수는 없다는 것이다("문헌상의 연관관계," 항목 5를 보라).

하지만 이러한 증거는 대필자가 베드로가 불러준 것을 그대로 받아 적은 단순한 대필자가 아니라 베드로를 대신해서 주체적으로 서신을 쓴 것이라는 대필 가설(secretary hypothesis)과는 부합할 수 있다. **베드로의 생전에** 베드로후서가 씌어졌을 가능성을 실제로 배제시켜 주는 증거는 문학 장르("양식과 구조"를 보라) 및 저작 연대("저작 연대"를 보라)와 관련된 증거들이다. 이 두 부류의 증거들은 어느 한 쪽만으로도 베드로 저작설에 치명적인 타격을 주고, 두 쪽이 결합될 때에는 베드로 저작설은 완전히 설 자리가 없어진다. (베드로는 주후 64년 또는 65년에 죽었을 가능성이 대단히 높다. 주후 65년이 더 유력하다는 논증에 대해서는 Robinson, *Redating*, 149를 보라.)

베드로후서는 베드로가 죽기 직전에(1:14), 그러니까 로마에서 쓴 것으로 허구적으로 제시된다(베드로가 로마에서 죽었다는 초기 전승에 대해서는 *Apoc. Pet.* R; Ign. *Rom.* 4:3을 보라; 그리고 아마도 *Asc. Isa.* 4:3; *1 Clem* 5:4). 그렇다고 해서, 이것이 베드로후서가 베드로가 쓴 서신이 아니라면 로마에서 씌어지지 않았을 것이라는 의미를 함축하고 있는 것은 아니다. 도리어, 베드로후서는 특정한 교회들에 보내기 위하여 씌어진 것이어서(3:15), 로마 교회로부터 그 교회들로 보내졌을 가능성이 높다. 이것은 베드로후서의 수신자인 교회들이 로마에서 보내진 베드로전서의 수신자이었던 교회들(벧전 5:13)이라는 것을 보여주는 3:1에 의해서 확증된다. 또한 베드로후서가 클레멘트1서 및 헤르마스서(그리고 클레멘트2서도)와 밀접한 연결고리들을 보여준다는 사실("문헌상의 연관관계," 항목 9를 보라)도 베드로후서의 로마 기원설을 극히 유력하게 만든다. 그 시기에 로마 교회의 지도자들은 다른 곳에 있는 교회들에 대하여 강력한 목회적 관심을 지니고 있었다는 것을 우리는 안다. 베드로전서가 바울을 비롯한 여러 사람들이 소아시아에 세운 많은 교회들에 보내졌을 뿐만 아니라(벧전 1:1), 클레멘트1서도 로마 교회를 대신해서 고린도 교회의 어려운 일들을 처리하기 위하여 보내졌으며, 헤르마스가 본 묵시들도 "멀리 있는 성(城)들에" 보내졌다(*Vis.* 2:4:3). 사실, 클레멘트(Clement)는 로마 교회가 보내는 대외 서신을 담당하는 직무를 맡고 있었다고 하는데(*Herm. Vis.* 2:4:3), 이것은 다른 교회들에 보내지는 서신들이 주기적으로 씌어졌다는 것을 암시한다. 이그나티우스(Ignatius)는 이로부터 머지않은 때에 로마 교회가 "다른 교회들을 가르친" 일을 축하하였다(*Rom.* 3:1).

이렇게 베드로후서는 주후 1세기 말 동안에 다른 곳에 있던 교회들에 대한 로마 교회의 목회적 관심이라는 이러한 맥락 속에 두어질 수 있다. 베드로후서는 사실 클레멘트1서와 마찬가지로 한 개인의 서신이 아니라, 익명의 기독교 지도자가 로마 교회를 대신해서 쓴 교회의 서신이다. 그러므로 베드로후서의 기자와 베드로후서가 보내진 교회들 간의 어떤 사적인 관계를 전제할 필요가 없다. 이 교회들, 즉 베드로전서가 보내진 지역에 있던 모든 또는 일부 교회들이 베드로후서의 수신자들이었고(벧전 1:1), 거기에는 분명히 바울이 세운 교회들도 포함되어 있었을 것이다(벧후 3:15). 그러므로 클레멘트1서가 고린도 교회를 염두에 두고 씌어졌을 때에 고린도전서를 언급한 것과 마찬가지로(*1 Clem* 47:1), 베드로후서도 그들에게 바울의 서신(들)을 자연스럽게 언급한다(3:15).

일단 사도의 "유언"을 쓰고자 했을 때에 로마 교회가 보내는 서신에서 베드로의 이름을 빌린 것은 자연스러운 일이었다. 베드로와 바울은 로마와 관련된 두 사도였고(*1 Clem* 5; Ign. *Rom.* 4:3), 이 두 사도가 각각 로마에서 얼마나 오래 머물렀는지는 우리가 알지 못하지만 후대의 전승은 이 두 사도 중에서 베드로가 로마 교회에서 실제적인 지도력을 행사하였다는 것을 보여준다 – 베드로가 지도자 역할을 한 기간이 아무리 짧았다고 할지라도. 이렇게 베드로후서의 기자가 베드로의 이름을 빌어 위서를 쓴 이유를 설명하고자 할 때, 우리는 베드로가 로마 교회의 지도자들 가운데서 가장 탁월한 인물이었다는 사실 이외의 다른 것에서 그 이유를 찾을 필요가 없는 것 같다. 베드로후서의 기자가 변화산 사건에 관한 전승(1:16-18)을 사용하고자 해서 베드로의 이름을 빌린 것인지, 아니면 베드로의 이름을 빌려 쓰다 보니 변화산 사건에 관한 전승을 언급하게 된 것인지는 우리가 알 수 없다.

변화산 사건에 관한 전승과 그밖에 다른 복음서 전승들을 제외하면, 베드로후서에는 딱히 역사적 베드로에게서 유래된 베드로 전승이라 할 만한 내용이 거의 없다. 1:3-11에 나오는 베드로의 메시지에 관한 요약은 다른 어떤 사도에게도 돌릴 수 있기 때문에 베드로에게도 돌릴 수 있긴 하지만 거기에는 베드로 특유의 특징적인 것이 전혀 나타나지 않고, 특히 헬레니즘적인 어휘들이 사용되고 있다는 점에서 베드로후서의 기자가 (베드로 이후의) 로마 교회의 신학에 비추어서 사도적 메시지를 해석한 것이라고 해야 한다. 거짓 교사들에 관한 예언(2:1-3a)은 베드로가 행한 설교를 기억해낸 것이라고 할 수도 있지만, 딱히 베드로적인 내용이라고 할 수 없기 때문에 일반적으로 사도들로부터 나온 것이었다고 할 수도 있다. 베드로후서의 기자의 목적은 하나 같이 동일한 메시지를 전한 것으로 여겨진 사도들의 윤리적, 종말론적 가르침을 변호하고 옹호하는 것이었다(1:12, 16; 3:15과 그 "주석"을 보라). 베드로의 유언을 쓸 때에 베드로후서의 기자는 사실 베드로가 모든 사도들과 함께 공유하였던 메시지를 정확히 제시하는 일에만 신경을 쓰면 되었다. 그는 특별히 베드로적인 내용을 포함시킬 필요가 없었다 – 물론, 한 경우(1:16-18)에서는 그렇게 하는 것이 유익하다고 느꼈지만. 실제로 그는 베드로 특유의 전승보다도 또 다른 사도인 유다의 글을 더 많이 사용한 것으로 보인다.

하지만 베드로후서의 기자가 베드로와 모종의 사적인 관계를 맺고 있었을 가능성을 보여주는 몇몇 단서들이 존재한다. **시몬** 베드로라는 이름을 사용한 것은 베드로가 팔레스타인에서 그를 알고 있던 동료들에 의해서 어떤 식으로 불렸는지를 베드로후서의 기자가 회상하고 기억해내었다는 것을 보여주는 것일 수 있다(1:1에 대한 "주석"을 보라). 베드로후서의 기자가 후대의 위서 저자들의 행태와는 대조적으로 베드로전서를 본뜬 것이 아니라 도리어 도외시하고, 독자들이 베드로전서를 알고 있는 것을 고려해서 단지 언급만 한 것(3:1)은 그가 베드로를 개인적으로 잘 알고 있었기 때문에 베드로가 쓴 다른 글들을 의지하지 않고도 베드로의 뜻을 잘 전달할 수 있다고 확신하였음을 보여주는 것일 수 있다("문헌상의 연관관계", 항목 5). 베드로후서에 베드로에게만 독특한 그런 내용이 없는 것으로 볼 때, 베드로후서의 기자는 베드로에게서 신학을 배운 제자였을 가능성은 극히 희박하다(베드로후서와는 너무도 다른 베드로전서가 어느 정도 베드로의 가르침을 구체화하고 있는 것이라면, 이 가능성은 더욱 희박해진다). 그러나 그는 주후 60년대에 로마 교회의 지도자들 중 한 사람으로서 베드로의 동역자였을 가능성은 있다. 이것은 주후 80년대에 베드로후서를 썼을 때에 로마 교회 지도자 집단에서 원로들 중의 한 사람이었을 가능성이 많다는 것을 말해준다. (우리가 굳이 베드로후서의 제자였을 가능성이 있는 후보를 거론하자면, Hegesippus의 글[Irenaeus, *Adv Haer.* 3.3.3; Eusebius, *Hist. Eccl.* 3.13, 21; 5.6.1]에 나오는 초기 로마 교회의 감독 명단에 베드로 다음의 감독으로 언급되는 리노[딤후 4:21], 또는 이 동일한 명단에서 리노의 후계자이자 클레멘트의 전임자로 언급되는 Anencletus[Cletus]가 가장 유력하다.)

우리는 "문헌상의 연관관계"의 항목 5에서 로마 교회의 지도자들 중에 "베드로파"가 있었을 가능성에 대하여 언급하였었다. 엘리엇(Elliott, "Peter")은 최근에 로마 교회에서 베드로와 아주 가까웠던 자들로 이루어진 베드로파가 베드로의 사후에 베드로전서를 썼다고 주장하였다. 이 진영에는 실라와 마가도 포함되어 있었을 것이고(벧전 5:12-13), 따라서 팔레스타인 전승들이 그 사상과 가르침에 영향을 미쳤을 것이다. 엘리엇은 이 진영이 베드로의 신학과 관심사들을 공유하고서 분명한 신학적 동일성을 지녔던 꽤 결집력 있는 집단이었을 것으로 본다. 실라와 마가 같은 대단히 성숙하고 폭넓은 경륜과 식견을 지닌 자들이 포함된 집단이 엘리엇의 주장처럼 신학적으로 대단히 동질적일 수 있었을지는 의문이다. 어쨌든 그런 집단이 베드로전서를 썼다고 한다면, 베드로전서의 기자와 동일한 신학 "학파"에 결코 속하지 않는 베드로후서의 기자는 그런 집단의 일원이었을 수 없다. 물론, 베드로후서의 기자가 신학적 견해를 상당히 달리 하는 한 무리의 동역자들이라는 느슨한 의미에서는 얼마든지 동일한 "진영"에 속해 있었다고 말할 수는 있겠지만 말이다. 엘리엇이 주장한 베드로파가 실제로 존재했고 베드로가 죽기 전 또는 베드로가 죽은 직후에 베드로전서를 썼다면, 우리는 이 집단이 클레멘트와 헤르마스, 베드로후서의 기자들을 포함한 주후 1세기 말의 로마 교회 지도자 집단으로 진화해 가면서 그 성격이 변질된 것이라고 상정하여야 한다. 아마도 주후 60년대에 베드로후서의 기자는 베드로파에서 비주류였을 것이다: 그는 베드로를 유대식 이름으로 불렀고, 이 팔레스타인 동역자들을 통해서 유다서를 처음 알게 되었을 것이지만, 그들로부터 신학을 배우지는 않았다. 따라서 우리는 베드로전서와 베드로후서가 둘 다 "베드로파"에서 나왔다는 말을 이 두 서신이 베드로를 현재와 과거의 가장 권위 있는 인물로 여겼던 로마 교회의 지도자들에 의해서 교회들로 보내졌다는 의미로만 이해할 수 있을 뿐이다.

베드로후서의 기자가 베드로의 이름을 빌어서 서신을 쓰고 "유언"이라는 장르를 택한 이유나 의도는 무엇이었을까? 그것은 아마도 한 개인으로서가 아니라 로마 교회를 대표해서 쓴 서신임을 나타내기 위해서 로마 교회의 가장 위대한 지도자의 이름이 사용된 것이 아닐까. 좀더 확실한 것은 사도 이후 시대 속에서 사도적 메시지를 지키고자 하는 의도가 있었다는 것이다("베드로후서의 성격"을 보라). 사도들의 사후에 기독교회에 상대적으로 새롭고 대체로 예기치 않은 상황이 발생하자, 베드로후서의 기자는 그의 독자들에게 그들이 사도들을 직접 보지 못하였다고 해서 신앙적으로 불리한 위치에 있는 것이 아니라는 것을 확신시키고(1:1), 그들에게 사도적 메시지를 "일깨워주며"(1:12-15; 3:1-2), 사도적 메시지에 대한 도전들에 맞서서 당시의 상황에 비추어 사도적 메시지를 해석하고 옹호한다(베드로후서가 지닌 위서로서의 성격이 갖는 의미에 대해서는 특히 Zmijewski, *BZ* 23[1979] 161-71를 참조하라). 사도들의 메시지는 거짓이기 때문에 바로잡겠다고 나선 거짓 교사들과는 대조적으로, 베드로후서의 기자는 자신의 권위나 메시지가 중요하다고 전혀 생각하지 않는다. 그의 권위는 사도들의 규범적인 가르침을 새로운 상황에 비추어서 충실하게 전달하고 해석하는 데에 있다. "베드로의 유언"은 이러한 의도들을 관철하기 위한 이상적인 문학적 수단이다.

그러므로 위서라는 장치는 사도적 권위를 주장하려는 사기적인 수단이 아니라, 사도적 메시지의 충실한 전달자이고자 하는 의도를 구현하기 위한 것이다. 베드로후서의 정경성(正經性)을 인정하는 것은 베드로후서 기자의 그러한 의도와 주장의 유효성을 인정하는 것인데, 이것이 종종 주장되는 정경성에 대한 초기 교회의 판단기준에 그토록 낯선 것인지는 분명하지 않다. 이것과 관련해서 운이 없었던 바울행전의 저자의 경우(Tertullian, *De Bapt.* 17; Green, *Reconsidered*, 33-34)나 세라피온(Serapion)이 베드로복음서를 조사해서 거부한 사례(Eusebius, *Hist. Eccl.* 6.12.1-6; Green, *Reconsidered*, 35-36)가 종종 거론되지만, 이 두 경우에서 바울행전이 위서가 아니라 허구적인 글이라는 사실은 그만두고라도 이 두 저작이 비정통적인 가르침을 포함하고 있고, 사도적 가르침이 아닌 것들을 사도들에게 돌리고 있다는 점에서(참조. Fornberg, *Early Church*, 18-19) 베드로후서와는 경우가 다르다. 베드로후서의 경우와 좀더 연관이 있는 사례는 히브리서가 바울의 제자에 의해서 씌어졌음이 분명한데도 "그 사상들이 사도 바울의 것이기" 때문에 히브리서를 실질적으로 바울의 것으로 여긴 오리겐(Origen)의 판단이다(*ap.* Eusebius, *Hist. Eccl.* 6.25.13-14; 또한 참조. Tertullian, *Adv. Marc.* 4.5.4).

물론, 베드로후서의 권위는 초기 교회에서 저자 문제와 관련해서 논란이 되었지만(참조. Eusebius, *Hist. Eccl.* 3.3.4; 6.25.8; Jerome, *Ep.* 120.11), 베드로 자신의 뜻을 담은 문서임에 의심이 없다는 점이 인정되어 결국 일반적으로 정경으로 받아들여졌다. 그러나 우리는 이방 교회가 문학 장르와 관련된 유대적인 관행들을 더 이상 이해하지 못하였고, 진정으로 사도들이 쓴 글들을 후대의 수많은 종종 이단적인 위서들로부터 가려내야 했다는 것을 고려하지 않으면 안 된다. 교회가 베드로후서에서 실제로 인정했던 것은 그 내용이 사도적 메시지라는 것이었다. 사도 시대에서 사도 이후의 시대로 넘어간 시기에 글을 통해서 사도적 메시지를 보존하였던 저작이 신약의 정경에 포함되게 된 것은 적어도 오늘날의 시각에서 볼 때에 적절해 보인다. 베드로후서가 성경의 정경 속에서 존귀한 위치를 차지하지 않아야 할 이유가 전혀 없다.

### 다른 문헌들 속에 나타난 베드로후서에 대한 증거들

베드로후서의 존재가 주후 2세기의 글들 속에서 잘 확인되지 않는다는 사실은 베드로후서가 주후 2세기, 심지어 주후 2세기 말에 씌어진 저작임에 틀림없다는 학계의 다수설을 생겨나게 한 주된 요인이 되어 왔다.

우리는 두 가지 질문을 구별할 필요가 있다: 베드로후서가 존재하였다는 증거와 베드로후서가 정경이었음을 확인해 주는 증거. 베드로후서가 주후 2세기에 존재했다는 사실과 관련해서 종종 생각하는 것보다 더 좋은 증거들이 존재한다. 베드로후서에 대한 간접 인용일 가능성이 있는 것들의 긴 목록은 헤르마스서, 클레멘트1서,

클레멘트2서, 바나바서, 아리스티데스(Aristides), 데오필로스(Theophilus), 리용과 빈의 교회들에 보낸 편지(the *Letter of the churches of Lyons and Vienne*), 이레니우스(Irenaeus), 멜리토(Melito), 요한외전(*Ap. John*) 등에서 찾아볼 수 있지만(자세한 것은 Bigg, 204-10; Chase, *DB(H)* 3, 799-802; Chaine, 1-3; Dillenseger, *MFOB* 2[1907] 179-84; A. K. Helmbold, *The Nag Hammadi Gnostic Texts and the Bible*[Grand Rapids: Baker Book House, 1967] 91), 그 중 다수는 가능성이 희박한 것들이고, 일부는 가능성이 있다고 해도, 분명한 증거라고 할 수 있는 것은 하나도 없다. 하지만 베드로 묵시록(주후 110-40년경)은 적어도 한 명의 주후 2세기 초의 저술가가 베드로후서를 알았고 사용하였다는 것을 보여주는 아주 좋은 증거로서, 베드로후서의 후기 저작설을 배제하기에 충분하다. 베드로후서가 주후 2세기에 왜 이토록 경시되었는지를 우리가 설명할 수 없다고 해도, 베드로후서가 주후 2세기 중반까지 씌어지지 않았기 때문이라는 것은 그 이유가 될 수 없다. 베드로행전(주후 180년경)은 좀더 후대의 것이긴 하지만 베드로후서의 존재를 말해주는 확실한 증인이다("문헌상의 연관관계", 항목 8). Justin, *Dial.* 82.1은 베드로후서 2:1에 대한 간접 인용일 가능성이 꽤 크다(2:1-3a에 대한 "양식/구조/배경"을 보라). 진리의 복음서(*Gos. Truth*) 18:20은 아주 확실한 간접 인용인 것은 아니지만, 33:15-16은 베드로후서 2:22에 나오는 격언의 전반부를 언급한다. 이 격언이 배교와 관련해서 사용된다는 사실과 진리의 복음서가 결코 구약을 간접 인용 하지 않는다는 사실은 잠언 26:11이 아니라 베드로후서 2:22이 거기에서 간접 인용 되었을 가능성이 더 많음을 보여준다 – 물론, 베드로후서가 이 격언을 인용하였을 때에, 이 격언이 배교와 관련해서 기독교 진영에서 이미 널리 사용되었을 가능성도 완전히 배제할 수는 없지만. 힙폴리투스(Hippolytus)가 이단과 관련해서 이 격언의 후반부를 사용한 것도 마찬가지로 모호하긴 하지만 가능성을 보여준다(*Ref.* 9.7.3: Hippolytus에서 베드로후서에 대한 간접 인용일 가능성이 있는 몇몇 구절들 중에서 가장 설득력 있는 구절). 알렉산드리아의 클레멘트(Clement of Alexandria)가 모든 공동 서신들에 대하여 논평하였다는 유세비우스(Eusebius)의 말(Eusebius, *Hist. Eccl.* 6.14.1)이 그가 베드로후서에 대해서 논평하였다는 것을 의미하는지는 클레멘트의 현존하는 저작들(Bigg, 202에 나오는 목록)에서 베드로후서에 대한 간접 인용일 가능성이 있는 것들이 모호하다는 사실에 의거해서 의심되어 왔지만, 새롭게 발견된 데오도루스에게 보낸 편지(*Letter to Theodorus*)에는 클레멘트가 카르포크라테스파(the Carpocratians)에 맞서기 위해서 유다서를 특징적으로 사용하고 있는 대목과 아울러서 베드로후서 2:19에 대한 간접 인용일 가능성이 있는 구절(해당 "주석"을 보라)이 포함되어 있어서, 클레멘트가 베드로후서를 알았을 개연성은 높아진다.

분명히 베드로후서는 주후 2세기 전체에 걸쳐서 일부 진영들에서는 알려져 있었지만 널리 사용되지는 않았다. 우리는 그 이유에 대해서는 단지 추측만 할 수 있을 뿐이다. 원래 베드로후서를 수신한 교회들은 이 서신이 베드로 자신의 저작이 아니라는 것을 알고서, 이 서신에 바울의 서신들과 동일하게 지위를 허용하지 않았고, 다른 사도들의 저작들의 경우와는 달리 이 서신을 동일하게 열심히 유포시키지 않았을 개연성이 아주 높다. 주후 2세기 동안에 베드로후서가 특별히 널리 알려져 있지 않았고, 이 서신을 알고 있던 사람들은 이 서신을 바나바서, 클레멘트1서, 헤르마스서 등과 같은 저작들과 동일한 범주에 두고서, 사도들 자신의 저작들과 같은 권위를 부여하지는 않았지만 소중히 여겼을 가능성이 크다. 그러한 범주에 속한 저작은 단지 드물게만 간접 인용 되었을 것임을 우리는 충분히 짐작할 수 있다. 조금 가능성이 떨어지는 추측일 수는 있지만, 베드로후서가 어떤 이들이 얘기해 온 소위 베드로 총서(corpus)의 일부로서 의심스러운 가르침을 담고 있던 다른 베드로 위서들에 연루되어 곤란을 겪었을 가능성도 있어 보인다. (그러나 무라토리 정경 목록에는 베드로 묵시록은 포함되어 있지만, 베드로전서이나 베드로후서는 포함되어 있지 않다!)

베드로후서가 주후 2세기에 널리 사용되지 않은 이유가 무엇이든, 이런 것들은 베드로후서가 일반적으로 받아들여져서 정경에 포함되는 과정이 아주 느리게 진행되게 된 요인들이 되었던 것으로 보인다(자세한 것은 Chaine, 5-12). 베드로후서는 베드로전서와 마찬가지로 무라토리 정경 목록에 포함되어 있지 않다. 베드로후서라는 명칭을 최초로 거론한 오리겐(Origen)은 베드로후서의 진정성에 관한 의구심들을 기록해 놓고 있다(*ap.* Eusebius, *Hist. Eccl.* 6.25.11) −그가 그러한 의구심을 어느 정도나 받아들였는지는 분명하지 않지만. 베드로후서를 안티레고메나(*Antilegomena*)에 둔 유세비우스(Eusebius)는 베드로후서에 대한 오래된 증언이 없다는 사실을 크게 받아들인 것으로 보인다(*Hist. Eccl.* 3.3.1, 4; 3.25.3-4). 제롬(Jerome)은 베드로전서와 베드로후서 간의 언어적인 차이들에서 생겨난 의구심들을 다루어야 했지만(*Ep.* 120.11), 그 자신이 베드로후서를 공동 서신의 하나로 확고하게 받아들인 것은 그 의구심들로 인한 주저함을 극복하는 데에 상당히 도움이 되었던 것 같다. 유다서의 경우와 마찬가지로, 베드로후서를 받아들인 최후의 교회는 시리아어를 사용하는 교회들이었다.

# 인사말(1:1-2)

## 참고문헌

**Fitzmyer, J. A.** "The Name Simon." *Essays on the Semitic Background of the New Testament.* London: Geoffrey Chapman, 1971.(=*HTR* 54(1961) 91-97.) **Picirelli, R. E.** "The meaning of 'Epignosis.'" *EvQ* 47(1975) 85-93.

## 본 문

**1** 예수 그리스도의 종과 사도인 시몬 베드로는 우리 하나님과 구주 예수 그리스도의 의를 힘입어 동일하게 보배로운 믿음을 우리와 같이 받은 자들에게 편지하노니
**2** 하나님과 우리 주 예수를 앎으로 은혜와 평강이 너희에게 더욱 많을찌어다

**1** From Simeon[a] Peter, servant and apostle of Jesus Christ. To those who have received a faith which through the justice of our God[b] and Savior Jesus Christ is of equal privilege with ours.
**2** May grace and peace be given you abundantly, in the knowledge of God and of Jesus our Lord.[c]

## 원문주해

a. 많은 사본에는 쉬몬(*Συμών*, "시몬")으로 되어 있지만, ℵ A K P *al*는 쉬메온(*Συμεών*, "시므온")으로 되어 있다. 후자가 원래의 것인데, 좀더 통상적인 형태인 쉬몬(*Συμών*)으로 수정되었을 가능성이 높다.

b. ℵ에서 데우(*θεοῦ*)를 퀴리우(*κυρίου*)로 독법하고 있는 것은 분명히 좀더 통상적인 어구와의 동화 현상이다(참조. 1:11; 2:20; 3:2, 18).

c. 투 데우 카이 예수(*τοῦ θεοῦ καὶ Ἰησοῦ*)가 P Ψ *al*에는 생략되어 있는데, Spitta, Bigg, Chaine, Zahn(*Introduction*, 220)은 이 짧은 독법을 선호한다. 그러나 이것은 (a) 1절과 3a절에서 삼위일체 중 한 분만을 언급하고 있는 것 및 (b) 기자가 통상적으로 에피그노시스(*ἐπίγνωσις*)를 오직 그리스도만을 목적으로 해서 사용하고 있는 것(1:3, 8; 2:20)과 조화시키기 위한 수정으로 설명할 수 있다. $P^{72}$의 독법이 카이(*καί*)를 생략함으로써 본문이 오직 삼위일체 중 한 분만을 언급하는 것으로 만든 것도 동일하게 설명할 수 있다. 일부 사본들은 예수스(*Ἰησοῦ*) 뒤에 크리스투(*Χριστοῦ*)를 첨가하고 있는데, 이것은 좀더 흔한 표현에 맞춘 개작인 것 같다.

## 양식/구조/배경

베드로후서의 서두는 유다서 1:1-2에 대한 주석에서 설명한 서신 양식과 부합한다.

(a) 당사자 문구(1절)는 수신자들에 공통적인 신학에 대한 서술을 포함한다. 토이스 이소티몬 헤민 라쿠신 피스틴(*τοῖς ἰσότιμον ἡμῖν λαχοῦσιν πίστιν*, "동일하게 보배로운 믿음을 우리와 같이 받은 자들에게 편지하노니")이라는 구절은 그 특별한 의미 외에도(해당 "주석"을 보라) 발신자와 수신자 간의 연결고리를 설정하는 표현이 자주 서신의 초반에 나오는 것과 관련된 공식적인 기능을 갖는다(*2 Apoc. Bar.* 78:4; 롬 1:6; 고전 1:2; 딛 1:4; 요일 1:3; 유 3절; 계 1:9; 참조. *Acts John* 106, 하나의 설교).

유다서와 마찬가지로, 베드로후서는 당사자 문구 속에 수신처에 대한 언급을 포함하지 않는다. 베드로후서 3:1이 베드로전서를 언급하는 것이라면, 수신자들은 베드로전서 1:1에 거론된 교회들일 것임에 틀림없다 – 베드로전서가 이미 널리 알려져 있어서 베드로후서의 기자가 베드로전서가 모든 그리스도인들에게 보내진 것으로 생각하지 않았다면. 하지만 베드로후서 3:15-16(해당 "주석"을 보라)은 베드로후서가 특정한 교회 또는 교회들에 보내졌다는 분명한 증거를 제시하기 때문에, 그 교회 또는 교회들은 베드로전서 1:1에 서술된 지역의 모든 교회들이거나, 그 지역 내에 있는 좀더 적은 수의 교회들 또는 특정한 한 교회일 것임에 틀림없다. 이 견해, 즉 베드로후서가 모든 그리스도인들을 대상으로 한 "공동 서신"으로 씌어지지 않았다는 견해는 이 서신 속에 나타나는 특정한 종류의 거짓 가르침으로 인한 위험이라는 상황에 의해서 밑받침된다. 당사자 문구에서 수신처에 대한 언급이 생략된 이유일 가능성이 있는 것들에 대해서는 유다서에 대한 "주석"을 보라.

(b) 인사말(2절)은 초기 기독교 서신의 인사말들 속에서 발견되는 가장 흔한 축복들의 조합을 사용한다: 카리스 카이 에이레네(*χάρις καὶ εἰρήνη*, "은혜와 평강": 딤전과 딤후를 제외한 모든 바울서신; 또한 벧전 1:2; 계 1:4; 클레멘트1서 서문). 플레뒤네인(*πληθύνειν*, "더욱 많을지어다")의 사용도 유대교와 초기 기독교 서신의 인사말들에서 흔한 일이다(유 1-2절에 대한 주석에 나오는 전거들). 그러므로 이 어구 전체는 아주 자연스러운 것이고, 유다서 1:2과 베드로전서 1:2의 밀접한 유사성은 정경에 나오는 인사말의 예들만 알고 있는 자들에게만 뭔가 주목할 만한 것으로 보일 뿐이다. 이 어구를 근거로 해서 베드로후서가 베드로전서에 의거하고

있다고 주장하는 것은 성립될 수 없다(반대 견해로는 Boobyer, "Indebtedness," 39; Fornberg, *Early Church*, 12-13). 만약 베드로후서의 기자가 베드로전서를 의도적으로 따르고 있는 것이라면, 그는 틀림없이 베드로전서에 나오는 인사말뿐만이 아니라, 베드로전서의 당사자 문구도 그대로 본떴을 것인데, 실제로는 베드로후서의 당사자 문구는 베드로전서 1:1에 나오는 사도의 자기 호칭("예수 그리스도의 종 베드로")과 판이하게 다르다. 카리스 카이 에이레네 엘레튄데이에(*χάρις καὶ εἰρήνη πληθυνθείη*, "은혜와 평강이 너희에게 더욱 많을지어다")가 베드로전서, 베드로후서, 클레멘트1서에 나온다는 사실은 이러한 인사말이 로마 교회에서 이미 확립되어 있었던 관행이었을 가능성을 보여주는 것일 수 있다.

대부분의 초기 기독교 서신들은 축복의 근원을 "우리 아버지 하나님과 주 예수 그리스도로부터"라는 이위일체적인 문구를 통해서 표현한다(유 1-2절에 대한 주석에 나오는 전거들). 베드로후서의 기자는 이위일체적인 문구를 이런 식으로 사용하지 않고, 그 대신에 하나님과 예수를 아는 지식(*ἐπίγνωσις* – 에피그노시스, "앎")에 대한 그의 관심에 맞춰서 이 문구를 개작하여 사용한다(해당 "주석"을 보라).

## 주석

1 "시몬 베드로"(*Συμεὼν Πέτρος* – 쉬메온 페트로스, 직역하면, 시므온 베드로). 쉬메온(*Συμεών*, "시므온")이라는 형태는 쉬므온(שמעון)이라는 히브리식 이름을 헬라어로 음역한 것이다. 당시에 이런 이름을 지닌 유대인들은 통상적으로 시몬(*Σίμων*, "시몬")이라는 헬라식 이름을 사용하였다. 따라서 예를 들면, 시몬 마카베오(Simon Maccabeus)는 통상적으로 시몬(*Σίμων*)으로 표기되지만, 오직 한 번 쉬메온(*Συμεών*)이라 불린다(그의 아버지에 의해서, 1 Macc 2:65). 신약에서는 베드로를 제외하면 아홉 명이 시몬(*Σίμων*)이라 불리고, 두 명, 즉 족장 시므온(계 7:7)과 예수의 조상(눅 3:30)이 쉬메온(*Συμεών*)이라 불린다(눅 2:25, 34; 행 13:1). 이 이름은 주전 100년에서 주후 200년의 기간 동안에 가장 흔한 유대인 이름이었던 것으로 보이는데, 이것은 틀림없이 부분적으로는 이 이름이 민족의 자긍심을 나타낼 수 있는 족장 이름이었을 뿐만 아니라, 흔한 헬라식 이름인 시몬으로 쉽게 인식될 수 있었기 때문이었을 것이다. 사도 베드로는 신약에서 통상적으로 시몬(*Σίμων*)이라 불린다(그리고 후대의 기독교 문헌에서는 언제나 그렇게 불린다). 헬라어를 사용한 그리스도인들은 그의 별명인 페트로스(*Πέτρος*, "베드로"; 아람어 형

태인 *Κηφᾶς*－케파스, "게바"는 오직 갈라디아서와 고린도전서에서만 발견된다)와 더불어서 그를 시몬이라 불렀음이 분명하다. 그는 오직 여기에서와 사도행전 15:14에서(예루살렘 공의회라는 팔레스타인적 배경 속에서 야고보에 의해서) 쉬메온(*Συμεών*)이라 불린다. 히브리식 형태인 쉬메온(*Συμεών*)과 그의 별명의 헬라식 형태인 페트로스(*Πέτρος*)가 결합되어 나오는 것은 의외이다.

여기에서 쉬메온(*Συμεών*)의 사용은 이 서신의 진정성의 표지(Bigg, Green: 참조. Mayor, James) 또는 위서 저자가 그의 작품을 진서(眞書)로 보이게 하기 위하여 의도적으로 고풍스러운 덧칠을 한 흔적(Barnett, Kelly, Schrage; Fornberg, *Early Church*, 10)으로 여겨져 왔다. 베드로가 친히 이 서신을 썼을 가능성은 희박하지만(서론의 "저자 문제"를 보라), 두 번째 견해에 대해서도 다음과 같은 반론들이 제기될 수 있다: (a) 베드로와 관련된 위서를 쓴 그 어떤 저자도 쉬메온(*Συμεών*)이라는 이름을 사용하지 않는다. (b) 만약 베드로후서의 기자가 이 서신의 진정성을 목표로 하였고, 그와 그의 독자들이 베드로전서를 알았다고 한다면(3:1을 보라), 사람들은 그가 베드로전서 1:1을 그대로 베꼈다고 생각했을 것이다. (c) 어쨌든 베드로후서의 기자는 그의 독자들이 베드로가 친히 이 서신을 썼다고 생각할 것이라고는 기대하지 않았을 것이다(서론의 "저자 문제"를 보라). 유다가 베드로후서를 썼다고 생각하는 로빈슨(J. A. T. Robinson)은 쉬메온(*Συμεών*)이 사도행전 15:14에서 유다의 형제 야고보에 의해서 사용되고 있는 점을 들어서 이 호칭을 유다가 베드로후서를 썼음을 보여주는 표지로 본다(*Redating*, 194). 유다가 베드로후서를 썼다는 설은 유지될 수 없지만, 로빈슨은 전체적으로 올바른 방향을 보여주고 있다고 할 수 있다. 쉬메온(*Συμεών*)이라는 형태는 베드로후서의 기자가 로마 교회에 있던 베드로 진영에 속한 베드로의 동료였다는 사실을 보여주는 것일 수 있다. 그 진영 속에는 팔레스타인에 있을 때부터 베드로를 알고 있던 유대 기독교 지도자들(마가와 실라를 비롯한)이 포함되어 있었기 때문에, 팔레스타인 기독교 진영들에서 통용되던 쉬메온(*Συμεών*)이라는 이름도 로마 교회의 베드로 진영에서 계속 사용되었다.

"예수 그리스도의 종과 사도"(*δοῦλος καὶ ἀπόστολος Ἰησοῦ Χριστοῦ*－둘로스 카이 아포스톨로스 예수 크리스투). 기자가 여기에서 베드로전서 1:1("예수 그리스도의 사도")이나 유다서 1:1("예수 그리스도의 종")을 따르고 있지 않다는 것은 분명하다. 그가 이 두 구절을 결합시켜서 사용하였다는 주장은 터무니없다. 그는 이 자연스러운 한 쌍의 호칭, 즉 "베드로의 사역을 보여주는 호칭과 그의 권위를 강조하는 호칭"(Kelly; 참조. 롬 1:1; 딛 1:1)을 만들어내는 데에 그 어떤 모델도 필요로 하지 않았다. "종"이라는 용어에 대해서는 유다서 1:1에 대한 "주석"을 보라.

"동일하게 보배로운 믿음을 우리와 같이 받은 자들에게"(*τοῖς ἰσότιμον ἡμῖν λαχοῦσιν πίστιν* – 토이스 이소티몬 헤민 라쿠신 피스틴) 이 서신의 수신자들의 믿음은 여기에서 "우리의" 믿음과 대비된다. 이것은 베드로가 속해 있던 유대 그리스도인들과 이 서신의 독자들인 이방 그리스도인들을 대비시킨 것으로 이해되어 오거나(참조. 행 11:17; 15:9, 11에 나오는 베드로의 말들; Plumptre, Mayor, Boobyer, Leaney; Hanse, *TDNT* 4, 2), 베드로가 속한 사도들과 사도들이 아닌 독자들을 대비시킨 것으로 이해되어 왔다(Spitta, Lumby, James, Moffatt, Reicke, Spicq; Zahn, *Introduction*, 206-7; Stählin, *TDNT* 3, 349). 이 서신 속에는 유대인-이방인 문제를 다루는 흔적이 전혀 없고, 여기서의 경우에 일인칭 복수가 이 장의 뒷부분에 나오는 대목(16-18절)에서와 동일한 의미로 사용되고 있는 것에 비추어 볼 때에 후자의 가능성이 더 높다. 이러한 대비에는 추가적인 차원이 있는데, 그것은 베드로가 1:12-15에서 그의 사후의 독자들을 위하여 이 서신을 쓰고 있는 것으로 묘사되고 있다는 것이다. 그러므로 이것은 사도들과 사도 시대 이후의 세대에 사는 자들 간의 대비이다(Schelkle, Sidebottom, Kelly, Schrage). 이 후대의 신자들의 믿음은 사도들의 믿음에 비해 결코 열등하지 않다(동일 시기의 비슷한 생각에 대해서는 요 20:29을 참조하라; *Ep. Apost* 6; 그리고 아마도 참조. 벧전 1:8). 이러한 해석은 이 서신의 주된 관심을 서두에서 분명하게 제시하는 이점을 지닌다: 사도들의 가르침을 사도 이후의 세대에게 전하는 것.

이소티몬(*ἰσότιμον*)은 "동일한 가치를 지닌"(NIV; "우리의 믿음과 마찬가지로 보배로운 믿음," AV, RV), 또는 "동일한 특권을 지닌"(RSV; "우리의 믿음과 대등한 위치에 있는 믿음," NEB)을 의미할 수 있다. 후자의 의미에서 이 단어는 시민생활에 있어서 동일한 지위 또는 신분을 가리키는 데에 사용되었는데(*TDNT* 3, 349), 이러한 의미는 그 뒤에 나오는 엔 디카이오쉬네(*ἐν δικαιοσύνῃ*, "의를 힘입어"; 아래를 보라)와 잘 통하기 때문에 전자의 의미보다 여기에 더 적합하다. 그러나 그런 경우에 피스틴(*πίστιν*)은 신앙의 대상으로서의 믿음(fides quae creditur)이라는 객관적 의미를 지니기가 힘들어진다(유 3절과 그 "주석"을 보라; Schelkle, Kelly, Schrage, Grundmann). 이 믿음은 기독교 신자를 사도들과 동일한 특권적인 위치에 올려놓은 신자의 주관적 믿음 – 물론, 객관적인 복음에 근거한 – 이다(참조. 요 20:29). 동사 라그카네인(*λαγχάνειν*, "제비뽑기를 통해서, 또는 신의 뜻에 의해서 받다")이 보여주듯이, 이 믿음은 하나님이 거저 주시는 선물이다(Hanse, *TDNT* 4, 2).

"의를 힘입어"(*ἐν δικαιοσύνῃ* – 엔 디카이오쉬네). 어떤 학자들은 여기에 나오는 "의"를 그리스도인들의 믿음의 토대가 된 그리스도의 구속 사역을 가리키는 것으로 해석하지만(Spicq, Stöger), 베드로후서의 다른 곳에서 "의"는 윤리적 특질을 나타내는 단어이기 때문에(1:13; 2:5, 7, 8, 21; 3:13), 대부분의 주석자들은 이 단어를 "동일하게 보배로운"(*ἰσότιμον* – 이소티몬)과 연결시켜서, 모든 그리스도인들에게 동일한 특권이 수여된다는 의미에서의 공평함과 불편부당(不偏不黨)함을 가리키는 것으로 해석한다.

"우리 하나님과 구주 예수 그리스도의"(*τοῦ θεοῦ ἡμῶν καὶ σωτῆρος Ἰησοῦ Χριστοῦ* – 투 데우 헤몬 카이 소테로스 예수 크리스투). 이 구절은 두 위격("우리 하나님과 구주 예수 그리스도")을 가리키는가, 아니면 한 위격("우리 하나님이자 구주이신 예수 그리스도")을 가리키는가? 소테로스(*σωτῆρος*, "구주") 앞에 관사가 없는 것으로 보아서 후자일 가능성이 크지만, 이 가능성이 결정적인 것은 아니다(딛 2:13; 유 4절에서의 비슷한 문제들을 참조하라). 그러므로 일부 학자들은 이 구절이 하나님과 예수를 구별하고자 하는 의도를 지닌 것으로 생각하지만(Plumptre, Mayor, Windisch; Käsemann, "Apologia," 183 n. 2), 다수의 학자들은 여기에서 데우(*θεοῦ*, "하나님")가 예수를 가리킨다고 생각한다. 다음과 같은 논거들은 그러한 견해를 지지해 준다: (1) 이 서신의 다른 곳에서 기자는 여기에서와 비슷한 구조로 된 구절을 사용하는데, 거기에서 투 퀴리우 헤몬 카이 소테로스 예수 크리스투(*τοῦ κυρίου ἡμῶν καὶ σωτῆρος Ἰησοῦ Χριστοῦ*, "우리 주 곧 구주 예수 그리스도"; 1:11; 3:18; 참조. 2:20; 3:2)라는 구절 전체가 예수 그리스도를 가리킨다는 것은 의심의 여지가 없다. 반면에, 이 기자가 두 위격을 구별하고자 할 때에는 그 구문 자체가 다르다: 투 데우 카이 예수 투 퀴리우 헤몬(*τοῦ θεοῦ καὶ Ἰησοῦ τοῦ κυρίου ἡμῶν*, "하나님과 우리 주 예수"; 1:2). (2) 그리스도에 대한 3:18의 송영은 데오스(*θεός*, "하나님")를 그리스도에 대하여 사용하는 기독론과 맥을 같이 한다. (3) 이러한 어법은 기자가 헬레니즘의 종교 언어를 사용하고 있는 것의 일부로 보아져야 할 것 같다(Fornberg, *Early Church*, 143).

이러한 견해를 반대하는 논거들은 설득력이 없다: (1) 1:2에서 두 위격이 구별되고 있다. 그러나 기독교 서신의 인사말 속에서 이위일체적인 문구의 사용은 전통적인 것이었던 반면에, 1절에서 기자는 좀더 자유롭게 글을 쓰고 있다. (2) 케제만

(Käsemann, "Apologia," 183 n. 2)은 정형화된 기독론적 문구(1:11; 2:20; 3:2, 18에서 사용된)가 "우리 주 곧 구주 예수 그리스도"라는 점을 감안할 때에 여기에서 데우(θεοῦ, "하나님")의 사용은 두 위격을 구별하고자 하는 의도임에 틀림없다고 주장한다. 그러나 정형화된 문구의 변형들을 사용하지 않아야 할 이유는 없다. (3) 신약에서 데오스(θεός, "하나님")를 예수에 대하여 사용하는 예는 드물다. 확실한 예가 소수 있고(요 1:1; 20:28; 히 1:8-9; 참조. 요 1:18의 이독), 데오스(θεός)가 예수에 대하여 사용되었을 가능성이 있는 몇몇 본문들(딛 2:13; 요일 5:20; 롬 9:5; 살후 1:12)이 있다(이 본문들에 대해서는 V. Taylor, "Does the New Testament Call Jesus 'God'?", *New Testament Essays*[London: Epworth, 1970] 83-89; R. E. Brown, "Does the New Testament Call Jesus God?", *Jesus God and Man*[London: Geoffrey Chapman, 1968] 1-38; A. W. Wainwright, *The Trinity in the New Testament*[London: S.P.C.K., 1962] 53-74를 보라). 이 예들이 다 확실한 것은 아니지만, 이러한 증거들의 누적적인 결과는 주후 1세기 후반의 이삼십 년 동안에 데오스(θεός, "하나님")가 종종 예수에 대하여 사용되었다는 것을 보여주는 것임에 틀림없다. 초기의 정경 이외의 기독교 문헌들은 주후 2세기 초에 이르러서는 이러한 호칭이 심심치 않게 사용되었다는 것을 보여준다(*1 Clem* 2:1?; Ign. *Eph.* Scr; 1:1; 7:2; 18:2; 19:3; *Trall.* 7:1; *Rom.* 3:3; *Smyrn.* 10:1; *Pol.* 8:3; Pol. *Phil.* 12:2; *Ep. Apost* 3(Ethiopic); *Apoc. Pet. E* 16; 참조. *2 Clem* 1:1). (베드로후서 1:1에서처럼 예수 그리스도를 "우리 하나님"으로 부르고 있는 예들로는 Ign. *Eph.* Scr; 18:2; *Rom.* 3:3; *Pol.* 8:3을 보라.) 이렇게 베드로후서가 데오스(θεός, "하나님")를 예수에 대하여 사용하고 있을 가능성이 있지만, 이러한 용법으로 보아서 이 서신이 주후 2세기의 것이라는 결론이 반드시 도출되는 것은 아니다.

베드로후서의 기자가 이 단어를 통해서 예수에 대하여 정확히 온전한 신성(神性)을 부여하고자 한 것인지, 아니면 이 용어를 이교의 용법에 따라 좀더 느슨한 의미로 사용한 것인지를 알아내는 것은 거의 불가능하다. 하지만 이 단어가 초기 기독교 전체에 걸쳐서 예수에게 돌려졌던 신적 기능들에 대한 반응이었던 송영(3:18)에서 표현된 예수에 대한 그리스도인들의 신앙적 태도를 반영하고 있다는 것은 확실하다.

여기에서 예수에게 주어진 또 다른 호칭인 소테르(σωτήρ, "구주")는 신약에서 기독론적 호칭으로 오직 16번밖에 나오지 않는다(눅 2:11; 요 4:42; 행 5:31; 13:23; 엡 5:23; 빌 3:20; 4:14; 목회서신에 4번: 딤후 1:10; 딛 1:4; 2:13; 3:6;

베드로후서에 5번: 1:1, 11; 2:20; 3:2, 18). 하지만 이 호칭은 후대의 글들 속에서는 다소 더 빈번하게 등장하고(*2 Clem* 20:5; Ign. *Eph.* 1:1; *Magn.* inscr.; *Phld.* 9:2; *Smyrn.* 7:1; Pol. *Phil.* inscr.; *Mart. Pol.* 19:2; *Gos. Pet.* 4:13; Pap. Oxy. 840, lines 12, 21, 30; *Diogn.* 9:6; *Ep. Apost* 3, 5, 6, 8, 12; Quadratus, *Apol., ap.* Eusebius, *Hist. Eccl.* 4.3.2), 주후 2세기 중반 이후로는 아주 흔하게 등장한다. 이 용어는 유대교에서 하나님에 대하여 사용되었고, 초기 기독교에서도 종종 그러하였으며(유 25절에 대한 "주석"을 보라), 이 용어를 예수에게 적용한 것도 원래 이러한 유대적 용법에서 기인하였을 가능성이 높다. 초기 그리스도인들은 예수를 구원이라는 신적 기능을 수행한 것으로 보았다. 하지만 이 용어가 점점 더 기독교적인 용법으로 널리 사용되게 된 것은 이 용어가 이교의 종교적 용어로서 널리 알려져 있었기 때문일 것이다: 이 용어는 특히 황제 숭배 속에서 헬레니즘의 구원자로서의 신들과 신적 통치자들에게 적용되었다(*TDNT* 7, 1004-12). 이 용어에 대한 베드로후서 기자의 선호는 그가 복음을 이방의 회심자들에게 효과적으로 전하기 위하여 그의 헬레니즘적 환경 속에서의 종교적 어휘를 기꺼이 사용하고자 했음을 보여주는 또 다른 표지(標識)일 수 있다.

2 "하나님과 우리 주 예수를 앎으로"(*ἐν ἐιγνώσει τοῦ θεοῦ καὶ Ἰησοῦ τοῦ κυρίου ἡμῶν* – 엔 에피그노세이 투 데우 카이 예수 투 퀴리우 헤몬). 그노시스(*γνῶσις*)와 에피그노시스(*ἐπίγνωσις*)의 의미가 서로 다른가라는 문제를 놓고 많은 논란이 있어 왔다(이 논쟁을 개관하고 있는 Picirelli, *EvQ* 47[1975] 85-93을 보라; 또한 Mayor, 171-74). 확연히 구별되는 차이는 없는 것으로 보이고, 이 두 명사에 대응되는 동사들인 기노스케인(*γινώσκειν*)과 에피기노스케인(*ἐπιγινώσκεν*)처럼, 이 두 단어는 상호적으로 사용될 수 있었던 것으로 보인다. 그러나 적어도 종종 접두사인 에피(*ἐπί*)는 "기동(起動)의 의미"를 지니고 있어서 "알게 **되다**"라는 의미를 나타낸다(Picirelli, *EvQ* 47[1975] 91). 이것은 초기 기독교에서 에피그노시스(*ἐπίγνωσις*; 그리고 정도 차이는 있지만 *ἐπιγινώσκειν* – 에피기노스케인도)는 회심을 통해서 얻어진 지식을 가리키는 전문적인 용법으로 사용되고 있는 것 같은 현상을 설명해 준다(Bultmann, *TDNT* 1, 707). 에피그노시스(*ἐπίγνωσις*)의 이러한 용법은 히브리서 10:26; 디모데전서 2:4; 디모데후서 2:25; 3:7; 디도서 1:1(이 모든 예들에서 "진리를 아는 지식"); 클레멘트1서 59:2("그의 이름의 영광을 아는 지식"); *Mart. Pol.* 14:1(하나님을 아는 지식); *Diogn.* 10:1("아버지를 아는 지식")에서 발견된다(*Herm. Sim.* 9:16:7; *Ker. Pet.* fragm. 2에 나오는 에피그노스케인

[ἐπιγινώσκειν] 및 갈 4:9과 *2 Clem* 3:1에 나오는 기노스케인[γινώσκειν]을 참조하라). 이러한 용어들은 하나님을 아는 지식을 갖고 있는 유대교와 참 하나님에 대하여 무지한 이교를 대비시킨 헬레니즘적 유대교의 변증을 배경으로 한다(Dupont, *Gnosis*, 47-49).

베드로후서가 애용한 에피그노시스(ἐπίγνωσις)의 용례(1:2, 3, 8; 2:20)가 이러한 용법과 합치한다는 것은 분명해 보인다: 이 지식은 "기독교로의 회심 속에 내포된 하나님을 아는 결정적인 지식"(Bultmann, *TDNT* 1, 707)이다. 베드로후서에서 그리스도인의 삶의 과정 속에서 획득되고 발전될 수 있는 지식을 가리킬 때에 사용되는 그노시스(γνῶσις, 1:5, 6; 3:18)와는 대조적으로, 에피그노시스(ἐπιγνωσις)는 언제나 그리스도인의 삶 전체의 토대인 근본적인 구원의 지식을 가리킨다. 마찬가지로, 에피기노스케인(ἐπιγινώσκειν, 2:21에서 2번)은 그러한 지식을 갖게 해준 회심 체험을 가리킨다(반면에, 기노스케인[γινώσκειν]은 1:20; 3:3에서 통상적인 평범한 의미를 지닌다).

이 절에서 "하나님을 아는 지식"이라는 유대교적 용어는 "우리 주 예수"라는 어구의 첨가를 통해서 기독교적 회심 속에 내포된 좀더 특별한 지식을 가리키는 것으로 확대되었다(이중 목적어에 대해서는 요 17:3을 참조하라). 다른 곳에서 베드로후서의 기자는 좀더 간단하게 **그리스도**를 아는 지식이라고 말한다(1:2, 3, 8; 2:20; 참조. 3:18). 그리스도를 "앎"이라는 일반적인 개념은 초기 기독교에서 그리 흔하지 않고(요 10:14; 14:7; 17:3; 고후 5:16; 엡 4:13; 빌 3:8, 10; 요일 2:3-4), 베드로후서가 그리스도를 아는 지식을 기독교의 근본적인 지식이라고 말하는 것은 이 서신의 용어 사용의 특별한 특징이다. 이것과 가장 밀접한 평행들은 헤르마스의 비유서(*Herm. Sim.*) 9:16:7(ἐπέγνωσαν τὸ ὄνομα τοῦ υἱοῦ τοῦ θεοῦ – 에페그노산 토 오노마 투 휘우 투 데우, "하나님의 아들의 이름을 알게 되었다"), 그리고 베드로후서 1:1-15의 몇몇 특징들과 전체적으로 평행되기 때문에 전체를 인용해 볼 가치가 있는 사도들의 서신(*Ep. Apost.*) 6이다: "이 일들은 우리 주 곧 구주께서 우리[사도들]에게 계시하시고 보여주신 것이고, 또한 우리가 너희에게 그렇게 한 것이니, 이는 너희가 영생을 숙고하여 주의 은혜와 우리의 섬김과 우리의 영광에 참여하는 자들이 되게 하기 위함이라. 우리 주 예수 그리스도를 아는 것과 좇는 것에서 요동치 말고 견고히 서라. 그리하면 그가 영원무궁토록 늘 은혜를 베푸시고 구원하시리라"(*NT Apoc.* 1, 194).

여기서 말하는 지식은 의심할 여지없이 하나님과 예수 그리스도를 인정하는 것과 인격적으로 아는 것, 둘 모두를 가리키고, 베드로후서가 기독교적 회심을 의의 길을 알게 되는 것으로 다른 각도에서 설명한 것(2:21)은 1:3-8이 분명히 보여주듯이 이 지식이 강력한 실천적 및 윤리적 함의들을 지닌 지식이기도 하다는 것을 우리에게 상기시켜 준다. 베드로후서의 기자가 기독교적 회심에 의한 근본적인 지식과 그 윤리적 함의들을 강조하는 이유는 그의 독자들이 직면해 있던 윤리적 자유주의로 말미암아 배교의 위험성(2:20-21) 때문이었다.

이 절에서 기독교 서신의 인사말 속에서 통상적으로 사용되었던 이위일체적인 형태는 에피그노시스(*ἐπίγνωσις*)의 도입(이것은 다른 초기 기독교 서신의 인사말들 속에서는 그 어디에서도 발견되지 않는다)으로 말미암아 수정되었다. 즉, 독자들은 오직 하나님과 예수를 알게 되고 나서 그 후로도 부인하지 않은 **그리스도인**일 때에만 하나님의 은혜와 평강의 축복을 경험하게 되리라는 것이다(Dupont, *Gnosis*, 32).

일부 주석자들(Plumptre, Schelkle, Reicke, Green, Kelly)은 베드로후서에서 에피그노시스(*ἐπίγνωσις*)가 그노시스(*γνῶσις*)에 대한 거짓 교사들의 주장을 반박하는 변증적 의미를 지닌다고 생각한다. 하지만 위에서처럼, 베드로후서에서의 이 용어의 용법은 특별히 "영지주의적인" 대적자들을 전제하지 않고도 얼마든지 설명할 수 있는 것으로 보인다. 베드로후서는 소위 영지주의적 주장을 결코 직접적으로 거론하지 않고, 그노시스(*γνῶσις*)를 오직 나쁜 의미로만 사용하는 목회 서신(딤전 6:20)과는 달리, 그노시스(*γνῶσις*, 1:5, 6; 3:18)와 에피그노시스(*ἐπίγνωσις*)를 서로 의미는 다르지만 둘 다 좋은 의미로 자유롭게 사용한다.

### 해설

사도 베드로의 이전 동료, 아마도 로마 교회에서 베드로의 동역자들과 제자들로 이루어진 진영에 속한 어떤 사람이 전에 베드로전서를 수신한 바 있던 교회들에게 베드로의 이름으로 편지를 쓴다. 대부분의 사도들이 죽고 난 후의 시대에서 사도들의 가르침을 보존하고자 하는 그의 관심은 이미 수신자들에 관한 그의 묘사 속에서 분명하게 드러난다. 그들은 제2세대의 기독교 신자들이지만, 그들의 기독교 신앙과 삶의 토대로서 여전히 유효한 사도들의 가르침이 그들에게 있기 때문에, 주를 직접 본 사도들에 비해서 열악한 처지에 있는 것이 아니다.

이 인사말의 독특한 특징은 "하나님과 우리 주 예수를 아는 지식"에 대한 언급이다. 이 구절은 회심으로 말미암아 얻어진 근본적인 기독교적 지식을 가리키는 것으로서, 이 서신의 주된 목적을 소개하는 역할을 한다: 도덕적 자유주의를 통해서 이 지식을 실질적으로 부정하는 배교에 대하여 경고하는 것. 베드로후서의 기자는 기독교 신앙으로의 회심을 통해서 하나님과 그리스도를 알게 된 자들에게 하나님의 축복이 있기를 기원한다.

# 주제: 베드로의 메시지의 요약(1:3-11)

## 참고문헌

**Boobyer, G. H.** "Indebtedness," 40-44. **Danker, F. W.** "2 Peter 1: A Solemn Decree." *CBQ* 40(1978) 64-82. **Deissmann, G. A.** *Bible Studies*, 95-97, 360-68. **Dupont, J.** *Gnosis*, 32-33, 380-98. **Easton, B. S.** "New Testament Ethical Lists." *JBL* 51(1932) 1-12. **Fischel, H. A.** "The Uses of Sorites(*Climax, Gradatio*) in the Tannaitic Period." *HUCA* 44(1973) 119-51. **Gross, J.** *La divinisation du chrétien d'après les pères grecs.* Paris: Gabalda, 1938. 109-11. **Normann, F.** *Teilhabe-ein Schlüsselwort der Vätertheologie.* MBTh 42. Münster: Aschendorff, 1978. 60-65. **Spicq, C.** *Agape in the New Testament.* Tr. M. A. McNamara and M. W. Richter. Vol. 2. London/St Louis: Herder, 1965. 374-77. **Vögtle, A.** *Die Tugend- und Lasterkataloge im Neuen Testament.* NTAbh 16. 4/5. Münster: Aschendorff, 1936. 48, 90-91, 188-91. **Wibbing, S.** *Die Tugend- und Lasterkataloge im Neuen Testament und ihre Traditionsgeschichte unter besonderer Berücksichtigung der QumranTexte.* BZNW 25. Berlin: Alfred Töpelmann, 1959. 80-81 84-85, 104.

## 본 문

| | |
|---|---|
| **3** 그의 신기한 능력으로 생명과 경건에 속한 모든 것을 우리에게 주셨으니 이는 자기의 영광과 덕으로써 우리를 부르신 자를 앎으로 말미암음이라 | **3** His divine power has bestowed on us everything necessary for a godly life, through the knowledge of him who called us by his own glory and might,[a] |
| **4** 이로써 그 보배롭고 지극히 큰 약속을 우리에게 주사 이 약속으로 말미암아 너희로 정욕을 인하여 세상에서 썩어질 것을 피하여 신의 성품에 참예하는 자가 되게 하려 하셨으니 | **4** by means of which he has bestowed on us[b] the very great and precious[c] promises, so that through them you may escape the corruption that is in the world because of sinful desire and become sharers of divine nature. |
| **5** 이러므로 너희가 더욱 힘써 너희 믿음에 덕을 덕에 지식을, | **5** For this very reason make every effort, by your faith to produce virtue, by virtue knowledge, |
| **6** 지식에 절제를 절제에 인내를, 인내에 경건을, | **6** by knowledge self-control, by self-control steadfastness, by steadfastness godliness, |
| **7** 경건에 형제 우애를, 형제 우애에 사랑을 공급하라 | **7** by godliness brotherly affection, and by brotherly affection love. |

8 이런 것이 너희에게 있어 흡족한즉 너희로 우리 주 예수 그리스도를 알기에 게으르지 않고 열매 없는 자가 되지 않게 하려니와
9 이런 것이 없는 자는 소경이라 원시치 못하고 그의 옛 죄를 깨끗케 하심을 잊었느니라

8 For if you possess these qualities in increasing measure, they keep you from being idle or unfruitful in the knowledge of our Lord Jesus Christ.
9 Anyone who does not have them is short-sighted, blind, and has forgotten that he was cleansed from his past sins.

10 그러므로 형제들아 더욱 힘써 너희 부르심과 택하심을 굳게 하라 너희가 이것을 행한즉 언제든지 실족지 아니하리라
11 이같이 하면 우리 주 곧 구주 예수 그리스도의 영원한 나라에 들어감을 넉넉히 너희에게 주시리라

10 Therefore, my brothers, make all the more effort[d] to confirm your call and election. If you do these things, you will never come to grief.
11 For in this way entry into the eternal kingdom of our Lord and Savior Jesus Christ will be richly provided for you.

## 원문주해

a. 이디아 독세 카이 아레테(*ἰδίᾳ δόξῃ καὶ ἀρετῇ*, ℵ A C P *al*)가 분명히 디아 독세스 카이 아레테스(*διὰ δόξης καὶ ἀρετῆς*, $P^{72}$ B K L *al*)보다 더 낫다.

b. 대다수의 사본에는 헤민(*ἡμῖν*)으로 되어 있지만, A에는 휘민(*ὑμῖν*)으로 되어 있다. 이 두 대명사는 서로 혼동하기가 쉽고, 어느 쪽이 원래의 것인지를 확인하는 것은 불가능하다: 헤민(*ἡμῖν*)이라는 독법이 앞에 나오는 헤마스(*ἡμᾶς*)의 영향을 받은 것일 수도 있고, 휘민(*ὑμῖν*)이라는 독법이 뒤에 나오는 게네스데(*γένησθε*)의 영향을 받은 것일 수도 있다.

c. 형용사들의 순서는 사본들마다 서로 다르다. Mayor와 Chaine은 통상적인 헬라어 문체에서 최상급이 두 번째에 놓인다는 근거를 들어서(또한 참조. Metzger, *Textual Commentary*, 699-700) 티미아 카이 메기스타(*τίμια καὶ μέγιστα*, $P^{72}$ ℵ B K L *al*)라는 독법을 선호하지만 이 독법은 필사자의 수정을 위한 동기일 가능성이 있기 때문에, 더 어려운 독법인 메기스타 카이 티미아(*μέγιστα καὶ τίμια*, A C P Ψ *al*)가 원래의 것일 수 있다.

d. 디아 톤 칼론 에르곤(*διὰ τῶν καλῶν ἔργων*, ℵ A Vg *al*)은 보충설명을 위한 난외주이다.

## 양식/구조/배경

이 단락의 처음에 나오는 불변화사 호스(*ὡς*)는 위의 영역 본문에서는 번역되지 않았다. 이 불변화사가 앞 절과 연결되어서 3-4절이 인사말을 좀더 자세하게 설명하는 것인지, 아니면 새로운 단락의 시작을 나타내는 것인지를 결정하기는 어렵다. 후자의 경우라면, 3-4절을 조건절로 보고, 5-7절을 귀결절로 보아야 한다(Knopf,

Reicke). 하지만 카이 아우토 투토 데(*καὶ αὐτὸ τοῦτο δέ*, "이러므로")라는 어구는 귀결절의 도입구로서는 아주 어색하기 때문에, 기자가 5절에서 새로운 문장을 시작하고 있음을 보여주는 파격구문(anacolouthon)으로 보아져야 한다. 이러한 문법상의 어색함은 대다수의 주석자들로 하여금 이 불변화사가 2절과 연결되는 것으로 보게 만들어 왔다(Spitta, Bigg, Windisch, Schelkle, Spicq, Kelly; Zahn, *Introduction*, 220; Fornberg, *Early Church*, 86). 인사말을 이런 식으로 보충설명 하는 예는 아주 드물지만, 그 예들은 위(僞)플라톤 서신들(Spitta, 29)과 이그나티우스 서신들(*Eph.* 1:1; *Rom.* 1:1; *Phld.* inscr.; *Smyrn.* 1:1; Spitta, 27-29를 보라)로부터 인용된다. 이 예들은 서신의 본론을 시작하기 전에 인사말을 확장하고 있는 것이라기보다는 서신의 본론의 서두를 인사말과 구문론적으로 연결시키고 있는 것임을 보여준다. 그러므로 독자는 아무런 단절 없이 인사말에서 서신의 본론으로 넘어갈 수 있다. 베드로후서의 경우에, 호스(*ὡς*)는 이런 식으로 2절과 3절을 느슨하게 연결시키기 위한 것으로 보이지만, 5a절을 보면, 3-4절이 이후의 내용과 밀접하게 연결되어 있다는 것도 분명하다. 2절과의 연결은 주로 문체상의 것인 반면에, 5-7절과의 연결은 논증의 흐름에 근본적인 것이다. 그러므로 우리가 영역 본문에서 2절과 3절을 끊어서 3-11절을 이 서신의 첫 번째 큰 단락으로 다루는 것은 옳다.

이 단락은 발처(K. Baltzer, *The Covenant Formulary*, tr. D. E. Green[Oxford: Basil Blackwell, 1971])와 돈프리드(Donfried, *Second Clement*, 41-48)가 보여준 유대교와 초기 기독교 문헌에 나오는 표준적인 강해 양식을 따르고 있는 것으로 보인다. (Baltzer가 이 양식을 구약의 언약 문구로부터 도출해낸 것이 옳으냐 그르냐는 여기서 중요하지 않다.) 이 양식은 세 부분으로 구성된다.

(a) 구원사에 있어서 하나님의 역사(役事)들을 상기시키는 역사적(또는, 신학적) 부분(3-4절). (b) (a)를 토대로 하고 (c)를 염두에 둔 윤리적 권면들(5-10절). (c) 구원의 약속이나 심판의 위협이 들어 있는 종말론적 부분(11절).

이러한 양식을 보여주는 가장 좋은 예들 중의 두 가지는 4 Ezra 14:28-36([a]: 29-33절; [b]: 34절; [c]: 35절)과 *Acts John* 106-107에서 찾아볼 수 있다(Baltzer, *Covenant Formulary*, 173-75를 보라). 이 둘은 모두 고별사들인데, 에스라는 그의 승천에 앞서, 그리고 요한은 죽기 전에 이 고별사를 행한다. 이 고별사들은 에스라와 요한이 죽은 후에 그들의 메시지가 후세에 기억되게 하기 위하여 그 메시지를 요약해 놓고자 한 것이 분명하다. 마찬가지로, 베드로후서의 기자도 베드로의 가르침이 후세에 전해지도록 하기 위하여 이 단락에서 베드로의 "고별 설교"를 제시하여 베드로의 가르침을 요약하고자 했음이 분명하다(참조. 1:12-15). (Donfried, *Second Clement*, 46에서는 이러한 강해 약식을 베드로후서 전체에 적용하고자 시도하지만 그렇게 하기 위해서 1:20-3:2을 후대의 첨가로 보아야 했다. 따라서 1:3-11만을 축소판 강해로 보는 것이 더 낫다.) 그러므로 베드로후서의 기자는 이 서신의 나머지 부분을 거짓 교사들에 의해서 제기된 반론들에 대항하여 이 가르침을 옹호하는 데에 할애한다.

부바이어(Boobyer, "Indebtedness," 40-41)는 이 단락이 베드로전서 1:3-9의 "회고이자 보충"이라고 주장하지만 이 두 단락의 관계는 극히 모호해서, 오직 베드로후서가 베드로전서의 영향을 받았음을 보여주는 좀더 명확한 증거가 나올 때에만, 여기에서 그러한 주장도 가능성이 있게 될 것이다. 기자는 베드로의 가르침을 요약하고자 하지만 그렇게 하기 위해서 베드로전서를 참조한 것으로 보이지는 않는다. 그가 베드로의 동료였다면, 그는 베드로의 가르침이 무엇이었는지를 알아내기 위해서 굳이 베드로전서를 참조할 필요가 없었을 것이다.

댄커(Danker, *CBQ* 40[1978] 64-82)는 베드로후서 1장, 특히 1-11절이 헬레니즘 세계에서 지역 사회들이 그들에게 은혜를 베푼 자들의 공덕을 기록할 때에 사용한 제국 또는 시민의 포고(布告, decrees)의 양식과 문체를 본뜬 것임을 보여주고자 하였다. 그러나 그가 베드로후서 1장에 나오는 특정한 어구들과 평행되는 것으로 인용한 것들 중에서 아주 밀접하거나 주목할 만한 것은 거의 없어서, 그는 베드로후서 1장이 포고 양식을 대폭 수정한 것이라고 추정하지 않을 수 없었다. 그의 주장은 설득력이 없다. 우리가 말할 수 있는 최대한의 것은 3-11절의 고도로 수사적인 문체는 공적인 포고에서 사용된 언어 중 일부를 반영하고 있다는 것 정도이기 때문에(또한 참조. Deissmann, *Bible Studies*, 360-68), 이 단락이 포고 양식을 본뜰 의도가 있었다고 말할 수는 없다.

### 미덕 목록(5-7절)

신약의 서신들은 여러 가지 미덕 목록들을 담고 있지만(이것에 대해서는 Easton, *JBL* 51(1932) 1-12; Vögtle, *Tugend- und Lasterkataloge*; Wibbing, *Tugend-und Lasterkataloge*를 보라), 베드로후서 1:5-7은 두 가지 중요한 점에서 다른 목록들과 다르다:

(1) 용어에 있어서. 윕빙(Wibbing, *Tugend- und Lasterkataloge*)은 신약의 다른

미덕 목록들(빌 4:8을 제외하고)은 내용상으로 1QS 4에 나오는 목록과 아주 비슷한 반면에, 베드로후서 1:5-7에 나오는 미덕과 관련된 용어들은 스토아학파 및 헬레니즘 대중철학의 미덕 용어들과 훨씬 더 많이 부합한다는 것을 보여주었다. 특히, 베드로후서의 목록에 나오는 세 개의 용어는 성격상 두드러지게 헬레니즘적이고, 신약의 다른 목록들 속에서는 오직 각각 한 번씩만 등장한다: 아레테(*ἀρετή*, "덕": 빌 4:8), 엑크라테이아(*ἐγκράτεια*, "절제"; 갈 5:23), 유세베이아(*εὐσέβεια*, "경건": 딤전 6:11). 하지만 이 용어들은 기독교 이외의 미덕 목록들 속에서는 자주 등장한다(Vögtle, *Tugend- und Lasterkataloge*, 91, 124; Wibbing, *Tugend- und Lasterkataloge*, 104; Dupont, *Gnosis*, 383; A. Deissmann, *Light from the Ancient East*, tr. L. R. M. Strachan, 2nd ed(s). [London: Hodder & Stoughton, 1927], 317-18). 피스티스(*πίστις*)는 기독교 이외의 목록들에서 "충성"이라는 의미로 나오지만(Vögtle, *Tugend- und Lasterkataloge*, 91), 베드로후서에서는 기독교의 다른 목록들에서처럼 "믿음"을 나타낸다. 그노시스(*γνῶσις*, "지식")는 베드로후서에 나오는 미덕 용어들 중에서 1QS 4의 목록에 나오는 용어와 유일하게 일치하고, 바울의 목록들 속에도 나오지만(고후 6:6; 8:7), 기독교 이외의 헬레니즘 문헌의 목록들 속에서도 자주 나오기 때문에, 그런 이유로 여기에서 사용된 것일 수 있다(Dupont, *Gnosis*, 392-93).

베드로후서 1:5-7에는 나오지만 신약의 다른 곳에서는 드물게 사용되는 헬레니즘적인 미덕 용어들은 정경 이외의 초기 기독교 문헌 속에서는 더 자주 등장한다(논의에 대해서는 "주석"을 보라). 베드로후서의 미덕 목록은 신약의 미덕 목록들과 비교하면 외톨이 신세이지만, *1 Clem* 1:2; 62:2; 64:1; *2 Clem* 4:3; *Herm. Vis.* 3:8:7; *Mand.* 6:1:1; 8:9; 12:3:1; *Sim.* 9:15:2; *Barn.* 2:2-3; *Act. Verc.* 2; *Acts John* 29에 나오는 목록들과 비교하면 더 이상 그렇게 이례적이지 않다. 당연한 일일지 모르지만, 베드로후서에 나오는 목록과 가장 많이 겹치는 목록은 베드로행전에 나오는 목록이다(*Act. Verc.* 2: 이 라틴본의 헬라어 원문은 *Vita Abercii* 13을 토대로 복원될 수 있다: T. Nissen ed(s)., *S. Abercii Vita*[Leipzig: Teubner, 1912] 12). 14개의 미덕들로 구성된 이 목록 속에서는 베드로후서에 나오는 8개의 미덕들 중 5개(*πίστις*-피스티스, *ἀγάπη*-아가페, *γνῶσις*-그노시스, *φιλαδεφία*-필라델피아)가 발견되는데, 이것은 우연에 의한 것일 가능성이 크다. 왜냐하면 베드로행전의 저자는 비록 베드로후서를 알았다고 할지라도 갈라디아서 5:22-23을 토대로 그의 목록을 작성하였기 때문이다.

이렇게, 베드로후서의 미덕 목록은 그 윤리적 용어들에 있어서 바울서신에 나오는 목록들이 아니라 헬레니즘의 도덕 철학에 빚지고 있고, 이 점에서 신약의 다른 저작들이 아니라 헬레니즘적인 색채가 강한 윤리 용어들을 사용하는 클레멘트1서와 헤르마스서에 더 가깝다. 그렇다고 해서, 중요한 측면들에서(아래의 (3)을 보라) 베드로후서의 목록이 기독교적인 색채를 띤 목적이 아니라는 것은 아니다.

(2) 양식에 있어서. 베드로후서 1:5-7은 신약의 다른 미덕 목록들(롬 5:3-5을 제외하고; 아래를 보라)과는 달리 연쇄논법(sorites) 또는 점층법(climax or gradatio)으로 알려진 문학적 장치를 사용한다. 연쇄논법은 일련의 진술들을 통해서 "논리의 힘을 점점 더 증가시키거나 반박할 수 없는 사실들을 차례로 누적시켜서 그 절정에서 결론을 도출해내는 기법으로서 각각의 진술은 앞의 진술의 마지막 핵심 단어(또는, 어구)를 이어간다"(Fischel, *HUCA* 44[1973] 119). 따라서 이 기법은 A···B, B···C, C···D 등등이라는 형식을 띤다. 이 기법은 초기 기독교 시대에 널리 사용되었다. 초기 기독교 문헌에 나오는 예들(위에서 논의된 미덕 목록들을 제외하면)로는 로마서 10:14-15; 8:29-30, 그리고 외경인 도마복음서 2장과 히브리인 복음서에 나오는 예수의 말씀이 있다(*ap.* Clem. Alex. *Strom.* 5.14.96).

피셸(Fischel)이 분류한 연쇄논법의 여러 유형들 중의 하나는 "윤리적-형이상학적" 연쇄논법이다(*HUCA* 44[1973] 132-143). 스토아학파를 비롯해서 헬레니즘의 윤리학자들은 선한 삶에 대한 그들의 견해를 기억하기 쉽게 요약해서 제시할 목적으로 일련의 미덕들을 연쇄논법 양식을 사용해서 서술하였고(Seneca, *Ep. Moral* 85.2, Fischel, *HUCA* 44[1973] 134에서 재인용; 참조. Maximus of Tyre 16.3b, BAG, *ὑπομονή*에서 재인용), 종종 악한 삶을 예시하기 위하여 일련의 악덕 목록을 제시하기도 하였다(Cicero, *Pro Roscio Amerino* 27.75; Epicharmus, fragm. 148, BDF § 493 (3)에서 재인용). 헬레니즘적 유대적 속에서의 한 예는 지혜서 6:17-20이다.

> 지혜의 시작은 교훈을 받고자 하는 아주 진지한 열망이고
> 교훈에 관심을 가지면 교훈을 사랑하게 되며
> 교훈을 사랑하면 그 법들을 지키고
> 그 법들에 주의하면 영생이 보장되며
> 영생은 사람을 하나님께 가까이 나아가게 한다.
> 그러므로 지혜에 대한 열망은 천국을 가져다준다.

이것은 일련의 미덕들의 연쇄가 아니라, 지혜에 대한 열망이 어떻게 영생에 이르게 되는지에 관한 개략적인 서술이다. 랍비가 사용한 한 예(*m. Soṭa* 9:15, 이것은 주후 90년경에 R. Phineas b. Jair가 쓴 것으로 되어 있다)는 베드로후서 1:5-7에 비견될 수 있는 일련의 미덕들의 연쇄이지만, 종말론적인 절정을 가지고 있다는 점에서는

지혜서 6:17-20과 일치한다.

열심은 정(淨)함을 가져오고
정함은 순전함을 가져오고
순전함은 절제함을 가져오고
절제는 거룩을 가져오고
거룩은 겸손을 가져오고
겸손은 죄에 대한 두려움을 가져오고
죄에 대한 두려움은 경건을 가져오고
경건은 성령을 가져오고
성령은 죽은 자의 부활을 가져온다.

(위의 번역문은 D. R. Cartlidge and D. L. Dungan, *Documents for the Study of the Gospels*[London: Collins, 1980] 180에 실린 것을 수정한 것이고, 랍비 문헌 속에 나오는 평행 본문들은 Fischel, *HUCA* 44[1973] 132 n. 38에 열거되어 있다). 종말론적인 절정이 함축되어 있는 로마서 5:3-5도 이 범주에 속한다(특히, 2절에 비추어 볼 때). 이런 것들과 대비되는 주제, 즉 악한 욕망들이 어떻게 사망을 가져오는지를 보여주는 연쇄논법의 짤막한 예는 야고보서 1:15이다.

베드로후서 1:5-7에 비견될 수 있는 초기 기독교의 윤리적 연쇄논법의 가장 좋은 예는 헤르마스서에 나온다. 헤르마스의 교훈서(*Mand.*) 5:2:4에는 악덕들의 연쇄가 나온다: "우매함에서 악독이 나오고(*γίνεται* – 기네타이), 악독에서 분노가, 분노에서 화가, 화에서 앙심이 나온다. 따라서 이 모든 악한 요소들로 이루어진 앙심은 치유될 수 없는 큰 죄가 된다(*γίνεται* – 기네타이)"(tr. Lightfoot). 헤르마스의 묵시서(*Vis.*) 3:8:7에 나오는 미덕들의 연쇄는 미덕들이 여인들로 등장하는 알레고리의 일부이다: "그들은 그들이 태어난 순서대로 줄줄이 이어져 나온다. 믿음에서 절제(*ἐγκράτεια* – 엥크라테이아)가 태어나고, 절제에서 단순함이, 단순함에서 간사하지 않음이, 간사하지 않음에서 경외함이, 경외함에서 지식(*ἐπιστήμη* – 에피스테메)이, 지식에서 사랑이 태어난다." 이 대목은 종말론적인 결론으로 이어진다: "그러므로 이 여인들을 섬겨서 그들의 일들을 숙달한 힘을 갖게 되는 자는 누구든지 하나님의 성도들과 더불어서 그 망대에 자신의 거처를 갖게 될 것이다"(3:8:8, tr. Lightfoot).

이러한 예들에 비추어 볼 때, 선한 삶 및 그러한 삶의 방식이 지향하는 종말론적인 목표에 대한 이상(理想)을 연쇄논법을 통해서 요약적으로 제시한 헬레니즘의 도덕 철학을 개작하여 활용한 기존의 유대교와 기독교의 수사학적 관행을 베드로후서가 따르고 있음이 분명하다. 베드로후서의 기자는 헤르마스와 마찬가지로 사랑이라는 기독교의 덕목을 연쇄논법의 절정으로 삼고 있지만, 역시 헤르마스와 마찬가지로 연쇄논법의 뒤에 그것을 첨가하고 있는 것으로 보아서(1:11), 전통적인 종말론적 절정을 알고 있었던 것으로 보인다.

베드로후서 1:5-7의 양식과 용어가 보여주는 또 하나의 특징도 주목할 필요가 있다:

(3) 피스티스(*πίστις*, "믿음")로 시작해서 아가페(*ἀγάπη* , "사랑")로 끝나는 미덕 목록이 이미 확립되어 있던 기독교적인 양식이었음을 보여주는 몇몇 증거들이 있다(Dupont, *Gnosis*, 393-98). 이 양식은 베드로후서 1:5-7과 헤르마스의 묵시서 3:8:7(위에서 인용된) 외에도 고린도후서 8:7에서 발견된다. (*Herm. Sim.* 9:15:2은 사실 유일하게 명백한 예이지만, 거기에서 미덕들이 열거된 순서는 이 양식에 의해서 영향을 받았을 수 있다.) 또한 종말론적인 절정이 첨가되어 있는 Clem. Alex. *Strom.* 7.10.55에 나오는 연쇄논법도 보라: "'가진 자에게 더해지리라'는 말씀이 있다. 믿음에 지식(*γνῶσις* – 그노시스)이, 지식에 사랑이, 사랑에 [하늘의] 유업이 더해지리라." Ign. *Eph.* 14:1의 사상도 그러한 목록들과 연관되어 있는 것 같다: "너희의 믿음과 예수 그리스도를 향한 사랑에서 완전하라. 이것들은 생명의 시작과 끝이기 때문이다. 믿음은 그 시작이고, 사랑은 그 끝이다"(tr. Lightfoot). 믿음으로 시작해서 사랑으로 끝나는 미덕들의 연쇄는 믿음에 토대를 두고 사랑에서 완성에 이르는 기독교 특유의 삶의 방식을 요약한 기독교적인 양식이다. 이 두 개의 고정점 사이에 나오는 나머지 미덕들의 연쇄는 가변적이어서, 이 양식을 활용하는 기자들이 스스로 나머지 미덕들을 선택하여 채워 넣을 수 있었음이 분명하다.

베드로후서 1:5-7과 *Herm. Vis.* 3:8:7 간의 밀접한 유사성은 특히 주목할 필요가 있다: 이 두 경우에 있어서 (a) 연쇄논법 양식이 사용되고 있고, (b) 목록이 피스티스(*πίστις*, "믿음")로 시작해서 아가페(*ἀγάπη*, "사랑")로 끝이 나며, (c) 각각의 미덕은 다음 미덕을 만들어내고, (d) 종말론적인 절정이 연쇄논법 뒤에 첨가된다. 이 둘은 로마 교회의 교리 교육에서 사용되던 양식의 두 가지 변형일 가능성이 있다. 헤르마스서의 목록에는 7개의 미덕이 나오는데, 7이라는 숫자는 의도적인 것임에 틀림없다. 베드로후서의 목록에는 8개의 미덕이 나온다. 아마도 베드로후서의 기자는 믿음을 토대로 해서 거기에 7개의 미덕이 더해지는 것이라고 생각한 것 같다. 그가 8이라는 수의 신비적 의미를 염두에 두었을 가능성(Mayor, 192; 2:5에 대한 "주석"을 보라)은 없어 보이고, 그런 주장은 여기에 적절하지 않다.

## 주석

3 "우리에게"(ἡμῖν – 헤민). 3절에 나오는 모든 대명사들이 문제가 있다. "우리"는 사도들을 가리키는가(1절에서처럼), 아니면 독자들을 포함한 그리스도인들 전체를 가리키는가(2절에서처럼: "우리 주")? 몇몇 학자들(Spitta, Bigg, Chaine; Zahn, *Introduction*, 220)은 1-2절과의 연결성 및 4절에서 "너희"로 바뀌는 것으로 보아서 여기서 "우리"는 사도들을 가리키는 것이라고 생각한다. 그러나 (1) 2절과의 연결성을 강조한다면, 3절은 **독자들**이 받은 지식을 말하고 있다고 해야 한다. (2) 3a절이 "생명과 경건에 속한 모든 것"이 **사도들에게** 주어졌다는 것을 의미한다면, 이러한 서술이 왜 여기에 나와야 하는지 그 이유를 알기가 어렵다. 만약 사도들이 그러한 것들을 독자들에게 전해 주었다면, 그런 서술이 여기에 나올 수 있지만, 사도들이 그렇게 했다는 말이 나오지 않는다. (3) "우리 사도들"(1절)에서 "우리 그리스도인들"(3절)로의 전환은 쉽고 자연스럽게 행해지고, 바울서신들에서 자주 일어난다. 이러한 전환은 2절에서 사용된 "우리 주"로 인해서 한층 더 자연스럽다. (4) 4절에서 일인칭이 이인칭으로 바뀐 것은 5절에 나오는 권면으로의 이행을 위한 것으로 이해될 수 있다(아래에서 4절에 대한 "주석"을 보라). "너희"와 "우리" 간의 이와 비슷한 전환은 3:11-14에서 발견된다.

"그의 신기한 능력으로"(*τῆς θείας δυνάμεως αὐτοῦ* – 테스 데이아스 뒤나메오스 아우투). 2b절의 긴 독법을 받아들인다면, 아우투(*αὐτοῦ*, "그의")가 하나님을 가리키는 것인지 예수를 가리키는 것인지를 확실히 알기는 불가능하지만 가장 가까운 선행사인 후자일 가능성이 더 높다(Grundmann; Fornberg, *Early Church*, 144).

데이아 뒤나미스(*θεία δύναμις*, "신기한 능력" 또는 "신적인 능력")라는 어구는 헬라 문헌에서 표준적인 용어로서(BAG와 Mayor에 나오는 전거들; Stratonicea의 칙령, Deissmann, *Bible Studies*, 360-61을 보라) 헬레니즘적 유대교의 저술가들(*Ep. Arist.* 157; *Sib. Or.* 5:249; Philo, *Det.* 83; *Abr* 26; *Spec. Leg.* 2.2; *Conf.* 115; Josephus, *Ant.* 19.69)과 후대의 기독교 저술가들(Justin *1 Apol.* 32; Clem. Alex. *Strom.* 1.98.4; 7.37.4)이 가져다가 사용하였다. 이 어구는 저스틴(Justin) 이전의 기독교 문헌에는 오직 여기에만 나오고, 이것은 베드로후서가 헬레니즘의 종교 어휘를 사용하였음을 보여주는 한 예이다. 물론, 딜렌세거(Dillenseger, *MFOB* 2[1907] 190)가 지적하듯이, 동일한 뜻을 지닌 어구인 "하나님의 능력"(*ἡ δύναμις τοῦ θεοῦ* – 헤 뒤나미스 투 데우)은 신약에서 자주 등장하고, 하나님이 예수 안에서 역사한다는 개념도 자주 나온다(마 24:30; 막 5:30; 눅 4:14; 5:17; 6:19; 롬 1:4; 고전 5:4; 고후 12:9; 히 1:3; 참조. 고전 1:24). 이 절에 표현된 **개념** 자체는 이례적인 것이 없다. 그러나 베드로후서가 그러한 개념을 이와 같은 헬레니즘의 종교 어휘로 표현하고 있다는 것은 여전히 의미를 지닌다.

데이오스(*θεῖος*, "신의, 신적인"; 1:4에서도)라는 형용사는 신약의 다른 곳에서는 오직 바울의 아레오바고 설교에서만 발견된다(행 17:29: *τὸ θεῖον* – 토 데이온, "신의 소생"; 또한 행 17:27 D). 이 단어는 칠십인경에는 단지 9번 나오지만(출 31:3; 35:31; 욥 27:3; 33:4; 잠 2:17; Sir 6:35; 2 Macc 3:29; 4:17; 9:11), 좀더 헬레니즘화된 유대교 저술가들에게서는 더 자주 발견된다: 4 Maccabees(25번), Philo(C. R. Holladay, *Theios Aner in Hellenistic Judaism*[SBLDS 40; Missoula, MT: Scholars Press, 1977] 177-83을 보라), Josephus(Holladay, *Theios Aner*, 57-66). 이 단어가 기독교에서 사용되는 과정은 아주 서서히 진행되었는데(*1 Clem* 40:1; *2 Clem* 20:4; *Herm. Vis.* 3:8:7; 4:1:6; *Mand.* 11:2, 5, 7, 8, 9, 12, 21; Ign. *Magn.* 8:2; Papias, fragm. 4), 이것은 아마도 이 단어가 다신교적이거나 범신론적인 뉘앙스로 아주 널리 사용되고 있었기 때문인 것 같다. 흥미로운 것은 초기 기독교 문헌 속에서 얼마 안 되는 이 단어의 용례 중 대부분이 거의 동시대에 씌어졌을 가능성이 높은 로마 교회의 세 문서, 즉 베드로후서, 클레멘트1서, 헤르마스서, 그리고 이 문서들과 밀접한 관련이 있는 클레멘트2서에서 발견된다는 것이다.

데이오스(*θεῖος*, "신적인")는 그 의미에 있어서 아주 유연한 단어였지만, 여기에서는 그리스도가 마치 두 번째 신으로서 자신만의 신적인 능력을 지니고 있다는 것을 의미하는 것이 아니라, 하나님 자신의 능력을 공유하고 있다는 것을 나타내고 있음에 틀림없다(Fornberg, *Early Church*, 144). 그리스도의 재림 때에 나타나게 될 것도 바로 이 동일한 능력이다(1:16).

"생명과 경건에 속한 모든 것"(*τὰ πάντα…τὰ πρὸς ζωὴν καὶ εὐσέβειαν* – 타 판타…타 프로스 조엔 카이 유세베이안). 타 프로스(*τὰ πρὸς*, "~에 꼭 필요한 것")라는 표현에 대해서는 삿 17:10 LXX(B: *τὰ πρὸς ζωήν σου*); Josephus, *Ant.* 1:6(*παιδευθέντες…τὰ πρὸς εὐσέβειαν*); 눅 19:42; 행 28:10을 참조하라. 베드로후서의 기자는 조엔 카이 유세베이안(*ζωὴν καὶ εὐσέβειαν*, 직역하면 "생명과 경건") 같은 단어 쌍들을 사용하는 것을 좋아하고, 이 단어 쌍들은 보통 의미상으로 밀접하게 연관되어 있다. 많은 주석자들은 조엔(*ζωήν*, "생명")을 "영생"을 의미하는 것으로 보지만, 이 표현 전체가 하나의 이사일어(hendiadys)를 이루는 것으로 보는

것이 좋을 듯하다: "경건의 삶", "경건한 삶"(Reicke; 참조. Fornberg, *Early Church*, 90).

1:6, 7; 3:11(참조. *εὐσεβής* – 유세베스, 2:9)에도 나오는 유세베이아(*εὐσέβεια*, "경건")는 헬레니즘적 색채를 지닌 또 하나의 용어이다. 이 단어는 칠십인경에서는 단지 9번밖에 나오지 않지만, 마카베오4서(47번), 필로(Philo), 요세푸스(Josephus)에는 자주 등장한다. 베드로후서를 제외한 초기 기독교 문헌에서 이 단어는 오직 사도행전(3:12), 목회 서신(딤전 2:2; 3:16; 4:7-8; 6:3, 5-6, 11; 딛 1:1; 3:5), 클레멘트1서(11:1; 15:1; 32:4), 클레멘트2서(19:1)에서만 발견된다(또한 참조. *εὐσεβής* – 유세베스, 행 10:2, 7; *1 Clem* 2:3; 50:3; *2 Clem* 19:4; 20:4). 이 단어는 신들에 대한 경건을 가리키지만, 특히 유대교와 기독교의 용례 속에서는 하나님에 대한 합당한 신앙적 태도와 분리될 수 없는 하나님의 뜻에 대한 존중과 도덕적인 삶의 방식을 가리키기도 한다.

"주셨으니"(*δεδωρημένης* – 데도레메네스). 동사 도레이스다이(*δωρεῖσθαι*; 칠십인경에서는 8번 사용되었고, 초기 기독교 문헌에서는 오직 여기와 1:4; 막 15:45; *Diogn.* 11:5에만 나온다)는 특히 왕(에 8:1; 1 Esdr 1:7; 8:55), 관리(막 15:45), 하나님(창 30:20; *Diogn.* 11:5)이 하사(下賜)하는 것을 가리킨다.

"이는 우리를 부르신 자를 앎으로 말미암음이라"(*διὰ τῆς ἐπιγνώσεως τοῦ καλέσαντος ἡμᾶς* – 디아 테스 에피그노세오스 투 칼레산토스 헤마스). 에피그노시스(*ἐπίγνωσις*, "앎, 지식")는 2절에서와 마찬가지로 회심으로 말미암아 얻어진 기독교의 근본적인 지식이다(Dupont, *Gnosis*, 31-32). 이것은 그리스도의 첫 번째 선물(또는, 은사)이었고, 그리스도는 이 선물을 통해서 우리에게 하나님을 경외하는 삶에 필요한 모든 것을 주었다.

베드로후서는 통상적으로 그리스도를 아는 지식에 관하여 말하기 때문에(1:8; 2:20; 참조. 1:2), 대부분의 주석자들은 "우리를 부르신 자"를 하나님이 아니라 그리스도로 이해한다. 이 구절의 수사적 문체 속에서 아우투(*αὐτοῦ*, "그의")와 투 칼레산토스(*καλέσαντος*, "부르신 자")가 동일한 인물을 가리킨다는 것을 아는 데에는 아무런 어려움이 없다. 신약에서 그리스도인을 부르는 주체는 통상적으로 그리스도가 아니라 하나님이다. 실제로 유일한 예외들은 예수가 공생애 기간 동안에 제자들을 부르신 것과 관련한 구절들이다(막 1:20 등; 그러나 참조. 2:17 par.). 헤마스(*ἡμᾶς*, "우리를")가 일반적인 그리스도인들이 아니라 사도들을 가리킨다고 생각하는 학자들은 베드로후서가 여기에서 예수가 공생애 기간 동안에 베드로를 비롯한 사도들을 부르신 것을 말하고 있는 것이라고 주장한다(Spitta, Bigg, James, Chaine, Barnett, Kelly; Zahn, *Introduction*, 220). 그러나 그리스도가 그리스도인들을 부르셨다는 개념은 베드로후서와 밀접한 관계가 있는 저작들인 클레멘트2서의 특징이고(1:8; 2:4, 7; 5:1; 9:5; 이 용법은 2:4에서 인용된 막 2:17 par.에 나오는 예수의 말씀에 의거한 것으로 보인다), 헤르마스서에서도 발견된다(*Sim.* 9:14:5). 클레멘트2서 5:1에는 베드로후서에서와 정확히 동일한 어구가 나온다: 투 칼레산토스 헤마스(*τοῦ καλέσαντος ἡμᾶς*, "우리를 부르신 자"). 베드로후서가 사도들이 아니라 그리스도인들 일반의 부르심을 말하고 있다는 추가적인 확증은 3절에 나오는 부르심의 개념을 이어받고 있는 1:10에서 발견된다.

"자기의 영광과 덕으로써"(*ἰδίᾳ δόξῃ καὶ ἀρετῇ* – 이디아 독세 카이 아레테). 여기서 여격은 "~로 부르심을 받은"이라는 의미로 해석해서는 안 되고(그런 의미가 되려면, 베드로전서 5:10에서처럼 에이스[*εἰς*]와 대격이 사용되어야 한다), 도구적인 의미로 해석해야 한다. 독세 카이 아레테(*δόξῃ καὶ ἀρετῇ*)라는 단어 쌍은 베드로후서에 나오는 다른 단어 쌍들과 마찬가지로 의미에 있어서 서로 밀접하게 연관되어 있는 것으로 이해해야 한다. 그러므로 여기에서 아레테(*ἀρετῇ*)가 "도덕적인 덕"을 의미할 가능성은 없어 보인다(Bigg, Green; Zahn, *Introduction*, 220). 사실, 독사 카이 아레테(*δόξα καὶ ἀρετή*)는 헬레니즘 세계의 저술가들, 특히 플루타르크(Wettstein에 나오는 예들)에서 이미 관용어구였다. 이와 같은 맥락에서, 아레테(*ἀρετή*)는 독사(*δόξα*)와 실질적인 동의어로서 신적인 능력의 나타남을 의미한다(Deissmann, *Bible Studies*, 97; *TDNT* 1, 461). 이 어구는 데이아 뒤나미스(*θεία δύναμις*, "신적인 능력, 신기한 능력")를 수사학적인 효과를 위해 다르게 표현한 것으로서 그리스도가 사람들을 부르셔서 그리스도인들이 되게 하신 그 신적인 능력의 나타남이었던 그리스도의 성육신 한 삶과 사역과 부활을 가리키는 것으로 보인다.

여기에서 베드로전서 2:9(복수형 타스 아레타스[*τὰς ἀρετάς*]는 하나님의 "기이한 역사들", 또는 이사야 42:12 LXX에서처럼 하나님의 "찬송할 만한 일들"을 가리킨다), 또는 베드로전서 5:10(**하나님**이 그리스도인들을 그의 영광**에로** 부르셨다)의 영향을 거론할 필요는 없다.

4 "이로써 그 보배롭고 지극히 큰 약속을 우리에게 주사"(*δι᾽ ὧν τὰ μέγιστα καὶ τίμια ἡμῖν ἐπαγγέλματα δεδώρηται* – 디 혼 타 메기스타 카이 티미아 헤민 에팡겔마타 데도레타이). 그리스도는 그의 구원 사역을 통해 현재에 있어서 경건한

삶에 꼭 필요한 것을 주었을 뿐만 아니라, 장래에 대한 약속도 주었다. 에팡겔마(*ἐπαγγέλμα*, "약속"; 초기 기독교 문헌에서 오직 여기와 3:13에만 나온다)는 신약에서 "약속"을 가리키는 통상적인 단어인 에팡겔리아(*ἐπαγγελία*, 3:4, 9)와 동의어이다. 이 단어는 "약속된 일"을 의미할 수도 있기 때문에(Philo, *Mut.* 128에서처럼), 이 어구는 그리스도가 이전에(구약 시대에?) 약속되었던 선물들을 우리에게 주셨다는 것을 의미할 수 있다. 따라서 이 절의 나머지 부분을 그리스도인의 회심과 세례를 가리키는 것으로 해석하고자 하는 학자들 중 일부는 에팡겔마타(*ἐπαγγέλματα*)를 그런 식으로 해석한다(Reicke, Spicq). 그러나 이 단어가 그리스도가 주신 약속들을 가리키는 것으로 보는 것이 더 자연스럽고, 장래의 약속들에 대한 이 서신의 전체적인 강조와도 맥을 같이 한다(3:4, 9, 13; 참조. 1:11, 6, 19).

이 형용사들은 약속된 일들이 큰일들이기 때문에 의심할 여지없이 약속들에 걸린다. 비슷한 표현에 대해서는 *2 Clem* 5:5, "그리스도의 약속, 곧 장차 주어질 그 나라의 안식과 영생에 관한 약속은 크고 기이하다(*μεγάλη καὶ θαυμαστή* – 메갈레 카이 다우마스테)"(참조. 벧후 1:11); (**하나님의** 약속들에 대하여) *1 Clem* 26:1, "그의 약속의 크심(*μεγαλεῖον* – 메갈레이온)"; 34:7, "우리로 그의 크고 영광스러운 약속들에 참여하는 자들이 되게 하시기 위하여"(*εἰς τὸ μετόχους ἡμᾶς γενέσθαι τῶν μεγάλων καὶ ἐν δόξων ἐπαγγελιῶν αὐτοῦ* – 에이스 토 메토쿠스 헤마스 게네스다이 톤 메갈론 카이 엔 독손 에팡겔리온 아우투)를 참조하라. 통상적으로 **하나님의** 약속들에 대하여 말하는 초기 기독교 문헌에서 아주 드문 **그리스도의** 약속들이라는 개념은 베드로후서와 클레멘트2서를 이어주는 또 하나의 연결고리이다(또한 참조. *Apoc. Pet.* R; 그러나 이것은 베드로후서에 의거한 것일 가능성이 높다).

디아 투톤(*διὰ τούτων*, "이것들로 말미암아"; 개역에서는 "이 약속으로 말미암아")은 "이 약속들을 유업으로 받음으로 말미암아", "이 약속들의 성취로 말미암아"를 의미하고, 이하의 내용은 그 약속들의 내용을 서술하는 것으로 보는 것이 가장 자연스럽다. 장래의 약속들이 그리스도인들로 하여금 현세에서 하나님의 성품에 참여하게 해주는 믿음을 점화시킨다고 설명하는 것(Mayor, Chaine)은 이 어구에 대한 견강부회적인 해석이다.

"너희로 신의 성품에 참여하는 자가 되게"(*γένησθε θείας κοινωνοί φύσεως* – 게네스데 데이아스 코이노노이 퓌세오스). 일인칭에서 이인칭 복수형으로의 전환은 앞의 구절에서 일어나고 있는 것이거나(우리가 거기에서 휘민[*ὑμῖν*]이라는 독

법을 택한다면: "원문주해"를 보라), 이 구절에서 일어나고 있는 것이다. 어느 경우이든, 이러한 전환은 기자가 그의 독자들에게 도덕적 노력을 권면하여(5절) 그들로 하여금 이 약속들을 확실히 유업으로 받을 수 있게 하고자 하는 자신의 의도를 이미 생각하고 있기 때문일 것이다. 이 전환이 이 구절에서 일어나고 있는 것이라면, 자신의 사후에 그의 서신을 읽게 될 독자들에게 말하고 있는 것으로 묘사되고 있는 (1:15) 베드로는 죽을 때에 이미 신의 성품에 참여하는 것에 도달하게 된 것으로 생각되었을 가능성도 있다.

이 어구와 그 다음에 나오는 어구 속에서 베드로후서의 기자는 헬라의 철학적, 종교적 사상에서 긴 역사를 지닌 개념들과 용어들을 사용한다. 신의 세계와 물질세계를 대비시킨 기본적인 이원론의 맥락 속에서 영속성과 불멸성은 신의 세계의 특징으로 여겨졌고, 잠정성과 유한성은 이 물질세계의 특징이었다. 그러나 헬라 사상의 강력한 전통은 인간의 우월한 부분, 즉 영적인 부분은 실제로 신의 세계에 속해 있어서, 그 신적인 참된 본성을 회복하여, 신들의 불멸성에 참여할 수 있다고 여겼다. 신비 종교들에서는 종교에 입문한 자가 비의(秘儀), 신과의 합일, 몇몇 경우에는 금욕적인 삶에 의한 영혼의 정화(淨化)를 통해서 새로운 불멸의 삶에 도달하여, 사후에 신들과 더불어 사는 삶을 기대하였다. 플라톤 사상에 의하면, 영혼은 신의 세계의 실체들에 대한 철학적 관상(觀相, contemplation), 육신으로부터의 분리, 지적 및 도덕적 정화를 통해서 그 신적인 상태에 도달하였다. 헤르마스의 글들 속에서 영지(gnosis)는 신적인 존재가 되는 수단이었다. 전체적으로 보아서, 영혼이 신적인 불멸성에 도달하는 것과 육신에 갇혀서 물질세계에 연루되어 있는 영혼이 물질세계에서 해방을 받는 것은 필연적으로 밀접하게 연결되어 있었다.

베드로후서의 기자는 의심할 여지없이 헬레니즘의 종교 세계에서 이러한 개념들이 통용되고 있다는 사실을 알고 있었겠지만, 좀더 직접적으로는 자신의 종교적 전승을 헬레니즘적 환경에 적합한 용어들로 표현하기 위하여 헬라의 종교 및 철학과 관련된 용어들을 이미 적절히 수정하여 사용하였던 헬레니즘적 유대교의 문헌에 의거하였을 가능성이 높다. 마카베오4서와 솔로몬의 지혜서에서 인간의 목표는 영혼이 사후에 하나님과 유사한 불멸성(immortality) 및 썩지 않음(incorruptibility)에 도달하는 것으로 제시된다. 예를 들면, 마카베오4서 18:3, 순교자들을 "신성에 참여할 자격이 있는 것으로 여겼다"(*θείας μερίδος κατηξιώθησαν* – 데이아스 메리도스 카텍시오데산); Wis 2:23, "하나님이 사람을 썩지 않도록(*ἀφθαρσία* – 아프다르시아) 창조하셨고, 사람을 자신의 영원의 형상을 따라(*τῆς ἰδίας ἀϊδιότητος* –

테스 이디아스 아이디오테토스; *ἰδιότητος* – 이디오테토스, '자신의 성품'이라는 이독도 있다) 지으셨다"를 보라. 위(僞)포킬리데스(Pseudo-Phocylides, 103-4)는 대담하게도 육체의 부활에 관한 유대교의 가르침을 신성화(神性化, divinization)에 관한 헬라의 표현과 결합시킨다: "사실 우리는 죽은 자들의 시신이 곧 흙에서 나와서 빛을 보게 될 것을 소망하노니, 그 후에 그들은 신들이 된다(*θεοὶ τελέθονται* – 데오이 텔레돈타이)"(tr. P. W. van der Horst, *The Sentences of Pseudo-Phocylides* [SVTP 4; Leiden: E. J. Brill, 1978] 185; 또한 van der Horst, 185-88; H. C. C. Cavallin, *Life After Death* Part 1[Lund: C. W. K. Gleerup, 1974] 151-55에 나오는 논의를 보라). 특히, 필로(Philo)는 플라톤적인 언어를 풍부하게 사용한다. 사후에는 말할 것도 없고, 신비적 탈혼의 경험 속에서 덕이 있는 자의 영혼은 "신이 된다" (특히, *Quaest. Exod.* 2.29를 보라). 필로의 이 말은 영혼이 한 분 하나님이라는 유일신론적인 의미에서 하나님이 된다는 것이 아니라, 물질세계를 벗어난 영혼은 무형적이고 불멸인 존재가 되어서, 천계(天界)의 신적 세력들 중의 하나가 된다는 의미이다(Gross, *La divinisation*, 86-94; C. R. Holladay, *Theios Aner in Hellenistic Judaism*[SBLDS 40; Missoula, MT: Scholars Press, 1977] 155-70을 보라). 이러한 유대교 문헌의 예들 중에서 영혼이 하나님께로 흡수되어 하나가 된다는 범신론적인 개념을 상정하는 것은 하나도 없다. 그들에게는 하나님과 그의 피조물들 간의 구별을 제거하고자 하는 의도는 없고, 그들은 단지 하나님의 형상을 따라 지음 받은 인간의 영혼은 하나님을 닮아서 불멸성과 썩지 않음에 도달할 수 있다고 주장한다. 이것은 단지 무형적이고 불멸이지만 여전히 피조된 "신적" 존재들의 세계에 합류한다는 느슨한 의미에서의 "신성화"이다. 이런 의미에서 "신적인" 존재가 된다는 것은 유대 저술가들에게 당연히 하나님의 은혜의 선물이고, 인간의 자력으로 도달할 수 있는 것이 아니다.

이교 및 유대교의 문헌 속에서 데이아스 코이노노이 퓌세오스(*θείας κοινωνοὶ φύσεως*, "신의 성품에 참예한 자들")라는 어구의 평행을 발견하는 것은 어렵지 않다. 요세푸스가 인용한 글에서 마네도(Manetho)는 어떤 현자가 그의 지혜와 장래에 대한 예지력으로 인해서 신의 성품에 참여한 자로 여겨졌다고 말한다(*θείας δοκοῦντι μετασχηκέναι φύσεως* – 데이아스 도쿤티 메타스케케나이 퓌세오스: *c. Apion.* 1.232). 플루타르크는 온전한 신성에 참여한 다이몬들(daimons) 중에서 가장 덕이 있는 자에 대하여(*θειότητος μετέσχον* – 데이오테토스 메테스콘) 말한다 (*De defectu orac* 10: *Mor.* 415C). 필로는 별들과 행성들은 복된 신의 성품에 참여한다(*θείας καὶ μακαρίας καὶ ευδαίμονος φύσεως μετεσχηκότων* – 데이아스 카이 마카리아스 카이 유다이모노스 퓌세오스 메테스케코톤)고 말한다(*De cal.* 104). (*θεία φύσις* – 데이아 퓌시스라는 어구에 대해서는 Josephus, *Ant.* 8:107; Philo, *Abr.* 144; *Conf.* 154; Heracleon, *ap.* Origen, *Comm. ad. Joh.* 13.25도 보라.) 이러한 표현들은 거의 대부분 메테케인(*μετέχειν*, "참여하다")을 사용하지만 코이노네인(*κοινωνεῖν*)도 평행 표현들에서 동의어로 사용된다: 퓌세오스 코이노눈테스 안드로피네스(*φύσεως κοινωνοῦτες ἀνθρωπίνης*, 주전 1세기 Commagene에서 나온 금석문, Deissmann, *Bible studies*, 386 n. 2에서 재인용); 로기케스 케코이노네카시 퓌세오스(*λογικῆς κεκοινωνηκασι φύσεως*, Philo, *Som.* 1.176).

베드로후서가 이 표현을 사용한 것은 두 가지 질문을 불러일으킨다: (1) 그리스도인들은 **어떤 의미에서** "신적인" 존재가 되는가? 위에서 개략적으로 서술된 배경에 비추어 볼 때, 이것은 하나님 자신의 본성에 참여한다는 의미일 것 같지는 않기 때문에, **하나님** 자신에 참여한다는 의미가 아니라, 하늘에 속한 불멸의 존재들의 성품에 참여한다는 의미이다. 헬레니즘적 유대교의 개념에 있어서 그러한 존재들은 하나님의 은혜로 말미암아 영화로우시고 불멸이신 하나님의 존재를 반영한다는 점에서 하나님과 **같은**(like) 존재들이지만, 헬레니즘 종교의 유산을 따라서 "신들"의 영원한 세계에 속한 신과 **같은** 존재들이라는 느슨한 의미에서만 "신적"이다. 신의 성품에 참여한다는 것은 불멸의 썩지 않는 존재가 된다는 것이다.

이렇게 보았을 때, 이 유명한 본문은 사실 그리스도인들이 성령에 참여한다는 바울적인 개념만큼도 "신격화"(deification)의 발전된 교리, 즉 인간이 하나님의 삶과 존재 자체에 참여한다는 교리를 밑받침해 주지 않는다. 바울에게 있어서 성령은 부활하신 그리스도와 부활한 그리스도인들 속에서 생명의 원리이기 때문에 부활 생명은 영화롭고 썩지 않으며 불멸의 것이라는 점에서, 후자의 바울적 개념은 불멸성과 밀접하게 연결되어 있다(롬 8:11; 고전 15:42-53). 이러한 사상이 베드로후서 1:4의 배후에 **있을 수** 있지만, 거기에서 사용된 헬레니즘적 언어가 그러한 해석을 요구하는 것은 아니다. 그리스도인들은 "하나님에 참여한다"(*θεοῦ μετέχητε* – 데우 메테케테: *Eph.* 4:2; 또한 참조. 히 3:14)고 말한 이그나티우스(Ignatius)는 베드로후서보다 바울에 더 가깝다.

(2) 그리스도인들은 **언제** 신의 성품에 참여하는 자가 되는가? 이 어구를 중생, 양자 됨, 성령의 수여 같은 개념들, 그리고 종종 성례전 신학과 결부시키는 몇몇 학자들은 신의 성품에의 참여는 기독교적인 회심 및 세례에서 시작된다고 생각한다

(Chaine, Spicq, Reicke, Green; Dillenseger, *MFOB* 2[1907] 192-93). 또 다른 학자들은 이 어구를 종말론적인 전망으로 보고서, 이런 일이 죽을 때에 또는 마지막 부활의 때에 일어난다고 생각한다(Moffatt, Schelkle, Kelly; Gross, *La divinisation*, 109-10; Normann, *Teilhabe*, 65; Fornberg, *Early Church*, 85-89).

헬라 사상에서 신성화(divinization)는 흔히 현세에서도 일정 정도 가능한 것으로 생각되었다. *Corp. Herm.* 제 13권을 보면, 사람은 중생의 체험을 통해서 신적인 존재가 된다(그리고 연금술의 감사 기도문인 *Pr. Thanks*[CG 6,7] 64:17-19를 참조하라: "우리가 즐거워하는 것은 육체 가운데에 있는 동안에 주께서 우리를 주를 아는 지식으로 말미암아 신적인 존재가 되게 하셨기 때문이다"). 필로(Philo)는 신비적 탈혼 체험 속에서 신성화를 미리 맛보는 것이라고 생각하였다. 그러나 영혼이 신과 같은 불멸의 성품에 확정적으로 도달하게 되는 것은 언제나 죽을 때였다. 그럴 수밖에 없는 것이 신성화와 육신이 속해 있는 썩어지고 죽을 수밖에 없는 물질세계를 벗어나는 일은 서로 결합되어 있었기 때문이다.

4절의 앞부분에 대한 석의를 통해서, 우리는 이미 이 절에서 말하는 것이 현재적 체험이 아니라 장래의 전망과 관련되어 있을 것이라는 예상을 하게 되었다. 이것은 신성화를 썩어 없어질 세계를 벗어나는 것과 연결시키는 통상적인 헬레니즘적 견해를 따르는 이 절의 끝부분에 대한 석의를 통해서 확증될 것이다.

헬레니즘적 언어는 신성화가 역사의 끝에 있게 될 일반적인 부활의 때가 아니라 사람이 죽을 때에 일어난다는 것을 시사해 준다. 헬레니즘적 유대교 사상을 포함해서 헬레니즘 사상은 후자의 개념에 대해서 전혀 알지 못하였다. 이 시점에서 베드로후서의 기자는 헬레니즘적 언어를 그 어떤 의미의 수정에 대한 시사도 없이 그대로 채택해서 사용한다. 장래의 심판 및 미래의 우주적 종말론을 배척하였던 거짓교사들조차도 이 절에 나와 있는 인간의 목표에 관한 서술에 크게 흡족해 하였을 것이다. 이 시점에서 베드로후서의 기자는 그들에 반대하여 이 목표에 도달하기 위한 도덕적 자격요건들을 역설하는 것으로 만족하지만(1:5-9), 그가 헬레니즘의 개별적 종말론을 아무런 유보조건도 없이 그대로 받아들인 것이 아님은 그가 이러한 종말론과 아울러서 그리스도의 나라에 관한 좀더 전통적인 기독교의 종말론적 언어를 나란히 제시하고 있는 것(1:11)과 3장에서 미래의 우주적 종말론을 열렬히 옹호하고 있다는 사실에 의해서 확인된다. 그는 그리스도인들은 죽을 때에 불멸성에 대한 잠정적인 체험을 하지만 실제로는 인간의 불멸에 대한 소망은 의가 거하는 새로운 세상에 대한 소망(3:13)이라는 좀더 넓은 맥락에 속한다고 생각하였을 것이다. 위(僞)포킬리데스(Pseudo-Phocylides) 97-115는 불멸성에 관한 헬레니즘적 언어와 육체의 부활에 관한 전통적인 유대적 언어를 결합시키는 것이 우리에게는 어색해 보일 수 있지만 사실 얼마든지 가능한 일이었다는 것을 보여준다.

"정욕을 인하여 세상에서 썩어질 것을 피하여"(*ἀποφυγόντες τῆς ἐν τῷ κόσμῳ ἐν ἐπιθυμίᾳ φθορᾶς* – 아포퓌곤테스 테스 엔 토 코스모 엔 에피뒤미아 프도라스). 단순과거 분사는 썩어질 것을 피하는 것이 신의 성품에 참여하는 것보다 선행한다는 것을 보여준다.

일부 주석자들은 프도라스(*φθορᾶς*)를 도덕적 부패를 의미하는 것으로 해석하는데(Lumby, Chaine, Reicke; Neyrey, *Polemic*, 51), 사실 이 단어는 그런 의미로 사용되기도 한다(참조. Wis 14:12). 그러나 문맥상으로 이 단어는 육체적인 썩어짐, 즉 육체의 쇠잔해짐과 잠정성과 죽을 수밖에 없음이라는 개념을 지닌다고 보아야 한다(Sidebottom, Kelly, Schrage; Fornberg, *Early Church*, 88-89; Harder in *TDNT* 9, 104; Köster in *TDNT* 9, 275). 신의 성품의 썩어지지 않음(*ἀφθαρσία* – 아프다르시아)과 인간의 몸을 포함한 이 물질세계에 속한 모든 것의 썩어질 수밖에 없음(*φθορά* – 프도라) 간의 대비는 헬레니즘의 종교 문헌 전체에 걸쳐서 발견된다(*TDNT* 9, 103-04, 254-55; Plutarch, *Mor.* 358E; Wis 2:23; 9:15; Josephus, BJ 2.154; *Ant.* 10.278; Philo, *Spec. Leg.* 4.48; *Mos.* 2.194; *Conf.* 154를 보라). 이와 동일한 대비는 바울에게서도 발견되는데(고전 9:25), 그는 이 세상 전체가 "썩어짐"(*φθορά* – 프도라, 롬 8:21)의 종노릇 하고 있고, 그리스도인들은 "썩지 않음"(*ἀφθαρσία* – 아프다르시아, 고전 15:42, 52-54; 갈 6:8)이라는 종말론적인 선물을 기다리고 있는 것으로 본다. (또한 베드로전서 1:4, 18, 23; *2 Clem* 6:6; *Diogn.* 6:8을 참조하라.) 베드로후서 1:4에서 프도라스(*φθορᾶς*)는 그리스도인이 죽을 때, 또는 재림 때에 불멸의 삶에 도달하게 되어서 벗어나게 될 죽을 수밖에 없음(mortality) 외에 다른 것일 가능성은 거의 없다. 이러한 벗어남이 현재적 체험이 아니라 종말론적인 기대라는 것은 바울의 사상과 일맥상통한다. 현세의 삶 속에서 그리스도인은 여전히 썩어짐과 죽을 수밖에 없음에 참여하고 있기 때문이다.

하지만 헬레니즘적인 이원론은 여기에서 엔 에피뒤미아(*ἐν ἐπιθυμίᾳ*, "정욕을 인하여," 또는 "죄악 된 욕망 때문에")라는 어구를 통해서 상당한 정도로 수정된다. 이 세상에서 인간의 썩어짐과 죽을 수밖에 없음은 헬라 사상에서와는 달리 단지 이 세상의 물질성 때문이 아니라 죄 때문이다(참조. Wis 1:16; 2:24; 롬 5:12; *Herm. Man.* 12:1). 두 개의 꽤 밀접한 평행 구절은 에베소서 4:22, "유혹의 욕심을 따라 썩어져 가는 옛 사람"(*τὸν παλαιὸν ἄνθρωπον τὸν φθειρόμενον κατὰ τὰς ἐπιθυμίας τῆς ἀπάτης* – 톤 팔라이온 안드로폰 톤 프데이로메논 카타 타스 에피뒤미아스 테스 아파테스)과 요한일서 2:17, "이 세상도 그 정욕도 지나가되"(*ὁ κόσμος παράγεται καί ἡ ἐπιθυμία αὐτοῦ* – 호 코스모스 파라게타이 카이 헤 에피뒤미아 아우투)이다. 에피뒤미아(*ἐπιθυμία*)가 물질세계에 관한 헬레니즘의 설명 속에서 결코 어울리지 않는 것이 아니라는 것은 사실이다: 사람을 이끌어서 덧없는 물질적 실존에 얽매이게 만드는 것은 썩을 것들에 대한 육신적인 욕망들이다(참조. Käsemann, "Apologia," 180). 그러나 그러한 설명 속에서 물질성 자체는 여전히 기본적인 악이다. 베드로후서의 기자는 그러한 설명을 거부하고, "정욕"(*ἐπιθυμία* – 에피뒤미아) 자체 속에서 악의 근원적인 원인을 발견하는데, 정욕(*ἐπιθυμία* – 에피뒤미아)으로 말미암아 "썩어짐"(*φθορά* – 프도라)이 세상에 들어왔다. "썩어짐"(*φθορά* – 프도라)은 2:12에서와 마찬가지로 죄에 대한 하나님의 심판으로 이해되어야 한다.

퓨게인(*φεύγειν*, "피하다")은 흔히 죄를 피한다는 도덕적인 의미로 사용되고, 플라톤적인 저술가들은 종종 영혼에게는 이 세상에서 사는 동안에조차도 물질에 얽매이는 것으로부터 벗어날 의무가 있다고 말하지만(Plato, *Theaet.* 176, Kelly에서 재인용; Philo, *Mig.* 9: "너희를 에워싸고 있는 땅에 속한 물질로부터 떠나라 사람아 더러운 감옥인 너희의 몸과…그 간수들인 몸의 쾌락과 욕망들[*ἐπιθυμίας* – 에피뒤미아스]로부터 벗어나라[*ἐκφυγών* – 에크퓌곤]"), 우리는 아포퓌곤테스(*ἀποφυγόντες*, "피하여")를 세례 때(Plumptre, Spicq, Kelly)나 그리스도인의 일생에 걸쳐서 일어나는 죄에 대한 거부가 아니라, 죽을 때에나 재림 때에 있게 될 죽을 수밖에 없음으로부터의 벗어남을 가리키는 것으로 보아야 한다.

2:20이 회심과 세례를 통해서 세상의 더러움을 피하는 것(*ἀποφυγόντες τὰ μιάσματα τοῦ κόσμου* – 아포퓌곤테스 타 미아스마타 투 코스무)에 대하여 말하고 있는 것은 사실이지만, 이 두 구절의 단어 사용과 어법이 서로 다르다는 것은 중요한 의미를 갖는다. 그리스도인이 될 때, 사람은 죄를 거부하고 세상의 부도덕한 영향을 벗어나지만, 죄의 결과인 죽을 수밖에 없음은 아직 벗어나지 못한다.

베드로후서는 헬레니즘의 종교 언어를 사용한다고 해서 상당한 정도의 비난을 받아 왔고, 특히 이 절은 주된 공격의 대상이 되어 왔다. 케제만(Käsemann)은 이렇게 말한다: "신약 전체에서 그 표현과 개별적인 소재들과 전체적인 경향에 있어서 헬레니즘적 이원론으로 빠져 들어간 것을 더 분명하게 보여주는 문장을 발견하기는 어려울 것이다"("Apologia" 180). 그는 나중에 동일한 논문에서 다시 주로 1:4과 관련해서, 베드로후서의 종말론이 "인간중심적인 성격"을 지니고 있어서, 하나님의 주권이 아니라 썩어짐에서 벗어나 신이 되고자 하는 인간의 욕망에 그 초점이 맞춰져 있다고 비난한다("Apologia" 184; 또한 참조. Schrage). 베드로후서에 대한 케제만의 비난은 많은 구절들에 대한 석의들에 의거하고 있지만, 1:4과 관련해서는 우리가 다음과 같은 점들을 반론으로 제기할 수 있다.

(1) 베드로후서의 기자는 불멸에 대한 헬라인들의 열망을 그저 단순히 부정한 것이 아니라, 도리어 그 열망이 부활의 복음을 통해서 비판적으로 성취되었음을 제시하였다.

(2) 복음을 새로운 문화적 환경에 적합한 용어들로 변환하는 과제는 교회의 선교에 있어서 필수적인 것이었다(이것은 지금도 마찬가지이다). "구원은 헬라인들을 포함한 모든 사람을 위한 것이기 때문에, 예수 안에서의 구원 체험에 대한 해석은 반드시 가나안 방언과 함께 묶여 있어야 하는 것은 아니다. 사람들은 얼마든지 예수 안에서의 그들의 구원 체험을 **그들의 관용어로** 얘기할 수 있다"(E. Schillebeeckx, *Christ: The Christian Experience in the Modern World*, tr. J. Bowden [London: SCM Press, 1980] 304). 베드로후서의 기자는 신약의 다른 기자들과 마찬가지로 헬레니즘적 유대교의 변증가들이 이미 구축해 놓았던 헬레니즘 사상으로 통하는 교량들을 활용할 수 있었다.

(3) 물론, 헬레니즘적인 용어들의 사용에는 위험성이 내포되어 있었다. 베드로후서의 기자는 1:4의 헬레니즘적 종말론을 1:11의 전통적인 종말론적 언어와 나란히 배치함으로써 이러한 위험성을 최소화하고자 하였다. 게다가, 이 서신의 나머지 부분에 나오는 종말론을 제대로 이해한다면, 오직 1:4만을 보았을 때에 생겨날 수 있는 인간중심적인 종말론으로 흐를 위험성은 사라진다: 베드로후서 전체를 지배하는 주제는 하나님의 의가 승리하기를 바라는 초기 기독교의 진정한 소망이다.

(4) 우리는 1:4이 논쟁적이지 않은 반면에 – 거짓 교사들조차도 1:4에 반대하지 않았을 것이다 – 이 서신의 나머지 부분에 나오는 종말론에 관한 모든 서술은 논쟁적이라는 사실을 충분히 주목하지 않으면 안 된다. 베드로후서의 기자가 헬레니즘적 경향들에 반대하여 비판하고 기독교 특유의 종말론을 단언하고 있는 모습은 우리가 이 논쟁적인 대목들에서 기대하여야 마땅하다.

(5) 1:4에서조차도 헬레니즘적 이원론은 썩어짐이 죄 때문이라는 것을 밝히는 설명이 첨가됨으로써 사실상 수정되고 있다.

5 "이러므로"(*καὶ αὐτὸ τοῦτο δέ* – 카이 아우토 투토 데)는 이 권면의 구원사적 토대인 3-4절 전체를 가리킬 가능성이 크다. 그리스도가 (a) 경건한 삶에 필요한 모든 것(3절)과 (b) 불멸에 관한 약속들(4절)을 우리에게 주었기 때문에, 도덕적 노력이 요구된다. 우리 자신이 죄를 피하고 도덕적인 진보를 이루어내지 않는다면, 우리는 죄로 인한 죽을 수밖에 없음(mortality)을 피하기를 기대할 수 없는데(4절), 이것을 위한 영적 자원들은 우리가 그리스도인이 되었을 때에 받은 그리스도를 아는 지식으로 말미암아 우리에게 이미 주어져 있다(3절).

"너희가 더욱 힘써"(*σπουδὴν πᾶσαν παρεισενέγκαντες* – 스푸덴 파산 파레이세넹칸테스). 이 동사는 신약의 하팍스 레고메논(hapax legomenon)이고, 다른 문헌들에서도 아주 드물게 사용되지만, 이 어구의 의미는 코이네 헬라어에서 즐겨 사용된 표현인 에이스페레인 파산 스푸덴(*εἰσφέρειν πᾶσαν σπουδήν*; BAG s.v. *σπουδή*; Chaine; Spicq, *Lexicographie*, 668 n. 2, 819 n. 1에 나오는 전거들)과 다르지 않다. 이 표현은 여기에서 사용된 스푸덴(*σπουδή*)을 나타내는 너무도 평범한 관용구여서, 스푸다이오스(*σπουδαῖος*)가 헬레니즘적 용법에서 획득하였던 특별한 도덕적 함의를 지니고 있지 않지만(Harder, *TDNT* 7, 567이 생각하듯이), 미덕 목록에 적합한 도입구로서 베드로후서의 기자가 사용하고 있는 전승 형태의 일부였을 것이다.

"너희 믿음에 덕을…공급하라"(*ἐπιχορηγήσατε ἐν τῇ πίστει ὑμῶν τὴν ἀρετήν* – 에피코레게사테 엔 테 피스테이 휘몬 텐 아레텐). 이 동사(11절에도 나오는)는 "자신의 비용으로 공급하거나 마련하다"를 의미하지만 여기에서는 번역하기가 어렵다. 이 구절의 의미는 "너희의 믿음을 도구로 이용해서 덕을 공급하라"일 것임에 틀림없다. 즉, 각각의 미덕은 그 뒤에 나오는 미덕을 만들어내는 수단이 된다. 그러나 영역 본문에서는 이 연쇄논법(sorites) 양식을 어색하지 않게 재현해 놓긴 하였지만, 원래의 뉘앙스를 포착하기는 어렵다. "너희 믿음에 덕을 더하라"(AV)는 통상적인 영어 번역은 헬라어가 말하고 있는 원래의 의미가 아니다.

또한 각각의 미덕이 앞에 나온 미덕으로부터 어떤 식으로 발전되는 것으로 여겨지고 있는지를 알기도 쉽지 않다. 이러한 도식 자체가 어느 정도는 관습적이다("양식/구조/배경"을 보라). 동일한 원리를 활용하고 있는 연쇄논법들의 한 예인 로마서 5:3-5에는 훨씬 더 납득이 되는 사고의 연쇄가 존재한다. *m. Soṭa* 9:15에 나오는 랍비의 한 예에서는 각각의 미덕이 그 뒤의 미덕으로 이어지는 방식이 한층 더 모호하다. 각각의 미덕이 또 다른 미덕의 딸로 등장하는 알레고리인 헤르마스의 목자서 비유편(*Herm. Vis.*) 3:8:7에서는 베드로후서 1:5-7에서와 마찬가지로 각각의 미덕이 어떻게 그 뒤의 미덕을 "낳는지"를 알기가 어렵다. 우리는 미덕들은 서로 연결되어 있어서 덕이 있는 삶 속에서 하나의 미덕은 또 다른 미덕에서 발전되어 나온다는 개념에 토대를 둔 관습적인 양식을 대하고 있다는 결론을 내리지 않을 수 없다. 헤르마스서와 베드로후서에 나오는 것들과 같은 예들에서 미덕들이 열거되어 나오는 순서가 대체로 임의적이라는 점에서, 이러한 도식은 심리적 실체가 아니라 관습적인 표현이다. 몇몇 학자들(예를 들면, Vögtle, *Tugend- und Lasterkataloge*, 48)이 베드로후서의 미덕 목록에 나오는 순서를 설명하려고 시도해 왔지만, 그들의 시도들은 거의 설득력이 없다. 오직 두 개의 미덕만이 이 목록 속에서 분명하게 납득할 수 있는 자리에 나오는데, 그것들은 가장 먼저 나오는 피스티스(*πίστις*, "믿음")와 맨 나중에 나오는 아가페(*ἀγάπη*, "사랑")이다. 이것들은 베드로후서가 따른 전승 형태에서 두 개의 고정된 항목들이었던 반면에, 이 목록에 나오는 나머지 것들은 가변적이었다("양식/구조/배경"을 보라). 피스티스(*πίστις*)와 아가페(*ἀγάπη*) 외에 베드로후서의 기자가 선택한 미덕들에 대해서 우리가 말할 수 있는 것은 기독교 신앙이 양육해내야 하는 덕이 있는 삶에 대한 전체적인 모습을 제시하기 위하여 그가 스토아학파를 비롯해서 헬레니즘 세계의 대중철학의 윤리에 자주 등장하는 미덕들을 선택하여 활용하였다는 것뿐이다.

피스티스(*πίστις*, "믿음")는 갈 5:22; 딤전 4:12; 6:11; 딤후 2:22; 딛 2:2; 계 2:19; *Herm. Man.* 12:3:1; *Act. Verc.* 2에 나오는 기독교의 미덕 목록들에 나오고("믿음" 또는 "신실함"이라는 의미로), 고전 8:7; 딤후 3:10; *1 Clem* 1:2; 62:2; 64:1; *Herm. Vis.* 3:8:7; *Mand.* 6:1:1; 8:9; *Sim.* 9:15:2; *Barn.* 2:2; *Acts John* 29; *Acts Paul & Thecla* 17에 나오는 목록들에서 맨 처음의 위치를 차지한다. 이러한 기독교적 목록들의 시작점이 되고 있는 피스티스(*πίστις*)는 일부 이교적이고 헬레니즘적인 미덕 목록들에서와는 달리 "충성"이라는 의미가 아니라(Vögtle, *Tugend- und Lasterkataloge*, 91, 189), 모든 기독교적 삶의 토대인 복음에 대한 기독교 특유의 "믿음"을 의미한다. 베드로후서의 기자는 믿음을 모든 미덕의 뿌리로 제시함으로써 그가 3절에서 말한 것을 예시한다: 그리스도가 그를 "앎으로 말미암아 생명과 경건에 속한 모든 것을 우리에게 주셨다"는 것. 그리스도를 아는 그 지식은 믿음으로 말미암아 받는다. 또한 우리가 주목해야 할 것은 미덕 목록이 대단히 헬레니즘적 윤리의 색채를 띤 용어들을 포함하고 있다고 할지라도, 믿음이 이 목록의 서두에 위치함으로써 목록 전체에 기독교 특유의 성격이 부여되고 있다는 것이다.

아레테(*ἀρετή*, "덕")는 기독교의 미덕 목록들 속에서는 오직 빌립보서 4:8(헬레니즘적 색채가 강한 목록)과 헤르마스의 목자서 명령편(*Herm. Man.*) 12:3:1에 나오는 목록에만 등장하지만 이교의 미덕 목록들에서는 자주 등장한다(Vögtle, *Tugend- und Lasterkataloge*, 91). 이 단어는 "덕"이라는 일반적인 의미로 헬라의 도덕 철학의 표준적인 용어였고, 헬레니즘적 유대교의 용례에서도 그런 의미로 사용되었다(특히, 마카베오4서와 필로에서). 이 용어는 전형적으로 헬라적인 함의들 – 하나님에 대한 순종이 아니라 인간의 탁월성의 성취로서의 덕 – 을 지니고 있었기 때문에 칠십인경이나 신약에서 드물게 사용되었고(도덕적인 의미로는 오직 여기와 빌 4:8에서만), 사도 교부들에서는 단지 약간 더 자주 사용된 정도였다(*2 Clem* 10:1; *Herm. Man.* 1:2; 6:2:3; 12:3:1; *Sim.* 6:1:4; 6:2:3; 8:10:3). 클레멘트2서와 헤르마스서 – 베드로후서와 가까운 저작들 – 에서 이 단어는 특히 디카이오쉬네(*δικαιοσύνη*, "의")와 자주 결부되어 사용됨으로써 기독교적인 의미가 부여되고 있는데(또한 참조. Wis 8:7; 그리고 클레멘트2서에서의 아레테[*ἀρετή*]에 대해서는 Donfried, *Second Clement*, 148-49), 우리는 베드로후서에 대해서도 동일한 말을 할 수 있을 것이다. 몇몇 주석자들은 이 단어가 "덕"이라는 의미보다 더 구체적인 의미를 지니고 있음에 틀림없다고 생각하지만 그런 의미의 후보로 생각할 수 있는 유일한 것이 "용맹함"(2 Macc 10:28)인데, 그런 의미는 여기에 적절하지 않다. 따라서 이 단어가 "도덕적 탁월성"이라는 아주 일반적인 의미를 지니고 있다고 보는 것이 더 낫다. 여기에 나오는 것과 같은 목록들은 좀더 구체적인 용어들과 나란히 지극히 일반적인 용어들을 포함하고 있는 것이 보통이다.

6 "지식"(*γνώσει* – 그노세이)은 윤리적 자질들의 목록 속에 들어 있는 것이 부자연스러워 보일 수 있지만, 헬레니즘적인 미덕 목록들 속에서 철학적 지식 또는 "신을 아는 지식"이라는 의미로 자주 등장한다(*Corp. Herm.* 13.7-9). 기독교적인 목록들에서 이 단어는 고후 6:6; 8:7; *1 Clem* 1:2; *Barn.* 2:3; *Act. Verc.* 2; *Acts John* 29에 나온다. 기독교 이외의 목록들에서 이 단어가 통상적으로 목록의 처음이나 마지막에 나왔다는 것은 흥미롭다. 하지만 대부분의 기독교적인 목록들에서는 이 단어의 위치에는 "믿음"과 "사랑"이 나온다. 그노시스(*γνῶσις*, "지식")는 여기에서 어떤 사람을 그리스도인이 되게 해주는 그리스도 안에서 하나님을 아는 저 근본적인 지식을 가리키는 것이 아니다. 베드로후서에서 그런 지식은 에피그노시스(*ἐπίγνωσις*)로 표현된다. 따라서 여기에서 그노시스(*γνῶσις*)는 그리스도인이 신

앙생활을 하면서 점진적으로 얻게 되는, 덕이 있는 삶을 사는 데에 필요한 지혜와 분별력을 가리킨다. 그것은 순전히 사변적인 지혜가 아니라 실천적인 지혜이다(참조. 빌 1:9).

"절제"(*ἐγκράτειαν* – 엥크라테이안)는 기독교의 미덕 목록들 가운데서 갈 5:23; *1 Clem* 62:2; 64:1; *2 Clem* 4:3; *Herm. Vis.* 3:8:7; *Mand.* 6:1:1; *Sim.* 9:15:2; *Barn.* 2:2; *Act. Verc.* 2에 나온다. 이 미덕은 전형적으로 헬레니즘적인 미덕으로서 자기가 자신의 주인인 자유인에 관한 스토아학파의 이상(理想) 및 영혼이 물질적인 것들에 얽매이는 것을 최소화하고자 했기 때문에 육신의 소욕들에 대한 절제와 극기를 소중히 여겼던 헬레니즘적 이원론과 부합한다(*TDNT* 2, 340-41; Spicq, *Lexicographie*, 61-63). 그래서 엥크라테이아(*ἐγκράτεια*)는 필로(Philo)에 의해서 대단히 존중되었고, 육신의 욕망들에 과도하게 빠지는 것을 억제한다는 의미로 다른 헬레니즘적 유대교의 저술가들의 글에 등장한다(Sir 18:30; Wis 8:21; 4 Macc 5:34; *Ep. Arist.* 278; Josephus, BJ 2:120). 이 단어는 항상은 아니지만 종종 성적인 절제와 결부되었다. 이 단어는 신약에는 아주 드물게 나오지만(갈 5:23; 행 24:25; 참조. *ἐγκρατεύεσθαι* – 엥크라튜에스다이, "절제하다": 고전 7:9; 9:25; *ἐγκρατής* – 엥크라테스, "절제하며": 딛 1:8), 베드로후서와 밀접하게 연관되어 있는 것으로 보이는 한 무리의 저작들 속에서는 특히 자주 등장한다(*1 Clem* 35:2; 38:2; 62:2; 64:1; *2 Clem* 15:1; *Herm. Vis.* 2:3:2; 3:8:4, 7; *Mand.* 6:1:1; 8:1; *Sim.* 9:15:2; 참조. *ἐγκρατεύεσθαι* – 엥크라튜에스다이, *1 Clem* 30:3; *Herm. Man.* 1:2; 8:1-9, 11-12; *Sim.* 5:1-5; *ἐγκρατής* – 엥크라테스: *2 Clem* 4:3; *Herm. Vis.* 1:2:4; 또한 참조. *Barn.* 2:2; Pol. *Phil.* 4:2; 5:2). 이 미덕은 헬레니즘의 이상(理想)이었지만, 기독교 저술가들은 이 미덕이 기독교 윤리의 필수적인 구성요소로 인식하였다. 그리스도인도 육신의 소욕들에 지나치게 빠지지 않도록 스스로를 다스려서 절제할 필요가 있었다. 이 단어가 갈라디아서 5:23에서 그리스도인의 자유를 잘못 사용하여 방종으로 치닫는 것을 경고하는 맥락 속에서(갈 5:13) 등장한다는 것은 주목할 만한 가치가 있어 보이는데, 이것은 베드로후서(2:19)와 클레멘트2서에서도 문제가 되었다(Donfried, *Second Clement*, 116).

"인내"(*ὑπομονήν* – 휘포모넨)는 기독교의 미덕 목록들 가운데서 롬 5:3-4; 딤전 6:11; 딤후 3:10; 딛 2:2; 계 2:19; *1 Clem* 62:2; 64:1; *Herm. Man.* 8:9; *Barn.* 2:2에 나온다. 이 단어는 고난이나 악에 직면해서 용기 있고 끈기 있게 인내하는 것을 가리키고, 헬레니즘 문화 속에서 그런 의미로 하나의 미덕으로 인정되었다. 그러나 이 미덕은 단지 헬레니즘에서 빌려온 미덕인 것이 아니라, 유대교와 초기 기독교의 가르침 속에서도 성경적 종교의 하나의 구성부분으로서 중요한 윤리적 특질이었다. 유대교와 초기 기독교의 용례에서 인내는 개인적인 용감함이나 스토아 철학적인 초연함이 아니라, 신자가 지닌 하나님에 대한 신뢰 및 하나님의 약속들의 성취에 대한 소망과 결부되어 있었다.

"경건"(εὐσεβείαν – 유세베이안): 3절에 대한 "주석"을 보라. 이 미덕은 이교의 미덕 목록들에 나오고(Vögtle, *Tugend- und Lasterkataloge*, 91), 기독교의 다른 미덕 목록들 가운데서는 오직 딤전 6:11; *1 Clem* 1:2에만 나온다. 이 미덕이 기독교의 미덕 목록들 속에 드물게 나오는 것은 아레테(ἀρετή)의 경우와 마찬가지로 단지 헬레니즘적 색채가 강하기 때문만이 아니라 지극히 일반적인 의미를 지니고 있기 때문일 것이다.

7 "형제 우애"(φιλαδελφίαν – 필라델피안)는 기독교의 미덕 목록들 가운데서 오직 벧전 3:8(φιλαδελφοί – 필라델포이); *Act. Verc.* 2; *Acts John* 29(또한 참조. ἀδελφότης – 아델포테스: "형제애," *Herm. Man.* 8:10)에만 나온다. 이 단어는 기독교 이외의 용례 속에서 육신의 형제와 자매들 사이에서의 가족애를 가리켰지만, 초기 교회는 이 단어를 동료 신자들, 믿음 안에서의 형제와 자매들 사이에서의 우애를 가리키는 데에 사용하였다(롬 12:10; 살전 4:9; 히 13:1; 벧전 1:22). 그러므로 이 미덕은 벧후에 나오는 목록에서 특별히 기독교적인 특징을 지닌다.

"사랑"(ἀγάπην – 아가펜)은 기독교의 미덕 목록들 가운데서 고후 6:6; 갈 5:22; 엡 4:2; 딤전 4:12; 6:11; 딤후 2:22; 3:10; 딛 2:2; 계 2:19; *1 Clem* 62:2; *Herm. Sim.* 9:15:2; *Act. Verc.* 2에 나온다. 이 미덕은 (여기에서와 마찬가지로) 고전 8:7; *Herm. Vis.* 3:8:7에서도 피스티스(πίστις, "믿음")로 시작되는 목록의 마지막에 나온다(그리고 참조. 고전 13:13; 골 3:14; Ign. *Eph.* 14:1). 이 미덕이 목록의 끝에 나오는 것이 지니는 의미와 중요성은 *Herm. Man.* 5:2:4에 나오는 악덕 목록에 의해서 해명된다. 거기에서는(벧후에 나오는 미덕들과 마찬가지로) 각각의 악덕은 그 다음의 악덕을 낳는데, 마지막 악덕에 대해서는 이렇게 말한다: "이렇게 많은 악한 요소들로 이루어진(ἐκ τοσούτων κακῶν συνισταμένη – 에크 토수톤 카콘 쉬니스타메네) 악의(μῆνις – 메니스)는 큰 죄가 되어서 치료될 수 없다." 즉, 목록의 마지막에 나오는 것은 그 앞에 나왔던 다른 모든 것들을 아우르고 포괄한다. 마찬가지로, 베드로후서에서도 사랑은 다른 모든 미덕들을 아우르고 포괄하는 최고의 미덕이다. 이러한 사상은 사랑이 다른 모든 미덕들을 통합하고 하나로

묶는다고 말하고 있는 것으로 보이는 골로새서 3:14의 사상과 비슷하다(참조. Dupont, *Gnosis*, 395-96).

이스턴(Easton, *JBL* 51[1932] 12)은 미덕 목록들을 통한 초기 기독교의 가르침의 방식이 지닌 위험성을 지적한다: "예수의 윤리적 성취는 최고의 미덕인 사랑을 중심으로 거기에서 다른 모든 미덕들이 파생되는 그의 도덕적 삶이었다. 그런 까닭에, 미덕 목록들을 통한 가르침 속에는 이러한 통일성의 원리가 희생되어 도덕적 비전이 개개의 단편들로 파편화될 위험성이 상존하였다. 미덕 목록에서 각각의 미덕은 동일한 무게를 지니고서, '사랑'과 (예를 들어) '절제'는 대등하게 놓여진다. 따라서 틀림없이 새신자는 그의 선생이 미덕들을 줄줄이 늘어놓는 것에 당황하다가, 특히 자신의 마음에 다가오는 미덕들을 선택해서 집중하고서야 비로소 만족할 수 있었을 것이다." 이러한 위험성은 베드로후서의 연쇄논법에서는 생겨나지 않는다. 연쇄논법의 마지막 절정에 나오는 미덕은 다른 미덕들과 대등한 무게를 지니는 것이 아니기 때문이다. 신약의 미덕 목록들 가운데서 가장 헬레니즘적인 베드로후서의 미덕 목록은 사실 예수의 윤리적 가르침 속에서의 사랑의 위치, 즉 다른 모든 미덕들을 포괄하고 아우르며 온전하게 하는 미덕으로서의 사랑의 위치를 아주 충실하게 보존하고 있다. 미덕 목록들과 관련해서 이스턴(Easton)이 지적하는 또 하나의 주된 위험성 – 스토아 철학에서 기원한 용어들이 계속해서 단지 스토아 철학적 의미만을 전달할 위험성 – 도 베드로후서의 목록 속에서는 생겨나지 않는다. 왜냐하면 이 목록 속에서 스토아 철학에서 빌려온 미덕들은 기독교적인 믿음에 뿌리를 박고 있을 뿐만 아니라, 기독교적인 사랑에 의해서 포괄되고 있기 때문이다. 이러한 차용들(borrowings)은 기독교 윤리가 비기독교적인 사회의 도덕적 이상들과 완전히 단절될 수 없고, 기독교 윤리가 처한 새로운 환경 속에서 비기독교적인 사회의 이상들은 사랑이라는 기독교의 중심적인 윤리 원칙에 종속되어 새롭게 해석되어야 한다는 사실을 증언해 준다.

부바이어(Boobyer, "Indebtedness," 40-41)와 클링거(Klinger, *SVTQ* 17[1973] 162-67)는 베드로후서의 기자는 이 절들을 통해서 미덕들이 믿음에 더해져야 한다는 점을 강조함으로써, 거짓 교사들이 바울 사상을 왜곡하여(참조. 3:16) 바울의 이신칭의에 관한 가르침을 윤리적 방종을 위한 핑계로 삼은 것을 겨냥하고 있는 것이라고 주장한다. 거짓 교사들은 바울의 가르침을 이런 식으로 악용하였던 것 같다(그러나 2:19과 3:16에 대한 "주석"을 보라). 좀더 분명한 것은 거짓 교사들이 장래의 심판에 대한 부정(否定)을 토대로 해서 윤리적 방종을 주장하였다는 것이다.

그러므로 베드로후서의 기자는 여기에서 그리스도인이 종말론적 목표에 도달하고자 한다면 덕이 있는 삶을 살 필요가 있다는 것을 강조한다. 하지만 이 구절은 명시적으로 논쟁적이지는 않고, 기자가 이 서신에서 나중에 여러 반론들을 반박하며 옹호하게 될 기독교적인 생활 방식에 대한 적극적인 설명으로 의도된 것이다.

베드로후서는 스토아 철학의 도덕이라는 새로운 형태로 율법을 재도입함으로써 거짓 교사들의 율법 폐기론을 반박하고 있는 것이라는 클링거(Klinger)의 주장에 대해서는 우리가 좀더 신중할 필요가 있다. 여기에서 베드로후서의 가르침은 바울이 그의 가르침을 왜곡하여 윤리적 방종을 위한 근거로 삼을 위험성을 견제하는 방식(갈 5:13-26)과 본질적으로 매우 비슷하다 – 물론, 바울의 논증이 서 있는 기독론적이고 성령론적인 토대가 베드로후서에는 없지만. 그러나 바울에게서와 마찬가지로 베드로후서에도 기독교적인 믿음으로 시작해서 기독교적인 사랑으로 집약되는 윤리 외에 다른 율법이나 스토아 철학의 윤리 같은 것은 도입되지 않는다.

8 "너희로 게으르지 않고 열매 없는 자가 되지 않게 하려니와"(*οὐκ ἀργοὺς οὐδὲ ἀκάρπους καθίστησιν* – 우크 아르구스 우데 아카르푸스 카디스테신). 이 구절(직역하면, "그것들은 너희를 게으르거나 열매 없게 하지 않는다")은 어떤 개념과 반대되는 것을 부정함으로써 그 개념을 강하게 긍정하는 수사기법인 곡언법(曲言法, litotes)을 사용한다. 이것은 영어로는 문자 그대로 재현될 수 없다.

아르구스(*ἀργούς*, "게으른")와 아카르푸스(*ἀκάρπους*, "열매 없는")는 베드로후서에서 거의 동의어인 두 개의 단어를 하나의 쌍으로 사용하는 단어 쌍들 중의 하나이다. 이와 동일한 단어 쌍은 판이하게 다른 맥락 속에서 리용과 비엔나의 교회들의 서신에서 발견된다(Eusebius, *Hist. Eccl.* 5:1:45): 이것은 베드로후서를 본뜬 것이거나, 이러한 단어 쌍이 흔히 사용되었음을 보여주는 증거일 수 있다. 이와 비슷한 단어 쌍은 베드로후서 1:8에서와 동일한 의미로 클레멘트1서 34:4에서 사용된다: "모든 선한 일에 게으르거나 나태하지 말라"(*μὴ ἀργοὺς μηδὲ παρειμένους εἶναι ἐπὶ πᾶν ἔργον ἀγαθόν* – 메 아르구스 메데 파레이메누스 에이나이 에피 판 에르곤 아가돈). 이 두 단어는 초기 기독교에서 그리스도인의 삶 속에서 윤리적인 결과물들이 나타나기 위해서는 기독교적인 믿음이 필요하다는 맥락 속에서 사용되었다. "게으른" 또는 "무기력한"을 의미하는 아르고스(*ἀργός*)는 야고보서 2:20에서 행위 없는 믿음을 나타낼 때에 사용된다. 아카르포스(*ἄκαρπος*, "열매 없는")는 선한 일들 또는 윤리적인 자질들을 열매로 나타내는 흔한 은유에 의거한 서술이고(잠 19:22 LXX; 마 3:8, 10; 21:43; 막 4:20; 눅 13:6-9; 요 15:2-8; 갈 5:22;

엡 5:9; 골 1:10; 히 2:11; 약 3:18; *Herm. Sim.* 4; 9:19:2), 디도서 3:14에서도 여기에서와 비슷한 방식으로 사용된다(또한 참조. *Herm. Sim.* 4:4). 베드로후서가 여기에서 유다서 1:12(*δένδρα φθινοπωρινὰ ἄκαρπα* – 덴드라 프디노포리나 아카르파, "열매 없는 가을나무")에 의존하였을 가능성은 희박하다. 또한 *Odes Sol.* 11:23을 보라: "너희 낙원에는 공간이 아주 많은데, 거기에는 게으른[헬라어 판본에는 *ἀργεῖ* – 아르게이로 되어 있다] 것은 아무것도 없고, 모든 것이 열매로 채워져 있다."

"우리 주 예수 그리스도를 알기에"(*εἰς τὴν τοῦ κυρίου ἡμῶν Ἰησοῦ Χριστοῦ ἐπίγνωσιν* – 에이스 텐 투 퀴리우 헤몬 예수 크리스투 에피그노신). 대부분의 주석자들은 이 구절이 앞에 나온 미덕들의 목표 또는 산물을 가리키는 것으로 본다: 덕이 있는 행실은 그리스도를 더 온전히 아는 지식을 낳는다는 것(Plumptre, Mayor, Wand, Chaine, Windisch, Schelkle, Reicke, Spicq, Green, Schrage, Grundmann; 또한 Spicq, *Agape*, 376-77). 그러나 몇몇 주석자들은 그리스도를 아는 지식이 도덕적인 진보를 낳는 뿌리라고 본다(Spitta, Bigg, Kelly; 또한 Dupont, *Gnosis*, 32-33). 후자는 에이스(*εἰς*)가 "~와 관련해서"라는 모호한 의미를 지닌다면 – 이것은 코이네 헬라어에서는 가능하다 – 가능한 해석이고, 베드로후서가 기독교적 회심을 통해서 얻어진 지식을 가리키는 데에 에피그노시스(*ἐπίγνωσις*)를 사용하고 있다는 것(2절에 대한 "주석"을 보라)과 이 구절의 일반적인 의미를 고려한다면, 그런 해석이 요구된다. 그리스도는 그를 아는 지식으로 말미암아 그리스도인들에게 경건한 삶을 사는 데에 꼭 필요한 모든 것을 주었다(3절). 그리스도인들이 미덕들을 실천한다면, 이 지식은 열매를 맺게 될 것이다.

9 "소경이라 원시치 못하고"(*τυφλός ἐστιν μυωπάζων* – 튀플로스 에스틴 뮈오파존). "근시안적이다"를 의미하는 동사 뮈오파제인(*μυωπάζειν*)은 아주 드물게 사용되고, 신약에서는 오직 여기에서만 사용되는 하팍스 레고메논(hapax legomenon)이다. 눈 먼 것보다는 덜 심각한 상태를 가리키는 이 단어가 튀플로스(*τυφλός*, "눈 먼")와 함께 사용되고 있는 것은 이상하다. 몇몇 주석자들(Spitta, Spicq, Green, Kelly)은 이 단어의 어원론적인 의미인 "눈을 감다"를 거론하며, 이 단어가 튀플로스(*τυφλός*)에 **고의적인** 눈 멈, 즉 의도적으로 눈을 감는 것이라는 개념을 추가하고 있다고 생각한다(참조. 사 6:10 LXX: "그들이 그들의 눈을 감았다"). 이 견해의 난점은 이 어원론적 의미는 근시인 사람이 무엇을 보지 않기 위해서가 아니라 도리어 더 잘 보기 위해서 눈을 가늘게 뜨는 것을 가리킨다는 것이다(Mayor). 따라서

우리는 베드로후서의 기자가 다른 단어 쌍들을 사용할 때에 흔히 그러하듯이 이 두 단어를 실질적인 동의어로 사용하고 있고, 뮈오파존(*μυωπάζων*, "원시치 못하고")을 첨가한 것은 수사적 효과를 증대시키기 위한 것이라고 결론을 내려야 할 것 같다. 뮈오파존(*μυωπάζων*)이라는 단어 속에는 엘류시스 신비종교(the Eleusinian mysteries)의 하급 신자인 뮈스테스(*μύστης*)를 암시할 의도가 내포되어 있다는 폰버그(Fornberg)의 주장(*Early Church*, 53)은 무리가 있다.

진리를 볼 수 없거나 보기를 거부하는 것에 대하여 눈이 멀었다는 은유를 사용하는 것은 초기 기독교 문헌에서 흔한 일이었다(마 15:14; 23:16, 24; 눅 6:39; 요 9:40-41; 12:40; 롬 2:19; 고후 4:14; *Gos. Thom.* 28; 참조. *T. Sim.* 2:7; *T. Dan* 2:4; *T. Jud.* 18:3, 6; 19:4). 베드로후서의 본문과 특히 관련이 있는 본문들은 이 은유를 그리스도인들의 도덕적 타락에 적용하고 있는 본문들이다: 요일 2:11; 계 3:17; 클레멘트1서 3:4: "각 사람이 여호와를 경외하는 것을 버렸고, 믿음에 있어서 희미하게 잘 보이지 않게(*ἀμβλυωπῆσαι* - 암블뤼오페사이) 되었으며, 주께서 명하신 법들에 따라 행하지 않는다." 특히 9절의 후반부에 비추어 볼 때, 소경 된 자에게 시력을 주어 보게 한 사건으로서의 회심과 세례에 대한 암시가 있을 수 있다(히 6:4; 10:32; *2 Clem* 1:6). 그리스도인들이 회심 때에 받은 "예수 그리스도를 아는 지식"은 믿지 아니할 때의 무지함으로 눈이 멀어 있던 자들에게 빛이 되었으나(고후 4:4), 이 지식의 도덕적 함의들을 실천하지 않는 그리스도인들은 또 다시 사실상 눈 먼 시절로 돌아가 버린 것이다.

"그의 옛 죄를 깨끗케 하심을 잊었느니라"(*λήθην λαβὼν τοῦ καθαρισμοῦ τῶν πάλαι αὐτοῦ ἁμαρτιῶν* - 렌덴 라본 투 카다리스무 톤 팔라이 아우투 하마르티온). 죄에서 "깨끗케 함"(*καθαρισμός* - 카다리스모스, *καθαρίζειν* - 카다리제인)이라는 은유는 구약에서 기원한 것으로서(LXX 레 16:30; 욥 7:21; 시 50:4; Sir 23:10; 38:10) 초기 기독교에서 아주 널리 사용되었다(딛 2:14; 히 1:3; 9:14; 요일 1:7, 9; *1 Clem* 60:2; *Herm. Vis.* 2:3:1; 3:2:2; 3:8:11; 4:3:4; *Sim.* 5:6:2, 3). 거의 모든 주석자들이 동의하듯이, 여기에서 이 단어와 관련되어 있는 것은 세례에서 깨끗케 함을 받는 것이다(행 22:16; 고전 6:11; 엡 5:26; 딛 3:5; *Barn.* 11:11). "그의 옛 죄를"(*τῶν πάλαι αὐτοῦ ἁμαρτιῶν* - 톤 팔라이 아우투 하마르티온)이라는 어구에 대해서는 롬 3:25; 엡 2:2; 벧전 1:14; 4:3을 참조하고, 세례와 연관되어 있는 것으로는 *Herm. Man.* 4:3:1(*ἄφεσιν ἁμαρτιῶν ἡμῶν τῶν προτέρων* - 아페신 하마르티온 헤몬 톤 프로테론, "우리의 이전 죄들의 사함"); Justin, *1 Apol.*

61(ἀφέσεώς τε ἁμαρτιῶν ὑπὲρ ᾧ προημαρτόμεν – 아페세오스 테 하마르티온 휘페르 호 프로에마르토멘, "이전에 지은 죄들의 사함")을 참조하라. 세례 때에 받은 죄사함은 이전의 죄악된 삶과의 결정적인 단절이 이루어지는 때이기 때문에, 덕이 있는 삶의 시작점이 되어야 한다. 덕을 추구하지 않는 그리스도인은 자신의 세례를 잊은 것임에 틀림없고, 믿기 전의 상태로 되돌아갈 위험이 있다(2:22). 세례가 지닌 이러한 함의에 대해서는 롬 6:1-14; 고전 6:9-11; *Herm. Man.* 4:3:2("세례 때에 죄사함을 받은 자는 더 이상 범죄하지 말고 정결함에 거하여야 마땅하다"); *2 Clem* 6:9("우리가 우리의 세례를 순전하고 더럽히지 않은 채로 지키지 않는다면, 우리가 하나님의 나라에 들어가게 될 것이라고 어떻게 자신할 수 있겠는가")을 참조하라.

10 "그러므로 형제들아 더욱 힘써"(διὸ μαλλὸν, ἀδελφοί, σπουδάσατε – 디오 말론 아델포이 스푸다사테). 아델포이(ἀδελφοί, "형제들아")는 초기 기독교 서신들에서 흔한 부름말 형태이다. 스푸다제인(σπουδάζειν, "열심을 내다, 힘쓰다")은 도덕적 노력을 가리키는 자연스러운 단어로서(엡 4:3; 히 4:11; *2 Clem* 10:2; 18:2; Ign. *Eph.* 10:3) 베드로후서에서 애용되는 단어라고 할 수 있다(1:15; 3:13). 여기에서 이것은 5절에 나온 스푸덴(σπουδήν, "힘씀")을 반영한 것이다. 디오 말론 에스푸다사(διὸ μᾶλλον ἐσπούδασα, "그러므로 더욱 힘썼다")라는 어구는 여기에서와는 다른 맥락 속에서 *Barn.* 21:9에 나온다.

"너희 부르심과 택하심을 굳게 하라"(βεβαίαν ὑμῶν τὴν κλῆσιν καὶ ἐκλογὴν ποιεῖσθαι – 베바이안 휘몬 텐 클레신 카이 에클로겐 포이에이스다이). 베바이오스(βέβαιος; 또한 βεβαιοῦν–베바이운이나 βεβαίωσις–베바이오시스와 더불어서)는 "재가하다, 보증하다"라는 법률적 의미를 획득하였다(Deissmann, *Bible Studies,* 104-7; *TDNT* 1, 602; Spicq, *Lexicographie,* 182-83을 보라). 판매한 상품을 "보증하는" 자는 사는 자가 아니라 파는 자이기 때문에, 여기에서 이 단어의 용법은 엄밀하게 법률적인 은유는 아니고, 단지 희미하게만 법률적 의미를 보존하고 있는 것 같다. 그리스도는 그의 불멸성을 주겠다고 약속하며(4절) 그리스도인들을 그의 나라로 부르셨지만(3절), 그들의 최종적인 구원을 보장받기 위해서는, 그 부르심에 합당한 도덕적 응답이 요구된다. 지혜서 6:17-20에 나오는 연쇄논법과 비교해 보는 것은 흥미롭다("양식/구조/배경"을 보라): "[지혜의] 법들에 주의하는 것은 불멸에 대한 보증[βεβαίωσις–베바이오시스]이다"(6:18).

3절에 나오는 투 칼레산토스(τοῦ καλέσαντος, "부르신 자")를 반영하고 있는 텐 클레신 카이 에클로겐(τὴν κλῆσιν καὶ ἐκλογήν, "부르심과 택하심")은 거의 동의어인 두 단어를 하나의 쌍으로 사용하기를 즐겨하는 베드로후서의 기자의 취향을 보여주는 또 하나의 예이다. 이 부르심은 택하심에 토대를 두고 있지만, 여기에서 이 두 단어는 큰 의미의 차이 없이 사용되고 있을 가능성이 크다. 요한계시록 17:14, 클레토이 카이 에클렉토이 카이 피스토이(κλητοί καὶ ἐκλεκτοὶ καὶ πιστοί, "부르심을 입고 빼내심을 얻고 진실한 자들"); *Apoc. Pet. R*: 토이스 클레토이스 무 카이 에클렉토이스 무(τοῖς κλητοῖς μου καὶ ἐκλέκτοις μου, "나의[그리스도의] 부르심을 입고 택하심을 받은 자들"; 그러나 이 어구는 베드로후서의 영향을 받은 것 같다)를 참조하고, 이 두 개념의 밀접한 연관성에 대해서는 고린도전서 1:26-27와 베드로전서 2:9을 참조하라.

이 구절은 도덕적 진보가 그리스도인에게 그의 택하심에 대한 주관적인 확신을 제공해 준다는 의미(루터와 칼빈, 특히 17세기 칼빈주의의 이해)가 아니라, 그리스도인의 믿음의 윤리적 열매들은 최종적인 구원에 도달하는 데에 객관적으로 꼭 필요하다는 의미이다. 우리가 구원에 관한 신약의 가르침의 다양성을 가려서는 안 되겠지만, 이 구절은 학자들이 흔히 주장하는 것과는 달리 바울의 이신칭의(justification by faith) 교리와 갈등을 일으키지 않는다. (1) 베드로후서의 기자는 **믿음의** 윤리적 열매들(1:5)과 오직 **은혜를 통해서만** 가능한 도덕적 노력(1:3, "그의 신기한 능력으로 생명과 경건에 속한 모든 것을 우리에게 주셨으니")에 대하여 말하고 있다. (2) 바울도 심지어 갈라디아서에서조차 도덕적 방종의 위험성들에 대항할 때에 믿음의 윤리적 열매들을 구원에 꼭 필요한 것으로 말할 수 있었다(5:21). (3) 베드로후서의 기자가 구원에 있어서 인간의 역할을 **강조하는** 것처럼 보인다면, 우리는 문맥을 잘 볼 필요가 있다(참조. Fornberg, *Early Church*, 27). 베드로후서의 독자들은 음행을 행하거나 부도덕한 삶을 살아도 심판을 받을 위험이 없다고 공공연하게 주장하는 거짓 교사들의 영향 아래에서 도덕적 배교의 위험 속에 처해 있었다. 베드로후서와 아주 밀접한 관련이 있는 저작인 클레멘트2서도 비슷한 위험에 직면해서 의로운 삶을 최종적인 구원에 꼭 필요한 것으로 강조한다(참조. 5:5-6; 11:6-7). 또한 *Barn.* 4:13을 참조하라: "우리가 부르심을 받은 자들로서(ὡς κλητοί – 호스 클레토이) 방심하여 우리의 죄들 위에서 잠을 잠으로써 악의 임금이 우리를 칠 권세를 받아서 우리를 주의 나라에서 밀쳐내지 않게 하라."

타우타(ταῦτα, "이것들")는 앞에 나온 5-7절의 미덕들을 가리키거나(8, 9절의 타우타[ταῦτα]와 마찬가지로; Mayor, Chaine, Kelly), 부르심과 택하심을 굳게 하고자 하는 노력(9절)을 가리킨다. 그러나 어느 쪽이든 사실상 의미는 동일하기 때문에, 이 단어는 5-9절의 전체적인 내용을 포괄적으로 가리킨다고 할 수 있다.

프타이세테(*πταίσητε*, "근심하게 되다")는 직역하면 "걸려 넘어지다, 실족하다"이다. 많은 주석자들은 이 은유가 야고보서 2:10; 3:2에서 "죄"를 의미한다는 이유로 여기에서도 그런 의미임에 틀림없다고 생각하지만(Chaine, Spicq, Schelkle, Schrage; Fornberg, *Early Church*, 95; Moffatt과 Sidebottom은 이 은유를 중대한 죄에 국한시킨다), 그런 식으로 해석하면 이 문장은 실질적으로 동어반복으로서 다음과 같이 아무런 의미도 없는 문장이 되고 말 것이다: "너희가 덕이 있는 삶을 영위한다면(또는, 너희가 덕이 있는 삶을 영위함으로써 너희의 부르심을 굳게 한다면), 너희는 결코 범죄하지 않게 될 것이다." 따라서 이 은유는 유다서 1:24(*ἄπταιστος* – 아프타이스토스: 해당 구절에 대한 "주석"을 보라)에서와 동일한 의미를 지니는 것으로 해석하는 것이 더 낫다. 즉, 이 은유는 최종적인 구원에 도달하지 못하는 재난을 가리킨다(Bigg, James, Kelly, Grundmann, Senior). 아마도 이 은유는 다음 절과 밀접하게 연결되어서, 그리스도인이 그를 영원한 나라로 이끌어줄 길로 걷는 모습을 묘사하는 것 같다: 그는 그 길에서 실족하여 넘어지지 않는다면 그의 목적지에 도달하게 될 것이다(Bigg, Grundmann). 또한 소경(9절)은 반드시 실족하여 넘어지게 될 것이라는 의미(참조. 요일 2:10-11)도 거기에 들어 있을 수 있다(Mayor). 그러나 이러한 주장들은 희미하고 모호한 은유 속에서 너무 많은 의미를 도출해내고자 하는 것일 수 있다.

11 "넉넉히 주시리라"(*πλουσίως ἐπιχορηγηθήσεται* – 플루시오스 에피코레게데세타이). 이 동사는 5절에서 사용된 것과 동일하지만 베드로후서의 기자가 단어들을 반복해서 사용하는 습관이 있다고 할지라도, 그것은 통상적으로 유다서에서의 표제어 기법(catchword technique)의 의미를 지니는 것은 아니다. 이러한 반복 속에서 다음과 같은 종말론적인 탈리오의 법칙(lex talionis)을 찾아보는 것이 가능하기는 하지만 꼭 그래야 하는 것은 아니다: 너희가 미덕들을 행한다면, 하나님은 너희에게 그 나라에 들어감을 주실 것이다(참조. Bigg, Mayor). 여기에서 이 동사는 플루시오스(*πλουσίως*, "넉넉히"; 참조. 롬 10:12; 엡 1:7; 딤전 6:17; 딛 3:6; *Barn.* 1:3)와 결합되어서 후하신 하나님이 차고 넘치게 주시리라는 것을 보여준다. 이 단락은 구원에 도달함에 있어서 인간의 참여를 강조함에도 불구하고, 처음(3절)과 마찬가지로 끝에서도 구원을 하나님의 은혜에 돌린다.

"들어감"(*ἡ εἴσοδος* – 헤 에이소도스). 관사가 사용되고 있는 것은 이것이 그리스도인의 기대를 가리키기 때문이다. 그 나라에 **들어감**이라는 개념은 복음서들로부터 유래한 것으로서(마 5:20; 7:21; 18:3; 19:23; 막 10:23-25; 눅 18:17, 24-25; 요 3:5; 참조. *Gos. Thom.* 22, 99), 예수의 말씀들 외의 초기 기독교 문헌에서는 드물게 나온다(행 14:22; *2 Clem* 6:9; 11:7; *Herm. Sim.* 9:12:3-8; 9:16:2-4; *Apoc. Pet. R*). 이것은 통상적으로 장래의 종말론적인 소망을 가리킨다.

"우리 주의 영원한 나라에"(*εἰς τὴν αἰώνιον βασιλείαν τοῦ κυρίου ἡμῶν* – 에이스 텐 아이오니온 바실레이안 투 퀴리우 헤몬). 하나님의 나라가 아니라 그리스도의 나라라고 말하는 것은 초기 기독교 문헌에서 그리 흔치 않은 일이다(마 13:41; 16:28; 눅 1:33; 22:29-30; 23:42; 요 18:36-37; 고전 15:24-25; 골 1:13; 딤후 4:1, 18; 히 1:8; *1 Clem* 50:3; *2 Clem* 12:2; *Barn.* 7:11; *Apoc. Pet. R*; *Ep. Apost* 39 Ethiopic; 참조. 엡 5:5; 계 11:15). 여기에서 그것은 1:3-11 전체 단락이 기독론에 초점을 맞추고 있는 것과 맥을 같이 한다. 물론, 그리스도의 나라는 여기에서 하나님의 나라와 **구별되지** 않는다. 그런 까닭에, 그것은 고린도전서 15:24-25의 일시적인 통치가 아니라 영원한 통치이다.

놀랍게도, "영원한 나라"(*αἰώνιος βασιλεία* – 아이오니오스 바실레이아)라는 어구는 그리스도의 나라이든 하나님의 나라이든 그 어느 쪽과 관련해서도 거의 나오지 않는다. 저스틴(Justin) 이전에 이 어구는 오직 여기와 *Apoc. Pet. R*(*εἰς τὴν αἰωνίαν μου βασιλείαν* – 에이스 텐 아이오니안 무 바실레이안, "나의[그리스도의] 영원한 나라에")에만 나오고, 게다가 후자는 베드로후서에 의거한 것이다(또한 *Mart. Pol.* 20:2의 이독과 Aristides, *Apol.* 16; 후자에서 이 어구는 아람어 판본에는 나오지 않고 헬라어 판본에서만 발견되는 것으로 보아서 원래의 것이 아닐 가능성이 크다). 후대의 문헌에서는 이 어구가 종종 사용된다(단 7장과 관련해서 Justin, *Dial.* 32.1; *Dial.* 117.3; Melito, *Peri Pascha* 68; 또한 참조. Philo, *Som.* 2. 285). 이 어구가 여기에 나오는 것은 아마도 다니엘 7:27(참조. 4:3)에 의거한 것이거나(다니엘서가 초기 기독교의 용어와 표현에 더 많은 영향을 끼쳤으리라는 것은 쉽게 예상할 수 있는 일이다), 이교의 용어를 빌려와 사용한 것일 수 있다(참조. Stratonicea의 금석문에 나오는 아이오니오스 아르케[*αἰώνιος ἀρχή*]: Deissmann, *Bible Studies*, 363). 그리스도의 영원한 나라라는 **개념**은 누가복음 1:33(참조. 계 11:15)에서 발견된다.

3장의 종말론에 비추어 볼 때, 여기에서 영원한 나라는 단지 "천국"을 의미하는 것이 아니라, 하나님이 새 하늘과 새 땅에서 의(義)로 만유를 통치하시는 것을 내다보며 하는 말이다(3:13). 이 초기 그리스도인의 소망은 여기에서 4절에 나오는 불멸에 관한 헬레니즘적 언어에 의해서 "영해(靈解)되지" 않고(참조. R. Schnackenburg, *God's Rule and Kingdom*, tr. J. Murray, 2nd ed(s). [London: Burns & Oates, 1968] 325), 도리어 4절은 이 소망을 위한 적절한 배경을 제공하고 있다.

"우리 주 곧 구주"(*τοῦ κυρίου ἡμῶν καὶ σωτῆρος* – 투 퀴리우 헤몬 카이 소테로스). 베드로후서의 기자는 기독론적 호칭들을 이런 식으로 결합하여 사용하는 것을 좋아한다(3:18에서도; 참조. 2:20; 3:2). 다른 초기 기독교 문헌에서 이와 같이 결합된 호칭은 오직 *Ep. Apost*(3, 6, 8 Ethiopic; 그러나 현존하는 콥트어 판본의 8장에는 단지 "우리 구주"로만 되어 있다)에서 나오지만, 이것도 확실한 것은 아니고, Ign. *Phil.* 9:2에는 "구주 우리 주 예수 그리스도"(*τοῦ σωτῆρος κυρίου ἡμῶν Ἰησοῦ Χριστοῦ* – 투 소테로스 퀴리우 헤몬 예수 크리스투)로 되어 있다. "구주"에 대해서는 1절에 대한 "주석"을 보라.

## 해설

이 단락에서 기자는 베드로의 명확한 가르침을 그의 사후에도 후세에 남길 목적으로 그 가르침을 요약하여 일종의 축소판 "고별사"의 형태로 제시한다. 이 단락의 핵심적인 내용은 의심할 여지없이 역사적 베드로의 메시지에 충실한 것이긴 하지만 그 형태와 용어들은 기자의 것으로 돌려야 한다. 그가 기독교 신앙을 표현하는 독특한 방식은 이 단락에서 아주 분명하게 나타난다. 그는 헬레니즘적 유대교가 이미 앞서 걸어갈 길을 따라서 복음을 그가 처한 헬레니즘적 환경에 적절한 용어들로 해석하기 위하여 헬레니즘 종교의 개념들과 언어를 활용한다. 이와 동시에, 그는 이렇게 차용한 개념과 언어에 그것들의 의미를 결정해줄 명확히 기독교적인 맥락을 부여한다.

첫 번째 단락(3-4절)은 하나님이 그리스도 안에서 우리를 위하여 행하신 일을 말하며 그 위에 그리스도인의 삶의 토대를 구축한다. 하나님은 그리스도의 삶과 죽음과 부활 속에서 나타난 하나님의 권능을 통해서 사람들을 불러서 그리스도인들이 되게 하였고, 사람들은 기독교적인 회심을 통해서 그리스도를 아는 지식을 얻게 될 때에 그 지식으로 말미암아 그들로 하여금 하나님께 순종하는 삶을 살 수 있게 해줄 그리스도의 은혜를 받게 된다. 또한 그리스도인의 삶의 토대는 그리스도가 주신 약속들, 즉 그리스도인들 앞에 죽음을 피하고 불멸에 도달한다는 종말론적인 목표를 제시한 약속들을 포함한다. 이 목표는 헬레니즘 종교의 전형적인 열망으로서 4b절에서 헬레니즘적 색채가 강한 언어로 표현된다. 하지만 기자는 현세에서의 삶의 썩어짐과 죽을 수밖에 없음이 단지 물질성 때문이 아니라 죄 때문이라는 것을 보여 줌으로써 이러한 헬레니즘적 개념을 수정한다. 따라서 죽을 수밖에 없는 것을 벗어날 것이라는 약속에는 강력한 윤리적 조건이 수반된다(5-10절).

4b절은 헬라 교부들과 동방정교회의 신성화(神性化) 교리를 위한 고전적인 증거 본문으로 사용되어 왔지만, 역사적 맥락 속에서는 신 자신의 생명이나 본질에 참여하는 것이 아니라, "신과 같은" 불멸성이 주어진다는 것을 가리킨다.

"고별사"의 두 번째 단락(5-10절)은 그리스도인들에게 그들의 종말론적인 목표를 소망하는 가운데에 그리스도의 은혜 안에서 도덕적 진보를 나타내는 삶을 살도록 권면한다. 미덕들의 목록(5-7절)은 몇몇 기독교 특유의 항목들("형제애", "사랑")을 포함하고 있기는 하지만 헬레니즘의 도덕 철학에서 가져온 윤리적 용어들("덕", "절제", "경건")이 지배적이라는 것이 특기할 만하다. 그러나 이 목록 전체는 그 첫 번째와 마지막 항목 – 이 항목들만이 이 목록 속에서 그 위치가 의미를 지닌다 – 을 통해서 기독교적인 정의가 부여된다. 기독교적 믿음은 이 모든 미덕들이 성장하기 위한 뿌리이고, 기독교적 사랑은 이 모든 미덕들을 포괄하는 정점에 있는 미덕이다. 이런 종류의 목록에서 마지막 항목은 독특한 의미를 지닌다. 그 마지막 항목은 단지 가장 중요한 덕목일 뿐만 아니라, 다른 모든 미덕을 포괄하는 덕목이기도 하다. 사랑은 다른 덕목들을 포괄하여 그 덕목들에게 의미와 유효성을 부여하는 최고의 윤리 원칙이다. 이렇게, 베드로후서의 기자는 이교 사회의 윤리적 이상(理想)들 중 일부가 기독교적인 이상들일 수 있지만, 그것들이 사랑이라는 기독교적인 이상에 종속되어서 그 이상에 의해서 재해석될 때에만 그러하다는 것을 알고 있었다.

그리스도인이 회심할 때에 받은 그리스도를 아는 지식은 이러한 윤리적 결과물들을 가져야 마땅하고, 그리스도인들이 최종적인 구원에 도달함으로써 그리스도의 택하심과 부르심이 성취되고 그들에 대한 그의 약속들이 성취되려면, 믿음의 이러한 열매들이 필수적이다. 자신의 삶 속에서 이러한 특질을 나타내 보이지 않는 그리스도인은 사실상 마치 그가 회심하거나 그리스도인으로서 세례를 받지 않은 자처럼 살아가고 있는 것이다. 그러한 자는 회심 때에 받은 그리스도를 아는 지식이 덕이 있는 삶으로 이어져야 한다는 것을 알지 못하는 자이기 때문에, 그는 여전히 이방인으로 있을 때에 무지 가운데 있는 자이고, 세례 때의 죄사함을 통한 그의 이전의 이방인으로서의 삶과의 깨끗한 단절을 잊어버린 자이다.

세 번째이자 마지막 단락인 11절은 자신의 믿음을 덕이 있는 삶으로 이어간 자들은 그리스도의 나라에 들어가게 될 것이라는 전망을 제시한다. 두 번째 단락에서 도덕적 노력에 대한 강조에도 불구하고, 이 결론적인 진술은 최종적인 구원이 인간이 성취하는 것이 아니라 하나님의 차고 넘치게 주시는 너그러우심의 선물이라는 것을 분명히 한다.

이미 이 단락에는 거짓 교사들에 대한 경고가 배경 속에서 어른거린다. 기독교적 신앙은 윤리적 결과물들을 가져야 하는 것이고, 그리스도의 약속들은 윤리적 조건들이 수반된다는 사실에 대한 강조는 의심할 여지없이 도덕성에 대한 거짓 교사들의 무관심이 염두에 두어지고 있음을 보여준다. 그러나 이 단락은 명시적으로 호교론적이거나 변증적이지는 않다. 기자는 여기에서 그의 독자들에게 일깨워주기를 원하는 사도적 메시지에 대한 짤막한 진술을 제시하고자 할 뿐이다(1:12). 그런 후에, 그는 그의 서신의 나머지 부분을 거짓 교사들에 의해서 제기된 반론들에 맞서 이 메시지를 변호하고 옹호하는 데에 할애한다.

# 계기: 베드로의 유언(1:12-15)

## 참고문헌

**Boobyer, G. H.** "Indebtedness," 44-51. **Vögtle, A.** "Die Schriftwerdung der apostolischen Paradosis nach 2. Petr 1,12-15." *Neues Testament und Geschichte: Historisches Geschehen und Deutung im Neuen Testament*, ed. H. Baltensweiler and B. Reicke.(O. Cullmann Festschrift) Zürich: Theologischer Verlag/Tübingen: J. C. B. Mohr. 1972.

## 본 문

**12** 이러므로 너희가 이것을 알고 이미 있는 진리에 섰으나 내가 항상 너희로 생각하게 하려 하노라

**13** 내가 이 장막에 있을 동안에 너희를 일깨워 생각하게 함이 옳은줄로 여기노니

**14** 이는 우리 주 예수 그리스도께서 내게 지시하신 것같이 나도 이 장막을 벗어날 것이 임박한 줄을 앎이라

**15** 내가 힘써 너희로 하여금 나의 떠난 후에라도 필요할 때는 이런 것을 생각나게 하려 하노라

**12** Therefore I am going to be[a] always reminding you of these things, even though you know them and are established in the truth that you have.

**13** I consider it my duty, as long as I am in this body, to arouse you with a reminder,

**14** since I know that I must soon be divested of my body, as our Lord Jesus Christ also informed me.

**15** But I will also do my best to see that after my death you will be able to recall these things at all times.

## 원문주해

a. 이 대목에서 본문상의 변이(變異)들은 의심할 여지없이 가장 좋은 독법인 멜레소($\mu\epsilon\lambda\lambda\acute{\eta}\sigma\omega$, "내가~하려 하노라")가 지닌 난점 때문에 생겨났다(해당 "주석"을 보라).

## 양식/구조/배경

이 단락에서는 이 서신이 씌어지게 된 계기, 즉 베드로가 유언을 남기려고 마음먹게 된 계기에 대하여 서술한다. 이 계기에 관한 진술이 이 서신의 이 대목에 위치하게 된 것은 의심할 여지없이 1:3-11에서의 베드로의 가르침에 대한 요약으로부터 이 서신의 나머지 부분에서 거짓 교사들의 반론들에 맞서서 이 가르침에 대한

호교론적인 변호로 넘어가는 이행 단락으로서의 이 진술의 기능 때문이다. 유언으로서의 이 서신이 베드로가 죽고 난 후를 위한 것임을 밝힘으로써, 베드로후서의 기자는 당대에 제기되고 있던 반론들을 다룰 수 있었다.

유언 장르가 지닌 두 가지 관례적인 것들이 이 단락 속에 등장한다. (1) 주인공은 그의 죽음이 가까워 오고 있다는 것을 안다(14절; 논의에 대해서는 해당 "주석"을 보라); (2) 그는 그의 가르침이 그의 사후에도 기억되기를 바란다(12절; 논의에 대해서는 해당 "주석"을 보라). 이것과 평행 되는 개념들과 어구들은 특히 이 장르와 관련된 다른 두 예에서 찾아볼 수 있다: 서신의 형태로 된 바룩의 유언(*2 Apoc. Bar.* 78-86; 특히 78:5; 84:1, 7-9; 86:1-2)과 모세의 최후의 말씀에 관한 요세푸스(Josephus)의 기사(*Ant.* 4.309-19; 특히 315-16, 318을 보라). 이 평행들은 의심할 여지없이 문헌적인 의존관계로부터가 아니라 이 장르와 관련된 관례들로부터 생겨난 것이다. 오늘날의 베드로후서의 독자들로 하여금 이 서신의 위서적(僞書的) 성격을 포함해서 이 서신의 문학적 장르를 인식할 수 있게 해주는 것은 특히 이 단락이다.

## 주석

12 "이러므로"(*διό*–디오)는 이런 의미일 것이다: 구원(11절)은 3-11절의 가르침(= *τούτων* – 투톤, "이 일들")을 따르는 것에 달려 있기 때문에.

"내가 항상 너희로 생각하게 하려 하노라"(*μελλήσω ἀεὶ ὑμᾶς ὑπομιμνήσκειν* – 멜레소 아에이 휘마스 휘포밈네스케인). 미래 시제로 되어 있는 멜레소(*μελλήσω*)는 어려운 독법이다. 두 가지로 번역하는 것이 가능하다: (a) "내가~하려 하노라"(RV). 즉, "기자는 장래에 필요할 때마다 독자들의 마음에 그들이 친숙하게 알고 있는 진리들을 다시 일깨워주고자 한다"(Zahn, *Introduction*, 211 n. 3); (b) "내가~하게 되리라." 즉, 단순한 과거를 나타내는 완곡한 표현으로 해석할 수도 있다(Bigg, Wand). 고전 헬라어에서, 그리고 코이네 헬라어에서는 드물게(행 11:28; 24:15; 27:10) 미래 부정사와 함께 사용된 멜레인(*μέλλειν*)은 "반드시~하게 될 것이다"를 의미하고, 코이네 헬라어에서는 현재 부정사와 함께 사용된 멜레인(*μέλλειν*)은 단지 미래를 나타내는 완곡한 표현으로서의 기능을 할 수 있다. 그러나 현재 부정사와 함께 사용된 미래 시제의 멜레인(*μέλλειν*)이 이런 식의 가능을 하는 예는 여기 외에 단 하나밖에 없는 것으로 보인다(마 24:6). 본문의 독법이 어렵기 때문에, 메이어(Mayor)는 필드(Field)의 수정된 독법인 멜레소(*μελήσω*)를 채택해서 "내가~하는 데에 신경을 쓰고자 한다"로 해석하지만 그런 경우에 통상적인 구문은 멜레세에 모이(*μελήσει μοι*, "내가~하는 데에 신경을 쓰고자 한다")가 되어야 할 것이다. 멜레소(*μελήσω*)의 용례들이 드물긴 하지만(Mayor, cxciii), 이렇게 용례가 드물다는 사실 자체가 본문 수정에 의구심을 품게 하는 데에 충분하다. 몇몇 영역본들에서 발견되는 "나는~하고자 한다"(RSV)라는 번역은 미래 시제인 멜레소(*μελλήσω*)에 대하여 사실상 가능하지 않다.

(a)의 번역은 현재의 서신과의 관련성을 배제하는 효과를 가지고, 또한 아에이(*ἀεί*, "항상")를 사도의 죽음 이전의 짧은 기간에 국한시킬 것을 요구한다(14절). 이 단락의 목적은 현재의 서신을 설명하는 것으로 보이기 때문에, (b)의 번역을 채택하는 편이 더 낫다. 베드로후서의 기자는 휘폼네소(*ὑπομνήσω*, "내가 생각나게 하리라")를 나타내는 이례적이지만 가능한 완곡어법을 채택한 것이다.

베드로서후서의 기자가 현재의 서신을 염두에 둔 것이라면, 그가 미래 시제를 사용하는 것은 얼핏 보면 이상해 보이고, 이와 비슷한 문제는 15절의 스푸다소(*σπουδάσω*, "내가 힘써~하노라")의 경우에도 생겨난다. 통상적으로 헬라 서신들에서 기자는 자기가 쓴 편지와 그 편지를 쓰게 된 계기를 말할 때에 단순과거 시제를 사용하였고(예를 들면, 유 3절), 이러한 단순과거 시제는 서신의 독자들의 관점에서 볼 때에 적절한 시제였다. 기자는 서신을 쓰게 된 동기나 의도를 언급할 때에는 현재 시제를 사용할 수 있었고(예를 들면, 유 5절), 서신의 다음 단락에서 자기가 하고자 하는 것에 대하여 언급할 때에는 미래 시제를 사용할 수 있었다(예를 들면, *Barn.* 1:8). 그러나 미래 시제의 이러한 용법이 베드로후서의 기자가 12절과 15절에서 사용한 용법일 수는 없다. 그는 여기에서 그가 이 서신의 나머지 부분에서 그의 독자들에게 그가 3-11절에서 말한 것을 상기시키고자 한다는 말을 할 리가 없다. 왜냐하면 그런 것은 그가 이 서신의 나머지 부분에서 행하고 있는 것이 아니기 때문이다. 그가 현재의 서신을 염두에 둔 것이라면, 그것은 일차적으로 1:3-11에 관한 것이고, 오직 부차적으로만 이 서신의 나머지 부분에 관한 것임에 틀림없다.

사실, 현재의 서신 전체와 관련해서 미래 시제를 사용한 것은 이례적이기는 하지만 여기에서 얼마든지 이해할 수 있는 일이다. 베드로 사도는 이 서신을 쓰는 행위가 아니라 그가 이 서신을 다 쓴 후에 이 서신이 수행할 기능에 대하여 생각하고 있는 것으로 묘사된다. 그는 이 서신이 그의 가르침을 영속적으로 생각나게 하는 역할을 해서, 한 번 읽고 버려지는 것이 아니라 두고두고 언제든지 이용할 수 있는 것이 되게 하고자 한다(1:15). 따라서 독자들의 입장에서 보아도, 이 서신의 일깨우는 기능은 장래에까지 계속해서 이어진다. 그러므로 독자들의 입장에서 볼 때에 서신의 기자가 그들을 상기시키는 행위를 의미할 서신용(書信用)의 단순과거도 적절하지 않고, 장래를 위해 서신을 쓰는 사도의 의도를 전달해 주지 못하는 현재 시제도 적절하지 않았을 것이다.

이후의 세 절이 함축하고 있듯이, 아에이(*ἀεί*, "항상")는 베드로 사도가 죽을 때까지와 그 이후를 둘 다 의미한다. 베드로는 그의 서신을 통해서 그가 죽기 전의 짧은 기간만이 아니라 그의 사후에도 그의 핵심적인 메시지를 독자들에게 상기시킬 수 있을 것이었다. 달리 말하면, 여기에서 사용된 미래 시제는 아에이(*ἀεί*, "항상")와 더불어서 통상적인 서신이 아니라 유언에 적절한 의도를 표현하고 있다는 것이다(실질적으로 동일한 견해로는 Vögtle, "Schriftwerdung," 298-300). 특히 고별사의 **기록된** 형태인 유언은 사도의 명확한 가르침을 영속적으로 상기시키기 위한 목적으로 씌어진다.

하지만 이것은 베드로후서의 실제의 기자가 베드로의 사후에 베드로의 이름으로 글을 쓰면서 아주 먼 미래를 내다보고 있었다는 것을 의미하지는 않는다. 사실 그는 미래가 아니라 그의 독자들의 현재의 상황을 염두에 두고서 이 서신을 쓰고 있었던 것이고, 이것이 베드로의 생전이라는 허구적인 관점에서 볼 때에만 미래였던 것이다. 그는 그가 이 서신을 쓰고 있던 때에 그의 독자들을 위협하고 있던 거짓 교사들의 구체적인 위협에 맞서 싸우기 위하여 이 서신을 썼다. 그러므로 아에이(*ἀεί*, "항상")는 일차적으로 이 서신을 실제로 쓰고 있던 당시를 나타내는 것이고, 베드로후서의 기자는 베드로의 "유언"을 일반적인 장래를 위하여 보존하기 위해서가 아니라, 그 가르침을 특정한 때에 특정한 독자들에게 구체적으로 적용하기 위해서 썼다. 재림의 지연에 관한 그의 신학적 설명(3:8-9)은 무한정한 연기에 대해서도 그대로 적용될 수 있는 것이긴 하지만 그는 재림이 오래 지연될 것이라고 예상하지 않았고(참조. 1:19; 3:3, 12, 14), 장래의 그리스도인들의 세대들을 위하여 이 서신을 쓰지 않았다는 것은 확실하다.

베드로가 그의 사후에도 그의 가르침을 "너희로"(*ὑμᾶς* – 휘마스) 생각나게 하려고 유언을 쓰고 있는 것으로 베드로후서의 기자가 묘사하고 있다는 사실은 기자가 사도들의 이름을 빈 위서들의 몇몇 기자들(예를 들면, "고린도3서")과는 달리 서신의 허구적인 **독자들을** 위서의 전체적인 문학적 장치의 일부로 상정하지 않고 있다는 것을 보여주는 중요한 단서이다. 그는 의도적으로 베드로가 **그의 사후의** 독자들에게 말하는 것으로 묘사하기 위해서 유언이라는 위서 형태를 사용하였다. 이것은 "너희"가 역사적 베드로가 알고 있던 특정한 그리스도인 공동체들이라는 것을 의미하고, 그렇기 때문에 기자는 베드로가 이 유언의 수신자들을 염두에 두고 서신을 쓰고 있는 것으로 묘사할 수 있었다. (3:1은 이 수신자들이 베드로전서를 이미 받은 바 있는 공동체들이라는 것을 보여준다.) 여기에서 "너희"라는 어구는 이 서신의 수신자들인 그리스도인 공동체들을 구성하고 있던 실제의 지체들이 대부분 베드로가 죽기 전에 살아 있었음에 틀림없다는 것을 보여준다는 주장은 너무 지나친 것 같다(Polycarp *Phil.* 3:2이 빌립보 교인들에게 바울이 "너희 가운데에 왔고" "너희에게 편지를 썼다"고 말할 때에 이런 의미가 함축되어 있지 않다).

이 단락과 3:1-2에서 강조되고 있는 상기시킨다거나 생각나게 한다는 개념(1:12, *ὑπομιμνήσκειν* – 휘포밈네스케인, "생각하게"; 1:13, *ὑπομνήσει* – 휘폼네세이, "생각하게"; 1:15, *μνήμην ποιεῖσθαι* – 므네멘 포이에이스다이, "생각나게 하려"; 3:1, *ὑπομνήσει* – 휘폼네세이, "생각하게"; 3:2, *μνησθῆναι* – 므네스데나이, "기억하게")은 베드로후서의 기자가 이 서신을 쓰는 목적에 대하여 어떤 인식을 지니고 있었는지를 보여주기 때문에 아주 중요하다(Käsemann, "Apologia," 177). 이 개념은 당연히 고별사들에서 적절하고 반복되어 나오는 주제들이다(*Jub.* 22:16; *2 Apoc. Bar.* 84:7-8; *Bib. Ant.* 19:5; 24:3; Josephus, *Ant.* 4.318; 요 14:16; 행 20:31; 딤후 2:8, 14; *Act. Verc.* 36). 고별사의 주된 관심은 흔히 화자(話者)의 가르침이 그의 사후에 기억되고 지켜지는 것이기 때문이다(또한 참조. *T. Mos.* 10:11; *T. Sim.* 7:3; *T. Dan* 6:9). 베드로후서의 기자는 유언이라는 문학적 장르를 채택함으로써 자기에게는 새로운 가르침을 제시하고자 하는 의도가 없고, 자기는 그저 사도 베드로가 가르치고 전수하였던 가르침만을 재현할 뿐임을 보여준다(Zmijewski, *BZ* 23[1979] 166, 169). 그는 베드로의 메시지를 전하고 있기 때문에 베드로의 이름을 서신에 쓰고 베드로의 권위를 주장한다. 물론, 그가 쓴 글은 베드로의 메시지를 그가 서신을 쓸 당시에 있어서 독자들의 상황에 적절하게 해석하고 적용한 것이다. 1:3-11에서 그는 베드로의 메시지를 의심할 여지없이 사도가 사용하지 않았을 헬레니즘의 종교적 어휘들을 사용하여 해석하는 융통성을 보이고 있고, 이 서신의 나머지 부분에서는 (Neyrey, *Polemic*, 106, 109-10이 강조하듯이) 그의 "생각나게 하는 것"은 당시의 거짓 교사들에 맞서서 사도적 메시지를 호교론적으로 **변호하는** 형태를 띤다. 이런 식으로 그는 베드로의 가르침을 담고 있는 전승을 옛 형태가 아니라 현대적인 형태로 보존하고 있지만, 베드로후서가 신약의 정경

(正經)에 속하여 "사도적" 저작으로서의 지위를 누리는 것은 사도적 메시지를 진정으로 "생각나게 하는 것"이라는 이 서신의 주장이 인정되었기 때문이다.

페리 투톤(*περὶ τούτων*, "이것들을")은 베드로의 사후에 독자들의 유익을 위하여 기록한 베드로의 메시지의 요약인 3-11절을 가리킨다.

카이페르 에이도타스(*καίπερ εἰδότας*), "너희가 알았으나": 베드로후서의 이 대목의 배후로 작용하고 있다고 할 수 있는 유다서 1:5에 대한 "주석"을 보라. 베드로의 메시지의 내용은 다름 아닌 모든 그리스도인들이 받은 기독교의 기본적인 가르침이다. 베드로는 이 서신의 수신자들인 공동체들에 복음을 전한 당사자가 아니었을 것이기 때문에(3:2에 대한 "주석"을 보라), 기자는 그가 전하는 베드로의 메시지를 보편적인 사도적 메시지로 여기고 있는 것이 분명하다. 그는 16-18절에서 이것이 바로 베드로의 증언이라고 말함으로써 이 메시지를 **변호할** 것이지만, 이 메시지 자체는 바울을 포함한 모든 사도들이 전한 메시지이다(3:15). 이것을 사도 시대를 이상화한 "초기 가톨릭적" 특색으로 볼 필요는 없다(Knoch, "Vermächtnis," 154-5는 그렇게 본다). 사도들은 그들 간에 긴장들이 있었음에도 불구하고 그들이 모두 동일한 복음을 전하는 것으로 여겼다(갈 2:7).

"이미 있는 진리에 섰으나."(*ἐστηριγμένους ἐν τῇ παρούσῃ ἀληθείᾳ* – 에스테리그메누스 엔 테 파루세 알레데이아). 스테리제인(*στηρίζειν*, "굳게 서다"), 아스테릭토스(*ἀστήρικτος*, "굳세지 못한," 2:14; 3:16), 스테리그모스(*στηριγμός*, "굳센 데", 3:17)는 베드로후서에서 애용되는 단어군이다. 이 동사는 초기 기독교 문헌에서 은유적인 의미로 대단히 흔히 사용된다(베드로후서에서의 용법과 어느 정도 비견될 수 있는 예들로는 눅 22:32; 행 18:3; 롬 16:25; 살전 3:2; 벧전 5:10; *2 Clem* 2:6). 여기에서 이 동사는 독자들이 기독교 신앙을 잘 가르침 받아서 견고히 서 있고 그 신앙에 확고하게 헌신되어 있어서 거짓 가르침에 의해서 쉽게 미혹되지 않으리라는 것을 의미한다. 물론, 이 서신의 수신자들인 공동체들 속에는 거짓 교사들의 영향 아래로 이미 들어가서 "굳세지 못한"(2:14) 것으로 묘사될 수 있었던 자들도 있었지만, 이 서신 전체는 그의 독자들이 "그들의 견고함을 잃어서는" 안 된다는 기자의 관심을 보여준다. 그러므로 이 절에 나오는 그들에 관한 서술 속에는 기자의 희망이 투영되어 있을 가능성이 높다.

진리 안에 "견고히 서는 것"에 대한 베드로후서 기자의 관심을 잘 조명해 주는 평행구는 이 서신보다 좀더 후대에 이단에 직면해서 정통적인 사도적 복음을 지켜내는 데에 관심을 가졌던 「사도들의 서신」(*Ep. Apost.*)의 서문에서 발견된다. 그 서문은 "너희로 견고히 서서 요동치 아니하며 흔들리지 아니하여, 너희가 들은 바 복음의 말씀에서 떠나지 않게 하기 위하여"(*Ep. Apost* 1: *NT Apoc.* 1, 191-92) 이 서신이 씌어진 것이라고 말한다.

"이미 있는 진리"(*τῇ παρούσῃ ἀληθείᾳ* – 테 파루세 알레데이아)는 독자들이 아직 가지고 있지 않은 나중에 알게 될 진리와 **대비되는** 진리를 가리키는 것이 아니다. 이 어구는 단지 그들이 이미 이 진리를 지니고 있기 때문에 다시 받을 필요가 없다는 점을 말하고 있을 뿐이다. 베드로후서에서 이 어구는 유다서에 나오는 "성도에게 단번에 주신 믿음의 도"(유 3절, 해당 "주석"을 보라)에 해당하는 말로서, 유다서의 어구와 마찬가지로 단지 독자들이 회심할 때에 가르침 받은 기독교의 메시지를 가리킨다. 알레데이아(*ἀληθεία*, "진리")는 초기부터 복음을 가리키는 데에 널리 그리고 자주 사용된 말이었기 때문에(갈 2:5, 14; 5:7; 엡 1:13; 골 1:5; 살후 2:12-13; 딤후 2:15; 약 1:18; 요이 1:4), 이 말에 "초기 가톨릭적인" 뉘앙스가 있는 것으로 이해해서 여러 신조들로 구성된 엄격한 교리 체계를 가리키는 것으로 볼 필요는 전혀 없다. 물론, 여기에서 기자는 그가 3-11절에 나오는 사도의 가르침에 대한 요약 속에서 강조했고 이 서신의 나머지 부분에서 거짓 교사들에 맞서서 옹호하게 될 기독교적 메시지의 (도덕적이고 종말론적인) 측면들을 염두에 두고 있다.

13 "이 장막에"(*ἐν τούτῳ τῷ σκηνώματι* – 엔 투토 토 스케노마티). 스케노마(*σκηνώμα*, 직역하면 "장막")는 사람의 몸을 가리키는 당시의 헬라어로서 스케노스(*σκῆνος*, "장막": Wis 9:15; 고전 5:1, 4)와 서로 바꾸어서 사용될 수 있었다. 이 둘 중에서 스케노마(*σκηνώμα*)는 주후 초기 세기들에서 조금 더 널리 사용되었던 것으로 보인다. 이 단어는 은유로 사용되어서, 영혼의 일시적인 거처, 즉 영혼이 죽음을 맞아 장막을 버리는 때에 거두어져서 폐기되는 거처로서의 몸이라는 이미지를 전해 준다. 그러므로 이 단어는 특히 영혼을 그 거처인 몸과 구별하거나(*Paral. Jer.* 6:6-7: "마음"[*καρδία* – 카르디아]의 거처로서의 스케노마[*σκηνώμα*]; Tatian, *Oratio* 15: 영의 거처로서의 스케노마[*σκηνώμα*]; *Sentences of Sextus* 320: "너희 영혼의 거처"[*τὸ σκήνωμα τῆς ψυχῆς σου* – 토 스케노마 테스 프쉬케스]) 불멸의 영혼이 죽을 몸에 일시적으로 거하고 있음을 강조하거나(*Diogn.* 6:8) 죽음을 가리키는(*Apoc. Paul* 15: 죽을 때에 영혼은 그 스케노마[*σκήνωμα*]를 떠난다) 맥락들 속에서 사용되는 경향을 보여준다. 흔히 이 단어는 거기에 거하였던 영혼들이 떠난 후에 남겨진 장막들로서의 시체들을 가리킨다(*TDNT* 7, 383에 나오는 비기독교적

인 전거들; 베드로와 바울의 시신들의 매장과 관련하여 Eusebius, *Hist. Eccl.* 2.25.6; 3.31.1-2; 유 9절에 대한 보론에서 모세의 시체와 관련하여 인용된 *Palaea historica*). 그러므로 이 단어는 베드로가 자신의 죽음을 생각하는 이 단락의 맥락 속에서 적절한 용어이다. 이 단어는 의심할 여지없이 영혼과 몸에 관한 헬레니즘적 인간론의 이원론을 일정 정도 지니고 있는 단어로서, 베드로후서의 기자가 사용한 헬레니즘적 용어들의 또 다른 예이다. 그러나 우리가 간과하지 말아야 할 것은 바울도 고린도후서 5:1-4에서 자신의 죽음을 생각할 때에 당시의 헬레니즘적인 은유를 사용하였다는 것이다. 이 단어는 너무나 흔하게 사용되었기 때문에, 베드로후서가 여기서 바울에 의존하고 있을 가능성은 거의 없어 보인다(바울은 스케노마[*σκηνώμα*]가 아니라 스케노스[*σκῆνος*]를 사용한다). 그리고 변화산 사건에 관한 기사 속에서 베드로가 "장막 셋"(*σκηνάς* – 스케나스, 막 9:5 par.)을 짓자고 한 제안과 연결시키는 것(Plumptre, Green)은 더욱 무리가 있다.

이 절 전체에 대해서는 *2 Apoc. Bar.* 84:1(바룩의 "유언" 서신 중에서)을 참조하라: "보라! 그러므로 내가 **아직 살아 있는 동안에** 너희에게 이것들을 알게 하였고, 너희가 이 훌륭한 것들을 배워야 한다고 말하였다. 전능하신 분이 너희를 가르치시기 위하여 명하셨기 때문이다. 그래서 나는 **내가 죽기 전에** 그의 심판의 몇몇 계명들을 너희 앞에 제시하고자 한다"(tr. Charles; 참조. 78:5; *Bib. Ant.*. 19:5; Josephus, *Ant.* 4. 316, 318).

14 "임박한"(*ταχινή* – 타키네). 타키노스(*ταχινός*)는 "신속한, 빠른"을 의미하기 때문에(사 59:7; Wis 13:2; Sir 18:26; *Herm. Sim.* 9:26:6) 종종 "곧 올, 임박한"(*Herm. Sim.* 8:9:4; 9:26:6)을 의미할 수 있다(영어의 "quick"이 몇몇 문맥 속에서 그렇듯이). 이 단어는 여기에서 "예기치 않은"이라는 의미에서 "돌연히, 갑자기"를 의미함에 틀림없다는 주장이 종종 제기되어 왔다(특히, Zahn, *Introduction*, 212-14가 주장하였고, Plumptre, Green이 거기에 동조하였다; 참조. Boobyer, "Indebtedness," 46). 즉, 베드로는 어느 순간에 갑작스럽게 그에게 죽음이 닥칠 것을 예감하였다는 것이다. 그러나 (1) 이것은 제대로 검증된 의미가 아니다(Zahn이 신약에서 "돌연한"을 의미하는 타케오스[*ταχέως*]와 타퀴[*ταχύ*]의 예들로 제시한 것들은 오역들이다); (2) 이것이 (Zahn의 주장에도 불구하고) 베드로후서 2:1에 나오는 타키노스(*ταχινος*)의 의미일 필요가 없다; (3) 이것은 이 문맥 속에서 가장 자연스러운 의미가 아니다. 이 어구를 요한복음 21:18에 비추어서 읽지 않고 단독적으로 읽는다면, 그러한 해석은 의심스러운 것이 된다.

헤 아포데시스(ἡ ἀπόθεσις), 직역하면 "벗는 것": 이 은유는 옷을 벗는 것을 가리키는 은유로서(참조. 아포티데나이[ἀποτίθεναι], 2 Macc 8:35; 행 7:58) 스케노마(σκηνώμα, "장막")와 함께 하나의 복합적인 은유를 형성해서 명확한 의미를 전달한다. 이 두 은유는 아주 표준적이고 판에 박힌 은유들이었기 때문이다. 죽음을 아포데시스(ἀπόθεσις)로 표현하는 것에 대해서는 Clem. Alex. *Strom.* 1.19(σαρκὸς ἀπόθεσις – 사르코스 아포데시스); Methodius, *Res.* 1.29(*PG* 41:1140A)를 참조하고, 이 복합적인 은유에 대해서는 *Asc. Isa.* 9:8; 고후 5:3-4(여기서처럼 두 개의 은유가 결합되어 있다)을 참조하라.

"우리 주 예수 그리스도께서 내게 지시하신 것같이"(καθὼς καὶ ὁ κύριος ἡμῶν Ἰησοῦς Χριστὸς ἐδήλωσέν μοι – 카도스 카이 호 퀴리오스 헤몬 예수스 크리스토스 에델로센 모이). 모든 주석자들은 이 구절을 베드로가 자신의 죽음이 임박했음을 어떻게 알았는지를 설명하는 것으로 해석하지만 푀그틀레(Vögtle, "Schriftwerdung," 301)는 그러한 해석은 카이(καί)를 간과한 해석임을 지적한다. 카도스 카이(καθώς καί)는 신약에 아주 흔하게 나오는 어구이고(예를 들면, 눅 11:1; 행 15:8; 롬 1:13; 15:7), 모든 경우에 카이(καί)는 약간 군더더기적인 성격이 있기는 하지만 "또한"으로 번역되어서, 카도스(καθώς)가 지닌 비교의 의미를 강화시킨다. 달리 말하면, 카도스 카이(καθώς καί)는 앞에 나온 것과 비교되는 추가적인 사실을 소개하는 도입구로서의 역할을 한다는 것이다. 따라서 이 구절의 전체적인 의미는 이런 것임에 틀림없다: "나는 내가 곧 죽게 될 것임을 알고 있고, 이것은 그리스도의 예언과 부합한다." 만약 이 구절을 "나는 그리스도께서 내게 말씀하셨기 **때문에** 내가 곧 죽게 될 것임을 안다"고 해석한다면, 그것은 이상할 말이 되고 말 것이다. 이 구절은 베드로는 그리스도께서 그에게 주신 계시와 상관없이 자기가 곧 죽을 것임을 알고 있다는 것으로 해석되어야 한다.

의로운 주인공이 죽기 전에 자신의 죽음에 관한 모종의 암시를 받는 것은 성인의 전기에 흔한 모티프(motif)였고, 몇몇 분명한 이유들로 인해서 이것은 유언 장르에 관례적으로 등장하는 모티프들 중의 하나였다. 주인공이 자기가 죽게 될 것을 어떻게 알았는지에 대한 암시가 전혀 없는 경우도 있고(*Jub.* 36:1; *T. Napht.* 1:3-4; *Adam and Eve* 45:2; 49:1; 행 10:25; 딤후 4:6; *Acts John* 107), 하나님이 그것을 그에게 계시하시는 경우도 있으며 신 31:2, 14, 16; *T. Levi* 1:2; 4 Ezra 14:13-15; *2 Apoc. Bar.* 43:2; 76:2; *Bib. Ant.* 19:6; 21:1; *2 Enoch* 36:1-2; 55:1-2), 꿈(*Jub.* 35:6; *T. Abr.* 7; *Mart. Pol.* 5:2)이나 환상(*Acts Paul* 10[PH 7])이 계시

의 수단이 되는 경우도 있다. 아마도 이 관례적인 모티프라는 설명은 베드로가 자기가 곧 죽게 될 것임을 알고 있다(*εἰδώς* – 에이도스)는 진술에도 해당될 것이다. 그렇다면, 베드로후서의 기자는 왜 이것을 그리스도께서 베드로에게 계시해 주신 것이라는 말을 덧붙인 것일까? 이 질문에 대하여 유일하게 유력한 대답은 베드로의 죽음에 관한 주님의 예언이 잘 알려져 있었고, 베드로후서의 독자들도 이 예언을 알고 있었기 때문에, 기자가 이 예언에 대한 언급을 덧붙인 것은 자연스러운 일이었다는 것이다. 따라서 에이도스 호티 타키네 에스틴 헤 아포데시스 투 스케노마토스 무(*εἰδὼς ὅτι ταχινή ἐστιν ἡ ἀπόθεσις τοῦ σκηνώματος μου*, "나도 이 장막을 벗어날 것이 임박한 줄을 앎이라")라는 구절은 유언 장르의 관례적인 모티프인 반면에, 그 뒤에 이어지는 카도스 카이 호 퀴리오스 헤몬 예수스 크리스토스 에델로센 모이(*καθὼς καὶ ὁ κύριος ἡμῶν Ἰησοῦς Χριστὸς ἐδήλωσέν μοι*, "우리 주 예수 그리스도께서 내게 지시하신 것같이")라는 구절은 베드로 전승의 일부이다. 우리는 이것을 밀레도에서 바울은 그의 고별사 속에서 자신의 임박한 죽음을 알지만(행 20:25), 그런데도 동시에 그 때에 아가보가 그것을 예언한다는 사실(행 21:11)과 비교해볼 수 있을 것이다. 베드로의 죽음에 관한 잘 알려져 있던 예언의 존재는 베드로후서의 기자가 그 예언을 언급하게 된 충분한 이유가 될 수 있다. 기자가 이 예언을 언급한 것은 베드로의 이 유언에 추가적으로 권위를 부여하기 위한 것이었다는 푀그틀레(Vögtle, "Schriftwerdung," 303)의 주장은 불필요하다.

베드로후서의 기자가 염두에 둔 예언은 무엇이었을까? 현존하는 문헌 속에서 예수께서 베드로의 죽음을 예언한 말씀으로는 다음과 같이 다섯 가지가 있다:

(1) 요한복음 13:36. 이것은 마태복음 26:35; 마가복음 14:31; 누가복음 23:33에 나오는 베드로의 말을 요한이 베드로의 순교에 비추어서 성찰한 말씀인 것 같다(R. E. Brown, *The Gospel according to John*[ab; London: Geoffrey Chapman, 1971] 615-16). 우리는 이 말씀이 요한복음 이전의 전승 속에서 존재했었는지를 확인할 길이 없다. 게다가, 이 말씀 속에는 베드로의 순교가 예수의 죽음 이후에 있으리라는 것만을 얘기할 뿐이고, 그 때(time)를 암시하는 내용은 없다.

(2) 요한복음 21:18은 주석자들이 가장 흔히 베드로후서가 말한 바로 그 예언이라고 생각해온 말씀이다(Plumpre, Bigg, Lumby, Green; Zahn, *Introduction*, 213-14; Chase, *DB*(H); 3, p 809; Vögtle, "Schriftwerdung," 302). 이 견해에 대해서 두 가지 주된 반론이 있다: (a) 요한복음 21:18에는 베드로의 죽음의 때(time)에 대한 언급이 없다; (b) 베드로후서가 제4복음서를 참조하였을 가능성은 거의 없다. 베드로후

서는 저작 연대에 있어서 제4복음서보다 앞서고, 신학적 성격에 있어서도 제4복음서와는 판이하게 다르기 때문이다. 그러나 (a) 요한복음 21:18은 베드로가 나이 들어서 노년에(*γηράσῃς*-게라세스) 순교하게 될 것임을 보여주기 때문에, 이것은 베드로후서 1:14의 요구 조건들을 충족시킬 정도로 충분히 때에 관한 언급이 될 수 있다. 베드로가 그리스도의 예언과는 상관없이 자신의 죽음이 임박했음을 알고 있었다는 우리의 석의(釋義)가 옳다면, 그 예언 자체가 때에 관한 아주 정확한 언급을 담고 있을 필요는 없다. (b) 요한복음 21:18은 베드로의 순교에 대한 언급으로서 너무나 애매모호해서 **사후 예언**이 될 수 없기 때문에(참조. Brown, 1107-8, 1118) 요한복음 21장의 기자의 창작일 수 없다. 이 말씀은 이미 전승으로 내려온 예수의 말씀이었고, 요한복음의 기자는 21:19(이 구절은 이 예언이 십자가 처형에 의한 죽음을 나타내는 것이라고 해석하는 것 같다)에서 이 예언에 대한 사후적인(post eventum) 해석을 제시한다. 일부 학자들은 이 말씀이 원래 베드로의 죽음에 대하여 말할 의도였는지에 대해서 의문을 제기해 왔지만, 이 말씀이 그런 의미가 아니었다면 왜 전승 속에서 보존되게 되었는지 그 이유를 설명하기가 어려워진다. 그러므로 우리는 요한복음 21:18이 베드로의 죽음 이전에 초기 교회에서 베드로의 순교에 관한 예언으로서 널리 알려져 있었던 것으로 추정할 수 있을 것이다.

(3) *Apoc. Pet. R*(이 구절에 대해서는 E. Peterson, "Das Martyrium des hl. Petrus nach der Petrus-Apocalypse," *Miscellanea Giulio Belvederi*[CACat 23; Vatican City: Società "Amici delle Catacombe," 1954] 181-85를 보라). 부활하신 그리스도는 베드로에게 이렇게 말씀한다: "서방의 성읍으로 가서, 음부에 있는 자의 아들의 손에서 내가 네게 약속한 잔을 마시라." 이것은 네로 치하의 로마에서 베드로의 순교에 관한 사후(post eventum) 예언임이 분명하다. 이 예언은 베드로후서 1:3-11에 의거한 것으로 보이는 구절 다음에 나오고, 베드로후서 1:16-18을 비롯해서 변화산 사건에 관한 기사(記事)들에 의거한 구절 앞에 나오는 것으로 보아서 베드로후서 1:14에서 영감을 받았을 가능성이 높다. 이것은 베드로 묵시록의 저자가 베드로후서 1:14이 말하는 예수의 말씀에 관한 전승을 전혀 알지 못하였다는 것을 의미하지는 않는다. 왜냐하면 그가 사용한 "내가 네게 약속한 잔"(*τὸ ποτήριον ὅ ἐπηγγειλάμην σοι*-토 포테리온 호 에펭게일라멘 소이)이라는 어구는 이전에 이미 존재해 있는 예언을 전제하는 것으로 보이기 때문이다. 따라서 베드로 묵시록이 베드로의 죽음을 예언한 예수의 말씀에 관한 전승이 존재하였다는 것을 보여주는 증거일 수는 있지만, 그 말씀의 형태에 관한 신뢰할 만한 증거를 제공해 주지는 않는다.

(4) 베드로행전에 나오는 저 유명한 "쿠오 바디스"(Quo Vadis) 이야기(*Act. Verc.*

35)는 베드로가 체포를 피하기 위해서 로마를 떠나가고 있을 때에 로마로 들어오시는 예수를 만난 얘기를 들려준다. "주여, 여기에서 어디로 가시나이까"(*κύριε, ποῦ ὧδέ* – 퀴리에, 푸 호데)라는 베드로의 질문에 주님은 "나는 십자가에 못 박히기 위하여 로마로 가노니, 내가 다시 십자가에 못 박히려 하노라"고 대답하였고, 이에 베드로는 십자가에 못 박히기 위하여 다시 로마로 돌아간다(*NT Apoc.* 2, 317-18). 몇몇 학자들(Spitta; 참조. Edmundson, *Church of Rome*, 151-53)은 이 이야기가 베드로후서 1:14이 언급하고 있는 사실에 토대를 두고 있는 것이라고 생각해 왔다. 하지만 이 이야기는 베드로행전(주후 180년경) 이전에는 확인이 되지 않는 이야기이기 때문에, 요한복음 13:36에 의해서 영감을 받아 씌어진 것이 거의 확실하다. 또한 우리는 베드로행전의 저자가 베드로후서를 알았다는 것을 기억하여야 한다.

(5) 클레멘트가 야고보에게 보낸 서신(*Clementine Homilies*의 서문에 나온다) 제2장에서 베드로는 이렇게 말한다: "내가 나를 보내신 내 주님이자 선생이신 예수 그리스도로부터 가르침을 받은 대로(*ὡς ἐδιδάχθην* – 호스 에디다크텐) 나의 죽을 날이 가까웠기 때문에(*αἱ τοῦ θάνατου μου ἠγγίκασιν ἡμέραι* – 하이 투 다나투 무 엥기카신 헤메라이)…" 이 말은 실질적으로 베드로의 유언인 말씀 앞에 나온다. 이러한 후대의 문헌에 나오는 이 말은 베드로후서 1:14, 또는 위의 (2)나 (4)에 의거한 것일 수도 있고, 또한 관례적인 유언 모티프를 베드로에게 적용한 독립적인 예일 수도 있다.

결론적으로 말해서, 오직 요한복음 21:18에 나오는 예수의 말씀만이 베드로후서 1:14에서 말하고 있을 가능성이 있다. 이러한 결론은 우리의 석의(釋義)가 베드로후서 1:14이 베드로의 죽음 직전에 높아지신 주님이 그에게 주신 계시가 아니라 복음서에 나오는 예수의 말씀을 가리킬 가능성이 많다는 것을 보여준다는 것에 의해서도 추가적으로 밑받침된다. 왜냐하면 (a) 예수의 예언은 베드로가 자신의 죽음이 가까웠음을 암시한다는 유언 모티프와는 **구별되고**, (b) 그 예언은 베드로후서의 독자들에게 잘 알려져 있었음에 틀림없기 때문이다. 베드로후서 1:14이 마태복음 16:21-27 또는 마가복음 8:31-38과 더불어서 나이 든 베드로가 순교를 예감하였다는 증거로 제시되는 베드로전서 5:1에 의거한 것이라는 부바이어(Boobyer, "Indebtedness," 44-51)의 주장은 훨씬 더 간단한 설명으로 해결될 수 있는 경우에는 거의 선호하기 힘든 꽤 억지스러운 설명인 것으로 보인다.

15 "내가 힘써…하노라"(*σπουδάσω δὲ καί* – 스푸다소 데 카이). 즉, 나는 너희에게 내가 살아 있는 동안에만이 아니라(13절), 내가 죽은 후에도 나의 가르침이

너희에게 있게 하고자 신경을 쓰고자 한다. 동사 스푸다제인($\sigma\pi ov\delta\acute{a}\zeta\epsilon\iota\nu$)은 다른 곳에서 편지를 쓰고자 힘쓰고 간절히 바랐다는 것을 나타내는 데에 사용되는 단어로서(*Barn.* 1:5; 4:9; 21:9; 참조. 유 3절) 서신용 문체의 한 예일 수 있다. 이것과 대등한 표현이 *2 Apoc. Bar.* 78:5(바룩의 "유언" 서신)에서 발견된다는 사실은 특히 특기할 만하다: "내가 죽기 전에 너희에게 이 서신의 말을 남기려고 무척 애를 써왔노라"(tr. Charles). 스푸다소($\sigma\pi ov\delta\acute{a}\sigma\omega$)의 미래 시제는 12절에 나오는 미래 시제보다 더 난해하다. 왜냐하면 생각나게 하고자 하는 사도의 행위는 그의 사후에 그의 유언을 통해서 계속될 수 있는 반면에, 그의 힘씀이 어떻게 그렇게 될 수 있는지는 더욱 이해하기 어렵기 때문이다. 스푸다소($\sigma\pi ov\delta\acute{a}\sigma\omega$)가 그가 베드로후서를 쓰려고 힘을 기울였다는 것을 가리킨다면, 기자는 12절에서처럼 일차적으로 이 작업이 장래에 "항상" 하게 될 역할을 염두에 두고 있었을 가능성이 있다. 또는, 스푸다소($\sigma\pi ov\delta\acute{a}\sigma\omega$)는 자기 유언이 자신의 사후에 확실하게 보존되게 하고자 한 사도의 노력을 가리키는 것일 수도 있다. 이것은 베드로후서의 실제 기자가 베드로후서를 씀에 있어서 그의 노력과 수고가 자신의 가르침을 자신의 사후에 보존하고자 한 베드로 자신의 관심에 충실한 것임을 암시하고자 한 것일 수 있다.

스푸다소($\sigma\pi ov\delta\acute{a}\sigma\omega$)의 미래 시제가 지닌 난점에도 불구하고, 대부분의 주석자들은 이것이 베드로후서 자체를 가리키는 것으로 이해하지만(Knopf, Chaine, Windisch, Schelkle, Kelly, Grundmann), 일부 학자들은 이것이 사도가 장래에 쓰고자 하는 또 다른 저작, 즉 우리에게 알려져 있지 않은 베드로에 의한 교리적 저작(Zahn, *Introduction*, 200-201, 272), 또는 베드로가 기회가 될 때마다 쓰고자 하는 장래의 서신들(McNamara, Scr 12(1960) 16-19는 헤카스토테[$\acute{\epsilon}\kappa\acute{a}\sigma\tau o\tau\epsilon$, "필요할 때"]를 스푸다소[$\sigma\pi ov\delta\acute{a}\sigma\omega$]와 함께 해석해서, 베드로후서 3장이 이 다른 서신들 중의 하나라고 생각한다), 또는 마가복음(Plumptre, Bigg, Mayor cxlii-cxliv, Barnett, Green)을 가리키고 있음에 틀림없다고 주장한다. 이 마지막 견해는 일찍이 파피아스(Papias) 때로부터 내려온 전승, 즉 마가가 베드로의 "해석자"로서 베드로의 설교를 토대로 해서 베드로의 복음서를 썼다는 전승에 의거한 것이다. 이레네우스(Irenaeus)가 이미 베드로후서 1:15을 이런 식으로 해석했을 가능성도 있다(아래를 보라). 하지만 우리는 다음과 같은 것들을 유의하여야 한다: (a) 이 전승의 초기 대표자들 중에서 베드로가 주도적으로 복음서를 썼다고 보는 사람이 아무도 없고, 오직 알렉산드리아의 클레멘트(*Hypotyp.*, *ap.* Eusebius, *Hist. Eccl.* 2.15.1-2)만이 베드로가 복음서를 공인하였다고 보도할 뿐이라는 것, (b) 베드로후서에 나오는 복음서 전승들에 대한 분명한 간접 인용들 중에서 마가 전승들과 일치하는 것은 하나도 없다는 것(본서의 "문헌들의 상호관계"의 서론을 보라), (c) 이 절에서 투톤(*τούτων*, "이런 것들")은 3-11절에 나오는 베드로의 가르침에 대한 요약을 가리키고 있음에 틀림없고, 마가복음은 그런 식으로 서술된 베드로의 가르침을 구체화하고 있는 것으로 보아질 수 없다는 것.

이 절이 베드로후서 자체를 염두에 두고 있는 것이라는 견해는 그렇게 보지 않는 경우에는 찾기 어려운 통일성을 12-15절의 단락에 부여하는 이점을 지닌다: 이 단락 전체는 베드로후서가 그의 유언이 되게 하고자 하는 베드로의 의도를 설명하고 있다는 것.

"나의 떠난 후에"(*μετὰ τὴν ἐμὴν ἔξοδον* – 메타 텐 에멘 엑소돈). 죽음을 나타내는 데에 사용된 엑소도스(*ἔξοδος*)라는 용어는 여기에서 "떠남"이라는 의미보다는 "끝"(즉, 인생의 끝: *ἔξοδος τοῦ βίου* – 엑소도스 투 비우)이라는 의미로 사용되었을 가능성이 높다(*TDNT* 7, 105, 107를 보라) – 물론, 몇몇 기자들은 이 단어에 "떠남"이라는 의미를 부여하고 있지만(Wis 7:6; *Apoc. Paul* 14; Clem. Alex. *Exc. Theod.* 41: *ἡ ἐκ τῆς σαρκὸς ἔξοδος* – 헤 에크 테스 사르코스 엑소도스, "육신으로부터의 떠남"). 따라서 이 단어는 여기에서 영혼이 육신을 떠난다는 의미를 내포하고 있다고 볼 필요가 없다. 이 용어는 여기에서처럼 절대적인 용법으로 사용되기도 하였고(Epictetus 4.4.38; Wis 3:2; *T. Napht.* 1:1 v.l.; 눅 9:31; Justin, *Dial.* 105.5; 리용과 비엔나의 교회들의 서신, *ap.* Eusebius, *Hist. Eccl.* 5.1.36, 55; 5.2.3; Irenaeus, *Adv Haer.* 3.1.1; *Apoc. Paul* 14), 어떤 식으로 수식하는 말과 함께 사용되기도 하였다(*τοῦ ζῆν* – 투 젠, Josephus, *Ant.* 4.189; *τοῦ βίου* – 투 비우, Justin, *Dial.* 105.3; 또한 Wis 7:6에서도 함축적으로; *πνεύματος* – 프뉴마토스, Sir 38:23). 이 용어가 절대적으로 사용된 용례는 수식을 받는 경우보다 훨씬 더 드물었다는 주장은 그 어떤 근거도 없는 것으로 보인다(Green; 참조. Bigg, 206). 이 단어는 어느 형태로든 그리 흔히 사용되지 않았고, 주후 2세기에 좀더 흔히 사용되게 된 것으로 보인다. 기독교 문헌에 나오는 이 단어의 모든 용례들을 신약에 나오는 이 단어의 두 번의 용례의 영향으로 돌리는 것은 무리다.

이 절이 누가복음 9:31(변화산 사건 기사)에 나오는 이 단어의 용법을 간접적으로 인용하고 있을 가능성을 생각할 여지를 거의 없애 줄 정도로 충분히 이 단어가 일반적으로 통용되었다는 것을 보여주는 충분한 증거가 있다. 이러한 간접 인용 속에서 베드로 저작설의 증거를 찾는 학자들(Green; 참조. Plumptre; Bigg, 231-32)

은 이것은 사실 베드로후서의 실제 기자가 변화산 사건 기사의 누가 판본을 알고 있었음을 보여주는 것임을 깨닫지 못하고 있는 것이다.

Irenaeus, *Adv Haer.* 3.1.1에는 베드로후서 1:15에 대한 간접 인용을 보여주는 좀더 유력한 사례가 있다: "그들의(즉, 베드로와 바울의) 죽음 후에(*μετὰ τὴν τούτων ἔξοδον* – 메타 텐 투톤 엑소돈) 베드로의 제자이자 해석자였던 마가는 베드로가 설교한 것을 기록하여 우리에게 전해 주었다." 증명할 수는 없겠지만, 여기에서 이레네우스가 베드로후서 1:15을 마가복음을 가리키는 것으로 해석하고 있다고 볼 수 있는 여지가 있다(Mayor).

## 해설

이 단락은 베드로후서가 베드로의 사후에 이 서신을 읽게 될 그리스도인들을 위하여 베드로의 가르침을 보존하기 위한 베드로의 "유언"이라는 성격을 지니고 있음을 설명한다. 그러므로 기자는 베드로가 죽음 직전에 그의 죽음이 임박했음을 알고서 이 서신을 쓰고 있는 것으로 묘사한다. 베드로가 이렇게 자신의 임박한 죽음을 아는 것은 죽음에 대한 모종의 예감을 그 자신이 느꼈기 때문이기도 하고(이것은 "유언" 장르의 표준적인 특징이다), 예수께서 베드로의 순교를 미리 말씀하였기 때문이기도 하다(요 21:18에 보존된 말씀에 대한 간접 인용일 가능성이 크다). 사도는 자신의 죽음이 임박했음을 내다보고서 자신의 가르침–이것은 주로 1:3-11에 나오는 "고별 설교"를 가리킨다–을 글로 기록하고 있는 것이기 때문에, 비록 독자들이 그리스도인이 되었을 때에 받은 사도의 가르침을 이미 잘 알고 있다고 할지라도, 베드로의 "유언"은 그가 죽기까지와 그 이후에 그 가르침을 그들에게 상기시켜 주는 역할을 할 수 있다.

베드로후서의 기자가 고대의 "유언" 장르의 표준적이고 관례적인 모티프들을 사용한 까닭에, 당시의 독자들은 이 단락을 통해서 베드로후서가 그 장르에 속한다는 것과 이 저작이 위서적(僞書的) 성격을 지니고 있다는 것을 알아보았을 것이다. 독자들은 베드로가 죽은 지 오랜 기간이 지난 후에 그들을 상대로 말씀하는 것으로 묘사하는 것을 가능하게 해준 허구적 장치의 배후에서 당시의 상황 속에서 사도의 메시지를 "상기시키고" 옹호하고자 하는 실제 기자의 의도를 파악할 수 있었을 것이다. 기자는 베드로의 이름으로 서신을 씀으로써 자기 자신의 새로운 가르침을 제시하고자 하는 마음이 전혀 없음을 나타낸다. "유언"이라는 문학적 장치는 기자가 그의 독자들의 상황에 적합한 용어들로 해석하고 변호하고 있기는 하지만 오직 사도적 메시지를 보존하고자 하는 의도만을 지니고 있을 때에 그의 메시지를 전하는 데에 유효한 수단이 된다.

# 반론에 대한 답변 1: (a) 목격자로서의 사도(1:16-18)

## 참고문헌

**Baltensweiler, H.** *Der Verklärung Jesu: Historisches Ereignis und synoptische Berichte.* ATANT 33. Zürich: Zwingli Verlag, 1959. 26-28. **Blinzler, J.** *Die neutestamentlichen Berichte über die Verklärung Jesu.* NTAbh 17/4. Münster: Aschendorff, 1937. 17-18, 30-31, 71-76, 87, 153. **Boobyer, G. H.** *St Mark and the Transfiguration Story.* Edinburgh: T. & T. Clark, 1942. 43-46. **Bretscher, P. G.** "Exodus $4^{22-23}$ and the Voice from Heaven." *JBL* 87(1968) 301-11. **Klein, G.** *Die zwölf Apostel,* 102-3. **Neyrey, J. H.** "The Apologetic Use of the Transfiguration in 2 Peter 1:16-21." *CBQ* 42(1980) 504-19. **Nineham, D. E.** "Eye-Witness Testimony and the Gospel Tradition III." *JTS* 11(1960) 254-64. **Sabbe, M.** "La rédaction du récit de la Transfiguration." *La Venue du Messie: Messianisme et Eschatologie,* by E. Massaux *et al.* RechBib 6. Bruges: Desclée de Brouwer, 1962. **Schmithals, W.** "Der Markusschluss, die Verklärungsgeschichte und die Aussendung der Zwölf." *ZTK* 69(1972) 379-411. **Stein, R. H.** "Is the Transfiguration(Mark 9:2-8) a Misplaced Resurrection-Account?" *JBL* 95 (1976) 79-95.

## 본 문

**16** 우리 주 예수 그리스도의 능력과 강림하심을 너희에게 알게 한 것이 공교히 만든 이야기를 좇은 것이 아니요 우리는 그의 크신 위엄을 친히 본 자라

**17** 지극히 큰 영광 중에서 이러한 소리가 그에게 나기를 이는 내 사랑하는 아들이요 내 기뻐하는 자라 하실 때에 저가 하나님 아버지께 존귀와 영광을 받으셨느니라

**18** 이 소리는 우리가 저와 함께 거룩한 산에 있을 때에 하늘로서 나옴을 들은 것이라

**16** For we did not follow cleverly concocted myths when we made known to you the coming of our Lord Jesus Christ in power, but we were eyewitnesses of his majesty.

**17** For[a] he received honor and glory from God the Father, and a voice conveyed to him by the Majestic Glory proclaimed, "This is my Son, my Beloved, on whom I have set my favor."[b]

**18** We ourselves heard this voice from heaven when we were with him oh the holy mountain.

## 원문주해

a. 헬라어 본문에서 17-18절은 파격구문(anacolouthon)이다. 17절의 분사구들은 예수를 주어로 하는 주절을 필요로 하는데도, 18절에서는 새로운 문장이 시작된다.

b. 대부분의 사본들에서 이 문장의 독법들(하늘에서 들려온 소리에 관한 것)은 공관복음서들에 동화시킨 독법들인 것으로 보이기 때문에(Blinzler, *Berichte*, 17), 여기에서는 그러한 동화 현상을 전혀 보이지 않는 P[72] B의 본문을 채택하여 번역하였다.

## 양식/구조/배경

네이리(Neyrey, *Polemic*, 18-19, 22, 24)는 16절이 기자가 거짓 교사들의 주장들을 서술하고 반박하기 위하여 세 차례 사용하는(1:16, 21; 3:9) 우…알라(*οὐ…ἀλλά*, "not…but")의 양식으로 되어 있다고 지적하였다. 그러나 우…알라(*οὐ…ἀλλά*) 구문은 아주 흔하고 자연스러운 구문이고, 베드로후서의 기자는 실제로 몇몇 경우들에서 반론을 반박하기 위해서가 아니라 순전히 수사학적인 목적으로 이 구문을 사용하기 때문에(2:4-5; 3:9b), 우리는 이런 구문을 변증적인 양식이라고 주장할 때에는 신중을 기하지 않으면 안 된다. 이것은 변증적 양식이냐의 여부는 각각의 경우마다 구체적으로 따져서 결정하지 않으면 안 된다는 것을 의미한다. 1:16에서 이러한 설명은 이 대목의 가장 분명한 독법을 제공해 주기 때문에, 우리는 16a절을 거짓 교사들이 재림 기대에 맞서 제시한 첫 번째 반론이고, 16b-18절은 이 반론에 대한 기자의 첫 번째 답변이라고 볼 수 있다.

네이리(Neyrey, *CBQ* 42[1980] 507-9)는 필로(Philo)와 시칠리아의 디오도로스(Diodorus of Sicily)의 글 속에서 우…알라(*οὐ…ἀλλά*, "not…but") 양식의 흥미로운 평행들을 발견하고 있는데, 이 평행들은 모두 다 성경이나 예언들이 조작된 신화들이라는 주장에 맞서서 그 진실성을 옹호하는 구절들이다. 다시 한번 말하지만 이 양식은 너무나 뻔하고 자연스러운 것이어서, 이 평행들을 근거로 해서 우리는 많은 것을 말할 수 없지만, 어쨌든 베드로후서의 이 대목에서 기자와 그의 대적자들이 고대 세계에서, 특히 헬레니즘적 유대교에서 익히 알려져 있던 기본적인 양식을 사용한 논쟁을 수행하고 있음은 분명해 보인다. 하나님의 계시를 옹호하는 수많은 변증가와 마찬가지로, 베드로후서의 기자는 계시라고 주장되는 것들은 사실 인간이 만들어낸 것에 불과한 것들이라는 상투적인 비난에 답하지 않으면 안 되었다.

유언 장르의 몇몇 예들은 유언에서 행해지는 예언들의 토대를 제공해 주는 장래에 관한 계시들이 주어졌을 때에 흔히 주인공이 하늘로의 여행을 하는 도중에 그에게 주어진 묵시적 계시를 자세하게 얘기한다(*1 Enoch* 93; *2 Apoc. Bar.* 81:4; *T. Levi* 2-5, 8; *Adam and Eve* 25-29; *2 Enoch* 39:2; *Bib. Ant.* 28:4; 참조. Kolenkow, *JSJ* 6[1975] 57-71). 베드로후서의 기자가 종말론적 계시로 이해한 변화산 사건을 언급한 것은 유언의 관례적인 특징이 되어 있던 이 요소를 그의 서신에 제시하기 위한 것이었을 가능성이 높다.

## 공관복음서와의 관계

베드로후서에 나오는 변화산 사건에 관한 기사는 공관복음서에 나오는 세 가지 기사와 상당한 정도의 차이들을 보여주기 때문에, 공관복음서의 기사들과의 관계와 관련한 질문이 생겨난다. 적지 않은 수의 학자들은 이 기사가 공관복음서와는 무관하고, 베드로에 대한 개인적인 회상을 쓴 것이거나 독립적인 구전 전승을 가져와서 사용한 것이라고 결론을 내린다(특히, Spitta, 493-99; Zahn, *Introduction*, 217-18; Blinzler, *Berichte*, 71-72; A. J. Maclean, in *DAC* 2, 611-12를 보라).

베드로후서 기사와 공관복음서 기사들 간에 서로 차이가 나는 점들과 그 의미는 이렇다.

(1) 베드로후서가 공관복음서 기사들에 나오는 특징들을 생략한 것들(예수의 변모에 관한 상세한 서술들, 모세와 엘리야의 등장, 베드로의 제안)로부터는 그 어떤 결론도 이끌어내서는 안 된다. 그러한 것들은 베드로후서 기자의 편집적 목적에 의거해서 쉽게 설명할 수 있기 때문이다. 베드로후서의 기자가 변화산 사건을 언급하는 목적은 그가 그 사건 속에서 하나님이 예수를 종말론적 왕과 심판자로 임명하신 것을 보았기 때문이므로, 이 점과 밀접한 연관성이 없는 특징들은 언급할 필요를 느끼지 않은 것은 당연한 일이다. 특히, 그는 공관복음서 기사들 가운데서 시내산 현현을 암시하거나 예수를 모세와 같은 종말론적 선지자로 묘사하는 그러한 특징들에 관심을 갖지 않는다.

또한 베드로후서가 변화산 사건을 체험한 사도가 오직 베드로, 야고보, 요한 등 세 명으로 제한되어 있었다는 것을 명시적으로 밝히지 않은 것도 그리 중요하지 않다. 기자는 이 점을 특별히 밝힐 필요를 느끼지 않았다 – 물론, 베드로가 목격자들 중의 한 사람이었다는 것을 당연한 것으로 여기지만. 우리는 베드로후서의 기자가 사용한 전승이 이 사건을 체험한 사도를 세 명의 사도로 구체적으로 밝혔는지에 대해서는 알 수가 없다.

(2) 베드로후서의 기사에 나타나는 독특한 용어들을 기자가 독립적인 전승을 사

용했음을 보여주는 증거들이라고 말하는 것도 위험한 일이 될 것이다(*τῆς ἐκείνου μεγαλειότητος* – 테스 에케이누 메갈레이오테토스, "그의 위엄"; *τιμὴν καὶ δόξαν* – 티멘 카이 독산, "존귀와 영광"; *φωνῆς ἐνεχθείσης αὐτῷ τοιᾶσδε ὑπὸ τῆς μεγαλοπρεποῦς δόξης* – 포네스 에네크데이세스 아우토 토이아스데 휘포 테스 메갈로프레푸스 독세스, "지극히 큰 영광 중에서 이러한 소리가 그에게 나기를"). 왜냐하면 이러한 용어들은 기자의 문체의 특징으로서, 단지 그가 전승을 자신의 말로 바꾸어 표현했음을 보여주는 것이기 때문이다.

(3) 실질적인 차이는 공관복음서의 세 기사에서는 모두 그 소리가 구름 속에서 들려왔다고 말하고 있는 반면에, 베드로후서에서는 "하늘로부터 나왔다"(*ἐξ οὐρανοῦ ἐνεξθεῖσαν* – 엑스 우라누 에넥스데이산, 18절)는 것이다. 우리는 이러한 차이에 지나치게 중대한 의미를 부여해서는 안 된다. 공관복음서의 기사들 속에서 구름은 하나님의 임재의 한 형태이기 때문에, 이 두 표현은 모두 그 소리가 하나님으로부터 왔다고 말하고 있다. 베드로후서의 기자는 구름을 언급할 동기나 계기를 가지고 있지 않았기 때문에, 구름이라고 표현했을 때에 뭔가 더 자세한 설명을 요구할지도 모를 사람들을 위하여 좀더 직설적인 표현을 사용했을 것이다(Blinzler, *Berichte*, 75). 또는, 이 어구는 예수의 수세(受洗)에 관한 기사 – 일부 학자들은 에이스 혼 에고 유도케사(*εἰς ὃν ἐγὼ εὐδόκησα*, "내 기뻐하는 자라 하실 때에") 속에서 이 기사를 본다 – 와 동화시킨 것을 보여주는 추가적인 증거일 수도 있다(참조. 마 3:17; 막 1:11; 눅 3:22). 다른 한편으로, (a) 하늘에서 나온 소리라는 개념은 묵시 저작에서 흔히 등장하고(*Dan.* 4:31; *1 Enoch* 13:8; 65:4; *2 Apoc. Bar.* 13:1; 22:1; 계 10:4; 11:12; 14:13), 변화산 사건에 관한 이야기가 묵시적 성격을 띠고 있다는 점을 고려할 때에(Sabbe, "La rédaction"; H. C. Kee, "The Transfiguration in Mark: Epiphany or Apocalyptic Vision?", J. Reumann ed(s)., *Understanding the Sacred Text*[M. S. Enslin Festschrift; Valley Forge, PA: Judson Press, 1972] 137-52를 보라), 이 표현은 자신이 사용하는 자료를 따를 때에만 묵시적 언어를 사용하는 경향을 보여주는(3장에서처럼) 베드로후서의 기자에 의해서 첨가되었을 가능성이 낮고, 변화산 사건에 관한 전승 속에 이미 자리 잡고 있었을 가능성이 높다. 이 소리와 관련한 기자의 다른 어구에 대해서도 동일한 설명을 할 수 있을 것이다: "지극히 큰 영광 중에서"(*ὑπὸ τῆς μεγαλοπρεποῦς δόξης* – 휘포 테스 메갈로프레푸스 독세스). 메갈로프레페스(*μεγαλοπρεπής*, "지극히 큰")라는 단어를 사용한 것은 기자가 그러한 용어들을 선호하는 것(1:4, *τίμια καὶ μέγιστα* – 티미아 카이 메기스타, "보배롭고 지극히 큰"; 1:16, *μεγαλειότητος* – 메갈레이오테토스, "크신 위엄")과 부

합하지만 하나님을 이런 식으로 완곡하게 표현하는 방식은 베드로후서의 통상적인 헬레니즘적 용어 사용이 아니라 묵시적 맥락에 속한다(참조. *1 Enoch* 14:20; *Asc. Isa.* 9:37; 11:32; *T. Levi* 3:4; 참조. 18:6). 게다가, (b) 이 소리가 하늘로부터 왔다고 말하는 변화산 사건에 관한 전승이 존재했음을 보여주는 몇몇 단서들이 다른 문헌에 나온다. 베드로후서와 관련되어 있는 전승(아래를 보라)에 의거해서 그 소리의 내용을 기록하고 있는 것으로 보이는 *Clem. Hom.* 3:53은 이렇게 되어 있다: "증거하는 소리가 하늘로부터 들려왔다"(*ἐξ οὐρανῶν*[v.l. *οὐρανοῦ*] *μάρτυς φωνὴ ἠκούσθη* – 엑스 우라논(또는, 우라누) 마르튀스 포네 에쿠스데). 또한 일부 학자들이 변화산 전승들을 반영하고 있는 것으로 생각하는 요한복음 12:28도 하늘로부터 소리가 왔다고 말한다(*φωνὴ ἐκ τοῦ ουρανοῦ* – 포네 에크 투 우라누). (*Apoc. Pet.* E 17에도 "하늘로서 나온 소리"로 되어 있지만, 이 본문은 베드로후서에 의거한 것이다.) 그러므로 베드로후서는 그 소리가 하늘로서 나왔다고 말할 때에 공관복음서들과는 무관한 전승을 반영하였을 가능성이 아주 크지만, 그 점을 증명하기에는 증거가 충분하지 않다.

(4) 독립적인 전승을 사용했을 것임을 보여주는 가장 중요한 증거는 그 소리의 내용에 관한 베드로후서의 판본 속에 있다. 비교를 위한 본문들은 다음과 같다:

*변화산 사건*

| | |
|---|---|
| 마 17:5 | 후토스 에스틴 호 휘오스 무 호 아가페토스<br>(*οὗτός ἐστιν ὁ υἱός μου ὁ ἀγαπητός*) |
| 막 9:7 | 후토스 에스틴 호 휘오스 무 호 아가페토스<br>(*οὗτός ἐστιν ὁ υἱός μου ὁ ἀγαπητός*) |
| 눅 9:35 | 후토스 에스틴 호 휘오스 무 호 에클레레그메노스<br>(*οὗτός ἐστιν ὁ υἱός μου ὁ ἐκλελεγμένος*) |
| 벧후 1:17 | 호 휘오스 무 호 아가페토스 무 후토스 에스틴<br>(*ὁ υἱός μου ὁ ἀγαπητός μου οὗτός ἐστιν*) |
| *Clem. Hom.* 3:53 | 후토스 에스틴 무 호 휘오스 호 아가페토스<br>(*οὗτός ἐστιν μου ὁ υἱός ὁ ἀγαπητός*) |
| *Apoc. Pet.* E 17 | This is my Son whom I love |

*수세(受洗)*

| | |
|---|---|
| 마 3:17 | 후토스 에스틴 호 휘오스 무 호 아가페토스<br>(*οὗτός ἐστιν ὁ υἱός μου ὁ ἀγαπητός*) |

막 1:11=눅 3:22 쉬 에이 호 휘오스 무 호 아가페토스
(σὺ εἶ ὁ υἱός μου ὁ ἀγαπητός)

Gos. Eb.(Epiphanius, Haer. 30.13.7-8에서 재인용)
{ 쉬 무 에이 호 휘오스 호 아가페토스
(σὺ μου εἶ ὁ υἱός ὁ ἀγαπητός)
후토스 에스틴 호 휘오스 무 호 아가페토스
(οὗτός ἐστιν ὁ υἱός μου ὁ ἀγαπητός) }

*변화산 사건*

마 17:5 엔 호 유도케사 아쿠에테 아우투
(εν ᾧ εὐδόκησα) (ἀκούετε αὐτοῦ)

막 9:7 아쿠에테 아우투
(ἀκούετε αὐτοῦ)

눅 9:35 아우투 아쿠에테
(αὐτοῦ ἀκούετε)

벧후 1:17 에이스 혼 에고 유도케사
(εἰς ὃν ἐγὼ εὐδόκησα)

Clem. Hom. 3:35 에이스 혼 유도케사 투투 아쿠에테
(εἰς ὃν) (εὐδόκησα τούτου ἀκούετε)

Apoc. Pet. E 17 and in whom I have pleasure and my commandments ...(?)

*수세(受洗)*

마 3:17 엔 호 유도케사 (εν ᾧ εὐδόκησα)

막 1:11=눅 3:22 엔 소이 유도케사 (εν σοὶ εὐδόκησα)

Gos. Eb. { 엔 소이 에위도케사(εν σοὶ ηὐδόκησα)
엔 혼 에위도케사(ἐφ' ὃν ηὐδόκησα) }

또한 참조. 시 2:7 LXX: 휘오스 무 에이 쉬(υἱός μου εἶ σὺ).
사 42:1 LXX: 호 에클레크토스 무, 프로세덱사토 아우톤 헤 프쉬케 무(ὁ ἐκλεκτός μου, προσεδέξατο αὐτὸν ἡ ψυχή μου).
마 12:18(사 42:1): 호 아가페토스 무 혼(ὁ ἀγαπητός μου ὃν)(이독 εἰς ὃν) 유도케센 헤 프쉬케 무(εὐδόκησεν ἡ ψυχή μου).
신 18:15 LXX: 아우투 아쿠세스데(αὐτοῦ ἀκούσεσθε).
(*Apoc. Pet.*은 마태복음 및 베드로후서에 의거한 것이기 때문에 독자적인 가치를 지니지 않지만, 완벽을 기하기 위해서 포함시켰다.)

우리가 살펴보아야 할 것들은 다음과 같다:

(a) 베드로후서에서 아쿠에테 아우투(ἀκούετε αὐτοῦ, "저의 말을 들으라")를 생각한 이유는 쉽게 설명될 수 있다. 이 말씀은 신명기 18:15에서 나온 것으로서 예수를 모세와 같은 종말론적 선지자로 묘사하지만 이 주제는 변화산 사건을 하나님이 예수를 종말론적인 왕과 심판자로 임명하신 사건으로 묘사하고자 한 베드로후서의 목적과 별 상관이 없는 것이었다. 그래서 베드로후서의 기자는 변화산 사건에 관한 이야기에 나오는 다른 별 상관없는 특징들과 더불어서 아쿠에테 아우투(ἀκούετε αὐτοῦ, "저의 말을 들으라")를 의도적으로 생략했을 가능성이 높다.

(b) 베드로후서 기자의 주된 관심사들 중의 하나는 하늘의 소리라는 표현을 통해서 시편 2:7의 울림을 포함시키는 것이었고(해당 "주석"을 보라), 그가 어순을 바꾸어서 호 휘오스 무(ὁ υἱός μου, "내 아들")를 전면에 부각시킨 것도 그런 의도를 강화하기 위한 것이었을 가능성이 있다. 또한 기자가 에고(ἐγώ, "나")라는 대명사를 추가한 것도 예수를 종말론적인 심판자로 임명하신 분은 하나님이시라는 것을 강조하기 위한 것일 수 있다. 그러나 기자가 시편 2:7과의 연관성을 더욱 확장하고자 하는 시도를 하지 않았다는 것은 주목할 만한 일이다(참조. 눅 3:22 D; Justin, *Dial.* 88.8; 103.6). 그러므로 베드로후서의 기자는 전체적으로 그 소리의 내용을 그가 전승 속에서 발견한 대로 재현해 놓은 것으로 보인다.

(c) "내 사랑하는 자"(ὁ ἀγαπητός μου – 호 아가페토스 무)라는 어구는 베드로후서에서만 발견된다. 대명사의 이러한 반복이 가져오는 효과는 다른 판본들에서는 호 아가페토스(ὁ ἀγαπητός, "사랑하는")가 휘오스(υἱός, "아들")을 수식하고 있는 반면에(특히, G. D. Kilpatrick, "The Order of some Noun and Adjective Phrases in the New Testament," *NovT* 5[1962] 111-14를 보라) 베드로후서에서는 호 아가페토스 무(ὁ ἀγαπητός μου, "내 사랑하는 자")가 두 번째 호칭을 구성한다는 것이다(하지만 아래 (ii)를 참조하라).

다른 판본들로부터의 이러한 편차를 평가하기 위해서는 수세 때의 소리와 변화산 사건에서의 소리에서 들려온 "사랑하는"(ἀγαπητός – 아가페토스)에 대하여 제시된 네 가지 서로 다른 설명들을 고찰해볼 필요가 있다.

(i) "사랑하는"(ἀγαπητός – 아가페토스)은 시편 2:7에 대한 탈굼(Targum)에서 유래한 것이라는 주장이 있다: "너는 내게 자기 아버지에게 아들처럼 사랑스럽다(חביב)." 이러한 설명(R. H. Gundry, *The Use of the Old Testament in St Matthew's Gospel*[NovTSup 18; Leiden: E. J. Brill, 1967] 30, 37의 지지를 받고 있는)은 호 휘오스 무 호 아가페토스(ὁ υἱός μου ὁ ἀγαπητός, "내 사랑하는 아들")라는 어구

전체를 시편 2:7의 한 판본 속에서 발견하는 이점을 지닌다. 그러나 사실 탈굼의 이러한 수정은 아들을 하나의 비유적인 표현으로 축소시켜서 메시아가 지닌 하나님의 아들로서의 지위를 부정하고 폄하하고자 하는 시도임이 분명하다. 그러므로 탈굼의 시도는 기독교의 가르침에 대한 유대교의 반발인 것으로 보이고(Lohse, *TDNT* 8, 362), 어쨌든 탈굼은 예수가 하나님의 아들임을 강조하는 문구의 출처가 될 가능성은 없다.

(ii) 브레처(Bretscher, *JBL* 87[1968] 301-11)는 이 소리의 내용과 관련한 원래의 형태는 출애굽기 4:22의 문자적 번역에 토대를 두고 있었다고 주장한다: 호 휘오스 무 호 프로토토코스 무 이스라엘 [에스틴](*ὁ υἱός μου ὁ πρωτότοκός μου 'Ἰσραήλ* [*ἐστιν*], "이스라엘은 내 아들 내 장자라"). 여기에서 프로토토코스(*πρωτότοκος*, "장자")는 아가페토스(*ἀγαπητός*, "사랑하는")로, 후토스(*οὗτός*, "이는")는 이스라엘('*Ἰσραήλ*, "이스라엘")로 대체되었다. 이 학설의 결과는 베드로후서 1:17은 두 번째로 나오는 무(*μου*, "내")라는 대명사와 호 휘오스 무 호 아가페토스 무 후토스 에스틴(*ὁ υἱός μου ὁ ἀγαπητός μου οὗτός ἐστιν*)이라는 어순을 보존하고 있다는 두 가지 점에서 이 소리의 내용을 거의 원형대로 보여주고 있다는 것이다(참조. Brestscher, 306: "나는 출애굽기 4:22를 준거로 삼지 않고서는 하늘의 선포에 관한 이 판본을 설명해줄 다른 방식을 결코 생각할 수 없다"). 하지만 이 견해에는 난점들이 있다. 베코르(בכור, "장자")가 왜 아가페토스(*ἀγαπητός*, "사랑하는")로 번역되었는지에 대해서 브레처(Bretscher)가 과연 충분하고 강력한 이유들을 제시했는지가 의심스럽고, 예수의 아들 됨과 이스라엘의 아들 됨이 서로 연결되어 있다는 증거가 복음서들 속에 있다고 할지라도, 수세 때에 들려온 말씀과 변화산 사건 속에서의 말씀이 원래부터 오직 이런 내용만을 담고 있었을 가능성은 희박해 보인다.

(iii) "사랑하는"(*ἀγαπητός* – 아가페토스)은 모노게네스(*μονογενής*, "유일한")와 동일한 의미라는 주장이 있다. 이 단어는 이런 의미로 잘 알려져 있던 헬라어 관용표현이었고, 칠십인경에서는 야히드(יחיד, "유일한")를 번역하기 위한 역어(譯語)로 사용되었다(암 8:10; 렘 6:2; 삿 11:34; 슥 12:10). 특히, 호 휘오스 무 호 아가페토스(*ὁ υἱός μου ὁ ἀγαπητός*, "내 사랑하는 아들")라는 어구의 출처는 창세기 22:2, 12, 16에서 찾아졌다. 왜냐하면 거기에서 히브리어 빈카 예히드카(בִּנְךָ יְחִידְךָ, "네 아들 네 독자")는 칠십인경에서 톤 휘온 수 톤 아가페톤(*τὸν υἱόν σου τὸν ἀγαπητόν*, "네 사랑하는 아들")로 번역되고 있기 때문이다(C. H. Turner, "*Ο ΥΙΟΣ ΜΟΥ Ο ΑΓΑΗΗ ΤΟΣ*," *JTS* 27[1926] 113-29; Vermes, *Scripture and Tradition*, 233). 이 견해는 만약 신약에 이삭 모형론에 대한 더 확실한 증거가 존재한다면 좀

더 설득력 있는 주장이 될 수 있겠지만, 어쨌든 이삭 모형론을 전제하지 않고도 아가페토스(ἀγαπητός, "사랑하는")가 예수의 아들 됨을 유일무이한 것으로 정의하기 위해서 이런 의미로 사용되었을 가능성은 있다(M. D. Hooker, *Jesus and the Servant*[London: S.P.C.K., 1959] 71). 이 견해가 옳다면, 베드로후서의 판본에 나오는 호 휘오스 무 호 아가페토스 무(ὁ υἱός μου, ὁ ἀγαπητός μου, "내 아들, 내 사랑하는 자")라는 어구는 창세기 22:2을 모델로 한 히브리어 어구와 동일한 의미를 지니는 좀더 문자적인 표현인 반면에, 공관복음서 판본은 칠십인경을 따른 한층 더 관용적인 표현이라고 할 수 있다.

(iv) 아가페토스(ἀγαπητός, "사랑하는")는 이사야 42:1에 나오는 베히리(בחירי, "나의 택한 사람")를 번역한 것이라는 주장이 있다(LXX: ὁ ἐκλεκτός μου－호 에클렉토스 무). 이 견해는 수세 때에 들려온 소리의 내용이 전적으로 이사야 42:1에 토대를 둔 것으로서 휘오스 무(υἱός μου)는 파이스 무(παῖς μου)를 대체한 것이라고 생각하는 학자들(Jeremias, *TDNT* 5. 701-2; O. Cullmann, *Baptism in the New Testament*, tr. J. K. S. Reid[SBT I; London: SCM Press, 1950] 17; R. H. Fuler, *The Foundations of New testament Christology*[London: Collins, 1969] 170)과 그 소리의 내용은 시편 2:7과 이사야 42:1을 혼합한 것이라고 생각하는 학자들 중 일부(D. Hill, *The Gospel of Matthew*[NCB; London: Oliphants, 1972] 98)에 의해서 주장된다. 이 견해의 약점은 호 아가페토스(ὁ ἀγαπητός)가 베히리(בחירי)에 대한 역어일 가능성이 있다는 증거로서 마태복음 12:18에 다소 지나치게 의존하고 있는데, 마태복음 12:18에 나오는 이사야 42:1의 판본은 수세 때에 들려온 소리의 내용에 의도적으로 맞추고자 한 것일 가능성이 많다는 것이다(Gundry, *The Use of the Old testament*, 112). 하지만 본문은 초기 기독교 저술가가 호 아가페토스(ὁ ἀγαπητός) 속에서 이사야 42:1에 대한 간접 인용을 보았을 가능성이 있다는 것을 보여주는 증거를 제공해 준다. 그러한 간접 인용은 이 대목에서 그 소리의 여러 판본들 간의 변이(變異)들을 설명해 주는 이점을 지닌다: 호 에클레레그메노스(ὁ ἐκλελεγμένος, "택함을 받은 자", 눅 9:35; 여기에서 주목할 것은 사 42:1에 대한 간접 인용은 수세 기사들에서와는 달리 그 다음에 나오는 어구에 의해서 암시되지 않는다는 것이다) 와 호 에클렉토스(ὁ ἐκλεκτός, "택함 받은 자," 요 1:34의 이독; Jeremias, *TDNT* 5, 702를 보라)는 이사야 42:1의 베히리(בחירי, "나의 택한 사람")에 대한 좀더 문자적인 번역인 반면에(참조. LXX: ὁ ἐκλεκτός μου－호 에클렉토스 무), 대명사를 유지하고 있는 호 아가페토스 무(ὁ ἀγαπητός μου, 벧후 1:17)는 공관복음서의 호 아가페토스(ὁ ἀγαπητός)보다 더 베히리(בחירי)에 가깝고, 마태복음 12:18에 나오는

이사야 42:1에 대한 번역(ὁ ἀγαπητός μου – 호 아가페토스 무)과 일치한다. 그런 경우에 이 소리에 관한 여러 판본들은 모두가 다 마가복음의 두 판본으로부터 유래해서 단지 편집적 이유들로 인해서 수정된 것이 아니라, 여러 교회들에서 통용되던 셈어 원본을 다양하게 번역한 것들이 된다. 호 아가페토스 무(ὁ ἀγαπητός μου)가 호 휘오스 무(ὁ υἱός μου, "내 아들")와 더불어서 분명히 별개의 호칭으로 나온다는 점과 대명사가 보존되고 있다는 점에서 공관복음서의 판본들(눅 9:35과는 다른)보다는 베드로후서 1:17에서 그 근저에 있는 베히리(בחירי)가 더 분명하게 나타나 있다고 할 수 있다.

(ii)-(iv) 중에서 어느 견해가 받아들여진다면, 베드로후서에 나오는 호 아가페토스 무(ὁ ἀγαπητός μου)라는 어구가 공관복음서의 판본들보다도 더 셈어로 된 원본에 더 가깝다고 할 수 있고, 적어도 공관복음서의 판본들만큼은 원본에 가까운 것으로 여겨져야 한다. 수세 때와 변화산 사건 때에 들린 소리들에 나오는 아가페토스(ἀγαπητός)의 원래의 출처가 무엇이든 간에 이 원본에 대한 두 가지 해석이 초기 교회에서 통용되었던 것으로 보인다. 그 중 한 가지 해석에서 이 단어는 호 휘오스 무(ὁ υἱός μου)와 함께 사용되어 "나의 사랑하는 아들" 또는 "나의 독자"라는 의미를 나타내었는데, 이것은 적어도 누가복음 20:12에서 분명하게 나타난다(참조. 막 12:6; *Herm. Sim.* 5:2:6; 또한 아마도 참조. 골 1:13; 요일 4:9). 또 하나의 해석에서는 이 단어가 "나의 사랑하는 자"라는 의미를 지닌 별개의 호칭이었다(마 12:18; 벧후 1:17; 몇몇 학자들은 마 3:17과 17:5에 나오는 호 아가페토스[ὁ ἀγαπητός]를 이런 의미로 해석한다). 초기 교회에서 호 에가페메노스(ὁ ἠγαπημένος, "사랑하는 자")가 기독론적 호칭으로 사용되었음을 보여주는 증거들은 아마도 이것과 연관되어 있을 가능성이 높다(엡 1:6; *Barn.* 3:6; 4:3, 8; Ign. *Smyrn.* inscr.; *Acts Paul & Thecla* 1; 참조. *Odes Sol.* 3:8; 그리고 호 아가페토스[ὁ ἀγαπητός]는 *Asc. Isa.*의 전체에 걸쳐서 사용되었다; 참조. J. A. Robinson, *St Paul's Epistle to the Ephesians,* 2nd ed(s). [London: Macmillan, 1904] 229-33). 베드로후서에 사용된 호 아가페토스 무(ὁ ἀγαπητός μου)라는 어구가 이 두 번째 해석에 속한다면, 그것은 그 자체로 이 어구가 변화산 사건에 관한 공관복음서의 기사들과는 독립되어 있던 전승에 토대를 두고 있음을 보여주는 충분한 증거가 된다.

(d) 변화산 사건에서 들려온 소리의 내용과 관련해서 오직 마 17:5; 벧후 1:17; *Apoc. Pet.* E 17; *Clem. Hom.* 3:53에만 "내가 저를 기뻐하노라"는 구절이 들어 있다. 이 대목에서 마태가 변화산 사건에서 들려온 소리를 수세 때에 들려온 소리와 동화시켰다는 주장이 종종 제기되어 왔다. 이와 비슷하게, 마태복음 3:17에 나오는 수세

때에 들려온 소리의 내용 속에는 마가나 누가의 쉬 에이(σὺ εἶ, "너는~이다") 대신에 수세 때에 들려온 소리에서 사용된 후토스 에스틴(οὗτός ἐστιν, "이는~이다")이 등장하는데(이 독법이 받아들여진다면), 이것은 수세 때에 들려온 소리의 내용을 변화산 사건에서 들려온 소리의 내용과 동화시키고 있는 것이다. 또한 이 두 소리에 대한 마태의 도입문들(3:17; 17:5)도 서로 비슷하다. 따라서 베드로후서가 이 대목에서 변화산 사건에 관한 이야기에 대한 마태의 편집에 의거하고 있음에 틀림없다는 주장이 있을 수 있다. 하지만 우리는 이 주장에 불리한 다음과 같은 증거들을 유의하지 않으면 안 된다: (i) "내가 저를 기뻐하노라"는 말씀은 이사야 42:1에서 유래하였다는 것이 학자들의 통설이다. 호 아가페토스 [무](ὁ ἀγαπητός [μου], "[나의] 사랑하는 자")가 이사야 42:1에 대한 간접 인용으로 여겨졌다면(위를 보라), 이 간접 인용을 확장해서 이사야 42:1에서 그 다음에 나오는 어구를 포함시키는 일은 서로 다른 전승들과 저술가들 가운데서 서로 독립적으로 얼마든지 쉽게 일어날 수 있었을 것이다. 또한 우리가 유의해야 할 것은 누가복음 9:35이 호 에클레레그메노스(ὁ ἐκλελεγμένος, "택함을 받은 자")라는 표현을 사용해서 이사야 42:1을 다른 방식으로 간접 인용하고 있다는 것이다. 이렇게, 변화산 사건에서 들려온 소리와 이사야 42:1의 관계는 마태의 편집에 국한되어 있지 않다(Gundry, *The Use of the Old Testament*, 37). (ii) 마태복음 17:5은 유도케인(εὐδοκεῖν, "기뻐하다") 뒤에서 전치사 엔(ἐν)과 사람을 가리키는 3격을 수반하는 통상적인 구문을 사용하지만(마 3:17; 막 1:11; 눅 3:22과 마찬가지로), 베드로후서 1:17은 전치사 에이스(εἰς)와 4격을 사용하고 있는 *Clem. Hom.* 3:53과 일치한다. 이 아주 드문 구문은 사람을 목적어로 하는 경우에는 오직 이 두 본문과 마태복음 12:18의 하나의 독법에서만 사용되고 있는 것으로 보이고, 사물을 목적으로 하는 경우에도 다른 곳에서 오직 한 번 사용되고 있다(*T. Jos.* 17:3; *TDNT* 2, 739를 보라). 그러므로 베드로후서 1:17에서 사용된 이 구문이 기자의 실수에 의한 변이(變異)일 가능성은 거의 없어 보인다. 마태복음 12:18에서 혼(ὅν) 또는 에이스 혼(εἰς ὅν) 중에서 어느 쪽의 독법을 택해야 하는지는 결정하기가 어려운 문제이지만, 유도케인(εὐδοκεῖν, "기뻐하다")이 사람을 목적으로 하는 경우가 통상적인 것은 아니지만 이 동사 뒤에 4격이 나오는 것이 좀 더 일반적이고, 에이스 혼(εἰς ὅν)이 베드로후서 1:17과의 본문상의 동화로부터 생겨난 것일 가능성이 없기 때문에, 후자를 택하는 것이 더 나은 것으로 보인다. 그런 경우에 마태복음 12:18에 나오는 호 아가페토스 무 에이스 혼 유도케센 헤 프쉬케 무(ὁ ἀγαπητός μου εἰς ὅν εὐδόκησεν ἡ ψυχή μου, "내 마음에 기뻐하는 바 나의 사랑하는 자로다")라는 어구 전체가 마태복음 3:17; 17:5에서 사용된 것과는 다르고 베드로후서에서 사용된 전승과 연관된 이 소리의 내용에 관한 전승에 의거하고 있는 것일 가능성이 있다. 베드로후서 1:17과 *Clem. Hom.* 3:53 간의 일치는 이 대목에서 두드러지는데, 이것은 두 판본이 모두 "하늘로부터 온"(*ἐξ οὐρανοῦ* – 엑스 우라누) 소리라고 표현하고 있다는 사실과 합쳐서 살펴보면 공통의 전승을 보여주고 있음에 틀림없다. 에이스 혼(*εἰς ὅν*)이라는 구문을 사용한 의도는 하나님의 기뻐하심이 택하심을 입은 예수 위에서 빛을 발하고 있다는 의미를 부여하기 위한 것일 수 있다. 아마도 동일한 의도로 에비온 복음서(*Gos. Eb.*)도 이례적인 구문인 에프 혼(*ἐφ' ὅν*)을 사용하고 있는 것으로 보인다. 우리는 이제 여러 증거들은 베드로후서의 기자가 변화산 사건에 관한 자신의 기사 속에서 공관복음서가 아니라 독립적인 전승에 의거하였다는 견해를 강력히 지지하고 있고, 이 전승은 기자 자신이 베드로에게서 들은 것일 수도 있고, 로마 교회에서 통용되었던 구전 전승들일 수도 있다는 결론을 내릴 수 있다.

명확한 증거가 있는 것은 아니지만, 마태복음 16:28(par. 막 9:1 par. 눅 9:27)에 나오는 말씀도 베드로후서의 기자가 알고 있던 공관복음서와 무관한 전승에 나오는 변화산 사건에 관한 기사와 관련되어 있을 가능성은 충분히 존재한다 – "우리 주 예수 그리스도의 능력과 강림하심"(*τὴν τοῦ κυρίου ἡμῶν 'Ιησοῦ Χριστοῦ δύναμιν καὶ παρουσίαν* – 텐 투 퀴리우 헤몬 예수 크리스투 뒤나민 카이 파루시안, 1:16)이라는 어구가 바로 이 말씀을 간접적으로 인용하고 있는 것이라면. 이 가능성은 기롱하는 자들의 말(3:4)이 재림이 그리스도인의 제1세대 내에 있을 것이라고 분명하게 예언한 이 말씀을 염두에 둔 것일 가능성과 관련하여 고찰되어야 한다.

## 부활 현현?

베드로후서 1:16-18이 공관복음서의 변화산 기사들에 의거하지 않고 있다는 사실을 알게 된 몇몇 학자들은 베드로후서의 이 대목의 배경이 공관복음서에 나오는 변화산 사건 같은 예수의 지상적 사역 기간 동안이 아니라 부활 이후일 가능성을 고려하게 되었다. 그 중에서 어떤 학자들은 이 대목이 공관복음서에 기록된 변화산 사건과는 완전히 구별되는 별개의 사건, 즉 부활하신 그리스도가 베드로에게 나타나신 사건을 가리키고 있는 것이라고 주장하였고(K. G. Goetz, *Petrus als Gründer und Oberhaupt der Kirche*[UNT 13; Leipzig: J. C. Hinrichs, 1927] 89-90; O. Cullmann, *Peter: Disciple-Apostle-Martyr*, tr. F. V. Filson[London: SCM Press, 1953] 61; Baltensweiler, *Verklärung*, 26-28), 어떤 학자들은 베드로후서에 나오는 이 대목이 변화산 사건 자체가 원래 부활 현현에 관한 이야기였는데, 공관복음서들이 그 이야기를 예수의 지상적 삶의 기간 동안으로 옮겨다 놓은 증거라고 여겼다(R. Bultmann,

*The History of the Synoptic Tradition*, tr. J. Marsh, 2nd ed(s). [Oxford: Basil Blackwell, 1968] 259 n. 2; Schmithals, *ZTK* 69[1972] 395-97; 참조. J. M. Robinson, "On the *Gattung* of Mark (and John)," in *Jesus and man's hope, vol.* 1[Pittsburgh: Pittsburgh Theological Seminary, 1970] 117).

베드로후서 1:16-18이 공관복음서에 기록된 변화산 사건 이외의 다른 사건을 가리킬 가능성은 실제로 없다. 베드로후서가 공관복음서의 기사들 속에 나오는 여러 특징들을 생략한 것이 반드시 그 특징들이 베드로후서가 사용한 전승 속에 들어 있지 않았다는 것을 나타내는 것이 아니라는 것을 우리가 깨닫게 된다면(위를 보라), 베드로후서와 공관복음서 간의 차이들은 두 개의 별개의 사건을 상정하기에 충분한 증거가 되지 못한다. 하늘로부터 들려온 소리, 산, 눈에 보인 위엄이라는 요소들은 베드로후서에 나오는 사건이 공관복음서에 나오는 변화산 사건과 동일하다는 것을 보여주는 충분한 증거가 된다. 베드로후서의 기사가 짧고 암시적이라는 것은 그 이야기가 독자들이 익히 알고 있는 이야기임을 보여주기 때문에, 이 이야기가 우리에게 알려져 있지 않은 어떤 다른 이야기일 것이라고 추정하는 것보다는 복음서들을 통해서 우리에게도 잘 알려져 있는 변화산 사건이라고 말하는 것이 더 쉽고 합리적이다. 게다가, 베드로후서 1:16-18은 부활하신 그리스도가 베드로에게 나타나신 현현 사건을 가리킬 수 없다(눅 24:34; 고전 15:5). 왜냐하면 이 대목은 얼마나 많은 사도들이 그 자리에 있었는지를 말해 주고 있지는 않지만, 베드로가 혼자 그 현장에 있지 않았다는 것은 분명하기 때문이다. 베드로후서의 이 대목에 나오는 일인칭 복수는 서신용의 복수형이 아니라, 12-15절에 나오는 단수형을 의도적으로 복수형으로 변경한 것이다(Stein, *JBL* 95[1976] 93).

변화산 사건은 부활 현현 기사를 잘못된 위치에 삽입한 것이라는 학설은 부바이어(Boobyer, *St. Mark*, 11-16), 특히 슈타인(Stein, *JBL* 95[1976] 79-95)에 의해서 반박되었다(또한 참조. J. E. Alsup, *The Post-Resurrection Appearance Stories of the Gospel Tradition*[CThM 5: Stuttgart: Calwer/London: S.P.C.K., 1975] 141-44). 이 학설이 믿을 만하지 못하다면, 베드로후서 1:16-18이 부활 현현 사건을 가리킬 가능성도 줄어든다. 부활 현현 사건에 어울리지 않는 공관복음서의 변화산 사건에 관한 기사들의 특징들 중 다수(Stein, *JBL* 95[1976] 90-94)가 베드로후서의 기사 속에 나오지 않는 이유는 부분적으로 베드로후서의 기사는 전체적인 맥락이 다 생략된 가운데에 오직 단편적으로만 그 사건을 언급하고 있기 때문이라는 말은 사실이다. 만약 우리가 복음서들에 나오는 변화산 사건에 관한 기사들을 알지 못하였다면, 우리는 의심할 여지없이 베드로후서가 부활 현현 사건을 언급하고 있다고 추정하였을 것이다. 그러나 심지어 마가 이전의 전승에 따르더라도 공관복음서에 나오는 변화산 사건이 원래 예수의 지상적 사역에 속한 사건으로 우리는 알고 있기 때문에, 반대의 견해에 대한 입증 책임은 당연히 베드로후서에 나오는 기사가 부활 이후의 사건에 관한 것이라고 생각하는 사람들에게 있다. 분명히 이 기사 속에는 부활 이후의 시기를 배경으로 하고 있다고 꼭 보아야 하는 그런 특징이 전혀 나타나지 않는다. 불트만(Bultmann, *History*, 259 n. 2, 이것은 Hofmann을 따른 것이다)은 "존귀와 영광"(*τιμὴ καὶ δόξα* – 티메 카이 독사, 17절)을 예수의 부활 또는 높아지심을 가리킴에 틀림없다고 보지만, 이 어구는 공관복음서에 묘사된 변화산 사건에 전적으로 어울린다(Blinzler, *Berichte*, 30-31; Boobyer, *St Mark*, 44-45; Stein, *JBL* 95[1976] 88; 또한 해당 "주석"을 보라). 부활의 증인이라는 것은 사도직을 위한 기본적인 자격요건이었다는 사실에 호소하는 것(Robinson, "On the *Gattung*," 117)은 베드로후서의 성격에 대한 오해에서 기인하는 것이다. 베드로후서는 이 사건을 언급함으로써 베드로의 사도적 권위를 확증하고자 하는 것이 아니기 때문이다(해당 "주석"을 보라).

베드로후서의 기자가 재림 기대의 근거를 예수의 공생애 사역 속에서 찾기 위하여 부활 사건이 아니라 변화산 사건을 제시하고 있는 것은 종종 뜻밖의 일로 생각되어 왔다. 그러나 사실 우리가 알고 있는 복음 전승들은 재림을 변화산 사건과 연결시키지만(막 9:1 par.; 그리고 마가가 베드로후서와 마찬가지로 변화산 사건을 재림의 전조로 보았다는 취지의 Boobyer, *St Mark*, 48-87의 논증을 참조하라), 부활과는 명시적으로 연결시키지 않는 것으로 보인다(하지만 참조. 행 1:11). 우리가 앞에서 말했듯이, 마가복음 9:1과 그 평행문에 나오는 말씀과 변화산 사건과의 연결도 베드로후서 기자가 알고 있던 전승 속에서 이미 이루어진 것이라면, 이것은 우리가 베드로후서 1:17-18의 배후에 있다고 주장하는 시편 2편에 대한 해석과 더불어서(해당 "주석"을 보라) 기자가 변화산 사건을 언급하기로 선택한 이유를 충분히 설명해 줄 수 있을 것이다.

끝으로, 베드로 묵시록은 베드로후서 1:16-18이 부활 현현 사건을 가리키고 있음을 보여주는 증거로 사용될 수 없다. 베드로 묵시록은 변화산 사건에 관한 이야기를 부활 이후의 시기에 두고 있다. 또는, (좀더 정확하게 말한다면) 베드로 묵시록은 부활하신 주님이 제자들에게 낙원을 계시하신 것에 관한 기사와 승천 기사를 구성하는 데에 변화산 사건에 관한 전승들을 사용하고 있다. 그러나 베드로 묵시록의 이 기사는 베드로후서만이 아니라 마태복음에도 토대를 두고 있기 때문에, 베드로 묵시록의 저자가 베드로후서 1:16-18을 부활 현현 사건에 관한 기사로 이해했다는 주장은 성립될 수 없다. 도리어 그 반대로, 베드로 묵시록의 저자는 베드로후서에서 말하는 사건을 마태복음에 나오는 변화산 사건과 동일한 것으로 이해하였으면서도, 그의 묵시록 1장에서와 마찬가지로 이 두 자료에 나오는 내용을 주후 2세기의 외경 저작들에서는 당연한 것이었던 부활 이후의 상황에서 자유롭게 다시 사용해도 괜찮을 것이라고 생각하였던 것이다. 그는 마태복음 24장의 내용을 부활 이후의 상황으로 옮겨 놓았었다.

### 다른 판본들과 비교해 보았을 때에 베드로후서에 나오는 변화산 사건의 성격

사브(Sabbe, "La rédaction")와 키(H. C. Kee, "The Transfiguration in Mark: Epiphany or Apocalyptic Vision?" in J. Reumann ed(s)., *Understanding the Sacred Text* [M. S. Enslin Festschrift; Valley Forge, PA: Judson Press, 1972] 137-52)는 공관복음서의 변화산 사건은 헬레니즘적인 방식으로 이해해서 예수의 신적 본질이 드러난 신의 현현 사건(epiphany)으로 보아져서는 안 된다는 것을 보여주었다. 이 사건은 양식과 내용 양면에서 하나님이 예수를 그의 종말론적 대리인으로 임명하는 묵시론적 계시이다. "변화산 장면은 하나님이 예수에게 나타난 사건도 아니고 신으로서의 예수의 진면목이 현현된 사건도 아니며, 예수가 왕적인 인자(人子)로 높아지실 것을 종말의 증인들인 제자들에게 하나님이 미리 보여주신 사건이다"(Kee, 149). 변화산 사건에 대한 이러한 이해는 베드로후서에도 보존되어 있다(해당 "주석"을 보라). 사실, 변화산 사건 자체가 예수의 숨겨진 신성이 드러난 사건이 아니라, 하나님이 그에게 영광을 수여한 사건이라는 사실은 공관복음서의 기사들에서보다 베드로후서에서 더 분명하게 나타나지만(17절), 공관복음서에서나 베드로후서에서나 둘 다 이 이야기의 절정은 하늘에서 들려온 소리라는 것이 중요하다 – 베드로후서의 주석자들은 흔히 이 점을 소홀히 해 왔지만.

이렇게, 베드로후서의 기자는 헬레니즘의 종교적 어휘들을 빌려와서 사용하는 경향이 농후하지만 미래적 종말론을 부정하는 거짓 교사들과 맞서 싸우고자 할 때에, 초기 기독교의 묵시적 종말론 전승들에 나오는 내용을 사용한다. 이 말은 2장과 3장에 나오는 내용에 대해서와 마찬가지로 그의 변화산 사건에 관한 기사에도 해당된다. 변화산 사건에 대한 베드로후서의 이해가 이 서신의 저작연대 및 성격과 관련하여 갖는 의미는 우리가 베드로후서의 기사를 변화산 사건에 관한 주후 2세기의 판본들과 비교해 보면 더 잘 드러나게 될 것이다.

베드로 묵시록(E 15-17)은 여전히 기본적으로 묵시적 종말론 전승에 포함되지만, 거기에서 변화산 사건은 대체로 구속 받은 자들이 낙원에서 누리게 될 영광에 관한 계시를 전하는 새로운 기능을 맡게 된다. 따라서 변화산 사건에 관한 본문은 예수 자신이 영광을 받으시는 것을 다루는 것이 아니라, 변화산 사건의 초점은 낙원에 거주하는 자들의 대표들로서의 모세와 엘리야에게 맞춰지는 것으로 보인다. 심지어 베드로후서 1:17에 나오는 "존귀와 영광"이라는 어구조차도 예수가 아니라 그리스도인들의 운명에 적용된다(E 16).

베드로행전(*Act. Verc.* 20)에 나오는 변화산 사건에 관한 기사도 베드로 묵시록과 마찬가지로 마태복음 및 베드로후서에 의거하고 있지만, 그 내용을 아주 다르게 사용한다. 변화산 사건은 그리스도가 그의 위엄을 제자들에게 계시한 사건으로 이해된다. 강조점은 참된 신적 존재로서의 그리스도의 감당할 수 없는 영광이 베드로에게 계시되었다는 데에 두어진다. 베드로는 하늘에서 들려온 소리 때문이 아니라, 그리스도의 광채 나는 모습과 그리스도 자신의 음성 때문에 땅에 엎드린다(참조. 마 17:6). 구름이나 하늘에서 들려온 소리나 아버지 하나님에 대한 언급은 전혀 나오지 않는다.

도마행전 143장(*Acts Thom.* 143)은 변화산 사건을 아주 짧게 언급하고 있기는 하지만 비슷한 방식으로 다룬다: "우리는 그의 모습이 변화되는 것을 우리 눈으로 보았으나, 그의 천상의 모습을 산 위에서 볼 수는 없었다"(*NT Apoc.* 2, 518). 아마도 이것은 그들이 주님의 신적인 영광을 눈으로 보는 것이 불가능했다는 것을 의미하는 것 같다.

좀더 영지주의적인 기사들은 빌립복음서 26장(*Gos. Phil.* 26)과 요한행전 90장(*Acts John* 90)에서 예수가 이 땅에서 다양한 형태의 서로 다른 모습을 입었다는 것을 서술하는 맥락 속에 등장한다. "몇몇 사람들은 그들이 그들 자신을 보고 있다고 생각할 때에 실제로는 그를 보았지만, 그가 산 위에서 영광 중에 그의 제자들에게 나타나셨을 때에 그는 작지 않았다. 그는 크게 되셨고, 제자들을 크게 하셨으니, 이는 그들로 하여금 그의 크심을 볼 수 있게 하시기 위함이었다"(*Gos. Phil.* 26, or 106:3-10, tr. R. McL. Wilson, *The Gospel of Philip*[London: Mowbray, 1962] 91).

슈트라스부르크 콥트어 파피루스(the Strasbourg Coptic papyrus)에 포함되어 있는 복음서 단편은 변화산 사건을 간접적으로 인용하고 있는데, 그 내용은 주후 2세기의 해석의 일반적인 추세와 일치한다. 그리스도는 사도들로서의 그들의 권세와 더불어서 사도들에게 그의 영광을 나타내실 것을 약속한다. "우리의 눈은 모든 곳을 투시하였고, 그의 신성의 영광과 [그의] 통치의 모든 영광을 보았다. 그는 [우리에게] [우리의] 사도[직]의 권세를 입혀 주셨다"(*NT Apoc.* 1, 230).

변화산 사건에 관한 이 명백히 헬레니즘적인 판본들과 비교해 보면, 베드로후서에 나오는 기사가 이런 판본들과 확연히 다르다는 것과 베드로후서의 변화산 기사를 예수의 숨겨진 신성이 현현된 사건으로 보는 것이 얼마나 잘못된 것인지(예를 들면,

참조. Käsemann, "Apologia," 186)가 드러난다.

## 주석

16 "공교히 만든 이야기를 좇은 것"(*σεσοφισμένοις μύθοις ἐξακολουθήσαντες* – 세소피스메노이스 뮈도이스 엑사콜루데산테스). 우…알라(*οὐ…ἀλλά*, "not…but") 양식을 베드로후서의 기자가 반론들을 반박하고자 할 때에 사용한다는 네이리(Neyrey)의 주장("양식/구조/배경"을 보라)에 의하면, 이 어구 속에서 사도들이 공교히 만든 이야기들, 즉 신화들(myths)을 좇았다는 대적자들의 비난이 들어 있다(Kelly, Green도 같은 견해이다). 이 견해는 이 어구 속에는 대적자들이 공교히 만든 이야기들(신화들)을 좇고 있다는 베드로후서의 기자의 비난이 들어 있다는 견해(Schelkle, Grundmann, Schrage)에 비하면 이 절에 대한 훨씬 더 직설적인 독법이다. 후자의 견해에 도달하기 위해서는 일련의 긴 추론 과정을 거쳐야 하기 때문이다. 따라서 여기에는 영지주의적인 신화들(myths)이라든가 대적자들의 "신화들"을 배척하고 있는 목회 서신의 용법(딤전 1:4; 4:7; 딛 1:14; cf., Ign. *Magn.* 8:1)과의 비교 같은 문제는 끼어들 여지가 없다. 이 본문이 어떤 종류의 신화들을 가리키고 있는지를 물을 필요가 없다. 왜냐하면 이 본문은 거짓 교사들이 사도적 가르침을 "신화들"이라 부르며 비방하였다는 것을 말하고 있을 뿐이기 때문이다.

거짓 교사들의 이러한 비난은 도대체 어떤 의미였을까? 주후 1세기에 뮈도스(*μῦθος*, "이야기," 또는 "신화")라는 용어가 지닌 의미는 오늘날 영어에서 "myth"의 의미만큼이나 다양하였다. 신들에 관한 이야기들인 옛 헬라의 신화들은 문자 그대로 사실인 이야기들이 아니라, 종교적, 도덕적, 철학적 진리를 가시적인 형태로 표현한 것이라고 할 수 있었다. 이 신화들은 스토아학파가 실제로 그렇게 하였듯이 알레고리적인 해석이 가능하였다. 헬레니즘 시대는 많은 측면에서 "진리를 표현하는 수단으로서 로고스(*λόγος*, 합리적인 논증)보다는 뮈도스(*μῦθος*, 신화)를 점차 선호하는 경향"을 보여주는 시대였다. "이러한 선호의 경향은 영지주의의 특징이다: 구원을 가져다주는 영지(靈知)는 흔히 신화의 형태로 표현된다"(C. K. Barrett, "Myth and the New Testament: The Greek Word *μῦθος*," *ExpTim* 68[1956-57] 345). 다른 한편으로, 신화들을 도덕적으로 덕을 세울 수 없는 것이라거나 유치하고 비상식적이며 터무니없는 것으로 여겨서 비판하고 거부하는 강력한 전통이 존재하였다. 이렇게 해서, 뮈도스(*μῦθος*)는 오늘날 영어에서 "myth"의 용법처럼 **참이**

**아닌** 이야기, 우화나 동화 같은 만들어낸 이야기(부정적인 의미에서)라는 의미로 사용될 수 있었다. 스트라보(Strabo)와 시칠리아의 디오도로스(Diodorus of Sicily)는 신화를 역사와 반대되는 의미로 사용하고(Spicq, *Lexicographie*, 580), 플루타르크(Plutarch)는 신화와 참된 말(*ἀληθεῖ λόγῳ* – 알레데이 로고)을 대비시키며(*Cam.* 22.3; 또한 Spicq, *Lexicographie*, 580-81에 나오는 추가적인 예들; H. D. Betz ed(s)., *Plutarch's Ethical Writings and Early Christian Literature*[SCHNT 4; Leiden: E. J. Brill, 1978] 456), 뮈도스(*μῦθος*)는 알레데이아(*ἀλήθεια*, "진리, 참")와 반대되는 플라스마(*πλάσμα*, "지어낸 말") 및 그런 종류의 용어들과 결부된다(*TDNT* 4, 770, 784-85 and n. 139). 또한 우리가 유의해야 할 것은 에피쿠로스 학파에서는 섭리나 악인들이 사후에 받게 될 형벌들을 비롯해서 온갖 종류의 신화들을 특히 경멸하였다는 것이다(*TDNT* 4, 779 and n. 102; Neyrey, *Polemic*, 185, 194-95; 참조. Justin, *2 Apol.* 9).

놀랍게도, 성경의 역사를 신화로부터, 진리를 허구로부터 구별하는 것이 필로(Philo)의 특징이었다(Spicq, *Lexicographie*, 581; *TDNT* 4, 790; Neyrey, *CBQ* 42[1980] 507). 그의 관심사는 이교의 신화들을 배척하는 것만이 아니라, 성경의 이야기들이 신화라고 말한 헬레니즘화된 유대인들이나 이교도들의 주장을 반박하는 것이었다. 네이리(Neyrey)는 필로가 성경의 기사나 예언이 "신화"라는 주장을 반박하기 위하여 우리가 베드로후서에서 발견하는 것과 동일한 우…알라(*οὐ…ἀλλά*, "not…but") 양식을 사용하는 몇몇 경우들을 제시한다(*CBQ* 42[1980] 507-8). 이 양식 자체는 너무나 진부한 것이어서 평행이라고 말하기가 어렵지만, 필로(Philo)가 베드로후서의 기자가 직면한 것과 동일한 종류의 비난을 반박하고 있다는 것은 흥미롭다. 이 두 기자는 일정 정도 헬레니즘적 환경과의 비슷한 관계를 공유하고 있기 때문이다.

"신화들"이라는 비난이 오직 이야기들만이 아니라, 내세에 관한 이야기들(에피쿠로스 학파의 경우처럼)이나 예언들(Philo가 창세기의 예언들을 옹호한 경우처럼: *Mut.* 152; *Som.* 1.172)을 겨냥해서도 이루어질 수 있다는 것은 분명해졌다. 기독교 전체를 겨냥하여 아주 일반적인 의미로 이러한 비난이 행해질 수 있었다는 것은 클레멘트2서 13:3을 보면 분명하게 드러난다: "이방인들은 우리의 입에서 하나님의 말씀들(*λόγια* – 로기아)[성경]을 들을 때에 그 말씀들의 아름다움과 위대함에 깜짝 놀라고 기이하게 여긴다. 그런 후에, 우리의 행실이 우리가 전하는 말씀에 미치지 못하는 것을 발견하였을 때, 그들은 그 말씀이 신화요 망상이라고(*μῦθόν τινα καὶ πλάνην* – 뮈돈 티나 카이 플라넨) 말하며 하나님을 욕하며 돌아선다." 그러므로 거짓 교사들이 "신화들"이라고 말하며 거부하였던 것이 재림에 관한 기독교의 종말론적 가르침이었다고 추정하는 데에 아무런 어려움이 없다.

세소피스메노이스(*σεσοφισμένοις*, "공교히 만든")라는 단어는 신화들을 통상적으로 플라스토이(*πλαστοί*, "지어낸, 꾸며낸")라고 설명하는 것(참조. 2:3, *πλαστοῖς λόγοις*, "지은 말"; *TDNT* 7,785 n. 139를 보라; Philo가 뮈도스[*μῦθος*]를 플랏세인[*πλάσσειν*]이나 플라스마[*πλάσμα*]와 결부시킨 많은 예들에 대해서는 Neyrey, *CBQ* 42[1980] 507을 보라)과 부합하지만 나쁜 의미에서의 "영악함"이라는 개념을 내포하고 있기 때문에 더 많은 내용을 표현하고 있다고 할 수 있다(소피제스다이[*σοφίζεσθαι*]가 지닌 이러한 나쁜 의미에 대해서는 *Barn.* 9:4; Pap. Oxy. 840, line 1을 참조하라). 거짓 교사들은 사도들의 종말론적 가르침이 하나님의 영감을 받은 예언이 아니라, 단지 어떤 악한 동기를 가지고서 인간의 영악함으로 꾸며내고 지어낸 것일 뿐이라고 주장한다는 것이다. 에피쿠로스 학파는 내세에서의 형벌에 관한 헬라의 이야기들은 사람들을 두렵게 하여 도덕적인 통제를 행하기 위한 도구로 지어낸 이야기들이라고 주장하였고, 베드로후서에 등장하는 거짓 교사들은 장래의 심판에 관한 그리스도인들의 믿음에 대해서 이와 비슷한 말을 했던 것으로 보인다.

요세푸스(Josephus)는 허구적인 이야기들을 지어내지 않은 모세를 우화들을 좇은 다른 입법자들과 대비하면서 "신화들을 좇은 것"(*μύθοῖς ἐξακολουθήσαντες* – 뮈도이스 엑사콜루데산테스)이라는 어구를 사용한다(*Ant.* 1.22, 참조. 15-16). 신약에서 오직 베드로후서에서만 사용된 이 동사는 거짓 교사들을 공격하는 대목인 2:2, 15에서 다시 등장한다.

"너희에게 알게 한 것"(*ἐγνωρίσαμεν ὑμῖν* – 에그노리사멘 휘민). 이 동사는 신약에서 계시를 전하는 것을 가리키는 데에 자주 사용된다. 여기에서 이 동사는 사도들이 재림에 관한 기대가 포함된 복음을 전하는 것을 가리키는 데에 사용되고 있다. 이제 일인칭 복수형은 사도들 일반을 가리킨다(1절에서처럼). 3:1("너희의 사도들")에 비추어 볼 때, 베드로 자신이 이 서신의 수신자들인 교회들을 세운 선교사들 중의 한 사람이었을 가능성은 없어 보인다. 베드로후서의 기자는 사도들 일반을 염두에 두고 있는데, 그들 중 일부는 이 서신을 수신할 교회들을 세웠고, 베드로는 이 사도들 일반의 대표자였다. 이 절의 나머지 부분과 17-18절에서 "우리"가 변화산 사건을 목격한 사도들, 즉 베드로, 야고보, 요한을 가리키고, 이 세 사도 중 어느 누구도 베드로후서의 수신자들인 교회들을 세웠을 가능성이 없어 보이기 때문에, 이러한 해석은 어색해보일 수 있지만, 사실 대명사의 의미의 이러한 변화는 아주 자연스러운 것이다. 모든 사도들은 일정 정도 목격자들이었지만, 그들 모두가 예수의 공생애 사역 속에서 일어난 모든 중요한 사건의 목격자들이었던 것은 아니기 때문에, 그들의 공통적인 메시지는 부분적으로 그들 중의 오직 일부 사도들의 목격 증언을 토대로 한 것이었다. 베드로후서의 기자의 실제 관심사는 재림에 관한 사도들의 공통된 가르침은 목격 증언에 토대를 둔 것이었음을 주장하는 것이고, 이러한 관심사는 "우리"라는 대명사가 서로 뚜렷하게 구별되는 두 무리의 사도들(이 서신을 수신할 교회들에 복음을 전한 사도들과 변화산 사건을 목격한 사도들)을 가리키는 데에 사용되고 있다는 문법상의 혼선(混線)을 압도하고 있다. 우리가 여기에서 다시 한번 주목해야 할 것은 베드로후서의 기자는 모든 사도들이 동일한 메시지를 전하였다는 것을 전제하고 있다는 것이다.

"우리 주 예수 그리스도의 능력과 강림하심"(*τὴν τοῦ κυρίου ἡμῶν 'Ιησοῦ Χριστοῦ δύναμιν καί παρουσίαν* – 텐 투 퀴리우 헤몬 예수 크리스투 뒤나민 카이 파루시안). 베드로후서에서 사용된 단어 쌍들에서 통상적으로 그러하듯이, 뒤나민 카이 파루시안(*δύναμιν καὶ παρουσίαν*, 직역하면 "능력과 강림하심")은 일종의 이사일어(二事一語)처럼 서로 밀접하게 결합시켜서 해석되어야 한다: "권능 가운데에 강림하심"(Reicke; Fornberg, *Early Church*, 79). 파루시아(*παρουσία*, "강림하심")는 초기 기독교의 다양한 전승들 속에서 그리스도가 종말에 영광 중에 오실 것을 가리키는 데에 통상적으로 사용된 용어였다(마 24:3, 27, 37, 39; 고전 15:23; 살전 3:13; 4:15; 약 5:7-8; 요일 2:28) – 우리가 주의해야 할 것은 베드로전서에서는 재림을 가리킬 때에 언제나 아포칼륍시스(*ἀποκάλυψις*, "나타나심": 벧전 1:7, 13; 4:13)를 사용한다는 것이다. 베드로후서 3:4, 12에서 파루시아(*παρουσία*)는 이러한 통상적인 의미로 사용된다. 이그나티우스(Ignatius, *Phld.* 9:2)와 *Ker. Pet.*(Clem. Alex. *Strom.* 6.15.128에서 재인용)가 이 단어를 성육신과 부활을 포함한 그리스도의 초림을 가리키는 데에 사용하고 있다는 것은 사실이지만, 다른 문헌에서 그러한 용법은 저스틴(Justin은 파루시아[*παρουσία*]를 그리스도의 초림에 대하여 17번, 그리스도의 재림에 대하여 19번 사용한다) 때까지는 확인되지 않는다. 이러한 용례들은 파루시아(*παρουσία*)가 여기에서 그리스도가 장차 영광 중에 오실 것임을 가리킨다는 것을 보여주고, 이것은 거짓되고 지어낸 이야기라는 비난에 맞서서 옹호해야 할 사도들의 종말론적인 가르침이 바로 이 재림에 대한 것임을 함축하고 있는 이 서신의 논증 전체에 의해서 확증된다. 몇몇 학자들은 이 단어가 초림을 가리킨다고 주장하지만(Spicq; Marín, *EE* 50[1975] 225-26), 대부분의 학자들은 이 단어의 통상적인 의미를 따라서 재림을 가리키는 것으로 본다(Kelly 317-18; 또한 Fornberg, *Early Church*, 79-80는 Spicq의 논거들을 반박한다).

뒤나미스(*δύναμις*, "능력")는 독사(*δόξα*, "영광")와 마찬가지로 재림과 결부되어 사용된다(마 24:30; 막 9:1; 13:26; 눅 21:27; 참조. *2 Clem* 17:5: *κράτος* – 크라토스, "권능"). 베드로후서의 기자는 1:3에서 그리스도의 성육신 한 삶과 부활 속에서 신적인 능력이 역사하였다고 말하긴 하였지만, 여기에서 뒤나민(*δύναμιν*)은 파루시안(*παρουσίαν*, "강림하심")과 밀접하게 결부되어 있기 때문에, 우리는 이 단어가 장래의 재림을 가리킨다고 보아야 한다(Zahn, *Introduction*, 215는 이 견해에 반대한다). 이 어구 전체가 마태복음 16:28과 그 평행인 마가복음 9:1에 대한 회고일 가능성이 있다(위의 "양식/구조/배경"을 보라). 이 어구는 요세푸스(Josephus, *Ant.* 9:55; 18.284)에 의해서 사용되고 있기는 하지만 종말론적인 의미가 아니라 신적인 능력의 현현이라는 헬레니즘적인 의미로 사용된다. 변화산 사건에 관한 베드로후서 기자의 기사가 신의 현현에 관한 그러한 헬레니즘적 개념들과 아무리 많이 닮았다고 할지라도, 그는 변화산 사건을 종말론적인 미래에 대한 예언적 선취(先取, anticipation)로 본다는 점에서, 이 사건에 대한 그의 이해는 헬레니즘적인 것과는 완전히 다르다.

"친히 본 자들"(*ἐπόπται* – 에포프타이). 이 단어는 신약의 하팍스 레고메논(hapax legomenon)으로서 "목격자"를 의미하고(Aeschylus, *Prom.* 298-99), 따라서 "감독자"를 의미하기도 한다(제사장들에 대하여, Josephus, *C. Apion* 2.187). 이 단어는 후자의 의미로 하나님에 대하여 사용된다(LXX Esth 5:1; 2 Macc; 3:39; 7:35; 3 Macc; 2:21; *Ep. Arist.* 16; *1 Clem* 59:3; 참조. 2 Macc; 9:5). 또한 이 용어는 엘류시스 신비종교(the Eleusinian mysteries)에서 신적인 신비들에 관한 환상을 본 좀더 높은 등급의 문도들을 가리키는 전문적인 의미로 사용되기도 하였다(*TDNT* 5, 374; Fornberg, *Early Church*, 123). 대부분의 주석자들은 이 전문적인 용법이 베드로후서에 반영되어 있다고 생각한다. 헬레니즘의 종교 어휘들을 선호하는 베드로후서 기자의 성향으로 볼 때, 그럴 가능성도 충분히 있긴 하지만 사도들이 변화산 사건에서 그리스도의 신적 위엄에 관한 계시를 목격하였다는 의미로 해석하는 것이 훨씬 더 적절할 것이다. 그러나 우리가 유의할 것은 이 용어는 아주 통상적인 의미를 지니고 있고, 동사형인 에포프튜에인(*ἐποπτεύειν*, "친히 보다, 목격하다")은 베드로전서 2:12; 3:2에서 이와 같은 통상적인 의미로 사용된다. 우리는 베드로후서가 이 용어의 신비적 의미를 따르고 있는지를 확인할 길이 없다. 어쨌든 오직 선택된 소수에게만 허용되는 좀더 높은 수준의 비밀스러운 영지(靈知)라는 추가적인 뉘앙스가 이 용어를 통해 의도되고 있을 가능성은 없어 보인다(반대 의견으로는 Käsemann, "Apologia," 186; Klinger, *SVTQ* 17[1973] 161; Green).

목격 증언에 대한 강조는 신약에서 후기 문헌들의 특징이라고 종종 말해진다(Nineham, *JTS* 11[1960] 254-64; Fornberg, *Early Church*, 11). 제시된 증거들이 실제로 증명해 주는 것은 목격자들로서의 사도에 대한 강조는 기독교의 메시지를 그 역사적 토대에 의거해서 변증적으로 옹호할 필요가 있을 때에만 행해진다는 것이다. 이것은 제4복음서(19:35)와 요한일서(1:1-3; 4:14)에서 목격자의 증언을 인용해서 가현설에 반대하는 변증을 펼친 것만이 아니라, 고린도전서 15:3-8에서의 이러한 강조의 초기 예를 설명해 주고, 아마도 누가가 기독교 선교에 관한 이야기인 사도행전에서 목격자들로서의 사도들을 강조하고 있는 것을 설명해 주는 것으로 보이며, 분명한 변증적 관심을 지닌 베드로 복음서(7:26-27; 14:59-60) 같은 후대의 저작들을 분명하게 설명해 준다. 베드로후서는 단지 비교적 후대의 문서라는 점만이 아니라, 기독교적 가르침의 한 측면을 반론들에 맞서서 옹호하고자 한 작품이라는 점에서도 이러한 패턴에 들어맞는다. 베드로후서의 기자는 그렇게 하기 위해서 재림 기대에 역사적 토대를 제공해 주는 변화산 사건에 대한 사도적 증인을 내세운다.

이 대목에 대한 많은 주석들은 목격 증인들에 대한 강조 속에는 변화산 사건의 현장에 있었다는 사실을 들어서 사도들의 권위를 입증하고자 한 목적이 들어 있다고 추정함으로써 본지(本旨)를 벗어나 있다(예를 들면, Klein, *Die zwölf Apostel*, 102-3; Käsemann, "Apologia," 185-87). 사도적 권위에 대한 옹호는 베드로후서 기자의 의도가 전혀 아니다. 그는 단지 사도들의 가르침의 한 측면, 즉 재림에 대한 기대가 사도들이 목격했던 것, 즉 변화산 사건이라는 확실한 토대를 지니고 있다는 것을 보여주고자 할 뿐이다. 이것은 목격 증언에 대한 강조를 이 서신의 위서적 성격과 연결시키는 것도 잘못된 것임을 의미한다. 베드로후서의 기자는 거짓으로 자기가 변화산 사건의 목격자라고 주장함으로써 자신의 권위를 공고히 하고자 하는 것이 아니다. 그는 단지 이 사건이 그가 이야기하고 있는 대로 일어났다는 증거로서 베드로의 증언을 인용하고 있는 것뿐이고, 자신이 따르고 있는 문학적 장치를 고려해서 그것을 일인칭으로 표현하고 있는 것일 뿐이다. 만약 이와는 다른 종류의 문학 작품이었다면, 그는 동일한 취지의 베드로의 증언을 삼인칭으로 보도할 수 있었을 것이다.

물론, 변화산 사건의 역사성이 중요한 문제라면, 그 증언이 베드로 자신의 펜으로부터 나온 직접적인 것인지, 아니면 여러 사람의 입을 거쳐 나온 것인지는 그렇게 중요하지 않은 것으로 보일 수 있다. 베드로후서 기자의 이러한 태도는 용인되어야 한다. 기자는 그의 독자들이 변화산 사건의 역사성에 대하여 의문을 제기할 것이라고 전혀 생각하지 않았을 것이기 때문이다. 독자들은 의심할 여지없이 이미 구전 형태로든 문서 형태로든 변화산 사건에 관한 전승을 알고 있었을 것이고, 복음서에 나오는 다른 전승들과 마찬가지로 그 전승을 사도들의 목격 증언에 의거한 것으로 받아들이고 있었을 것이다. 따라서 베드로후서의 기자의 의도는 이 전승이 재림 기대의 토대를 형성한다는 사실을 독자들에게 일깨워 주는 것이었다. 기자의 논증은 사도들이 재림에 관한 그들의 가르침에 대하여 그토록 확신하였던 한 가지 이유는 (독자들이 알고 있고 받아들이고 있듯이) 그들이 변화산 사건을 목격하였기 때문이라는 것이다. 독자들은 변화산 사건에 대한 이 목격 증언을 신뢰할 만한 것으로 받아들이고 있기 때문에, 사도들이 그 사건을 토대로 제시한 가르침, 즉 재람에 관한 예언도 신뢰할 수 있다. 이렇게, 이 대목에서 목격 증언에 대한 강조는 변화산 사건이 일어났다는 사실에 대하여 회의적인 독자들에게 그 사건이 실제로 일어났다는 것을 확신시키기 위한 시도도 아니고, 이 서신에 권위를 부여하기 위하여 그럴 듯한 사건을 둘러대고자 하는 시도도 아니다. 그것은 이 논란의 여지가 없는 증거가 지금 논란이 되고 있는 문제, 즉 재림에 관한 문제와 관련이 있다는 사실을 독자들에게 일깨워주기 위한 시도이다.

"그의 크신 위엄"(*τῆς ἐκείνου μεγαλειότητος* – 테스 에케이누 메갈레이오테토스). 이 용어는 오직 하나님에 대해서만 사용되는 것은 아니지만(LXX 렘 40:9; 단 7:27; 1 Esdr 1:4; 4:40), 하나님의 위엄에 대해서 사용하는 것이 보통이었고(Josephus, *Ant.* 1.24; 8.111; *C. Apion.* 2.168; 눅 9:43; 행 19:27[아데미에 대하여]; *1 Clem* 24:5; Ign. *Rom.* inscr.[하나님과 그리스도에 대하여]; *Diogn.* 10:5; 참조. 토 메갈레이온[*τὸ μεγαλεῖον*], *1 Clem* 49:3), 주후 1세기에는 황제의 신적 위엄에 대하여 종종 사용되기도 하였다(Spicq, *Lexicographie*, 544). 다음 절이 분명히 보여주듯이, 여기에서 이 용어는 예수가 하나님에게서 받은 신적 위엄을 가리킨다.

17 "저가 하나님 아버지께 존귀와 영광을 받으셨느니라"(*λαβὼν γάρ παρὰ θεοῦ πατρὸς τιμὴν καὶ δόξαν* – 라본 가르 파라 데우 파트로스 티멘 카이 독산). 하나

님이 여기에서 아버지라 불리는 이유는 아마도 이 문장이 계속해서 하늘에서 들려온 소리 가운데에 예수가 하나님의 아들이라는 내용이 들어 있었다는 것을 강조하기 때문인 것으로 보인다. "존귀와 영광"(*τιμὴν καὶ δόξαν* – 티멘 카이 독산)은 자연스러운 단어 쌍이다(히 2:7, 9에서 인용된 시 8:6 LXX; 벧전 1:7; 그리고 송영들에서 자주 나옴). 어떤 주석자들은 이것이 예수가 영화롭게 된 모습을 가리키는 것이라고 생각하고(Bigg, Windisch), 또 어떤 주석자들은 이것이 하늘에서 들려온 소리에 의해서 예수에게 수여된 존엄을 가리키는 것이라고 생각하지만(Grundmann; Chase, *DB*(H); 3, p 808; H.-P. Müller, "Die Verklärung Jesu: Eine motivgeschichtliche Studie," *ZNW* 51[1960] 57), 많은 주석자들은 "존귀"(*τιμή*–티메)가 이 소리에 의해서 주어진 추상적인 존엄을 가리키는 반면에, "영광"(*δόξα*–독사)은 가시적인 변모를 가리킨다고 생각한다(Mayor, Wand, Chaine, Schelkle, Green, Kelly). 그러나 베드로후서에 나오는 단어 쌍들은 이런 식으로 분리될 수 없기 때문에, 우리는 추상적인 존귀와 가시적인 영화(榮化) 중에서 어느 한 쪽을 선택하지 않으면 안 되는 것으로 보인다. 그 뒤에 나오는 단어들과의 연결 관계에 의거해서 그 의미를 결정하는 것은 불가능하다. 두 개의 분사는 파격구문으로 인해서 명시적으로 표현되어 있지 않은 주동사에 걸리기 때문이다. 에포프타이(*ἐπόπται*, "친히 본 자들," 16절)라는 단어가 사도들이 무엇을 보았는지에 대한 모종의 언급을 필요로 한다는 사실은 이 단어 쌍이 가시적인 변모를 가리킬 가능성을 높여준다. 이 단어 쌍을 통한 중첩적인 표현의 의미는 하나님이 예수의 모습을 영화롭게 하심으로써 예수께 존귀를 수여하였다는 것일 수 있다. 독사(*δόξα*)의 이러한 의미는 변화산 사건에서 예수께서 하나님으로부터 재림 때에 모든 사람이 보게 될 자신의 영광을 수여받았다는 추론을 가능하게 해준다. 독사(*δόξα*)는 공관복음서에서 언제나(눅 2:9; 9:32을 제외하면) 재림에 대하여 사용되고(마 16:27; 19:28; 24:30; 25:31; 막 8:38; 10:37; 13:26; 눅 9:26; 21:27; 24:26), 다른 곳에서도 자주 그런 식으로 사용된다(빌 3:21; Col 3:4; 살후 1:9; 딛 2:13; 벧전 4:13; 5:1; *2 Clem* 17:5). 이 단어는 변화산 사건에 관한 공관복음서의 기사들 속에서 누가복음 9:32 외에는 사용되지 않지만, 그 기사들이 서술하는 변화산 사건에 전적으로 적절한 용어이기 때문에, "존귀와 영광"(*τιμὴν καὶ δόξαν* – 티멘 카이 독산)이 여기에서 오직 예수의 부활이나 높아지심만을 가리킬 수 있다는 불트만(Bultmann)의 견해를 따를 이유가 없다(*The History of the Synoptic Tradition*, tr. J. Marsh, 2nd ed(s). [Oxford: Basil Blackwell, 1968] 259 n. 2).

예수께서 존귀와 영광을 하나님으로부터(from) 받는다(receive)는 사실을 주목하는 것이 중요하다. 예수는 여기에서 헬레니즘적인 데이오스 아네르(*θεῖος ἀνήρ*, "신인[神人])가 결코 아니고, 변화산 사건은 예수의 숨겨진 신적 본성이 현현된 사건이 결코 아니다. 변화산 사건에 대한 베드로후서의 개념은 여전히 초기 기독교의 기능적이고 묵시론적인 기독론에 속한다. 예수는 하나님의 종말론적인 심판과 통치를 수행하는 임무를 부여받았기 때문에 신적 영광을 수여받는다.

"존귀와 영광"(*τιμὴν καὶ δόξαν* – 티멘 카이 독산)이라는 어구는 시편 8:6 LXX(거기에서 이 용어는 역순으로 나온다)에서 유래했을 수 있다. 그렇다고 한다면, 여기에서의 해석은 히브리서 2:9에서의 해석과 다르다. 히브리서에서는 존귀와 영광이 부활 때에 예수에게 주어지지만, 베드로후서의 기자는 의심할 여지없이 만물이 예수께 복종하는 일(시 8:7)이 장래의 재림 때에 일어날 것이라고 말하는 히브리서 2:8에 동의한다. 이렇게 변화산 사건에서 예수께는 그가 종말론적 심판자로서 오실 때에 만물이 복종하게 될 분으로서의 지위가 주어졌다(참조. 고전 15:24-28; 그리고 시 2:8-9, 이것에 대해서는 아래를 보라). 어쨌든 시편 8:6은 티메(*τιμή*)와 독사(*δόξα*)가 하나님의 대리자의 즉위를 묘사하는 데에 얼마나 적절한 단어들인지를 보여준다. 또는, 특히 다니엘 7장이 1:11의 "우리 주 곧 구주의 영원한 나라"(*τὴν αἰώνιον βασιλείαν τοῦ κυριόυ ἡμῶν καὶ σωτῆρος* – 텐 아이오니온 바실레이안 투 퀴리우 헤몬 카이 소테로스)라는 어구의 출처였다면, 이 어구는 인자가 만유를 통치하는 통치권을 받는 것을 묘사하고 있는 다니엘 7:14(*θ*: *ἡ τιμή*, "존귀")과 연관이 있을 수 있다(Sabbe, "La rédaction," 76).

"지극히 큰 영광 중에서 이러한 소리가 그에게 나기를"(*φωνῆς ἐνεχθείσης αὐτῳ τοιᾶσδε ὑπὸ τῆς μεγαλοπρεποῦς δόξης* – 포네스 에네크데이세스 아우토 토이아스데 휘포 테스 메갈로프레푸스 독세스). 하나님에 "의해서 그에게 전해진 소리"라는 흥미로운 표현은 하나님이 직접 말씀하셨다는 개념을 피함으로써 하나님의 초월성을 보호하기 위한 방법이다. 이것과 정확히 동일한 표현 형태는 평행이 없는 것으로 보이지만, 이것과 동일한 관심은 묵시문학 속에서 하늘로부터 들려온 소리에 대하여 말할 때에 하나님의 목소리임을 직접적으로 밝히기를 피하는 것(단 4:31; *1 Enoch* 13:8; 65:4; *2 Apoc. Bar.* 13:1; 22:1; 계 4:4, 8; 11:12; 16:1; 참조. 요 12:28; 행 10:13-15; 11:7.9; *Mart. Pol.* 9:1)과 '바트 콜'이라고 표현하는 랍비 문헌(참조. *TDNT* 9, 288-90) 속에서 분명하게 드러난다. "지극히 큰 영광"은 하나님을 에둘러서 표현하는 방식이다(참조. "큰 영광", *1 Enoch* 14:20; 102:3;

*T. Levi* 3:4; *Asc. Isa.* 9:37; 11:32; 참조. Sir 17:13: *μεγαλεῖον δόξης* – 메갈레이온 독세스; 유 24절과 그 주석; 그리고 *μεγαλωσύνη* – 마갈로쉬네, "위엄", 히 1:3; 8:1). 메갈로프레페스(*μεγαλοπρεπής*, "지극히 큰", 신약에는 여기에만 나온다)와 동일한 어원의 명사 메갈로프레페이아(*μεγαλοπρέπεια*, "위엄")는 칠십인경(신 33:26; 시 8:2; 28:4; 67:35; 70:8; 95:6; 110:3; 2 Macc 8:15) 및 베드로후서와 마찬가지로 이런 종류의 장엄한 용어들을 선호하는 클레멘트1서(9:1; 19:2; 60:1; 61:1; 64:1)에서 하나님과 그의 행사(行事)들에 대하여 자주 사용된다. "영광의 위엄"(*τὴν μεγαλοπρέπειαν τῆς δόξης* – 텐 메갈로프레페이안 테스 독세스)과 "위엄의 영광, 지극히 큰 영광"(*τὴν δόξαν τῆς μεγαλοπρεπείας* – 텐 독산 테스 메갈로프레페이아스)은 시편 144:5, 12 칠십인경에서 발견되고, 베드로후서에 나오는 것과 동일한 어구는 클레멘트1서 9:2에서 하나님을 에둘러서 지칭하는 표현으로 사용된다(*τῇ μεγαλοπρεπεῖ δόξῃ αὐτοῦ* – 테 메갈로프레페이 독세 아우투). 또한 이 어구는 후대의 헬라 예전들에서 등장하고, 베드로후서와 클레멘트1서가 씌어진 때에 이미 예전에서 사용된 어구였을 수도 있다(Chase, *DB*(H); 3, p 799).

이런 식으로 하나님을 "지극히 큰 영광"이라고 표현하는 것은 공관복음서의 변화산 사건들에 나오는 구름과 연관되어 있을 가능성이 있다. 이 공관복음서의 기사들은 "여호와의 영광"이 세키나의 구름 가운데서 시내산에 강림하신 것으로 묘사한(출 24:16) 시내산 현현에 관한 구약의 기사들의 영광을 강력하게 받고 있다(Sabbe, "La rédaction," 77-80; B. D. Chilton, "The Transfiguration: Dominical Assurance and Apostolic Vision," *NTS* 27[1980-81] 120-21). 그러나 베드로후서의 기자가 이 대목에서 자신의 독자들이 시내산에 대한 암시를 알아보기를 기대하였을 것 같지는 않다. 왜냐하면 그는 하나님이 하신 말씀 중에서 "그를 들을지니라"(신 18:15)는 말씀을 포함해서 모세 모형론을 시사해주는 모든 특징들을 변화산 사건에서 생략하였기 때문이다(이것이 의도적인 생략이라는 것은 아주 분명하다). 그는 예수를 종말론적 선지자가 아니라 하나님의 종말론적 대리자로 묘사하고 있다.

베드로후서의 기자는 하늘로부터 들려온 소리 가운데서 예수가 아니라 제자들을 향한 말씀의 전승 형태("이는…이다")를 재현하면서, 이 소리가 하나님이 예수께(*αὐτῷ* – 아우토, "그에게") 하신 말씀이었다고 말하고 있다는 점도 주목할 만하다. 베드로후서의 기자가 이 소리를 시편 2:7에 나오는 하나님의 영(令)으로 이해하고 있는 것이라는 우리의 추정이 옳다면(아래를 보라), 거기에 나오는 여호와의 말씀이 메시아를 향한 것이라고 하는 것은 적절하다(LXX: *πρὸς μέ* – 프로스 메, "내게"). 또한 이것은 베드로후서의 기자가 변화산 사건을 단지 예수의 왕 되심이 제자들에게 **계시된 사건**만이 아니라 예수가 하나님에 의해서 실제로 종말론적 왕으로 임명된 사건으로 보고 있다는 것을 나타내는 것이기도 하다.

"내 아들"(*ὁ υἱός μου* – 호 휘오스 무). 예수의 수세 때와 변화산 사건에서 들려온 소리의 내용 중에 나오는 이 어구가 원래 시편 2:7에 대한 간접 인용으로 보아졌다는 것에 대하여 모든 학자가 동의하는 것은 아니지만(위의 "양식/구조/배경"을 보라), 이 어구가 아주 초기 단계에 그런 것으로 해석되었다는 것은 분명하다(눅 3:22 D; *Gos. Eb.*: Justin, *Dial.* 88.8; 103.6; 참조. 히 1:5; 5:5; Bretscher, *JBL* 87[1968] 302). 베드로후서의 기자가 여기에서 시편 2:7에 대한 간접 인용을 보았고, 그것을 변화산 사건의 의미를 푸는 주된 열쇠로 생각하였다는 것은 18절에 나오는 "거룩한 산"이라는 어구가 시사해 준다(아래를 보라).

유대교에서 이미 메시아적인 의미로 해석되었던 시편 2편(4QFlor 1:18-2:1; *Pss. Sol.* 17:23-24; 또한 E. Lövestam, *Son and Saviour: A Study of Acts 13, 32-37*[*ConNT* 18; Lund: C. W. K. Gleerup/Copenhagen: E. Munksgaard, 1961] 17-21에 오는 랍비 문헌과 관련한 논의들)은 하나님의 통치에 맞선 적대적인 민족들의 반역이라는 맥락 속에서 하나님이 기름 부으신 왕이 시온산에서 왕으로 즉위하는 모습을 서술한다. 메시아는 하나님에 의해서 임명되고 그의 아들로 선포되고 나서(7절), 즉시 민족들을 복속시키고 만국을 통치하시는 것으로 묘사된다(8-9절). 왕이신 메시아가 반역한 민족들을 정복한다는 이 주제는 유대교적 해석 속에서 시편 2편에 메시아적 의미가 부여될 때마다 두드러지게 등장하였다(Lövestam, 15-23). 초기 기독교에서도 이 시편을 이런 의미로 예수에게 적용하였음을 보여주는 증거가 있다: 예수는 하나님의 아들로서 장차 종말론적인 심판을 수행함과 아울러 나중에 영광 중에 다시 오실 때에 만유에 대한 하나님의 통치권을 행사하실 분으로 임명되었다. 요한계시록은 예수의 아들 되심에 대한 언급(시 2:7)을 열방에 대한 예수의 심판과 통치에 관한 언급(2:9)을 이런 식으로 결합시킨다(2:26-28; 12:5; 19:15; 참조. 11:15-18에 나오는 이 시편에 대한 다른 간접 인용들). 특히 예수가 하나님의 아들로서 재림 때에 행사하게 될 열방들을 통치하는 권세를 아버지로부터 이미 받았다는 의미를 요한계시록 2:27-28이 함축하고 있다는 것을 주목하라. 또한 알렌(L. C. Allen, "The Old Testament Background of (*προ*)*ὁρίζειν* in the New Testament," *NTS* 17[1970-71] 105)은 사도행전 10:42; 17:31에서 하나님이 예수를 종말론적 심판자로 임명하였다(*ὁρίζειν* – 호리제인)는 언급들은 시편 2:7의 "영(令)"

(חק – 호크)에 대한 간접 인용들이라고 주장한다.

초기 기독교에서 시편 2:7을 부활에 적용하여 해석하는 것이 가장 흔한 일이었던 것으로 보이지만(행 13:33; 롬 1:4; 참조. 히 1:5; 5:5; 7:28), 변화산 사건과의 연결은 쉽게 행해질 수 있었다. 왜냐하면 변화산 사건에 관한 이야기는 공관복음서 이전의 전승 속에서 이미 예수가 왕적 메시아로 즉위하실 것임이 제자들에게 미리 계시된 묵시론적 환상으로 이해되었기 때문이다. 변화산 사건에 관한 이러한 일반적인 견해에 맞춰서, 베드로후서가 의존하고 있음이 분명한 전승은 변화산에서 하늘로부터 들려온 소리를 하나님이 예수를 열방을 심판하고 통치하실 분으로 임명한 것을 말하고 있는 시편 2:7의 하나님의 영(令)으로 해석하였다. 이와 동시에, 하나님은 예수에게 그의 왕적 영광을 수여하였다. 즉, 하나님은 그의 통치권을 행사하게 될 자에게 하나님의 위엄에 참여하는 권한을 허락하였다. 변화산 사건은 하나님이 예수를 지금은 아니지만 장차 그가 영광 중에 오실 때에 행하게 될 직임에 임명한 사건이기 때문에 재림 기대의 토대가 된다. 베드로후서에서 변화산 사건이 지니는 의미에 관한 이러한 견해는 이 절들이 변화산 사건의 다른 측면들을 배제하는 가운데서도 하늘로부터 들려온 소리, 즉 하나님의 음성을 대단히 강조하고 있는 이유를 설명해 준다.

시편 2:7에서 원래 왕으로 즉위한 것이 하나님의 아들이 된 것을 의미하는 것이었음이 틀림없지만, 베드로후서의 기자가 하늘로부터 들려온 소리를 그런 식으로 이해하였을 것 같지는 않다. 그는 그것을 예수가 이미 하나님의 아들이었기 때문에 하나님이 그를 대리인으로 임명하였다는 것을 의미하는 것으로 해석하였을 가능성이 대단히 높다.

"내 사랑하는 자"(*ὁ ἀγαπητός μου* – 호 아가페토스 무). 이 대목에 나오는 하늘로부터 들려온 소리의 내용과 관련한 구약적 배경에 의거하면(위의 "양식/구조/배경"을 보라), 이 어구에 대한 두 가지 해석이 가능하다. 이 어구는 히브리어 이히디(יחידי, "나의 독자," 창 22:2, 12, 16)의 직역일 수 있는데, 이 경우에 이 어구는 앞에 나온 구절과 밀접하게 연결되어서, 예수의 하나님의 아들 되심이 유일무이하다는 것을 보여준다. 또는, 이 어구는 이사야 42:1에 나오는 "나의 택한 사람"(בחירי – 베히리)을 나타내는 것일 수 있는데, 이 경우에 이 어구는 뒤에 나오는 구절과 연결되어서 하나님이 예수를 택하여 메시아직에 임명하신 것과 연관되게 된다. 자기 아들에 대한 아버지 하나님의 특별한 사랑은 하나님의 계획에 있어서의 특별한 부르심을 포함한다. 호 아가페메노스(*ὁ ἀγαπημένος*)와 호 아가페토스(*ὁ ἀγαπη-*

τός)를 "사랑하는 자"라는 기독론적 칭호로 사용하는 것 배후에도 이와 동일한 사상이 깔려 있음은 의심의 여지가 없다(엡 1:6; *Barn.* 3:6; 4:3, 8; Ign. *Smyrn.* inscr.; *Acts Paul & Thecla* 1; *Odes Sol.* 3:8; *Asc. Isa.* 1:4, 5, 7, 13; 3:13 등).

"내 기뻐하는 자라"(*εἰς ὃν ἐγὼ εὐδόκησα* – 에이스 혼 에고 유도케사). 이 어구는 이사야 42:1에서 유래한 것으로서 하나님이 그의 기쁘신 뜻 가운데서 **택하셨다는** 특별한 의미를 지닌다(Schrenk, *TDNT* 2, 739-41; *1 Enoch* 37:4; 39:9). 에이스 혼(*εἰς ὃν*)이라는 아주 드문 구문("양식/구조/배경"을 보라)은 하나님의 은총이 예수께 임함으로써 예수가 택하심을 받았다는 의미를 지니고, 동사의 단순과거형은 택하심의 행위를 나타내는 것으로 보인다. 이 택하심은 이미 영원 전에 하나님에 의해서 일어난 것이지만, 이제 하나님이 맡기기로 작정하신 일을 수행하도록 예수를 공식적으로 그 직임에 임명하시는 순간에 그것이 선포되고 있는 것이다.

베드로후서의 기자는 그가 전승을 통해서 알고 있던 말씀의 형태에 강조를 위한 에고(*ἐγώ*, "내가")를 첨가한 것 같다. 이것은 예수가 **하나님**이 친히 그의 대리인으로 택하신 자라는 것을 강조한다. 이렇게, 재림 기대는 사람이 꾸며낸 이야기나 신화가 아니고(16절), 사도들이 직접 들었던 하나님의 선언, 즉 하나님이 자신의 뜻을 선언하신 말씀이라는 견고한 토대 위에 세워져 있다.

베드로후서의 기자는 이사야 42:1에 대한 간접 인용 속에서 추가적인 의미를 찾지 않는 것으로 보인다. 이사야서의 해당 본문에서 여호와의 종의 역할은 기독교의 전통적인 석의에서 재림과 결부되어 있지 않았기 때문이다. 그러나 종말론적인 심판과의 관련성은 이 맥락 속에서 발견할 수 있었다(사 41:25; 42:4).

18 "하늘로서"(*ἐξ οὐρανοῦ* – 엑스 우라누). 하늘로부터 들려온 소리는 묵시론적 환상들의 표준적인 특징이다(단 4:31; *1 Enoch* 13:8; 65:4; *2 Apoc. Bar.* 13:1; 22:1; 계 10:4, 8; 11:12; 14:13). 이 어구는 공관복음서의 변화산 사건에 관한 기사들에서 사용되고 있지 않지만, 초기 기독교가 변화산 사건을 묵시적 계시로 이해한 것과 전적으로 부합하기 때문에, 베드로후서가 여기에서 사용한 전승에 들어 있었던 어구일 것이다("양식/구조/배경"을 보라).

"거룩한 산에"(*ἐν τῷ ἁγίῳ ὄρει* – 엔 토 하기오 오레이). 이 어구는 변화산을 지칭하는 용어로서 *Apoc. Pet.* E 15 와 *Act. Verc.* 20에 등장하지만 그 두 문헌에 나오는 어구들은 베드로후서에 의거한 것들이다. 물론, 변화산으로 추정되는 곳을 성지(聖地)로 여겨서 숭배하게 된 것은 훨씬 후대의 일이었기 때문에, 베드로후서에 나오는 이 표현이 변화산이 사람들에게 널리 알려져서 숭배되고 있었음을 암시하는 것일 수는 없다. 몇몇 학자들(Bigg, James, Green)은 하나님의 현현이 이 산을 거룩한 곳으로 만들었기 때문에 이러한 표현이 사용된 것뿐이라고 생각하지만, 많은 학자들은 이것을 이 서신이 후대에 씌어진 것을 보여주는 표지(標識)로 본다(Chaine, Schelkle, Spicq; Fornberg, *Early Church*, 146). 베드로후서 속에서 변화산 사건이 시내산 현현과 연결되어 있는 흔적들을 찾는 학자들은 이 어구가 시내산을 상징적으로 가리키고 있는 것이라고 생각한다(Sabbe, "La rédaction," 75). 그러나 구약에서는 하나님이 시내산에 임재하셨을 때에 시내산이 거룩한 곳이었다는 것을 함축하고 있는 것은 물론이지만(출 3:5, 19), 구약에서 시내산은 결코 "거룩한 산"으로 불린 적이 없다(Philo가 *Leg. All.* 3.142; *Mos.* 1.115에서 시내산을 데이오스[*θεῖος*, "신적인"]로 부르고, *Mos.* 2.79; *Spec. Leg.* 3.125에서 히에로타토스[*ἱερωτάτος*, "지극히 거룩한"]로 부르고 있는 것은 사실이지만). "거룩한 산"이라는 어구(항상은 아니지만 통상적으로, "내 거룩한 산")는 구약에서 항상 시온산을 가리킨다. 여기에서 이 어구에 대한 가장 좋은 설명은 이 어구가 시편 2:6(LXX)을 의도적으로 반영한 어구라는 것이다: "내가 그의 거룩한 산 시온 위에(*ἐπὶ Σιων ὄρος το ἅγιον αὐτοῦ* – 에피 시온 오로스 토 하기온 아우투) 그에 의해서 왕으로 세우심을 받았노라." 물론, 역사적으로 변화산을 시온산이라고 언급하는 문헌은 전혀 없다. 따라서 핵심은 베드로후서의 기자가 이 사건의 신학적 의미를 설명하기 위해서 이 사건을 시편 2편의 예언과 연결시키고 있다는 것이다. 하나님이 예수를 그의 왕으로 임명할 때에 사도들은 예수와 함께 그 곳에 있었고, 하나님의 영(令)을 직접 들었다.

## 해설

이 단락에서 기자는 거짓 교사들의 공격들에 맞서서 사도들의 종말론적인 가르침을 변호하고 옹호하는 것을 시작하는데, 이것은 이 서신의 나머지 부분의 상당 부분에서 계속된다. 베드로후서의 기자가 답변하는 거짓 교사들의 첫 번째 비난은 사도들이 예수 그리스도가 심판자와 왕으로서 장래에 다시 오시리라는 것을 선포하였을 때에 그들의 메시지는 하나님의 진정한 계시에 토대를 둔 것이 아니라 단순히 사람들이 지어낸 것, 즉 참되지 않은 이야기라는 의미에서의 "신화"일 뿐이라는 것이었다. 대적자들은 사도들이 신자들에게 겁을 주어서 도덕을 지키게 하려고 재림 때에 있을 종말론적인 심판이라는 개념을 의도적으로 지어냈다고 주장하였을 것이다.

이 비난에 대답하기 위해서, 베드로후서의 기자는 먼저 예수의 변모(transfiguration) – 그의 독자들이 복음서 전승들을 통해서 이미 잘 알고 있었을 사건 – 에 대한 사도들, 특히 베드로 자신의 목격 증언에 호소한다. 변화산 사건에 대한 초기 기독교의 묵시론적 이해와 맥을 같이 해서, 베드로후서의 기자는 이 사건을 하나님이 예수를 그의 종말론적 대리인으로 임명한 사건으로 본다. 특히, 그는 이 사건을 시편 2편에 나오는 메시아 예언의 성취로 보는데, 시편 2편에서 하나님의 아들(7절)은 변화산 사건에서 하늘로부터 들려온 소리에 반영되어 있는 하나님의 영(令)을 근거로 해서(7절) 하나님의 "거룩한 산"에서(6절) 반역한 세상을 하나님의 통치에 복종시키는 임무를 부여받은(8-9절) 하나님의 기름 부음 받은 왕으로 즉위한다(6절). 예수는 변화산 위에서 그가 장차 종말론적 심판자와 통치자로 영광 중에 오실 때에 행사하게 될 이 직분에 임명을 받았다. 그러므로 베드로후서의 기자는 사도들이 증언한 변화산 사건은 재림 기대의 토대라는 것을 그의 독자들에게 상기시켜 주고 있다.

이렇게, 베드로후서의 기자는 예수가 변화산 사건에서 신적인 직분에 임명되었기 때문에 아버지 하나님으로부터 신적인 위엄에 참여하는 분깃을 받았다는 것과 예수가 재림할 때에 누구나 다 볼 수 있게 될 이 가시적인 영광으로 예수가 그 산 위에서 옷 입는 모습을 사도들이 보았음을 말한다. 또한 그들은 하늘로부터 들려온 소리를 통해서 하나님의 아들이 하나님에 의해서 그의 메시아로 택하심을 받았다는 하나님의 선언을 들었다. 이 기사의 강조점은 **하나님이 친히** 예수를 그의 대리인으로 택하여서 그 직분에 임명하였고 그에게 이 직분을 위한 영광을 수여하였다는 것이다. 이것에 대한 사도들의 증언이 신뢰할 만하다면, 재림에 관한 그들의 메시지는 사람이 지어낸 것이 아니라, 하나님이 이러한 행위와 선언에 근거를 두고 있는 것이다.

# 반론 1에 대한 반응: (b) 구약성경 예언의 가치(1:19)

## 참고문헌

**Boehmer, J.** "Tag und Morgenstern? Zu II Petr i 19." *ZNW* 22(1923) 228-33. **Neyrey, J. H.** "The Apologetic Use of the Transfiguration in 2 Peter 1:16-21" *CBQ* 42 (1980) 504-19. **Sibinga, J. S.** "Une citation du Cantique dans la Secunda Petri." *RB* 73(1966) 107-18. **Spicq, C.** *Lexicographie*, 953-54.

## 본 문

**19** 또 우리에게 더 확실한 예언이 있어 어두운데 비취는 등불과 같으니 날이 새어 샛별이 너희 마음에 떠오르기까지 너희가 이것을 주의하는 것이 가하니라

**19** Moreover, we place very firm reliance on the prophetic word, to which you would do well to attend, as you would to a lamp shining in a murky place, until the day dawns and the morning star rises in your hearts.

## 양식/구조/배경

이 구절은 16a절에서 설명한 반론에 대한 두 번째 반응이다.

## 주석

**19** "또 우리에게 더 확실한 예언이 있어"(*καί ἔχομεν βεβαιότερον τὸν προφητικὸν λόγον* – 카이 에코멘 베바이오테론 톤 프로페티콘 로곤). 주석자들은 통상적으로 베바이오테론(*βεβαιότερον*)의 적절한 비교급 의미인 "더 확실한, 더 믿을 수 있는"이란 뜻을 제기하지만 의견에 일치는 없다. 혹자는 예언이 변화산 사건보다는 재림에 대한 보다 확고한 논증이라고 생각한다(Plumptre, Bigg, Green). 하지만 이는 문맥으로 볼 때 다소 이외의 논증일 것이다. 16-18절에서 상당히 강조되었던 사도들의 목격이 가져다주는 가치를 평가절하시키는 것으로 보이기 때문이다. 랍비들이 예언적 성경을 다른 것들보다 더 신뢰할 수 있는 것으로 주장했던 것(Green)은 사실이나 변화산 사건은 하늘로부터의 단순한 음성을 넘어서는 의미를 지닌다. 변화산 사건으로 예수가 왕의 영광으로 명백하게 서임되셨고, 이는 성경 예언의 성취

의 시작이다. 이로 보건대, 학자들의 대다수의 의견은 변화산 사건이 구약의 예언을 확증했음을 이 구절이 말하고 있는 것으로 여긴다. 예언의 예기적 성취로서 변화산 사건은 여전히 고대하고 있는 미래의 재림의 성취를 더 확실하게 한다. 따라서 이렇게 번역할 수 있다: "우리는 예언의 말씀을 더 확실하게 갖고 있다"(RSV). 하지만 이는 헬라어의 아주 자연스러운 번역은 아니다. 에케인 티 베바이온(*ἔχειν τι βέβαιον*, Thucydides 1.32; Appian, *Bell. Civ.* 5.3)이란 표현은 보통 "어떤 것을 확고히 붙잡는 것"을 의미한다. 이 어구는 "확증되다"라는 법적인 의미에서 베바이오스(*βέβαιος*)를 사용하지 않는다. 이 어구에서 비교급의 베바이오테론(*βεβαιότερον*)은 순전한 비교급이나(Isocrates, *Ad Dem.* 36), 자주 코이네어에서처럼 최상급의 의미를 갖는 것으로 사용된다("매우 확고한": Stobaeus, *Eccl.*4.25.31). 여기서는 후자의 의미(최상급)로 취하는 것이 가장 좋다(Reicke; Neyrey, *CBQ* 42[1980] 515). 비교급을 의도하고 있을 필요가 없다.

"예언의 말씀"(*τὸν προφητικὸν λόγον* – 톤 프로페티콘 로곤)은 (1) 구약의 메시아 예언(Bigg, Mayor, Moffatt, Wand, Chaine; Käsemann, "Apologia," 187); (2) 메시아 예언으로 이해되는 전체 구약(Schelkle, Spicq, Kelly, Grundmann); (3) 구체적인 구약의 예언(Fornberg, *Early Church*, 82-83); (4) 구약과 신약의 예언(Plumptre, Sidebottom); (5) 베드로후서 1:20-2:19(Robson, *Studies*, 44-48); (6) 재림의 예언으로서 변화산 사건 자체(Neyrey, *CBQ* 42[1980] 514-16).

이 어구가 나타나는 다른 모든 출현들은 그 기자가 구약성경의 일부로서 아마도 간주했던 위경을 가리키는 클레멘트2서(*2 Clem* 11:2)를 제외하고는 구약 성경을 가리킨다(참조. *1 Clem* 23:3). 포른버르그(Fornberg)가 그 어구가 특정한 성경 단락에 항상 사용되고 있다고 주장할지라도 이 판단은 정확하지 않다. 사실상 예언의 말씀은 "성경"이란 용어와 호환될 수 있는 것으로 보이고, 그 용어처럼 특정한 단락(Philo, *Leg. All.* 3.43; *Sob.* 68; *Acts Paul* 10[PH, p. 8]; Justin, *Dial.* 56.6; 77.2; 110.3; 또한 Justin, *Dial.* 39.4; *1 Apol.* 54에서 복수의 프로페티코이 로고이[*προφητικοὶ λόγοι*]), 또는 몇 가지 특정한 단락(Philo, *Plant* 117-19), 또는 특정되지 않은 특별한 단락을 포함하는 일반적인 구약성경(Justin, *Dial.* 128.4)을 언급할 수 있다. 저스틴(Justin, *Dial.* 129.1)은 이 용어가 "성경"과 매우 동의어라는 것을 특히 분명히 한다. 이런 동일시는 당대의 유대인들의 이해에 따르면, 모든 영감된 성경은 예언이었기 때문에 발생했다.

따라서 베드로후서의 기자가 초기 기독교의 주해가 통상적으로 재림에 적용되던 구약예언을 생각하고 있을지라도, 이 용어의 용법은 두 번째 견해(2)를 선호하게 만든다. 그는 한 가지 또는 더 많은 구체적인 단락을 염두에 두고 있을 것이나(예를 들어, 시 2:9; 단 7:13-14; 민 24:17), 그가 이것을 분명히 하지 않고 있기 때문에 일반적으로 말하고 있다고 보는 것이 더욱 그럴듯하다. 바울의 문서를 "성경"(*γραφαί* – 그라파이)이라고 부르는 베드로후서 3:16에 비추어 볼 때, 여기에 신약성경이 포함되었을 가능성이 없지는 않지만 이에 반대하는 견해들을 고려해야 한다: (1) 심지어 저스틴은 신약성경에 대해 프로페티코스 로고스(*προφτικὸς λόγος*, "예언의 말씀")란 용어를 사용하지 않는다. (2) 베드로후서의 기자는 베드로와 그의 동료 사도들이 사도적 문서에 나오는 재림에 관한 그들의 설교에 기초했다고 말하는 것으로 **베드로**를 나타내고 있는 것으로 보이지 않는다. 1:16-19의 전체 단락의 가장 좋은 의미는 사도가 종말론적인 메시지를 (a) 그들이 직접 목격한 증언(16-18)과 구약성경의 예언(19절)에 기초했다는 것이다. (3) 구약 시대에 거짓 선지자들을 가리키는 2:1a은 이전 구절이 구약성경에 대한 것임을 전제한다.

변화산 사건 자체가 프로페티콘 로곤(*προφητικὸν λόγον*, "예언의 말씀")이라는 네이리(Neyrey)의 견해에 대해서는 이 용어의 통상적인 용법이 가장 결정적이다. 게다가 네이리는 20-21절을 예언으로서 변화산 사건의 변호로 해석하게 만든다(*CBQ* 42[1980] 516-19). 하지만 명백히 영감된 **문서들**(*προφητεία γραφῆς* – 프로페테이아 그라페스)을 논하고 있는 단락의 아주 부자연스러운 해석이다. 끝으로 그의 견해에 따르면 우리는 19절을 단순히 카이(*καί*, "그리고, 또")보다는 "그러므로"나 "따라서"와 같이 이전 구절과의 명백한 연관관계를 갖고 시작하는 것으로 19절을 예상해야 한다.

일인칭 복수인 에코멘(*ἔχομεν*, 직역하면 "우리가 갖고 있다")은 이제(이전 구절과 대비되어) 모든 크리스천을 포함한다는 것으로 보통 생각된다. 하지만 이는 불필요하다. 기자는 사도들이 재림을 설교했을 때, 그들이 신화를 좇고 있지 않았다는 것을 여전히 논증하고 있다. 오히려 그들은 그들의 메시지에 대한 신뢰할 수 있는 권위를 가졌다: 그들이 목격한 변화산 사건과 하나님이 영감하신 구약성경.

"잘 하다"(*καλῶς ποιεῖτε* – 칼로스 포이에이테)는 자주 "기뻐하다"와 동일시되지만(행 10:33; 빌 4:14; 요3:6), 권면하는 다른 곳에서처럼 여기서 아마도 약간 더 강한 의미를 갖는다(행 15:29; 약 2:8).

"어두운 데 비취는 등불과 같으니"(*ὡς λύχνῳ φαίνοντι ἐν αὐχμηρῷ τόπῳ* – 호스 루크노 파이논테 엔 아우크메로 토포). 등불을 하나님의 말씀과 비교하는 것은 흔하였다(시 119[118]:105; Wis 18:4; 2 *Apoc. Bar.* 17:4; 59:2; 77:16; *Bib. Ant.* 9:8; 15:6; 19:5; Theophilus, *Ad Autol.* 2:13). 그것은 가끔 하나님의 말씀을 가르치는 사람들에게로 확장되어(요 5:35; *2 Apoc. Bar.* 77:13, 15; 참조. Sir 48:1), 에스라4서에서 에스라는 "어두운 곳에 등불"로 비유되었다. 등불의 목적이 어둠 속에서 빛을 내는 것이기 때문에(참조. 욥 29:3; 2 *Apoc. Bar.*59:2), 베드로후서와의 이런 일치는 특별한 것이 아니다.

드문 단어인 아우크메로스(*αὐχμηρός*)는 람프로스(*λαμπρός*, "밝은")와 대비되는 것으로 그리고 알람페스(*ἀλαμπής*, "빛이 없는")와 동의어인 것으로 아리스토텔레스(*De Color*3)가 사용하였다. 그 용어는 지옥을 묘사하는 것으로도 베드로의 묵시(*Apoc. Pet.* A 21)에서 사용되었다.

확실히 세상이나 인간의 마음은 하나님의 예언의 말씀을 간과함으로 소망이 없을 때 어두움으로 묘사된다(Grundmann). 이런 어둠 속에서 예언의 성경은 소망을 일깨움으로써 빛의 광선을 던진다.

"날이 새어"(*ἕως οὗ ἡμέρα διαυγάσῃ* – 헤오스 후 헤메라 디아우가세). 세빙가(Sibinga, *RB* 73[1966] 107-18)는 오리겐이 "날이 기울고"(*ἕως οὗ διαυγάσῃ ἡ ἡμέρα* – 헤오스 우 다아우가세 헤 헤메라)라는 아가서 2:17의 헬라어역을 알았다는 증거를 여기서 찾는다. 그 경우에 베드로후서는 여기서 그 구약 본문을 가리킬 가능성이 있다(히브리에서 그것은 새벽이 아니라 저녁을 일컬어야 한다). 그 속에 묘사된 하나님의 백성들의 역사와 미래의 소망을 발견했던 아가서의 유대적 알레고리 해석은 A.D. 일세기로 거슬러 올라간다.

어느 경우에도 여기서 날은 재림을 밝힐 종말론적 세대에 대한 상징이다. 관사가 없는 것이 베드로후서에서 그렇게 중요하지 않고(Mayor, xxx-xxxv을 보라), 그것이 "주님의 날"(참조. 3:10)이란 언급을 논박할 수는 없다. 하지만 "날"이 여기서 이전의 어둠과 대비되어 **빛**의 시간으로 언급되고 있음이 분명하기 때문에 아마도 부차적인 암시로서를 제외하고는 그럴 것 같지 않다. 따라서 그것은 전반적으로 종말론적인 세대에 대한 상징일 것이다(참조. 롬 13:12; 벧후 3:18: 헤메란 아이오노스[*ἡμέραν αἰῶνος*, "영원의 날"]). 그것은 현재의 어둠과 대비되는 빛이다(고로 Boehmer, *ZNW* 22[1923] 228-29). 무지의 어둠을 밝히는 예언의 기능은 종말론적인 계시의 충만한 빛이 하나님의 사람들의 마음에 넘칠 때 쓸모가 없게 될 것이다.

"샛별이 떠오르고"(*καὶ φωσφόρος ἀνατείλῃ* – 카이 포스포로스 아나테일레). 혹자는 이 어절이 동틀 녘이란 언급에 뒤이어 나오고 있기 때문에 포스포로스(*φωσ-*

*φόρος*, 직역하면 "빛의 담지자")가 동트기 전에 발생하는 새벽별을 가리키지 않고 태양을 가리킨다(포스포로스의 이런 의미에 대해서는 F. J. Dölger, *Antike und Christenturn* 5[Münster: Aschendorff, 1936] 10-11을 참조하라)고 주장했다. 하지만 실명사로서 포스포로스(*φωσφόρος*)는 새벽의 첫 반짝임을 동반하고, 따라서 세상에 빛을 소개하는 것으로 통상적으로 간주되었던 새벽별인 비너스(금성)를 가리킨다(*TDNT* 9, 312; Spicq, *Lexicographie*, 954).

거의 모든 주석자들이 동의하는 것처럼, 여기서 민수기 24:17("한 별이 야곱에게서 나오며"; 칠십인경: 아나텔레이 아스트론 엑스 야곱[*ἀνατελεῖ ἄστρον ἐξ Ιακωβ*])에 대한 암시가 있는데, 그것은 이미 유대교에서 메시아적으로 해석되었다(*T. Levi* 18:3; *T. Jud.* 24:1; 1QM 11:6-7; 4QTestim 9-13; CD 7:18-20; *y. Ta'an.* 68d). *T. Levi* 18:3-4; *T. Jud.* 24:1에서 별과 일출의 두 이미지(말 4:2과 관련해서)가 밀접하게 연관되어 있는 것을 주목하는 것은 흥미롭다. 아마도 이런 연관성은 요한계시록 22:16(*ὁ ἀστὴρ ὁ λαμπρὸς ὁ πρωϊνός* - 호 아스테로 호 람프로스 호 프로이노스, "광명한 새벽별"; 참조. 2:28)에서 발견되는, 예수에게 적용되는 **새벽** 별로서 별의 해석을 암시했다. (신약성경에서 민 24:17에 대한 또 다른 제기된 암시들은 눅 1:78; 마 4:16이지만, 확실하지는 않다. 참조. 사 61:1-2, 말 4:2). 따라서 베드로후서의 기자는 기독교의 주해적 전통을 확실히 따르고 있다. 물론 그가 헬라의 신과 왕에 대해 사용되었던 용어(*φωσφόρος* - 포스포로스)를 선택한 헬라의 종교적 어휘를 선호하는 경향이 있을지라도 말이다(Spicq, *Lexicographie*, 953).

따라서 새벽별(샛별)이 떠오르는 것은 종말론적인 세대를 여는 그리스도의 재림에 대한 상징이다.

"너희 마음에"(*ἐν ταῖς καρδίαις ὑμῶν* - 엔 타이스 카르디아이스 휘몬). 많은 사람들이 이 어구를 재림과 관련해서는 의외라고 여겼다. 그러므로 일부는 헤오스 후 헤메라 디아우가세 카이 포스포로스 아나테일레 엔 타이스 카르디아이스 휘몬(*ἕως οὗ ἡμέρα διαυγάσῃ καὶ φωσφόρος ἀνατείλῃ ἐν ταῖς καρδίαις ὑμῶν*, "날이 새어 샛별이 너희 마음에 떠오르기까지")란 항목이 전적으로 재림을 언급한다는 것을 부정하고, 오히려 그것을 이 세상의 삶에서 계몽의 경험을 가리키는 것으로 해석했다(Plumptre, Mayor, James, Spicq, Grundmann; Delling in *TDNT* 2,953; Käsemann, "Apologia," 189). 또 다른 이들은 종말론적인 언급을 인정하지만 이 어구에서 초기 그리스도인들의 소망이 개별화되거나 "영적화"되고 있는 증거를 찾는다(Schelkle, Kelly, Schrage; 참조. Green).

이 견해 중 어느 것도 정당화될 수 없다. 재림의 한 특별한 양상, 즉 기독교 신자들에게 하나님의 온전한 계시로서 재림이 논의되었음을 깨닫는다면, "너희 마음에" (ἐν ταῖς καρδίαις ὑμῶν – 엔 타이스 카르디아이스 휘몬)란 어구는 더 이상 의외로 보이지 않는다(Fornberg, *Early Church*, 85). 여기서 주어지고 있는 유일한 요지는 온전한 종말론적 계시를 고대하는 부분적인 계시로서 예언은 온전한 계시가 이를 때에 불필요한 것이 될 것이라는 점이다. 기독교 신자들이 이 계시를 받고 인식하는 것은 자연스럽게 "그들의 마음에" 있게 될 것이다. 유사한 논증에서(고전 13:8-12), 바울은 다가올 세대와 관련하여 동등하게 주관적인 개인적인 용어를 사용한다. 바울의 경우에서나 베드로의 경우에서 이 용어는 주관적이고 우주적인 사건으로서 재림의 기대를 차단하거나 배제하지 않는다(참조. 벧후 3:7-13).

재림에 대한 이런 언급과 관련하여 한 가지 더 지적할 수 있다. 대부분의 신약성경의 기자들처럼 베드로후서의 기자는 독자들이 재림 때까지 생존해 있을 것처럼 적고 있다(또한 3:14을 참조하라). 따라서 재림이 지체되고 있다는 그의 인식(3:8-9)은 자주 사려되는 것처럼 무한정한 연기와 "임박한 기대"의 상실을 함축하지 않는다.

## 해설

사도들이 교묘하게 만든 신화를 전파하고 있다는 비난에 대해 기자는 두 번째로 그들의 종말론적인 가르침이 구약의 예언에 확고하게 기반하고 있다고 응답한다. 그는 그리스도인 독자들에게 그러한 예언의 가치를 간단하게나마 지적할 수 있는 기회를 취한다. 예언의 등불은 소망의 밝은 빛으로 현 세상의 소망 없는 무지의 어둠을 비추어준다. 하지만 등불이 밤 동안에만 사용되고 새벽이 왔을 때는 소용없는 것처럼, 예언의 역할은 하나님의 온전한 종말론적 계시를 소망하는 사람들에게 부분적인 조명을 해줄 뿐이다. 크리스천들이 예수 그리스도의 재림의 온전한 계시를 경험할 때, 그것은 밤의 모든 어두움을 좇아내는 서광과 같을 것이고, 예수 그리스도는 샛별의 떠오름이 새벽을 알리는 것과 같은 존재가 될 것이다.

# 반론 2에 대한 반응: 구약 예언의 영감성(1:20-21)

## 참고문헌

**Boys-Smith, E. P.** "'Interpretation' or 'Revealment'." *ExpTim* 8(1896-97) 331-32. **Curran, J. T.** "The Teaching of 2 Peter i. 20." *TS* 4(1943) 347-68. **Durand, A.** "Le Sens de II[a] Petri, I, 20." *RSR* 2(1911) 187-89. **Louw, J.** "Wat wordt in II Petrus 1:20 gesteld." *NedThT* 19(1964-65) 202-12. **Molland, E.** "La thèse 'La prophétie n'est jamais venue de la volonté de l'homme'(2 Pierre I, 21) et les Pseudo-Clémentines." *Opuscula Patristica*. BTN 2. Oslo: Universitetsforlaget, 1970.(=*ST* 9[1955] 67-85.) **Neyrey, J. H.** "The Apologetic Use of the Transfiguration in 2 Peter 1:16-21." *CBQ* 42(1980) 504-19. **Spence, R. M.** "Private Interpretation." *ExpTim* 8(1896-97) 285-86. **Thomson, P.** "'Interpretation' or 'Revealment.'" *ExpTim* 8(1896-97) 331.

## 본 문

**20** 먼저 알 것은 경의 모든 예언은 사사로이 풀 것이 아니니

**21** 예언은 언제든지 사람의 뜻으로 낸 것이 아니요 오직 성령의 감동하심을 입은 사람들이 하나님께 받아 말한 것임이니라

**20** Above all, you must understand that no prophecy of Scripture derives from the prophet's own interpretation,

**21** because prophecy never came by the impulse of man, but men impelled by the Holy Spirit spoke from God.[a]

## 원문주해

a. P[72] B P. *al*에서 아포 데우(*ἀπὸ θεοῦ*)의 독법이 ℵ A과 대부분의 사본들에서 하기오이 데우(*ἅγιοι θεοῦ*)보다 선호된다. 또한 C에서 아포 데우 하기오이(*ἀπὸ θεοῦ ἅγιοι*)보다 선호된다. 하기오이(*ἅγιοι*)는 선지자에 대한 관습적인 통칭이며(참조. 3:2), 쉽게 오독할 수 있었다.

## 양식/구조/배경

19절에서 구약 예언에 대한 호소를 지원하기 위해서 기자는 이제 구약 예언의 영감을 의문하는 두 번째 반론에 대답한다. 이 반론은 16a절에서 진술된 것과 긴밀

히 연관되어 있지만, 20절과 아마도 21a절에서 분명한 논지로서 반박되어 제시된다. 네이리는 16절에서처럼 21절의 변증적인 우…알라(*οὐ…ἀλλά*) 형식(*CBQ*42[1980] 518)을 발견하지만, 이에 대해서 조심할 필요가 있다. 대적자들에 의한 주장을 분명히 거부하고 있는 것은 20절이고, 21절은 이 거부에 대한 논거다. 21절의 우 알라(*οὐ…ἀλλά*)는 아래 주석 항목에서 인용한 영감에 관한 몇몇 유사한 진술과 평행을 이루고(Philo, *Mos.* 1.281; Hippolytus, *Antichr.* 2; Justin, *1 Apol.* 36), 이 모든 것이 논쟁적임을 확실히 하는 것은 불가능하다. 하지만 21a절이 거짓 선생들이 행한 진술을 부정하고 있다고 하는 것이 꽤 그럴듯하다.

두 구절들은 헬라적 유대교와 초기 기독교에서 예언적인 영감에 관한 논의의 표준적인 용어법을 사용하고 있다(이디아스[*ἰδίας*, "자신의"], 휘포 프뉴마토스 하기우 페로메노이[*ὑπὸ πνεύματος ἁγίου φερόμενοι*, "성령의 감동하심은 입은"]). 베드로후서가 필로에게 의존하고 있다고 하는 것이 불가능하지는 않지만(Abbott, *Exp* 2/3[1882] 54-56가 논증하는 것처럼), 헬라적 유대교의 공통된 신학적 용어가 이런 유사성을 가졌다고 설명하는 것으로 충분하다.

도입적인 어구인 "먼저 알 것은"(*τοῦτο πρῶτον γινώσκοντες* – 투토 프로톤 기노스콘테스) 3:3에 나타난다. (3:3에서 이 분사가 비문법적이라는 사실은 이 어구가 형식적이었음을 보여주고, 1:20에서 이 어구를 19절에 프로세콘테스[*προσέχοντες*]와 밀접하게 관련지을 필요는 없음을 보여준다.) 그것은 필연적으로 인용형식구는 아니지만(Robson, *Studies*, 33-35이 논증한다), 진술을 두드러지게 하는 방식은 특별한 관심을 불러온다(눅 12:39; 갈 3:7; 2; 딤후 3:1; 히 13:3의 유사한 어구를 참조하라).

## 주석

20 "모든 예언은 사사로이 풀 것이 아니니"(*πᾶσα προφητεία γραφῆς ἰδίας ἐπιλύσεως οὐ γίνεται* – 파사 프로페테이아 그라페스 이디아스 에필루세오스 우 기네타이). 우리가 매우 가능성 없는 주장들을 제쳐둔다면, 이 어절에 대한 두 가지 주요한 해석이 가능하다: (1) "성경의 해석은 자기 자신의 해석의 문제가 아니다"(대부분의 주석가들과 번역들), (2) "성경의 어느 예언도 선지자 자신의 해석으로부터 나온 것이 아니다"(Calvin, Plumptre, Lumby, Green; NIV). 이 어절은 현재의 예언의 해석을 가리키거나(1) 예언의 기원을 가리킨다(2). 이 두 대안들 사이에서

어느 것을 결정하느냐는 용어법과 문맥 그리고 진술의 논증적인 의도를 세심하게 살피는 것을 필요로 한다.

용어법

이디아스(*ἰδίας*, "사사로이" – 한글개역). 21절로 보건대, 이디아스(*ἰδίας*)는 여기서 "성령의"와 반대되는 것으로 "(어느 개인) 자신의"를 의미한다는 것에 지금 일반적으로 동의한다(특히 Curran, *TS* 4[1943] 362을 보라). "일반적인"(Mayor)과 "권위적인"에 반대되는 것으로서 "사적인"이 아니다. 문제는 그것이 "자신의"이냐 "선지자의 자신의"이냐다. 즉 에필루시스(*ἐπιλύσις*, "해석")가 당대의 주해자의 해석이냐 예언의 원 저자의 해석이냐는 것이다(다른 가능성은 Curran, *TS* 4[1943] 358-59에 의해 올바르게 제외된다). 선지자 자신의 해석이란 언급(Oecumenius, *PG* 119:592; Theophylact, *PG* 125:1264; Bede, *PL* 93:73이 지지함)은 여기서 선지자를 언급하고 있지 않기 때문에 문법적으로 어색하고, 따라서 대부분의 현대 주석자들과 번역들은 "어느 자신의"를 선호한다.

그러나 이디오스(*ἴδιος*)가 예언의 인간 **기원**을 부정하는 일련의 헬라적 유대교와 초기 기독교 진술에 사용되었고, 사실상 그러한 주장에 전문적인 용어였던 것으로 보인다는 것을 주목하는 것은 의미가 있다.

Philo, *Quis. Her.* 259: "선지자는 자기 자신의 것(*ἴδιον οὐδέν* – 이디온 우덴)을 발하지 않는다(*ἀποφθέγγεται* – 아포프뎅게타이). 그가 발하는 모든 것은 다른 이(*ἀλλότρια* – 알로트리아)에 속한다. 어느 다른 분이 그에게 자극을 주기(*ὑπηχοῦντος ἑτέρου* – 휘페쿤토스 헤테루) 때문이다. (Abbott, *Exp* 2/3[1882] 54-55은 베드로후서가 이 단락에 사실상 의존하고 있다고 생각한다.)

Philo, *Mos.* 1.281: "나[발람]는 나 자신의 것(*οὐδὲν ἴδιον* – 우덴 이디온)을 어느 것도 발하지 않고 다만 하나님이 감동하신 것만 말할 뿐이다(*ὑπηχήσῃ τὸ θεῖον* – 휘페케세 토 데이온)."

Philo, *Mos.* 1.286: "그[발람]가 말했던 어느 것도 그의 것이 아니었고(*οὐδὲν ἴδιον* – 우데인 이디온), 영감 받은 그는 다른 이의 것을 표현했다(*διερμηνεύοι τὰ ἑτέρου* – 디에르메뉴오이 타 헤테루). (필로에게서 디에르메뉴에인[*διερμηνεύειν*]의 의미에 대해서는 A. C. Thistleton, "The 'Interpretation' of Tongues: a new Suggestion in the Light of Greek Usage in Philo and Josephus," *JTS* 30[1979] 15-36을 보라.)

Philo, *Spec. Leg.* 4.49: "선지자는 자신의 것이 아닌 것을 전적으로 선포한다(*οὐδὲν ἴδιον ἀποφαίνεται τὸ παράπαν* – 우덴 히디온 아포파이네타이 토 파라판). 선지자는 그가 발하는 모든 것을 제기하시는(*ὑποβάλλοντος ἑτέρου* – 휘포발론토스 헤테루) 다른 이의 대변자다(*ἑρμηνεύς* – 에르메뉴스).

Philo, *Qu. Gen.*3.10: "선지자는 어떤 일을 말하지만, 그는 자신의 예언을 주고 있는 것이 아니라, 그의 마음에 그것을 두신 다른 이의 해석자다[즉 *ἑρμηνεύς* – 에르메뉴스, '대변자'](아르메니아어로부터의 로엡[Loeb]의 번역).

Hippolytus, *Antichr.*2: "그들은[선지자들] 자신의 권세로 말하는 것이 아니다(*ἐξ ἴδιας δυνάμεως ἐφθεγγοντο* – 엑스 이디아스 뒤나메오스 에펭곤토). 그들은 자신들이 바랐던 것을 선포하고 있지 않다. 먼저 그들은 하나님 말씀을 통해 참된 지혜가 부여되었고, 그 다음에 그들은 계시를 통해 미래에 대해 올바르게 가르침 받았다."

Pseudo-Justin, *Cohortatio* 8: 선지자들은 "자신의 상상으로 어느 것도 가르치지 않았다(*μηδὲν ἀπὸ τῆς ἰδίας αὐτῶν φαντασίας* – 메덴 아포 테스 이디아스 아우톤 판타시아스)…[그러나] 그들은 하나님으로부터 그들이 우리들에게 가르쳤던 지식을 받았다…본성적으로 인간의 생각으로(*ἐννοίᾳ* – 엔노이아) 사람들이 그러한 위대하고 거룩한 것들을 아는 것은 불가능하다."

Methodius, *Convivium*8.10: 에비오나이트(Ebionites)는 "선지자들은 그들 자신의 영감을 발하였다"(*ἐξ ἰδίας κινήσεως* – 엑스 이디아스 키네세오스)라고 주장한다.

참조. 또한 예레미야 23:16 LXX: 거짓 선지자들은 "그들 자신의 마음에서 말하고(*ἀπὸ καρδίας αὐτῶν* – 아포 카르디아스 아우톤) 주님의 입으로부터 말하지 않는다."

에스겔 13:3 LXX: 거짓 선지자들은 "그들 자신의 마음으로부터 예언한다(*ἀπο καρδίας αὐτῶν* – 아포 카르디아스 아우톤)."

Josephus, *Ant.* 4.121: 발람은 "그[하나님]가 들어오시면, 우리 안에 어느 것도 더 이상 우리의 것이(*ἡμετερον* – 헤메테론) 아니다"라고 말한다.

Philo, *Spec. Leg.* 1.65: 선지자는 "자신의 것을 어느 것도 말하지 않을 것이다"(*οἰκεῖον οὐδέν* – 오이케이온 우덴)."

예언의 **기원**에 관한 논의에서 이디오스(*ἴδιος*)를 사용하는 이런 텍스트들 이외에도 예언의 해석과 관련하여 이 용어를 사용하는 텍스트가 있다: *Clem. Hom.* 2:22: 시몬은 "자신의 편견으로(*ἰδίᾳ προλήψει* – 이디아 프롤렙세이) 율법에 관한 것들을 알레고리적으로 해석한다."

이 증거가 베드로후서 1:20의 이디아스(ἰδίας)의 의미를 결정하지 못한다. 이디아스(ἰδίας)의 함축된 반대편 의미가 알로토리오스(ἀλλότριος, "다른 이의"), 즉 하나님의나 성령의라는 것을 확실히 하는 것일 뿐이다. 많은 사람들이 생각하는 것처럼, 20-21절의 의미가 예언적인 성경이 인간의 기원에 속하지 않았기 때문에(21절), 그것이 인간의 해석의 문제가 아니라(20절)는 것이라면, 저자는 이디오스(ἴδιος)를 예언의 기원에 관한 표준적인 용어에서 채택하였을 수 있고 예언의 해석에 그것을 적용할 수 있었다. 한편으로 20절이 예언의 기원을 언급하는 것이라면, 그리하여 선지자의 해석을 가리키는 것이라면, 이디아스(ἰδίας)가 "선지자 자신의"를 의미하는 것을 취하는 일로 인한 문법적인 어색함을 이 문맥의 이디오스(ἴδιος)의 반(semi) 전문적인 본질이 매우 많이 경감시켜준다.

에펠뤼세오스(ἐπιλύσεως). 20절을 예언의 해석보다 예언의 기원에 관한 것을 언급한다는데 관심을 갖는 여러 학자들은 에필뤼시스(ἐπίλυσις)에 대해서 "해석"과는 다른 의미를 찾으려고 애썼다: 즉 "계시"(Spence, *ExpTim* 8[1896-97] 285-86), "발표"(Boys-Smith, *ExpTim* 8[1896-97] 331-32), "촉진"(E. R. Andry, *JBL* 70[1951] xvii), "영감" 또는 "환상"(Louw, *NedTT* 19[1964-65] 202-12) 등. 하지만 이런 설명은 에필뤼시스(ἐπίλυσις)와 에필뤼에인(ἐπιλύειν)의 잘 알려진 용법으로부터 지지를 받지 못한다. 이 용어들과 관련한 비유적 용법에서(Curran, *TS* 4[1943] 351-52에 잘 요약됨), 그것들은 혼란스러운 또는 신비스러운 진술, 징조, 꿈, 환상, 신화, 비유의 "설명"이나 "해석"을 가리킨다.

용법의 이런 증거는 해석 (1)을 지원해주는 것으로 자주 생각된다. 이런 해석이 가능할 수 있을지라도, 사실상, 성경의 해석에 대해 사용된 에필뤼시스(ἐπίλυσις)나 에필뤼에인(ἐπιλύειν)의 사례가 없기 때문에 그것은 강력한 지지를 전달해 주지 못한다(하지만 Clem. Alex. *Paed.* 2.1.14을 참조하라). 해석 (2)는 그 용어의 용법으로부터 더 강력한 지지를 받는다. 아퀼라의 역본에서 에필뤼시스(ἐπίλυσις)와 에필뤼에인(ἐπιλύειν)은 빵굽는 자와 술맡은 자의 꿈을 요셉이 해석한 일에 사용되고(창 40:8; 41:8, 12), 이는 하나님이 주신 해석인 것으로 분명히 언급된다(창 40:8). 아마도 에스라4서 10:43의 헬라어 역(라틴어 *abolutio*)은 에필뤼시스(ἐπίλυσις)를 천사가 전해준 선견자의 비전에 관한 해석에 사용했다. 헤르마스(Hermas, 그는 베드로후서와 동일한 연대에 속한다)는 에필뤼시스(ἐπίλυσις)와 에펠뤼에인(ἐπιλύειν)을 "목자"에 의해 그에게 주어진, 대부분의 경우에 상징적인 비전인 그의 "비유"의 해석을 가리키는 것으로 끊임없이 사용한다(*Sim.* 5:3:1-2; 5:4:2-3;

5:5:1; 5:6:8; 5:7:1; 8:11:1; 9:10:5; 9:11:9; 9:13:9; 19:16:7). 그러므로 헤르마스의 예언은 하나님이 주신 그의 비전의 해석이다(*ἐπιλύσεις* – 에필뤼세이스). 이것은 예언의 본질에 관해서 널리 용인된 개념과 일치하며, 이 개념에 따르면, 선지자에게 먼저 사인(예를 들면, 암 7:1; 렘 1:11, 13), 꿈(예를 들면, 슥 1:8; 단 7:2), 또는 비전(환상, 예를 들면, 단 8:1)이 주어지고, 그 다음에 해석이 주어진다. 참된 예언에서, 이런 해석은 환상에 관한 선지자 자신의 설명이 아니라 영감된 하나님이 주신 해석이다. 그러므로 베드로후서 1:20은 선지자가 환상을 받았으나 구약성경에서 발견되는 그들의 예언들은 단순한 인간의 추측인 환상에 대한 자기 자신의 해석일 뿐이라는 견해를 반박하고 있다고 하는 것이 가능하다. 이는 성경 예언에 대한 하나님의 기원을 부정하는 한 가지 방식에 해당할 뿐이다. 20절에 관한 이런 해석은 두드러진 이교도 문헌의 평행으로부터 지지를 받는데, 거기에는 징조에 관한 선지자들의 바람직하지 못한 해석을 "당신은 그 사인을 당신 자신의 해석으로 주었다"라고 불평하면서 거부한다(*σύ σεαυτῇ ἐπέλυσας τὸ σημεῖον* – 수 세아우테 에펠뤼사스 토 세메이온: Pseudo-Callisthenes, *Historia Alex. Magni* 2.1.5, BAG s.v. *ἐπίλυσις*에서 인용함). 이런 평행은 베드로후서가 반대하는 거짓 가르침의 주요한 동기가 이교도의 헬라적 배경에서 나온 합리주의적 회의주의였을 가능성에 비추어 특히 주목할 만하다.

물론 기네타이(*γίνεται*)는 단순히 "이다"(is)를 의미할 수 있었으나, "일어나다, 발생하다, 유래하다"란 의미가 흔하다. 동사의 해석은 속격의 에필뤼세오스(*ἐπιλύσεως*)의 의미에 사실 달려 있다. 해석 (1)은 이것을 소유의 속격이나 적절함의 속격(참조. 히 12:11)으로 보고, "속하다, 범주 아래 있다, 누구의 해석의 대상이다"라는 의미를 준다(Mayor, Spicq; Curran, *TS* 4[1943] 353-54). 해석 (2)는 에필뤼세오스(*ἐπιλύσεως*)를 기원의 속격으로 간주한다. 이는 통상적으로 기네스다이(*γίνεσθαι*) 다음에 전치사 에크(*ἐκ*, 롬 1:3; 갈 4:4; 딤전 6:4)를 필요로 하고, 이는 아마도 해석 (2)의 경우에 가장 커다란 약점일 것이나, 단순한 속격에서 "일어나다"란 의미가 불가능하다고 말할 수는 없다. 양자의 견해에 속격의 의미가 다소 특이하다.

용어법이 전적으로 결정지어주지 못한다면, 20절과 21절과의 관계와 두 절의 가능성 있는 논증적 의미가 20절의 대안적 해석들 사이에서 어떤 것이 좋은지를 결정할 수 있도록 도울 수 있다. 대부분의 주석가들은 어떤 방식으로든 이 두 절들이 기자의 대적자들을 반박하는 것을 목적으로 하고 있음이 틀림없다고 동의한다. 20

절의 논증적인 의도에 대해서 다음과 같은 해석을 제기할 수 있다.

(1) 해석 (1)을 따르는 흔한 견해는 이 구절이 대적자들에 대한 기자의 비판을 대변한다는 것이다: 그들은 예언을 임의적인 방식으로 해석하고, 성령의 해석이라고 할 수 있는 정통적 범주에서 받아들이는 해석이라기보다는 자기 자신의 해석을 주고 있다. 이런 견해는 대적자들이 성경을 왜곡한다는 3:16로부터 강력한 지원을 받지만 다음과 같은 난점이 있다: (a) 21a절이 대적자들의 입장을 대변하고 구약의 예언이 인간의 기원에 속한다는 견해와 그것을 조화시키기가 어렵다(예를 들어, Molland, *Opuscula*, 61-77에서 말하는 것처럼). (b) 20-21절과 긴밀하게 연결되어 있는 것으로 나타나는 1:16-19의 단락이 우리가 보는 것처럼 공격적이기보다는 수비적이다. 그리하여 비판을 하기보다는 반증하는 것에 주로 관심이 있다. 20-21절이 이런 변호를 계속하고, 공격은 거짓 교사들이 처음으로 명백하게 언급되는 2:1에서만 시작하는 것으로 보인다. (c) 20절이 성경에 대한 대적자들의 해석을 기자가 반박하는 것이라면, 21절은 이 반박에 대한 근거를 주어야 한다. 하지만 이 근거는 심히 약하다. 사상의 흐름을 보통 이렇게 설명할 수 있다: 성경은 단순히 인간의 해석이 아니다. 성령으로 영감을 받았기 때문이고 따라서 성령으로 영감 받은 해석을 필요로 한다. 이것은 기자가 그의 주요한 요지 – 성령으로 영감 받은 해석에 대한 필요 – 를 명시적이기보다는 암시적으로 남겨두었음을 의미한다. 하지만 그렇게 여긴다면, 논증의 설득력은 더 진전된 중요한 단계를 필요로 한다: 기자가 좇는 해석은 성령에 의한 영감이지만 거짓 교사들이 제기한 해석은 그렇지 못하다. 이것이 의도된 논증이라면 확실히 이 요지를 진술하지 않고 남겨둘 수는 없었을 것이다.

(ii) 또한 해석 (1)을 따르는 네이리(Neyrey)는 20절을 기자에 대한 대적자들의 비난을 배격하는 것으로 간주한다: 예언에 대한 그의 해석이 특이하다는 것(*CBQ* 42[1980] 516-19). 하지만 21절과의 연관성은 역시 이 견해에 반하여 말해준다. 성경의 영감은 그것이 특이한 해석이 주어져서는 안 된다는 이유가 될 수 있으나 기자의 해석이 특이한 해석이 아니라는 증거가 될 수는 없다.

(iii) 어느 주석가도 전에 그것을 주장하지는 않은 것으로 보일지라도, 구약의 예언이 철저히 임의적이므로 어느 누구도 자신이 좋아하는 방식으로 구약성경을 해석할 수 있고 어느 누구도 어떤 방식이 옳다고 말할 수 있을 정도로 구약의 예언이 철저히 임의적이라는 대적자들의 비판을 20절이 배격하고 있다는 것이 다시금 해석 (1)을 좇아서 가능하다. 그때에 21절은 성경이 하나님에 의해 영감을 받았기 때문에 하나님이 의도하셨던 의미를 가져야 한다는 것을 함축하고 있을 것이다. 이런

견해는 21절과의 연관성을 꽤 그럴듯하게 만들어주고, 아마도 해석 (1)이 문맥에 적합할 수 있는 유일한 방식일 것이다. 하지만 이디아스 에필뤼세오스 우 기네타이(*ἰδίας ἐπιλύσεως οὐ γίνεται*)로 읽기 위해서는 다소 많은 것을 필요로 한다.

(iv) 해석 (2)가 옳다면, 그때에 20절은 구약의 예언이 환상에 대한 선지자 자신의 인간 해석일 뿐이라는 대적자들의 비판을 배격하고 있다. 해석 (2)에 반하여, 21절이 20절의 진술에 대한 이유가 아니라 21절의 진술의 반복일 뿐이라고 가끔 제기된다(Kelly). 성경의 예언이 단순히 인간의 해석의 산물이 아닌 이유는 기자가 자기 자신의 뜻으로 말하지 않고 하나님의 영감하에 말했기 때문이다. 강조의 무게가 20절에 대한 근거로서 21b절에 있게 된다. 이런 견해에 견주어 또한 21a절을 대적자들이 행한 비판(예언은 인간의 기원에 속한다[아래를 보라])을 거부하는 것으로 보는 것이 가능하다(하지만 필연적이지는 않다). 두 비판들이 서로 상관이 있다(위의 (i)와 비교하라).

따라서 (i)와 (ii)는 그럴 것 같지 않고, (iii)는 가능하기는 하지만 (iv)가 더 그럴 듯하다. 위의 이디아스(*ἰδίας*)와 에필뤼세오스(*ἐπιλύσεως*)의 논의에서 주어진 증거와 조합한 이것은 해석 (2)를 선호하는 균형을 보여준다.

해석 (2)가 옳다면, 이 구절은 성경의 **해석**에 관해서는 어느 것도 말하고 있지 않고, 따라서 모든 해석이 복종해야 하는 교회의 권위적인 가르침의 직무(Käsemann, "Apologia," 189-90) 또는 가르침의 은사(Curran, TS 4[1943] 36467)에 대해서는 어느 것도 말하고 있지 않다. 교회에 더 이상 기독교 선지자가 없었다는 의미도 아니다(Grundmann): 기독교 선지자의 문제는 여기서 발생하지 않는다.

21 "예언은 언제든지 사람의 뜻으로 낸 것이 아니요 오직 성령의 감동하심을 받은 사람들이 하나님께 받아 말한 것임이라"(*οὐ γὰρ θελήματι ἀνθρώπου ἠνέχθη προφητεία ποτέ, ἀλλὰ ὑπὸ πνεύματος ἁγίου φερόμενοι ἐλάλησαν ἀπὸ θεοῦ ἄνθρωποι* – 우 가르 델레마티 안드로푸 에네크데 프로페테이아 포테, 알라 휘포 프뉴마토스 하기우 페로메노이 엘라레산 아포 데우 안드로포이). 헬라어의 페레인(*φέρειν*) 동사의 반복(에네크데[*ἠνέχθη*], 페로메노이[*φερόμενοι*])은 영어에서 번역하기가 어렵다. 이 번역에서 (델레마티[*θελήματι*]에 대해서, 직역하면 "뜻") "충동"(impulse)과 (페로메노이[*φερόμενοι*]에 대해서) "감동으로"를 사용한 것은 동등한 반복을 사용하려는 시도다. 페레인(*φέρειν*, 직역하면 "낳다")은 천상의 소리에 대해서 17-18절에서도 역시 사용되었음을 주목할 필요가 있다. 거기서 예수의 변모에서의 그 말이 하나님으로부터 왔다는 것을 강조하던 기자의 관심이 여기서는

구약의 예언의 말씀도 하나님으로부터 왔다는 것을 강조하기 위한 관심과 비교된다.

휘포 프뉴마토스 하기우 페로메노이(ὑπὸ πνεύματος ἁγίου φερόμενοι, 직역하면 "성령에 의해서 낳아진")는 예언적인 영감을 묘사하기 위해서 데오포로스(θεοφόρος, "신을 낳은", 또는 "신에 의해 낳아진"[θεόφορος]), 데오포레토스(θεοφόρητος), 그리고 데오포레이스다이(θεοφορεῖσθαι)와 같은 용어들에 대한 이교도들의 헬라어 사용을 상기시킨다. 동일한 단어가 필로에 의해 사용되었고(나중에는 저스틴에 의해서), 그것들은 헬라적 유대교에서 예언적 영감에 관한 전문적인 어휘의 일부였다. 심지어 베드로후서의 어구에 더 가까운 것은 프뉴마토포로스(πνευματοφορος)(액센트가 있는 프뉴마토포로스[πνευματοφόρος]는 "영[spirit]을 낳음"을 의미하고, 또 액센트가 있는 프뉴마토포로스[πνευματόφορος]는 "영[spirit]으로 낳아진"을 의미한다)인데, 그것은 칠십인경의 호세아 9:7; 스바냐 3:4의 선지자들을 묘사하기 위해서 사용되지만 묘하게도 이 구절들에서 그 용어는 부정적인 의미로 사용되고 있는 것으로 보인다. 안디옥의 데오빌로는 구약의 선지자들의 영감을 묘사하기 위해서 그것을 사용했다(*Ad Autol.* 2:9, 22; 3:12).

전체 구절이 헬라적 유대교와 헬라적 유대교에 의존하는 초대 기독교에서 예언적 영감에 관한 논의에서 사용된 표준적인 용어법으로 표현된 정도를 다음과 같은 단락들을 비교함으로써 알 수 있다.

Philo, *Spec. Leg.* 1.65: "하나님이 영감하신 선지자(θεοφόρητος – 데오포레토스)가 나타나서 하나님의 신탁(θεσπιεῖ – 데스피에이)과 예언을 주실 것이다."

Justin, *1 Apol.* 33: "이사야는 예언적 성령에 의해 영감을 받았다(θεοφορούμενος – 데오포루메노스)."

Justin, *1 Apol.* 36: "하지만 당신이 선지자의 말을 들을 때, 그들이 자기 스스로 영감 받아서 말하는 사람이라고 생각해서는 안되고(ἀπ' αὐτῶν τῶν ἐμπεπνευσμένων – 아프 아우톤 톤 엠페프뉴스메논) 그들을 감동하신 하나님의 말씀으로부터 말하고 있다(ἀπὸ τοῦ κινοῦντος αὐτοὺς θείου λόγου – 아포 투 키눈토스 아우투스 데이우 로구)고 생각해야 한다.

Justin, *1 Apol.* 37: "하나님으로부터 온 선지자들을 통해서 가르쳐진 것들(ἀπο τοῦ θεοῦ – 아포 투 데우)…"

Theophilus, *Ad Autol.* 2:9: "성령으로 영감 받고 선지자들이 된 하나님의 사람들(πνευματοφόροι – 또는 πνευματόφοροι – πνεύματος ἁγίου)은 영감을 받았고(ἐμ-

*πνευσθέντες* – 엠프뉴스덴테스), 하나님에 의해 지혜가 주어졌다."

헬라적 유대 저자들에서(Philo, *Mos.* 1.283; *Quis Her.* 266; *Spec. Leg.* 1.65; 4.49; *Som.* 1.2; Josephus, *Ant.*4.119), 그러한 용어는 선지자가 신의 영의 순전히 수동적 도구이고, 성령이 그 선지자를 통해서 말씀하시는 말에 대해서 무의식적인 비합리적 엑스타시처럼 예언적 영감의 심리학에 관한, 근본적으로 이교적인 이해와 자주 관련이 있었다. 하지만 베드로후서의 용어는 본질적으로 예언에서 인간의 역할에 대해 그러한 가치절하를 요구하지 않는다. 베드로후서가 말하고 있는 것은 예언의 본질과 구약 선지자의 증언과 서로 조화된다는 것이다: 거짓 선지자와 달리 참된 선지자(렘 14:13; 23:16; 18:21-22, 26; 겔 13:3)는 자신이 주도하여 말하거나(참조. 암 3:8; 렘 20:9) 자신의 마음에서 나오는 것들을 선포하지 않고 메시지가 그에게 왔을 때 "주님의 말씀"을 말한다. 베드로후서의 기자가 부정하고자 하는 유일한 요지는 선지자가 메시지의 근원적인 발원자라고 하는 것이다. 이런 견해를 반박하고 있는 그는 성령이 예언의 발원지이고 선지자들은 하나님의 대변자로서 말하고 있다고 확증한다(베드로에게 해당하는 행 3:21을 참조하라.

20절은 논증적으로 예언이 선지자 자신의 환상에 관한 해석일 뿐이라고 하는 대적자들의 비판에 대항하여 맞추어져 있기 때문에, 21절의 부정어절도 예언이 인간의 기원에 속한다는 거짓 선지자들의 주장을 구체적으로 부인하고 있다는 것이 꽤 가능하다. 몰란드(Molland, *Opuscula*, 64-65)는 모세 이후에 선지자들을 인정할 수 없다는 에비온파들이 이런 주장을 펼쳤다고 비난받고 있다는 증거를 제공한다: Methodius, *Convivium* 8.10(20절에 관해서 위에서 인용되었다); Epiphanius, *Pan.* 30.18.5: "그들은 선지자들이 (그들 자신의) 지식(*συνέσεως* – 쉬네세오스)의 예언자였지 진리의 예언자가 아니다라고 말한다." 또한 몰란드(Molland, *Opuscula*, 66-77)도 진리에 도달하지 못했던 사람들로서 구약 선지자들에 대한 이런 급진적인 태도를 가진 위 클레멘타인(Pseudo-Clementines)의 유대-크리스천 자료에서 증거를 발견한다. 이것은 베드로후서 2장의 대적자가 에비온파에 속한다거나 친 에비온파 유대 크리스천이라는 것을 입증하지는 못한다. 그것은 그럴 것 같지 않다. 오히려 베드로후서의 기자와 에비온파가 참된 영감과 거짓된 영감에 관하여 표준적인 용어로 논쟁하였던 논의들을 담고 있음을 보여준다. 위에서 주어진 필로, 저스틴, 그리고 히폴리투스로부터의 인용이 이에 관한 증거이고, 그것은 실로 구약의 선지자들에게로 거슬러 올라간다(렘 14:13; 23:16-22; 겔 13:1-7). 네이리(Neyrey, *Pole-*

*mic*, 196-99)도 신탁에 대해서 에피쿠로스의 논증과 비교하고, 아마도 이교의 회의주의가 유대 크리스천 이단이 행했던 것보다 예언에 대한 거짓 교사들의 태도와 더욱 관련이 있었을 것이다. 어느 경우에도 베드로후서가 구약의 예언이 순전히 인간의 기원이었다는 견해를 반박하고 있지 데미우르고스에 의해 영감을 받았던 전형적인 2세기 영지주의 견해가 아니라는 사실을 알아야 한다.

마지막으로 베드로후서의 대적자들이 재림을 소망하는 일을 부정하기 위하여 구약의 예언에 대한 하나님의 영감을 부정했다는 견해의 확증을 마지막 시대의 묵시적 예언의 형태인 *Asc. Isa.* 단락에서 발견할 수 있다(3:21-4:18). 이 단락은 일세기 후반으로 연대가 추정되고(4:13을 보라), 따라서 베드로후서 2장과 동시대다. 예언을 구실로 기자는 당대의 교회의 상태를 묘사한다. 그때에는 "많은 이단들"(*αἱρέσεις πολλαί* – 하이레세이스 폴라이, 3:22)이 있었고, "그들은 자신들의 감정을 분출하기 위해서 내[이사야] 이전에 있었던 선지자의 예언을 무시하고, 나의 환상에 관심을 기울이지 않을" 때였다(3:31, tr. in *NTApoc.* 2, 648; 또한 "3 Cor" 1:10을 보라).

### 해설

재림을 고대하는 구약 예언의 권위에 대한 기자의 호소(19절)는 대적자들이 행한 두 번째 반론을 이제 변증한다. 대적자들은 신적인 기원을 부정함으로써 구약 예언의 권위를 부정했다. 그들은 선지자들이 표지와 꿈과 환상을 받았다는 것이 참이라할지라도 그들의 예언이 하나님이 주신 해석이 아니라 그것에 대한 인간 자신의 해석이라고 말했다. 따라서 구약의 예언은 사도의 메시지처럼 인간의 마음의 산물일 뿐이라고 주장했다.

이에 반응하여 기자는 그런 견해를 부정하고, 헬라적 유대 저자들이 사용하는 표준적인 용어로 구약 예언의 하나님의 기원을 재주장한다. 구약성경에서 예언은 인간의 상상이나 주도에서 나온 것이 아니었다. 하나님의 거룩한 영이 선지자의 꿈과 환상에 영감을 주었을 뿐 아니라 그것에 대한 해석에도 영감을 주었다. 선지자들이 성경에 기록된 예언을 말하였을 때 하나님을 위한 대변자가 될 수 있도록 말이다.

# 거짓 교사들에 대한 베드로의 예언(2:1-3a)

## 참고문헌

**Barrett, C. K.** "Ψευδαπόστολοι(2 Cor 11, 13)." *Mélanges Bibliques en hommage au R. P. Béda Rigaux*, ed. A. Descamps et A. de Halleux. Gembloux: J. Duculot, 1970. 380-83. **Repo, E.** *Der "Weg,"* 102-7.

## 본 문

| | |
|---|---|
| **1** 그러나 민간에 또한 거짓 선지자들이 일어났었나니 이와 같이 너희 중에도 거짓 선생들이 있으리라 저희는 멸망케 할 이단을 가만히 끌어들여 자기들을 사신 주를 부인하고 임박한 멸망을 스스로 취하는 자들이라 | **1** But there were also false prophets among the people, just as there will be false teachers among you, who will insinuate heresies that lead to destruction, who will even deny the Master who bought them, and bring swift destruction on themselves. |
| **2** 여럿이 저희 호색하는 것을 좇으리니 이로 인하여 진리의 도가 훼방을 받을 것이요 | **2** Many will follow their dissolute practices, and because of them the way of truth will be maligned. |
| **3** 저희가 탐심을 인하여 지은 말을 가지고 너희로 이를 삼으니 | **3** In their greed they will exploit you with fabricated arguments. |

## 양식/구조/배경

베드로후서의 기자는 급격한 전환을 좋아하지 않고, 구약 시대의 거짓 선지자들에 대한 그의 언급(2:1a)은 구약 예언에 관한 논의(1:20-21)에서 거짓 교사들에 대한 예언(2:1b-3a)으로의 부드러운 전환에 영향을 주는 것으로 의도되고 있다. 하지만 거짓 교사들에 대한 언급은 또 다른 영적인 기능을 역시 갖는다. 1:16-2:3의 단락이 교차대구법적 구조를 갖고 있기 때문이다(Marín, *EE* 50[1975] 226이 지적한다).

A. 사도들(1:16-18)
B. 구약의 선지자들(1:19-21)
B. 구약의 거짓 선지자들(2:1a)
A. 거짓 교사들(2:1b-3)

이 구조는 세소피스메노이스 뮈도이스 엑사콜루데산테스(*σεσοφισμένοις μύθοις ἐξακολουθήσαντες* – "공교히 만든 이야기를 좇은", 1:16) 그리고 엑사콜루데수신(*ἐξακολουθήσουσιν*, "좇을 것이다", 2:2), 플라스토이스 로고이스(*πλαστοῖς λόγοις*, "지은 말", 2:3)로 형성된 포괄문(*inclusio*)에 의해 강화된다. 이런 교차대구법적 구조는 사도와 거짓 교사들간의 상관관계와 대조를 가능하게 만든다.

교차대구법적 구조의 두 번째 부분으로의 전환은 변호(대적자들의 비판에 대답하는 것)에서 공격(대적자들을 비판하는 것, 3b-10a절이 부분적으로 변호일지라도 이 공격이 2장을 주도한다)으로의 전환을 특징짓고, 거짓 선지자들에 대한 예언이 마침내 그 비판을 명시적으로 가져온다. 이런 공격의 목적을 위해서 기자는 이제 유다서를 활용하기 시작한다. 기자는 2:1-3:3의 단락에서 유다서에 상당히 의거한다. 그렇다고 이런 의존이 독창성이 없는 것은 아니다. 기자는 유다서에서 개념이든 어휘이든 간에 자신이 원하는 것을 취하고 그것을 상당히 자신의 글로서 활용한다. 이 단락에서 기자는 유다서 4절을 빌린다: 아셀게이안(*ἀσέλγειαν*, "부도덕성")… 데스포텐(*δεσποτήν*, "주재")…아르누메노이(*ἀρνούμενοι*, "부인하는"). 또한 그는 다른 전통적인 묵시적 예언에 의존하였을 것이고("주석"을 보라), 2b절에서 칠십인경 이사야 52:5을 반영한다.

2:1과 Justin, *Dial.* 82.1의 관계는 이런 연관성에 대해서 언급하게끔 만든다.

Justin, *Dial.* 82.1: *ὅνπερ δὲ τρόπον καὶ ψευδοπροφῆται ἐπὶ τῶν παρ᾽ ὑμῖν γενομένων ἁγίων προφητῶν ἦσαν, καὶ παρ᾽ ἡμῖν νῦν πολλοί εἰσι καὶ ψευδοδιδάσκαλοι· οὕς φυλάσσεσαι προεῖπεν ὁ ἡμέτερος κύριος.* "[유대의] 거룩한 선지자들의 시대에 거짓 선지자들이 있었던 것처럼, 우리 주님이 조심할 것을 경고하셨던 많은 거짓 교사들이 우리들 가운데 있다."

딜렌세거(Dillenseger, *MFOB*2[1907] 177-79)는 이 단락이 베드로후서 2:1에 분명히 의존하고 있는 것으로 간주한다. 체이스(Chase, *DB(H)* 3, p. 801)는 이런 유사성을 단순히 우연이라고 생각하지만 이는 거의 그럴 것 같지 않다. 구약 이스라엘에서 거짓 선지자들(*ψευδοπροφῆται* – 프슈도프로페타이)과 교회의 거짓 교사들(*ψευδοδιδάσκαλοι* – 프슈도디다스칼로이)에 대한 비교는 이 두 단락 이외에는 초기 기독교 문헌에서 나타나지 않는 것으로 보인다. 게다가 프슈도디다스칼로이(*ψευδοδιδάσκαλοι*)는 저스틴의 시대까지의 문헌에서 오직 이 두 단락에서만 나타난다(Pol. *Phil.*7:2에서 프슈도디다스칼리아[*ψευδοδιδασκαλία*]가 한번 나타난다). 확실히 체이스가 지적한 것처럼, 많은 다른 프슈도(*ψευδο-*, "거짓")의 복합어를 유추적으로 분명히 만들 수 있었다. 하지만 종말에 대한 초기 기독교인들의 예언은 통상적으로 프슈도프로페타이("거짓 선지자들": 마 24:11, 14; 막 13:22; 요일 4:1; *Did.* 16:3; *Apoc. Pet.*A 1; Hegesippus, *ap.* Eusebius, *Hist. Eccl.*4.22.6)라고 일컫고, 저스틴 자신도 마 7:15; 24:11, 24(*Dial.* 35.3; 51:2; 82.2)을 좇아서 통상적으로 그렇게 하고 있다는 것이다. 확실히 이것들은 저스틴이 이 단락에서 그리스도의 경고를 일컬을 때 그가 염두에 둔 예언들이다. 게다가 구약 선지자들의 예언적 은사가 기독교회에 지금 내재해 있다는 저스틴의 주장이 이 단락의 문맥이다. 이 모든 이유 때문에 우리는 구약 이스라엘의 프슈도프로페타이(*ψευδοπροφῆται*)를 교회의 프슈도디다스칼로이(*ψευδοδιδάσκαλοι*)가 아니라 프류도프로페타이(*ψευδοπροφῆται*)와 저스틴이 비교했다고 예상했어야 했다. 물론 단순히 형태적인 변화에 대한 바람이 프슈도디다스칼로이(*ψευδοδιδάσκαλοι*)를 생산했을 가능성이 있지만, 그렇다고 한다면, 베드로후서 2:1과의 일치는 체이스가 인정한 것보다 더 두드러진다.

체이네(Chaine, 3)는 이 유사성이 전통적인 교리문답적 자료를 통상적으로 사용한 것에 기인할 수 있었고(그것은 여기서 논의할 필요가 있는 주장이다), 베드로후서가 이 단락에서 전통적인 자료에 의존하고 있을 가능성에 비추어, 이것은 확실히 가능한 설명이라고 지적한다. (확실히 이것은 이 단락에서 저스틴에 의한 베드로후서의 의존에 관한 딜렌세거[Dillenseger]의 주장보다 더 그럴 듯하게 베드로후서 2:1과 Justin, *Dial.*51.2에서 "이단들"[*αἱρέσεις* – 하이레세이스]에 관한 우연의 일치를 설명해준다.) 그러나 이에 비하여 옛날의 거짓 선지자들과 베드로후서 2:1에 기독교 거짓 교사들과의 비교는 문맥에서 창출된 모든 특징들을 간직하고 있는 것으로 보인다고 말할 수 있다. 이전의 자료와 이후의 자료를 연결하여 교차대구법적 구조를 만들고(위를 보라) 있는 것으로 기획되어 있는 반면에 기독교 이단들에 대해서 프류도디다스칼로이(*ψευδοδιδάσκαλοι*, "거짓 교사들")를 사용한 것은 예언적 영감을 주장하지 않았던 이 교사들에게는 프슈도프로페타이(*ψευδοπροφῆται*, "거짓 선지자들")가 적절하지 않았을 것이라는 사실로 설명된다("주석"을 보라). 따라서 (확실하지는 않을지라도) 이런 유사성은 베드로후서에 대한 저스틴의 의존에서 기인한다고 하는 것이 더욱 가능하고, 아마도 베드로후서의 연대에 관한 일반적인 견해가 그것을 방해하지 않았다면 더욱더 널리 용인되었을 것이라고 결론내릴 수 있다.

베드로의 사후에 교회를 괴롭힐 거짓 교사들의 예언을 베드로의 이름으로 적음으로써, 기자는 여전히 유언 장르의 관례를 사용하고 있고(Tob 14:4-7; *T. Mos.* 5-10; *Jub.* 45:14; *T. Levi* 1:1; 4:1; 10:1-5; 14:1-18:14; *T. Jud.* 18:1; 21:6-

25:5; *T. Iss.* 6:1-2; *T. Zeb* 9:5-10:3; *T. Dan* 5:4-13; *T. Napht.* 4:1-5; 8:1-3; *T. Gad* 8:2; *T. Asher* 7:2-7; *T. Benj.* 9:1-5), 신약성경의 사례에서 교회 안에 출현할 거짓 선지자들에 대한 선언이 그러한 예언의 주요한 요소다(행 20:29-30; 딤후 3:1-5; 4:3-4; 참조. *T. Jud.* 21:9).

## 주석

1 "그러나 민간에 또한 거짓 선지자들이 일어났었나니"(*ἐγένοντο δὲ καὶ ψευδοπροφῆται ἐν τῷ λαῷ* - 에게논토 데 카이 프슈도프로페타이 엔 토 라오). 1:21에서 언급된 구약 예언의 저자들인 참된 선지자와 더불어 이스라엘은 거짓 선지자들도 가졌다. 거짓 선지자들에 대한 이런 언급은 부분적으로 형태적인 고안물이지만("양식/구조/배경"을 보라), 수비에서 공격으로 기자가 전환하고 있다는 시작을 알려주기도 한다. 이제 사도들에 대한 대적자들의 비판이 역전되어 사도들이 대적자들을 비판한다. 대적자들은 사도들을 재림에 관한 메시지를 오직 인간이 만든 예언, 즉 거짓 선지자들의 말에 기초하고 있다고 비난했다(1:20-21). 이에 반응하여 기자는 이스라엘의 거짓 선지자들을 계승하고 있는 것은 사도들이 아니라 사실상 거짓 선생들이라는 것을 이제 주장한다.

"거짓 선지자"(*ψευδοπροφῆται* - 프슈도프로페타이)란 용어는 칠십인경의 구약의 거짓 선지자, 요세푸스, 그리고 누가복음 6:26에서 사용되고 있다. 그 용어는 종말에 거짓 선지자들에 관한 예언에서 꽤 자주 나타나고(*T. Jud.* 21:9; 마 24:11, 24; 막 13:22; 요일 4:1; 계 16:13; 19:20; 20:10; *Did.* 16:3; *Apoc. Pet.* A 1; Hegesippus, *ap.* Eusebius, *Hist. Eccl.* 4.22.6; Justin, *Dial.* 35.3; 51.2; 82.2; 참조. Matt 7:15), 그것은 베드로후서가 "거짓 선지자"(*ψευδοπροφῆται* - 프슈도프로페타이)가 아니라 "거짓 선생"(*ψευδοδιδάσκαλοι* - 프류도디다스칼로이, 아래를 보라)를 **예언하고** 있다는 것을 더욱 두드러지게 한다.

그러나 기자가 구약 시대의 거짓 선지자와 거짓 선생을 **비교하고** 있기 때문에, 베드로후서의 대적자들에게 적용할 수 있는 구약의 거짓 선지자들에 대한 세 가지 주요한 특징을 주목해 보는 것은 관계가 있다(Neyrey, *Polemic*, 39-40): (1) 참된 선지자와 달리(1:20-21), 거짓선지자들은 하나님의 권위로 말하지 않았다(신 18:20; 렘 14:14; 23:21, 32; 겔 13:2-7); (2) 자주 그들의 메시지는 참된 선지자들이 언급한 미래의 심판에 관한 예언과 대비되는 평화와 안정에 관한 것이었다(렘

4:10; 6:14; 14:13, 15; 23:17; 27:9, 16-18; 겔 13:10; 미 3:5, 11); (3) 그들은 하나님에 의해 벌로 정죄를 받았다(렘 14:15; 23:15; 28:16-17; 참조. 신 18:20).

"이와 같이 너희 중에도 거짓 선생들이 있으리라"(*ὡς καὶ ἐν ὑμῖν ἔσονται ψευδοδιδάσκαλοι* – 호스 카이 엔 휘민 에손타이 프슈도디다스칼로이). 목회서신이 이단의 선생을 언급하고(딤후 4:3: 디다스칼루스[*διδασκάλους*]; 참조. 딤전 4:1), Pol. *Phil.* 7:2이 "거짓 가르침"(*ψευδοδιδασκαλίας* – 프슈도디다스칼리아스)을 언급할지라도, 종말에 대한 초기 기독교인들의 예언은 보다 자주 거짓 **선지자들**(위를 보라)을 가리킨다. 물론 베드로후서가 여기서 프슈도프로페타이(*ψευδοπροφῆται*, "거짓 선지자") 다음에 형태적인 변화를 주기 위해서 단순히 프슈도디다스칼로이(*ψευδοδιδάσκαλοι*)를 사용하는 것이 가능하기는 하지만, 유다서의 대적자들과 달리, 베드로후서의 거짓 선생은 예언적 영감을 주장하지 않았던 것으로 보이고, 따라서 여기서 기자는 의도적으로 그들을 "거짓 선지자"(*ψευδοπροφῆται* – 프슈도프로페타이)라고 부르는 것을 피하려고 했을 것이다.

바렛(Barrett, "*Ψευδαπόστολοι*," 382-83)은 프슈도(*ψευδο-*, "거짓")란 접미사가 그들이 권리를 갖고 있지 않은 선생의 직무를 스스로 거짓되게 주장했다거나 그들의 메시지의 내용이 거짓이었다는 것을 의미할 수 있다고 말한다. 바렛이 말한 것처럼("*Ψευδαπόστολοι*," 380), 이 둘 사이에 선택을 하는 일이 필수적이지는 않을지라도, 베드로후서의 기자가 사실상 후자에 더 관심이 있었다. 우리들이 아는 것처럼, 그는 사도들의 메시지를 가르치는 자신들의 권위를 주장함으로써 정당화하지 않고, 그들의 메시지의 진리가 두고 있는 믿을 만한 근거에 호소함으로써 정당화하였다. 1:16-2:3의 교차대구법적 구조("양식/구조/배경"을 보라)는 거짓 선생을 사도들의 대응자로 만든다. 그들은 하나님의 말씀에 기반한 사도적 메시지가 아니라 인간이 만든 거짓된 메시지를 가르치고 있다.

기자가 당대의 실제를 언급하고 있을지라도 그는 베드로의 이름으로 글을 쓰고 있기 때문에, 또한 유언에서 적절한 것처럼("양식/구조/배경"을 보라) 기자는 베드로의 사후에 거짓 선생들의 도래를 예언하는 것으로서 베드로를 대변하고 있기 때문에, 미래시제가 물론 사용되고 있다. 이것은 순전한 공상이 아니고, 사도들의 설교는 종말의 배교에 대한 묵시적 예언을 확실히 포함했다(참조. 유 17-18절의 "주석"). 베드로후서의 기자는 베드로의 가르침의 참된 전승을 알고 있을 것이고, 이 장에서 그는 당대에 그 일의 성취를 보이기 위해서 유다서로부터의 (등등하게 사도적인) 자료를 가지고 보충하고 있다.

"저희는 멸망케 할 이단을 가만히 끌어들여"(*οἵτινες παρεισάξουσιν αἱρέσεις ἀπωλείας* – 호이티네스 파레이삭수신 하이레세이스 아폴레이아스). 파레이사게인(*παρεισάγειν*, 신약성경에서 여기서만: 하지만 갈 2:4의 파레이사크토스[*παρείσακτος*, "데려오다"]을 참조하라)이란 동사는 단순히 "들여오다"를 의미하고 나쁜 의미를 가질 필요는 없으나 그 용어는 자주 불공정하거나 은밀한 일을 내포하는 것으로 사용된다(Hegesippus, *ap.* Eusebius, *Hist. Eccl.* 4.22.5; Hippolytus, *Ref.* 5.17; 7.29에 의해 이단으로도 사용된다): "은근히 심어주다"(Moffatt, JB)는 올바른 뉘앙스를 갖는다. 이 용어가 기자에게서 유다서 4절의 파레이세두에산(*παρεισεδύησαν*, "가만히 들어오다")에 의해 제기된 것이라면, 그는 파레이삭수신(*παρεισάξουσιν*)으로 대체했을 것이다. 그는 유다서의 경우처럼 거짓 교사들이 바깥으로부터 교회에 들어온 것이 아니라 그들이 바깥에서 가르침을 들여왔음을 제기하기를 원했기 때문이다. 그러므로 아마도 우리는 베드로후서의 거짓 선생들이 유다서에서의 선생들처럼 교회에 도달한 순회자들이 아니라 교회의 구성원이었다고 결론내릴 수 있다. 그들의 가르침은 사도적 메시지와 모순되고 있다는 점에서 바깥에서 가르침을 가져왔고, 따라서 교회에 속하지 않는다. 아마도 기자는 거짓 선생들이 예언과 종말에 관한 이교도의 회의주의에 의해 강화되었음을 함축한다.

하이레시스(*αἵρεσις*, "이단")는 헬라의 철학적 학파든 헬라적 유대 용법에서 유대의 종교적 학파든 간에 사상의 학파에 대해 사용되었다(에센파, 사두개파, 바리새파: Josephus, BJ 2.118; *Ant.* 13.171, 293; *Vit.*12; 참조. 행 5:17; 15:5; 26:5; 행 24:5, 14; 이런 점에서 기독교에 대해서는 28:22). 또한 하이레시스(*αἵρεσις*)란 용어는 그러한 학파의 특별한 가르침을 지칭할 수 있었다. 이런 사용들에서 그 용어는 중립적이었지 경멸적인 용어가 아니었다. 갈라디아서 5:20과 고린도전서 11:18에서 "파당"이란 경멸적인 의미를 얻고 있지만 그 비판은 이단적인 가르침보다는 분파적이다. 아마도 여기서가 그런 의미일 수 있었으나, 거짓 선생이란 언급의 문맥의 문맥에서 그 용어를 그들의 가르침으로 이해하는 것이 더 자연스럽다. 물론 "파당"이란 뉘앙스가 여전히 내재해 있을지라도 말이다. 하이레시스(*αἵρεσις*)는 이그나티우스에게서 이단의 가르침과 관련하여 이미 사용되었지만(*Eph.* 6.2; *Trall.* 6:1), 이그나티우스가 이 용어를 단지 나쁜 의미로 사용할지라도, 베드로후서 2:1에서 경멸적인 의미는 이 단어만으로서 전달되지 않고 아폴레이아스(*ἀπωλείας*, "멸망으로 이끄는", "멸망케 할" – 한글개역)가 첨가된다. 이 단어의 의미의 진화는 이그나티우스에게 나타나는 명료하게 경멸적인 어구에는 아직 도달하지 않았다.

이 절에서의 진정한 난점은 복수의 하이레세이스(*αἱρέσεις*)의 사용이다. 통상적인 용법에서 단수의 하이레시스(*αἵρεσις*)는 사상의 한 학파나 교리의 단일한 실체로서 독특한 가르침을 언급하는 것이고, 이는 또한 후대에 크리스천 작가들이 기독교의 이단들에 대해서 그 용어를 사용한 방식이기도 하다(*Mart. Pol.* epil. Mosq. 1; Theophilus, *Ad Autol.* 2:14; Hegesippus, *ap.* Eusebius, *Hist. Eccl.*4.22.5). 한 거짓 선생이 하이레세이스(*αἱρέσεις*)의 전체적인 집합을 가르칠 수 있도록 단일한 교리를 언급하기 위해서는 그 용어는 통상적으로 사용되지 않는다. 아마도 이런 난점은 베드로후서 2:1에 아마도 의존하고 있지만 그것을 의역한 *Apoc. Pet.* A 1의 저자에 의해서도 느껴졌다: "그들은 파괴의 방법들과 다양한 교리들을 가르칠 것이다"(*ὁδοὺς καὶ δόγματα ποικίλα τῆς ἀπωλείας διδάξουσιν* – 호두스 카이 도그마타 포이킬라 테스 아폴레이아스 디닥수신). 베드로후서의 기자가 자신이 글을 쓰고 있는 교회에 여러 다른 이단적 사상의 파들이 있음을 의미하고 있다고 믿기는 어렵다. 그의 반응은 확실히 그러한 다양성에 적용할 수 없다. 그의 특이한 용법에 대한 설명은 "예언"에 관한 이 항목에서 그가 의도적으로 전통적인 묵시적 경고들을 의도적으로 반영하고 있을 수 있고, 이런 사례 속에서 사복음서에 전해지지 않은 "분열들과 이단들이 있을 것이다"라는 예수의 말씀을 암시하고 있을 수 있다(스키스마타 카이 하이레세이스[*σχίσματα καὶ αἱρέσεις*]: Justin, *Dial.* 35.3; J. Jeremias, *Unknown Sayings of Jesus*, tr. R. H. Fuller[London: S. P. C. K., 1957] 59-61; 아마도 고전 11:18에서도 언급되고; Justin, *Dial.* 51.2: *γενήσεσθαι αἱρέσεις ψευδοπροφήτας ἐπὶ τῷ ὀνόματι αὐτοῦ*, "이단들과 거짓 선지자들이 그의 이름으로 나타날 것이요"; *Asc. Isa.* 3:22: *ἔσονται αἱρέσεις πολλαί*, "많은 이단들이 있을 것이라").

그들의 가르침은 "멸망케 할 이단들"(*αἱρέσεις ἀπωλείας* – 하이레세이스 아폴레이아스)이다. 아마도 그들이 멸망으로 이끌고 있다는 점에서 그러할 것이다(Plumptre, Spicq, Chaine, Schelkle, Grundmann). 즉 그들은 종말론적인 심판으로 그들을 따르는 사람들을 데려오고 있다. 2장의 나머지 부분이 분명히 하고 있는 것처럼, 그들이 부도덕을 고무시키고 있기 때문에 이런 일을 행하고 있다. 네이리(Neyrey, *Polemic*, 40-41)가 아폴레이아스(*ἀπωλείας*)가 역설적이라고 한 점은 옳다. 거짓 선지자들은 사실상 멸망을 가져올 자유를 가르쳤다(참조. 2:19). 그들은 종말론적인 심판이 있지 않을 것을 믿었지만 사실상 그들의 가르침은 그들이 부인했던 심판("멸망")을 정확하게 발생시킨다. 아폴레이아스(*ἀπωλεία*, "멸망")는 베드로후서에 자주 나오는 용어이고(이 구절에서 두 번, 또한 2:3; 3:7, 16; 참조. 3:6, 9에 아폴루나이[*ἀπόλλυναι*]), 종말론적인 심판에 끊임없이 나온다(마 7:13; 요 17:12; 롬 9:22; 빌 1:28; 살후 2:3; 히 10:39; 계 17:8, 11; *Apoc. Pet.* A 1-2).

"자기들을 사신 주를 부인하고"(*καὶ τὸν ἀγοράσαντα αὐτοὺς δεσπότην ἀρνούμενοι* – 카이 톤 아고라산타 아우투스 데스포텐 아르누메노이). 그리스도에 대한 데스포테스(*δεσπότης*, "주")의 매우 드문 용법은 유다서로부터 빌려왔을 것이나(유다서 4절의 "주석"을 보라), 베드로후서는 이 칭호에 대단히 적합한 어구를 추가한다. 예수는 크리스천들을 사셨기 때문에 크리스천 노예의 주인이시다(그것이 그의 죽음을 대가로 함축되어 있다 – 벧후에서 십자가에 대한 유일한 암시). 노예에서 새로운 소유권 전환으로서의 구속의 이런 이미지는 초대 기독교에서 아주 흔하였다(고전 6:20; 7:23; 계 5:9; 아고라제인[*ἀγοράζειν*, "사다"]을 사용하는 계 14:3-4; 또한 행 20:28; 벧전 1:18; 참조. 롬 6:17-18; 그리고 전체 주제에 관해서는 I. H. Marshall, "The Development of the Concept of Redemption in the New Testament," in R. Banks (ed.), *Reconciliation and Hope*, L. L. Morris Festschrift [Exeter: Paternoster; Grand Rapids: Eerdmans, 1974] 153-69)을 보라. 그것은 속전이나 구속에 대해 다소 다양하게 사용된 개념의 한 형태다. 따라서 베드로후서는 거짓 선생들이 크리스천이라는 것을 부인하지 않으나, 그들을 주인을 버린 배교한 크리스천으로 본다.

그들의 부인은 어떤 형태를 취하였는가? 유다서 4절에서 이 사상은 행위에 의한 실천적인 부인에 속하는 것이지만, 유다서의 의미가 여기에서도 그 의미를 결정지을 수는 없다. 그리스도의 위격에 관한 이단적 견해(Moffatt)나 혁명을 내포한 다른 정치적 주인들에 대한 순종(Reicke)으로 그것을 설명할 수는 없다. 베드로후서의 나머지 부분의 내용은 (1) 예수의 재림을 부정함으로써 그리스도에 대한 부인(Chaine)과 (2) 부도덕성을 가르치고 실천함으로써 그리스도에 대한 부인(Bigg, Grundmann) 간의 선택을 우리에게 제시한다. 아무래도 후자가 더 가능성이 있다. 그것이 데스포테스(*δεσπότης*, "주")로서 그리스도의 이미지에 적합하기 때문이다: 부도덕한 삶은 주를 순종해야하는 종의 주인으로서의 그의 권위를 우롱하는 것이다. (또한 그리스도를 부정하는 것은 긴밀히 연관된 작품인 *2 Clem*: 3-4장에서 가질 수 있는 의미이기도 하다.) 게다가 이런 설명이 다음 어구와 더 좋은 연관을 맺어준다. 이런 잘못된 것을 좇는 자들에게 임하는 종말론적인 심판을 가져오는 것은 단순히 교리적인 오류가 아니라 부도덕이다.

"임박한 멸망을 스스로 취하는 자들이라"(*ἐπάγοντες ἑαυτοῖς ταχινὴν ἀπώλειαν* – 에파곤테스 헤아우토이스 타키넨 아폴레이안). 타키넨(*ταχινήν*, 1:14의 "주석"을 보라)은 "갑자기"라기보다는 "곧 올, 임박한"을 의미한다. 아마도 기자는 주님이 심판을 행하시기 위해서 천천히 오실 것이라는 거짓 교사들의 특징을 염두에 두었을 것이다. 연기(delay)의 사실에 대해서 어떤 설명(3:8-9)을 줄지라도, 베드로후서의 일반적인 견해와 달리 종말론적인 임박함에 대한 의미를 축소하지는 않는다.

아이러니하게도 거짓 선생들은 미래의 심판이 없다고 가르침으로 자기와 다른 사람들을 부도덕으로 인도함으로써 심판을 초래한다.

2 "여럿이 저희 호색하는 것을 좇으리니"(*καί πολλοὶ ἐξακολουθήσουσιν αὐτῶν ταῖς ἀσελγείαις* – 카이 폴로이 엑사콜루데수신 아우톤 타이스 아셀게이아이스). 기자는 동사 엑사콜루데인(*ἐξακολουθεῖν*, "따르다")(1:16; 2:2, 15; 신약성경의 다른 곳에서는 나타나지 않는다)을 사용하기를 좋아하고, 여기서 그것은 거짓 선생들의 부도덕한 행위는 그리스도와 주(*δεσπότης* – 데스포테스, 1절)와 대비되어 또는 "진리의 길"을 따르는 일과 대비되어 거짓 선생들의 추종자들이 따르는 권위가 있음을 의미한다. 아셀게이아(*ἀσελγεία*)는 성적인 방종, 특히 성적인 부도덕을 의미하는 경향이 있고, 복수(참조. *Herm. Vis.* 2:2:2)는 성의 과도한 행위를 지칭한다. 베드로후서의 기자가 그들이 "하나님의 은혜를 부도덕으로 왜곡했다"(유 4절, "하나님의 은혜를 도리어 색욕거리로 바꾸고" – 한글개역)는 유다서의 주장을 의도적으로 다시 말하고 있지 않았다면, 기자가 대적자들의 부도덕성을 은혜에 대한 율법 폐기론자의 해석과 연관시키고 있다기보다(유다서에서처럼)는 미래의 심판에서 자유하다는 그들의 개념과 연관짓고 있기 때문일 것이다. 미래의 종말론에 대한 거짓 선생들의 부인은 이교도의 회의주의에서 영향을 받았다고 하는 가정이 옳다면, 그들의 부도덕성을 주로 이교도의 방식에 빠진 것으로 보아야할 것이다. 엄격한 크리스천들이 거짓 선생들의 행위를 하나님의 심판의 경고로 책망했을 때, 이들은 미래의 심판에 관한 개념을 조롱함으로써 자신들을 변호했다.

"이로 인하여 진리의 도가 훼방을 받을 것이요"(*δι οὓς ἡ ὁδὸς τῆς ἀληθείας βλασφημηθήσεται* – 디 후스 헤 호도스 테스 알레데이아스 블라스페메데세타이). 베드로후서의 용어법의 특징은 호도스(*ὁδός*, "도, 길")란 어구들의 사용이다. 헤 호도스 테스 알레데이아스(*ἡ ὁδὸς τῆς ἀληθείας*, "진리의 도")는 유데이안 호돈(*εὐθεῖαν ὁδόν*, "바른 길", 2:15)과 텐 호돈 테스 디카이오쉬네스(*τὴν ὁδὸν τῆς δι-*

καιοσύνης, "의의 길", 2:21)와 동의어다. 윤리적인 행위인 "생명의 길"에 대한 비유로서 "길, 도"의 사용은 구약성경과 중간기문헌 그리고 필로에게서 아주 흔하고(*TDNT* 5, 50-64을 보라), 특히 "두 길" 개념과 율법에 대한 순종으로서 생명의 분리된 방식을 지칭하기 위해서 쿰란에서 "길, 도"의 사용으로(CD 1:13; 2:6; 1QS 8:13-14; 9:17-18; 10:20-21; 이 용법은 분명히 사 40:3에서 유래되었다) 특화된다.

삶의 전반적인 도덕적 종교적 방식에 대해서 "길"을 절대적으로 사용한 것이 "길, 도"로서 기독교를 지칭한데서 다시 나타나고(행 9:2; 19:9, 23; 24:14, 22; 비엔나와 리옹의 교회들에 대한 서신 *ap.* Eusebius, *Hist. Eccl.* 5.1.48; 아마도 *Act. Verc.* 7), 그것을 "주님의 길"(행 18:25), "하나님의 길"(행 18:26), 그리고 "이 길"(행 19:9; 초대 기독교 용법의 전반적인 주제에 대해서는 Repo, *Weg*을 보라)로 구체적으로 진술하기도 한다. 베드로후서는 생명의 기독교적인 방식, 교리의 실체가 아니라 삶의 방식으로 상고되는 기독교, 윤리적 삶의 스타일에 영향을 주는 종교적 메시지를 지칭하기 위해서 "진리의 길", "의의 길", "바른 길"을 유사한 방식으로 사용하고 있음을 문맥에서 분명히 알 수 있다(참조. Grundmann, 90-91). 단순히 베드로후서에 의존하기보다 전통적인 용법을 여기서 계속 사용하고 있는 것으로 보이는 *Apoc. Pet.*는 "의의 길"(E 7=A 22; A 28)과 "하나님의 길"(A 34, B)을 생명의 의로운 길로 사려되는 삶의 기독교적인 방식의 지칭으로서 사용하고 있고, 또한 베드로후서 2:22에서처럼 사실상 동의어로 "하나님의 계명"을 사용하고 있다(E 8, A 30, E 10). (또한 *Acts John* 22을 참조하라: "그대의 (그리스도의) 길"; *Act. Verc.* 6: "예수 그리스도 안에 있는 옳은 길.")

여기에 사용된 특별한 어구인 "진리의 도(길)"는 칠십인경 시편 118:30; Wis 5:6; 약 5:19 v.l.; *1 Clem* 35:5에서 사용되고, 이 모든 경우에 하나님이 명하신 윤리적인 삶의 방식에 관한 일반적인 의미를 갖는다(참조. 또한 CD 3:15에서의 복수[plural]; 1QS 4:2; Tob 1:3; *1 Enoch* 104:13 Greek). 특히 삶의 기독교적인 방식을 일컫는 용어로서 "진리의 길"은 베드로행전(*Acts Pet., Act. Verc.* 12, "그리스도의 진리의 길": *viae veritatis Christi*)에서만 다른 곳에 나타나고, 아마도 Aristides, *Apol.* 16(하지만 Aristides의 헬라어 텍스트에서의 출현은 의심된다. 옛시리아어역이 이 단락을 생략하고 있기 때문이다). (참조. 또한 *Herm. Vis.* 3:7:1: τὴν ὁδὸν αὐτῶν τὴν ἀληθινήν, "그들의 참된 길", 하지만 이 비유는 더 커다란 비유적 문맥에 속한다: *Gos. Truth* 18:19-21: "그는 그들에게 길을 주었고, 그 길은 그가 그들에게 보여주었던 진리다.") 셈어적 배경에 비추어볼 때, 이 표현은 단순히 "참된 길", 하나님이 명하신 길과 동의어일 수 있었으나, 베드로후서의 용법에서 그것은 "복음의 진리에 기초하고 상응하는 길"을 의미할 것이다(참조. 1:12, 거기서 "진리"=복음이다). 부도덕한 삶을 낳는 대적자들의 거짓 메시지와 대조되어 참된 기독교의 길은 삶의 윤리적 방식을 낳는 진정한 메시지다.

"이로 인하여 진리의 도가 훼방을 받을 것이요"(*δι' οὓς…βλασθημηθήσεται* – 디 후스…블라스데메데세타이)는 이사야 52:5을 암시한다(LXX: *δι' ὑμᾶς διὰ παντὸς τὸ ὄνομά μου βλασθημεῖται ἐν τοῖς ἔθνεσιν* – 디 휘마스 디아 판토스 토 오노마 무 블라스데메이타이 엔 토이스 에드네신). 이 텍스트에 대한 인용과 암시는 두 가지 다른 방식으로 초대기독교에서 사용되었다: (1) 유대인에 대해서(롬 2:24; Justin, *Dial.*17.2); (2) 부도덕한 삶으로 이교도들을 자극하지 말라는 기독교인에 대한 권면에서(롬 14:16?; 딤전 6:1; 딛 2:5; *1 Clem* 47:7; *2 Clem* 13:2; Ign. *Trall.* 8:2; Pol. *Phil.* 10:3). 여기서의 암시는 두 번째 용법에 의거하고, 수치스러운 부도덕한 행위로 거짓 교사들을 추종하는 자들은 기독교를 비기독교인 이웃들에게 나쁜 이름을 전달하고 있다(사 52:5의 이 용법과 가장 유사한 평행은 *Herm. Sim.* 6:2:3이다). 이사야 52:5에 대한 그러한 암시에서 토 호노마 무(*τὸ ὄνομα μου*, "나의 이름")은 여기서 "진리의 도(길)"처럼 다른 용어로 자주 대체된다(참조. 딤전 6:1; 딛 2:5; Ign. *Trall.* 8:2; Pol. *Phil.* 10:2).

3 "저희가 탐심을 인하여 지은 말을 가지고 너희로 이를 삼으니"(*καὶ ἐν πλεονεξίᾳ πλαστοῖς λόγοις ὑμᾶς ἐμπορεύσονται* – 카이 엔 플로온엑시아 플라스토이스 로고이스 휘마스 엠프로류손타이). 이 의미는 거짓 선생들이 추종자들로부터 많은 재정적 이득을 취한다는 것이다. 추종자들은 거짓 교사들의 가르침을 얻고 그들을 지원한다. 유다서 11절의 "주석"을 보라. 플랕테인 로구스(*πλάττειν λόγους*, "지은 말")는 속임수적인 말에 대한 고전적인 표현이지만(Bigg, Mayor; *T. Reub.* 3:5에서의 사례들), 신화가 플라스토이(*πλαστοί*)(1:16의 "주석"을 보라)로 규칙적으로 묘사됨으로써 우리는 불가피하게 1:16의 세소피소피스메노이스 뮈도이스(*σεσοφισμένοις μύθοις*, "공교히 만든 이야기[신화]")를 상기하게 된다. 이런 상관관계는 1:16-2:3a의 교차대구법적 구조로 확증된다("양식/구조/배경"을 보라). 거기서 1:16의 사도들은 2:1b-3a의 거짓 선생들과 대응된다. 기자는 사도들에 대한 대적자들의 비판(1:16)을 대적자들에게로 전환시키고 있다. 순전히 이야기를 조작한 것은 사도들의 메시지가 아니라 거짓 교사들의 이야기다.

## 해설

사도들은 종말에 거짓 선지자들과 배교자들을 예언했다. 그러한 사도적 예언 전통에 의존하고 있는 기자는 베드로의 입으로 자신의 당대에 대한 "예언", 즉 기자가 글을 보내고 있는 교회들의 거짓 선생들에 대한 예언을 하고, 이들을 사도가 예언했던 사람들로 구별한다.

구약시대의 이스라엘에서 거짓 선지자들과의 비교는 이 단락을 이전의 구절들(1:20-21)과 연관짓고, 또한 기자가 사도들에 대한 대적자들의 비판을 바로 그 대적자들에게로 다시 돌리는 이 항목의 두 경우 중 첫 번째 사례다. 구약의 예언의 영감을 부정함으로써(1:20-21a), 대적자들은 사도들의 종말론적 가르침을 거짓 예언에 기반하였다고 비난했다. 그러나 기자가 보기에 구약 시대의 거짓 선지자들을 진정으로 이어받고 있는 것은 사도들이 아니라 대적자들이다.

기자가 대적자들을 거짓 **선지자들**이라고 부르지 않는 사실은 그들이 예언적인 영감을 부정하지 않았다는 지침을 얻을 수 있다. 하지만 그들은 확실히 교사로서 자신을 내세웠다. 아이러니하게도 종말론적인 심판이 없을 것이라는 대적자들의 가르침이 부도덕을 고무시키기 때문에 그들과 그들의 추종자들은 종말론적인 심판으로 고통을 당하게 할 것이다. 그들은 죽음으로써 종으로서 그들을 사셨던 주를 버렸고, 주의 도덕적 권위를 우롱하며, 재림의 임박한 멸망을 자신들에게로 가져온다. 이 모든 일에도 불구하고 그들은 종말이 더디게 올 것이라고 조롱한다(3:9).

대적자들의 가르침이 허락한 부도덕성은 확실히 대체로 이교 사회의 방식으로 빠져드는 것이고, 이는 항상 초대 기독교회에서의 강력한 유혹이었다. 하지만 기독교와 기독교인들을 유해하게 하는 모든 기회가 있었던 사회에서 기독교인들의 도덕적 기준은 이교도 이웃이 스캔들을 가졌던 것보다 높지 않았다. 이웃에 복음을 증거하기보다 그들은 삶의 기독교적 방식에 불신임을 가져왔다.

마지막으로 그들은 또 다른 흔한 유혹에 굴복했다: 자기를 따르는 자들로부터 재정적인 이득을 취하는 유혹. 하지만 기자는 이 단락을 대적자들이 사도들에게 했던 비난을 다시금 대적자들에게로 되돌림으로써 끝을 맺는다: 사도들의 메시지가 아니라 그들의 메시지가 인간이 만들어낸 이야기다(참조. 1:16a).

# 반론 3에 대한 반응: 심판의 확실성(2:3b-10a)

## 참고문헌

**Berger, K.** "Hartherzigkeit und Gottes Gesetz, die Vorgeschichte des anti-jüdischen Vorwurfs in Mc $10^{5}$." *ZNW* 61(1970) 1-47. **Dalton, W. J.** "The Interpretation of 1 Peter 3, 19 and 4, 6: Light from 2 Peter." *Bib* 60(1979) 547-55. **Glasson, T. F.** *Greek Influence in Jewish Eschatology*. London: S. P. C. K., 1961. 62-64. **Lührmann, D.** "Noah und Lot(Lk $17^{26-29}$) - ein Nachtrag." *ZNW* 63(1972) 130-32. **Pearson, B. A.** "A Reminiscence of Classical Myth at *II Peter* 2.4." *GRBS* 10(1969) 71-80. **Rappaport, S.** "Der gerechte Lot." *ZNW* 29(1930) 299-304. **Schlosser, J.** "Les jours de Noé et de Lot: A propos de Luc. XVII, 26-30." *RB* 80(1973) 13-36.

## 본 문

**3b** 저희 심판은 옛적부터 지체하지 아니하며 저희 멸망은 자지 아니하느니라
**4** 하나님이 범죄한 천사들을 용서치 아니하시고 지옥에 던져 어두운 구덩이에 두어 심판 때까지 지키게 하셨으며

**5** 옛 세상을 용서치 아니하시고 오직 의를 전파하는 노아와 그 일곱 식구를 보존하시고 경건치 아니한 자들의 세상에 홍수를 내리셨으며

**6** 소돔과 고모라 성을 멸망하기로 정하여 재가 되게 하사 후세에 경건치 아니할 자들에게 본을 삼으셨으며

**7** 무법한 자의 음란한 행실을 인하여 고통하는 의로운 롯을 건지셨으니
**8** (이 의인이 저희 중에 거하여 날마다 저 불법한 행실을 보고 들음으로 그 의로운 심령을 상하니라)

**9** 주께서 경건한 자는 시험에서 건지시고 불의한

**3b** The condemnation pronounced on them long ago is not idle: their destruction is not asleep.
**4** For if God did not spare the angels when they sinned, but cast them into hell and committed them to fetters[a] of nether darkness, there to be kept[b] until the judgment:
**5** if he did not spare the ancient world, but preserved Noah the eighth person, a preacher of righteousness, when he brought the deluge on the world of ungodly people:
**6** if he reduced the cities of Sodom and Gomorrah to ashes and condemned them to extinction, making them an example of what is going to happen to the ungodly,[e]
**7** and rescued the righteous man Lot, who was distressed by the dissolute behavior of the lawless
**8** (for when that righteous man was living among them his righteous soul was day after day tormented by the sight and sound of their unlawful doings[d]),
**9** then the Lord is well able[e] to rescue the godly

자는 형벌 아래 두어 심판 날까지 지키시며

10 육체를 따라 더러운 정욕 가운데서 행하며 주관하는 이를 멸시하는 자들에게 특별히 형벌하실 줄을 아시느니라

from trial,[f] but to keep the wicked to be punished[g] at the day of judgment,

**10** especially those who in polluting lust[h] indulge the flesh and flout the authority of the Lord.

## 원문주해

a. 세이라이스(*σειραῖς*, "줄, 로프, 체인", K L P. $p^{72}$ vg syr boh *al*)와 세이로이스(*σειροῖς*=*σιροῖς*, "구덩이", ℵ A B C $81^{vid}$ $cop^{sa}$ *al*)에서 어느 하나를 결정하는 일은 거의 불가능하다. 세이라이스(*σειραῖς*)는 유다서의 데스모이스(*δεσμοῖς*, 유 6절)보다는 희귀한 언어이고, 베드로후서의 기자는 유다서의 어휘를 더 우아하고 특이한 어휘로 대체하는 습관을 따라서 그 용어를 사용했을 것이다. 하지만 서기가 유다서 6절을 따르기 위해서 세이로이스(*σειροῖς*)를 세이라이스(*σειραῖς*)로 교정했을 수 있었다. 피어슨(Pearson, *GRBS* 10[1969] 78-80, Fornberg, *Early Church*, 52-53이 뒤따름)은 이교의 헬라어 용법이 시로스(*σιρός*, 이 용어는 자주 곡식을 저장하기 위한 땅속 구덩이를 의미한다)를 지하세계에 적합한 용어로 만들고 있음을 보여주고자 시도하지만, 그의 논증은 설득력이 없다. 본래부터 있었던 원문이건 그렇지 않건 간에 세이로이스(*σειροῖς*)란 독법이 천사의 타락에 관한 유대의 전승에서 유래한다: 참조. 에녹1서 10:12(헬라어의 바파스[*νάπας*]); 10:4; 18:11; 21:7; 22:2; 88:1, 3; *Jub.* 5:10. 베드로후서가 에녹1서를 직접적으로 알고 있다는 표시가 없기 때문에, 에녹1서를 잘 알고(많은 2세기 3세기 크리스천들이 있었을 때) 또 세이라이스 조푸(*σειραῖς ζόφου*)가 난해하다는 것을 발견한 후대의 서기관이 세이라이스(*σειραῖς*)를 세이로이스(*σειροῖς*)로 수정했을 가능성이 더욱 있었을 것이다. 세이라이스 조푸(*σειραῖς ζόφου*)란 어구는 우리가 베드로후서에서 예상할 수 있는 일종의 수사학적 표현이다. 하지만 세이로이스(*σειροῖς*)가 원문의 독법일 가능성을 확실히 배제할 수 없다.

b. 테루메누스(*τηρουμένους*, B C K L P.)는 아마도 9절에 의해 영향을 받았던 콜라주메누스 테레인(*κολαζουμένους τηρεῖν*, ℵ A)보다 선호되어야 할 것이다.

c. 아세베신(*ἀσεβεσῖν*, "불경건한 자들에게", $p^{72}$ B P $syr^{ph,h}$)이 아세베인(*ἀσεβεῖν*, "불경건하게 행동하는", ℵ A C K)보다 선호된다. 아세베신은 부정사가 뒤따르는 멜론톤(*μελλόντων*)의 흔한 구문에 의해 손쉽게 제기되었을 수 있었던 반면에 아세베신은 문맥에 더 좋은 의미를 만들어준다(Mayor, Chaine, Kelly, NIV).

d. 이 문장을 꽤 문자적으로 번역하는 것은 불가능하다. 블렘마티 카이 아코에(*βλέμματι καὶ ἀκοῇ*)를 디카이오스(*δίκαιος*, "의로운")와 함께 취하는 것은 좋은 의미를 만들어주지 못한다.

e. 오이덴(οἶδεν)은 여기서 "방법을 알다"를 의미하고, 따라서 "할 수 있다"이다.

f. 복수의 페이라스몬(πειρασμῶν, "시험들")은 매우 빈약하게 증거된다.

g. 콜라조메누스(κολαζομένους, "벌을 받다")에 대해서는 "주석"을 보라.

h. 미아스무(μιασμοῦ)는 목적의 속격("정욕을 위해서")보다는 속성의 속격으로 더 잘 간주된다(베드로후서에서 흔함).

## 양식/구조/배경

3b절은 호이스(οἷς, "on whom")에 의해 이전 것과 긴밀하게 연관되지만, 이것이 우리로 하여금 논증에 전환이 있음을 인식하는 것을 방해하게 해서는 안 된다. 이 전환은 미래시제(1-3a)에서 현재시제(3b절)로의 변화를 보여주고 있다. 이는 아마도 3b절의 생생한 의인화를 위하여 있을 수 있었으나, 현재시제가 10-22절로 계속된다는 사실에 비추어 볼 때, 기자가 베드로의 이름으로 예언을 말하는 것에서 현재 자신의 대적자들로서 거짓 선생들을 상고하는 것으로 전환하고 있음을 아마도 훨씬 더 가리킬 것이다. 정확히 유사한 전환이 3장에서 나타나는데, 3장의 3절에서 예언에 관한 미래시제가 5절의 현재시제로 바뀌고 있다. 양 경우에 기자가 대적자들이 제기한 반대에 대답하기 시작하고 있을 때 전환이 나타나고 있음은 주목할 만하다. 대적자들과의 직접적인 논증은 사후 예언(*ex eventu*)의 가공적 형태 속에서는 쉽게 실행할 수 없다. 하지만 그렇다고 해서 대부분의 주석가들이 생각하는 것처럼, 기자가 예언을 가장하여 쓰고 있다는 사실을 잊어버리고 현재시제로 단순히 빠져들었음을 의미하지 않는다. 베드로후서의 기자는 그런 식의 부주의한 기자는 아니다. 그는 미래와 현재 시제 사이를 이동할 수 있다. 베드로의 이름을 빌린 가명적인 고안이 반드시 유지해야하는 속임수적인 시도가 아니라 독자들이 이해하는 문학적 관습이었기 때문이다. 문학적인 효과를 위해서 그러한 관습을 의도적으로 범할 수 있다. 관습을 유지하는 예언의 단락과 관습을 범하는 현재시제의 단락을 평행시킴으로써 기자는 거짓 선생들에 관한 사도들의 예언이 이제 성취되고 있음을 가리킬 수 있었다. (동일한 방책이 다른 유언적 서신인 디모데후서 3:1-9에서 사용되고 있는 것으로 보인다.)

3b절은 대적자들이 제기한 주장을 부인하는 것으로 아마도 이해할 수 있을 것이다("주석"을 보라). 이 단락의 나머지 부분은 이런 부정을 위한 근거를 제공해준다.

4, 6, 10a절은 유다서 6-8절에 부분적으로 의거하고 있다.

| 베드로후서 2장 | 유다서 |
|---|---|
| 4. 에이 가르 호 데오스 앙겔론 하마르테산톤 우크 에페이사토 알라 세이라이스 조푸 타르타로사스 파레도켄 에이스 크리신 테루메누스 (*εἰ γὰρ ὁ θεὸς ἀγγέλων ἁμαρτησάντων οὐκ ἐφείσατο, ἀλλὰ σειραῖς ζόφου ταρταρώσας παρέδωκεν εἰς κρίσιν τηρουμένους*) | 6. 앙겔루스 테 투스 메 테레산타스 텐 헤아우톤 아르켄 알라 아폴리폰타스 토 이디온 오이케테리온 에이스 크리신 메갈레스 헤메라스 데스모이스 아이디오이스 휘포 (*ἀγγέλους τε τοὺς μὴ τηρήσαντας τὴν ἑαυτῶν ἀρχὴν ἀλλὰ ἀπολιπόντας τὸ ἴδιον οἰκητήριον εἰς κρίσιν μεγάλης, ἡμέρας δεσμοῖς ἀϊδίοις ὑπὸ ζόφον τετήρηκενw*). |
| 6. 카이 폴레이스 소도몬 카이 고모라스 테프로사스 카타스트로페 카테크리넨 휘포데이그마 멜론톤 아세베신 테데이코스 (*καὶ πόλεις Σοδόμων καὶ Γομόρρας τεφρώσας καταστροφῇ κατέκρινεν, ὑπόδειγμα μελλόντων ἀσεβέσιν τεθεικώς*…) | 7. 호스 소도마 카이 고모라 카이 아이 페리 아우타스 폴레이스 톤 호모이온 트로폰 투토이스 에크포르뉴사스다이 카이 아펠두사이 오피소 사르코스 헤테라스, 프로케인타이 데이그마 퓌로스 아이오니우 디켄 휘페쿠사이 (*ὡς Σόδομα καὶ Γόμορρα καί αἱ περὶ αὐτὰς πόλεις, τὸν ὅμοιον τρόπον τούτοις ἐκπορνεύσασθαι καὶ ἀπελθοῦσαι ὀπίσω σαρκὸς ἑτέρας, πρόκεινται δεῖγμα πυρὸς αἰωνίου δίκην ὑπέχουσαι*) |
| 10a. 말리스타 데 투스 오피소 사르코스 엔 에피뒤미아 미아스무 포류오메누스 카이 퀴리오테토스 카타프로눈타스 (*μάλιστα δὲ τοὺς ὀπίσω σαρκὸς ἐν ἐπιθυμίᾳ μιασμοῦ πορευομένους καὶ κυριότητος καταπρονοῦντας*) | 8. 호모이오스 멘타 카이 우토이 에뉘프니아조메노이 사르카 멘 미아이누신, 퀴리오테타 데 아데투신 (*Ὁμοίως μέντα καὶ οὗτοι ἐνυπνιαζόμενοι σάρκα μὲν μιαίνουσιν, κυριότητα δὲ ἀθετοῦσιν*)… |

| 베드로후서 | 유다서 |
|---|---|
| 4. 하나님이 범죄한 천사들을 용서치 아니하시고 지옥에 던져 어두운 구덩이에 두어 심판 때까지 지키게 하셨으며 | 6. 또 자기 지위를 지키지 아니하고 자기 처소를 떠난 천사들을 큰 날의 심판까지 영원한 결박으로 흑암에 가두셨으며 |

| | |
|---|---|
| 6. 소돔과 고모라 성을 멸망하기로 정하여 재가 되게 하사 후세에 경건치 아니할 자들에게 본을 삼으셨으며 | 7. 소돔과 고모라와 그 이웃 도시들도 저희와 같은 모양으로 간음을 행하며 다른 색을 따라 가다가 영원한 불의 형벌을 받음으로 거울이 되었느니라 |
| 10a. 육체를 따라 더러운 정욕 가운데서 행하며 주관하는 이를 멸시하는 자들에게 특별히 형벌하실 줄을 아시느니라. | 8. 그러한데 꿈꾸는 이 사람들도 그와 같이 육체를 더럽히며 권위를 업신여기며 영광을 훼방하는도다. |

그러나 베드로후서는 유다서를 분명히 의존하고 있을 뿐 아니라 4-9절에서 유다서 5-7절의 배경인 전승과 유사한 권면(paraenetic) 전승에 독자적으로 의존하고 있다는 강력한 암시가 있다(유다서 5-7절의 주석에서 "양식/구조/배경"을 보라). (1) 우크 에페이사토(*οὐκ ἐπείσατο*, "용서하지 않다", 4-5절)는 유다서가 의존하고 있는 전승적 구조의 역본을 대변하는 단락인 집회서(Sir) 16:18에 사용되고 있다. 하지만 이 표현은 흔하므로(LXX 1 Kgdms 15:3; 시 77:50; 렘 13:14; 21:7; 애 2:17; 욘 4:11; 슥 11:6; 행 20:29; 롬 11:21), 이런 우연의 일치는 그리 의미가 없다. (2) 유다서와 달리 베드로후서의 예증들은 전승적인 구조의 다른 역본들에서처럼 시간적인 순서로 되어 있다. 하지만 다시금 이것도 우연일 수 있다. (3) 이 예증들이 보여주는 일반적인 교훈이 9-10a절에 진술되어 있다. 일반적인 원리의 사례가 아니라 전형적인 예언으로 이런 모범들을 사용하고 있는 유다서는 그러한 진술을 갖지 않는다. 하지만 유다서는 전승적인 구조의 표준적인 특징이 있다(Sir 16:6, 11-14; CD 2:16-17; 3 Macc 2:3-4a; 그리고 아래 (8)을 참조하라). (4) 베드로후서는 죄인들에 대한 유다서의 사례들에 홍수 시대의 위인들(모범들)을 추가한다. 그것을 CD 2:20-21; *m. Sanh.* 10:3에서도 발견할 수 있다(그리고 Josephus, BJ 5.566). (5) 유다서와의 가장 두드러진 차이는 베드로후서가 경건치 못한 자들이 심판을 받을 때에 구원을 받은 의로운 사람들의 두 대응적인 사례를 추가하고 있다는 사실이다: 노아는 홍수 세대에 대응하고(그리고 아마도 천사들에게도), 롯은 소돔과 고모라에 대응한다. 그러한 정반대의 모범이 CD 3:2-4에서도 나타난다(아브라함, 이삭 그리고 야곱); 마카베오3서(출애굽의 이스라엘). 지혜서 10장과도 비교해볼 수 있다(유다서 5-7절의 주석에서는 논의하지 않았다). 그것은 의로운 자에 대한 하나님의(지혜의) 구원의 사례들(아담, 노아, 아브라함, 롯, 야곱, 요셉, 출애굽의 이스라엘)과 사악한 자들이 벌을 받는 반대 사례들(가인, 흩어진 세

대, 평원의 도시들, 애굽인들)의 목록이다. 게다가 필로는 홍수와 소돔과 고모라의 심판을 묘사하는 단락을 갖고 있고, 나아가서 하나님이 한 가족, 즉 노아의 가족과 한 사람, 즉 롯을 멸망에서 구원하셨던 사실을 상고한다(*Mos.* 2.53-65). (6) 에퓔락센(*ἐθύλαξεν*, "보존했다", 5절), 에루사토(*ἐρρύσατο*, "구원했다", 7절) 그리고 뤼에스다이(*ῥύεσθαι*"구조하다", 9절)는 지혜서 10장에 사용된 동사들에 상응한다: 디아퓔랏세인(*διαθυλάσσειν*, "보존하다", 1, 5, 12절)과 뤼에스다이(*ῥύεσθαι*, "구조하다", 6, 9, 13, 15절). (7) 롯을 "의로운 자"(*δίκαιος* – 디카이오스, 7절)로 묘사한 것이 지혜서 10:6에서도 나타난다. (8) *1 Clem* 11:1은 동일한 일반적 전승에 속한 것으로 보인다: 소돔의 심판의 시간에 롯을 구원한 사례는 하나님이 사악한 자를 벌하시고 의로운 자를 구원하시는 일반적인 금언을 묘사한다(참조. 벧후 2:9).

따라서 베드로후서의 기자는 유다서에서 끌어온 자료와 의로운 자를 하나님이 구원하시고 사악한 자를 벌하시는 사례들을 열거한 권고적인 전승의 독자적인 지식에서 가져온 자료를 보충했다. 지혜서 10장은 베드로후서의 자료가 아니지만 동일한 전승의 또 다른 독특한 전개다.

베드로후서의 기자가 아마도 잘 알고 있지 않았던 에녹1서에 대한 유다서의 반영은 유다서 6절에 대한 베드로후서 기자의 재진술(벧후 2:4)에서는 상실되어 있지만 베드로후서의 기자는 5절(창 6:17)과 6절(창 19:29)에서 칠십인경의 반영을 소개하고 있다. 유대의 학가다 전승이 5, 7절에 반영되어 있고, 아마도 8절도 마찬가지일 것이다. 9절에는 주기도에 대한 반영이 있다("주석"을 보라).

## 주석

3 "저희가 탐심을 인하여 지은 말을 가지고 너희로 이를 삼으니 저희 심판은 옛적부터 지체하지 아니하며 저희 멸망은 자지 아니하느니라"(*οἷς τὸ κρίμα ἔκπαλαι οὐκ ἀργεῖ, καὶ ἡ ἀπώλεια αὐτῶν οὐ νυστάξει* – 호이스 토 크리마 에크팔라이 우크 아르게이, 카이 헤 아폴레이아 아우톤 우 뉘스탁세이). 네이리(Neyrey, *JBL* 99[1980] 415-16; *Polemic*, 27-30)가 3b절을 하나님의 심판이 "지체되고"(idle) "자고" 있다고 대적자들이 조롱한 주장을 부인하는 것으로 보고 있는 것은 아마도 옳을 것이다. 이것이 확실히 주님이 심판을 내리시는 것이 지체되고 있다는 유사한 주장을 반박하는 3:9a과의 비교에서도 볼 수 있다. 확실히 기자는 대적자들의 조롱을 자신의 말로 풀어서, 시적인 대구법으로 심판에 관한 강력한 선언을 운명에 관

한 예언적 선언 속에서 대적자들의 주장을 부인하고 있다(Windisch).

크리마(*κρίμα*, "정죄, 심판")와 아폴레이아(*ἀπώλεια*, "멸망")가 의인화되어 있고, 아르게이(*ἀργεῖ*)는 정죄가 비효과적이지 않다는 것을 의미할지라도, 인격적인 의미인 "게으른, 지체된"(idle)이란 뜻을 담고 있다. 크리마(*κρίμα*)와 아폴레이아(*ἀηώλεια*)의 배후에는 물론 그것이 대변하는 하나님의 심판의 특성이 담겨 있다. 하나님이 주무신다는 것은 회의적인 조롱일 수 있고(왕하 18:27), 시편기자는 믿음으로 하나님이 심판에 관여하시지 않고 있을 때, 잠에서 깨실 것을 믿음으로 구하지만(시 44:23), 이스라엘의 거룩한 수호자는 말씀하신 대로 졸지도(*νυστάξει* – 뉘스탁세이) 주무시지도 않는다. 하나님의 복수를 시행하는 민족들은 졸지도(*νυστάξουσιν* – 뉘스탁수신) 자지도 않을 것이다(사 5:27 LXX). 이런 구약의 단락들이 기자에게 영향을 주었을 것이나 하나님의 심판이 지체되고 있다거나 자고 있다고 주장했던 것이 대적자들이었다면, 이 세상에 거의 관여하지 않는 것으로 보이는 신들의 침묵을 조롱하는 이교도 회의주의자가 이 개념을 사용하였음을 주목하는 것은 연관성이 있다. 섭리에 관한 에피쿠로스의 반대자들은 이렇게 묻는다: "신들이 무수한 잠을 잔(*dormierint*) 뒤에 세상을 세운 자로서 갑자기 깨어서 활동하는 것은 왜 그러한가…당신이 말하는 모든 시간의 내용에서, 왜 당신의 섭리가 지체되고(*cessaverit*, idle) 있는가?"(Cicero, *De natura deorum* 1.21-22, Loeb tr.; 참조. 또한 Oenomaus of Gadara, *ap.* Eusebius, *Praep. Evan.* 5.19.2; Celsus, *ap.* Origen, *C. Cels* 6.78).

에크팔라이(*ἔκπαλαι*, "옛적부터", 참조. *πάλαι*, 유 4절)는 문법적으로 다소 어색할지라도 거짓 선생들에 대한 정죄(심판 – 한글개역)가 오래 전에 선언되었음을 의미한다. 하지만 베드로후서의 기자는 이 정죄가 언제 또는 어디에서 선언되었는지를 알리지 않는다. 그가 거짓 선지자에 대한 구약의 정죄를 당대의 거짓 선생들을 포함하는 정죄로 간주하고 있을 가능성이 있지만(Mayor, Wand), 이는 아마도 그렇지 않을 것이다. 유다서는 유다서 5-18절에 설명된 전반적인 구약의 형태와 예언에서 거짓 선생들의 정죄를 보았고(유다서 4절의 "주석"을 보라), 따라서 베드로후서의 기자는 4-6절에서 제시하고 있는 심판받은 죄인들에 대한 구약의 사례 속에서 정죄를 보았다. 우선 이 사례들이 유다서에서처럼 예언적인 형태가 아니고 오직 하나님이 심판하시는 일반적인 원리의 예증인 것처럼 보인다(9절). 하지만 이런 인상이 권고적인 전통을 따라서 기자가 결론짓고 있는 금언에 의해 주어지고 있을지라도("양식/구조/배경"을 보라), 5-6절에 심판에 관한 기사의 상세한 부분은 기자가 종말론적인 심판의 원형으로 그들을 보았다는 것을 분명히 해준다(아래를 보라). 대안적으로는 기자가 그 요지를 구체화할 필요를 느끼지 않고 옛적부터 정죄의 개념을 유다서로부터 단순히 취하였을 수 있다.

오래 전에 거짓 선생들에게 선언된 정죄는 이 거짓 선생들이 주장하는 것처럼 비효과적이지 않다: 그것은 곧 효력을 발휘할 것이다. 그들에게 적합한 멸망이 그들이 말한 것처럼 잠자고 있지 않다: 멸망이 곧 그들에게 임할 것이다.

4 "하나님이 범죄한 천사들을 용서치 아니하시고"(*εἰ γὰρ ὁ θεὸς ἀγγέλων ἁμαρτησάντων οὐκ ἐπείσατο* – 에이 가르 호 데오스 앙겔론 하마르테산톤 우크 에페이사토). 에녹1서에서 창세기 6:1-4에 관한 이 해석의 근거에 대해서는 유다서 6절의 "주석"을 보라. 베드로후서의 기자는 유다서를 따랐다. 그는 에녹1서를 알지 못했을 것이고, 아마도 어느 경우에도 그의 독자들이 에녹1서를 알고 있었을 것이라고 예상할 수 없었지만(서론의 "문학적 관계"의 두 번째 항목을 보라), 그는 천사의 타락에 관한 이야기를 알고 있었을 것이고, 이는 당대의 유대교, 팔레스타인뿐만 아니라 헬라에서도 잘 알려져 있었다. 유다서 6절을 재서술하면서 에녹1서의 구체적인 어휘들의 반영은 대체로 상실했을 것이지만(유다서가 베드로후서 이전에 있었다면 아주 쉽게 설명될 수 있는 사실), 이는 에녹1서의 반영을 피하려는 의도적인 시도보다는 아마도 우연이었을 것이다. 베드로후서가 천사들의 죄를 구체적으로 설명하지 않고 있다(심지어 유다서만이 암시하고 있는 성적인 양상: 유 7절)는 사실은 중요하지 않다. (나중에) 천사들이 여자들과 교통했다는 개념을 반대했던 사람들은 천사들이 어떤 식으로든 죄를 지었다는 것을 제기하지 않고 창세기 6:1의 "하나님의 아들들"이 전혀 천사들이 아니라 인간들이었다고 주장했다. 베드로후서의 기자와 독자들이 천사의 타락에 관한 이야기를 전적으로 알고 있었다면, 그들은 창세기 6:1-4에 관한 해석으로서 그것을 알았을 것이고 천사들이 인간을 아내로 취함으로써 죄를 지었다는 것을 틀림없이 알았을 것이다. 하지만 죄인들에 대한 구약의 세 사례들의 죄들을 각기 구체적으로 언급하지 않음으로써 기자는 10a절의 언급에서 이 모든 세 가지 죄들을 요약하기를 선택했고, 그것은 사실상 성적인 방종에 대한 강력한 강조를 주고 있다.

"지옥에 던져 어두운 구덩이에 두어 심판 때까지 지키게 하셨으며"(*ἀλλὰ σειραῖς ζόφου ταρταρώσας παρέδωκεν* – 알라 세이라이스 조푸 타르타로사스 파레도켄). 동사 타르타룬(*ταρταροῦν*)과 (다소 더 흔한) 카타타르타룬(*καταταρταροῦν*)은 "타르타루스(Tartarus, 지옥)에 던져"를 의미하고, 거의 항상 초기 헬라 신의 신화와 관련하여 사용되었고, 고대의 거인들과 외눈박이 거인 그리고 타이탄들이 지하세계의 가장 아랫부분인 타르타루스에 우라노스, 크로노스 그리고 제우스에 의해 감금되었다(Pearson, *GRBS* 10[1969] 76-78). 그것들은 에녹1서의 헬라 역에서는 사용되지 않으나 타르타로스(*τάρταρος*, "Tartarus")가 에녹1서 20:2에서 하나님의 심판에 관한 부분에서 사용되고, 헬라적 유대 문헌의 다른 곳에서도 나타난다(LXX 욥 40:20; 41:24; 잠 30:16; *Sib. Or.* 4:186; Philo, *Mos.* 2.433; *praem* 152). 하지만 헬라적 유대인들은 타이탄에 대한 헬라 신화가 천사들의 타락과 유사성을 갖고 있었다는 것을 인식하였다(하지만 Philo, Gig. 58는 어떤 비교도 거부한다). 때로 천사들의 아들들인 거인들(네피림)은 타이탄들과 비교되었지만(Josephus, *Ant.* 1.73; 참조. LXX 겔 32:27; Sir 16:7), 유딧서 16:6에서(또한 기독교적 단락인 *Sib. Or.* 2:231) 천사들은 스스로를 티나네스(*τιτᾶνες*, "타이탄")라고 불렀다. 따라서 타이탄에 관한 헬라 신화를 상기시키는 용어를 사용함으로써 베드로후서의 기자는 헬라적인 유대 관습을 따르고 있다.

세이라이스(*σειραῖς*, "족쇄")가 올바른 독법이라면("원문주해"를 보라), 기자는 천사들이 감금되어 있는 어둠을 비유적으로 유다서의 "결박, 사슬"(*δεσμοῖς* – 데스모이스, 유다서 6절의 "주석"을 보라)로 해석했을 것이다(조포스[*ζόφος*]는 지하세계의 암흑이다: 유다서 6절의 "주석"을 보라). 애굽의 암흑 재앙에 관한 매우 수사적인 묘사에서 지혜서 17:16는 애굽인들이 "어둠의 사슬에 결박되어 있었다"고 말하고(*μιᾷ ἁλύσει σκότους ἐδέθησαν* – 미아 할루세이 스코투스 에데데산; 또한 17:2을 참조하라), 베드로후서의 기자가 이런 표현을 상기하였다는 것이 불가능하지는 않다. 그러나 정확한 독법이 세이로이스(*σειροῖς*, "구덩이")라면, 베드로후서의 기자가 에녹1서에서 언급되어 있었던 천사들의 타락에 관한 전승의 독자적인 지식을 갖고 있었음을 생각해야 하는데, 이 독법은 타락한 천사들의 지하감옥으로 기능했던 심연(*1 Enoch*18:11; 21:7; 88:1, 3)이나 "골짜기"(*1 Enoch* 10:12: *νάπας*; 참조. 10:4; *Jub.* 5:10)를 의미함이 틀림없기 때문이다. 이것은 결코 불가능하지 않다. 기자가 다른 곳에서 유다서에서 빌려온 것을 유대적 학가다 전승에서 독립적으로 가져온 세부설명을 가지고 논증하고(5, 7, 16절을 보라), 유다서 5-7절의 배후에 있는 것과 유사한 교리문답적인 전승에 관한 독립적인 전승에 의존하였을 것이기 때문이다("양식/구조/배경"을 보라).

"심판 때까지 지키게 하셨으며"(*εἰς κρίσιν τηρουμένους* – 에이스 크리신 테루메누스). 심판(*κρίσιν* – 크리신)은 확실히 유다서에서처럼 (종말론적인) 심판이고

(참조. 2:9; 3:7), 베드로후서가 유다서로부터 채택하고 있고, 유다서의 아이러니한 언어유희 없이 사용하고 있는 테레인(*τηρεῖν*, "유지하다")은 베드로후서에서 항상 종말론적인 심판(2:9, 17; 3:7)을 가리킨다. 이 항목 전체를 통해서 기자는 자신이 선별한 심판의 사례들이 마지막 심판을 예시한다는 것을 강조한다.

5 "옛 세상을 용서치 아니하시고"(*καὶ ἀρχαίου κόσμου οὐκ ἐπείσατο* – 카이 아르카이우 코스무 우크 에페이사토). 타락한 천사들에 관한 이야기는 홍수와 긴밀하게 연관되었고(에녹1서에서 홍수는 타락한 천사들과 그들의 아들들의 활동 때문에 일어난다), 이런 연관은 이 단락이 따르고 있는 전승적인 권면 구조의 여타 사례들 속에서 발견된다(3 Macc 2:4; *T. Napht.* 3:5). 이런 밀접한 연관은 노아가 이 구절에서 심판의 두 사례(천사들[4절]과 "옛 세상"[5절])의 대응자가 되는 구원의 사례로서 역할하고 있는 것으로 보이는 이유를 설명해준다. 코스모스(*κόσμος*, "세상")는 여기서 주로 세상의 거주자들을 의미하지만(참조. *1 Clem* 9:4: 노아는 "세상에"[*κόσμῳ* – 코스모] 전파했다), 그 용어는 또한 홍수의 보편적 범주를 강조하기도 하고 다가올 종말론적 심판, 즉 두 번째 그러한 보편적 심판(참조. 3:6-7)과의 비교를 가져오기도 한다. 베드로후서의 기자는 세 연속되는 세상을 생각하였던 것으로 보인다: 홍수 이전의 옛 세상, 현재의 세상, 그리고 종말론적 심판 이후에 올 새 세상(3:13)(Chaine). (아르카이우[*ἀρχαίου*, "고대의, 옛날의"]: 참조. Sir 16:7: "고대의 거인들" 그리고 그 개념에 대해서는 *Clem. Hom.* 9:2:1을 참조하라: 투 팔라이 카타클뤼스덴토스 코스무[*τοῦ πάλαι κατακλυσθέντος κόσμου*, "범람한 옛 세상"]).

오그돈(*ὄγδοον*, "노아의 여덟 사람")은 고전적인 헬라어 관용구이고(2 Macc 5:27; BAG s.v. *ὄγσοος*의 다른 사례들), "일곱 사람과 노아"를 의미한다. 이것은 노아와 그의 아내 그리고 세 아들들과 자부들을 가리킨다(창 8:18). 나는 기자가 여덟이라는 숫자에 여기서 특별한 의미를 보았을 것이기 때문에 문자적인 번역을 했다. 일부 사람들은 이 숫자가 구원받은 사람들의 적은 수를 강조하기 위해서 사용되었다고 생각하지만(Mayor, Wand, Green; 참조. *Jub.* 5:19; 4 Ezra 3:11), 그런 요지를 여기서 강조할 특별한 이유는 없는 것으로 보인다. 그것이 여덟이라는 숫자를 언급하는 베드로전서 3:20에서 강조되고 있지만(*ὀλίγοι* – 올리고이, "적은"), 베드로후서가 여기서 베드로전서의 이 구절에 의존하고 있다고 생각할 타당한 이유가 없다(반대 견해로는 Dalton, *Bib* 60[1979] 551-52): 베드로전서 3:20과 베드로후서 2:5의 유일한 참된 접촉점은 여덟이라는 수이고 이것은 아마도 어떤 이유로든 기독교 전승이 홍수에서 구원받은 여덟 명의 사람들을 구체화하는 관습을 갖게 되었음을 알려준다. 노아는 유대적인 단락인 *Sib. Or.* 1:280-81에서 여덟(*ὄγδοος* – 오그도스)이라 불리고(Kurfess in *NT* Apoc. 2, 707), 이 여덟 수는 홍수에 관한 데오빌로(Theophilus)의 기사에서 강조된다(*Ad Autol.*3.19).

이런 강조에 대한 이유를 여덟 수에 대한 종말론적인 상징에서 아마도 찾을 수 있을 것이고, 그것은 옛 창조 역사의 일곱 날을 뒤이은 새 창조의 여덟 번째 날을 대변한다(참조. *2 Enoch* 33:1-2; *Barn.* 15:9). 초기 기독교인들은 이 상징을 주일, 곧 "여덟 번째 날"과 연관시켰다(*Barn.*15:9; Justin, *Dial.*24.1; 41.4; 138.1). 주일(일요일)은 여덟 번째 날이다. 새 창조가 시작했던 그리스도의 부활의 날이기 때문이고, 이 상징을 저스틴은 홍수에서 구원받은 여덟 명의 사람들과 연관시켰다(*Dial.* 138.1). 그것은 베드로후서 2:5에 매우 적합하고, 따라서 베드로후서 기자의 마음에도 역시 있었을 것이다.

홍수 후에 새 세상의 시작을 옛 세상으로부터 보존한 노아는 심판 후의 새 세상을 잇기 위하여 현 세상으로부터 보존된 신실한 그리스도인들의 전형이다.

"오직 의를 전파하는"(*δικαιοσύνης κήρυκα* – 디카이오쉬네스 케루카). 노아의 설교는 창세기에는 언급되지 않지만 유대 전승에 잘 알려져 있었다. 그것이 노아의 긴 설교가 주어지는 헬라적 유대교의 산물인 '신비적 예언'(Sibylline Oracles)이란 첫 책에서 특히 두드러진다(*Sib. Or.*1:148-98). 보통 노아는 악한 세대에 회개를 전파한 것으로 알려졌다(*Sib. Or.* 1:129; *κήρυξεν μετάνοιαν*, "그는 회개를 전파했다"; Josephus, *Ant.* 1.74; *Gen. Rab.* 30:7; "홍수의 세대에서 나를 위해 한 선구자가 일어났다"; *Eccl. Rab.* 9:15; Pirqe R. El. 22; *b. Sanh.* 108; 참조. 또한 Theophilus, *Ad Autol.* 3.19; Methodius, *Conviv.* 10.3; *Apoc. Paul* 50: *οὐκ ἐπαυσάμην⋯ κήρυσσειν, Μετανοιεῖτε*, "나는 회개하라고 전파하기를 멈추지 않았다"; *Book of Adam and Eve* (ed(s). Malan) 3:2, 4; 회개하라는 노아의 전파가 벧전 3:20에도 함축되어 있을 것이다: *ἀπειθήσασιν*, "순종하지 않았다"). 이 전승이 *1 Clement*(7:6: *ἐκήρυξεν μετάνοιαν*, "그가 회개를 전파했다"; 참조. 9:4)에도 나타나고 있다는 사실은 클레멘트가 베드로후서를 알았다는 것을 입증하지는 않는다. 오히려 메타노이안(*μετάνοιαν*, "회개")을 그가 사용한 것은 그가 노아의 설교에 대한 전승을 독자적으로 접근하였음을 보여준다. 하지만 그것은 두 작품들이 공통된 시대에 속한다는 많은 표지 중 하나다.

베드로후서는 노아가 의로운 삶을 당대의 사람들에게 권면했다는 것을 의미하면서 아세본(*ἀσεβῶν*, "불경건한 사람들")과 대비시키기 위해서 디카이오쉬네스(*δικαιοσύνης*, "의")를 확실히 사용한다. (어떤 주석가들은 노아가 의를 권면하고 있는 *Jub.* 7:20과의 평행을 발견하지만 그것은 홍수 이후에 자기 아들들에게 노아가 교훈하는 것을 언급하고 있기 때문에 이와 상관이 없다.)

유대 전승은 하나님이 회개할 때를 사람들에게 주기 위해서 심판을 연기하셨다는 기간으로서 홍수 이전의 기간을 역시 간주했고(창 6:3의 Tg(s); *Pirqe 'Abot* 5:2; Philo, *Quaest. Gen.* 2.13; 또한 벤전 3:20), 3:9에 비추어볼 때, 이 개념은 베드로후서의 예표론과 잘 들어맞을 것이다. 그러나 기자가 메타노이아스(*μετανοίας*, "회개", 그것은 3:9과의 연관을 만들어준다)보다 디카이오쉬네스(*δικαιοσύνης*, "의")를 사용하고 있다는 사실은 그가 여기서 예표론의 이런 양상을 염두에 두지 않았다는 것을 가리키는 것으로 보인다.

에퓔락센(*ἐφύλαξεν*, "보존했다")은 베드로후서의 이 항목처럼 하나님이 사악한 자들을 심판하시는 반면에 의로운 자들을 보호하시고 구원하시는 사례를 제공하고 있는 지혜서 10:1, 5, 12의 디아퓔라세인(*διαφυλάσσειν*)을 참조하라.

"경건치 아니한 자들의 세상에 홍수를 내리셨으며"(*κατακλυσμὸν κόσμῳ ἀσεβῶν ἐπάξας* – 카타클뤼스몬 코스모 아세본 에팍사스). 이는 창세기 6:17 LXX의 반영이다(*ἐπάγω τὸν κατακλυσμὸν ὕδωρ ἐπὶ τὴν γῆν* – 에파고 톤 카타클뤼스몬 휘도르 에피 텐 겐, "내가 땅에 물의 홍수를 가져올 예정이다"; 그리고 *Sib. Or.* 1:189을 참조하라: *κόσμος ἅπ'ας ἀπειρεσίων ἀνθρώπων* – 코스모스 하파스 아페이레시온 안드로폰, "무수한 사람들의 전체 세상"). 유대 문헌에서 벌의 심판으로서 홍수에 대해서는 Schlosser, *RB* 80[1973] 15-16을 보라. 그것은 때로 종말론적인 심판의 본보기로서 간주되었고(이것이 에녹1서 1-16 전체에 암시된다; 참조. 93:4: "첫 번째 종말"로서의 홍수; 1QH 10:35-36; 마 24:37-39), 베드로후서의 기자는 확실히 그런 식으로 이것을 이해했다(3:6-7). 아세본(*ἀσεβῶν*, "불경건한"; 또한 2:6; 3:7)에 대해서는 유다서 4절의 "주석"을 보라. 베드로후서에서 이 용어는 유다서에서 갖고 있는 표제적인 의미를 갖지는 않는다. 천사들의 경우에서처럼, 홍수 세대의 죄들이 여기서 구체적으로 나와 있지 않지만, 10a절에 비추어볼 때, 유대의 전승이 소돔성에 있었던 것과 동일한 형태의 죄가 그들에게 있었다고 보통 주장했던 것을 주목하는 것은 상관이 있다(Schlosser, *RB* 80[1973] 18-25).

6 "소돔과 고모라 성을 멸망하기로 정하여 재가 되게 하사"(*πόλεις Σοδόμων καὶ Γομόρρας τεφρώσας καταστροφῇ κατέκρινεν* – 폴레이스 소도몬 카이 고모라

스 테프로사스 카타스트로페 카테크리넨). 테프룬(*τεπροῦν*, "재가 되게 하다")은 신약성경의 하팍스 레고메논인데, 이를 소돔과 고모라에 대해 필로가 사용하였다(Philo, *Ebr.*223). (타는 재가 소돔과 고모라의 장소에 대한 증거로 여전히 생각되었다: Wis 10:7; Josephus, BJ 4.483; Philo, *Mos.* 2.56; 4 (5) Ezra 2:9; 참조. Strabo 16.2.44, 거기서 사해 주변의 지역은 게 테프로데스[*γη τεφρώδης*, "재의 땅"]라 불린다.) 카타스트로페(*καταστροφή*, "소멸, 멸망")는 창세기 19:29 LXX에서 소돔과 고모라에 대해서 사용되고, 거기서 멸망으로부터 롯이 구원받은 것이 언급된다. 네이리(Neyrey, *Polemic*, 132-33)는 두운법(*καταστροφῇ κατέκρινεν* – 카타스트로페 카테크리넨, "그가 소멸로 정죄하셨다")이 멸망의 심판(*κατακλυσμὸν κόσμῳ* – 카타크뤼스몬 코스모, "세상의 홍수", 5절)이란 이전의 사례와의 평행법을 강화시키는 효과를 갖는다는 것을 제기하였는데, 이는 옳다.

"후세에 경건치 아니할 자들에게 본을 삼으셨으며"(*ὑπόδειγμα μελλόντων ἀσεβέσιν τεθεικώς* – 휘포데이그마 멜론톤 아세베신 테데이코스). 휘포데이그마(*ὑπόσειγμα*, 이에 관해서는 E. K. Lee, "Words denoting 'Pattern' in the New Testament," *NTS* 8[1961-62] 168-69; Spicq, *Lexicographie*, 907-9을 보라)는 여기서 **경고**의 사례를 의미한다; 참조. 유 7절(*σεῖγμα* – 세이그마); 마카베오스3서 2:5(하나님이 소돔 사람들을 "후대에 올 사람들의 본보기"로 삼으셨다: *παράδειγμα τοῖς ἐπιγινομένοις* – 파라데이그마 토이스 에피기노메노이스); *Clem. Hom.* 9.2.1("당신은 홍수가 났던 옛 세상의 본보기를 갖고 있다", *τοῦ πάλαι κατακλυσθέντος κόσμου τὸ ὑπόδειγμα* – 투 팔라이 카타클뤼스덴토스 코스무 토 휘포데이그마). 예증적인 심판으로서 소돔과 고모라의 심판에 대해서는 유다서 7절의 "주석"을 보라. 베드로후서에서처럼 홍수와 소돔과 고모라의 멸망은 하나님의 심판의 두 현저한 사례(*Jub.* 20:5; *T. Napht.* 3:4-5; 참조. Josephus, BJ 5.566; Schlosser, *RB* 80 [1973] 13-14, 23-24; Lürmann, *ZNW* 63[1972] 130)로서 또한 종말론적 심판의 두 전형(눅 17:26-30)으로서 함께 가끔 연계되었음을 주목할 필요가 있다. 이런 연관 속에서 그들이 나중에 베드로후서 3:5-7에서 사용되는 불과 물에 의한 두 멸망의 패턴을 예증하고(Fornberg, *Early Church*, 41; Neyrey, *Polemic*, 133-34) 있음을 주목해야 한다. 확실히 기자는 소돔과 고모라의 심판을 재림에서 불경건한 자들에 대한 격렬한 심판의 패턴으로서 불로 보고 있다(3:7). 이런 결론은 멜론톤 아세베신(*μελλόντων ἀσεβέσιν*, "불경건한 자들에게 일어나고 있는 것")이란 말들에 의해 강화되고, 여기에는 기자의 동시대의 불경건한 자들, 즉 거짓 선생들과 그들의 추종자들이 특히 고려된다.

기자는 영벌에 대한 유다서의 언급을 일관되게 생략하고 있다(4, 6, 17절; 참조. 유 6, 7, 13절). 이것은 그의 관심이 중간기적인 상태의 예비적인 벌에 초점이 맞추어져 있기 때문인가(참조. 아마도 2:9; 하지만 아래에 이에 관한 논의를 보라) 아니면 기자가 소멸로서 심판날에 사악한 자들의 운명을 보기를 좋아하기 때문인가?

7 "무법한 자의 음란한 행실을 인하여 고통하는 의로운 롯을 건지셨으니"(*δίκαιον Λωτ καταπονούμενον ὑπὸ τῆς τῶν ἀθέσμων ἐν ἀσελγείᾳ ἀναστροπῆς ἐρρύσατο* – 디카이온 로트 카타포누메논 휘포 테스 톤 아데스몬 엔 아셀게이아 아나스트로페스 에르뤼사토). 창세기는 롯을 전적으로 흠이 없는 자로 묘사하지 않지만(창 19:30-38을 보라), 유대 전승은 소돔의 의로운 자를 위한 아브라함의 간구(창 18:23-32)를 롯을 가리키는 것으로 해석했고(Pirqe R. El. 25; *Gen. Rab.* 49:13), 따라서 롯을 의로운 사람이라고 말하였다(Wis 10:6; 19:17: *δίκαιος* 참조. *1 Clem* 11:1: Philo, *Mos.* 2.58). 사악한 동료 시민들에게 임한 운명에서 모범적으로 건짐을 받은 곳은 지혜서 10:6, Philo, *Mos.* 2.58, 그리고 클레멘트1서 11:1에서도 언급되고, 그것은 베드로후서 2:4-9과 동일한 권면 전승에 속한 것으로 보인다("양식/구조/배경"을 보라). 에르뤼사토(*ἐρρύσατο*, "건져냈다")는 지혜서 10장(6, 9, 13, 15절)에서 네 번 사용되고 있는데, 한번은 롯에 대한 언급에서(10:6), 다른 한번은 베드로후서 2:9a와 필적하는 일반적인 요약에서(10:9) 사용된다. "의로운 자"(*δίκαιον* – 디카이온)로서의 롯과 "무법한 자"(*ἀθέσμων* – 아데스몬)로서의 소돔 사람들의 대조를 유념할 필요가 있다.

8 "이 의인이 저희 중에 거하여 날마다 저 불법한 행실을 보고 들음으로 그 의로운 심령을 상하니라"(*βλέμματι γὰρ καὶ ἀκοῇ ὁ δίκαιος ἐνκατοικῶν ἐν αὐτοῖς ἡμενραν ἐξ ἡμέρας ψυχὴν δικαίαν ἀνόμοις ἔργοις ἐβασάνιζεν* – 블렘마티 가르 카이 아코에 호 디카이오스 엔카토이콘 엔 아우토이스 헤메란 엑스 헤메라스 프쉬켄 디카이안 아노모이스 에르고이스 에바사니젠). 의로운 롯이 고통당하는 것에 대한 확장된 묘사는 하나님이 구원하시는 의로운 자와 하나님이 벌하시는 사악한 자 간의 대조를 강화시키고, 베드로후서의 독자들의 감정에 이 상황을 반영할 수 있게 해준다. 그것은 다른 곳에서는 우리들에게 전수되지 않는 학가다 전승에 의존하였을 것이다. 그것은 사악한 자들의 손에 의해 롯이 외적으로 고통을 당하고 있다기보다는(Bigg) 그의 내적인 고통, 즉 주변의 악한 자들을 어찌할 수 없는 자신의 무능에 대한 감정(참조. 겔 9:4)을 가리킨다(프쉬멘 바사니제인[*ψυχὴν βασανίζειν*]

에 대해서는 *Herm. Man.* 4:2:2을 참조하라). 이 내적인 고통은 악을 대면함으로 고통하는 "상함"(*πειρασμός* – 페이라스모스)이고, 하나님이 롯을 이런 악에서 건져내셨다.

9 "주께서 경건한 자는 시험에서 건지시고 불의한 자는 형벌 아래 두어 심판 날까지 지키시며"(*οἶδεν κύριος εὐσεβεῖς ἐκ πειρασμοῦ ῥύεσθαι* – 오이덴 퀴리오스 유세베이스 에크 페이라스무 뤼에스다이). 이 절은 장문의 조건절인 4-10a절의 귀결절이다. 의로운 자와 관련한 교훈을 앞에 둔 것은 대적자들에게 적용된 사악한 자들과 관련한 교훈을 강조적으로 기자가 끝낼 수 있게 한다.

"시험(*πειρασμοῦ* – 페이라스무)은 처음에 언급한 노아와 롯의 사례에 비추어 해석해야 한다. 따라서 그것은 죄에 대한 시험을 의미하지 않는다. 노아와 롯은 악에 이끌린 사람을 대변하지 않고 악에 대해서 저항한 것으로 대변되기 때문이다(Chaine). 오히려 페이라스모스(*πειρασμός*)는 선과 악의 능력이 서로 대결하는 세상에서의 선한 인간의 상황을 가리키고, 그는 악의 공격에 노출되어 있다(K. G. Kuhn, "New Light on Temptation, Sin, and Flesh in the New Testament," in K. Stendahl (ed(s).), *The Scrolls and the New Testament*[London: SCM Press, 1958] 108-9). 그러므로 이는 악한 세상에서 의로운 자가 고통을 당하는 고난을 일반적으로 언급한다(눅 8:13; 행 20:19; 약 1:2; 벧전 1:6). 여기서 그것은 우선해서 노아와 롯을 가리키기 때문에 페이라스모스(*πειρασμός*)는 마지막 날의 시련이 아니라(계 3:10; 벧전 4:12), 베드로후서의 독자들의 적용과 관련되는 한 이 뉘앙스가 의도되어 있을 것이다. 홍수와 소돔과 고모라의 심판이 종말론적인 심판의 모형이기 때문에 노아와 롯의 상황은 재림 이전의 마지막 악의 날에서 크리스천들의 상황을 전형적으로 보여주고 있다.

집회서 33:1(RSV: "악이 주를 두려워하는 사람들에게 임하지 못할 것이고, 시험 중에서도[*ἐκ πειρασμῶς* – 에크 페이라스모스] 하나님은 그를 계속해서 건지실 것이다"[*ἐξελεῖται* – 엑셀레이타이])과 지혜서 10:9(RSV: "지혜가 그녀[지혜]를 섬기는 사람들을 고난으로부터(*ἐκ πόνων* – 에크 포논) 건졌다"(*ἐρρύσατο* – 에르뤼사토). 어떤 이들은 주기도의 반영을 감지했다(마 6:13: *μὴ εἰσενέγκῃς ἡμᾶς εἰς πειρασμόν, ἀλλὰ ῥῦσαι ἡμᾶς ἀπὸ τοῦ πονηροῦ* – 메 에이세넹케스 헤마스 에이스 페이라스몬, 알라 뤼사이 헤마스 아포 투 포네루). 이는 특히 베드로후서에서 복음서 전승의 또 다른 반영에 비추어볼 때 꽤 가능성이 있다. 9a절은 주기도의 마태역본의 마지막 두 간구의 요약일 수 있었다. 하지만 베드로후서의 어휘가 꽤 자연스럽고 그러한 반영을 설명하고 있지 않기 때문에 우리는 그것을 확신할 수는 없다. (확실하게는 아니지만, 이 절을 주기도의 마지막 간구의 가상적인 원본을 재구성하는데 사용할 수는 있다. G. Schwartz, "Matthäus vi. 9-13/Lukas xi. 2-4," *NTS* 15 [1968-69] 241 n. 3이 제기하는 것처럼 말이다.)

"불의한 자는 형벌 아래 두어 심판 날까지 지키시며"(*ἀδίκους δὲ εἰς ἡμέραν κρίσεως κολαζομένους τηρεῖν* – 아디쿠스 데 에이스 헤메란 크리세오스 콜라조메누스 테레인). 현재분사인 콜라조메누스(*κολαζομένους*, 직역하면 "벌을 받고 있는")는 테레인(*τηρεῖν*, "지키다")과 함께 당대의 행동을 묘사해야하고, 따라서 일부 주석가들은 대부분의 영어 번역자들을 따라 마지막 심판 전에 예비적인 벌을 가리키는 것으로 그것을 이해한다("마지막 심판 때까지 형벌 아래 두어 불의한 자들을 지키다": RV, RSV, NEB, NIBC, GNB; Spitta, Mayor, Wand, Barnett, Boobyer, Kelly, Schrage; *TDNT* 3, 816; Fornberg, *Early Church*, 45). 이 견해를 선호하게 되는 이유를 이렇게 주장할 수 있다. (a) 이것은 적절한 문법적 의미를 갖는다. (b) 천사들이 마지막 운명을 기다리는 지옥(타르타루스)에서의 벌 아래 있는 4절의 교훈에 의거한다. (c) 당대의 유대의 믿음은 심판 전에 중간적인 상태에서 고통을 당하는 악한 사람들을 견지했다(*1 Enoch* 22:10-11; 4 Ezra 7:79-87; 눅 16:23-24). 한편으로 대다수의 주석자들은 콜라조메누스(*καλαζομένους*)를 심판 날의 벌을 가리키는 것으로 여긴다(Calvin, Chaine, Windisch, Schelkle, Reicke, Spicq, Michl, Green, Grundmann; AV, JB). 이 견해를 선호하는 주장은 다음과 같다. (a) 이 시기의 헬라어에서 미래 분사는 드물고, 미래 수동태 분사는 극히 드물다(히 3:5만이 신약의 유일한 사례다). 따라서 미래시제를 갖는 콜라조메누스(*κολαζομένους*)의 느슨한 사용이 가능하다. 3:11에서 베드로후서의 기자는 미래의 의미를 갖는 현재분사인 뤼오메논(*λυομένων*, 직역하면 "풀어지자")을 사용한다(미래의 의미를 갖는 현재분사의 신약의 그럴듯한 사례들은 마 26:25; 눅 1:35; 요 17:20; 행 21:2-3; 참조. Moulton, *Grammar* 3, 87). (b) 4절에서(에녹1서에서처럼), 천사들은 심판을 기다리는 구금 상태에 있고, 이는 사악한 자의 죽음의 상태에 관한 흔한 유대적인 견해이기도 하다. 중간기 상태에서 악한 자의 그들의 고통(*1 Enoch* 22:11)을 후회와 예감의 고통으로 묘사할 수 있다(4 Ezra 7:79-87, 참조. 93). 콜라조메누스(*κολαζομένους*, "형벌을 받다")는 이런 구금에 대해서는 너무 강력한 용어로 보이는 반면에, 콜라제인(*κολάζειν*, "벌하다")과 콜라시스(*κόλασις*, "벌")가 다른 곳에서 마지막 심판과 마지막 심판 후에 지옥에 대해 사용되고 있다(콜라제인[*κολά-*

*ζειν*]: *2 Clem* 17:7; *Apoc. Pet.* A 21; *Herm. Sim.* 9:18:2; 콜라시스[*κόλασις*]: 마 25:46; *2 Clem* 6:7; *Apoc. Pet.* A 21: *Mart. Pol.* 2:3; 11:2). (c) 중간기 상태에서의 벌이 4-6절의 사례에 비추어 적절할지라도, 그것은 기자가 역시 염두에 두고 있고(3b, 10a절) 임박한 재림에서 심판이 이슈의 요지가 되고 있는(3b절) 거짓 선생들의 사례와는 관계가 없다. 기자가 마지막 벌보다 예비적인 벌을 강조해야하는 것은 이상해 보인다.

두 대안들 사이에 어떤 결정을 하기는 쉽지 않지만, 두 번째 대안이 다소 더 좋아 보인다. 그 경우에 4-8절의 일반적인 교훈에 의존하면서도, 재림에서의 의인들의 종말론적인 구원과 재림에서 사악한 자들에 대한 종말론적인 심판에 대해서도 특별히 언급한다(참조. 3:7).

**이중적인** 결론 – 구원과 벌 – 은 사례들이 오직 벌에 대해서만 있는 유다서 6-8절에서 베드로후서가 변화를 주고 있는 가장 두드러진 측면이다. 하지만 이 이중적인 결론과 이 결론이 기초하고 있는 사례들은 확실히 베드로후서의 기자가 알았던 교리문답적인 전승에서 나왔다: *1 Clem* 11:1을 참조하라. 그것은 소돔과 롯의 경우와 유사한 이중적인 교훈에 의존하고 있고, Philo, *Mos.* 2.57에서는 홍수와 소돔의 멸망에 관한 두 양상이 제기된다(또한 Sir 16:11-14을 참조하라). 분명히 베드로후서의 기자는 하나님의 심판의 두 구분되는 특징을 강조하기를 원했다. 사악한 자들이 벌을 받지 않는다는 사실은 하나님의 정의에 이중적인 문제를 야기한다: 의인이 고난을 받고 악한 자들이 번성한다. 심판에서 하나님의 간섭에 대한 베드로후서의 주장은 이 이중적인 문제를 충족시키는 것을 목표로 한다.

10 "육체를 따라 더러운 정욕 가운데서 행하며"(*μάλιστα δὲ τοὺς ὀπίσω σαρκὸς ἐν ἐπιθυμίᾳ μιασμοῦ πορευομένους* – 말리스타 데 투스 오피소 사르코스 엔 에피뒤미아 미스무 포류오메누스). 이 어구는 유다서의 두 어구를 반영하고 있는 것으로 보인다: "다른 색을 따라 가다가"(*ἀπελθοῦσαι ὀπισω σαρκὸς ἑτέρας* – 아펠두사이 오피소 사르코스 헤테라스: 소돔성에 관한 유다서 7절)와 "육체를 더럽히며"(*σάρκα…μιαίνουσιν* – 사르카 미아이누신, 거짓 선생들에 관한 유다서 8절). 유다서의 "따라 가다"(*ἀπελθοῦσαι ὀπίσω* – 아펠두사이 오피소)에 대해서 베드로후서는 더 익숙한 칠십인경의 어구인 포류에스다이 오피소(*πορεύεσθαι ὀπίσω*, LXX 신 4:3; 6:14; 28:14; 3 Kdgms 11:10; 호 11:10; 이와 비교할 수 있는 내용을 위해서는 사 65:2; *T. Jud.* 13:2; *Herm. Vis.*3:7:3을 참조하라)로 대체했고, 그것은 그들이 신이나 주인으로 육체를 따르고 있음을 시사한다(참조. 2절). 사르크

스(σάρξ, "육체")는 여기서 유다서에서보다도 약한 중립적 의미를 갖고 있는 것으로 보이고, 악한 능력으로서의 색욕이나 악이 지배할 할 때에 적어도 그 능력으로서의 색욕을 의미한다.

이 어구와 다음 어구는 4-8절의 세 사례들의 죄를 요약하는 것으로 의도되어 있는데, 이는 거짓 선생들에게 적용할 수 있는 방식으로 그러하다.

"주님의 권위를 멸시하다"(*κυριότητος καταφρονοῦντας* – 퀴리오테토스 카타프로눈타스)는 "주님의 권위를 업신여기다"(*κυριότητα…ἀθετοῦσιν* – 퀴리오테타…아데투신, 유다서 8절)를 모델로 하고 있다. 우리는 퀴리오테스(*κυριότης*, "주됨")가 유다서에서 간직하고 있는 것과 동일한 의미가 의도되어 있다고 단순히 가정할 수 없으나(유다서 8절의 "주석"을 보라), 사실상 거의 그와 같다고 할 수 있을 것이다. 이는 인간의 권위가 의도되어 있지 않다. 이 요약은 4-8절에 열거한 사례에 적용해야 하기 때문이다. 유다서에서처럼 퀴리오테테스(*κυριότητες*)로 알려진 천사들의 부류가 단수의 퀴리오테토스(*κυριότητος*)를 의미할 수는 없다. 따라서 그 의미는 하나님의 권위나 그리스도의 권위다(고로 Bigg, Chaine, Spicq, Kelly, Schrage, Grundmann; Neyrey, *Polemic*, 44). 9절에 퀴리오스(*κύριος*, "주", 참조. 4절)가 아마도 하나님을 가리키기 때문에 퀴리오테토스(*κυριότητος*)는 더 자연스럽게 그리스도의 권위보다는 하나님의 권위를 일컬을 수 있었다. 대안적으로는 1절과의 평행("주를 부인하다")은 그리스도의 권위를 가리킬 수 있다. 기자는 뚜렷한 구분을 만들지 않았다.

이는 윤리적인 부정한 행위가 하나님의 권위를 실제적으로 무시함을 가리킨다. 육체에 굴복하는 사람들은 주님에게 굴복할 수가 없다. 따라서 10a절은 1-2절과 동일한 두 죄들을 구체적으로 가리킨다("주를 부인하고", "호색함"[방탕함]).

## 해설

거짓 선생들은 종말론적인 심판의 개념을 조롱했고, 그들은 종말이 정말 왔다면 지금쯤 도래해야 했다고 주장했다. 하나님의 심판으로서 그러한 일이 있다고 한다면, 그 일은 연기되었거나 졸고 있다고 말했다. 베드로후서의 기자가 3b절에서 이러한 주장을 부정한 것은 거짓 선생들의 운명에 대한 경건한 선언에 해당한다. 오래 전에 예언적 성경에서 그들에 대해 선언되었던 정죄가 효력이 없게 된 것이 아니다.

베드로후서의 기자는 종말론적인 심판의 제기된 지연의 문제를 논쟁하려고 하지 않고 다만 종말론적인 심판이 효력이 없다고 하는 주장에 대하여 그 일의 확실함을 보여주려고 한다. 그는 구약 시대에 하나님의 심판에 관한 잘 알려진 세 가지 사례를 인용함으로써 그리한다: 타락한 천사들에 대한 심판, 홍수, 소돔과 고모라성을 불로 멸망케 한 일. 이 사례들은 하나님이 사악한 자를 벌하실 수 있고, 따라서 하나님은 벌이 없다고 주장하고 그에 따라 살아가는 거짓 선생들과 추종자들을 확실히 벌하실 것임을 보여준다. 그러나 구약의 사례들은 하나님이 악한 자를 벌하시는 일반적인 규칙을 설정하는 사례에 불과한 것이 아니라 이것은 종말론적인 심판에 관한 예표론적 예언이다. 이것은 마지막 날의 악한 자의 운명을 예조하고, 그 가운데 거짓선생들과 그 추종자들이 들어가 있으며, 심판의 **예언적** 사례로서 그들의 이중적 특징 속에서 그들은 종말론적인 심판을 확실하게 만든다. 거짓 선생들이 심판을 받는다는 예언을 단순히 말뿐이라고 의심한다면, **실현된** 예언이 있다는 사실을 새겨야 한다.

4-6절에서 세 가지 사례에 대한 언급의 세부적인 부분은 예표론적 특징을 가져온다. 천사들은 마지막 우주적인 법정 – 그것은 모든 악한 자들을 계수하는 날이 될 것이다 – 에서 정죄와 심판을 기다리고 있는 지옥에 구금되어 있다(9b절). 홍수는 불경건한 사람들의 온 세상을 멸망시켰고, 따라서 그것은 세상이 고통을 당하는 또 다른 우주적 심판, 즉 다가올 종말론적인 심판을 예조한다(참조. 3:6-7). 소돔과 고모라가 불탐은 장래에 악한 자들에게 예비된 운명, 곧 종말에 경건치 못한 자들을 위협할 우주적 대화재의 경고적 사례였다(참조. 3:7).

악한 자의 벌에 대한 확신을 논증하면서, 기자는 두 번째 주제를 엮는다: 의로운 자의 구원. 거짓 선생들이 주장한 것처럼 종말론적인 심판이 없다면, 악한 자가 융성하는 세상에서 이 고난으로부터 의로운 자에 대한 구원은 없을 것이다. 하지만 악한 자에 대한 심판의 확실함을 보여주는 동일한 사례들이 의로운 자의 구원의 확실성을 보여준다. 하나님이 구분하지 않고 경건한 자와 불경건한 자를 멸하시지 않았다. 하나님이 천사들을 지옥에 가두시고 세상을 홍수로 멸망시키셨을 때, 그는 노아와 그의 가족을 구원하셨고, 소돔과 고모라가 멸망을 당하였을 때, 의로운 자의 가족은 피할 수 있었다.

구약의 심판이 종말론적인 심판을 예조했던 것처럼, 노아와 롯은 재림 시에 구원받게 될 신실한 그리스도인들의 모형이란 측면에서 묘사된다. 노아는 당대 사람들에게 의를 전파했던 사람이었다. 일곱 친척들과 더불어 그가 "여덟 번째" 사람이었다는 사실은 여덟 수라는 종말론적인 상징 수를 상기시킨다. "여덟 번째" 사람으로서 그는 옛 것을 뒤잇는 새 창조를 대변한다. 즉 "여덟 번째" 날은 창조의 역사의 한 주간 이후에 날에 해당한다. 의를 전파했던 불경건한 세상에서 구원을 받은 노아는 오직 의로운 자들만이 살았던 새로운 세상에 들어갈 수 있었다. 유사하게 의를 따르고 불경건한 자들이 융성하는 현 세상에서 의를 전파하는 신실한 그리스도인들은 이 세상에서 구원을 받아 의가 거하는 새 세상에 들어가게 될 것이다(3:13).

롯에 대한 묘사는 그가 구원받았던 곤경에 초점이 맞추어져 있다: 심각한 악에 둘러싸여 그것을 막지 못하는 양심적인 한 사람의 정신적인 고통. 롯에 대한 이런 묘사는 매우 의미가 있다. 그것은 악한 자의 손에 의로운 자가 고통을 당하고 이 고통에서 구원을 받는 흔한 묵시적 주제를 뛰어넘는다. 롯은 악한 자의 희생양이기 때문에 고통을 당하는 것이 아니라 그가, 의를 사랑하는, 진정으로 의로운 자였고, 이 세상에서 의가 행해지는 것을 간절히 바라고 그 의의 부재로 인해 고통을 당하던 자였기 때문이다. 베드로후서의 독자들이 롯과 동일시될 수 있다면 그들도 역시 구원에 대한 소망을 가질 수 있다.

이런 구원의 확증은 베드로후서의 독자들에 대한 단순한 위로의 말이 아니다. 거짓 선생들이 종말론을 부정한 것이 크리스천의 의의 실천을 손상시키는 것처럼, 구원의 확증은 의를 좇는 사람들을 위한 종말론적인 기반을 제공한다. 성경의 사상에서 의를 고수하는 것은 결국에 하나님의 의가 그 의를 반대하는 모든 것들을 압도할 것이라는 기대를 필요로 한다. 그러한 기대는 의에 대한 사랑을 만족시키고, 의의 실천을 유지케 한다.

구원의 주제가 중요하다면, 심판의 확실성은 기독교 종말론을 반대하는 거짓 선생에 대한 반박으로서 이 단락의 주요한 요지이므로, 이 단락은 그런 논조로 끝을 맺는다. 구약의 사례들은 심판이 육적인 욕구에 지배되는 사람들, 주의 계명을 무시하고 경멸함으로써 주의 도덕적 권위를 다루는 자들에게 임한다는 사실을 보여준다. 1-2절이 보여주는 두 가지 죄의 범주들이 있기 때문에, 거짓 선생들과 그 추종자들에게 동일한 심판이 발생할 것은 자명하다.

# 거짓 선생들에 대한 비난(a)(2:10b-16)

## 참고문헌

**Abbott, E. A.** "On the Second Epistle of St. Peter. II. Had the Author read St. Jude?" *Exp* 2/3(1882) 142-48. **Bishop, E. F. F.** *Apostles*, 218-21. **Farrar, F. W.** "Dr Abbott on the Second Epistle of St. Peter." *Exp* 2/3(1882) 415-18. **Reicke, B.** *Diakonie, Festfreude und Zelos in Verbindung mit der altchristlichen Agapenfeier*. UUÅ 1951:5. Uppsala: A. B. Lundequistska/Wiesbaden: O. Harrassotwitz, 1951. 352-67. **Sickenberger, J.** "Engels- oder Teufelslästerer im Judasbriefe(8-10) und 2. Petrusbriefe(2, 10-12)?" *Festschrift zur Jahrhundertfeier der Universität zu Breslau*, ed. T. Siebs= *MSGVK* 13-14(1911-12) 621-39. **Skehan, P. W.** "A note on 2 Peter 2,13." *Bib* 41 (1960) 69-71. **Vermes, G.** "The story of Balaam - The scriptural origin of Haggadah." *Scripture and Tradition in Judaism: Haggadic Studies*. SPB 4. Leiden: E. J. Brill, 1961. 127-77.

## 본 문

**10b** 이들은 담대하고 고집하여 떨지 않고 영광 있는 자를 훼방하거니와

**11** 더 큰 힘과 능력을 가진 천사들이라도 주 앞에서 저희를 거스려 훼방하는 송사를 하지 아니하느니라

**12** 그러나 이 사람들은 본래 잡혀 죽기 위하여 난 이성 없는 짐승 같아서 그 알지 못한 것을 훼방하고 저희 멸망 가운데서 멸망을 당하며

**13** 불의의 값으로 불의를 당하며 낮에 연락을 기쁘게 여기는 자들이니 점과 흠이라 너희와 함께 연회할 때에 저희 간사한 가운데 연락하며

**14** 음심이 가득한 눈을 가지고 범죄하기를 쉬지

**10b** These reckless and headstrong people are not afraid to insult[a] the glorious ones,

**11** whereas angels, although they are greater in strength and power, do not use insults when pronouncing judgment on them from the Lord.[b]

**12** But these people are like unreasoning animals, which are born creatures of mere instinct, to be caught and destroyed. They are ignorant of those whom they insult, but when they are destroyed they themselves will also perish in the same destruction,

**13** suffering harm[c] in reward for the harm they have done. For[d] self-indulgence in broad daylight is their idea of enjoyment. They are spots and blemishes, indulging in their deceitful pleasures[e] while they feast with you.

**14** Their eyes are full of adulterous lust and al-

아니하고 굳세지 못한 영혼들을 유혹하며 탐욕에 연단된 마음을 가진 자들이니 저주의 자식이라

ways on the lookout[f] for sin. They ensnare unstable people and have hearts well trained in greed. They are under God's curse.

15 저희가 바른 길을 떠나 미혹하여 브올의 아들 발람의 길을 좇는도다 그는 불의의 삯을 사랑하다가

15 Leaving the straight way they have gone astray, and have followed the way of Balaam the son of Bosor,[g] who loved the reward of wrongdoing.[h]

16 자기의 불법을 인하여 책망을 받되 말 못하는 나귀가 사람의 소리로 말하여 이 선지자의 미친 것을 금지하였느니라

16 But he was rebuked for his offense: a dumb ass spoke with a human voice and restrained the prophet's madness.

## 원문주해

a. 분사를 갖는 트레메인(*τρέμειν*, "떨다")에 대해서는 BDF § 415을 보라.

b. 파라 퀴리우(*παρὰ κυρίου*, p[72] *al*)란 독법은 더 난해한 독법이므로 더 잘 증거되고 있는 파라 퀴리오(*παρὰ κυρίῳ*, ℵ B C K P. *al*)보다 더 선호해야 한다. 주님에게 블라스페무 크리신(*βλάσφημου κρίσιν*, "비방하는 심판")을 귀결시키는 것을 피하기 위해서 서기관들은 파라 퀴리우(*παρὰ κυρίου*)를 파라 퀴리오(*παρὰ κυρίῳ*)로 바꾸거나 그 어구를 전적으로 생략했다(A *al*). 파라 퀴리오(*παρὰ κυρίῳ*)가 좋은 의미를 만드는 것은 사실이다: 천사들은 하늘의 재판정의 하나님의 심판석 앞에서 선언한다. 하지만 파라 퀴리우(*παρὰ κυρίου*)는 유다서의 에피티메사이 소이 퀴리오스(*Επιτιμήσαι σοι κύριος*, "주님이 당신을 견책케 하옵소서")의 베드로후서의 동의어로 설명할 수 있다(유 9절; 주석 항목을 보라).

c. 아디쿠메노이(*ἀδικούμενοι*, "고통스러운 손상", p[72] ℵ[*] B P. *al*)는 코미우메노이(*κομιούμενοι*, "받다", ℵ[c] A C K *al*)보다 선호된다. 서기관들은 더 단순한 구문을 얻기 위해서 그리고 하나님께 가해자의 속성을 두는 것을 피하기 위해서 아디쿠메노이(*ἀδικούμενοι*)를 코미우메노이(*κομιούμενοι*)로 바꾸었다.

d. 뒤이어 나오는 분사들은 "그들이 가한 해"(*ἀδικίας*-아디키아스)를 설명하는 것으로서 느슨하게 프다레손타이(*φθαρήσονται*, "그들이 멸망할 것이다", 12절)에 의존하는 것으로 보인다. 그들은 그런 해로움 때문에 멸망할 것이다.

e. 아우톤(*αὐτῶν*)은 아파타이스(*ἀπάταις*, "기만하는 기쁨", p[72] ℵ A[*] C K P. *al*)란 독법이 원문이고 아가파이스(*ἀγάπαις*, "사랑의 연회", A[c] B *al*)는 유다서 12절의 동화임을 보여준다.

f. 아카타파스투스(*ἀκαταπάστους*, A B *al*)에 대해서는 Mayor, cxcvii-cxcviii을 보라; 이 용어는 알려져 있지 않고 확실히 아카타파우스투스(*ἀκαταπαύστους*, "끊임없이", 대부분의 사본들)의 실수이다.

g. 보소르(*Βοσορ*, "보소르")는 지금까지 가장 잘 증거되는 독법이나 발람의 아버지에 대한 이 이름의 형태가 다른 곳에서는 발견되지 않기 때문에 아주 소수의 사본들과 역본들에서 칠십인경의 형태인 베오르(*Βεωρ*)로 수정되었다.

h. "불의의 삯"은 13절에서 "그들이 가한 불의의 값"이라고 번역된 동일한 어구(*μισθὸν ἀδικίας*－미스돈 아디키아스)를 번역하고 있다. 13절에서 언어유희와 15절에서 이 어구의 의도적인 모호성을 보존하고 있을지라도, 유감스럽게도 영어에서 이 어구를 양 절에서 동일한 방식으로 번역하는 것은 불가능하다(주석 항목을 보라).

## 양식/구조/배경

2:10b-22은 거짓 선생들에 대한 비난의 느슨하게 형성된 시리즈이며, 편리하게 우리들은 비난의 신속한 흐름에서 다소 정지가 있는 것으로 보이는 16절에서 그것을 나눌 수 있다.

이 절들은 유다서 8-12절에 상당히 의존하고 있다.

| 베드로후서 | 유다서 |
|---|---|
| 10b. 톨메타이 아우다데이스, 독사스 우 트레무신 블라스페문테스 (*τολμηταὶ αὐθάδεις, δόξας οὐ τρέμουσιν βλασφημοῦντες*) | 8. …독사스 데 블라스페무신 (*δόξας δὲ βλασφημοῦσιν*). |
| 11. 호푸 앙겔로이 이스쿠이 카이 두나메이 메이조네스 온테스 우 페루신 카트 아우톤 파라 퀴리오 블라스페몬 크리신 (*ὅπου ἄγγελοι ἰσχύϊ καὶ δυνάμει μείζονες ὄντες οὐ φέρουσιν κατ' αὐτῶν παρὰ κυρίῳ βλάσφημον κρίσιν*). | 9. 호 데 미카엘 호 아르크앙겔로스, 호테 토 디아볼로 디아크리노메노스 디엘레게토 페리 투 모우세오스 소마토스, 우크 에톨메센 크리신 에페네그케인 블라스페미아스, 알라 에이펜, 에피티메사이 소이 퀴리오스 (*Ὁ δὲ Μιχαὴλ ὁ ἀρχάγγελος, ὅτε τῷ διαβόλῳ διακρινόμενος διελέγετο περὶ τοῦ Μωϋσέως σώματος, οὐκ ἐτόλμησεν κρίσιν ἐπενεγκεῖν βλασφημίας, ἀλλὰ εἶπεν, Ἐπιτιμήσαι σοι κύριος.*). |
| 12. 우토이 데, 호스 알로가 조아 게겐네메나 푸시카 에이스 알로신 카이 프도란, 엔 호이스 아그노우신 블라스페문테스, 엔 테 페도라 아우톤 | 10. 후토이 데 오사 멘 우크 오이다신 블라스페무신 호사 데 퓌시코스 호스 타 알로가 조아 에피스탄타이, 엔 투토이스 프데이론타이 |

카이 프다레손타이
(*οὗτοι δέ, ὡς ἄλογα ζῷα φυσικὰ γεγενημένα εἰς ἅλωσιν καὶ φθοράν, ἐν οἷς ἀγνοοῦσιν βλασφημοῦντες, ἐν τῇ φθορᾷ αὐτῶν καὶ φθαρήσονται,*)
13. 아디쿠메노이 미스돈 아디키아스. 헤도넨 헤구메노이 텐 엔 헤메라 트루펜, 스필로이 카이 모모이 엔트루폰테스 엔 타이스 아파타이스 아우톤 수뉴오쿠메노이 휘민...
(*ἀδικούμενοι μισθὸν ἀδικίας· ἡδονὴν ἡγούμενοι τὴν ἐν ἡμέρᾳ τρυφήν, σπίλοι καὶ μῶμοι ἐντρυφῶντες ἐν ταῖς ἀπάταις αὐτῶν συνευωχούμενοι ὑμῖν*)
15. 카탈리폰테스 유대이안 호돈 에플라네데산. 엑사콜루데산테스 테 호도 투 발람 투 보소르, 호스 미스돈 아디키아스 에가페센...
(*καταλείποντες εὐθεῖαν ὁδὸν ἐπλανήθησαν, ἐξακολουθήσαντες τῇ ὁδῷ τοῦ Βαλαὰμ τοῦ Βοσόρ, ὃς μισθὸν ἀδικίας ἠγάπησεν*).

(*οὗτοι δὲ ὅσα μὲν οὐκ οἴδασιν βλασφημοῦσιν· ὅσα δὲ φυσικῶς, ὡς τὰ ἄλογα ζῷα, ἐπίστανται, ἐν τούτοις φθείρονται*).

12. 후토이 에이신 호이 엔 타이스 아가파이스 휘몬 스필라데스 쉬뉴오쿠메노이 아포보스...
(*οὗτοί εἰσιν ἐν ταῖς ἀγάπαις ὑμῶν σπιλάδες, συνευωχούμενοι ἀφόβως*)
11. 우아이 아우토이스, 호티 테 오도 투 카인 에포류데산, 카이 테 플라네 투 발람 미스두 엑세쿠데산, 카이 테 안틸로기아 투 코레 아폴론토.
(*οὐαὶ αὐτοῖς· ὅτι τῇ ὁδῷ τοῦ Κάϊν ἐπορεύθησαν, καὶ τῇ πλάνῃ τοῦ Βαλαὰμ μισθοῦ ἐξεχύθησαν, καὶ τῇ ἀντιλογίᾳ τοῦ Κόρε ἀπώλοντο*).

베드로후서

10b. 이들은 담대하고 고집하여 떨지 않고 영광 있는 자를 훼방하거니와
11. 더 큰 힘과 능력을 가진 천사들이라도 주 앞에서 저희를 거스려 훼방하는 송사를 하지 아니하느니라

12. 그러나 이 사람들은 본래 잡혀 죽기 위하여 난 이성 없는 짐승 같아서 그 알지 못한 것을 훼방하고 저희 멸망 가운데서 멸망을 당하며

유다서

8. 영광을 훼방하는도다
9. 천사장 미가엘이 모세의 시체에 대하여 마귀와 다투어 변론할 때에 감히 훼방하는 판결을 쓰지 못하고 다만 말하되 주께서 너를 꾸짖으시기를 원하노라 하였거늘
10. 이 사람들은 무엇이든지 그 알지 못하는 것을 훼방하는도다 또 저희는 이성 없는 짐승 같이 본능으로 아는 그것으로 멸망하느니라

| | |
|---|---|
| 13. 불의의 값으로 불의를 당하며 낮에 연락을 기쁘게 여기는 자들이니 점과 흠이라 너희와 함께 연회할 때에 저희 간사한 가운데 연락하며 | 12. 저희는 기탄없이 너희와 함께 먹으니 너희 애찬의 암초요 자기 몸만 기르는 목자요 바람에 불려가는 물 없는 구름이요 죽고 또 죽어 뿌리까지 뽑힌 열매 없는 가을 나무요 |
| 15. 저희가 바른 길을 떠나 미혹하여 브올의 아들 발람의 길을 좇는도다 그는 불의의 삯을 사랑하다가. | 11 화 있을진저 이 사람들이여, 가인의 길에 행하였으며 삯을 위하여 발람의 어그러진 길로 몰려갔으며 고라의 패역을 좇아 멸망을 받았도다. |

기자는 유다서의 자료를 자신의 목적에 맞게 자유로이 개작했다. 그는 미가엘이 마귀와 논쟁한 이야기를 생략했다. 아마도 그와 그의 독자들이 이 이야기에 익숙하지 않았을 것이기 때문이다. 또한 그는 가인과 고라에 대한 유다의 언급도 생략했다. 발람의 단일한 인물에 집중하기 위해서다. 아마도 이는 그가 대적자들의 탐심을 설명하기 위해서(14절) 발람의 언급을 가져왔기 때문일 것이다. 가인과 고라는 이 요지에 상관이 없었다. 그런데 그가 종말론적 심판의 실제를 부인했던 이단으로서 가인을 보여주었던 유대 전승을 알았었더라면(유 11절의 "주석"을 보라), 가인과 거짓 선생과의 비교는 대단히 적절했을 것이나 그는 이 전승을 알지 못하였을 것이다.

베드로후서의 기자가 유다서에서 개념을 가져와서 그것에 새로운 의미나 자신의 전개 방식에 맞춘 것이 유다서에 대한 베드로후서 기자의 용법의 특징이다(12, 13, 16절).

유다서와 더불어, 베드로후서의 기자는 발람에 대한 유대적 학가다 전승에 의존하였을 것이다(16의 "주석"을 보라).

유다서에 대한 기자의 "발전"은 정교한 문학적 고안물을 포함하고 있다: 언어유희(익살) – 아디쿠메노이…아디키아스(*ἀδικούμενοι…ἀδικίας*, 13절); 아스필로이 카이 아모메토이(*ἄσπιλοι καὶ ἀμώμητοι*, 3:14)를 반영하는 스필로이 카이 모모이(*σπίλοι καὶ μῶμοι*, 13절); 아가파이스(*ἀγάπαις*)에 대한 아이러니한 신소리인 아파타이스(*ἀπάταις*, 13절); 의성법의 파라노미아스…파라프로니안(*παρανομίας… παραφρονίαν*, 16절); 익살의 아포논…포네(*ἄφωνον…φωνῇ*, 16절).

## 주석

10b. "이들은 담대하고 고집하여 떨지 않고"(*τολμηταὶ αὐθάδεις* – 톨메타이 아우다데이스). 톨마(*τόλμα*, "과감한, 뻔뻔한")와 아우다데이아(*αὐθάδεια*, "오만, 외고집")는 꽤 자주 함께 나타나는 자연스러운 짝이다(드라소스[*θράσος*, "대담함"]가 같이 나오는 *1 Clem.* 30:8; Spicq, *Lexicographie*, 160 n. 1). 톨메타이(*τολμηταί*, 직역하면 "과감한 사람")는 유다서 9절의 "과감하게 하지 못했다"(*οὐκ ἐτόλμησεν* – 우크 에톨메센)라는 어구에 의해 베드로후서의 기자에게 제기되었다: 유다서 9절에서 천사장 미가엘은 "감히 훼방하는 판결을 쓰지 못하였다." 아우다데스(*αὐθάδης*, 특히 Titus 1:7; *1 Clem* 1:1; *Herm. Sim.* 9:22:1; *Did.* 3:6; LXX 잠 21:24을 참조하라)는 무례함, 오만 그리고 외고집의 의미를 갖는 근본적으로 "자의적인"을 의미한다.

11b. "더 큰 힘과 능력을 가진 천사들이라도 주 앞에서 저희를 거스려 훼방하는 송사를 하지 아니하느니라"(*δόξας οὐ τρέμουσιν βλασφημοῦντες, ὅπου ἄγγελοι ἰσχύϊ καὶ δυνάμει μείζονες ὄντες οὐ φέρουσιν κατ᾽ αὐτῶν παρὰ κυρίου βλάσφημον κρίσιν* – 독사스 우 트레무신 블라스페문테스, 호푸 앙겔로이 이스쿠이 카이 뒤나메이 메이조네스 온테스 우 페루신 카트 아우톤 파라 퀴리우 블라스페몬 크리신). 이 모호한 단락에 대한 해석은 독사스(*δόξας*, 직역하면 "영광들")와 카트 아우톤(*κατ᾽ αὐτῶν*, "그들에 대항해서")의 의미에 달려 있다.

독사스(*δόξας*)가 교회론적(Bigg, Green)이든 인간론적(Luther, Calvin, Reicke)이든 인간의 권위를 가리킬 가능성은 일단 배제해야 한다. 그것은 11절을 난센스로 만들기 때문이다. 우리는 유다서 8절에서처럼 독사스(*δόξας*)를 천사적인 능력을 가리키는 것으로 취해야 한다. 그 경우에 두 가지 가능한 해석이 있다. (a) 독사스(*δόξας*)는 악한 천사들이고 카트 아우톤(*κατ᾽ αὐτῶν*)은 독사스(*δόξας*)를 가리킨다(대부분의 주석가들). 또는 (b) 독사스(*δόξας*)는 앙겔로이(*ἄγγελοι*)와 동일한 선한 천사이고 카트 아우톤(*κατ᾽ αὐτῶν*)은 거짓 선생들을 가리킨다(Sickenberger, "Engels"; Wand; 또한 Neyrey, *Polemic*, 138-42는 11절이 천사들에 대한 거짓 선생들의 신성모독적인 진술이라고 주장한다). 첫 번째 경우에 거짓 선생들은 마귀들을 욕하는 것이 된다 – 심지어 천사들도 하지 않은 것. 두 번째 경우에 거짓 선생들이 천사들을 욕하는 것이 되고, 이 행동은 거짓 선생들에 대한 천사들의 행동과 대비된다.

유다서 8절에서 독사스(*δόξας*, "영광들")는 선한 천사들이지만(주석을 보라), 이것이 유다서를 오해했거나 재해석했던 베드로후서의 기자의 의미를 결정짓지는 못한다. 유다서가 반박한 거짓 선생들이 베드로후서가 반박한 거짓 선생들과 동일하지 않기 때문에 유다서 8-9절과 베드로후서 2:10b-11에서 동일한 비판이 주어지고 있다고 여길 이유가 없다. 11절에 대한 가장 자연스러운 독법은 앙겔로이(*ἄγγε-λοι*, "천사들")가 독사이(*δόξαι*, "영광들")와 구분되고, 카트 아우톤(*κατ' αὐτῶν*, "그들에 대항해서")은 악한 천사들을 지칭하는 독사스(*δόξας*)를 가리키는 것이다.

이런 11절의 독법은 유다서 9절과의 관계에 의해서 지지된다. 유다서 9절의 진정한 의미는 그것이 암시하고 있는 묵시적 이야기에 대한 지식에 달려 있다(유 9절의 "주석"을 보라). 아마도 베드로후서의 기자는 그 이야기를 알지 못하였고, 따라서 그는 유다서 9절의 요지를 오해했다. 현대의 주석가들이 그것을 오해했던 것과 동일한 방식으로 말이다. 그는 독사스(*δόξας*)에 대한 거짓 선생들의 무례함과 대비시켜, 미가엘과 마귀의 이야기를 마귀에 대한 천사의 존중에 대한 사례로 의도되어야 한다고 생각했다(유 8절). 이것은 독사스(*δόξας*)가 악한 천사이든지 아니면 적어도 악한 천사들을 포함하는 것을 함축하고 그 중에 마귀가 들어 있다. 독자들을 미가엘과 마귀의 이야기에 대한 유다의 모호한 표현으로 곤란케 하지 않게 하고 자신이 그것의 의미라고 여긴 것을 유지하기를 원하는 베드로후서의 기자는 일반적인 언급을 천사들의 행동으로 대체했다. 유다서의 호 미카엘 호 아르카겔로스(*ὁ Μιχαηλ ὁ ἀρχάγγελος*, "천사장 미가엘")에 대해서 그는 앙겔로이(*ἄγγελοι*, "천사들")를 사용했고, 유다서의 토 디아볼로(*τῷ διαβόλῳ*, "마귀")에 대해서는 독사스(*δόξας*, "영광 있는 자")를 가리키면서 아우톤(*αὐτῶν*, "그들을")을 사용했다. 또한 그는 유다서의 크리신 블라스페미아스(*κρίσιν βλασφημίας*)를 그 이야기를 알지 못했던 사람들이 가장 자연스럽게 여길 수 있는 것으로서 "비방하는 심판"을 의미하는 것으로 취했고, 따라서 블라스페몬 크리신(*βλάσφημον κρίσιν*, "훼방하는 송사")이라고 적었다. 그의 파라 퀴리온(*παρὰ κυρίον*, "주로부터", "주 앞에서" – 한글개역)은 유다서 9절의 미가엘의 말을 대신하고(*Ἐπιτιμήσαι σοι κύριος* – 에피티메사이 소이 퀴리오스, "주께서 너를 꾸짖으시기를 원하노라"), 그는 그것을 미가엘이 마귀에게 하나님의 심판을 선언하였던 것을 가리키는 것으로 취했던 반면에 모욕적인 용어를 삼갔다.

"그들이 힘과 능력에서 더 클지라도"(*ἰσχύϊ καὶ δυνάμει μείζονες ὄντες* – 이스쿠이 카이 뒤나메이 메이조네스 온테스, "더 큰 힘과 능력을 가진 천사들이라도" –

한글개역). 이것은 천사들을 (a) 독사스("영광스러운 자들")나 (b) 거짓 선생들과 비교한다. 둘 다 좋은 의미를 만들어준다: (a) 마귀보다 더 강한 능력을 가진 천사들이 그들을 모욕하지 않는다. 마귀보다 덜한 능력을 갖고 있는 거짓 선생들이 그렇게 하는 것은 얼마나 무모한가! (b) 거짓 선생들은 마귀를 모욕하고 있지만 거짓 선생보다도 훨씬 더 강력한 천사들이라도 그렇게 하지 않는다. 그 어구를 (a)의 의미로 독법하는 것이 약간 더 자연스러울 것이나(그 경우에 메이조네스[*μείζονες*, "더 큰"]와 아우톤[*αὐτῶν*, "그들을"]은 독사스를 가리킨다), 일반적인 의미는 양 경우에 동일하다. 주목해야할 중요한 것은 이 어구가 거짓 선생들이 독사스(*δόξας*, "영광스러운 자")의 **능력**을 무시한 것에 대해서 책망을 받고 있음을 함축한다는 것이다. 동일한 의미를 우 트레무신(*οὐ τρέμουσιν*, "두려워하지 않다", 10b절)에서 발견할 수 있다. 독사이(*δόξαι*, "영광스러운 자들")는 거짓 선생이 모욕하는 것을 두려워해야 하는 강력한 존재다. 우 트레무신(*οὐ τρέμουσιν*, "두려워하지 않다")과 이스쿠이 카이 뒤나메이 메이조네스 온테스(*ἰσχύϊ καὶ δυνάμει μείζονες ὄντες*, "그들이 능력과 힘에서 더 클지라도)를 유다서에서 빌려오지 않고 유다서에 대한 기자의 편집에 추가되었기 때문에 이것이 기자가 만들고자 했던 특별한 요지였음이 분명하다.

악한 자의 능력에 대한 거짓 선생들의 행동의 의미를 또 두 용어가 분명히 해준다(*τολμηταὶ αὐθάδεις* – 톨메타이 아우다데이스, "대담하고 고집스러운 사람"). 기자는 아주 강조적으로 이 문장을 소개한다. 거짓 선생들의 오만한 과감성은 그들이 악의 능력을 기만하고 있는 사실에서도 보인다.

이런 비판은 베드로후서의 대적자들의 실제적인 특징에 상응해야 한다. 기자가 유다서 8c-9절의 자료를 자신의 대적자들에 대한 논증과 관련이 있는 것으로 생각하지 않았다면, 그는 단순히 그것을 생략하였을 것이다. 유다서의 다른 부분을 생략했던 것처럼 말이다. 게다가 그는 마귀와의 미가엘의 논쟁에 대한 모호한 언급을 없애고 있을 뿐만 아니라 거짓 선생들의 오만한 과감성을 강조하기 위해서 그것을 편집했다. 그는 유다서의 자료를 자신의 대적자들을 공격하기 위한 용도로 의도적으로 분명히 개작했다.

거짓 선생들이 (유다서의 대적자들이 했던 것처럼) 율법에 대한 천사들의 수호를 비방했을 것 같지는 않다. 또한 영지주의자들처럼 거짓 선생들이 데미우르고스와 그의 천사들을 욕하였을 것 같지 않다. 이 경우들에서 베드로후서의 기자는 독사이(*δόξαι*, "영광스러운 자들")를 선한 천사들로 간주했을 것이지만 사실상 그는 악한 천사들로서 그들에 관한 대적자들의 견해를 공유하고 있는 것으로 보인다. 가장 그럴법한 견해는 거짓 선생들은 자신들의 부도덕으로 악마적 세력을 경시하였다는 것이다. 그들이 부도덕한 행동으로 책망을 받고 마귀의 세력에 빠져들고 그 마귀의 정죄를 공유하게 될 위험성을 경고 받았을 때, 그들이 마귀가 자신들에게 어떤 힘을 갖지 못할 것이라고 부정하면서 아울러 회의주의적이고 조롱하는 용어로 악의 세력에 대해 말하며 그 개념을 비웃었다. 그들은 초자연적인 악의 세력의 존재를 의심했다. 이런 설명은 독사이(*δόξαι*, "영광스러운 자들")의 능력과 힘을 거짓 선생들이 어리석게 무시하는 일에 대한 베드로후서의 편집적인 강조를 설명할 수 있는 이점이 있다. 이는 대적자들의 자세를 특징짓는 것으로 보이는 회의주의적 합리주의의 일반적인 태도와 일치한다.

유다서 8c절의 설명으로서 이 해석은 유다서의 주석에서는 거부되었다. 독사이(*δόξαι*)나 블라스페메인(*βλασφημεῖν*, "훼방하다")이 악한 천사들을 모욕하는 태도에 적합한 용어들이 아니기 때문이다. 하지만 이런 반대는 이 용어를 즉석에서 사용한 것이 아니라 유다서로부터 가져온 베드로후서 2:10b의 경우에는 덜 설득력을 갖는다.

12 "그러나 이 사람들은 본래 잡혀 죽기 위하여 난 이성 없는 짐승 같아서"(*ὡς ἄλογα ζῷα γεγεννημένα φυσικὰ εἰς ἅλωσιν καὶ φθοράν* – 호스 알로가 조아 게겐네메나 퓌시카 에이스 할로신 카이 프도란). 이 기자는 알로가 조아…퓌시카(*ἄλογα ζῷα…φυσικά*, "단순히 본능으로 창조된…이성 없는 동물들")를 유다서 10절에서 빌려왔지만 그 비교를 확장시켰다. 거짓 선생들은 비합리적일 뿐 아니라 잡혀 죽게 되어 있는 짐승과 같다. 짐승들이 잡혀서 먹이가 되도록 태어났다는 개념은 고대 세계에서 흔하였다(Juvenal 1.141; Pliny, *Hist. Nat.* 8.81; *b. B. Meṣ.* 85a). 프도라(*φθορά*)는 여기서 "멸망, 파멸"("부패"가 아니다)을 의미하고, 이것이 프도라…프다레손타이(*φθορᾷ…φθαρήσονται*, "그들은 죽게 될...멸망")의 의미를 나중에 이 절에서 결정짓는다.

"그 알지 못한 것을 훼방하고"(*ἐν οἷς ἀγνοοῦσιν βλασφημοῦντες* – 엔 호이스 아그노우신 블라스페문테스). 고전 헬라어에서 블라스페메인(*βλασφημεῖν*)은 에이스(*εἰς*, 막 3:29에서처럼), 페리(*περί*) 또는 카타(*κατά*)가 뒤따르지만 신약성경에서는 보통 속격이 뒤따른다(벧후 2:10에서처럼). 하지만 코이네어는 때로 에이스(*εἰς*)를 대신해서 엔(*ἐν*)을 사용하고, 아마도 엔 호이스(*ἐν οἷς*)는 여기서 단순히 대적자들의 모욕의 대상이다.

그것은 엔 투토이스 하(ἐν τούτοις ἅ, "[in] those things which," "[in] matters which")을 나타내는 것으로 보통 취해지지만 (Spitta의 견해로) 독사이(δόξαι)와 관련하여 엔 투토이스 후스(ἐν τούτοις οὓς, "those whom")를 나타내는 것으로 취해질 수 있었다(10절; 남성의 호이스[οἷς]는 독사이[δόξαι]가 여성이라는 사실에도 불구하고 자연스럽다). 유다서에서 근간이 되는 어구는 부정(indefinite)의 중성 목적격을 갖는 것이 사실이지만(ὅσα μὲν οὐκ οἴδασιν βλασφημοῦσιν – 호사 멘 우크 오이다신 블라스페무신), 이것은 뒤이어지는 대조적인 어구와의 평행을 위해서 유다서에서 필요하다(ὅσα δὲ φυσικῶς ὡς τὰ ἄλογα ζῶα ἐπίστανται – 호사 데 퓌시코스 호스 타 알로가 조아 에피스탄타이). 베드로후서의 기자가 이런 평행을 만들고 있지 않았기 때문에 그는 블라스페문테스(βλασφημοῦντες)에 중성 목적격을 줌으로서 유다서를 따를 필요가 없었다. 베드로후서에서의 문맥으로부터만 엔 호이스(ἐν οἷς)가 10절의 사상을 잇는 직접적인 관련을 주는 것이 보다 자연스럽다. 거짓 선지자들이 악한 천사들이 참으로 얼마나 강력한지를 이해했다면, 그들은 악한 천사들을 비웃지는 않았을 것이다.

아그누신(ἀγνοοῦσιν, "알지 못한")을 그노시스에 대한 대적자들의 주장을 논증적으로 언급한 것으로 볼 필요는 없다. 사실상 유다서 10절에서 기자는 지식에 관한 주제의 강조를 축소시키고 있다. 그가 영지주의적인 주장을 반박하고 있었다면 그렇게 할 리가 없었을 것이다. 오히려 그는 거짓 선생들에 대한 다가올 심판에 강조를 두고, 이는 하나님의 징벌에 대한 거짓 선생들의 부인을 반박하는 일반적인 변증적 관심과 일치한다.

"저희 멸망 가운데서 멸망을 당하며"(ἐν τῇ φθορᾷ αὐτῶν καὶ φθαρήσονται – 엔 테 프도라 아우톤 카이 프다레손타이). 이 어절은 다양한 방식으로 이해되었다. (1) 라이케(Reicke)는 블라스페문테스(βλασφημοῦντες)와 함께 엔 테 프도라(ἐν τῇ φθορᾷ)를 취하여 엔 호이스(ἐν οἷς)로부터 이렇게 번역한다: "그들이 인식하지 못하는 것으로 그러나 그들의 부패로 인해 그들은 멸망할 것이다." 하지만 프도라(φθορᾷ)와 프다레손타이(φθαρήσονται)간의 연관이 의도되어야 한다. 게다가 라이케의 번역은 독사이(δόξαι)가 인간 통치자라는 견해에 의거한다.

(2) "그들은 멸망에 대하여 스스로 행한 일로 확실히 멸망할 것이다"(JB; 유사하게는 RV, Wand). 하지만 프도라(φθορᾷ)의 이런 능동태적 의미는 가장 어색하다.

(3) 그들은 "자신의 부패로 완전히 멸망할 것이다"(AV; Plumptre).

(4) 그들 자신의 멸망으로 그들은 멸망할 것이다 – 즉 강조를 전달하는 히브리 어법(참조. 3:3: *ἐν ἐμπαιγμονῇ ἐμπαῖκται* – 엔 엠파이그모네 엠파이크타이, "기롱하는 기롱하는 자")(고로 James, Green). 베드로후서의 기자는 칠십인경의 유사한 어구를 잘 알았을 것이다(예를 들면, 출 18:18: *φθορᾷ καταφθαρήσῃ* – 프도라 카타프다레세, "너희는 멸망으로 멸망할 것이요"; 사 24:3: *φθορᾷ φθαρήσεται* – 프도라 프다레세타이, "그것은 멸망으로 멸망할 것이요"; 미 2:10: *διεφθάρητε φθορᾷ* – 디에프다레테 프도라, "당신은 파멸로 멸망시켰다"). 하지만 이 경우에 아우톤(*αὐτῶν*)은 중복적인 것으로 보인다. 게다가 (2), (3)와 (4)는 카이(*καί*)에 예상할 수 있는 의미인 "또한"(also)보다는 "확실히"란 부자연스러운 의미를 전달하게 된다.

(5) 그들은 "그들(즉 짐승)과 동일한 멸망으로 파괴될 것이다"(RSV; 유사한 NEB, NIV). 현대의 주석가들의 다수가 아우톤(*αὐτῶν*)을 조아(*ζῷα*, "짐승들")를 가리키는 것으로 취한다. 나아가서 그들 중에 일부는 이 어절을 다가올 종말론적인 세상의 멸망에서 짐승들과 불경건한 사람들이 함께 멸망할 것이라는 의미로 해석한다. 홍수 시에 그렇게 된 것처럼 말이다(Windisch, Schrage). 하지만 대부분의 사람들은 사냥꾼들이 짐승을 살육하는 것과 유사한 죽음으로 거짓 선생들이 고통당할 것이라는 것을 의미하는 것으로서 그것을 해석한다(Bigg, Mayor, Chaine, Schelkle, Sidebottom, Kelly, Grundmann; Fornberg, *Early Church*, 46).

(6) 그들은 그들이 모욕한 악한 천사들과 함께 멸망할 것이다(Spitta, Senior). 호이스(*οἷς*)는 아우톤(*αὐτῶν*)에 가장 가까이 있는 선행하는 말이므로, 호이스(*οἷς*)가 악한 천사들을 언급하는(위를 보라) 남성형인 것으로 취하는 것이 옳다면, 이 해석은 가장 자연스럽게 된다. 거짓 선생들은 심판 날에 근절된 악의 세력의 운명을 공유할 것이다. 이 해석이 이 절의 첫 번째 프도라(*φθορά*, "멸망")(짐승의 멸망)와 두 번째 프도라(Mayor)간의 연관을 망가뜨린다는 반론은 타당하지 않다. 거짓 선생들의 운명과 짐승들의 운명과의 비교는 이 절의 첫 번째 부분에서 이미 있었고, 엔 테 프도라 아우톤(*ἐν τῇ φθορᾷ αὐτῶν*)이란 어구에서 반복될 필요가 없다. 이 어구는 두 번째 비교인 악한 천사들의 운명을 소개한다.

13 "불의의 값으로 불의를 당하며"(*ἀδικούμενοι μισθὸν ἀδικίας* – 아디쿠메노이 미스돈 아디키아스). 스케한(Skehan, *Bib* 41[1960] 69-71; Spicq가 뒤따름)은 아디쿠메노이(*ἀδικούμενοι*) 다음에 콜론을 두고, 미스돈 아디키아스(*μισθὸν ἀδικίας*)를 헤도넨 헤구메노이(*ἡδονὴν ἡγούμενοι*)와 함께 취하면서 이렇게 번역한

다: "부패한 것으로 해를 당하는 그들의 부패로…악의 삯이 기쁨이라는 그들은…." 하지만 (1) 당연히 그러해야 하는 것처럼 프도레손타이(φθαρήσονται)가 "멸망당할 것이다"를 의미한다면, 그것이 아디쿠메노이(ἀδικούμενοι)를 첨가할 필요가 없다. (2) 아디쿠메노이(ἀδικούμενοι)와 아디키아스(ἀδικίας)의 언어유희는 의도적이어야 한다.

만약 아디쿠메노이 미스돈 아디키아스(ἀδικούμενοι μισθὸν ἀδικίας)가 한 어구를 형성한다면 두 가지 가능한 해석이 있다: (1) "불의로 인해 빼앗기다"(Wand, Moffatt, Reicke, Green; Fornberg, *Early Church*, 46; Moffatt의 번역은 언어유희를 포기하기를 시도한다: "그들의 악행으로 인해 행해진"). 그것과 속격(관계?)의 미스돈(μισθόν)의 이 용법과는 아닐지라도, 아디케인(ἀδικεῖν)에 대한 "편취를 당하다"란 의미는 파피루스에서 증거된다(Moulton and Milligan, *Vocabulary*, s.v.). 이 해석의 이점은 그것이 15절에서 그러한 것처럼 미스돈 아디키아스(μισθὸν ἀδικίας)에 동일한 의미를 주고 있다는 점이다. 즉 거짓 선생들은 그들의 사악으로부터 얻게 될 배당이 있다. 그러나 그것이 이 문맥에서 독자들이 이 어구에 자연스럽게 주게 되는 의미인지는 의심스럽다. 사도행전 1:18이 유다가 예수를 배신한 대가로 받았던 돈에 대해서 미스도스 테스 아디키아스(μισθὸς τῆς ἀδικίας, "불의의 삯")를 사용한 것이 사실이지만 이것은 문맥에서 분명하다. *Diogn.* 9:2에서, 호 미스도스 아우테스(ὁ μισθὸς αὐτῆς[sc. τῆς ἀδικίας], "그것(악행)의 대가")와 *Barn.* 4:12에서, 미스도스 테스 포네리아스(μισθὸς τῆς πονηρίας, "악의 대가")는 사악에 따른 벌을 일컫고(참조. 또한 계 22:12; *1 Clem* 34:3; *Barn.* 21:3), 이것은 베드로후서 2:13에서의 보다 분명한 의미인 것으로 보인다. 또한 15절에서 주요한 언급이 발람이 악행에 대한 대가로 받게 될 돈일지라도, 하나님의 정의의 손에 그가 받게 될 삯이라는 부차적인 아이러니한 언급이 들어 있다(아래를 보라). (2) "악행에 대한 대가로 고통당하다"(고로 본질적으로는 Mayor, Chaine, Schelkle, Kelly, Grundmann). 아디케인(ἀδικεῖν, "상처를 입다")은 상처를 입은 사람과 가해진 상처에 관한 두 속격을 취할 수 있지만 후자는 통상적으로 티(τι, 몬 18절), 우덴(οὐδέν, 행 25:10; 갈 4:12; *Mart. Pol.* 9:3) 그리고 아디케마(ἀδίκημα)로 제한된다. 그러나 기자가 종말론적인 '보응의 정당성'(*jus talionis*)의 사례를 구현하는 언어유희를 이루기 위해서 다소 경직된 통상적인 용법을 사용해야 했다는 것은 신뢰할 수 있다: 거짓 선생들은 그들이 행한(ἀδικίας – 아디키아스) 악행의 대가로 악(ἀδικούμενοι – 아디쿠메노이)으로 고통을 당할 것이다. 그러나 아디케인(ἀδικεῖν)이 단순히 "해를 당하다"(의미상으로 수동: Wis 14:29; 3 Macc 3:8; 계 2:11)를 의미할 수 있기 때문에, 하나님에 대한 악행의 귀속은 없다. 유감스럽게도 도덕적으로 중립적인 용어를 갖는 아디쿠메노이(ἀδικούμενοι)와 도덕적으로 경멸적인 용어를 갖는 아디키아스(ἀδικίας)를 영어에서 번역할 수는 없다. 언어유희를 담을 수는 있을지라도 말이다.

"낮에 연락을 기쁘게 여기는 자들이니"(ἡδονὴν ἡγούμενοι τὴν ἐν ἡμέρᾳ τρυφήν – 헤도넨 헤구메노이 텐 엔 헤메라 트루펜). 트루페(τρυφή, 신약성경의 다른 곳으로는 눅 7:25에서만)는 좋은 의미를 가질 수 있으나("밝은", "낮": *2 Clem* 10:4; *Herm. Sim.* 6:5:7), 헤르마스에서 자주 "자기 방종"이란 의미로 나오고(정의를 위해서는 특히 *Sim.*6:5:5을 보라), 술취함과 다른 색욕적인 형태와 연관된다(*Herm. Man.* 6:2:5; 8:3; 12:2:1). 대부분의 주석가들은 엔 헤메라(ἐν ἡμέρᾳ)가 "낮에"를 의미하는 것으로 가장 잘 취해질 수 있다(참조. 3 Macc 5:11; 요 11:9b; 롬 13:13)고 동의한다. 대낮에 술을 마시고 연회를 베푸는 것은 타락의 표준적인 특징이었다(전 10:16; 사 5:11; *T. Mos.* 7:4; Juvenal 1.103).

이 어구가 이 절의 나머지 부분의 주제인 애찬을 이미 언급하고 있는지는 분명하지 않다(Grundmann이 주장하는 것처럼). 트루펜(τρυφήν, "자기 방종")과 엔트루폰테스(ἐντρυφῶντες, "방종하는")간의 어휘적 연결은 그것이 그러함을 암시한다. 하지만 우리는 애찬이 이 시기에 낮 시간에 열렸는지를 알지 못한다(히폴리투스의 시간에 의한 것으로서 스캔들을 피하기 위해서: *Apost. Trad.* 26).

"점과 흠이라"(σπίλοι καὶ μῶμοι – 스필로이 카이 모모이). 이 어구는 유다서의 스필라데스(σπιλάδες, "위험스러운 암초")에 대한 기자의 대체용어다. 그 용어는 많은 현대의 주석가들을 혼란시켰던 것처럼 아마도 기자를 혼란케 했을 것이다. 일부 주석가들처럼 베드로후서의 기자는 유다서가 참으로 스필로이(σπίλοι, "점")를 의미했던 것으로 생각했을 것이다. 유다서를 그가 "발전"시킨 것은 자기 자신의 방식에 따른 것이고, 이는 교회가 재림에서 목표를 두어야 하는 태도에 관한 그의 묘사와 대비된다: 아스필로이 카이 아모메토이(ἄσπιλοι καὶ ἀμώμητοι, "점과 흠이 없는": 3:14). 후자는 확고한 예전적이거나 교훈적인 어구였을 것이고(3:14 주석에서의 언급을 보라), 따라서 베드로후서의 독자들은 거짓 선생들을 교회에서 "점과 흠이 있는 자"로 묘사하는 요지를 금방 알았을 것이다. 희생제사에 적합하지 않은 흠 있는 짐승이나 제사장적 봉사에 적합하지 않은 사람처럼(레 21:21), 이 부도덕한 사람들은 거룩함에 대한 교회의 목표를 좌절시키고, 교회를 하나님에 대한 희생제사로 드리기에 적합하지 않게 만들 수 있었다.

"너희와 함께 연회할 때에 저희 간사한 가운데 연락하며"(ἐντρυφῶντες ἐν ταῖς ἀπάταις αὐτῶν συνεωχούμενοι ὑμῖν – 엔트루폰테스 엔 타이스 아파타이스 아우톤 쉬네오쿠메노이 휘민). 엔트루판 엔 티니(ἐντρυφᾶν ἔν τινι, 좋은 의미로는 LXX 사 55:2; *Herm. Man.* 10:3:1)는 "즐기다, 어떤 일에 빠지다"를 의미한다. 아파테(ἀπάτη, "속임, 간사함")는 "쾌락" 즉 즐거움의 환상으로 사람들을 유혹하는 죄스러운 열락을 의미한다(Spicq, *Lexicographie*, 116-18). 헤르마스는 자주 트루페(τρυφή)와 아파테(ἀπάτη)(*Mand.* 11:12; *Sim.* 6:2:1-2, 4; 6:4:4; 6:5:1, 3-4, 6), 그리고 트루판(τρυφᾶν)과 아파탄(ἀπατᾶν)(*Sim.* 6:4:1; 6:5:3)을 거의 호환할 수 있는 용어로 자주 연관짓는다(특히 *Sim.* 6:5:6을 보라). 따라서 특히 헤르마스와 베드로후서가 속한 로마 기독교의 배경에 비추어 엔트루폰테스 엔 타이스 아파타이스 아우톤(ἐντρυφῶντες ἐν ταῖς ἀπάταις αὐτῶν, "간사한 열락에 빠져 있는")이란 어구는 매우 자연스럽고 금방 이해할 수 있는 말이다.

그러나 엔 타이스 아파타이스 아우톤 쉬뉴오쿠메노이 휘민(ἐν ταῖς ἀπάταις αὐτῶν συνευωχούμενοι ὑμῖν)은 유다서의 어구인 엔 타이스 아가파이스 휘몬…수뉴오쿠메노이(ἐν ταῖς ἀγάπαις ὑμῶν…συνευωχούμενοι, "당신의 교제 식사에 당신과 함께 먹는"(유 12절)이란 말에 분명히 기초하고 있음을 인식해야 한다. 아파타이스(ἀπάταις)와 아가파이스(ἀγάπαις)가 쉽게 저지를 수 있는 서기관의 실수였을 수 있었을지라도, 대명사가 바뀐 것은 베드로후서에서 변이적인 독법인 아가파이스(ἀγάπαις)가 옳다거나 베드로후서의 기자가 사용한 유다서의 사본이 이미 변질된 독법인 아파타이스(ἀπάταις)가 아님을 말해준다. 베드로후서의 기자는 의도적인 변화를 주었음이 틀림없다. 그가 애찬(Schrage)과 관련한 어떤 언급도 차단하기를 원했을 것임이 가능하나, 그 경우에 그가 유사한 소리가 나는 아가파이스(ἀγάπαις)를 아파타이스(ἀπάταις)로 대체함으로써 그렇게 했다는 것은 이상하다. 그가 의도적인 익살을 원했다는 주장이 더욱 설득력이 있고, 자신의 독자들이 유다의 편지를 잘 알지 못하였을지라도, 그들이 이 익살을 알 수 있을 것으로 그는 예상했을 것이다(쉬뉴오쿠메노이 휘민[συνευωχούμενοι ὑμῖν, "그들이 너희와 함께 식사를 하다"]은 자연스럽게 애찬을 암시했을 것이다). 거짓 선생들의 탐욕스럽고 열락하는 행동으로 인해 더럽혀진 식사는 아가파이(ἀγάπαι)라 부를 수 없었고, 다만 "속임수, 간사함"(아파타이스[ἀπάταις]의 근본적인 의미)이라고 부를 수 있었을 것이다.

아우톤(*αὐτῶν*, "그들의")은 거짓 선생들이 식사를 주재했다는 것을 시사하지 않는다. 아파타이스(*ἀπάταις*)가 주로 "쾌락"을 의미하고 익살스러운 뉘앙스로서 식사를 암시하기 때문이다. 기자는 아가파이스(*ἀγάπαις*)를 아파타이스(*ἀπάταις*)로 바꾸고 그것을 엔트루폰테스 엔 타이스 아파타이스 아우톤(*ἐντρυφῶντες ἐν ταῖς ἀπάταις αὐτῶν*, "교묘한 열락으로 방종하는")의 일부로 만들었을 때, 유다서의 휘몬(*ὑμῶν*, "너의")을 아우톤(*αὐτῶν*, "그들의")으로 바꾸어야 했다. 하지만 그는 휘민(*ὑμῖν*, 유다서에는 없는 "너희와 함께")을 첨가하여 자신이 교회의 공동의 식사를 이야기하고 있었음을 분명히 한다.

14 "음심이 가득한 눈을 가지고"(*ὀφθαλμοὺς ἔχοντες μεστοὺς μοιχαλίδος* – 오프달무스 에콘테스 메스투스 모이칼리도스, 직역하면 "그들은 간음으로 가득한 눈을 갖고 있다"). 그들의 눈이 항상 간음을 저지를 여인을 찾고자 하고 있다는 것을 의미하는 생생한 표현이다. 부끄러움이 없는 남성은 자신의 눈에 코라스(*κόρας*, "학생"이나 "하녀" – 익살)를 갖고 있지 않고 포르나스(*πόρνας*, "창녀": Plutarch, *Mor.* 528E; 역으로 Timaeus는 정숙한 남성에 해당한다[4세기 B.C.]; Pseudo-Longinus, *De sub.*4.5에서)를 갖고 있다. 베드로후서의 기자가 다른 잘 알려진 격언을 말하고 있을 때(2:19, 22) 이 격언을 반영하고 있을 가능성이 있다.

"굳세지 못한 영혼들을 유혹하며"(*δελεάζοντες ψυχὰς ἀστηρίκτους* – 델레아존테스 프쉬카스 아스테리크투스). 동사는 낚시질하고 유혹하는 은유인 "미끼로 유혹하다"를 의미한다(Philo, *Praem.* 25는 유사한 방식으로 사용된다). 푸쉬카스(*ψυχὰς*, 직역하면 "영혼들")는 여기서 사실상 "사람들"이다(참조. 행 2:41; 벧전 3:20). "굳세지 못한"은 쉽게 유리될 수 있는 기독교의 가르침에 확고하게 기초하지 못한 사람들이다. 1:12의 "주석"을 보라.

"탐욕에 연단된 마음을 가진 자들이니"(*καρδίαν γεγυμνασμένην πλεονεξίας ἔχοντες* – 카르디안 게굼나스메넨 플레오넥시아스 에콘테스). 게굼나스메넨(*γεγυμνασμένην*, 직역하면 운동의 비유인 "훈련된"이다)은 아스테리크투스(*ἀστηρίκτους*, "굳세지 못한)와 대조된다. 경험이 없는 학생들과 달리 거짓 선생들은 탐욕에 있어서 전문가다. 그들은 이득을 얻기 위해서 제자를 만든다(참조. 2:3a).

"저주의 자식이라"(*κατάρας τέκνα* – 카타라스 테크나, 문자적으로는 "저주의 자식들")는 칠십인경의 유사한 어구들(사 57:4: 테크나 아폴레이아스[*τέκνα ἀπωλείας*]; 호 10:9: 테크나 아디키아스[*τέκνα ἀδικίας*, "악행의 자식들")과 기독교적 용법(엡 2:3; 5:8; 벧전 1:14; *Barn.* 7:1; 9:7; 21:9; Ign. *Phld.* 2:1; 그리고

Deissmann, *Bible Studies*, 161-66을 참조하라)을 유추함으로써 형성한 히브리어풍이다. 그것은 거짓 선생들이 하나님의 저주 아래 있음을 단순히 의미한다(참조. Sir 41:9-10).

이 외침이 이전의 비판을 결론짓는 것으로 의도되어 있는 것인지 아니면 뒤에 것을 도입하는 것인지는 말하기가 어렵다. 이 개념이 신명기 11:26, 28에서 나온 것이라면(Fornberg, *Early Church*, 102-3), 그것은 15a절과 연관이 있다(참조. 신 11:28).

15 "저희가 바른 길을 떠나 미혹하여"(*καταλείποντες εὐθεῖαν ὁδὸν ἐπλανήθησαν* – 카탈레이폰테스 유대이안 호돈 에플라네데산). 이 개념은 유다서의 테 플라네 투 발라암(*τῇ πλάνῃ τοῦ Βαλααμ*, "발람의 잘못", 유 11절)에 의해 제기되었다. 베드로후서의 기독교를 지칭하는 "길"이란 어구의 사용에 대해서는 2:2의 "주석"을 보라. 하나님에 대한 순종의 길을 나타내는 "바른 길"이란 비유적 사용은 흔하였고(호도스 유데이아[*ὁδὸς εὐθεία*]: LXX 왕상 12:23; 시 106:7; 잠 2:16; 사 33:15; *1 Clem* 7:3; 호도이 유데이아이[*ὁδοὶ εὐθειαί*]: 칠십인경 잠 2:13; 호 14:10; 행 13:10; 호도스 오르데[*ὁδὸς ὀρθή*]: *Herm. Man.* 6:1:2; Philo, *Det.* 22; *Agr* 101; *via recta*: *Act. Verc.* 6; 또한 *2 Enoch* 42:10을 참조하라), "떠나다"와 "유리하다"는 길과 함께 사용되는 확실한 비유였다(LXX 신 11:28: 플라네데테 아포 테스 호두 헤스 아네테일라멘 휘민[*πλανηθῆτε ἀπὸ τῆς ὁδοῦ ἧς ἀνετειλάμεν ὑμῖν*, "너는 내가 네게 명한 길에서 떠나 가다"]; 잠 2:13: 호이 엥카탈레이폰테스 호두스 유데이아스[*οἱ ἐγκαταλείποντες ὁδοὺς εὐθείας*, "바른 길을 버린 자들"]; 21:16: 플라노메노스 엑스 호두 디카이오쉬네스[*πλανώμενος ἐξ ὁδοῦ δικαιοσύνης*, "의의 길에서 떠나 가다"]; Wis 5:6: 에플라네데멘 아포 호두 알레데이아스[*ἐπλανήθημεν ἀπὸ ὁδοῦ ἀληθείας*, "우리가 진리의 길에서 탈선했다"]; Philo, *Det.* 22: "그들은 분명하게 바른 길(*τὴν ὀρθὴν ὁδὸν* – 텐 호르덴 호돈)을 보지 못하는 무능력 때문에 유리하였다"(*πεπλανημένοι* – 페플라네메노이); *Apoc. Pet.* A 34: 호이 아페테스 텐 호돈 투 데우[*οἱ ἀφέτες τὴν ὁδὸν τοῦ θεοῦ*, "하나님의 길을 버린 사람들"; 또한 *Apoc. Pet.* B; 1QS 10:20-21; CD 1:13; 2:6; 약 5:19-20; *Did.* 6:1을 참조하라).

"브올의 아들 발람의 길을 좇는도다"(*ἐξακολουθήσαντες τῇ ὁδῷ τοῦ Βαλααμ τοῦ Βοσορ* – 엑사콜루데산테스 테 호도 투 발라암 투 보소르). 발람의 "길"(*ὁδός* – 호도스)이란 개념은 가인의 "길"(*τῇ ὁδῷ τοῦ Καιν* – 테 호도 투 카인)을 말하는 유다서 11절에서 빌려온 것이지만 베드로후서의 기자는 11절이 가리키는 단락인 민수기 22:21-35에 문자적이고(민 22:23 칠십인경) 비유적(민 22:32 칠십인경)인 발람의 "길(*ὁδός* – 호도스)에 관한 강조를 염두에 두었을 것이다. 거짓 선생들은 경제적인 이득을 위해서 하나님께 불순종하는 길을 따르는 발람의 추종자들이다.

보소르(Bosor, "보소르", "브올" – 한글개역)는 발람의 아버지인 브올의 이름으로 다른 곳에서는 증거 되지 않는 형태다(בעור, LXX *Βεωρ*). 잔(Zahn, *Introduction*, 292)은 그것이 베드로의 갈릴리적 발음을 반영하고 있다고 주장했다. 더 그럴듯한 주장은 이 형태가 "육체"(בשר)란 이름과 말의 언어유희의 유대적 전승을 반영한다는 것이다. 발람의 부도덕한 특징은 그를 "육체의 아들"이라고 부름으로써 특징지어질 것이다(고로 이미 Luther; Wettstein; Vitringa, Bigg에 의해 인용됨). 이 이름에 대한 이런 설명이 유대적 자료에서는 알려져 있지 않을지라도, 다소 유사한 설명은 "브올"(בעור)과 "짐승"(בעיר)을 연관시켜 발람의 맹수성을 비판하였다(*b.* Sanh; 105a).

"그는 불의의 삯을 사랑하다가"(*ὃς μισθὸν ἀδικίας ἠγάπησεν* – 호스 미스돈 아디키아스 에갈페센). 유대적 전승에서 발람의 탐욕과 보상을 바라는 마음에 대해서는 유다서 11절의 "주석"을 보라. 유다서의 미스두(*μισθοῦ*, "보상")에 베드로후서의 기자는 아디키아스(*ἀδικίας*, "악행의")를 추가하였다. 아마도 13절에서 이미 사용한 어구를 반복하기 위해서일 것이다. 문자적으로 미스돈 아디키아스(*μισθὸν ἀδικίας*, "악행의 보상")는 발람이 이스라엘을 저주하고 악한 조언을 행한 일에 대해서 발락으로부터 받을 것으로 예상했던 돈이다(참조. 행 1:18, 그 구절에서 메스도스 테스 아디키아스[*μισθὸς τῆς ἀδικίας*]는 유다가 예수를 배반한 대가로 받았던 돈이다). 하지만 이 어구를 사용함으로써(참조. *Diogn.* 9:2; *Barn.*4:12), 기자는 발람이 하나님의 정의에서 떠난 사악으로 얻었던 보상의 아이러니한 부차적 언급을 의도하고 있을 것이다. 유대적 주해들은 발람이 미디안 왕들에 의해 죽임을 당하였음을 설명하였을 때 유사한 아이러니를 함축했다(민 31:8). 그가 보상을 받기 위해 그들에게 갔기 때문이다(*b. Sanh.* 106a; *Num. Rab.* 22:5; 그리고 특히 *Sipre. Num.* 157: 이스라엘 사람들은 "검으로 브올의 아들 발람을 죽였다. 이스라엘 사람들은 그에게 온전한 임금을 지불했고, 그에게서 빼앗지 않았다"; 참조. Neyrey, *Polemic*, 92-93; Philo, *Mut.* 203).

16 "자기의 불법을 인하여 책망을 받되 말 못하는 나귀가 사람의 소리로 말하여 이 선지자의 미친 것을 금지하였느니라"(*ὑποζύγιον ἄφωνον ἐν ἀνθρώπου φωνῇ*

*φθεγξάμενον ἐκώλυσεν τὴν τοῦ προφήτου παραφρονίαν* – 휘포쥐기온 아포논 엔 안드로푸 포네 프텍크사메논 에콜뤼센 텐 투 프로페투 파라프로니안). 고대 세계에서 짐승은 언어를 말하지 못하기 때문에 벙어리로 불려졌다(Horace, *Sat.* 1.3.100; Tacitus, *Hist.* 4.17). 나귀가 말한 이야기는 민수기 22:21-35에서 들려진다(또한 Josephus, *Ant.* 4.109을 참조하라: 포넨 안드로피넨 아페이사[*φωνήν ἀνθρωπίνην ἀφεῖσα*, "사람의 음성으로 외쳤다"]). 주석가들은 거기서 책망은 푸대접을 단순히 불평하는 나귀보다는 사실상 천사들이 실행한 것이라고 자주 지적했다. 베드로후서의 기자는 그가 만들기를 원했던 요지를 위해서 자유로이 그 이야기를 단순히 인용하였을 수 있었지만, 그가 유대의 학가다 전승에 의존하였을 것이다. 민수기 22:30의 탈굼(Frg. Tg., *Tg. Ps.-J.*, *Tg. Neof.*)은 발람이 자신의 나귀조차도 저주할 수 없을 때에 이스라엘을 저주할 수 있다고 생각한 어리석음을 나귀가 책망한 것으로 그 말을 나귀에게 귀속시킨다.

또한 이 탈굼 전승은 발람을 파라프로니안(*παραφρονίαν*, "미친 것")이라고 언급을 이렇게 설명한다: 나귀가 발람의 어리석음에 대해 그를 책망했다(Tg. *Ps.-J.* 민 22:30: "발람아 너에게 화있을진저, 너는 어리석도다"; Frg. Tg. 민 22:30: "너는 명철도 없고 네 안에 지혜도 없도다"). 발람의 어리석음이나 미친 짓에 대한 개념은 발람의 이야기에 관한 학가다의 확장에서 꽤 흔하다(Philo, *Mut.* 203: "발람은 자신의 광기에 의해 찔러 죽임을 당하였다[*φρενοβλαβείας*]"; *Mos.* 1.293: 발람이 이스라엘을 저주하는 일의 보상으로 받을 수 있었던 돈을 희생하고 그 일을 하지 못하였을 때, 발락은 그를 "매우 어리석고"[*ἀνοητότατε* – 아노에토타테] "미친 자"[*φρενοβλαβής* – 프레노블라베스]라고 칭했다. 또한 데일 알라(Deir ʾAllā)로부터의 아람어 발람 텍스트(8-7세기 B.C.)는 발람의 예언을 거부한 사람들이 그를 "어리석고 우둔하다"고 저주하는 것으로 보인다: J. Hoftijzer와 G. van der Kooij (eds.), *Aramaic Texts from Deir ʿAllā*[DMOA 11; Leiden: E.J. Brill, 1976] 181, 246-47). 그것은 발람의 아버지의 이름에 대한 설명에서 구체화되었고(Tg. *Ps.-J.* Num 22:5: "지식의 광대함으로 미쳐버린 브올의 아들"; 참조. בער, "야만적이고 어리석은"), 필로는 "발람"이란 이름을 "어리석은 사람"을 의미하는 것으로 설명했다(마타이오스 라오스[*μάταιος λαός*]: *Cher.* 32; *Conf.* 159; *Mig.* 113; *Det.* 71; 참조. *Conf.* 66).

파라프로니안(*παραφρονίαν*, "미침")은 현존하는 헬라어 문헌의 다른 곳에는 나타나지 않는다. 기자는 이 파라노미아(*παρανομία*, "범죄")와의 유음을 위해서 (파라프로쉬네[*παραφροσύνη*]나 파라프로네시스[*παραφρόνησις*]보다는) 이 형태를 아마도 사용했을 것이다. 두 어휘는 밀접하게 연관되어 있고, 민수기 22장의 발람의 행동의 두 양상을 대변한다. 발람의 범죄는 경제적인 이득을 위해서 이스라엘을 저주하려는 결심이었다. 그의 미친 짓은 그가 그렇게 할 수 있을 것이라고 생각한데 있다. 그의 탐욕이 판단을 흐리게 했고, 그런 범죄가 가능할 것으로 보이게 만들었다.

발람이 그런 자신의 문제에도 불구하고 어떻게 선지자일 수 있었느냐는 이스라엘의 예언적인 복에 관한 구약의 기사에 함축되어 있다(민 23-24장). 또한 유대 전승에서 그를 널리 선지자로 인정하였다(참조. Tg(s) *Neof.* and *Ps.-J.*Num 23:7; Frg. Tg. Num 23:1; 24:4; *Bib Ant.* 18:12; Philo, *Mut.* 203; *b. Sanh.* 106a; *Num. Rab.* 20:7, 10). 여기서 그것은 아이러니를 확장하고 있는 것으로 언급된다: 하나님의 뜻을 알아야 하는 선지자가 어리석게 그것을 인식하지 못한 반면에 단순한 나귀가 예언적인 책망을 말했다. 필로(그는 나귀가 **말한 것**을 말하기를 삼간다)는 이 이야기에서 유사한 아이러니를 인식한다: "이성이 없는 동물(*ἀλόγου ζῴου* – 알로구 조우)이 세상뿐만 아니라 세상을 만드신 분을 안다고 주장했던 그(발람)에게 탁월한 능력을 보여주었다"(*Mos.* 1.272, Loeb tr.).

발람을 프로페투(*προφήτου*, "선지자")라고 부름으로써 기자가 대적자들이 예언적인 영감을 주장하고 있음을 암시하기를 의도하였다고 볼 수는 없다. 그 경우에 그는 발람을 **거짓** 선지자로 보았음을 분명히 하였을 것이기 때문이다. 본문에 나타난 대로 기자의 진술은 발람이 하나님의 뜻에 반하는 일을 행한 실제 선지자였다는 믿음을 아주 자연스럽게 반영해준다.

베드로후서의 기자는 왜 16절(발람에 대한 유다의 언급과 더불어)을 포함시켰는가? 아마도 12절에서 이미 언급한 주제를 취할 수 있는 기회를 보았기 때문일 것이다: 거짓 선생들은 "이성 없는 짐승"(*ἄλογα ζῷα* – 알로가 조아)과 같다. 비합리적인 행동(*παραφρονίαν* – 파라프로니안)이 합리적인 말로 말한 이성 없는 짐승에 의해 책망을 받았던 발람과 비교함으로써 이 동일한 요지를 유머적인 강조로 이제 전달한다(위에서 인용한 Philo, *Mos.* 1.272을 참조하라). 발람은 탐욕에 사로잡혔기에 나귀가 그보다도 더 나았다. 기자가 자신의 단순한 크리스천 독자들을 대변하는 것으로 나귀를 의도했다는 것(Reicke)은 훨씬 더 확실하지 못하다.

## 해설

이전 단락을 대적자들의 악을 언급함으로써 결론지은 기자는 이제 그들의 죄에 대해 보다 확장된 비판을 시작한다.

그는 먼저 마귀의 능력을 오만하게 언급하는 그들의 무모함을 이야기한다. 그들은 부도덕한 행위를 뻔뻔스럽게 행하고, 악의 권세에 빠지고 그 운명을 공유하는 위험성을 인식하지 못한다. 그들이 이런 위험성을 경고 받았을 때, 마귀와 그 힘에 대해서 코웃음 친다. 기자는 심지어 천사라도 마귀에게 하나님의 심판을 선언할 때 그 마귀의 힘을 존중하고 경멸스럽게 그들을 다루지 않음을 지적함으로써 거짓 선생들의 어리석음을 조명한다. 천사들이 마귀를 제어할 수 있는 능력을 갖고 있음에도 불구하고(거짓 선생들은 확실히 그렇지 못하다) 그렇게 한다.

악의 권세에 대한 그들의 태도는 매우 어리석고 그들을 멸망으로 이끌 것이다. 기자는 종말론적인 심판에 대한 거짓 선생들의 부인에도 불구하고, 사실상 그들이 이 심판을 향해 나아가고 있음을 계속 이어나간다. 기자는 본래적 운명이 쫓김을 당하고 살육 당하게 되어 있는 비이성적인 짐승과 비교함으로써 그들의 어리석음을 지적한다. 악의 권세를 비웃을 때에 지금 무엇을 말하고 있는지를 알지 못하는 거짓 선생들도 모든 악이 심판 날에 멸망하게 될 때 같은 운명을 공유할 것이다. 이것이 정의다.

기자는 거짓 선생들의 욕정을 정죄하는 것으로 전환한다. 밝은 대낮에 연회를 베풀며 즐기는 습관을 갖고 있는 이들은 교회의 교제 식사를 자기 방종의 기회로 바꾼다. 통렬한 익살을 통해서 기자는 결과적으로 이 식사는 "사랑의 식사"라고 더 이상 부르기에 적합하지 않고 다만 "속임수"라고 불려야 한다는 것을 시사한다. 교회의 공동체적 삶에서 거짓 선생들을 "흠과 점이 있는" 것으로 칭할 때, 그는 재림시에 "흠과 점이 없이"(3:14) 하나님께 드리기에 적합한 희생제사에 대한 교회의 목적을 암시하고 있다. 거짓 선생들의 부도덕한 행위는 이런 목적을 좌절시킨다. 거짓 선생들의 성적인 정욕과 추종자들로부터 재정적인 이득을 얻기 위해서 미성숙한 크리스천들을 유혹하는 탐심을 언급한 후에 기자는 하나님의 저주를 받을 것임을 그들에게 선포한다.

그들의 탐욕은 발람과 비교하게 만든다. 발람처럼 거짓 선생들은 하나님의 명령을 순종하는 "바른 길"이 아니라 "잘못된 행위의 보상"을 찾아 헤매게 만든다. 이 어구는 발람처럼 사실상 그들에게도 정당한 보응이 있게 될 것이라는 아이러니한 뉘앙스를 담고 있다.

발람의 판단은 그의 탐심으로 인해 흔들렸다. 그리하여 그는 하나님의 뜻을 대적하는 계획을 성공할 수 있으리라고 사실상 생각했다. 유사하게 하나님의 심판의 실제를 부인하는 거짓 선생들도 벌을 받지 않고 죄를 지을 수 있다고 어리석게 상상한다. 하지만 발람의 경우에도 그의 나귀가 그보다 더 잘 알았다!

# 거짓 선생들에 대한 책망(b)(2:17-22)

## 참고문헌

**Aubineau, M.** "La thème du 'bourbier' dans la Littérature grecque profane et chrétienne." *RSR* 33(1959) 185-214. **Bishop, E. F. F.** *Apostles*, 218-19. **Hemmerdinger-Iliadou, D.** "II Pierre, II, 18 d'après l'Ephrem grec." *RB* 64(1957) 399-401. **Marshall, I. H.** *Kept by the Power of God: A Study of Perseverance and Falling Away*. London: Epworth Press, 1969. 165-66. **Quacquarelli, A.** "Similitudini sentenze e proverbi in S. Pietro." Associazione Biblica Italiana, *San Pietro*, 425-42. **Wendland, P.** "Ein Wort des Heraklit im Neuen Testament." SPAW.PH(1898) 788-96.

## 본 문

**17** 이 사람들은 물 없는 샘이요 광풍에 밀려 가는 안개니 저희를 위하여 캄캄한 어두움이 예비되어 있나니

**17** These people are wells without water, mists driven by a squall. For them[a] the nether gloom of darkness has been reserved.

**18** 저희가 허탄한 자랑의 말을 토하여 미혹한데 행하는 사람들에게서 겨우 피한 자들을 음란으로써 육체의 정욕 중에서 유혹하여

**18** For by their high-flown empty talk, with lusts of the flesh and dissolute practices[b] they ensnare people who are only just[c] escaping[d] from those who live in error.

**19** 저희에게 자유를 준다 하여도 자기는 멸망의 종들이니 누구든지 진 자는 이긴 자의 종이 됨이니라

**19** They promise them freedom, but they themselves are slaves of corruption: for "a man becomes the slave of him who overpowers him."

**20** 만일 저희가 우리 주 되신 구주 예수 그리스도를 앎으로 세상의 더러움을 피한 후에 다시 그 중에 얽매이고 지면 그 나중 형편이 처음보다 더 심하리니

**20** For if having once escaped the pollutions of the world through the knowledge of the[e] Lord and Savior Jesus Christ, they are again entangled in them and overpowered by them, "their final state has become worse than the first."

**21** 의의 도를 안 후에 받은 거룩한 명령을 저버리는 것보다 알지 못하는 것이 도리어 저희에게 나으니라

**21** For it would have been better for them never to have come to know the way of righteousness than, having come to know it, to turn back from[f] the holy commandment which was delivered to them.

**22** 참 속담에 이르기를 개가 그 토하였던 것에 돌아가고 돼지가 씻었다가 더러운 구덩이에 도로

**22** What has happened to them is what the true proverb says, "A dog which returns to its vomit,

누웠다 하는 말이 저희에게 응하였도다

and a sow which after washing returns to wallow in the mire."

## 원문주해

a. 오히스(οἷς)는 페가이(πηγαί)와 호미클라이(ὁμίχλαι)가 아니라 후토이(ουτοί)를 가리킨다.

b. 사르코스(σαρκός)는 아마도 아셀게이아이스(ἀσελγείαις)로 보다는 에피뒤미아이스(ἐπιθυμίαις)로 가장 잘 취할 수 있다(참조. 갈 5:16, 24; 엡 2:3; 벧전 2:11; 요일 2:16; *Did.* 1:4). 아셀레이아이스(ἀσελγείαις)는 다소 어색하게 에피뒤미아이스(ἐπιθυμίαις)와 병렬을 이루는 것으로 보인다. 아셀게이아스(ἀσελγείας, P *al*)란 독법은 아마도 여기서 여격의 어색함을 피하기 위한 시도인 것으로 보인다.

c. 올리고스(ὀλίγως, "단지", $P^{72}$ A B *al*)는 온토스(ὄντως, "실로", a K L P. *al*)와 온타스(ὄντας)보다 선호되어야 한다: Metzger, *Textual Commentary*, 704. 헤머딩거-일리아두(Hemmerdinger-Iliadou, *RB* 64[1957] 399-401)는 시로(Ephraim Syrus)의 헬라어역본에서 발견되는 투스 로구스 아포퓨곤타스 투스 유데이아스 카이 투스 엔 플라네 아나스트레모메누스(τοὺς λόγους ἀποφεύγοντας τοὺς εὐφεις καὶ τοὺς ἐν πλάνῃ ἀναστρεφομένους)란 독법을 변호하지만 실제 이는 문맥상에서 뛰어난 독법이 아니고(문맥은 배교를 다룬다: 20-22절), 올리고스(ὀλίγως, "단지")에 대한 실수로 로구스(λόγους, "말들")를 가졌던 텍스트를 의미 있게 만들기 위한 시도로 손쉽게 설명할 수 있다.

d. 현재분사인 아포퓨곤타스(ἀποφεύγοντας)는 20절과의 동화의 결과일 수 있었던 부정과거시제인 아포퓌곤타스(ἀποφύγοντας, K L P.)보다 더 잘 증거된다.

e. (퀴리우 이후에) 헤몬(ἡμῶν)을 독법할 것인지($P^{72}$ a A C P. 그리고 대부분의 사본들), 그렇지 않을 것인지는 알기가 어렵다. 그 표현이 1:11; 3:18에서 헤몬(ἡμῶν)과 함께 나타나고, 3:2에는 헤몬(ἡμῶν)이 없다. 그것이 실수로 생략되었을 수 있거나(B K *al* 에서) 그 표현의 보다 익숙한 형태에서 첨가되었을 수 있었다.

f. 휘포스트렙사이 에크(ὑποστρέψαι ἐκ, $P^{72}$ B C P. *al*)는 가장 잘 증거되는 독법이지만, 에피스트렙사이(ἐπιστρέψαι, K L *al*)나 설명적인 난외주처럼 보이는 에이스 타 아피소 아나캄프사이 아포(εἰς τὰ ὀπίσω ἀνακάμψαι ἀπό, a A *al*)도 거의 의미상에 차이를 만들지 않는다.

## 양식/구조/배경

이 단락의 첫 번째 부분에서 기자는 유다서로부터 가져온 영감에 의존하기를 계속한다.

| 베드로후서 | 유다서 |
|---|---|
| 17. 후토이 에이신 페가이 아뉘드로이 카이 오미클라이 휘포 라일라포스 엘라우노메나이 호이스 호 조포스 투 스코투스 테테레타이 (*Οὗτοί εἰσιν πηγαὶ ἄνυδροι καὶ ομίχλαι ὑπὸ λαίλαπος ἐλαυνόμεναι οἷς ὁ ζόφος τοῦ σκότους τετήρηται*). | 12. 후토이 에이신…네펠라이 아뉘드로이 휘포 아네몬 파라페로메나이, 덴드라 프디노포리나 아카르파 디스 아포다논타 에크리조덴타 (*Οὗτοί εἰσιν…νεφέλαι ἄνυδροι ὑπὸ ἀνέμων παραφερόμεναι, δένδρα φθινοπωρινὰ ἄκαρπα δὶς ἀποθανόντα, ἐκριζωθέντα,* 13. 퀴마타 아그리아 달랏세스 에파프리존타 타스 헤아우톤 아이스퀴나스, 아스테레스 플라네타이, 호이스 호 조포스 투 스코투스 에이스 아이오나 테테레타이 (*κύματα ἄγρια θαλάσσης ἐπαφρίζοντα τὰς ἑαυτῶν αἰσχύνας, ἀστέρες πλανῆται, οἷς ὁ ζόφος τοῦ σκότους εἰς αἰῶνα τετήρηται*…). |
| 18. 휘페로그가 가르 마타이오테토스 프뎅고메노이 델레아주신 엔 에피뒤미아이스 사르코스 아셀게이아이스 투스 올리고스 아포퓌곤타스 투스 엔 플라네 아나스트레포메누스 (*ὑπέρογκα γὰρ ματαιότητος φθεγγόμενοι δελεάζουσιν ἐν ἐπιθυμίαις σαρκὸς ἀσελγείαις τοὺς ὀλίγως ἀποφυγόντας τοὺς ἐν πλάνῃ ἀναστρεφομένους*). | 16. 후토이 에이신 공귀스타이 멤프시모이로이, 카타 타스 에피뒤미아스 아우톤 포류오메노이, 카이 토 스토마 아우톤 랄레이 휘페로그카 (*Οὗτοί εἰσιν γογγυσταὶ μεμψίμοιροι, κατὰ τὰς ἐπιθυμίαις αὐτῶν πορευόμενοι, καὶ τὸ στόμα αὐτῶν λαλεῖ ὑπέρογκα*…). |

| 베드로후서 | 유다서 |
|---|---|
| **17. 이 사람들은** 물 없는 샘이요 광풍에 밀려 가는 안개니 | 12. **저희는** 기탄없이 너희와 함께 먹으니 너희 애찬의 암초요 자기 몸만 기르는 목자요 바람**에** 불려가는 물 없는 구름이요 죽고 또 죽어 뿌리까지 뽑힌 열매 없는 가을 나무요 13. 자기의 수치의 거품을 뿜는 바다의 |

**저희를 위하여 캄캄한 어두움이 예비되어 있나니**
18. 저희가 허탄한 자랑의 말을 **토하여** 미혹한 데 행하는 사람들에게서 겨우 피한 자들을 음란으로써 육체의 **정욕** 중에서 유혹하여.

거친 물결이요 영원히 **예비된 캄캄한 흑암에 돌아갈 유리하는** 별들이라
16. 이 사람들은 원망하는 자며 불만을 토하는 자며 그 **정욕**대로 행하는 자라 그 입으로 **자랑하는 말을** 내며 이를 위하여 아첨하느니라.

유다서 12-13절에서 비유의 나머지 부분을 생략한 것은 아마도 베드로후서의 기자가 유다서의 비유의 첫 부분을 둘로 확장시켰기에 나머지 부분은 중복이라고 느꼈기 때문일 것이다. 하지만 그것은 유다서에서 갖고 있는 특별한 적용이 없이 2:17의 마지막 절을 남겨준다. 또 다른 영향은 유다서 12-13절에서 에녹1서의 암시를 근절하려는 것이지만 이것은 우연임이 확실하다. 베드로후서의 기자가 원리상 에녹1서에 대한 암시를 반대하였다하더라도, 유다서 12-13절에서의 암시를 발견할 만큼 충분히 에녹1서를 알았었을 것 같지 않다.

하지만 에녹1서(유다서 14-15절)로부터의 유다서의 명백한 인용을 생략한 것은 베드로후서의 기자 그리고/또는 독자들이 그 책을 알지 못하였을 것이다(서론의 "문학적 관계"의 항목 2를 보라). 한편으로 베드로후서의 기자는 유다가 에녹1서 1:9을 인용하였을 때에 유다서처럼 이 단락에서 거짓 선생들과 그들의 운명에 대한 예언에 관심이 없고, 베드로후서의 기자가 단순히 그의 목적과 관계가 없는 인용을 발견했을 가능성이 있다.

2:18 이후에 베드로후서의 기자는 3:2까지 유다서를 제쳐둔다. 아마도 그는 자신이 유다서에서 발견했던 것보다 거짓 선생들의 **배교**에 대해서 보다 충분하고 명확하게 다룬 것을 포함시키기를 원했기 때문이다. 2:19-22의 두드러진 특징은 그것이 잠언적인 자료에 의존하고 있다는 사실이다. 19b절은 현재의 잠언을 인용하고(주석을 보라), 20b절은 예수의 말씀을 인용하지만 그것에는 잠언적인 울림이 있다. 21절은 아마도 예수의 말씀의 모델에 의거한 *Tobspruch*("보다 더 좋다"는 개념을 표현하는 말: 아래를 보라)의 잠언적인 형태로 던져지고 있고, 22절은 명백하게 한 잠언을 인용한다(*παροιμίας* – 파로이미아스).

20b절에서 인용된 예수의 말씀은 마태복음 12:45과 누가복음 11:26에서 동일한 말로 나타나며, 따라서 기자가 이 복음서들 중에 또는 그것들의 공통된 자료(Q)나 구두적 전승에 의존하고 있는 것인지는 말하기가 어렵다.

잠언 26:11과 *Aḥikar* 8:15/18에서의 격언에서 본래 나온 22절의 두 말(주석을

보라)은 단일한 잠언으로서 인용된 것으로 보이고, 아마도 베드로후서가 의거한 자료에서 이미 이 형태로 조합되었을 것이다. 한 말은 성경적이고 다른 말은 동양적이기 때문에 그 자료는 아마도 잠언들의 집합인 유대적 헬라 작품일 가능성이 높다(고로 Bigg; 참조. Olivier, "Correction," 147-48). 비그(Bigg, 28)는 이 작품이 단장격의 구절로 되어 있을 수 있었고, 그것이 드문 단어인 엑세라마(εκξέραμα, "토하다")와 쿨리스마(κύλισμα, "뒹굴다)가 나오는 이유를 설명해준다. 하지만 베드로후서의 기자가 모호한 용어와 다소 시적인 리듬과 효과를 좋아하기 때문에 그가 자신의 자료를 다시 썼는지는 확신할 수 없다.

2:21은 "보다 더 좋은"이란 말을 담고 있다. 그러한 말(때로 *Tobsprüche*로 알려진: G. F. Snyder, "The *Tobspruch* in the New Testament," *NTS* 23[1976-77] 117-20)은 구약의 지혜문헌에서 나타나지만(예를 들면, 잠 15:16, 17; 전 7:1, 2, 5), 신약의 사례들은 형태와 기능에서 랍비적 문헌에서 발견할 수 있는 것에 더 가깝다(예를 들면, *b. Ketub.* 67b: "자신의 이웃을 공개적으로 수치스럽게 하기보다는 스스로를 격렬한 불에 던지는 것이 더 좋을 것이다"; 참조. *b. Šabb.* 56b).

베드로후서 2:21의 말의 형태는 다른 초기 기독교 *Tobsprüche*에 상응한다: (1) 크레이트톤(κρεῖττον)은 고전 7:9; 벧전 3:17; *1 Clem* 46:8에서 발견할 수 있다(참조. LXX 잠 16:19, 32); (2) 여격의 인칭대명사는 통상적이다(마 5:29, 30; 18:6, 8, 9; 26:24; 막 9:42; 14:21; *1 Clem* 46:8; Ign. *Rom.* 6:1); (3) 불변화사에(ἤ)는 자주 사용된다(마 18:8, 9; 막 9:43, 45, 47; 고전 7:9; 벧전 3:17; *1 Clem* 46:8; 51:3; Ign. *Rom.* 6:1).

신약성경의 사례들의 정확한 기능이 다양할지라도, 그것들은 자주 랍비적 사례들처럼 어떤 행위의 악의 가증함을 강조하기 위해 의도된 교훈이다. 기능상 베드로후서 2:21과 밀접한 사례들은 마가복음 9:42(par. 눅 17:2; 마 18:6)과 14:21(par. 마 26:14)이다. 이 두 예수의 말씀(*logia*)은 함께 인용되고 클레멘트1서 46:8에서 고린도교회에서 파당을 만들었던 사람들에게 적용되며, 또한 클레멘트1서 46:8은 베드로후서 2:21에 사용된 것과 같은 더 완전한 *Tobspruch* 형태를 그것들에 전달해준다(칼론 엔 아우토…에[καλὸν ην αὐτῷ…ἤ…, "그것은…보다 그에게 더 좋았다"]; 크레이트톤 엔 아우토…에[κρεῖττον ἦν αὐτῷ…ἤ…"그것은…보다 그에게 더 좋았다"]). 따라서 베드로후서 2:21의 말씀이, 베드로후서의 기자가 의거한 전승에서건 기자 자신에 의해서건 간에, 사실상 이 예수의 말씀을 모델로 삼았음이 가능해 보인다.

## 주석

17 "이 사람들은 물 없는 샘이요 광풍에 밀려가는 안개니"(*πηγαὶ ἄνυδροι καὶ ὁμίχλαι ὑπὸ λαίλαπος ἐλαυνόμεναι* – 페가이 아뉘드로이 카이 호미클라이 휘포 라일라포스 엘라위노메나이). 기자는 유다서의 어구인 "바람에 불려가는 물 없는 구름이요"를 두 구분되는 이미지로 확장시켰다(*νεφέλαι ἄνυδροι ὑπὸ ἀνέμων πια-ραφερόμεναι* – 네펠라이 아뉘드로이 휘포 안네몬 티아라페로메나이, 유 12절), 아마도 그는 사실상 모든 구름들이 물을 담고 있기 때문에 "물 없는 구름"을 배격했다. 아마도 유다서가 언급하고 있는 팔레스타인의 기후의 특징은 이탈리아에 거주하는 기자에게는 덜 익숙했을 것이다(하지만 Virgil, *Georg.* 3.197을 참조하라). 어쨌든 그는 두 동등한 비유로 대치시켰다. 마른 샘이나 우물은 "목마른 여행자나 노심초사하는 농부들에게는 쓰라린 환영의 상징"이다(Kelly; 참조. Jer 14:3). 뜨거운 날씨의 대지를 새롭게 하는 축축한 안개가 아니라(Sir 43:22), 호미클라이(*ὁμίχ-λαι*, "연무")는 메마른 날씨를 예고하는 아지랑이이고(Aristotle, *Meteor.* 1.346B; Theophrastus, *De signis* 4), 재빨리 바람의 광풍에 의해 분산된다(cf Wis 2:4).

아마도 두 비유의 의미는 유다서의 비유와 동일할 것이다. 그것들은 물이 자연의 생명을 지탱해주듯이 영적인 삶을 지탱해주는 종교적인 가르침을 위한 물의 이미지의 표준적인 사용에 의거한다(잠 13:14; Sir 24:25-26; CD 6:4; 페가이 아뉘드로이[*πηγαὶ ἄνυδροι*, "물 없는 우물"]에 대해서는 특히 렘 2:13을 참조하라; Gnostic *Apoc. Pet.*[CG 7, 3] 79:31). 거짓 선생들은 그렇게 생명을 주지 못하는 가르침을 추종자들에게 준다.

"저희를 위하여 캄캄한 어두움이 예비되어 있나니"(*οἷς ὁ ζόφος τοῦ σκότους τετήρηται* – 오이스 호 조포스 투 스코투스 테테레타이). 이 어절은 유다서 13절에서 축어적으로 가져오고 있지만 아스테레스 플라네타이(*ἀστέρες πλανῆται*, "유리하는 별들")의 생략은 유다서가 가졌던 비유적인 적용을 상실한다. 그러나 어둠이 악한 자의 종말론적 운명에 대한 표준적인 이미지였기 때문에 그것을 이해할 수 있다(유 13절의 "주석"을 보라). 유다서의 어구인 에이스 아이오나(*εἰς αἰῶνα*, "영원히")를 생략한 것에 대해서는 2:6의 주석을 참조하라.

18 "저희가 허탄한 자랑의 말을 토하여"(*ὑπέρογκα γὰρ ματαιότητος φθεγγό-μενοι* – 휘페롱카 가르 마타이오테토스 프뎅고메노이). 휘페롱카(*ὑπέρογκα*, "허탄한")는 유다서 16절로부터 빌려온 것일지라도, 유다서에서 가졌던 하나님에 대항하

는 오만한 말의 뉘앙스는 아마도 상실하고 있을 것이다. 여기서 그 용어의 의미는 마타이오테토스(*ματαιότητος*, "허영, 공허, 어리석음"; 이 용어와 이 용어가 사용된 동족어에 대해서는 LXX 시 37:13; 143:8; 딤전 1:6; 딛 1:10; Ign. *Phil.* 1:1; Pol. *Phil.* 2:1을 참조하라)와 대조되는 것으로 보인다. 거짓 선생들의 말은 매우 인상적이지만, 기만적이다. 사실상 가치가 없다. 아마도 마타이오테토스(*ματαιότητος*)는 마타이오스(*μάταιος*)로 발람을 전통적으로 묘사한 것이 기자에게 영향을 주었을 것이다(Philo, *Cher.* 32; *Conf.* 159; *Mig.* 113; *Det.* 71; 위의 16절에 대해서 보라). 아마도 가르(*γάρ*, "for")는 이전 절의 설명을 도입한다.

"음란으로써 육체의 정욕 중에서 유혹하여"(*δελεάζουσιν ἐν ἐπιθυμίας σαρκὸς ἀσελγείαις* – 델레아주신 엔 에피뒤미아스 사르코스 아셀게이아이스). 2절과 10a절의 주석을 보고, 델레아주신(*δελεάζουσιν*, "유혹하다")에 대해서는 14절의 "주석"을 보라. "웅장한 궤변은 갈고리이고, 부정한 탐욕은 미끼다"(Bigg). 종말론적 심판인 심판을 인정하지 않음으로써 거짓 선생들이 자기들의 추종자를 이교도 사회의 도덕적으로 느슨한 방식으로 되돌아가도록 자극하였다.

"미혹한 데 행하는 사람들에게서 겨우 피한 자들을"(*τοὺς ὀλίγως ἀποφεύγοντας τοὺς ἐν πλάνῃ ἀναστρεφομενους* – 투스 올리고스 아포퓨곤타스 투스 엔 플라네 아나스트레포메누스). 올리고스(*ὀλιγως*)는 "작은 정도의"를 의미할 수 있었거나 새로운 회심자가 아직 완전히 이교도 사회의 영향에서 벗어나지 못하였음을 가리킨다. 또는 (아마도 더욱 가능성이 있다) 최근의 회심자로서, 그들이 아직 믿음으로 "확립되지"(1:12) 못함으로써 이교도의 방식으로 쉽게 빠져 들어감을 가리키는 "얼마 전에, 최근에"를 가리킨다.

"미혹한 데 행하는 사람들"은 이교도들이다(비그리스도인의 상태로서 플라네[*πλάνη*, "잘못, 미혹"]에 대해서는 롬 1:27; 딛 3:3; *2 Clem* 1:7; *Barn.* 4:1; 14:5을 보라).

19 "저희에게 자유를 준다 하여도"(*ἐλευθερίαν αὐτοῖς ἐπαγγελλόμενοι* – 엘류데리안 아우토이스 에팡겔로메노이). 이 어구는 저들이 추종자들을 유혹하는 메시지에 대한 설명을 이어간다: 그들은 표제어로 깊은 매력과 모호성을 지닌 "자유"라는 말을 사용한다. 그들은 **무엇으로부터** 자유를 주겠다고 약속하는가? 다음과 같은 대답을 줄 수 있을 것이다. (1) 도덕적인 율법으로부터 자유(Plumptre, James, Windisch, Green, Kelly; Fornberg, *Early Church*, 106-7): 이것은 고린도의 자유론자들, 또는 유다서의 율법 폐기론자, 또는 바울의 이신칭의 교리와 율법으로부터의

자유를 남용했던 극단적인 바울주의자들과 비교할 수 있는 베드로후서의 대적자들로 보는 사람들의 흔한 견해다. 바울과 여타 사람들이 가르친 기독교적 "자유"가 이런 종류의 율법 폐기론자적 남용에 열려 있었다는 것은 충분히 분명하고(롬 3:8; 갈 5:13; 벧전 2:16; 그리고 후대의 영지주의적 사례에 대해서는 Irenaeus, *Adv. Haer.* 1.23.4; 1.24.4-5을 보라), 반면에 베드로후서 3:16은 거짓 선생들이 이런 식으로 바울의 사상을 남용했음을 의미할 수 있었다. (2) 통치자나 조물주(데미우르고스)로부터의 영지주의적 자유. 영지주의는 세상을 창조하였던 열등한 능력으로부터 지식을 통해 자유케 되는 것으로 또한 어떤 권위에도 종속되지 않음으로써 진정으로 자유한 사람이 되는 것으로 보았다(Irenaeus, *Adv Haer.* 1.23.4; 1.24.4-5; 1.25.2-3). 하지만 거짓 선생들이 열등한 창조자의 이원론적 영지주의 이론을 주장했다는 증거가 베드로후서에는 없다. (3) "죽을 운명"(*φθορά* – 프도라)으로부터의 자유(Harnisch, *Existenz*, 100; 참조. Käsemann, "Apologia," 171): "대적자들의 실현된 종말론"은 크리스천들이 이미 죽음의 권세를 넘어선 것으로 가르쳤다는 것이다. 이런 견해는 19절 내에서 설명을 찾는 장점이 있지만, 기자가 "멸망에…종들"(*δοῦλοι…τῆς φθορᾶς* – 둘로이…테스 프도라스)을 거짓 선생들이 했던 약속으로서 "후패함으로부터의 자유"를 함축할 것을 의도했다고 확실히 간주할 수 없다. 거짓 선생들이 "실현된 종말론"을 믿었다고 자주 간주할지라도, 베드로후서 자체는 그에 대한 증거를 주지 않는다. 그들이 장래의 종말에 회의적이었다는 것만을 알려준다. (4) 정치적인 자유(Reicke). 하지만 정치적인 측면에서 베드로후서의 논증을 읽는 라이케의 시도는 본문에 전혀 기초하고 있지 않다. (5) 재림 시에 심판의 두려움으로부터의 자유(Neyrey, *Polemic*, 46-49; *JBL* 99[1980] 4190-20). 거짓 선생들은 종말론적인 심판의 실제를 부인함으로써(2:3b의 "주석"을 보라), 그들과 추종자들은 도덕적인 책임과 벌을 회피한다. 이런 견해는 자유의 약속과 우리가 거짓 선생들의 특징이라고 알고 있는 종말론적인 회의주의를 연결짓는 장점이 있다. 견해 (1)을 전적으로 거부할 필요는 없다: 도덕적인 제한으로부터의 자유는 심판의 두려움에서의 자유의 결과이고, 실로 거짓 선생들은 기독교적 자유에 대한 바울의 교리에 호소하였을 것이다(3:16의 "주석"을 보라). "자유"가 그들의 표제어 중에 하나였다면, 그들은 광범위한 의미를 그 용어에 주었을 수 있었다: 심판으로부터의 자유, 도덕적 제한으로부터의 자유, 아마도 악한 세력에 대한 두려움으로부터의 자유(참조. 10절). 하지만 우리가 말할 수 한, 종말론적인 심판의 두려움으로부터의 자유가 근본적인 자유가 될 것이다. 프도라(*φθορά*)를 하나님의 심판으로 이해한다면(12절에서처럼 그리고 아래를 보라), 그때에 거짓 선생들이 프도라(*φθορά*)로부터의 자유를 약속했다는 것을 기자가 함축하는 견해 (3)도 역시 용인할 수 있을 것이다(고로 Neyrey, *Polemic*, 202).

네이리(Neyrey, *JBL*99[1980] 418-19)는 에피쿠로스 철학과 대적자들간의 논증을 비교한다. 에피쿠로스는 이 생에서 그리고 이후에 하나님의 보응에서의 자유를 제기했고, 반면에 대적자들은 부도덕한 행위를 조장하고 고무시켰다(Lactantius, *Div. Inst* 3.17).

"자기는 멸망의 종들이니"(*αὐτοὶ δοῦλοι ὑπάρχουτες τῆς φθορᾶς* – 아우토이 둘로이 휘파르쿤테스 테스 프도라스). 많은 주석가들이 프도라스(*φθορᾶς*)가 "도덕적 부패"를 의미해야 한다고 생각하지만 이것이 부차적인 뉘앙스가 될 수는 있을지라도, 그 용어를 1:4에서와 동일한 근본적 의미를 갖는 것으로 가장 잘 제기할 수 있다(주석을 보라). 그것은 죄악된 욕망에 따른 그리고 종말론적인 멸망으로 끝나는 "부패"나 "죽을 운명"을 지칭한다(Schelkle, Kelly, Schrage). 거짓 선생들은 "후패함의 종들"이다. 죄에 굴복함으로써 후패와 멸망의 권세 아래 두어졌기 때문이다(프도라[*φθορά*]는 여기서 권세로 의인화된 멸망이다). 다른 관점에서 프도라(*φθορά*)를 죄에 대한 하나님의 심판으로 볼 수 있다(2:12). 응보의 심판에서의 자유를 약속한 거짓 선생들도 그 멸망에 종속된다.

둘로이…테스 프로다스(*δοῦλοι…τῆς φθορᾶς*, "후패함의 종, 멸망의 종")는 로마서 8:21을 상기시키는데, 그 구절에서 프도라(*φθορά*)는 의인화된다: "피조물도 썩어짐의 종노릇한 데서 해방되어(*ἐλευθερωθήσεται ἀπὸ τῆς δουλείας τῆς φθορᾶς* – 엘류데로데세타이 아포 테스 둘레이아스 테스 프도라스), 하나님의 자녀들의 영광의 자유에 이르는 것이니라(*ἐλευθερίαν* – 엘류데리안)"(RSV). 이 절의 일반적인 사상에 대해서는 또한 로마서 6:16; 7:5을 참조하라. 바울의 신학에 거의 전적으로 영향을 받지 않은 베드로후서의 기자가 다소 바울로부터 영향을 여기서 보여준다고 하는 것이 가능하다. 이것이 베드로후서가 로마에서 작성되었다면 베드로후서의 기자가 알았을 수도 있었던 서신이 로마서로부터의 평행이라는 사실은 주목할 만한 가치가 있다.

(Clem. Alex., *Letter to Theodorus*의 Carpocratians에 대한 묘사에서 두드러진 평행이 있다[M. Smith, *Clement of Alexandria and a Secret Gospel of Mark*(Cambridge, Mass.: Harvard University Press, 1973)] 1.6-7: 카우코메노이 엘류데로스 에이

나이, 둘로이 게고나신 안드라포도돈 에피뒤미온[*καυχώμενοι ἐλευθέρος ειναι, δοῦλοι γεγόνασιν ἀνδραποδώδων ἐπιθυμιῶν*, "그들은 자유하다고 가장하지만 노예적인 정욕의 종이 되었다." 1.3, 6에서 유다서 13절로부터의 인용에 비추어 볼 때, 이것은 베드로후서 2:19에 대한 암시일 수도 있을 것이다.)

19a절의 요지는 거짓 선생들이 자기들이 갖지 못하였기 때문에 줄 수 없는 것을 약속하고 있다는 사실이다. 네이리(Neyrey, *Polemic*, 419)는 에팡겔로메노이(*ἐπαγγελλόμενοι*, "약속하다")란 용어를 사용함으로써 기자가 성취되지 않은 예언에 대한 비난을 대적자들에게로 돌리고 있다는 매력적인 주장을 한다. 그들은 재림의 "약속(*ἐπαγγελία* – 에팡겔리아)이 이루어지지 않고 있음을 불평하지만(3:4, 9), 그들 자신이 이루어지지 않을 약속을 하는 죄를 저지르고 있다.

18-20절은 1:3-4의 어휘의 반영인 것으로 보인다(에피그노시스[*ἐπιγνώσις*]: 1:3; 2:20; 에피뒤미아[*ἐπιθυμία*]: 1:4; 2:18; 프도라[*φθορά*]: 1:4; 2:19; 아포퓨게인[*ἀποφεύγειν*]: 1:4; 2:18, 20; 코스모스[*κόσμος*]: 1:4; 2:19; 에팡겔마[*ἐπαγγέλμα*], 에팡겔레스다이[*ἐπαγγελλέσθαι*]: 1:3; 2:19). 이런 유사성은 이것이 베드로후서의 기자가 기독교의 본질적인 내용을 표현하고 있는 어휘라는 사실에서 기인한다. 그것은 1:3-4에서의 기자의 주제였고, 기독교의 메시지에 대한 그의 적극적인 설명이었다. 이제 기독교의 배교를 다루는 2:18-20에서 기자는 다시금 그것을 재현한다. 하지만 두 단락들 사이에 일치는 크리스천들이 멸망에서 피할 수 있는 그리스도의 약속(1:3-4)과 멸망의 종으로 귀결되는 거짓 선생들의 약속(2:19)간의 대조를 암시한다.

"누구든지 진 자는 이긴 자의 종이 됨이니라"(*ᾧ γὰρ τις ἥττηται, τούτῳ δεδούλωται* – 호 가르 티스 헬테타이, 투토 데둘로타이). 후대 세기에 널리 인용된 이 말은 확실히 이미 흔한 잠언이 되었다(참조. Hippolytus, *In Dan.* 3.22.4: *ᾧ γὰρ ἄν τις ὑποταγῇ τούτῳ καὶ δεδούλωται* *Clem. Rec.* 5.12; Origen, *In Exod. Hom.*12; "Adamantius," *De recta in Deum fide* 1은 그것을 호 엑소덴 로고스[*ὁ ἔξωθεν λόγος*, "비그리스도인들 중에 현존하는 말"]; 또한 6:16; 요 8:34을 참조하라). 그것은 전쟁에서 진 적군을 노예로 삼는 관습에서 유래한다. 헬라어는 "이긴 자"나 "이긴 것이나"를 의미할 수 있고, 이는 인간의 활동에서 비인격적인 힘에 적용되는 비유를 만들어주는 모호성이 있다. 영어 번역에 "그를"(him)은 프도라(*φθορά*, "멸망, 후패")의 비유와 암묵적인 의인화를 보존해준다.

20 "만일 저희가 우리 주 되신 구주 예수 그리스도를 앎으로 세상의 더러움을 피한 후에"(*εἰ γὰρ ἀποφύγοντες τὰ μιάσματα τοῦ κόσμου ἐν ἐπιγνώσει τοῦ κυρίου καὶ σωτῆρος Ἰησοῦ Χριστοῦ* – 에이 가르 아포퓌곤테스 타 미아스마타 투 코스무 엔 에피그노세이 투 퀴리우 카이 소테로스 예수 크리스투). 이 어구는 기독교로의 회심을 일컫는다: 엔 에피그노세이(*ἐν ἐπιγνώσει*, "앎으로")의 의미에 대해서는 1:2의 "주석"을 보라(그리고 Dupont, *Gnosis*, 31을 참조하라). 타 미아스마타 투 코스무(*τὰ μιάσματα τοῦ κόσμου*, "세상의 더러움")는 *T. Benj.* 8:3: 미아스모이스 테스 게스(*μιασμοῖς τῆς γῆς*, "땅의 오염")를 참조하라. "그들은"은 거짓 선생들을 따르는 자라기보다는 가장 자연스럽게 거짓 선생들로 이해할 수 있다(고로 Mayor, Green, Senior, 반대 견해로는 Spitta, Bigg, Chaine, Kelly; 참조. Marshall, *Ker. Pet.* 166). 거짓 선생들은 20-22절에서 묘사된 명확한 배교의 상태에 있지만, 그들을 따르는 자들은 마찬가지로 심각한 위험 상태에 있다. 그러므로 이 절들은 거짓 선생들을 따르는 자들에게 진지한 경고로서 기능하지만 기자는 이 경고가 거짓 선생들을 따르는 자들이 그들과 같은 운명에 빠지지 않도록 하는 효과가 있을 것임을 확실히 기대하고 있다. 베드로후서의 기자가 거짓 선생들을 교화하고자 하는 기대를 가졌는지는 우리는 알 수 없지만 20-22절은 그 기대를 배제할 수 없다(3:9의 주석을 참조하라).

"주와 구세주"에 대해서는 1:11의 "주석"을 보라.

"다시 그 중에 얽매이고 지면"(*τούτοις δὲ πάλιν ἐμπλακέντες ἡττῶνται* – 투토이스 데 팔린 엠플라켄테스 헬톤타이). 죄에 "졌다"는 개념에 대해서는 롬 6:12-19; 딛 3:3; *Barn.* 4:1; *2 Clem*10:1; *Herm. Man.* 12:2:3; 12:5:1을 참조하라.

"그 나중 형편이 처음보다 더 심하리니"(*γέγονεν αὐτοῖς τὰ ἔσχατα χείρονα τῶν πρώτων* – 게고넨 아우토이스 타 에스카타 케이론타 톤 프로톤). 이것은 예수의 말씀으로부터 축어적으로 인용하고 있다(아우토이스[*αὐτοῖς*]를 투 안드로푸 에케이누[*τοῦ ἀνθρώπου ἐκείνου*]로만 대체하고 있다): "그 사람의 나중 형편이 전보다 더욱 심하게 되느니라"(*γίνεται τὰ ἔσχατα τοῦ ἀνθρώπου ἐκείνου χείρονα τῶν πρῶτων* – 기네타이 타 에스카타 투 안드로푸 에케이누 케이로나 톤 프로톤, "마 12:45=눅 11:26). 그것은 부정한 영혼의 상태로 다시 돌아오는 이야기로 마감한다(마 12:43-45 par. 눅 11:24-26). 배교에 대한 다른 단락, 즉 *Herm. Sim.* 9:17:5에서 이 말에 대한 암시가 있는 것으로 보이고, 이 전체 이야기는 크리스천들이 부도덕으로 되돌아가는 것을 묘사하는 *Herm. Man.* 5:2:7; 12:5:4에 영감을 준 것으로 보인다. 따라서 A.D. 1세기 후반에 로마의 교회에 나타나는 배교를 예수가 가르친 이 말씀에 베드로후서의 기자가 적용하는 일에 익숙하였음을 그것은 보여준다.

*Herm. Sim.* 9:17:5-18:2은 베드로후서 2:20-21의 사상과 유사한 것으로 충분히 인용할 가치가 있다: "그들 중에 얼마는 스스로 타락했고(*ἐμίαναν ἑαυτούς* – 에미아난 헤아우투스) 의의 사람들(*γένους* – 게누스)에서 물러나서 다시금 전과 같은 사람이 되었거나 그때보다 더 악해졌다(*πάλιν ἐγένοντο οιοι πρότερον ησαν, μᾶλλον δὲ καὶ χείρονες* – 팔린 에게논토 오이오이 프로테론 에산, 말론 데 카이 케이로네스). 나는 '선생님, 저들이 하나님을 안 후에 어떻게 더 악해졌나요(*πῶς…ἐγένοντο χείρονες, θέον ἐπεγνώκοτες* – 포스…에게논토 케이로네스, 데온 에페그노코테스).' '하나님을 알지 못하고(*γινώσκων* – 기노스콘)' 악을 저지른 자는 그의 악행에 대한 확실한 벌을 받을 것이다. 하지만 하나님을 아는(*ἐπιγνούς* – 에피그누스) 자는 마땅히 악을 더 이상 저지르지 않고 선을 행해야 한다. 그러므로 선을 행해야 하는 자가 악을 저지른다면, 그는 알지 못하는 자(*γινώσκοντα* – 기노스콘타) 자보다 더 큰 악을 행한 것으로 보인다. 따라서 하나님을 알지 못하고(*ἐγνωκότες* – 에그노코테스) 악을 저지른 자들은 죽음의 정죄를 받을 것이지만 하나님을 알고(*ἐγνωκότες* – 에그노코테스) 하나님의 전능하신 능력을 보고서도 악을 (여전히) 저지른 자들은 두 배로 벌을 받을 것이고 영원히 죽을 것이라(*εἰς τὸν αἰῶνα* – 에이스 톤 아이오나)."

초대교회의 사도 이후의 세대에 심각했던 것으로 보이는 배교의 상태에 대한 심각성에 대해서는 히 10:26; *Acts John* 107; Irenaeus, *Adv Haer.* 4.27.2이 인용한 "장로"를 참조하라. 이교도들이 그리하는 것처럼 무지함으로 죄를 짓는 것은 하나의 죄이고, "의의 길"(2:21)을 알 때 의도적으로 죄를 지으며 구원의 은사를 얕보는 것은 훨씬 더 죄가 있다.

21 "의의 도를 안 후에"(*ἐπεγνωκέναι τὴν ὁδὸν τῆς δικαιοσύνης* – 에페그노케나이 텐 호돈 테스 디카이오쉬네스). 에페그노케나이(*ἐπεγνωκέναι*, "알게 되다")에 대해서는 1:2의 "주석"을 보라. 베드로후서에서 기독교를 묘사하는 "길"에 대한 어구의 사용에 대해서는 LXX 욥 24:13; 잠 21:16, 21; *Jub.* 23:26; *1 Enoch* 82:4; 마 21:32; *Barn.* 1:4; *Apoc. Pet.* E 7; A 22, 28; *Clem. Rec.* 2:21:7(또한 복수를 참조하라: LXX 잠 8:20; 12:28; 16:31; Tob 1:3; *1 Enoch* 91:18-19; 94:1; 99:

10; 1QS 4:2; "의로운 길": LXX 욥 24:4, 11; 28:4; 시 2:12; *2 Clem* 5:7; *Barn.* 12:4), 그리고 특히 *Barn.* 5:4을 참조하라: "의의 길을 알고 나서 어둠의 길을 간직한 자는 당연히 멸망할 것이라"(그리고 Repo, *Weg*, 특히 204-11을 참조하라). 윤리적인 삶의 길, 즉 "의의 길"로서 기독교에 관한 지칭은 배교가 근본적으로 도덕적인 문제인(물론 장래의 심판을 부인하는 일에 기초해 있을지라도) 이 문맥에서 특히 적절하다.

"받은 거룩한 명령"(*τῆς παραδοθείσης αὐτοῖς ἁγίας ἐντολῆς* – 테스 파라도데이세스 아우토이스 하기아스 엔톨레스). "거룩한 명령"은 여기서 윤리적인 가르침의 본체로 생각되는 기독교에 대한 묘사로서 "의의 길"과 동일한 방식으로 사용되고 있다(단수의 "명령"에 대한 사용에 대해서는 구약율법에 관한 롬 7:12을 참조하라; 기독교의 윤리적 가르침과 관련해서는 딤전 6:14; *Ep. Apost*[Ethiopic] 26, 27, 36, 39, 46, 50; 보수의 "주님의 명령들"은 *2 Clem*: 3:4; 4:5; 6:7; 8:4; 17:1, 3, 6에서 자주 나온다. "받은"(*παραδοθείσης* – 파라도데이세스, 아마도 유다서 3절을 생각나게 한다)은 이 가르침이 최초의 기독교적 가르침에서 그들에게 주어졌던 것임을 보여준다(유다서 3절의 "주석"을 보라).

22 "참 속담에"(*τῆς ἀληθοῦς παροιμίας* – 테스 알레두스 파로이미아스). 기자는 두 잠언이 아니라 한 잠언으로 뒤이어지는 인용을 의도하고 있다. 개와 돼지에 대한 두 언급이 본래 두 구분되는 자료에서 나온 것일지라도(아래를 보라), 그들은 여기에서 주어진 것처럼 아주 긴밀하게 평행을 이룸으로써(특히 에피스트렙사사[*ἐπιστρέψασα*, "되돌아가다"]로 두 번째 언급을 이해할 수 있다면) 기자는 아마도 자신이 인용한 형태에서, 확실히 잠언의 헬라 유대적인 집합에서 이 두 잠언이 동시에 들어있는 것을 발견하였을 것이다. 더럽고 경멸스런 동물들인 개와 돼지는 자주 이런 종류의 잠언에 같이 연관되었다(Horace, *Ep.* 1.2.26; 2.2.75; Pap. Oxy. 840, lines 33-34; 그리고 마 7:6에서 속담적인 언급의 유사한 짝을 참조하라).

"그 토하였던 것에 돌아가고"(*κύων ἐπιστρέψας ἐπὶ τὸ ἴδιον ἐξέραμα* – 퀴온 에피스트렙사스 에피 토 이디온 엑세라마). 이것은 잠언 26:11로부터 발원하나(RSV: "개가 그 토한 것을 도로 먹는 것 같이 미련한 자는 그 미련한 것을 거듭 행하느니라"; 또한 *Gos. Truth* 33:15-16을 참조하라. 그것은 베드로후서에 의존하고 있을 것이다), 여기서의 번역은 칠십인경의 번역과 상당히 다르다. 두 언급의 요지는 더러움을 벗었던 짐승이 그 더러움으로 다시 돌아가는 것에 관한 이야기다. 개는 자신이 토한 것을 떠나지 못하고 그 주위를 배회한다. 이런 습관에 대한 관찰

이 고대 동양에서는 개를 무척 싫어하였다. 유대문헌에서 개는 썩은 고기를 먹기 위해서 거리를 배회하고 더럽고 추한 동물로 생각되었다.

"돼지가 씻었다가 더러운 구덩이에 도로 누웠다"(*υς λουσαμένη εἰς κυλισμόν βορβόρου* – 휘스 루삼메네 에이스 퀼리스몬 보르보루). 에이스 퀴리스몬 보르보루(*εἰς κυλισμὸν βορβόρου,* "늪지에서 뒹굴다")는 매우 어색한 구문을 만드는 루사메네(*λουσαμένη,* "씻은 후에")에 의존하는 것으로 만들 필요는 없다(BAG *s. βόρβορος*에서 제기된 "진흙에 뒹굶으로써 몸을 씻는 돼지"). 동사들이 잠언적인 표현에서 자주 생략되고, 어쨌든 에피스트렙사사(*ἐπιστρέψασα,* "되돌아가다")는 여기서 이전 어구로부터 쉽게 적용되어질 수 있기 때문이다.

헬라 세계에서 헤라클리투스(Heraclitus)로부터의 한 형태에서 적어도 기원하는 잘 알려진 말이 있었다(G. S. Kirk (ed.), *Heraclitus, The Cosmic Fragments*[Cambridge: Cambridge University Press, 1954] 76-80)을 보라. 그것에 따르면 돼지는 깨끗한 물에서보다는 진흙에서 씻는 것을 좋아한다(예를 들면, Sextus Empiricus, *Hypot.* 1.14.56: *σύες…ἥδιον βορβόρῳ λούονται…ἢ ὕδατι…καθαρῷ*; 참조. Clem. Alex., *Protr.* 10.92.4; *Strom.*1.1.2.2; 2.15.68.3; 그리고 Aubineau, *RSR* 33[1959] 201-4에서 많은 다른 언급들: 퀴리에인[*κυλίειν*]이나 퀼린데이스다이[*κυλινδεῖσθαι,* "뒹굴다"] 그리고 그 동족어들을 사용하는 역본들에 대해서는 204 ns. 106-7을 보라). 베드로후서의 잠언이 단순히 이 언급을 각색한 것이라면, 우리는 위에서 배격한 번역이나 비그(Bigg)의 해석을 적용해야 한다. 그것에 따르면 진흙에서 한번 씻었던 돼지는 다시 그렇게 하는 일로 되돌아간다. 어느 경우에도 깨끗한 물로 씻었다는 언급을 찾을 수가 없다. 하지만 예전 상태로 돌아가기 전에 더러운 것을 씻었다는 개와의 평행과 거짓 선생들에 대한 이 잠언의 적용은 돼지가 먼저 깨끗한 물로 씻었으나 진흙에서 뒹구는 것으로 다시 돌아갔다는 통상적인 해석을 필요로 하는 것으로 보인다.

문맥에 더 적합한 이 해석은 고대의 *Story of Aḥikar*(이 잠언이 헬라적인 잠언과 어떤 연관성이 있는지는 불확실하다: 돼지가 진흙을 사랑한다는 특징은 너무 보편적이어서 꼭 필요한 연관을 만들 수는 없다)에 보존된 동양적 잠언인 또 다른 잠언을 언급함으로써 지원할 수 있다. 시리아역본에서(8:18) 그것은 이렇게 적혀 있다: "나의 아들아, 너는 목욕하러온 돼지처럼 나에게 왔으나 진흙의 시궁창을 보았을 때 내려가서 그것에 몸을 씻고서는 동무들에게 와서 씻으라고 외쳤다." 아라비아역본(8:15)은 베드로후서의 것에 다소 더 가까워보인다: "너는 돼지처럼 나에게 와서 따뜻한 물에 들어갔으나 그곳에서 나와서 더러운 시궁창을 보자마자 내려가서 그곳에 몸을 뒹굴었다"(*APOT* 2, p. 772: F. C. Conybeare, J. R. Harris과 A. S. Lewis, *The Story of Aḥikar*, 2nd ed(s).[Cambridge: Cambridge University Press, 1913] 125, 158, 참조. p. 54에 아르메니아역). 이 요지는 돼지들이 물에 씻는 것을 좋아하고 심지어 대중적인 욕탕에 들어가는 것을 좋아하지만(참조. Pap. Oxy. 840, line 33), 깨끗한 것에는 관심이 없어서 즉시로 진흙으로 돌아갔다는 것이다. 이 잠언은 확실히 베드로후서의 말의 기원에 속한다(그리고 우리는 아마도 루사메네[*λουσαμένη*]를 "목욕하였을 때"로 번역해야 한다: 고로 Conybeare, Harris and Lewis, lxviii). 설사 그것의 헬라어 번역이 잘 알려진 헬라적 언급에 익숙한 어휘를 사용하였을지라도 말이다. (이 헬라적 언급은 비기독교 저작자들에서 **도덕적** 의미가 주어지지 않았다는 것을 주목해야 한다: Aubineau, *RSR* 33[1959] 205-6. 대부분의 최근의 주석가들은 Olivier, "Correction," 146-48과 마찬가지로 베드로후서의 그 말의 기원으로 *Aḥikar*의 잠언을 인식한다.)

두 말의 형태는 거짓 선생들의 배교를 서술한다. 회심과 세례로 "옛 죄를 깨끗하게"(1:9) 하였던 그들은 과거의 이교도의 부도덕성으로 지금 되돌아가고 있다. 많은 주석가들은 돼지의 "씻음"을 세례를 암시하는 것으로 보지만 이 주제는 기독교 이전의 잠언에도 필수적이어서 세례에 대한 암시는 단지 행복한 우연의 일치일 뿐이다.

이 구절은 거짓 선생들을 "이성 없는 짐승"(*ἄλογα ζῷα* – 알로가 조아, 2:12, 참조. 16)로 비교하는 일의 기자의 마지막 확장이다. 그는 거짓 선생들을 불결한 짐승들, 즉 유대인의 마음에 이방인의 삶의 부도덕성을 상징했던 개와 돼지로 보고 있다(참조. 계 22:15).

## 해설

이 단락을 시작케 하는 두 비유는 종교적인 선생들이라고 주장하는 자들로서 기자의 대적자들을 정죄한다. 목마름을 해소치 못하는 마른 우물처럼, 대기의 열기를 식혀주지 못하고 사라져버리는 안개처럼 이들은 사실상 영적인 자양분을 찾는 이들에게 제공할 아무것도 없다. 결과적으로 그들은 종말론적인 심판을 받게 운명지어져 있다. 물론 그들은 제자들을 만들고 있지만 – 특히 간신히 이교도의 길에서 떠난지 얼마 되지 않은 기독교 회심자들에게서 – 그들은 겉으로만 인상적으로 보이는 말을 통해서 그리고 특히 엄격한 도덕의 필요를 부정함으로써 그리한다. "자유"는 이들의 약속이다 – 하나님의 심판의 두려움으로부터의 자유, 그러므로 또한 도덕적 제한으로부터의 자유. 죄에 굴복함으로써 이들은 후패와 멸망의 세력과 죄의 결과 그리고 죄로 인한 하나님의 심판의 방도에 자신들을 내어주었다. 따르는 자들에게 불멸과 종말론적인 멸망(1:4)을 약속하시고 그 약속을 이루셨던 그리스도와 달리, 이들은 멸망으로부터 피할 길을 주지 못하였다. 그들 자신도 멸망에 짓눌림을 당하였고, 그 노예가 되고 있다. 기자는 흔한 잠언을 인용함으로써 자신의 요지를 매듭짓는다.

이 단락의 나머지 부분은 배교의 심각성과 관련이 있는데, 이는 크리스천이 과거에 이교도의 부도덕한 방식으로 돌아갈 때에 발생한다. 이 사실을 주로 거짓 선생들에게 적용할 수 있지만 이는 분명히 배교로 유혹을 받고 있는 그들의 추종자들에 대한 경고이기도 하다. 도덕적인 배교가 하나님의 도덕적 명령을 충분히 알면서도 죄를 짓는 것과 거룩한 삶을 위해서 그리스도를 통해서 주어지는 은혜를 차단하는 것과 관련이 있기 때문에 그 죄는 크리스천이 되기 이전의 삶 동안에 무지하여 죄를 범한 것보다 훨씬 더 크다. 떠났던 마귀가 더 악한 일곱 마귀를 데리고 돌아왔다는 예수의 이야기에 나오는 남자처럼, 배교는 크리스천이 되기 이전 상태로 단순히 되돌리는 것만이 아니라 더 나쁜 상태로 들어가, 보다 심각한 심판의 위험에 처하게 된다.

다시금 이 요지는 특히 적절한 잠언으로 끝을 맺는다. 그것은 이 장의 짐승을 통한 주제를 존속시키고(12, 16절), 이교도 사회의 부도덕한 삶의 형태처럼 유대인의 마음에 더럽고 불결한 짐승과 관련을 짓고 있기 때문이다. 이전의 이교도의 방식으로 돌아가는 크리스천들은 토하였지만 그곳을 떠나지 않고 토한 주위를 냄새 맡으며 되돌아오는 개와 같고, 또한 깨끗한 물로 씻었으나 다시 진흙에 뒹구는 욕구를 참아내지 못하는 돼지와 같다.

# 냉소자들에 대한 베드로의 예언(3:1-4)

## 참고문헌

**Allmen, D. von.** "L'apocalyptique juive et le retard de la parousie en II Pierre 3:1-13." *RTP* 16(1966) 256-58. **Boobyer, G. H.** "Indebtedness," 36-39. **Harnisch, W.** *Eschatologische Existenz*, 99-104. **Ladeuse, P.** "Transposition Accidentelle dans la II[a] Petri." *RB* 2(1905) 543-52. **McNamara, M.** "The Unity of Second Peter: A Reconsideration." *Scr* 12(1960) 13-19. **Talbert, C. H.** "II Peter and the Delay of the Parousia." *VC* 20(1966) 137-45. **Vögtle, A.** *Zukunft*, 124-33. **Zmijewski, J.** "Apostolische Paradosis." *BZ* 23(1979) 161-71.

## 본 문

**1** 사랑하는 자들아 내가 이제 이 둘째 편지를 너희에게 쓰노니 이 둘로 너희 진실한 마음을 일깨워 생각하게 하여

**2** 곧 거룩한 선지자의 예언한 말씀과 주 되신 구주께서 너희의 사도들로 말미암아 명하신 것을 기억하게 하려 하노라

**3** 먼저 이것을 알찌니 말세에 기롱하는 자들이 와서 자기의 정욕을 좇아 행하며 기롱하여

**4** 가로되 주의 강림하신다는 약속이 어디 있느뇨 조상들이 잔 후로부터 만물이 처음 창조할 때와 같이 그냥 있다 하니

**1** My dear friends, this is now my second letter to you, and in this one, as in the first, I am arousing your sincere understanding with a reminder,

**2** that you should remember the predictions of the holy prophets and the commandment of the Lord and Savior through your apostles.

**3** Above all you must understand this, that in the last days scoffers will come, scoffing, following their own lusts,

**4** and saying, "Where is the promise of his coming? For since the fathers fell asleep, everything remains just as it has been since the beginning of the world."

## 양식/구조/배경

베드로전서를 언급하고 베드로후서 1:12-15을 반영하고 있는 3장의 1-2절은 그들이 지금 읽고 있는 것이 베드로의 유언이라는 사실을 독자들의 마음속에 재확립하기를 확실히 의도하고 있다. 2:10b-22에서 기자는 자신의 당대처럼 현재시제로 거짓 선생들에 대해서 적었지만 이제는 베드로가 자신의 죽음 이후에 발생할 거짓

선생들을 예언하는 두 번째 예언을 제공하기 위해서 유언 장르의 관계로 다시 돌아가기를 원한다(참조. 2:1-3a). 이런 방식은 기자가 지금 당면하고 있는 거짓 선생들을 사도가 이미 예언하였다는 것을 독자들에게 상기시킬 뿐 아니라 이 거짓 선생들이 베드로의 관점에서는 여전히 미래인 종말의 현상(3절)이라는 것을 강조하게 한다. 거짓 선생에 대한 마지막 충분한 반박을 준비하기 위해서 이 서신에서 처음으로 재림의 소망에 대한 거짓 선생들의 반대가 명백한 인용으로 주어진다(4절). 물론 분명히 기자 자신의 말로 풀어서 적었을지라도 말이다.

2-3절에서 마지막으로 유다서로부터 폭넓게 빌려온 말들이 나타난다.

| 베드로후서 3장 | 유다서 |
|---|---|
| 1. …아가페토이(*ἀγαπητοι*)… | 17. 휘메이스 데 아가페토이, |
| 2. …므네스덴타이 톤 프로에이레메논 레마톤 휘포 톤 하기온 프로페톤 카이 테스 톤 아포스톨론 휘몬 엔톨레스 투 퀴리우 카이 소테로스 (*μνησθῆναι τῶν προειρημένων ῥημάτων ὑπὸ τῶν ἁγίων προφητῶν καὶ τῆς τῶν ἀποστόλων ἡμῶν ἐντολῆς τοῦ κυρίου καὶ σωτῆρος*). | 므네스데테 톤 레마톤 톤 프로에이레메논 휘포 (*ὑμεῖς δέ, ἀγαπητοί, μνήσθητε τῶν ῥημάτων τῶν προειρημένων ὑπὸ*) |
| 3 투토 프로톤 기노스콘테스, 호티 엘류손타이 에프 에스카톤 톤 헤메론 엔 엠파이크타이 카타 타스 이디아스 에피뒤미아스 아우톤 포류오메노이 (*τοῦτο πρῶτον γινώσκοντες, ὅτι ἐλεύσονται ἐπ' ἐσχάτου τῶν ἡμερῶν ἐμπαῖκται κατὰ τὰς ἰδίας ἐπιθυμίας αὐτῶν πορευόμενοι*). | 18. 호티 엘레곤 휘민 에프 에스카투 투 프로누 에손타이 엠파이크타이 카타 타스 헤아우톤 에피뒤미아스 포류오메노이 톤 아세베이온 (*ὅτι ἔλεγον ὑμῖν, Ἐπ' ἐσχάτôυ τοῦ χρόνοῦ ἔσονται ἐμπαῖκται, κατὰ τὰς ἑαυτῶν ἐπιθυμίας πορευόμενοι τῶν ἀσεβειῶν*). |

| 베드로후서 3장 | 유다서 |
|---|---|
| 1. 사랑하는 자들아… | 17. 사랑하는 자들아 너희는 우리 주 예수 그리스도의 사도들의 미리 한 말을 기억하라 |
| 2. 곧 거룩한 선지자의 예언한 말씀과 주 되신 구주께서 너희의 사도들로 말미암아 명하신 것을 기억하게 하려 하노라 | |
| 3. 먼저 이것을 알지니 말세에 기롱하는 | 18. 그들이 너희에게 말하기를 마지막 |

| | |
|---|---|
| 자들이 와서 자기의 정욕을 좇아 행하며 기롱하여. | 때에 자기의 경건치 않은 정욕대로 행하며 기롱하는 자들이 있으리라 하였나니. |

베드로후서에서 유다서에 대한 다음과 같은 변화는 특히 중요하다: (1) 베드로후서의 기자는 선지자들의 예언(2절)을 도입한다. 그것은 미래에 대한 그리스도인들의 소망이 사도적 증거에 기초하고 있을 뿐 아니라 구약의 예언에 기초하고 있다는 1:19-21의 강조에 맞추고 있다. (2) 유다서가 사도들에 의한 예언을 인용하는 반면에 베드로후서는 그것이 베드로의 유언이기 때문에 베드로의 입으로 직접적으로 예언을 말한다. (3) 유다서에서 엠파이크타이(ἐμπαῖκται, "냉소자")는 종교와 도덕을 경시하는 사람들에 대한 일반적인 용어인 반면에 베드로후서에서 그 용어는 재림의 소망을 조롱하는 것과 특별히 관련이 있다. 이것을 4절에서 계속 보여준다. 종말론적인 이슈의 중요성이 베드로후서의 대적자들과 유다서의 대적자들을 구분지어주고 이에 대한 베드로후서의 기자의 관심이 이 시점에서 그가 뒤이어지는 유다서에는 더 이상 가치를 두지 않고 종말론적인 지연을 명백하게 다루는 다른 자료에 왜 의존하는지를 설명해준다.

이 장의 나머지 부분의 주석에서 기자는 유대의 묵시적 개념에 다소 긴밀하게 의존하고, 기자가 이 장의 일부에서 유대 묵시적 자료를 이용하였다고 가정하는 것은 다른 이들에 의해서 이미 제기되었다(von Allmen, *RTP* 16[1966] 256-64, 그는 유대 묵시적으로 빌려온 자료와 기자의 독자적인 글을 구분하기를 시도한다: 또한 Marín, *EE* 50[1975] 228-34는 전통적인 묵시적 자료와 기자의 교훈적이고 권면적인 자료를 구분한다). 그러나 이 자료가 순전히 가정으로만 남아있을 필요는 없고, 그에 대한 기자의 활용이 4절에서 시작되고 있다고 하는 것이 가능하다. 클레멘트1서 23:3-4와 클레멘트2서 11:2-4은 종말론적인 지연의 문제를 다루는 잘 알려지지 않은 묵시적 작품의 단편을 보존한다. 이 단편의 시작은 베드로후서 3:4과의 비교를 낳는다.

| *클레멘트1서(1 Clem) 23:3* | *클레멘트2서(2 Clem.)* 11:2 | *베드로후서 3:4* |
|---|---|---|
| *πόρρω γενέσθω ἀφr ἡμῶν ἡ γραφὴ αὕτη, ὅπου λέγει· Ταλαίπωροί εἰσιν οἱ δίψυχοι, οἱ διστάζοντες τὴν ψυχήν, οἱ λέγοντες· Ταῦτα ἠκούσαμεν* | *λέγει γὰρ καὶ ὁ ηροφητικὸς λόγο· Ταλαίπωροί εἰσιν οἱ δίψυχοι, οἱ διστάζοντες τῇ καρδίᾳ, οἱ λέγοντες· Ταῦτα πάλαι (v .1. πάντα) ἠκούσαμεν* | *καὶ λέγοντες, Ποῦ ἐστιν ἡ ἐπαγγελία τῆς παρουσίας αὐτοῦ* |

| | | |
|---|---|---|
| *καὶ ἐπὶ τῶν πατέρων ἡμῶν, καὶ ἰδοὺ γεγηράκαμεν καὶ οὐδὲν ἡμῖν τούτων συνβέβηκεν* | *καὶ ἐπὶ τῶν πατέρων ἡμῶν, ἡμεῖς δὲ ἡμέραν ἐξ ἡμέρας προσδεχόμενοι οὐδὲν τούτων ἑωράκαμεν* | *ἀθ' ἧς γὰρ οἱ πατέρες ἐκοιμήθησαν, πάντα οὕτως δίαμένει ἀπ' ἀρχῆς κτίσεως·* |
| 클레멘트1서(1 Clem) 23:3 | 클레멘트2서(2 Clem.) 11:2 | 베드로후서 3:4 |
| 이 성경을 우리로부터 멀리 하게 하시오. 그는 말하기를 영혼에 의심하는 두 마음을 품은 자는 가엽다고 했고, 또 우리는 이 일을 우리의 조상 적부터 들었소이다. 그러나 지금 우리가 늙은 것을 보시오. 그렇지만 아무것도 우리에게 일어나지 않았소이다. | 예언적인 말씀도 그 마음에 의심하는 두 마음을 품은 자가 가엽다고 하고, 이 일을 아주 옛날 우리 조상 적부터 들었다고 말하지만 우리는 날마다 그것을 기다려도 이 일을 전혀 볼 수가 없도다. | 가로되 주의 강림하신다는 약속이 어디 있느뇨 조상들이 잔 후로부터 만물이 처음 창조할 때와 같이 그냥 있다 하니. |

자주 제기되는 이 유사성이 얼핏 보기에는 클레멘트1서와 클레멘트2서에 인용된 묵시적 작품에 베드로후서가 의존하고 있을 가능성을 암시하기에 충분치 않아 보인다. 하지만 다음과 같은 고려사항들은 그러한 의존이 있었음을 충분히 강력하게 만들어준다: 이 주석을 통해서 관찰되는 베드로후서와 클레멘트1서와 2서간의 특징적인 개념과 용어법의 긴밀한 유사성은 이 모든 세 작품들이 공통된 배경에서 나왔음을 가리켜준다: 1세기 후반의 로마 교회의 신학. 묵시적 작품이 클레멘트1서 23:3(*ἡ γραφὴ αὕτη* – 헤 그라페 아우테, "이 성경")와 클레멘트2서 11:2(*ὁ προφητικὸς λόγος* – 호 프로페티코스 로고스, "예언의 말씀": 이 어구의 의미에 대해서는 벧전 1:19의 "주석"을 보라)에 (독립적으로) 인용된 방식에서 이 당시에 로마의 교회에서 그 묵시적 작품이 매우 신임을 얻고 있었으며 따라서 베드로후서의 기자도 그것을 알았을 것임이 분명하다. (2) 베드로후서 3:10, 12은 클레멘트2서 16:3에서의 잘 알려지지 않은 묵시적 자료로부터 더 진전한 인용과 유사하다(3:8-10에 "양식/구조/배경"을 보라). 클레멘트2서 11:2-4와 클레멘트2서 16:3을 동일한 유대 묵시에 귀속시키고, 이 유대 묵시에 공통된 의존을 전제함으로써 베드로후서 3:4과 클레멘트2서 11:2간의 유사성과 베드로후서 3:10, 12과 클레멘트2서 16:3간의 유사성을 설명하는 것은 실속 있는 가정이다. (3) 베드로후서 3:8-9, 12은 당시 유대 묵시에 현존했던 논증을 통해서 종말론적인 지연에 관한 문제를 다루고 있다(이 절들에 대한 "주석"을 보라). 이것은 베드로후서 3절이 지연에 관한 문제에 관심이 있는 유대 묵시에 빚을 지고 있음을 암시한다. 클레멘트1서 23:3-4와 클레멘트2서 11:2-4에 인용된 작품은 유대적 묵시이고 베드로후서의 기자에게도 매우 잘 알려졌을 것이다. 그 안에는 종말론적인 지연에 관한 문제가 분명히 제기되어 있었을 것이다. (4) 위

에서 주어진 인용이 베드로후서 3:4에 영감을 주었다면 분명히 베드로후서의 기자는 그 자료를 그대로 복사하지 않고 자신의 작품의 필요에 따라서 개작하였을 것이다(그가 변화를 주었다는 설명에 대해서는 주석 항목을 보라). 이것을 그가 유다서를 사용한데서 보여준 자유에 비교할 수 있을 것이다.

따라서 베드로후서의 기자가 2:1-3:3에서 유다서를 따랐던 것처럼, 3:4-13에서 그가 클레멘트1서 23:3-4; 클레멘트2서 11:2-4에서 인용된 유대 묵시를 따르고 있다고 하는 것이 그럴듯하다. 이 작품이 *Herm. Vis.* 2:3:4에서 인용된 우리가 오직 한 가지만 확실히 일치시킬 수 있는 '엘다드와 모다드의 책'(*Book of Eldad and Modad*)이라는 라이트풋(Lightfoot)의 짐작에 대해서 많이 말들을 한다. 하지만 이 작품의 텍스트가 다른 곳에서는 전혀 입증할 수 없기에 베드로후서의 기자가 그것에 빚을 졌다고 확실하게 결정하는 것은 위험천만일 것이다. 만일 우리가 유다서를 소유하지 않았다면, 2:1-3:3의 부분이 유다서에서 유래했음을 결정하는 것이 마찬가지로 불가능하였을 것이다.

## 주석

1 "사랑하는 자들아 내가 이제 이 둘째 편지를 너희에게 쓰노니"(*ταύτην ἤδη, ἀγαπητοί, δευτέραν ὑμῖν γράπω ἐπιστολήν* – 타우텐 에데, 아가페토이, 듀테란 휘민 그라포 에피스톨렌). 기자가 여기서 어느 편지를 베드로의 첫 번째 서신으로 언급하고 있는가? 다음과 같은 대답이 주어졌다.

(1) 베드로후서의 앞부분들. 먼저 그로티우스가 제기한, 3장이 본래 분리된 서신이었다는 이론을 맥나마라(McNamara, Scr 12[1960] 13-19)가 재생시켰다. 그는 1장이 첫 번째 서신이고 3장은 1:15에서 약속한 뒤이은 서신 중 하나라고 주장한다. 그는 2장과 3장의 급격한 전환을 지적하며 3:1이 서신의 결론적인 단락보다는 서신을 더 적절히 시작한다고 주장한다. 이런 견해가 갖는 한 가지 주요한 난제는 유다서로부터 기자가 빌려오는 일이 3:3까지 계속되고 있다는 사실이다. 1:15은 베드로후서 전체를 언급하는 것으로서 더 잘 이해되고(주석을 보라), 3:1은 2장을 잇는 것으로 현재 문맥에서 적절하게 설명할 수 있다(아래를 보라).

(2) 유다서. 로빈슨은 유다가 유다서와 (베드로의 대리자로서) 더 긴 서신인 베드로후서를 작성했다고 주장한다. 유다서 3절에 따르면 유다는 "유다서"를 쓰기 위해서 이 긴 서신을 뒤로 미뤄두었다. 베드로후서 3:1에서 유다는 자신의 이전 서신

을 언급한다(*Redating*, 195). 로빈슨이 주장한 것처럼 이 이론은 유다서와 베드로후서의 공통된 저작자를 전제한다. 하지만 베드로후서의 기자는 한 저자가 자신의 자료를 사용하는 방식으로 유다서에서 자료를 사용하지는 않는다. 스미드(Smith, *Petrine Controversies*)도 첫 번째 서신이 유다서라고 주장하지만 로빈슨과 달리, 그는 베드로후서를 후대의 가필이라고 간주한다. 그는 베드로후서의 기자가 (가필의) 유다서의 기자이거나 (덜 가능성이 있기는 하지만) 자신의 작품에 신임을 주려는 방식으로 유다서에 대한 높은 존중을 표했다고 주장한다. 그러나 베드로후서의 독자들이 이 절에서 유다서에 대한 언급을 인식했을 것 같지 않다. 베드로후서가 **베드로**의 이름으로 쓰였기 때문이다. 아마도 그들은 문학적인 관례로서 가필적인 방식으로 인식하였지만, 이 관례가 이 서신의 "나"가 베드로라는 사실을 형성한다. 베드로후서의 기자는 이 문학적 관례를 한 부분에서 의도적으로 깨뜨리지만(그가 2:10b-22; 3:5, 16에서 현재시제를 사용할 때), 거의 3:1에서 그리하고 있을 것 같지가 않다. 이 절의 목적이 베드로의 **예언**을 소개하는 것이기 때문이다(3:1-4). 3:1에서 베드로후서의 기자는 사실상 의도적으로 자신이 베드로의 이름으로 쓰고 있는 사실을 재확증하고 있다(아래를 보라). 따라서 첫 번째 서신은 베드로의 이름으로 쓰인 서신임이 틀림없다.

(3) 잃어버린 서신. 스피타(Spitta), 잔(Zahn, *Introduction*, 197-98) 그리고 그린(Green)은 모두 베드로후서를 베드로가 직접 작성한 것으로 간주하는데, 이들은 3:1의 언급이 잃어버린 베드로의 서신이라고 주장하고, 많은 그러한 서신들이 있다고 제기한다. 베드로가 (지금은 잃어버린) 많은 서신들을 작성했다는 개념은 앞서 말한 저자들도 가정하는 것처럼 자증적이지 못할지라도 이런 가능성을 확실히 배제하기는 어렵다. 하지만 3:1의 언급의 요건들을 충족시키는 알려진 문서가 있다면, 잃어버린 문서라는 가정에 의존할 필요는 없다.

(4) 첫 번째 베드로의 서신(베드로전서). 대다수의 주석가들이 3:1의 언급이 우리가 베드로전서로 알고 있는 서신이라고 인정한다. 이에 반대하여, 스피타는 베드로후서가 유대 크리스천들에게로 작성된 반면에 베드로전서는 이방인 크리스천들에게로 작성되었으며, 또한 베드로후서의 독자들은 베드로를 직접적으로 알고 있었던 반면에 베드로전서의 기자는 그렇지 못하였을 것이라고 주장했다. 하지만 베드로후서에 대한 이런 주장의 어느 것도 정당화할 수 없다(후자에 대해서는 1:16의 "주석"을 보라). 보다 흔하게는 베드로전서가 3:2의 첫 번째 서신의 내용에 대한 묘사에 상응하지 못한다고 말한다(첫 번째 서신의 내용에 포함되는 것으로 3:3을

간주할 필요는 없다). 라데유스(Ladeuse, *RB* 2[1905] 544)는 3:2이 두 번째 서신의 의도를 묘사할 수 있도록 므네스데나이(*μνησθῆναι*, "너는 기억해야 한다", 2절)를 그라포(*γράφω*, "내가 쓰고 있다", 1절)와 연관시키지만, 2절이 양 서신의 내용을 묘사할 수 있도록 므네스데나이(*μνησθῆναι*, "너는 기억해야 한다")를 디에게로(*διεγέρω*, "일깨우다", 1절)와 연관시키는 것이 더 자연스럽다. 그러나 그렇다면 3:2은 구약 선지자들의 예언을 언급하고(1:10-12) 대체로 복음서의 윤리적 의미를 상기시키는 것으로 구성되어 있는 베드로전서의 묘사에 사실상 충분히 적합하다. 3:2에서 베드로후서의 기자가 재림 시의 심판의 소망과 그에 따른 현재에 거룩한 삶의 필요를 특히 염두에 두고 있다면, 이것도 역시 베드로전서의 주제로서 볼 수 있다(1:13-17; 4:3-5, 7, 17; 5:4). 두 서신들 사이에 더 긴밀한 유사성을 추구하는 것은 꽤 불필요하다. 3:1-2에서 기자의 실제적인 목적은 (a) 자신의 서신을 베드로전서와 연관짓고(아래를 보라), (b) 자신의 서신의 의도를 설명하는 것이다. 그는 3:2을 베드로후서를 쓴 목적을 설명하는데 주로 썼고, 그리함으로써 두 번째 서신을 묘사하는 것처럼 첫 번째 서신을 묘사할 필요가 없다.

이 언급이 베드로전서라면, 기자는 왜 그렇게 하고 있는가? 그가 베드로전서를 작성했기 때문도 아니고(서론의 "문학적 관계"에 관한 항목 5를 보라), 그가 베드로전서에서 영향을 받고 베드로전서에 모델을 두었기(Boobyer, "Indebtedness"가 생각하는 것처럼) 때문도 아니다. 베드로후서는 베드로후서를 작성할 때 베드로전서에 영향을 받았다거나 베드로전서를 활용하고 있다는 증거를 사실상 주지 않는다(서론의 "문학적 관계"의 항목 5를 보라). 그는 아마도 베드로전서를 언급하는 두 가지 이유를 가지고 있었다: (1) 베드로전서가 베드로후서처럼 베드로가 죽은 후에 또는 (나에게는 더욱더 그렇게 보이는 것처럼) 베드로가 죽기 전에 작성되었든지 간에, 분명히 기자는 베드로전서가 발원하는 로마의 동일한 베드로적 서클의 일원이었다. 게다가 베드로후서는 베드로전서를 수신했던 동일한 교회에 아마도 전달되었을 것이다(이것을 3:1이 함축하고 있고, 아래의 3:2과 3:15의 "주석"을 보라). 따라서 베드로전서에 대한 언급은 독자들에게 이 서신의 근원을 확인시키는 방법이다. 하지만 이 이유는 부차적인 것일 뿐이다. (2) 기자는 유언 장르의 관례를 포기하고 현재의 거짓 선생들을 설명하는 2:10b-22의 긴 항목을 전한 후에 이제 자신이 베드로의 이름으로 글을 쓰고 있다는 사실을 재확증할 필요를 느꼈다. 그는 베드로가 자신의 사후에 일어나게 될 "기롱자"(조롱자)들을 예언하는 미래시제의 예언 형태로 3:3-4을 전달할 수 있게 해야 했다. 3:1은 1:12-15을 상기시키고 베드로전서를 언급함으로써 베드로가 이 서신을 작성했던 것처럼 이 구절들을 읽어야 함을 독자들에게 상기시키는 역할을 한다.

"이 둘로 너희 진실한 마음을 일깨워 생각하게 하여"(*ἐν ʽαις διεγείρω ὑμῶν ἐν ὑπομνήσει τὴν εἰλικρινῆ διάνοιαν* – 엔 하이스 디에게이로 휘몬 엔 휘포므네세이 텐 에일리크리네 디아노이안). 이 말은 1:13을 상기시킨다. 베드로후서에서 "생각나게 하다"란 개념과 이 가르침이 이미 독자들에게 알려져 있다는 의미에 대해서는 1:12의 "주석"을 보라. 에일리크리네스(*εἰλικρινής*)는 "순수한, 섞이지 않은, 오염되지 않은"을 의미하고 따라서 도덕적 의미에서 "신실한, 정직한"이다. 이 용어는 자주 정결이나 동기나 생각의 신실함을 묘사하고(참조. Plato, *Phaedo* 66A: 에일리크리네이 테 디아노이아[*εἰλικρινεῖ τῇ διανοίᾳ*, "순수한 이성"], 하지만 베드로후서에서의 그 말과는 다른 의미에서; *Phaedo* 81C: 프쉬케 엘리크리네스[*ψυχὴ εἰλικρινής*, "순수한 영"]; *2 Clem* 9:8: 엑스 에일리크리누스 카드리아스[*ἐξ εἰλικρινοῦς καρδίας*, "신실한 마음으로부터"]; Theophilus, *Ad Autol.* 2.35: 에일리크리네이 그노메[*εἰλικρινεῖ γνώμῃ*, "신실한 마음으로"]; *T. Benj.* 6:5: "좋은 마음[*διάνοια* – 디아노이아]은 순수한 성향을 갖는다[*εἰλικρινῆ…διάθεσιν* – 에일리크리네…디아데신]"; 이해의 신실성에 대해서는 또한 *1 Clem* 32:1을 참조하라), 여기서는 아마도 독자들의 이해가 "기롱자들"(조롱자들)의 생각처럼 부도덕한 욕구에 의해 왜곡되거나 이탈되지 않았음을 의미한다(또는 기자는 그렇게 되지 않기를 바란다)(3:3-4).

2 "곧 거룩한 선지자의 예언한 말씀"(*τῶν προειρημένων ʽρημάτων ὑπὸ τῶν ἁγίων προθητῶν* – 톤 프로에이레메논 레마톤 휘포 톤 하기온 프로페톤). 성질을 나타내는 형용사인 하기온(*ἁγίων*, "거룩한")에 대해서는 지혜서 11:1; 눅 1:70; 행 3:21(베드로의 말로)을 참조하라. 이 절에서 기자는 동일한 두 권위, 즉 1:16-21에서의 재림의 전파를 타당하게 만드는 선지자와 사도들의 증언에 호소한다. 따라서 (Sidebottom이 생각하는 것처럼) 기독교 선지자들이 아니라 구약의 선지자들을 의미하고 있음이 확실하다.

푀그틀레(Vögtle, *Zukunft*, 125-26)는 3-4절에 비추어 기자가 하나님의 지연된 심판을 경시하는 기롱자들에 대한 선지자들의 설교와 기롱자들에 대한 하나님의 심판의 예언(사 5:18-20; 렘 5:12-24; 암 9:10)을 주로 생각하고 있다고 여긴다(암 9:10; 말 2:17; 참조. 겔 12:22; 습 1:12). 4절에서 푸 에스틴(*ποῦ ἐστιν*, "어디에 있는가") 형식을 기자가 사용한 것은 선지자들의 그러한 말들을 그가 염두에 두었음을 가리켜주지만 2절의 의미를 기롱자들과 그들의 심판에 관한 예언으로 제한할 필요는 없다. 2절에서 기자는 베드로전서 그리고 특히 베드로후서의 일반적인 목적과 내용을 여전히 언급하고 있다. 베드로후서가 독자들에게 상기시키고자 하는 가르침은 재림과 종말론적인 소망과 관련이 있는 복음의 도덕적 필요이다. 따라서 1:19에서처럼, 여기서 언급된 구약 선지자들의 예언은 재림과 종말론적인 심판에 관한 예언이다.

"주 되신 구주께서 너희의 사도들로 말미암아 명하신 것을"(*τῆς τῶν ἀποστόλων ὑμῶν ἐντολῆς τοῦ κυρίου καὶ σωτῆρος* – 테스 톤 아포스톨론 휘몬 엔톨레스 투 퀴리우 카이 소테로스). 이 표현에서 이중적인 소유 속격은 어색하다. 명하신 것은 주로 그리스도의 명령이지만 부차적인 의미에서 사도들의 명령도 의미하는데, 사도들도 독자들에게 그 명령을 전파했던 사람들이기 때문이다. 대부분의 주석가들이 사도들은 여기서 모든 사도들, 곧 사도의 "단체"라고 생각하고 또 독자들은 모든 크리스천이라고 생각하기 때문에 휘몬(*ὑμῶν* "너희의")은 약간의 난제를 야기하였다. 어떤 이들은 2세기의 관점에서 모든 사도들은 모든 크리스천들에 해당하는 것으로 보인다고 생각한다(Moffatt, Schelkle, Kelly, Schrage; Zmijewski, *BZ* 23[1979] 166) – 다른 이들은 "너희의"가 참된 사도들과 거짓 선생들을 구분짓는다고 생각한다(Bigg, Sidebottom). 하지만 "너희의 사도들"의 자연스런 의미는 복음을 전파했고 베드로후서를 수신하고 있는 지역에 교회들을 세웠던, 암묵적으로 나머지 사도들과는 다른, **그** 사도들이고(고로 Spitta, Mayor; Zahn, *Introduction*, 204-5; Fornberg, *Early Church*, 146 n. 22; 참조. 벧전 1:12; *1 Clem* 44:1, 거기서 "우리의 사도들"은 로마교회를 세웠던 사도들이다), 일단 베드로후서가 구체적인 교회들에 수신되고 있다는 것을 인정한다면 이 의미는 난제를 발생시키지 않는다(3:15의 "주석"을 보라). 분명히 독자들의 사도들은 바울을 포함했다(3:15).

따라서 자주 제기되는 것처럼, 기자는 여기서 베드로 자신이 사용할 수 없었던 표현으로 빠져들고 있다고 하는 것은 사실이 아니다. "너희의 사도들"이란 어구가 필연적으로 베드로 자신을 배제하고 있는 경우는 아니지만(Spitta; Zahn, *Introduction*, 218 n. 7; Dillenseger, *MFOB* 2[1907] 204-5을 보라), 그렇게 한다면 아마도 더 자연스러울 것이다. 수신하고 있는 교회들이 베드로전서 1:1에서 수신하고 있는 교회들이라면, 그때에 베드로는 배제될 것이다.

"명령"은 여기서 2:21과 동일한 방식으로 사용된다(그 절의 "주석"을 보라): 그것은 기독교의 메시지의 윤리적 양상을 강조한다. 기자가 거짓 선생들을 반대하여 주장하고자 하는 바는 종말론적인 소망과 더불어 바로 기독교의 메시지의 윤리적인 양상이기 때문이다.

의지할 권위로서 구약의 예언과 사도의 메시지를 나란히 두고 있는 것을 발견하는 것은 놀라운 일이 아니지만(바울의 문서를 구약성경과 동일한 차원으로 두고 있는 3:16은 약간 더 괄목할 만하다), 선지자와 사도들, 또는 선지자와 복음이 동시에 나오는 유사한 단락들에 대해서는 *2 Clem* 14:2; Ign. *Phil.* 5:1-2; 9:1-2; Pol. *Phil.* 6:3; "3 Cor." 3:36; *Act. Verc.* 13을 참조하라.

3 "먼저 이것을 알지니"(*τοῦτο πρῶτον γινώσκοντες* – 투토 프로톤 기노스콘테스). 이 표현에 대해서는 1:20-21의 "양식/구조/배경"을 보라. 여기서 주격은 이 어구를 이전 절과 아주 긴밀하게 연관짓는 것을 막아주고 기자가 기롱자들에 대한 예언(3-4절)을 선지자들의 예언의 내용과 독자들이 기억해야할 사도들의 명령의 일부(2절)인 것으로 의도하고 있는지는 말하기 어렵다. 적절한 구절들을 선지서에서 발견할 수 있고(위를 보라), 종말에 거짓 선생들에 대한 예언들은 초대 기독교의 가르침에서 흔하였다(유 18절의 "주석"을 보라). 하지만 유다서 18절이 사도들의 가르침을 인용하고 있는 반면에, 베드로후서의 기자는 이 예언을 직접적으로 베드로에게 귀속시킬 수 있기 위해서 정확하게 투토 프로톤 기노스콘테스(*τοῦτο πρῶτον γινώσκοντες*)라고 소개했다.

"말세에"(*ἐπ' ἐσχάτων τῶν ἡμερῶν* – 에프 에스카톤 톤 헤메론). 기자는 유다서의 특이한 에프 에스카투 투 크로누(*ἐπ' ἐσχάτου τοῦ χρόνου*)를 보다 잘 알려진 표현(LXX 창 49:1; 렘 37:24; 겔 38:16; 단 2:28; 호 3:5; 미 4:1; *Θ* Dan 10:14; *T. Dan* 1:1; *2 Clem* 14:2; *Barn.* 12:9; 16:5; *Herm. Sim.* 9:12:3)으로 대체했다. 종말론적인 미래와 관련해서 그 말을 사용한 것에 대해서는 유다서 18절의 "주석"을 보라. "기롱자들"의 출현은 종말, 곧 베드로의 일생에서 가공적인 관점에서는 미래의 시기이지만 기자와 독자들이 살고 있는 현재와 일치시킬 수 있는 마지막 날의 현상이다. 이것은 기자의 종말론적 관점에 대한 우리의 평가를 위해서 중요하다: 유다서처럼 베드로후서의 기자는 거짓 선생들의 출현을 재림 이전의 역사의 마지막 단계가 도래한 표지로 보았다. 프른베르그(Fornberg, *Early Church*, 61)가 주목한 것처럼 이 구절에는 아이러니한 울림이 있다: 재림을 부인했던 대적자들이 그 재림의 임박함을 증거해 주고 있었다. 그들의 출현은 신실한 자들을 혼란케 해서는 안 되고 오히려 예언에 대한 신자들의 믿음을 확증하는 것이 되어야 한다 (Vögtle, *Zukunft*, 129-30).

"기롱하는 자들이…기롱하여"(ἐν ἐμπαιγμονῇ ἐμπαῖκται – 엔 엠파이그모네 엠파이크타이, 직역하면 "기롱하는 기롱자들"). 베드로후서는 유다서 18절로부터 엠파이크타이(ἐμπαῖκται, "기롱자들")란 용어를 빌려왔다. 이 용어의 구약의 배경에 대해서는 유다서 18절의 "주석"을 보라. 그것은 도덕적이고 예언적인 하나님의 계시를 조롱하고 멸시하는 자들을 나타낸다. 베드로후서가 엠파이크타이(ἐμπαῖκται, "기롱자들")를 추가한 엔 에파이그모네(ἐν ἐμπαιγμονῇ, "기롱하는")는 강조를 위해서 부정사 절대형의 히브리 용법의 번역으로서 명사와 동족명사를 동시에 자주 보여주는 칠십인경을 모방한 칠십인경 방식일 것이다(예를 들면, 창 31:30; 출 21:20; 신 7:26; 13:16; 20:17). 베드로후서의 기자가 엔 엠파이그모네(ἐν ἐμπαιγμονῇ)를 동족 명사(ἐμπαῖκται – 엠파이크타이)와 함께 사용한다는 사실은 그가 히브리어로 사고하지 않고 단순히 칠십인경 형태를 모방하고 있음을 보여준다.

"자기의 정욕을 좇아 행하며"(κατὰ τὰ ἰδίας ἐπιθυμίας αὐτῶν πορευόμενοι – 카타 타 이디아스 에피뒤미아스 아우톤 포류오메노이). 유다서 16절과 18절의 "주석"을 보라. 이 강조는 그들이 하나님의 뜻이 아니라 **자신의** 욕구를 따라 산다는 사실에 있지만(참조. 유 16절), 에피뒤미아(ἐπιθυμία, "욕구")는 베드로후서에서 항상 나쁜 의미를 갖고(1:4; 2:10, 18), 베드로후서가 이것을 분명히 하는 유다서의 톤 아세베이온(τῶν ἀσεβειῶν, 유 18절)을 생략하고 있을지라도, 그들의 욕구가 악하다는 것을 아마도 당연하게 여기고 있을 것이다. 베드로후서에서 이 부도덕한 행위는 장래의 심판에 대한 그들의 부정과 아주 긴밀하게 연결된 것으로 본다(4절).

기롱자들은 2절과의 의도적인 대조로 3-4절에서 묘사된다. 독자들이 선지자들의 예언과 사도들의 명령을 기억해야하는 반면에 기롱자들은 자신의 정욕을 좇음으로써 그 명령을 거부하고 재림의 소망을 기롱함으로써 선지자들의 예언을 배격한다(4절).

4 "가로되 주의 강림하신다는 약속이 어디 있느뇨"(ποῦ ἐστιν ἡ ἐπαγγελία τῆς παρουσίας αὐτοῦ – 푸 에스틴 헤 에팡겔리아 테스 파루시아스 아우투). 푸 에스틴(ποῦ ἐστιν…"어디에 있는가?")으로 시작하는 수사적 질문은 구약성경의 표준적인 형태다. "너희의/그들의 하나님이 어디에 있는가?"는 하나님이 고통하는 자를 구원하시는 것으로 참견하지 않을 때 시편의 대적자들이 조롱하는 말이고(LXX 시 41:4, 11) 또한 하나님이 자기 백성들을 위해서 간섭하시지 않을 때 이방 민족이 조롱하는 말이기도 하다(LXX 시 78:10; 113:10; 욜 2:17; 미 7:10). 특히 이것은 말라기 2:17과 관련이 있는데, 거기서 하나님이 악한 자들을 벌주시고 선한 자에게

상을 주시는 것에 관심이 있음을 의심하는 자들이 냉소적으로 "정의의 하나님이 어디에 계신가"라고 힐문하고, 또한 예레미야 15:15에서 예레미야의 대적자들이 예레미야의 예언이 성취되지 않음을 비웃으며, "주의 말씀이 어디에 있는가? 그것이 이루어지게 하라!"는 말로 조롱한다. 따라서 이 형태가 예수 그리스도의 재림의 심판을 하나님이 간섭하신다는 예언에 대한 냉소적인 부정을 표현하는데 대단히 적절하다. 그 재림의 성취가 이루어지지 않는다는 근거 위에서 말이다. 스트로벨(Strobel, *Untersuchungen*, 96-97과 n. 3)은 그 두운이 "계몽된" 유대 범주에서 아마도 순환되고 있는 현재 실제적으로 사용되고 있는 말을 가리킨다고 생각할지라도(참조. 겔 12:22에서 유사한 회의주의를 표현하는 "잠언"), 베드로후서의 기자가 구약의 모델을 따르는 이 특별한 말씀의 형태에서 대적자들의 회의주의적인 태도를 표현했을 가능성이 훨씬 더 높다. (유사하게 리옹과 비엔나의 교회들에 대한 서신[*ap.* Eusebius, *Hist. Eccl.* 5.1.60]은 기독교 순교자들이 죽는 것을 보았던 이교도들이 "그들의 하나님은 어디에 있는가?"(*ποῦ ὁ θεὸς αὐτῶν* – 푸 호 데오스 아우톤)라는 조롱의 말을 한 것으로 추정한다.

"양식/구조/배경"에서 우리는 베드로후서가 의심자들의 입으로 종말론적인 소망이 실패했음을 불평하는 것을 적었던 유대의 묵시를 지금 부분적으로 따르고 있다고 논증했다. 예언의 미성취에서 발생하는 종말론적 회의주의에 대한 또 다른 표현에 대해서는 에스겔 12:22; Sir 16:22; *b. Sanh.* 97b을 참조하라.

물론 베드로후서의 기자는 특히 예수 그리스도의 재림에 대한 기독교인들의 소망을 대적자들의 회의주의의 타켓으로 삼았다. "약속"(*ἐπαγγελία* – 에팡겔리아)은 구약의 예언을 포함할지도 모르나(참조. 2절), 아마도 예수 자신의 약속을 주로 가리킬 것이다. 1:4의 가능성 있는 반영(*ἐπαγγέλματα* – 에팡겔마타, "약속")과 이 절의 나머지 부분이 재림의 소망에 시간적인 제한을 분명히 설정하고 있는 예수의 말씀을 특히 고려하고 있는 것으로 보이기 때문이다(아래를 보라).

"조상들이 잔 후로부터"(*ἀφ' ἧς γὰρ οἱ πατέρες ἐκοιμήθησαν* – 아프 헤스 가르 호이 파테레스 에코이메데산). "자다"는 죽음에 대한 용인된 비유였고, 그것은 죽음에 대한 어떤 특별한 이해나 죽음 이후의 삶을 필연적으로 함축하지는 않는다(R. E. Bailey, "Is 'Sleep'the proper biblical term for the Intermediate State?," *ZNW* 55[1964] 161-67; G. Rochais, *Les récits de résurrection des morts dans le Nouveau Testament*[SNTSMS 40; 참고문헌과 논의에 대해서는 Cambridge: Cambridge University Press, 1981] 193-97; *1 Clem* 44:2; *Herm. Vis.* 3:5:1; 3:11:3; *Mand.* 4:

4:1; *Sim.* 9:15:6; 9:16:5, 7도 추가하여 보라). "조상들"이 구약의 족장들이나 선지자들임을 주장하기를 원하는 사람들(Bigg, Lumby, Green)은 자기편에서 그 용법의 무게를 둔다. 초기 기독교 문헌에서 유대 용법을 존속시키는(이에 관해선 *TDNT* 5, 976을 보라), 호이 파테레스(*οἱ πατέρες* - "그 조상들")는 구약의 "조상들" 즉 족장이나 더 일반적으로는 구약 시대의 의인들을 의미하고(요 7:22; 행 13:32; 롬 9:5; 히 1:1; *Barn.* 5:7; 14:1; *Apoc. Pet.* E 16; *Ep. Apost*[Coptic] 28), 성경의 이 단락 외에 유일한 다른 가능한 예외는 클레멘트2서 19:4이며, 그것은 죽은 크리스천들을 언급할 수 있었으나 대체로 구약 성도들을 일컬을 것이다(*Apoc. Pet.* E 16와의 평행을 주목하라).

그러나 이런 일관된 용법에도 불구하고, 베드로후서가 구약의 조상들을 일컫는다고 상정하는 방식에 난점이 있고, 거의 모든 현대 주석가들은 호이 파테레스(*οἱ πατέρες*, "그 조상들")를 첫 번 크리스천 세대로 이해한다. 만약 그들이 구약의 조상들이라면, 그때에 기롱자들의 주장은 구약 선지자들을 통해서 구약 시대에 예수 그리스도의 재림의 약속이 처음 주어졌던 사람들의 죽음 이래로 모든 것이 여상하다는 것이 된다. 이는 많은 세기의 과정에서 예언의 불성취의 일반적인 논증이 될 것이다. 그러한 논증은 순전히 유대적 문맥에서는 그럴 듯 할 것이나(참조. *2 Apoc. Bar.* 21:24), 초기 기독교적 맥락에서는 이상한 논증이다. 초기 기독교는 많은 구약의 예언들이 수세기동안 성취되지 않은 뒤에 예수의 역사 속에서 바로 최근에 성취되었다고 끊임없이 주장했다. 종말론적인 예언의 성취가 이미 시작되었고, 아직 성취되지 않았다고 주장하는 구약 예언의 성취는 장래에 완성될 것이다. 이런 관점으로부터 이 예언이 **구약 시대 이래로** 성취되지 않은 채로 그대로 있다고 주장하는 것은 매우 상관성이 떨어질 것이다. 거짓 선생들이 구약의 예언이 예수의 삶과 사역에서 성취되었다는 것을 부정했다할지라도, 사람들은 베드로후서의 반응에서 이런 성취에 대한 어떤 언급을 기대할 것이다.

베드로후서 3절에서 기자는 사소한 기독교적 수정을 가지고 **유대** 묵시를 따르고 4절에서 실로 유대적 **배경**에 속하는 구약 예언의 미성취에 기초한 반론을 다루고 있다고 주장할 수 있었다. 하지만 이전에 "양식/구조/배경"에서 제기했던 것처럼, 우리가 클레멘트 23:3과 클레멘트 11:2의 인용에서, 베드로후서 3절에 영감을 주었던 유대 묵시의 관련된 단편을 갖고 있을 가능성이 있다. 이 단편에서 의심자는 "우리 조상의 그 날에"(*ἐπὶ τῶν πατέρων ἡμῶν* - 에피 톤 파테론 헤몬) 종말론적 약속을 들었지만 그것이 성취되지 않았던 것을 불평한다. 여기서 "우리의 조상들"

(*τῶν πατέρων ἡμῶν* – 톤 파테론 헤몬)은 화자의 실제 육체적인 조상들, 즉 직계 조상들임이 분명하다. 베드로후서 3:4이 베드로후서의 기자의 요건에 맞춘 이 자료의 자유로운 재서술이라면, 그는 두 가지 중요한 변화를 주었다. (1) 그는 "우리의 조상들"을 "그 조상들"(*οἱ πατέρες* – 호이 파테레스)로 바꾸었다. (2) 그는 유대 묵시에서 단지 암시적이었던 것을 그 조상들이 **죽었다**고 단언한다.

이런 변화의 의미는 무엇인가? 첫 번째 변화는 베드로후서의 기자가 기롱자들의 실제 육체적 조상들, 즉 (Spitta가 생각했던 것처럼) 기자가 이 글을 쓰고 있는 교회의 첫 세대의 크리스천들을 거의 가리킬 수가 없음을 의미한다. 헤몬(*ἡμῶν*, "우리의")이 없는 호이 파테로스(*οἱ πατέρες*, "그 조상들")는 그런 의미로는 매우 부자연스러울 것이다. 하지만 그가 의도적으로 헤몬(*ἡμῶν*, "우리의")을 탈락시켰다고 하는 것이 가능하다. 그의 언급이 기롱자들의 조상들이 아니라 첫 크리스천 세대, 즉 사도들의 세대를 가리킬 수 있도록 말이다. 원래의 제자들의 세대, 즉 교회의 설립자들은 호이 파테레스(*οἱ πατέρες*), 말하자면 기독교의 "족장들"이라 적절히 불릴 수 있다. 이런 용법이 다른 곳에서는 증거되고 있지는 않을지라도, 그것은 아마도 유대 묵시에서 톤 파테론 헤몬(*τῶν πατέρων ἡμῶν*, "우리의 조상들")을 호이 파테레스(*οἱ πατέρες*, "조상들")라고 바꾸었을 때 베드로후서의 기자가 만들었던 자연스러운 용법이다.

이런 변화를 주게 된 이유는 두 번째 변화, 즉 조상들의 **죽음**에 대한 강조와 연관지을 때 분명해진다. 기독교적인 맥락에서 특별한 의미를 사도들의 세대의 죽음에 두었는데, 예수가 자신이 살고 있는 당대에 재림하실 것을 예언한 것으로 보이는 몇 가지 잘 알려진 말씀을 하셨기 때문이다(마 16:28 par. 막 9:1 par. 눅 9:27; 마 24:34 par. 막 13:30 par. 눅 21:32; 요 21:22-23; 참조. 마 10:23). 따라서 재림의 약속이 성취되지 않은데 대한 비판적인 요지는 사도들의 세대가 죽었다고 말하였을 때에 왔다. 기롱자들의 반박은 약속이 주어지고 나서 오랜 시간이 경과되었다는 뜻이 아니라, 그 약속은 성취될 시간적 제한을 설정했고 이 제한된 시간이 이미 지났다는 뜻이었다.

기롱자들의 말의 이런 설명에 대한 두 가지 가능한 문제들이 있다. (1) 그들의 반대는 어느 것도 조상들이 죽은 **이래로** 발생하지 않았다는 것이 아니라 그들이 죽기 **전에** 어느 것도 발생하지 않았다는 것이 되어야 한다(참조. Vögtle, *Zukunft*, 130). 아프 헤스(*ἀφ' ἧς*, "이래로[since]")의 경직된 해석으로 기롱자들의 말에 다른 의미를 주고자했던 스피타(Spitta)와 본 알멘(von Allmen, *RTP*16[1966] 258 n.

2)의 시도는 인정받지 못하기 때문에(Zahn, *Introduction*, 237-38) 엄격한 논리에서는 여기서 문제가 있다. 하지만 논쟁적인 논증에서 베드로후서의 말은 꽤 이해할 만하다. 기롱자들은 이렇게 말한다: "조상들이 죽기 전에 재림이 약속되었다. 응, 그런데 조상들은 죽었고 지금 **여전히** 아무 일도 일어나지 않고 있다." (2) 베드로후서는 구체적인 시간제한이 지났다는 반박에는 반응하지 않는다. 이런 이유는 기자가 유대 묵시적 자료에서 발견했던 종말의 지연에 관한 문제를 단지 전하려고 할 뿐이다. 물론 이런 반응들은 사도들의 생애 내에 발생하지 않았다는 구체적으로 기독교의 문제라기보다는 종말론적 지연에 관한 일반적인 문제를 충족시키려고 의도되었다. 그러나 3:9은 시간제한의 문제를 언급하고 있지는 않을지라도, 주어질 수 있는 한 그것에 대한 가장 적절한 반응을 담고 있다고 말할 수 있다: 하나님이 시간제한을 확장시키셨다면 그는 사람들에게 회개를 위한 기회를 주기 위해서 은혜로 그렇게 하셨다(참조. J. Jeremias, *New Testament Theology: Part 1*, tr. J. Bowden [London: SCM Press, 1971] 140). 사실상 8-9절은 빈틈없는 날짜의 차원을 넘어서는 종말론적 지연에 관한 문제를 제기하고 그렇게 함으로써 그 문제를 제기했던 예수의 말씀의 의도에 충실하다. 이 말씀의 진정한 관심은 일시를 추정할 수 있는 시간**제한**이 아니라 하나님의 심판의 임박함이다(Jeremias, *New Testament Theology*, 139).

베드로후서 3:4이 첫 크리스천 세대의 죽음을 일컫는 것이라면, 그때에 기자는 첫 세대가 죽었다고 말할 수 있었던 때에 살고 있었음이 분명하다. 5절이 기자와 독자들과의 동시대로서 현재 시제로 "기롱자"들을 언급하고 있기 때문에 기자는 그러한 때를 고대하고 있지 않다. 하지만 많은 주석가들이 생각하는 것처럼, 4절에서 **베드로**의 입으로 첫 크리스천 세대의 죽음을 언급하는 것이 기자의 편에서 실수가 아니다. 4절에서 기자는 가필적인 방식을 꽤 정확하게 사용하고 있다. 그가 **베드로의 죽음 후에** 조상들의 죽음에 대해서 말하는 기롱자들이 있게 될 것을 **예언하는** 것으로서 베드로를 대변하기 때문이다.

많은 주석가들이 "조상들이 잔 후로부터"란 말이 기자가 첫 세대의 죽음 이후에 오랜 시간이 지나서 이 글을 쓰고 있음을 가리킨다고 생각한다. 이에 대한 두 가지 이유가 제기된다. (1) "호이 파테레스(*οἱ πατέρες*, "조상들)란 용어의 사용은 상당한 시간의 경과를 함축한다. 어떤 운동의 창설자들은 후대의 시대가 그들의 업적을 기릴 때까지 '조상들'이라 불리지 않는다"(Chase, *DB*(H): 3,812). 이 논증은 이 용어에 관한 다른 사례를 줄 수 있다면 더욱더 설득력이 있었을 것이나 사실상 베드로후서는 첫 크리스천의 세대를 "조상들"이라고 일컬은 처음 두 기독교 세기의 문헌에서는 유일해 보인다. 사도들이 기독교 역사에서 독특한 역할을 했고 사도들의 죽음 이후에 살았던 두 번째 크리스천 세대들이 자신들이 두 번째 세대임을 매우 의식하였기 때문에(*Herm. Sim.* 9:15:4; 참조. *1 Clem* 44:1-3), 첫 세대의 죽음 직후에 기자가 그들을 "조상들"이라고 부른 것은 부자연스럽지는 않다.

(2) "만물이 처음 창조할 때와 같이 그냥 있다 하니"란 말은 조상들의 죽음 이후로 상당한 시간의 경과를 전제하는 것으로 말하고 있다(Chase, *DB*(H): 3, p. 812; 참조. Kelly). 하지만 이것은 필연적으로 그렇지는 않다. 우리는 첫 세대의 몇몇 탁월한 크리스천들만이 여전히 살아 있는 것으로 알려졌던 시간에 종말에 대한 기대가 많은 범주에서 높은 수치에 이르렀을 것이라고 상상할 수 있다(참조. *Asc. Isa.* 4:13; *Herm. Vis.* 3:5:1). 재림은 해를 거듭할수록 기대되었지만 시간이 지나고 소수의 첫 세대들도 죽었을 때 회의주의자들은 종말에 대한 기대가 상실되었다고 주장하는 이유를 더욱더 가졌을 것이다. 그러한 상황에서 약속이 성취되지 않은 매해는 긴 시간이었고, 첫 세대가 사실상 다 떠나갔다는 것이 널리 인정되자마자 베드로후서의 기롱자들의 말은 꽤 자연스럽게 나왔을 것이다.

사실상 그 문제에 처음 부딪쳤을 때 첫 세대의 죽음이 일세기 후반의 짧은 시기 동안 기독교 종말론에 대한 **일시적인** 문제였을 가능성이 있지만(참조. *1 Clem* 23:2-5; *2 Clem* 11:1-7; *Herm. Vis.*3:4:3; 3:5:1; 3:8:9), 일단 긴급한 위기를 극복하자 그 이슈는 잊혀졌고, 2세기의 문헌에서는 다시 언급되지 않는다. 첫 세대의 죽음의 문제는 우리가 아는 한, 2세기 영지주의에 의한 전통적인 종말론에 대한 반대로서 제기되지는 않았다. 심지어 재림의 지연에 관한 보다 일반적인 문제도 2세기에는 매우 드물게 제기된다(참조. L. W. Barnard, "Justin Martyr's Eschatology," *VC* 19[1965] 86-98). 따라서 베드로후서가 첫 세대의 죽음이 새롭고 도전적인 이슈였을 때인 일세기 후반의 시기에 출원하고 있을 가능성이 있다. 그것은 첫 크리스천 세대의 죽음이 지속적인 이슈가 아니었음을 부분적으로 확증해주는 역할을 한다.

"만물이 처음 창조할 때와 같이 그냥 있다 하니"(*πάντα οὕτως διαμένει ἀπ' ἀρχῆς κτίσεως* – 판타 후토스 디아메네이 아프 아르케스 크티세오스). 두 평행적인 시간 절을 갖는 이 문장은 다소 어색하지만, 이 번역에서 그것에 주어진 의미를 갖는다. 크티세오스(*κτίσεως*, "창조")는 여기서 창조의 행위가 아니라 만들어진 세계를 일컬으므로 "세상"으로 가장 잘 번역된다. 설사 이것이 크티세오스(*κτίσεως*)

가 5절에서 창조의 개념을 준비하고 있다는 사실을 모호하게 할지라도 말이다(Vögtle, *Zukunft*, 133).

많은 이들이 이 말에서 우주의 불변성과 불멸성의 주장을 보았다(Bigg, Moffatt, Spicq, Sidebottom, Green; von Allmen, *RTP*16[1966] 257): 기롱자들은 우주의 해체와 관련한 종말론적 소망을 부인한다(10, 12절). 우주의 안정성이 그러한 관점을 상상할 수 없게 만들기 때문이다. 그러나 이런 해석에는 몇몇 난제들이 있다.

(1) 아프 아르케스 크티세오스(*ἀπ' ἀρχῆς κτίσεως*, "세상이 시작된 이래로", "만물이 처음 창조할 때와 같이" – 한글개역)는 재림의 소망에 대비되는 분명한 논증으로서 제시되고 있지 않고, 재림의 예언이 실패하였다는 논증의 일부로서 제시되고 있다. 기롱자들은 조상들이 죽은 이래로 모든 것이 동일하게 그대로 있다고 지적한다. 4절에 아프 아르케스 크티세오스(*ἀπ' ἀρχῆς κτίσεως*, "세상이 시작된 이래로")란 어구가 분리된 논증은 아닐지라도, 재림의 예언의 불성취에 관한 기롱자들의 주요한 논증을 강화시키는, 그러므로 논박할 가치가 있는 부당한 가정을 기자가 그 속에서 보고 있다.

(2) 푀그틀레(Vögtle, *Zukunft*, 132-33)는 아프 아르케스 크티세오스(*ἀπ' ἀρχῆς κτίσεως*, "세상이 시작된 이래로")가 기롱자들이 주장한 견해를 보고하고 있는 것이 아니라 기자가 5-7절에서 창조와 홍수에 관한 논의의 출발점으로 주로 제공하고 있다고 주장한다. 물론 그것은 그러한 출발점을 제공한다. 하지만 그것이 실제 기롱자들이 생각했던 것에 상응하지 않는다면, 기롱자들의 반론에 대한 **반박**으로서 5-7절의 의미를 상당히 축소시킨다. 그들이 일찍이 어느 것도 일어나지 않고 있기 때문에 재림이 없을 것이라고 명백하게 주장하지 않았다 할지라도, 기자는 그들에게 창조와 홍수를 대수롭지 않게 여기게 만든 세상의 일반적인 견해를 귀속시켜야 한다. 기자는 미래의 종말에 대한 그들의 부정이 그러한 세계관을 편하게 여기게 만들었다고 정확하게 보고 있다.

(3) 또한 푀그틀레(*Zukunft*, 131-32)는 기롱자들이 "만물이 처음 창조할 때와 같이 그냥 있다 하니"라고 주장하였을 때 그들은 물리적인 우주의 멸망을 부정한 것이 아니라 역사의 과정에서 하나님의 간섭을 부정한 것이라고 제기한다. 이 반론은 부분적으로 옳다. 2:3b-10a(해당 "주석"을 보라)로부터 대적자들이 부인하고 기자가 의도한 것이 심판에서 하나님의 간섭을 기대하는 것이었음이 이미 분명해졌다. 3:5-13에서 기자의 주요한 관심은 심판으로서 재림에 있지 우주의 해체가 아니다. 하지만 심판에서 다가올 하나님의 간섭은 우주적인 재앙의 형태를 취할 것임이

또한 분명하다. 물리적인 우주의 멸망은 인류의 거주자들에 대한 하나님의 심판과 관련이 있다. 소돔과 고모라의 심판(2:6)이 물리적인 사건이었던 것처럼, 홍수 시대에 전체 인류의 심판이 우주의 거주자들에 대한 물리적 재앙이었던 것처럼(2:5; 3:6), 재림에서 하나님의 보편적 심판은 우주적인 대사건으로 인식된다. 따라서 기롱자들이 역사에서 하나님의 간섭을 배격하는 것을 의도하였음은 사실이지만 우리는 푀그틀레처럼 인류역사와 물리적 우주 사이에 예리한 구분을 그을 수는 없다.

위의 논의에 비추어 볼 때, 우리는 기롱자들이 재림의 가능성을 반박하는 논증으로서 우주의 불멸성의 "과학적" 교리를 개진했다는 견해를 수정해야 한다. 아프 아르케스 크티세오스(*ἀπ' ἀρχῆς κτίσεως*, "세상의 시작된 이래로")는 기자가 기롱자들이 행한 가정을 조명하기 위해서 의도하였지만 그것이 필연적으로 그들이 개진한 논증은 아니며, 또 이런 논증을 우주의 불멸성으로 묘사하는 것은 너무 정밀하다. 기롱자들이 하나님이 이 세상을 간섭하지 않으신다고 가정했다. 세상, 즉 인류와 펼쳐진 물질적 세계의 과정은 하나님의 심판의 재앙적인 관여 없이 항상 계속되어 왔다. 분명히 과거에 대한 이런 견해는 미래의 심판에 대한 기롱자들의 회의주의와 일치한다. 그들이 미래의 심판에 대항하는 논증으로서 그것을 사용했는지는 우리가 확신할 수 없을지라도 말이다. 과거에 대한 이런 견해를 도전함으로써 베드로후서의 기자는 미래의 심판에 대한 회의주의를 도전할 수 있을 것이다.

스토아학파와 에피쿠로스학파가 부정한 세상의 불멸성에 대한 아리스토텔레스의 믿음을 기롱자들의 개념의 배경으로 추구하는 것은 불필요하다. 기롱자들은 우주론에 영향을 받았다기보다는 세상에 대한 하나님의 간섭을 의심하는 합리적 회의주의에 영향을 받았다. 섭리를 에피쿠로스학파가 부인한 것은 이 기롱자들과 가장 가까운 이교도로 보이게 만든다(Neyrey, *JBL* 99[1980] 420; *Polemic*, 203-5).

이 구절에는(또는 베드로후서의 다른 곳에서) 미래의 심판에 대한 기롱자들의 부정은 완전히 실현된 종말론을 믿는 영지주의적 신앙에 기초하였다는 견해를 지원하는 것은 없다. 이런 관점에서, "우주의 안전성에 대한 호소처럼 재림의 지연에 대한 그들의 의문은 다른 근거 위에서 이미 제기된 입장을 정당화하는데 사용한 논증일 뿐이다"(Talbert, *VC*20[1966] 143; 고로 또한 Werdermann, *Irrlehrer*, 67-68; von Allmen, *RTP* 16[1966] 265; Harnisch, *Existenz*, 102). 하지만 그것은 기자가 우리에게 말하고 있는 것보다 우리가 기자의 대적자들의 견해에 대해서 더 잘 알 수 있다고 믿을 것을 요구케 하는 매우 추상적인 견해다. 분명히 재림에 대한 그들의 부정은 재림의 예언에 관한 분명한 불성취에 의해서 오로지 동기부여가 된 것이 아니다. 장래의 심판에 대한 그들의 회의주의는 분명히 윤리적인 방탕주의와 연결되어 있었기 때문이다. 하지만 재림의 지연은 분명히 그들의 중심적인 논증이었고(참조. 2:3b; 3:9), 그들이 추종자들을 얻는데 아주 효과적이었다. 또한 베드로후서의 기자는 그것에 아주 많은 관심을 두고 있기 때문이다. 이 이슈가 당대의 관심의 실제적인 근원이 아니었다면, 베드로후서의 기자는 재림의 지연에 관한 이슈를 아주 광범위하게 다루지 않았을 것이고, 또 그의 서신은 보존되지도 않았을 것이다(참조. Fornberg, *Early Church*, 65).

## 해설

베드로의 첫 번째 서신(베드로전서)을 언급한 것은 현재의 서신을 로마의 베드로 서클로부터 발원한 것으로 확인시켜 주고, 또한 두 번째 베드로의 "예언"을 준비시키기 위해서 기자가 베드로의 이름으로 글을 쓰고 있는 "유언"의 관계로 다시 돌아가게 특징지어준다(참조. 1:12-15). 베드로후서의 목적은 베드로전서의 목적과 같이 상기시키는 것이다(참조. 1:12-15) – 특히 구약 선지자들의 종말론적인 예언과 기독교 복음의 윤리적 의미를 상기시키는 것인데, 이 두 요지는 거짓 선생들과 반대되는 것으로서 강조할 필요가 있었다. 이런 상기는 베드로가 거짓 선생들을 예언하는 묵시적 예언의 사례로 강화되는데, 이번에는 "기롱자", 즉 도덕적이든 윤리적이든 하나님의 계시를 조롱하는 회의주의자란 명목으로 그리한다. 따라서 기롱자들은 그리스도의 계명 대신에 자기 자신의 악한 욕구를 따라가는 방종자들이며 예수 그리스도의 재림의 예언을 이루어질 수 없고 입증할 수 없는 것으로서 경멸스럽게 배격한다.

3-4절의 예언의 형태는 기자가 자신의 동시대 사람들 즉 거짓 선생들을 사도들이 예견했던 종말의 현상으로 묘사할 수 있게 한다. 독자들은 거짓 선생들에 의해 혼란을 당해서는 안 된다. 오히려 종말론적인 예언을 배격하는 거짓 선생들은 사실상 종말론적인 예언에서 독자들의 믿음을 확증하는 것이 되어야 한다. 거짓 선생들이 나타난 것은 예언의 성취이기 때문이다!

4절의 기롱자들로부터의 인용은 대적자들이 재림의 소망에 대해 만들고 있는 반론을 기자 자신의 말로 형성한 것이다. 재림은 첫 크리스천 세대의 일생 동안에 기대되었으나 이 세대가 이제는 다 지나갔고, 지금도 여전히 아무것도 발생하지 않았다. 이 반론은 확실히 일세기 후반의 시기 동안에 기독교 종말론에 대한 민감한 문제였음을 반영한다. 그 문제를 성공적으로 극복하고, 잊기까지 말이다. 거짓 선생들은 베드로후서의 독자들을 혼란케 하기 위한 자료를 이용하였을 것이 확실하다. 기자가 그 문제를 충족시키기 위한 진지한 시도가 보여주는 것처럼 말이다. 하지만 4절의 마지막 어구는 거짓 선생들의 회의주의의 더 진전된 차원을 보여준다. 재림의 기대에 대한 실패가 역사에서 하나님의 간섭이 발생하지 않는다는 가정을 세운다. 세계는 항상 그래왔던 것처럼 불변해 보인다. 과거에 대한 합리주의적인 가정은 아마도 재림의 지연에 관한 사실이 그러했던 것처럼 종말론적인 회의주의에 상당히 기여했을 것이므로, 기자는 재림의 지연을 직접적으로 다루기 전에 먼저 이 합리주의적인 가정을 도전할 것이다.

# 반론 4에 대한 반응: (a) 하나님의 말씀의 주권(3:5-7)

## 참고문헌

**Allmen, D. von.** "L'apocalyptique juive et le retard de la parousie en II Pierre 3:1-13." *RTP* 16(1966) 260-61. **Chaine, J.** "Cosmogonie aquatique et conflagration finale d'après la *secunda Petri.*" *RB* 46(1937) 207-16. **Harnisch, W.** *Eschatologische Existenz,* 104-5. **Testa, P. E.** "La distruzione del mondo per il fuoco nella seconda epistola di san Pietro." *RivB* 10(1962) 252-81(not available). **Vögtle, A.** *Zukunft,* 133-36.

## 본 문

**5** 이는 하늘이 옛적부터 있는 것과 땅이 물에서 나와 물로 성립한 것도 하나님의 말씀으로 된 것을 저희가 잊으려 함이로다

**6** 이로 말미암아 그 때 세상은 물의 넘침으로 멸망하였으되

**7** 이제 하늘과 땅은 그 동일한 말씀으로 불사르기 위하여 간수하신바 되어 경건치 아니한 사람들의 심판과 멸망의 날까지 보존하여 두신 것이니라

**5** For in maintaining this, they overlook the fact that long ago there were heavens and an earth, created[a] out of water and by means of water by the word of God.

**6** By these[b] the world of that time was deluged with water and destroyed.

**7** But by the same word the heavens and the earth which now exist have been held in store for fire, and are being kept until the day of judgment and destruction of ungodly people.

## 원문주해

a. 이 절의 전체 논증이 하늘과 땅이 하나님의 말씀으로 창조되었다는 진술을 필요로 하기 때문에 쉬네스토사(*συνεστῶσα*, "창조되다")를 우라노이(*οὐρανοί*)만이 아니라 게(*γῆ*)와 함께 취하는 것이 가장 좋고, 또 그것의 여성 단수 형태를 가장 근접한 주어(*γῆ*-게)의 영향으로 설명하는 것이 가장 좋다.

b. 소문자서체(69)는 디 혼(*δι' ὧν*) 대신에 디 온(*δι' ὃν*)을 가지며 이 독법은 메이어(Mayor, cxcix)와 완드(Wand)에 의해서 받아들여진다. 그것은 난해한 디 혼(*δι' ὧν*)과 대비되어 뛰어난 의미를 전달해주지만, 따라서 수정으로 간주해야 한다.

## 양식/구조/배경

3:4-10은 교차대구법적으로 구성되어 있다: 5-7절은 4절의 마지막 단어들을 취하고 그 다음에 8-10절은 4절의 주요한 진술에 반응한다. 4절 끝에 창조에 대한 언급(*κτίσεως* – 크티세오스)은 5절에 기자의 반응에 대한 출발점을 제공해주는 반면에 6절은 모든 것이 세상의 시작서부터 여상하다는 4b절의 가정과 대조를 이룬다. 4b절에 대한 이런 반응으로부터 기자는 종말론적인 심판의 확실성을 위한 논증을 만든다(7절). 5a절의 현재시제는 기자가 다시금 예언의 "유언" 형태를 버리고 있음을 보여준다. 당대의 직접적인 현존하는 문제를 다루기 위해서 말이다.

유대 묵시적 평행과 홍수와 종말론적인 환난과의 상관관계에 비추어 볼 때(주석 항목을 보라), 본 알멘(von Allmen (*RTP* 16[1966] 260-61)은 도입적인 5a절은 별도로 하고 이 절들이 유대 묵시적 자료에 의존하고 있다고 주장한다. 기자는 우리가 이미 3:4-13 항목에서 가정했던 자료를 따르고 있을 가능성이 있고, 이런 암시는 클레멘트 27:4의 평행에 의해서 보완된다: 엔 로고 테스 메갈로쉬네스 아우투 쉬네스테사토 타 판타, 카이 엔 로고 뒤나타이 아우타 카타스트렢사이(*ἐν λόγῳ τῆς μεγαλωσύνης αὐτοῦ συνεστήσατο τὰ πάντα, καὶ ἐν λόγῳ δύναται αὐτὰ καταστρέψαι*, "놀라운 말씀으로 그는 모든 것들을 창조하셨고 말씀으로 그는 그것들을 멸망시키실 수 있다." 하나님의 세상 창조에 대한 쉬니스타나이(*συνιστάναι*, 여기서는 타동사; 벧전 3:5의 자동사적인 사용과 대비된다)의 사용은 특별한 것은 아니다(Philo, Leg. All.3.10; Josephus, *Ant.* 12.22; *Corp. Herm.* 1.31; 참조. *1 Enoch* 101:6). 물론 하나님의 말씀에 의한 창조의 개념도 흔하지만 말씀에 의한 창조와 말씀에 의한 멸망의 평행은 드물고 베드로후서 3:5, 7과 두드러지게 유사하다(또한 *Apoc. Pet.* E 4을 참조하라. 그것은 아마도 벧전 3:5, 7에 의존하고 있을 것이다). 이것은 클레멘트1서와 베드로후서 간의 많은 유사성 중의 하나일 수 있었으나 클레멘트1서에서 그 절은 베드로후서 3:4과 유사한 위경적인 작품(23:3-4)으로부터의 인용으로 시작했던 장래의 종말론을 변호하는 단락(23-27)에서 나타난다. 따라서 클레멘트1서 27:4은 베드로후서 3:5-7이 의거한 동일한 유대 묵시를 반영하고 있을 가능성이 꽤 높다.

## 주석

5 "이것을 유지함으로써 저희가 이 사실을 간과하다"(*λανθάνει γὰρ αὐτοὺς*

*τοῦτο θέλοντας* – 란다네이 가르 아우투스 투토 델론타스). 여기에는 두 가지 가능한 해석이 있다: "그들이 의도적으로 이 사실을 무시하다"(참조. AV, RV, RSV, JB, GNB, NIV; Plumptre, Bigg, Mayor, Moffatt, Spicq), 또는 "이것을 유지함으로써 그들은 이 사실을 간과하다"(참조. NEB; Spitta, Windisch, Schelkle, Reicke, Kelly, Schrage). 어느 것이 옳은지를 확실하게 말하기는 불가능하지만, 후자의 번역에서처럼 투토(*τοῦτο*, "이것을")의 위치가 그것을 델론타스(*θέλοντας*, "유지하는")의 목적어로 취해야 할 가능성을 더 높게 한다(특히 Kelly의 논증을 보라). 가르(*γάρ*, "for")의 요지는 기롱자들이 창조와 홍수의 사실을 간과하기 때문에 그들이 4절에서 표현된 관점들을 유지할 수 있으리라는 점이 될 것이다.

"이는 하늘이 옛적부터 있는 것과 땅이 물에서 나와 물로 성립한 것도 하나님의 말씀으로 된 것을"(*ὅτι οὐρανοί 'ησαν ἔκπαλαι καὶ γῆ ἐξ ὕδατος καὶ δι' ὕδατος συνεστῶσα τῷ τοῦ θεοῦ λόγῳ* – 호티 우라노이 헤산 에크팔라이 카이 게 엑스 휘다토스 카이 디 휘다토스 쉬네스토사 토 투 데우 로고). 이 어절은 하늘이 땅 이전에 창조되었다는 의미를 담고 있지 않고(Spitta는 반대한다), 단순히 창세기 1:1의 "하늘과 땅"에 대한 언급을 반영한다. 창세기 1장의 창조 기사에 따르면, 그리고 일반적인 근동의 신화에 따르면 세상 – 하늘과 땅 – 은 원시적인 물로부터 나타났다(창 1:2, 6-7, 9; 참조. 시 33:7; 136:6; 잠 8:27-29; Sir 39:17; *Herm. Vis.* 1:3:4). 세상은, 지금의 궁창 위와 땅 아래 있는, 땅을 둘러쌌던 혼돈의 물이 억제되고 세상을 더 이상 삼키지 않고 있기 때문에 존재한다. 엑스 휘다토스(*ἐξ ὕδατος*, "물에서")란 어구는 밀레도의 테일스(Thales of Miletus)가 가르친 보다 "과학적인" 개념보다는 물이 다른 모든 것이 만들어진 근본 요소라는 물의 혼돈으로부터 세상이 출현하였다는 신화론적인 개념을 표명한다(참조. *Clem. Hom.* 11:24:1). 두 번째 어구인 디 휘타토스(*δι' ὕδατος*, "물을 통해서", "물로" – 한글개역)는 설명하기가 더 어렵다. 이것이 세상의 창조를 언급하고 있기 때문에 비에 의한 이 땅의 생명의 유지를 가리킬 수는 없다(Bigg, Green). 혹자는 디아(*διά*)가 창조기사와 잘 일치하는 장소적인 의미인 "물들의 사이에서, 물들 가운데서"라고 해석하지만(RV, JB, Mayor, James, Chaine, Wand, Spicq), 특히 다음 절에서 디 혼(*δι' ὧν*)이 "그것을 통해서"를 의미하기 때문에 이는 그 전치사의 특이한 사용이 될 것이다(창 1:6 칠십인경은 이 사상을 아나 메손 휘다토스 카이 휘다토스[*ἀνὰ μέσον ὕδατος καὶ ὕδατος*]로 표현한다). 따라서 그것은 "물을 통해서"로 번역하는 것이 가장 좋고(Knopf, Windisch, Kelly; Chaine, *RB*46[1937] 210 n. 3), 기자는 느슨한 의미에서

물이 창조의 도구가 되었음을 의미한다. 하나님이 세상을 창조하셨던 것은 물을 수집함으로써 그리고 물을 분리시킴으로써다. 또한 이는 물을 통해서 하나님이 나중에 세상을 멸망시키셨다는 것을 진술하는 다음 절과의 훌륭한 평행을 제공해준다.

하나님의 **말씀으로**의 창조는 흔한 개념이다(창 1:3-30; 시 33:6; 148:5; Wis 9:1; 4 Ezra 6:38, 43; *Sib. Or.* 3:30; 히 11:3; *1 Clem* 27:4; *Herm. Vis.* 1:3:4; *Ker. Pet.ap.* Clem. Alex. Strom; 6.5.39.3). 베드로후서의 기자는 세상이 있어야 할 것을 명하셨기 때문에 존재했다는 것을 강조하는 데만 몰두하고 있다. 동일한 말씀으로 하나님은 그것을 멸망시키실 것이고(6절), 또 다시 그렇게 하실 것이다(7절).

6 "이로 말미암아"(*δι' ὧν* – 디 혼, 직역하면 "그것을 통해서"). 복수의 관계대명사의 선행사가 무엇인지가 분명하지 않다. 뒤이어지는 것은 그것을 분별하려는 주요한 시도다.

(1) "하늘과 땅"(*οὐρανοί…καὶ γῆ* – 우라노이…카이 게)는 라이케(Reicke)와 마틴(Marín, *EE* 50[1975] 232 n. 44)에 의해 제기되었다. 라이케는 "그들 때문에"라고 번역하지만 어떤 의미에서 하늘과 땅 때문에 홍수가 발생했다고 말할 수 있었는지가 불분명하다.

(2) "하늘"(*οὐρανοί* – 우라노이): 이것을 제기하는 제임스(James)는 "그것에 의해서"(참조. 창 7:11)라고 번역한다. 하지만 우라노이(*οὐρανοί*)는 먼 선행하는 단어이고, 기자가 왜 세상이 "하늘에 의해서" 홍수가 났다고 말하기를 원해야 했는지가 모호하다. 주장 (1)과 (2)는 모두 호 토테 코스모스(*ὁ τότε κόσμος*, "그때 세상은")가 사람을 일컫지 물리적인 우주가 아닐 것을 필요로 한다.

(3) "물에서 나와 물로"(*ἐξ ὕδατος καὶ δι' ὕδατος* – 엑스 휘다토스 카이 디 휘다토스). 즉 창세기 7:11에서처럼 궁창 위와 아래의 물들인 물의 서로 다른 두 범주들을 일컫는다(Plumptre, Spitta, Moffatt, Chaine, Sidebottom). 이런 주장은 5절의 휘다토스(*ὕδατος*, "물")의 반복이 물의 서로 다른 두 범주를 일컫는다는 견해에 의거한다. 하지만 이것을 매우 그럴 것 같지 않다(위를 보라). 게다가 이 견해에 따르면, 6절에서 휘다티(*ὕδατι*, "물의")의 사용은 전적으로 쓸데없는 중복이다.

(4) 휘다토스(*ὕδατος*, "물")와 토 투 데우 로고(*τῷ τοῦ θεοῦ λόγῳ*, "하나님의 말씀")가 비그(Bigg), 켈리(Kelly), 그린(Green)에 의해 제기된다. 이것은 형태적으로는 다소 어색하지만 가장 좋은 의미를 만들어준다. 이 견해에 따르면, 6절에 휘다티(*ὕδατι*, "물의")는 여전히 다소 중복적이지만, 디 혼(*δι' ὧν*, "그것으로 말미암아")의 모호성에 비추어볼 때 주장 (3)의 경우에서보다 덜 하다. 기자의 논증은 이

세상을 창조하고(5절) 불로 종말론적인 멸망을 선포한(7절) 하나님의 말씀이 홍수에서 그 멸망을 이루셨다는 진술을 하고 있는 것으로 보인다.

디 혼(*δι' ὧν*)이 물과 하나님의 말씀을 가리킨다면, 이 단락의 모든 세 절에는 산뜻한 평행이 있다: 그의 말씀으로 그리고 물을 통해서 하나님이 세상을 창조하셨고(5절), 그의 말씀과 물을 통해서 하나님이 세상을 멸망시키셨으며(6절), 그의 말씀과 불을 통해서 하나님이 장래에 세상을 멸망시키실 것이다(7절).

"그때 세상은"(*ὁ τότε κόσμος* – 호 토테 코스모스). 대부분의 주석가들은 이 어구를 전체 물리적 우주인 하늘과 땅을 가리키는 것으로 취하지만 소수(James; Sasse in *TDNT* 3, 890; Vögtle, *Zukunft*, 134-36; 참조. Green)는 그것을 이 땅의 거주자 즉 인간으로 제한한다. 5, 7절에서 하늘과 땅에 대한 언급과 특히 호 토테 코스모스(*ὁ τότε κόσμος*)와 호이…눈 우라노이 카이 헤 게(*οἱ…νῦν οὐρανοὶ καὶ ἡ γῆ*, "지금 존재하는 하늘과 땅")간의 분명한 평행은 전자를 선호하게 한다. 푀그틀레(Vögtle, *Zukunft*, 135)는 이 대구가 5절에 우라노이 에크팔라이 카이 게(*οὐρανοὶ…ἔκπαλαι καὶ γῆ*, "하늘과 땅…오래 전에")와 호이…눈 우라노이 카이 헤 게(*οἱ…νῦν οὐρανοὶ καὶ ἡ γῆ*, "지금 존재하는 하늘과 땅")간의 평행이 있다고 주장하지만 이 평행은 그 이전에 존재했던 하늘과 땅과 지금 존재하고 있는 하늘과 땅 사이에 단절을 홍수가 특징짓는다는 것을 함축한다. 사실상 5-7절의 논증은 세 가지 평행을 이룬다: 하나님이 하늘과 땅을 만드셨고, 그는 물로 한번 그것들을 멸망시키셨으며, 불로 다시 한번 그것들을 멸망시키실 것이다. 2:5에서 아르카이우 코스무(*ἀρχαίου κόσμου*, "옛날 세상")는 코스모 아세본(*κόσμῳ ἀσεβῶν*, "불경건한 세상")과 동등하고, 홍수에서 멸망당한 사람들을 일컫는다. 2:5에서처럼 이 논의 전체에 걸쳐서 기자의 진정한 관심은 우주론이 아니라 심판에 있음은 사실이다(참조. 3:7, 9, 11-14). 따라서 우리는 3:6에서 기자의 **강조**가 죄악된 인간에 대한 보편적 심판으로서의 홍수에 있다는 것을 인정해야 한다. 하지만 기자는 이 심판을 이 땅만이 아니라 하늘에도 영향을 주었던 우주적 재앙을 통해서 시행되었던 것으로 분명히 생각한다.

이 개념은 많은 주석가들이 주장하는 것처럼 창세기 기사와 동떨어져 있지 않다: 창세기 7:11에 따르면, 창조에서 궁창 위로 제한된 혼돈의 물이 이 땅에 범람하기 위해서 궁창의 창문을 통해서 쏟아졌다. 에녹1서 83:3(홍수에 대한 에녹의 환상)에서 하늘이 이 땅으로 무너졌다고 말하였을 때, 그리하여 이 땅이 물의 심연에 삼키어졌다고 하는 것은 이런 개념의 확장이다.

"물의 넘침으로 멸망하였으되"(*ὕδατι κατακλυσθεὶς ἀπώλετο* – 휘다티 카타클뤼스데이스 아폴레토). 여기의 동사(신약성경의 하팍스)는 Wis 10:4; Josephus *Ant.* 5.566; *Clem. Hom.* 9.2:1(참조. 또한 겔 38:22 LXX; *Sib. Or.* 3:690)에서의 홍수에서도 사용된다. 휘다티(*ὕδατι*, "물의")의 첨가는 이 멸망이 물에 의한 것이었음을 강조하고 불에 의한 다가올 멸망과 대조를 이루게 한다(퓌리[*πυρί*], 7절). 여기에 아마도 노아의 시대에 물의 홍수에 상응하는 불의 홍수에 관한 유대 전승에 관한 암시가 있다(*Gen. Rab.* 39:6; 49:9; *Lev. Rab.* 10:1; Mek. Amalek 3:14; 참조. 1QH 3:19-20, 29-33).

홍수 이전 세상의 멸망에 대한 개념을 완전한 파괴를 의미하는 것으로 취할 필요는 없다. 오히려 원시적인 대양(물)으로부터 세상이 창조되었던 것처럼 다시 한번 원시적인 대양이 범람하였을 때에 파괴되었다. 질서화된 세계(*κόσμος* – 코스모스)가 혼돈으로 바뀌었다.

베드로후서의 기자(확실히 유대 묵시적 자료를 따르는)는 두 커다란 재앙으로 나뉘는 커다란 세 기간으로 세계 역사를 그리고 있는 것으로 보인다: 홍수 이전의 세계, 종말론적인 불로 끝날 현재 세계(7절), 그리고 다가올 새로운 세계(13절). 홍수 그리고 홍수와 관련된 종말론적인 심판과 모형론적 일치를 갖는 이런 시대 구분은 에녹 1서(참조. 특히 10:11-11:2; 93:4)에서도 유대 예언적 신탁(Sibylline Oracles, 참조. Collins, *Oracles*, 102-3)에서도 가정된다. *Sib. Or.* 1:195; 7:11에 따르면, "두 번째 세대"(*δεύτερος αἰών* – 듀테로스 아이온)는 홍수 후에 시작되었다(참조. *παλιγγενεσία*, "regeneration," in Philo, *Mos.* 2.65; *1 Clem* 9:4).

**7** "그 동일한 말씀으로"(*τῷ αὐτῷ λόγῳ* – 토 아우토 로고). 유사한 사상을 위해서는 아마도 동일한 유대 묵시적 자료에 의존하고 있을 클레멘트1서 27:4("양식/구조/배경"을 보라)와 *Ker. Pet.*(*ap.* Clem. Alex. *Strom.* 6.5.39.3, "모든 것의 시작을 만드셨고, 또 그것들을 끝내실 수 있는 능력을 가지신 분이 하나님이시다)을 참조하라. 베드로후서의 기자의 요지는 세상이 하나님의 말씀으로 창조되고 이미 하나님의 말씀에 의해 한번 멸망을 당한 이래로, 우리는 그의 말씀으로 선포된 미래의 심판을 확실하게 예상할 수 있다는 것이다.

"불사르기 위하여 간수하신 바 되어"(*τεθησαυρισμένοι εἰσὶν πυρί* – 테데사우리스메노이 에이신 퓌리). 동사의 선택은 약간 놀랍지만, 의로운 자들의 보상과 하늘에 "간수된" 불경건한 자들의 심판과 관련하여 심판 날까지 보존되었다는 의미에서 이런 이미지의 흔한 사용에 영향을 받았을 것이다(*Pss. Sol.* 9:5; 4 Ezra 7:77,

83-84; *Frg. Tg.* Deut 32:34; 롬 2:5; *Clem. Hom.* 16:20). 종말론적인 대화재에 대해 쓴 헬라적 유대 작가인 위-소포클레스(PseudoSophocles, *ap.* Clem. Alex., *Strom.* 5.14.121.4)는 공중이 "불로 가득한 창고를 열을 것이다"라고 말한다(*πυρὸς γέμοντα θησαυρόν* – 퓌로스 게몬타 데사우론; 참조. 신 32:34; 렘 27:25 LXX).

종말론적인 세계의 대화재에 관한 개념 – 신약성경에서는 베드로후서에서만 나타난다 – 은 스토아나 이란종교의 영향으로 돌릴 수 있지만 그 직접적인 배경을 유대 묵시에서 발견할 수 있음을 의심하지 않는다. 불에 의한 하나님의 심판의 개념은 구약성경에서 자주 나타나고, 부분적으로 확실히 소돔과 고모라의 멸망이 그 패러다임을 제공하였을 것이기 때문이다(예를 들어, 신 32:22; 시 97:3; 사 30:30; 66:15-16; 겔 38:22; 암 7:4; 습 1:18; 말 3:19[EVV. 4:1]을 보라; 충분한 개요와 논의에 대해서는 Mayer, *Weltenbrand*, 79-114을 보라). 구약성경 본문에서 이 불의 기능은 세상을 멸망시키는 것이 아니라 악한 자들을 소멸하는 것이지만, 보편적이고 종말론적인 심판이 발전되었을 때(참조. 사 66:15-16; 말 3:19), 불에 의한 심판의 개념이 보편적인 대화재에 대한 예상으로 발전하는 것은 놀랍지 않다. 특히 장래의 보편적인 심판이 과거에 우주적인 심판으로서 홍수와 유추로 상정될 때 더욱 그리하다. 종말론적인 대화재의 개념을 성경 이후 시대의 유대 종말론에서 발견할 수 없는 것이 아니라 팔레스타인적 헬라적 텍스트들에서 충분히 나타남으로 그것이 대단히 널리 퍼져 있는 개념임을 보여준다(1QH 3:19-36; *Sib. Or.* 3:54-87; 4:173-81; 5:211-13, 531; Pseudo-Sophocles, *ap.* Clem. Alex., *Strom.* 5.14.121.4; 5.14.122.1; *Adam and Eve* 49:3; Josephus, *Ant.* 1.70; Mek. Amalek 3:14; 그리고 Mayer, *Weltenbrand*, 114-25에서의 논의를 보라). 베드로후서의 기자는 그가 이 장에서 의존하고 있는 유대 묵시에서 그것을 확실히 발견하였을 것이다(3:8-10에 관한 "양식/구조/배경"을 보라). 종말의 대화재를 베드로후서 이외에 신약성경에서는 발견할 수 없을지라도 일세기 후반부터는 그 개념은 기독교 문헌에서 흔하였다(*2 Clem* 16:3; *Herm. Vis.* 4:3:3; *Apoc. Pet.* E 5; Justin, *1 Apol.*. 20.1-2, 4; 60.8; *2 Apol.* 7.2-3; Theophilus, *Ad Autol.* 2.38; *Sib. Or.* 2:196-200; Minucius Felix, *Oct.* 11.1; 34).

종말론적인 대화재는 이란종교(조로아스터교)(Mayer, *Weltenbrand*, 1-79; Collins, *Oracles*, 104-6)에서도 특징이었고, 이란 종교의 개념이 유대 종말론에 일부 영향을 주었을 수 있다. 그러한 영향을 선하고 악한 모든 사람들이 시험과 정결을 통과해야 한다는 불의 강을 묘사하는 기독교 텍스트들에서 발견할 수 있을 것이다

(참조. *Apoc. Pet.* E 5-6; *Sib. Or.* 2:196-205, 315; James, *Apocrypha*, 90-91; Lactantius, *Div Inst.*7.21). 이란 종교의 종말론은 아마도 특히 *Oracle of Hystaspes*(참조. Justin, *1 Apol.* 20:1)을 통해서 일세기의 헬라 세계에 더욱더 잘 알려졌을 것이지만, 세상의 대화재의 예상은 스토아철학의 가르침으로도 잘 알려져 있었다. 스토아학파는 그 자체로 복원되기 전에 모든 것이 가장 근본적인 요소인 불로 되돌아가는 대화재(*ἐκπύρωσις* - 에크퓌로시스)를 통해서 주기적으로 우주가 해체되고 생성된다고 가르쳤다(Diogenes Laertes 7.134; Cicero, *De Nat. Deorum.* 2.118; 참조. Collins, *Oracles*, 102; 그리고 Spicq에서 인용된 다른 문헌들). 헬라적 유대 작가들이 이런 평행들을 알지 못했을 리가 없고(저스틴도 그것을 충분히 인식했다: *1 Apol.* 20; *2 Apol.* 7), 때때로 종말론적 대화재에 관한 그들의 기사에 영향을 주었을 것이다. 하지만 종말론적 대화재에 관한 유대적이고 기독교적인 언급의 본질적인 요소는 하나님의 심판의 불에 의한 악한 자들의 멸망이다. 정결에 관한 조로아스터교의 불과 파괴와 멸망의 자연적이고 결정적인 순환에 관한 스토아학파적 개념과는 다른 이 개념은 근본적으로 유대적이고 성경적이다. 참으로 악한 자들의 심판으로서 대화재에 실로 관심이 있는 베드로후서의 기자(아래를 보라)는 이런 유대 전승을 따르고 있다. 그가 이교도의 평행을 인식하고 있었다하더라도, 그는 그것에 매우 관심이 있었을 것 같지는 않다(반대 견해로는 Fornberg, *Early Church*, 66; Neyrey, *Polemic*, 294-97).

그러나 더 발전된 평행들의 시리즈들은 여전히 주목할 필요가 있다. 플라톤(*Timaeus* 22C-E)과 3세기 B.C.의 바벨론의 작가인 베로수스(Berossus, *ap.* Seneca, *Quaest. Nat.* 3.29.1)에서 발견할 수 있는 고대의 개념은 홍수와 불에 의해 교대적으로 재현되는 파괴를 겪는 것으로 이 세상을 본다(참조. 또한 Seneca, *Quaest. Nat.* 3.28; Lucretius, *De Nat. Rerum.* 5; Origen, *c. Cels* 4.11-12; Chaine, *RB* 46[1937] 211-14; Collins, *Oracles*, 101-2을 보라). 이 개념은 두 우주적인 심판인 홍수와 종말론적인 대화재의 유대적 개념에 일부 영향을 미쳤을 것이다(Josephus, *Ant.* 1.70-71; *Adam and Eve* 49:3; Mek. Amalek 3:14; 동일한 구조가 홍수와 소돔과 고모라의 멸망에 적용되어 있다: Philo, *Mos.* 2.53; *Gen. Rab.* 27:3; 39:6; 49:9; *Lev. Rab.* 10:1; 참조. 또한 *Gos. Eg.* 63:6; 참조. J. P. Lewis, *A Study of the Interpretation of Noah and the Flood in Jewish and Christian Literature*[Leiden: E. J. Brill, 1968] 169-73). 확실히 홍수와 불에 의한 멸망의 패턴이 베드로후서 3:6-7에서 나타나지만 이교도의 개념과 달리 그것은 순환적이 아닌 직선적인 세계역사의 구조에

서 하나님의 두 번의 심판의 형태다. 그러므로 그것의 내력은 유대적이다.

베드로후서의 기자가 하나님의 말씀으로 세계가 "불사르기 위하여 간수하신 바 되었"다고 적을 때, 그는 종말론적인 대화재에 대한 예상이 하나님이 그것을 선포하셨음을 드러내는 예언에 기초해 있다는 것을 의미한다. 기자의 직접적인 자료가 유대 묵시일지라도, 유대적 소망은 신명기 32:22(Justin, *1 Apol.* 60.8이 이와 연관하여 인용함); 이사야 34:4 LXX(벧후 3:10, 12이 이에 대해 암시한다); 말라기 3:19(EVV. 4:1; 참조. *2 Clem* 16:3); 이사야 66:15-16; 스바냐 1:18과 같은 구약의 텍스트의 해석이었다.

"경건치 아니한 사람들의 심판과 멸망의 날까지 보존하여 두신 것이니라"(*τηρούμενοι εἰς ἡμέραν κρίσεως καὶ ἀπωλείας τῶν ἀσεβῶν ἀνθρώπων* – 테루메노이 에이스 헤메란 크리세오스 카이 아폴레이아스 톤 아세본 안드로폰). 테레인(*τηρεῖν*, "보존하다")은 2:4, 9에서와 같이 사용된다. 헤메란 아폴레이아스(*ἡμέραν ἀπωλείας*, "멸망의 날")에 대해서는 칠십인경 신명기 32:35; 욥기 21:30을 참조하라. 아세본(*ἀσεβῶν*, 2:5-6절에 "불경건한 사람들)에 대해서는 유다서 4절의 "주석"을 보라.

이런 강조적 어구는 이 단락에서 기자의 관심이 우주론에 있는 것이 아니라 심판에 있음을 분명히 해준다. 기롱자들이 부인하고 베드로후서의 기자가 확증하는 것은 악한 자들에 대한 하나님의 다가올 심판이다. 당대의 개념을 취사 선택함으로써, 기자는 이 심판을 우주적인 대화재를 통해서 발생하는 것으로서 상정한다.

## 해설

기자는 기롱자들의 반대에서 발견한 이성적인 가정을 다룬다. 기롱자들은 인류의 안정적인 거주지로서 세상의 연속성은 하나님의 뜻에 항상 의존했거나 계속 의존해야 한다는 사실을 무시한다. 처음 세상에 존재를 가져온 것은 하나님의 말씀이었다. 하나님의 말씀이 혼돈의 물을 분리하고 모음으로서 하늘과 땅을 만들었다. 창조 이래로 세상이 커다란 격변 없이 지내왔다는 것은 사실이 아니다. 세상을 창조하셨던 하나님의 말씀이 대홍수에서 세상의 혼돈의 물 아래로 다시 한번 잠겼을 때에 파괴되었다. 그러므로 겉으로만 보는 세상의 안정성은 미래의 계속된 안정성에 대한 보증이 아니다. 세상은 하나님이 악한 자의 심판을 위해 정해놓으신 때까지만 보존될 것이다. 이 단락에서 세상의 멸망과 창조에 상응하는 물질적인 세상의 재앙적인 격변에 기자가 확실히 관심이 있을지라도, 그는 단순한 우주론을 위해서가 아니라 인류에 대한 하나님의 심판의 도구로서 하나님의 주권적인 말씀에 의해 발생되는 것으로서 보고 있는 세계관의 해석에 관심이 있음을 마지막 어구가 드러낸다.

이 단락은 현대의 독자들에게 심각한 해석학적 난제를 제기하는 베드로후서의 몇몇 단락들 중에서 가장 어렵다. 기자는 신화론적인 것으로 간주되어야 하는 당대의 우주론적 개념을 분명히 사용하고 있다: 원시적인 물(해양)로부터 세상의 출현으로서의 창조, 보편적인 우주적 재앙으로서의 대홍수. 세상은 두 우주적인 파괴 즉 한번은 물(대홍수) 다른 한번은 불(장래에)에 의한 멸망에 종속되어 있다. 하지만 순전히 존재론적인 방식에서 물리적인 세계에 대한 어떤 다른 언급과는 분리된 믿음은 아닐지라도 신화론적 형태로 전달된 종교적 믿음은 타당하다. 인류의 생명을 위한 환경을 만들기 위해서 하나님의 창조적 행위에 의해 억제되었지만 이 환경을 다시금 파괴하고 압도하기 위해서 홍수로 방출된 혼돈의 물에 대한 개념은 우주에 대한 현대의 개념과 본질적으로 동떨어진 것이 아니다. 우리는 인류가 존재하고 번성할 수 있는 환경의 존속을 당연한 것으로 여길 수 없음을 잘 안다. 자연의 힘은 인류 역사를 방해하고 파괴하는 오싹한 잠재력을 갖고 있다. 이런 파괴적인 자연의 능력에 대한 원시적인 인류의 많은 경험을 아마도 홍수의 이야기로 요약할 수 있다. 현대의 인류는 자연의 힘을 사용하여 우리 스스로를 파괴하는 새로이 만들어진 힘의 부가적 위협에 직면해 있다. 베드로후서가 암시하고 있는 종말론적인 대화재가 묵시적 이미지를 가질지라도, 그것은 핵 학살의 위협과 팽창하는 태양으로 지구가 궁극적으로 흡수되는 것을 상기시키면서 오늘날도 강력하게 존재하는 이미지다. 지금 인류의 삶을 번성케 하는 이 세계가 혼돈으로의 파괴적 역전을 막아주는 보증이 아니다. 그러나 성경적인 관점에서 인류 역사는 우연과 의미 없는 재앙에 달려 있지 않다. 혼돈으로부터 우주를 창조하셨던 하나님이 멸망의 세력을 주권적으로 제어하고 계신다. 그 위협은 하나님의 도덕적인 심판에 관한 위협이요, 심지어 이 심판은 그 자체로 끝나는 것이 아니라 다시 한번 혼돈으로부터 창조될 의의 새로운 세계를 위해서 있다.

# 반론 4에 대한 반응: (b) 주님의 인내(3:8-10)

## 참고문헌

**Allmen, D. von.** "L'apocalyptique juive et le retard de la parousie en II Pierre 3:1-13." *RTP* 16(1966) 258-63. **Barnard, L. W.** "The Judgment in 2 Peter iii." *ExpTim* 68(1956-57) 302. **Bauckham, R. J.** "The Delay of the Parousia." *TynB* 31(1980) 3-36. **Bonus, A.** "2 Peter iii. 10." *ExpTim* 32(1920-21) 280-81. **Chaine, J.** "Cosmogonie aquatique et conflagration finale d'après la *secunda Petri*." *RB* 46(1937) 207-16. **Danker, F. W.** "II Peter 3:10 and Psalms of Solomon 17:10." *ZNW* 53(1962) 82-86. **Harnisch, W.** *Eschatologische Existenz*, 105-13. **Lenhard, H.** "Ein Beitrag zur Übersetzung von II Ptr $3^{10d}$." *ZNW* 52(1961) 128-29. **Lenhard, H.** "Noch einmal zu 2 Petr 3 10d." *ZNW* 69(1978) 136. **Milligan, G.** "2 Peter iii. 10." *ExpTim* 32(1920-21) 331. **Neyrey, J. H.** "The Form and Background of the Polemic in 2 Peter." *JBL* 99 (1980) 423-27, 429-30. **Olivier, F.** "Une correction au texte du Nouveau Testament: II Pierre 3, 10." *Essais*, 129-152. **Otto, J. K. Th. von.** "Haben Barnabas, Justinus und Irenäus den zweiten Petrusbrief(3, 8) benutzt?" *ZWT* 20(1877) 525-29. **Roberts, J. W.** "A Note on the Meaning of II 3:10d." *RestQ* 6(1962) 32-33. **Smitmans, A.** "Das Gleichnis vom Dieb." *Wort Gottes in der Zeit: Festschrift Karl Hermann Schelkle zum 65. Geburtstag*, ed. H. Feld and J. Nolte. Düsseldorf: Patmos-Verlag, 1973. 43-68. **Strobel, A.** *Untersuchungen*, 87-97. **Vansittart, A. A.** "On Two Triple Readings in the New Testament." *JP* 3(1871) 357-59. **Vögtle, A.** *Zukunft*, 138-39. **Wilson, W. E.** "*Εὑρεθήσεται* in 2 Pet. iii. 10." *ExpTim* 32(1920-21) 44-45.

## 본 문

**8** 사랑하는 자들아 주께는 하루가 천년 같고 천년이 하루 같은 이 한 가지를 잊지 말라

**8** My dear friends, do not overlook this one fact, that with the Lord one day is as a thousand years and a thousand years are as one day.

**9** 주의 약속은 어떤 이의 더디다고 생각하는 것 같이 더딘 것이 아니라 오직 너희를 대하여 오래 참으사 아무도 멸망치 않고 다 회개하기에 이르기를 원하시느니라

**9** The Lord is not late in fulfilling the promise,[a] according to some people's idea of lateness, but he is forbearing toward you,[b] because it is not his will that any should perish, but that all should come to repentance.

10 그러나 주의 날이 도적같이 오리니 그 날에는 하늘이 큰 소리로 떠나가고 체질이 뜨거운 불에 풀어지고 땅과 그 중에 있는 모든 일이 드러나리로다

**10** But the day of the Lord will come like a thief. On that day the heavens will pass away with a roar, the heavenly bodies will be dissolved in the heat, and the earth and the works in it will be found.[c]

## 원문주해

a. 브라뒤네인(*βραδύνειν*, "늦은")과 평행되지 않는 속격의 테스 에팡겔리아스(*τῆς ἐπαγγελίας*, "그의 약속")에 대해서는 BDF § 180 (5)을 참조하라. 하지만 그것은 "...대해서 너무 늦은"을 의미하는 시간적인 의미에서 휘스테레인(*ὑστερεῖν*)을 갖는 속격과 유추하여 가장 잘 설명될 것이다.

b. 에이스 휘마스(*εἰς ὑμᾶς*, $P^{72}$ B C P. al)가 디 휘마스(*δι' ὑμᾶς*, ℵ A al)보다 선호된다. 디 휘마스는 마크로뒤메인(*μακροθυμεῖν*, "참아내는") 다음에 에이스(*εἰς*)의 특이성이나 9b절을 보다 넓은 적용을 주려는 의도에서(모든 독자들보다는 모든 인류에게) 발생하였을 것이다(참조. Justin, 2 Apol. 7). 에이스 헤마스(*εἰς ἡμᾶς*, K L al)는 매우 빈약하게 증거된다.

c. 유레데세타이(*εὑρεθήσεται*, "발견할 것이다", ℵ B K P. al)는 가장 난해한 것으로서 확실히 가장 좋은 독법일 것이다. 이는 다른 독법들을 교정인 것으로 설명할 수 있게 만든다. 다른 독법들을 다음과 같다. 유레데세타이 뤼오메나(*εὑρεθήσεται λυόμενα*, "풀어진 것을 발견하게 될 것이다", $P^{72}$); 우크 유레데세타이(*οὐχ εὑρεθήσεται*, "발견하지 못할 것이다", sah, $sy^h$의 한 사본; 하지만 이것은 번역자의 교정을 가장 잘 대변한다); 아파니스데손타이(*ἀφανισθήσονται*, "사라질 것이다", C); 카타카에세타이(*κατακαήσεται*, "타버릴 것이다", Aal); 전체 어절의 생략(*ψ* vg al).

## 양식/구조/배경

도입적인 단어들(8a절)은 5a절에 상응하고, 4절에 기롱자들의 반대에 대항하는 논증의 두 번째 흐름이 여기서 시작한다. 5a절에서 기롱자들은 한 중요한 사실을 간과하는 것으로 비난을 받는다. 8a절에서 독자들은 그 중요한 사실을 간과하지 말 것을 촉구 받는다. 물론 두 경우에, 믿음이 기롱자들의 논거에도 흔들리지 않도록 그 논증들은 실로 독자들에게로 향해 있다.

테스 에팡겔리아스(*τῆς ἐπαγγελίας*, "약속", 참조. 4절)와 관련하여 9절은 명백하게 4절의 주요한 요지를 취하고, 우…알라(*οὐ ἀλλά*, "not…but") 형태를 사용하

여 기롱자들의 말의 주장의 내용을 배격한다(Neyrey, *Polemic*, 18-19).

본 알멘(Von Allmen, *RTP* 16[1966] 263)은 베드로후서의 유대 묵시적 자료에서 7절 다음에 10b절이 곧바로 뒤따랐다고 생각한다. 그는 8b절이 유대 자료의 단편이고(*RTP* 16[1966] 261-62), 9절은 유대적 개념을 따른 기자 자신의 구성으로 보지만(*RTP* 16[1966] 260-61), 5-7절과 10b절을 제공했던 묵시적 자료에서 그 구절들이 기원하지 않는다고 생각한다. 하지만 우리들은 베드로후서의 유대 묵시적 자료가 분명히 종말론적 연기의 문제에 관련되어 있었음을 논증했고(3:1-4에서 "양식/구조/배경"을 보라), 8-9절에서의 논증이 확실히 유대적 묵시에서 기원하고 있기 때문에(주석을 보라), 기자가 4-7절에서 따랐던 것과 동일한 자료로 그 구절들을 귀속시키는 것이 바람직하다. (벧후 3:9에서 합 2:3의 암시로는 칠십인경과는 다른 역본에서, 클레멘트1서 23:5에서, 유대 묵시로부터 클레멘트1서의 인용을 즉시 뒤따르는, 사 13:22과 말 3:1의 조합된 인용을 참조하라. 이 인용은 동일한 묵시에서 역시 출원하였을 것이다.) 확실히 베드로후서의 기자는 이 자료를 재진술하였을 것이고, 우리는 그것의 본래적인 형태를 발견할 수 있는 희망을 가질 수 없다.

그러나 10절의 경우에 베드로후서의 자료의 단편이 클레멘트2서 16:3에 존재할 가능성이 있다.

| 말라기 3:19 칠십인경 | 클레멘트 16:3 | 베드로후서 3:10 |
|---|---|---|
| | *Γινώσκετε δὲ ὅτι* | |
| *διότι ἰδοὺ* | | |
| *ἡμέρα κυρίου ἔρχεται* | *ἔρχεται ἤδη ἡ ἡμέρα τῆς κρίσεως* | *ἥχ'ει δὲ ἡμέρα κυρίου* |
| *καιομένη ὡς κλίβανος* | *ὡς κλίβανος καιόμενος,* | *ὡς κλέπτης* |
| 사 34:4 LXX(B, Lucian): *καὶ τακήσονται πᾶσαι αἱ δυνάμεις τῶν οὐρανῶν* | *καὶ τακήσονταί τινες τῶν οὐρανῶν,* | *ἐν ᾗ οἱ οὐρανοὶ ῥοιζηδὸν παρελεύσονται, στοιχεῖα δὲ καυσούμενα λυθήσεται,* |
| | *καὶ πᾶσα ἡ γὴ ὡς μόλιβος ἐπὶ πυρὶ τηκόμενος,* | *καὶ γῆ* |
| | *καὶ τότε φανήσεται τὰ κρύφια καὶ φανερὰ ἔργα τῶν ἀνθρώπων,* | *καὶ τὰ ἐν αὐτῇ ἔργα εὑρεθήσεται* |
| | | 베드로후서 3:12 |
| | | *οὐρανοὶ πυρούμενοι λυθήσονται καὶ στοιχεῖα καυσούμενα τήκεται* |

| 말라기 3:19 칠십인경 | 클레멘트 16:3 | 베드로후서 3:10 |
|---|---|---|
| 보라 **주의 날이** 오븐**처럼** 타오르고 **있다**.<br>사 34:4 칠십인경: **하늘의** 모든 권세들이<br>**녹아질** 것이다. | 그러나 심판의 **날**이 이제 타오르는 오븐**처럼 올** 것이요, **하늘의** 어떤 이들(?)은 **녹아질** 것이다. | 그러나 주의 **날이** 도적 같이 오리니 그 날에는 **하늘이** 큰 소리로 떠나가고 체질이 뜨거운 불에 풀어지고 **땅과** |
| | 그리고 모든 **땅은** 불에 **녹는** 납처럼 [될 것이요], 그때에 **그** 비밀과 사람들의 열린 **역사**가 나타날 것이다. | 그 중에 있는 모든 **일**이 드러나리로다. |
| | | 베드로후서 3:12 |
| | | **하늘이** 불에 타서 풀어지고 체질이 뜨거운 불에 **녹아지려니와**. |

이 단락들 간에 유사성은 전에도 주목했었다. 혹자는 클레멘트2서 16:3이 베드로후서 3:10, 12에 의존하고 있다고 생각하고(예를 들면, Salmon, *Introduction*, 521; Bigg, 209; James, 35), 돈프리드(Donfried, Second Clement, 91-92)는 클레멘트2서와 베드로후서가 유사한 전승에 의존하고 있다고 제기하지만, 공통된 문헌 자료에 대한 가정은 이전에는 제기되지 않았던 것으로 보인다. 하지만 클레멘트2서 16:3이 인용인 것은 매우 분명하고 이것은 말라기 3:19과 이사야 34:4 칠십인경의 조합된 인용보다도 더 그럴듯해 보인다(James, Apocrypha, 88은 그 인용이 *Apoc. Pet.*에서 온 것으로 주장했지만 그것은 전혀 *Apoc. Pet.*와 긴밀하게 상응하지 않으며 또한 클레멘트2서가 *Apoc. Pet.*보다도 연대에서 아마도 더 이를 것이다). 아마도 그럴 법한 자료는 클레멘트2서 11:2-4에서 이미 인용된 유대 묵시일 것이다.

베드로후서 3:10, 12과 클레멘트서의 유사성은 이사야 34:4 칠십인경의 흔한 의존으로 설명하는 것보다 더 긴밀하고, 그 인용과 가까운 곳에 있는 클레멘트2서 16:1; 17:1은 베드로후서 3:9b과 유사한 개념을 표현하고 있다는 것을 주목해야 한다. 이는 두 저자들이 그 인용의 원 문맥 속에서 그 인용들을 발견했음을 가리킨다. 베드로후서 3:10의 복잡한 마지막 단어들은 클레멘트 16:3이 그들의 자료를 대변한다면 더 잘 이해할 수 있다(주석을 보라). 베드로후서의 기자가 자신의 자료를 자유로이 개작한 것은 2장에서 유다서에 대한 그의 개작과 비교할 수 있을 것이다. 말라기 3:19 칠십인경에 의거한 단편의 서두어를 그는 9절에 뒤이은 논증이 필요로 했던 재림의 예상치 못함을 강조하기 위해서 기독교 전승으로부터 문법적으로 유사한 어구로 대치했을 것이다.

도적에 대한 언급은 궁극적으로 예수의 도적 비유에 의존하고 있다(마 24:43 par. 눅 12:39). 데살로니가전서 5:2과 아마도 독립적으로 베드로후서 3:10a이 복음서 전승에서 기원하지 않고 유대의 묵시적 전승에서 기원한다고 생각하는 하르니쉬(Harnisch, *Existenz*, 84-98, 110-11)와 대비되어, 도적 이미지에 관한 종말론적 용법이 자주 발견되지만 독점적으로 초기 기독교 문헌에서만 발견된다는 사실은 그것이 예수의 비유에서 기원하고 있음을 보여준다(Smitmans, "Dieb" R. J. Bauckham, "Synoptic Parousia Parables and the Apocalypse," *NTS* 23[1976-77] 162-76). 데살로니가전서 5:2; 베드로후서 3:10; 요한계시록 3:3; 16:15에서 그 이미지는 직유로서 "퇴색된 비유" 형태로 나타난다(Bauckham, "Synoptic Parousia," 167-69을 보라): 호스 클레프테스(*ὡς κλέπτης*, "도적처럼"). 요한계시록 3:3; 16:15에서 "도적처럼"(*ὡς κλέπτης* - 호스 클레프토스, 참조. 인자가 도적과 비교되는 마 24:44 par. 눅 12:40에서 비유의 적용) 오실 이가 주님이신 반면에, 데살로니가전서 5:2과 베드로후서 3:10에서 이 직유는 주님의 오심에 적용된다. 우리는 직유의 호수 클레프테스(*ὡς κλέπτης*)가 예수의 비유에서 기원하였을지라도 기독교의 종말론적 권고의 전승적인 요소가 있었다는 것을 가정해야 한다(재림의 비유에 대한 또 다른 암시처럼: Bauckham, "Synoptic Parousia"을 보라). 이런 관찰이 베드로후서 3:10이 데살로니가전서 5:2에 의존하고 있다고 가정할 필요를 축소시킨다(Smitmans, "Dieb," 60-61; Fornberg, *Early Church*, 25이 생각하는 것처럼). 밀접한 유사성(살전 5:2: 헤메라 퀴리우 호스 클레프테스 엔 누크티 후토스 에르케타이[*ἡμέρα κυρίου ὡς κλέπτης ἐν νυκτὶ οὕτως ἔρχεται*, "주님의 날은 밤중에 도적같이 온다"; 헥세이 데 헤메라 퀴리우 호스 클레프테스[*ἥξει δὲ ἡνέρα κυρίου ὡς κλέπτης*, "주님의 날이 도적처럼 올 것이다")은 권고적인 전승의 공통된 의존을 드러낼 것이다. 데살로니가전서 5:2a은 바울의 경우에도 그러한 의존을 확인해주고 (Fornberg, *Early Church*, 25 n.5와는 대비되어) 그러한 구두적 전승은 베드로후서가 작성되었던 때에도 여전히 확실히 통용되고 있었다(참조. *Did.* 16:1). 베드로후서의 기자가 바울서신의 집합들을 알고 있었을지라도(3:15-16), 그는 그러한 바울서신에 큰 영향을 받지 않았음을 보여줌으로(2:19; 3:15의 "주석"을 보라), 데살로니가전서 5:2에 대한 직접적인 의존은 불가능하지는 않지만 가능성이 없어 보인다.

## 주석

8 "주께는 하루가 천 년 같고 천 년이 하루 같은"(*μία ἡμέρα παρὰ κυρίῳ ὡς χίλια ἔτη καὶ χίλια ἔτη ὡς ἡμέρα μία* – 미아 헤메라 파라 퀴리오 호스 킬리아 헤테 카이 킬리아 에테 호스 헤메라 미아). 이 진술이 입증하기를 의도하려고 했던 것은 논쟁이 되어진다. 모든 주석가들은 그것이 시편 90:4(칠십인경 89:4)에서 기원하고 있음을 인식하지만 그들은 두 가지 그룹으로 나뉜다. (1) 이 진술을 당대의 유대 기독교적 문헌의 평행에 따라서 해석하고 그것이 "심판의 날"(7절)이 일천년을 지속할 것임을 보여주고자 하고 있다고 결론내리는 사람들(Spitta; Strobel, *Untersuchungen*, 93-94; von Allmen, *RTP* 16[1966] 262), (2) 8절이 종말론적 지연의 문제를 충족하고자 의도해야 해야 한다는 것을 문맥으로부터 추론하고, 기자가 여기서 문헌의 다른 선례나 평행을 알지 못한 원 논증을 제시했다고 결론내리는 대다수의 주석가들.

첫 번째 그룹은 종말론적인 연대기가 "주의 한 날은 일천년이다"라는 공식에 기초하고 있다는 많은 유대 2세기 기독교 텍스트들을 지적한다. 이 공식은 시편 90:4에서 기원하였지만 상대적으로 독립적인 공식으로 존재했던 표준적인 주해적 규칙이었던 것으로 보인다(RSV: "주의 목전에는 천 년이 지나간 어제 같으며"). 통상적인 절차는 "날"이란 용어가 나타나는 텍스트를 인용하고, 그 다음에 주해적인 규칙인 "주의 날은 일천년이다"가 그것을 지원하는 시편 90:4의 문자적 인용과 함께 자주 인용되며, 따라서 텍스트가 "날"이라고 말하는 곳에는 그것이 인간적인 의미로 일천년을 의미한다고 결론짓는다.

주해적 규칙은 세계의 역사가 천년간의 안식일이 뒤따르는 각기 일천년의 육"일"(days)인 6천년을 지속한다는 개념을 낳기 위해서 때때로 창세기의 창조 기사에 적용되었다(*Barn.* 15:4; Irenaeus, *Adv Haer.* 5.28.3; 참조. *b. Sanh.* 97a): 이런 계산이 2세기의 널리 퍼진 기독교의 천년왕국설의 배후에 있다. 유사하게 이 규칙은 메시아의 "날"과 "날들"을 언급하는 것으로 생각되었던 텍스트들에 적용될 수 있었다(시 90:15; 사 62:5; 65:22). 그리하여 메시아적 규칙의 일천년, 이천년, 또는 칠천 년을 낳았다(Justin, *Dial.* 81; *b. Sanh.* 99a: *Midr. Ps.* 90:17; *Pesiq. R.* 1:7).

이 규칙이 종말론적 문제에만 적용되었다고 가끔 말을 할지라도(von Allmen, *RTP* 16[1966] 262 n. 1; 참조. Strobel, *Untersuchungen*, 93), 이런 제한은 사실상 그렇지 않다. 이 규칙은 토라가 세상의 창조보다 2천년이 앞섰다는 것을 잠언 8:30

로부터 입증하는데 가끔 사용되었다(*Gen. Rab.* 8:2; *Lev. Rab.* 19:1; *Cant. Rab.* 5:11). 게다가 가장 이른 증거와 가장 자주 사용되는 용법은 일천년으로 이해되는 "날"이 아담의 생명의 930년의 년수를 포함할 수 있었던 창세기 2:17과 관련해서였다(*Jub.* 4:30; Justin, *Dial.* 81; Irenaeus, *Adv Haer.* 5.23.2; *Midr. Ps.* 25:8; *Gen. Rab.* 19:8; 22:1; *Num. Rab.* 5:4; *Pirqe R. El.* 18). 그러나 주해적인 규칙의 이 모든 적용은 엄격히 연대기적이다. 본래 시편 90:4에서처럼 그 요지는 하나님의 영원한 생명과 인간의 덧없음을 비교하는 것이 아니라 단지 성경이 그것들을 언급할 때 하나님의 날의 하나는 우리의 연수의 일천년과 동등하다는 연대적인 정보를 생산하는 것이다.

이런 평행들이 베드로후서 3:8의 해석을 지배한다면, 그때에 이 절은 7절에 언급된 "심판의 날"이 일천년을 지속할 것임을 의미해야 한다. 그때에 8절은 재림에 제기된 지연에 관한 논쟁에 기여하지 못하고 단지 7절에 설정된 종말론적 기대에 관한 교훈적인(parenthetical) 해설이 된다.

이제 베드로후서 3:8이 그 말씀의 전반부("주께는 하루가 천 년 같고": 이것은 랍비적 문헌에서 이 규칙의 통상적인 형식보다도 시편 90:4에 더 가깝지만, 비교할 수 있는 형태에 대해서는 *Barn.* 15:4; Justin, *Dial.* 81; Irenaeus, *Adv Haer.* 5.23.2; 5.28.3을 참조하라)에 당대의 주해적 규칙을 인용하고 있는 것으로 보인다는 것은 사실이지만 그 말씀의 후반부("천 년이 하루 같은")를 이 규칙을 지원하기 위해서 도입된 시편 90:4의 인용으로 이해할 수 있었다. 그러나 두 절반의 말씀들 사이에서의 이런 구분은 매우 자연스럽지가 못하다. 두 절반의 말씀들을 보완적인 것으로 함께 취한다면, 그것들은 종말론적인 계산에 사용된 통상적인 주해적 규칙의 한 예증인 것으로 곧바로 나타나지 않는다. 게다가 8절의 제기된 주해는 문맥에서 지지를 받기가 매우 어렵다: (1) 8절의 도입적인 말들은 7절의 설명적인 각주가 아니라 사상의 새로운 라인을 공식적으로 가리킨다("양식/구조/배경"을 보라). (2) 8절이 심판의 날이 일천년을 지속하리라는 것을 의미한다면, 그것은 기롱자들에 대항하는 논증에 아무것도 기여하지 못한다. 그러한 짧은 단락에서 기자가 이런 꽤 중복적인 언급을 하였으리라는 것을 믿기 어렵다. (3) 심판의 일천년의 오랜 날은 베드로후서의 종말론에 어떻게 적합할 수 있었는지를 알기가 어렵다.

네이리(Neyrey, *Polemic*, 298-300; *JBL* 99[1980] 429-300)는 해석학의 두 그룹들 사이에서 중간적인 입장을 취한다. 그는 창세기 2:17에 대한 주해적 규칙의 적용을 관련된 유대적 평행으로 보고, 하나님이 자비하심으로 일천년 동안 아담의 벌을 연기시켰다는 개념(*Gen. Rab.* 22:1)으로 때로 이것을 설명하였음을 지적한다. 이것은 베드로후서 3:9과의 연관을 제공한다. 하지만 이런 평행이 흥미롭다할지라도, 그것은 베드로후서 3:8을 만족스럽게 설명하지 못한다. 창세기 2:17의 주해적 규칙에 관한 적용은 텍스트의 "날"을 일천년을 의미하는 것으로 해석하면서 항상 **연대적인** 계산이다. 이런 유추에 따르면, 베드로후서 3:8은 재림이 "한 날" 또는 아마도 "날들"로 약속되었다면 재림의 연기를 오직 언급할 수 있었다. 물론 그것은 그렇게 약속되지 않았다.

그렇다면 우리는 이 절에서 시편 90:4에 대한 기자의 사용이 전적으로 선례가 없다고 주석가들의 다수와 더불어 결론지어야 하는가? 주석가들이 이전에 인식하지 못했지만 이미 논의한 자료보다 베드로후서 3:8에 보다 관련된 평행이 있는 유대 문헌에서 이 절의 사용에 관한 몇몇 사례들이 사실상 있다.

첫째는 창세기 15장에서 아브라함에 대한 계시의 묵시적 해석 전통에 속하는 랍비적 주해의 일부가 있다(*Pirqe R. El.* 28; 그리고 *Yal. Šim'oni* 76에서 동일한 전승). 그것은 2세기 초의 랍비 엘리아자르(Rabbi Eleazar b. Azariah)의 것이고, 그 증거가 후대이기는 하지만, 그것이 *Apoc. Abr.*(28-30장; 참조. Bauckham, TynBul 31[1980] 23 n. 42; 이 묵시는 약 A.D. 100년으로 연대가 주어진다)에서 구체화된 전승과 긴밀하게 관련이 있어 보인다는 사실은 그 고대성을 알려준다. 창세기 15장의 본문으로부터 아브라함(15:11에 따르면)이 죽은 시체에서 먹이를 먹는 새를 쫓아낸 기간이 해질녘부터 해뜰 때까지인 것으로 추론된다. 먹이를 먹는 새들은 네 왕국의 시기 동안 이스라엘을 괴롭히는 이방인 압제자를 대변하는 것으로 간주된다. 그러므로 엘리아자르는 "이 사건으로부터 너는 이 네 왕국이 오직 거룩한 자의 날에 따르면 오직 한날만 지속할 뿐임을 알아야 한다"(*Pirqe R. El.* 28, tr. Friedlander)라고 말한다. "거룩한 자의 날"에 대한 언급은 "주의 날은 일천년이다"라는 공식이 되어야 한다.

이 텍스트와의 연관성은 이미 언급한 다른 랍비적 텍스트들과 달리 종말의 연기와 관련이 있다는 것이고, 유대 묵시에서 네 왕국의 기간은 정확히 종말론적 연기의 기간이다. 게다가 주해가 다른 텍스트들과 달리 어쨌든 주로 연대기적인 계산으로 의도되어 있지도 않다. 억압받는 이스라엘에게서 네 왕국의 통치의 기간은 매우 길게 보이지만 하나님의 영원한 관점에서는 지극히 짧다(오직 한 날)는 것이 그것의 요지다. 이런 묵상은 이스라엘에 대한 위로의 기능을 갖는다. 이방인의 지배의 기간의 중요성을 상대화시킨다. 따라서 그것은 연기를 불평하는 사람들이 그 부분을 대수롭지 않게 여기게 만드는 베드로후서 3:8의 사상과 평행을 제공해준다: 영원의 관점에서 연기는 짧은 시간일 뿐이다.

*Pirqe R. El.* 28에서의 자료가 베드로후서와 관련이 있을 만큼 충분히 초기 연대에 속하는 것인지를 확실히 하는 것은 불가능하지만, 연대의 문제를 발생시키지 않는 다른 세 평행들이 있다. 집회서 18:9-11은 시편 90편의 분명한 인유(allusion)는 아니지만 아마도 그것에 의해 영감을 받았을 것이다: "남자가 일백년에 이른다면 그 남자의 날의 수는 위대하다[참조. 시 90:10]. 그렇지만 바다로부터의 물의 떨어짐과 바다의 모래알처럼 영원의 날에서는 그것은 적은 해수다. 따라서 주님은 그들에게 인내하시고(*ἐμακροθύμησεν* – 에마크로뒤메센), 그들에게 자비를 쏟아 부으신다"(RSV; 참조. 또한 18:26). 여기서 문맥은 종말론에 대한 언급이 없고, 그것이 베드로후서 3:9과의 평행인 집회서 18:11에서 하나님의 인내에 관한 언급을 보도록 유혹을 받을지라도 그 사상은 각기 약간 다르다. 그럼에도 불구하고 집회서 18:10은 인간 생명의 덧없음과 하나님의 영원성간의 대조인 시편 90:4의 원 개념이 후대의 유대 저자에 의해서 잘 인식될 수 있었다는 증거다.

시편 90:4에서 보다 더 분명하게 기원하는 유사한 단락은 바룩의 묵시(*2 Apoc. Bar.*) 48:12-13이다: "잠깐에 우리는 태어났고, 잠깐에 우리는 돌아간다. 하지만 당신에게 시간들은 일생이고, 날은 세대와 같도다." 하나님의 끝없는 존재와 인간 생명의 덧없음 간의 대조는 하나님의 자비를 위한 간청의 근거이고(48:11, 14-19), 집회서 18:9-11과 유사한 사상이며, 아마도 시편 90:13-17에 기초하고 있을 것이다. 그러나 여기서 그 문맥은 종말론적이다. 자비를 위한 바룩(Baruch)의 간청은 종말론적인 구원을 위한 간청이며, 시간의 흐름에 대한 하나님의 영원한 관점에 대한 언급은 바룩의 묵시에서의 빈번한 주제와 연관되어 있다: 시간에 대한 하나님의 주권. 사람들과 달리 하나님은 역사의 전체 과정을 살피시고, 모든 사건을 주관하시며 시간을 결정하시기 때문에, 오직 하나님만이 세우신 종말의 시간을 아신다(48:2-3; 그리고 21:8, 10; 54:1; 56:2을 참조하라). 따라서 바룩의 묵시(*2 Apoc. Bar.*) 48:13이 종말론적인 연기를 설명하려고 의도하지 않았기 때문에, 그것의 시편 90:4에 대한 암시가 베드로후서와의 정확한 평행은 아닐지라도, 그것이 인간 생명의 순간과 하나님의 영원하신 생명을 대조시키고 있다는 점에서 또 영원하신 하나님이 세우신 종말의 시간과 관련한 정황에서 일반적인 평행을 제공한다.

마지막으로 *Bib. Ant.* 19:13a는 "하지만 이 시대[celum을 seculum으로 교정함]는 내가 보기에 재빨리 지나가는 구름과 같고, 지나가는 어제와 같을 것이다"라고 말한다. 시편 90:4에 대한 이런 분명한 암시는 죽음의 순간에 모세가 하나님께 말한다. 하나님이 보시기에 아주 급속히 지나가는 시간은 모세의 죽음에서 종말에 그의 부활의 기간이다(19:12, 13b). 19:15b이 분명히 나타내는 이 기간은 약 1500년(현재의 텍스트를 인정하고 계산한 C. Perrot and P.-M. Bogaert (eds.), *PseudoPhilon, Les Antiquités Bibliques*, vol. 2 [SC 230: Paris: Editions du Cerf, 1976] 134-35), 또는 아마도 4500년(제기된 수정에 따르면, 즉 L. H. Feldman, in M. R. James [ed(s).], *The Biblical Antiquities of Philo*[2nd ed(s). New York: Ktav, 1971], p. CV: and M. Wadsworth, "The Death of Moses and the Riddle of the End of Time in Pseudo-Philo," *JJS* 28[1977] 14-15)이 될 것이다. 그러므로 시편 90:4의 암시가 종말론적인 계산으로 의도되어있지 않다는 것은 분명하지만, 그것은 종말까지의 기간이 인간의 관점으로는 길게 보이지만 하나님이 보시기에는 급속하게 지나간다는 요지를 만들어준다. (본문이 변질되었을지라도 종말이 오기 이전에 시간의 지남이 사실상 하잘것없다는 것을 확실히 의미하는 19:15a이 이것을 확증해준다.) 따라서 A.D. 일세기 말의 유대 묵시적 단락에서 우리는 *Pirqe R. El.* 28에서의 사용과 매우 유사한 시편 90:4의 사용을 발견한다.

이 네 평행들은 유대 문헌에서 시편 90:4이 인간의 생명의 경각과 하나님의 영원간의 대조와 관련하여 사용되었다는 것을 확립해준다. 그것은 묵시적 문맥에서 사용되었고, 특히 종말까지의 기간과 관련하여 사용되었다. 이 기간이 인간의 계산으로는 길게 보일지라도 하나님의 영원한 관점에서는 짧다는 것을 나타내기 위해서 말이다. 베드로후서 3:8의 사상은 이런 요지를 만들었던 유대 묵시에서 빌려온 것으로 그럴듯하게 간주할 수 있을 것이다.

따라서 "주께는 하루가 천 년 같고 천 년이 하루 같은"(*μία ἡμέρα παρὰ κυρίῳ ὡς χίλια ἔτη καὶ χίλια ἔτη ὡς ἡμέρα μία* – 미아 헤메라 파라 퀴리오 호스 킬리아 에테 카이 킬리아 에테 호스 헤메라 미아)은 하나님이 보시기에 긴 기간도 짧게 나타난다는 것이다. 역으로 이 진술을 반복한 것은 반대편의 경우를 이야기하려고 한 것일 수도 있지만(예를 들어, 하나님은 회개를 위한 충분한 시간을 주시지만[9절] 회개하지 않는 자에게는 종말이 곧 다가올 수도 있다), 단순히 형태적인 효과일 것이다. 이 문장의 두 절반은 동일한 의미를 가질 수 있었다("주님 앞에 한 날은 일천년과 같고, 일천년은 주님 앞에 한 날과 같다": 고로 Spitta: Harnisch, *Existenz*, 106). 참으로 그 의미가 "일생은 시간과 같다"를 필요로 할 때 바룩의 묵시(*2 Apoc. Bar.*) 48:13이 "당신에게 시간은 일생과 같다"라고 독법하고 있다는 사실은 아마도 너무 경직된 해석을 삼가야함을 알려준다.

시간에 대한 인간의 개념과 하나님의 개념간의 의도된 대조는 무시간이란 의미에서 하나님의 영원성에 대한 언급이 아니다(Luther, Chaine). 케제만이 문제제기하는 것처럼, 그것은 "우리에게 적용되는 개념과 다른 시간 개념을 적용하는 하나님의 존재에 대한 철학적인 관념을 함축하지 않는다"("Apologia," 194). 무시간적인 철학적 관념은 재림의 연기에 대한 모든 개념을 무의미하게 만들고 어느 것도 재림 때까지 시간에 대해 더 이상 말하지 못하게 한다. 중요한 것은 시간에 대한 하나님의 관점이 인간의 생명의 범주에 제한되지 않는다는 사실이다. 하나님은 역사의 전체를 살피시고, 그의 영원한 목적에 따라서 사건의 시간을 설정하신다. 하나님의 관점은 단기간의 예상에 익숙해 있고 인내하지 못하고 자신의 생애에 재림을 보고자 하는 인간의 관점과 다르게 매우 포괄적이다.

이것이 원시 기독교의 특징인 임박한 소망을 크리스천들이 버려야 한다는 것을 시사하지 않는다(반대 견해로는 Fornberg, *Early Church*, 68). 물론 8절에 사용된 특징 – 일천년, 한 날 – 은 시편 90:4과 유대 묵시에서 사용에서 빌려왔을 것이고, 그것들은 우리에게 베드로후서의 기자가 재림 이전에 경과될 것을 예상했던 기간의 실제적인 길이에 대해서 어느 것도 말해주지 않는다(반대 견해로는 Windisch). 기자는 사실상 독자들이 재림 시에 살고 있을 것처럼 이야기하기를 계속한다(1:19; 3:14). 이것은 놀랄 일이 아니다. 그것은 임박한 소망과 종말론적인 연기의 인식을 긴장 속에서 유지한 유대와 기독교 묵시의 특징이다(Bauckham, *TynBul* 31[1980] 3-36을 보라). 베드로후서의 독자들은 예기치 않게 도적처럼 임할 주님의 날을 예상하기를 계속하지만 그들이 기롱자들의 회의주의에 빠지지 않도록 우리들에게 아주 길게 보이는 재림의 연기가 하나님이 명하시는 역사의 전체 과정의 전체적인 관점에서는 그렇게 길지 않다는 것을 역시 고려한다. 오직 하나님만이 그러한 관점을 가지시기 때문에 하나님은 독자적인 지식과 능력 속에서 종말의 날짜를 간직하시고 있고, 그것을 인간의 계산으로 예상할 수 없다.

9 "주의 약속은 어떤 이의 더디다고 생각하는 것 같이 더딘 것이 아니라"(*οὐ Βραδύνει κύριοπς τῆς ἐπαγγελίας ὥς τινες Βραδυτῆτα ἡγοῦνται* – 우 브라뒤네이 퀴리오스 테스 에팡겔리아스 호스 티네스 브라뒤테타 헤군타이). 이 절의 서두어들은 스트로벨(Strobel)이 상세히 보여주었던 것처럼(*Untersuchungen*, chaps 1-2), 유대교에서 지연의 문제에 관한 묵상의 표준구(*locus classicus*)였던 절인 하박국 2:3의 마지막 용어들에 아마도 의존하였을 것이다(합 2:3 LXX, Aquila; 사 13:

22; 51:14 LXX Sir 32:22[Hebrew]; 35:19 LXX 1QpHab 7:5-12; Heb 10:37; *2 Apoc. Bar.* 20:6; 48:39; *b. Sanh.* 97b). 칠십인경과 아퀼라(Aquila)의 하박국 2:3b에서 주어는 마소라텍스트(MT)에서처럼 "그것이"(it)가 아니라(그 환상), "그는" 즉 종말론적인 오심에서 하나님이다(Strobel, *Untersuchungen*, 53-55; 참조. 또한 *2 Apoc. Bar.* 48:39; Sir 32:22/35:19). 확실히 베드로후서의 묵시적 자료에서 퀴리오스(*κύριος*, "주")는 하나님이었지만, 통상적인 초기 기독교 관습을 따른(참조. 히 10:37), 베드로후서의 기자는 그 주어가 그리스도인 것으로 취할 수도 있다. 그것은 확실히 하기가 어렵다(참조. 2:9, 11; 3:8, 10, 15). 하박국 2:3에서 이할(RSV: יאחר, "더디다")은 칠십인경에서 크로니세(*χρονίσῃ*, "그가 지체할 것이다")로 번역되지만 베드로후서의 시대에 이미 상존했던 전통적인 번역을 나타내는 아퀼라의 역본에서 브라뒤네이(*Βραδυνεῖ*, "그가 늦을 것이다")라고 번역되어 있다(참조. Strobel, *Untersuchungen*, 68-69, 90, 146-47). 일부 주석가들은 베드로후서가 하박국 2:3에 직접적으로 의존해 있지 않고 브라뒤네(*Βραδύνῃ*, "늦을 것이다")와 마크로뒤메세(*μακροθυμήσῃ*, "인내할 것이다")의 조합이 확실히 베드로후서 3:9와 두드러진 평행이 되는 집회서 35:19 LXX(Schlosser, *RB* 80[1973] 34; 반대 견해로는 Strobel, *Untersuchungen*, 89-90)에 의존하고 있다고 생각한다. 하지만 브라뒤네(*Βραδύνῃ*)는 거기서 이할(יאחר)이 아니라 이트마헤마(יתמהמה)를 번역하고 있다(참조. Strobel, *Untersuchungen*, 63). 즉 하박국 2:3이 부정하는 지체(lateness)가 아니라 하박국 2:3이 인정하는 더딘 것을 번역하고 있고, 한편으로 집회서 35:19에서의 사상은 베드로후서 3:9의 사상과 다소 다르다. 아마도 두 텍스트들이 하나님의 "인내"(*μακροθυμία* – 마크로뒤미아)라는 주제를 갖는 하박국 2:3의 전승적인 연관을 반영해준다. "약속"(*τῆς ἐπαγγελίας* – 테스 에팡겔리아스)는 물론 4절을 일컫는다("그의 오심의 약속").

이 진술은 어느 종류의 지연도 배제하고 있음을 의미하지 않는다. 이 절의 후반부에서 주의 인내에 관한 언급에서 기자는 어쨌든 인간의 관점에서 재림의 연기를 분명히 인식하고 있다. 그가 여기서 부정하고 있는 것은 주님이 약속을 이루지 못했다는 의미에서 "지체되고" 있다는 것이다(고로 Harnisch, *Existenz*, 107). 그 의미는 거의 이와 같다("원문주해"를 보라): "주는 약속을 이루시지 못할 정도로 너무 늦지 않다." 기롱자들은 그 약속이 시간제한이 설정되어 있었고(이제는 시간이 지난 사도의 세대들의 일생동안으로), 따라서 그 약속은 이루어지지 않았고, 또 이루어지지 않을 것이라고 주장했다. 베드로후서의 기자는 주님의 재림이 기롱자들에게는 늦어 보이지만—"지체에 관한 사람들의 개념에 따르면"(티네스[*τινες*]의 용법에 대해서는 유다서 4절의 "주석"을 보라)—8절에서 기자는 하나님이 지체에 관한 인간의 개념에 제한받지 않으신다는 것을 이미 보여주었다. 그는 재림의 예언에서 제기된 시간제한에 관한 이슈를 명확하게 맞서지는 않지만 성취의 지연이 성취가 없을 것을 의미한다는 주장을 간단히 부정한다. 주는 종말의 시간에 대해서 주권적이시고, 기자가 뒤이어 계속 설명하는 것처럼 그의 선한 목적에 따라서 그것을 연기하신다.

하니쉬(Harnisch)가 지적한 것처럼(*Existenz*, 108), 기롱자들의 견해에 대한 이런 부정은 권위적인 책망의 성격을 갖는다. 기자가 예언적인 말씀(합 2:3)으로부터 가져온 주제의 고전적인 텍스트로 그것을 반박하고 있다는 점에서 그러하다. 하지만 기자는 기롱자들의 논증을 단순히 권위로만 반박하지 않는다. 그는 유대 묵시적 전통의 자료로부터 종말론적인 연기의 문제에 관한 신학적인 이해도 제시한다.

베드로후서의 기자와 기롱자들간의 이런 상호작용에 대해서 후대의 랍비적 전승의 흥미로운 평행이 있다: "사무엘(R. Samuel b. Nahmani[c 260 a.d.])은 조나단(R. Jonathan[c220])의 이름으로 말했다: 종말을 계산하는 사람들의 뼈는 말라버릴 것이라. 미리 정해진 시간이 도달했지만 그가 오지 않았기 때문에 그는 오지 않을 것이라고 그들이 말할 것이기 때문이다"(*b. Sanh.* 97b, Soncino tr.). 베드로후서처럼, 조나단(R. Jonathan)은 하박국 2:3을 인용함으로써 이런 회의주의를 반박하기를 계속했다.

"오직 너희를 대하여 오래 참으사 아무도 멸망치 않고 다 회개하기에 이르기를 원하시느니라"(*ἀλλὰ μακροθυμεῖ εἰς ὑμᾶς μὴ Βουλόυενός τινας ἀπολέσθαι ἀλλὰ πάντας εἶς μετάνοιαν χωρῆσαι*—알라 마크로뒤메이 에이스 휘마스 메 불루메노스 티나스 아폴레스다이, 알라 판타스 에이스 메타노이안 코레사이). 하나님의 "인내"(*μακροθυμία*—마크로뒤미아, "오래 참으심"—한글개역)에 관한 개념은 하나님의 성품에 관한 중심적인 구약의 계시인 출애굽기 34:6에 "노하기를 더디 하시고"라는 하나님에 관한 구약의 묘사와 그리고 이 본문을 반영하는 많은 단락들(민 14:18; 느 9:17; 시 86:15[LXX 85:15]; 103:8[LXX 102:8]; 145:8[LXX 144:8]; 욜 2:13; 욘 4:2; 나 1:3; Wis 15:1: 이 모든 절들에서 칠십인경의 번역은 마크로뒤모스[*μακρόθυμος*, "참으시는"]다; 또한 CD 2:4; 1QH16:16; 4 Ezra 7:134을 보라)에서 출원한다. 그것은 하나님이 죄인들에게 참으시고, 진노를 억제하시며, 죄인들의 행위가 마땅히 곧바로 심판을 받아야 할지라도, 무한정은 아닐지라도, 심판을 개시하는 것을 삼가시는 성품을 말한다(참조. 4 Ezra 7:33; Sir 5:4-7). 유대 신학에서 그것은 강력하게 시간적인 의미를 갖는다(Strobel, *Untersuchungen*, 31): 하나님의 인내는 일정한 유예의 시간을 낳고, 심판은 연기되며 회개를 위한 마지막 기회가 허락된다(하나님의 인내에 대한 논의에 대해서는 H. Küng, *Justification: The Doctrine of Karl Barth and a Catholic Reflection*, tr. T. Collins, E. E. Tolk & D. Grandskou[London: Burns & Oates, 1965] 147-54을 참조하라).

하나님의 "오래 참으심"(인내)은 자연스럽게 회개에 대한 기회와 연관되었고(예를 들면, 욜 2:12-13; 욘 4:2, 참조. 3:10; 롬 2:4; *Herm. Sim.* 8:11:1; *Clem. Hom.* 11:7:2; 참조. Wis 11:23), 또한 종말론과 연관되었다: 죄인들에 대한 하나님의 인내만이 종말론적인 심판으로 즉시 관여하시지 않고 있는 사실을 설명할 수 있다(1 Enoch 60:5; *Ign. Eph.* 11:1; Justin, *1 Apol.* 28; *Clem. Hom.* 9:19:1; 16:20). 그것은 종말론적인 연기의 문제와 씨름하고 베드로후서처럼 하나님의 인내의 개념에 호소하는 옛시리아어의 바룩의 묵시(*Apoc. Bar.*)의 특히 두드러진 주제다(11:3; 12:4; 21:20-21; 24:2; 48:29; 59:6; 85:8). 기자가 이스라엘의 대적자들에 대한 하나님의 인내를 불가해한 것으로 여기고 있다면, 회개할 기회를 주기 위해서 마지막 심판을 연기하시는 자기 백성들에 대한 하나님의 인내는 종말론적인 연기의 문제에 대한 부분적인 답변을 적어도 준다(Bauckham, *TynBul* 31[1980] 15-19을 보라). 분명히 하나님의 인내의 개념은 연기의 문제에도 불구하고 유대 묵시의 전통적인 자료에 속했다(또한 4 Ezra 3:30; 7:33, 74; 9:21; 7:134을 참조하라). "노하기를 더디 하시는" 하나님의 성품과 연관지음으로써, 심판의 연기에 있어서 하나님의 목적을 이해하려는 시도로 채워지는, 시간을 지배하시는 하나님의 주권에 대한 호소를 만들어주었다.

또한 주의 오심과 종말의 연기를 회개와 연관지은 것은 전승적이었다는 것을 우리는 주목해야 한다. 종말론적인 심판 때까지는 회개를 위한 시간이었다. 종말이 옴으로써 회개할 기회가 중단되고 인내는 정의와 진노에 자리를 내어주게 된다(*2 Apoc. Bar.* 89:12; 4 Ezra 7:33-34, 82; 9:11; 행 17:30-31; *2 Clem* 8:2-3; 16:1). 따라서 종말이 하나님의 백성들의 회개 직후에 올 것이라고 생각되었다(*T. Mos.* 1:18; *T. Jud.* 23:15; *T. Dan* 6:4; 행 3:19-21). 진정성이 있고 고로 일세기말로 연대가 주어지는 조수아(R. Joshua b. Hananiah)와 엘리에세르(R. Eliezer b. Hyrcanus) 사이에 논쟁은 이 문제와 관련이 있었다(*Midr. Tanḥuma Beḥuqotai* 5; *y. Ta'an* 1:1; *b. Sanh.* 97b-98a; tr. in J. Neusner, *Eliezer ben Hyrcanus: The Tra-*

*dition and the Man*, vol. 1[SJLA 3; Leiden: E.J. Brill, 1973] 477-79; 그 논쟁에 관해서는 Bauckham, TynBul 31[1980] 10-14을 보라). 종말의 시간에 관한 하나님의 주권적인 결정의 전통적인 묵시적 믿음을 유지한 조수아(R. Joshua)는 이스라엘이 회개하든 하지 않든 간에 정해진 시간에 종말이 시간이 있을 것임을 주장했다. 이에 비하여 엘리에세르(R. Eliezer)는 이스라엘의 회개를 다가올 구속의 조건으로 부여하였다. 아마도 이것은 A.D. 70년의 두 번째 성전의 함락에 관한 재앙에 뒤이은 고난의 시간에서 구속의 연기를 이해시키려는 시도를 대변할 것이다.

엘리에세르가 하나님이 지정한 종말의 날짜가 후대의 랍비들이 확실히 주장했던 것처럼(*b. Sanh.* 97b; *b. 'Abod. Zar.* 9a) 사실상 이스라엘의 죄 때문에 연기되었다고 생각했는지(고로 Strobel, *Untersuchungen*, 23-26), 또는 종말에 대한 고정된 시간이 없었던 것으로 생각했는지(고로 E. E. Urbach, *The Sages: Their Concepts and Beliefs*, tr. I. Abrahams, vol. 1[Jerusalem: Magnes Press, 1975] 669), 또는 이스라엘의 회개 자체가 하나님이 예정하신 계획의 일부였다고 생각했는지(고로 Bauckham, *TynBul* 31[1980] 13)는 분명하지 않다. 동일한 모호성이 베드로후서에도 존재한다(베드로후서가 엘리에세르의 견해를 따르고 있는지에 관한 Strobel, *Untersuchungen*, 91-92과 Harnisch, *Existenz*, 108-9 n. 59의 논쟁을 참조하라). 기자는 재림의 날짜를 결정짓는 것은 하나님이 아니라 인간일 수 있도록 인간 편에서 회개의 부족이 재림을 연기시킬 수 있고(3:9), 반면에 회개와 선한 행실이 종말을 속히 오게 할 수 있음을 의미하는가(3:12: "주석"을 보라)? 그는 인간의 관점에서 재림이 본래 예상되었던 것보다 나중에 옴으로써 인간을 위해서 연기되고 있다는 것을 확실히 인정한다. 역으로 말해서 회개가 있다면, 우리가 예상했던 것보다 종말이 빨리 올 수 있다. 우리는 하나님의 인내를 그렇게 설명할 수 있다. 하지만 그것이 필연적으로 하나님의 주권을 감소시키지는 않는다. 인간의 죄가 아니라 제한될 수 없는 하나님의 인내가 연기를 결정한다. 은혜롭게 회개를 위한 유예 기간을 부여하시는 분은 주권적인 하나님이시다. 역사에 대한 하나님의 영원하신 관점으로부터(참조. 8절), 그는 그 계획에 대한 간격을 포함시키실 수 있다. 베드로후서의 기자는 크리스천들이 회개하지 않는 상태에 계속 있을지라도 사실상 이 간격을 무한정 지속시키신다고 주장하지 않는다. 주의 인내는 가식이 없으시다(참조. 롬 2:4). 끊임없이 회개하지 않는 자는 심판이 예상치 못하게 금방 오게 됨을 발견할 것이다(v 10a).

티나스(τινας, "any")는 9a절의 티네스(τινες, "some people")를 취하지 않고,

판타스(πάντας, "all")와 대조를 이룬다: 하나님은 모든 사람이 예외 없이 회개하고 저주를 피하기를 바라신다. 하지만 판타스(πάντας, "all")는 분명히 휘마스(ὑμᾶς, "you")에 의해 제한을 받고 있다. 여기에 기독교 선교에 대한 사상은 없다(반대 견해로는 A. L. Moore, *The Parousia in the New Testament*[NovTSup13; Leiden: E.J. Brill, 1966] 154). 기자는 유대 자료에 밀접한 상태로 남아 있다. 유대 사상에서는 하나님이 심판을 연기하셨던 것은 보통 자기 백성들의 회개를 위해서였다. 확실히 거짓 선생들에 의해 그들 중에 몇몇이 유혹을 받았던 죄에서 회개하는 것이 특히 염두에 두어져 있다(2:14, 18; 3:17). 우리는 기자가 회개와 구원의 가능성에서 완전히 거짓 선생들을 배제하고 있는지를 상정할 필요가 없고, 여기서 그는 단지 거짓 선생들과 구분되는 독자들에게 말하고 있을 뿐이다(3:5, 8, 17).

기독교인들이 회개할 시간이 부여되어 있는 것으로 재림에 앞선 현재의 유예기간의 개념에 대해서는 특히 헤르마스(Hermas, *passim*; 특히 *Sim.* 9; 그리고 9:14:2; 10:4:4을 주목하라)와 클레멘트2서에서 종말 이전에 회개에 관한 강조(*2 Clem* 8:1-3; 13:1; 16:1; 17:1; 그리고 16:1이 벧후 3:10에 상응하는 16:3에서의 인용을 선행하고 있음을 주목하라)를 참조하라. 하나님이 자기 백성들이 멸망당하지 않고 회개하기를 바라신다는 사상에 대해서는 에스겔 18:23, 32; 33:11(리옹과 비엔나의 교회들에 대한 서신에 반영된 *ap.* Eusebius, *Hist. Eccl.* 5.1.46); 디모데전서 2:4; 클레멘트1서 8:5("그는 모든 그의 사랑하는 자들이 회개하기를 바라신다")를 참조하라. 물론 주님이 오래 참으심으로 종말을 연기하시고 회개할 기회를 주신다는 베드로후서 3:9의 **원리**는 베드로후서에서 갖는 기독교인들에 대한 언급에서 모든 사람들이 회개해야 하는 하나님의 바라심으로 타당하게 확장될 수 있다(참조. 행 17:30; Justin, *1 Apol.* 28).

일부 주석가들(Spicq, Kelly)과 특히 네이리(Neyrey, JBL 99[1980] 415, 425-27)는 3:9에서의 논증에 이교의 평행을 지적한다. 특히 플타르크(Plutarch)의 *De sera numinis vindicata*에서 말이다. 신의 섭리에 반하는 에피쿠로스(Epicurus)의 논증은 하나님의 심판의 연기에 호소했고(548C, 549B: 벧후 3:9에서처럼 브라두테스[*βραδυτής*, "지체"]), 몇몇 반증들 중에서 플타르크는 그 지연이 하나님의 "온유함과 관대함"을 보여주고(프라오테스 카이 메갈룦쉬키아[*πραότης καὶ μεγαλοψυχία*]: 551C) 회개할 기회를 주고 있다고 설명한다(551D: 메탄 오이안[*μετάν οιαν*]). 우리는 거짓 선생들이 하나님의 심판의 개념에 반대하는 에피쿠로스학파의 논증에 영향을 받았을 것임을 이미 주목했지만(2:3b의 "주석"을 보라), 그들에 대한 베드로후서의 기자의 반응이 이교도의 반(anti)에피쿠로스학파의 논증에 빚을 졌을 것 같지는 않다. 유대 문헌에서의 평행이 더 가깝고, 베드로후서 3장의 철저한 유대 묵시적 특징에 비추어 볼 때 유대 문헌과 더 많이 관련이 있다.

스트로벨(Strobel, *Untersuchungen*, 94-96; 참조. 또한 Neyrey, *JBL* 99[1980] 424-25)은 3:9의 배후에 대홍수의 예표론을 살핀다. 유대 전승(*Tg. Ps.-J.*과 *Neof.* Gen 6:3; Philo, *Quaest. Gen.* 1.91; 그리고 J.P. Lewis, *A Study of the Interpretation of Noah and the Flood in Jewish and Christian Literature*[Leiden; E.J. Brill, 1968] 130 n. 8을 참조하라)은 대홍수는 회개할 기회를 주기 위해서 120년을 연기했다고 주장했고, 그러한 전승을 따른 베드로전서 3:20은 "하나님이 오래 참고(*μακροθυμία* – 마크로뒤미아) 기다리실 때에"라고 말한다. 대홍수의 연기를 예표론적으로 종말의 연기에 상응하는 것으로 보는 것은 베드로후서가 2:5; 3:6-7에서 따르는 종말과 대홍수간의 상응에 관한 일반적인 전승에 들어맞을 것이다. 하지만 3:9에서 그러한 예표론에 관한 암시는 없다. 그것은 대홍수의 연기에 대한 전승을 언급함이 없이 종말의 연기에 관한 유대 전승과 관련하여 완전하게 설명할 수 있다. 베드로전서 3:20(*μακροθυμία* – 마크로뒤미아)과의 일치는 아마도 유사한 유대 개념의 개별적인 영향에서 기인할 것이다. 말하자면 홍수는 베드로전서에, 종말은 베드로후서에 영향을 미쳤을 것이다. 베드로후서 3:9에서 홍수 예표론을 가정하는 것은 불충분한 증거가 있을 뿐이다.

10 "그러나 주의 날이 도적 같이 오리니"(*ἥξει δὲ ἡμέρα κυρίου ὡς κλέπτης* – 헥세이 데 헤메라 퀴리우 호스 클레프테스). 헥세이(*ἥξρι*, "오리니")를 먼저 둔 것은 강조적이다. 하나님의 오래 참으심이 심판의 날을 취소시킨다는 9b절로부터의 잘못된 추론과 대비되어(역접의 데[*δέ*]) 오직 연기되고 있을 뿐이고 확실히 오실 것임을 분명히 한다(참조. *2 Apoc. Bar.* 12:4). 아마도 9a절에서 하박국 2:3의 암시(아퀼라[Aquila]: 에르코메노스 헥세이 카이 우 브라뒤네이[*ἐρχόμενος ἥξει καὶ οὐ Βραδυνεῖ*, "그는 확실히 오실 것이고 늦지 않을 것이다")가 여기서도 계속된다.

따라서 하나님의 오래 참으심은 죄인들이 심판의 두려움이 없이 죄를 짓기를 계속할 수 있는 이유를 제공하지 않으며(참조. Sir 5:4-7), 종말이 다가옴은 확실할 뿐만 아니라 예상치 못하게 임하기 때문에 더욱더 그러하다. 그것은 도적의 예상치 못함처럼 임할 것이다. 이 비유의 다른 모든 신약의 사례에서처럼(마 24:43-44; 눅 12:39-40; 살전 5:2; 계 3:3; 16:15) 예수의 비유에서 출원한 이 말은 예기치 못함과 위험을 전달해준다. 주의 인내가 그들에게 주고 있는 기회에도 불구하고 회개치 않은 상태로 남아 있는 자들에게는 주의 날이 두려운 전망이 될 것이다. 그것이 오래 참으심의 끝이자 심판의 도래를 특징짓는 것이기 때문이다.

"하늘이 큰 소리로 떠나가고"(*οἱ οὐρανοὶ ῥοιξηδὸν παρελεύσονται* – 호이 우라노이 로잌세돈 파렐류손타이). 파레르케스다이(*παρέρχεσθαι*, "떠나가다")는 복음서의 말씀에서 하늘과 땅의 "없어짐"에 대해 사용되고(마 5:18; 24:35; 막 13:31; 눅 16:17; 21:33; 참조. Did. 10:6), 아마도 베드로후서의 기자는 거기서 그것을 가져왔을 것이다. 그 개념에 대해서는 *1 Enoch* 91:16; 계 21:1; *Clem. Rec.* 2:68:3을 참조하라. 두루마리처럼 말린 하늘의 보다 생생한 이미지는 사 34:4; 계 6:14; *Apoc. Pet. ap.* Macarius Magnes, *Apocrit.* 4.7; *Sib. Or.* 3:82; 8:414; *Gos. Thom.* 111에 사용된다. "큰소리로"(*ῥοιζηδόν* – 로이제돈)는 치찰음의 부딪히는 딱 소리가 나는 소리에 대해서 사용되는 의성어이고, 대부분의 주석가들(Pseudo-Oecumenius in *PG* 119.616을 좇아서)은 궁창을 태우는 불의 부수는 소리나 시끄러운 소리를 일컫는다. 종말론적인 대화재를 묘사하는 단락들의 다양한 평행들이 있다: *Sib. Or.* 4:175: 코스모스 아파스 뮈케마 카이 옴브리몬 에콘 아쿠세이(*κόσμος ἅπας μύκημα καὶ ὄμβριμον ἦχον ἀκούσει*, "전 세계는 [천둥의] 으르렁거리는 소리와 권능의 소리를 들을 것이다"; 1QH 3:32-36, tr. Vermes: "심연의 깊은 곳은 무거운 진흙의 으르렁거리는 소리 속에서 신음할 것이다. 이 땅은 이 세상에 떨어진 재앙 때문에 울 것이고, 그 모든 심연은 울부짖을 것이다.…하나님이 권능의 소리를 발할 것이고, 그의 거룩한 거주지는 영광의 진리로 천둥칠 것이다."; *Apoc. El.* 3:82: 주님은 "커다란 소리로 하늘과 땅이 불을 내도록 명할 것이다(*κελεύειν* – 클류에인)"; 또한 *Apoc. Thom.* days 1-6을 참조하라. 이것은 베드로후서에서 소리가 큰 불의 소리이거나 하나님의 음성의 천둥일 것임을 암시한다(로이제마[(*ῥοιζημα*]는 Lucian, *Jup. Trag.* 1에서 천둥으로 사용된다). 후자는 신현의 묘사에 표준적인 요소이다: 하나님의 천둥치는 듯한 큰 소리는 진노의 전사로서 그가 오심을 선언하고, 온 만물이 그 앞에서 떨고 도망한다(시 18:13-15[LXX 17:14-16] 77:18[LXX 76:19]; 104:7[LXX 103:7]; 암 1:2; 욜 4:16[EVV. 3:16]; 참조. 4 Ezra 13:4; 살전 4:16). 이것이 여기서 그 의미라면 로이제돈(*ῥοιζηδόν*, "큰 소리로")은 단순히 우주적인 멸망만이 아니라 그 앞에 있는 모든 것을 태우시는 그의 진노의 불, 곧 심판으로 오시는 거룩하신 재판관을 묘사하는데 기여한다.

"[하늘의] 체질이 뜨거운 불에 풀어지고"(*στοιχεῖα δὲ καυσούμενα λυθήσεται* – 스토이케이아 데 카우수메나 뤼데세타이). 스토이케이아(*στοιχεῖα*)는 여기서 논쟁이 되어진다. 세 가지 주요한 가능성이 있다: (1) 모든 물질적인 것들을 구성하는, 통상적으로 네 요소로 생각되었던 요소들: 물, 공기, 불, 흙(이 해석은 Reicke; Olivier, "Correction," 150; Delling, *TDNT* 7, 686에 채택된다). 이것은 스토이케이아(*στοιχεῖα*)의 통상적인 의미였다(*TDNT* 7, 672-79; Herm. *Vis.* 3:13:3; Aristides, *Apol.* 3-7). 대화재(큰불)에 대한 베드로후서의 묘사가 스토아 사상에 영향을 받은 것이라면, 우주적인 대화재에서 원시적인 요소인 불로 모든 요소들이 해체되는 것을 스토아학파가 말했다는 것은 연관성이 있다. 이런 해석은 예언적인 신탁(*Sib. Or.*)에서 대화재에 대한 설명에서 지지를 받는다. 예언적인 신탁(*Sib. Or.*) 3:80-81에서의 모호한 진술에 따르면, "세상의 모든 요소들(*στοιχεῖα* – 스토이케이아)은 분리가 될 것이다(*χηρεύσει* – 케류세이)". 나중에 예언적인(Sibylline) 작가들은 이 요소들을 네 요소가 아닌 다양한 우주의 구성 성분이라고 주장하는 목록인 공기, 흙, 바다, 빛, 하늘, 낮, 밤(*Sib. Or.* 2:206-7; 8:337-39)으로 해석했다. 하지만 네 요소들에 대한 언급이나 예언적인 이런 요소들에 대한 목록은 하늘과 땅에 대해 언급하는 베드로후서 3:10에는 매우 적합하지 않다. 게다가 12절과 아마도 10절에서도 스토이케이아(*στοιχεῖα*)는 이사야 34:4 칠십인경(아래를 보라)에서 파사이 하이 뒤나메이스(*πᾶσαι αἱ δυνάμεις*, "모든 하늘의 능력들")에 상응한다는 사실은 결정적으로 이 견해를 반증한다.

(2) 하늘의 체질들(해, 달, 그리고 별들)은 대부분의 주석가들이 선호하는 해석이다. 스토이케이아(*στοιχεῖα*)의 의미는 A.D. 2세기에 잘 증거된다(*TDNT* 7, 681-82; Theophilus, *Ad Autol.* 1.4-6; 2.15, 35; Justin, *2 Apol.* 5.2; *Dial.* 23.3; Polycrates, *ap.* Eusebius, *Hist. Eccl.* 3.31.2; Tatian, *Oratio* 9-10). 그것들이 "녹을 것이다"(*τήκεται* – 테케타이)라고 말하는 12절의 스토이케이아(*στοιχεῖα*)의 두 번째 언급에 비추어, 스토이케이아(*στοιχεῖα*)에 대한 베드로후서의 언급은 궁극적으로 이사야 34:4 칠십인경에 의존하고 있을 것임이 분명하다(B, Lucian): 타케손타이 파사이 하이 뒤나메이스 톤 우라논(*τακήσονται πᾶσαι αἱ δυνάνεις τῶν οὐρανῶν*, "모든 하늘의 권세들이 녹아질 것이라"). 베드로후서의 직접적인 자료일 것으로 보이는 클레멘트2서 16:3("양식/구조/배경"을 보라)에서 이 어절은 다음과 같이 나타난다: 타케손타이 티네스 톤 우라논(*τακήσονται τινες τῶν οὐρανῶν*, "하늘의 일부(some)가 녹아지고"). 하지만 그 텍스트는 확실히 변질되었고, 티네스(*τινες*, "some")를 뒤나메이스(*δυνάμεις*, "권세들")로 바로 잡아야 한다(고로 J. B. Lightfoot, *The Apostolic Fathers* Part 1 vol. 2[London: Macmillan, 1890] 250). 따라서

스토이케이아(*στοιχεῖα*)가 하이 뒤나메이스 톤 우라논(*αἱ δενάμεις τῶν αὐρανῶν*, "하늘의 권세들")에 대한 베드로후서 기자의 대용어라면, 그는 그것을 "하늘의 실체들"이라는 의미에서 사용하였을 것으로 보인다. 그는 헬라의 종교적 어휘를 자주 선호하였기에 그 대용어를 만들고자 하였을 것이다: "하늘의 실체들"이나 "12궁"의 의미에서 스토이케이아(*στοιχεῖα*)는 당대의 천문학에서 잘 사용되었다(*TDNT* 7, 681-82). 베드로후서 3:12이나 이사야 34:4 또는 둘 다를 따르는 베드로의 묵시(*Apoc. Pet.*) E5는 그 언급을 별들인 것으로 명백히 취한다: "그리고 마치 창조되지 않았던 것처럼 별들은 불꽃에 의해 녹아질 것이고, 하늘의 견고함[또는 권세]도 물의 부족으로 사라질 것이고, 마치 그것들이 창조되지 않았던 것처럼 될 것이다"(tr. *NT Apoc.* 2, 671).

(3) 자연을 지배하는 천사들의 능력들(Spitta, Kühl, von Soden). 이 주장은 적대적인 영적인 능력을 가리키기 위해서 스토이케이아(*στοιχεῖα*)를 사용한 바울의 경우를 지적한다(갈 4:3; 골 2:8, 20). 이사야 34:4에 베드로후서의 의존이 이 의미를 지원하는 것으로 생각될 것이다. 거기서 "하늘의 만상"(צבא השמים – 차바 하쉐마임)은 단순히 별이 아니라 별 세계의 능력을 가리키고, 칠십인경에서 이 절은 *T. Levi* 4:1에서 천사의 능력에 대한 언급으로 해석되었을 가능성이 있다(*τῶν ἀοράτων πνευμάτων τηκομένων* – 톤 아오라톤 프뉴마톤 테코메논). 유대와 이교도 범주에서 별들이 자주 영적인 존재이거나 영적인 존재에 의해 지배를 당하는 것으로 생각되었기 때문에 이 의미를 베드로후서에서 배제할 수는 없다. 그것이 (2)의 대안이라기보다는 사실상 부가적이지만 말이다(Schrage).

"땅과 그 중에 있는 모든 일이 드러나리로다"(*καὶ γῆ καὶ τὰ ἐν αὐτῇ ἔργα εὑρεθήσεται* – 카이 게 카이 타 엔 아우테 에르가 유레데세타이). 이것은 해석하기 아주 어려운 난문(*crux interpretum*)이다. 유레데세타이(*εὑρεθήσεται*, "나타날 것이다", "드러날 것이다" – 한글개역)는 확실히 가장 좋은 독법이지만, 주해자의 대다수는 그 독법을 용인할 있는 의미로 삼기가 어렵다고 간주하고 배격했다. 이에 대한 해석은 세 가지 범주로 폭넓게 나뉜다: (1) 변형된 독법을 지지함, (2) 사본의 증거를 받지 못하는 텍스트의 수정들, (3) 유레데세타이(*εὑρεθήσεται*)란 독법을 의미 있게 하려는 시도들.

(1) 변형된 독법들을 지지함.

(a) 카타카에세타이(*κατακαήσεται*, "태워질 것이다")는 주석가들 사이에서 거의 지지를 받지 못했지만(von Soden), 영어 번역들에서 많은 지지를 얻었다(AV,

RV, RSV, JB). 그럴 경우에 다른 독법들을 설명하는 것이 불가능할 것이기 때문에 원문일 수 없다.

(b) 아파니스데손타이(*ἀφανισθήσονται*, "사라지다")는 한 현대적인 번역이 지지하지만(GNB), (a)와 동일한 이유로 배격되어야 한다.

(c) 우크 유레데세타이(*οὐχ εὑρεθήσεται*, "나타나지 않을 것이다")는 뛰어난 의미를 만들어줌으로 일부 사람들이 선호한다(Wand, Moffatt, Schrage; Bigg, 213; Fornberg, *Early Church*, 75-77). 하지만 변형된 독법이라기보다는 수정으로 적절히 간주해야 한다. 그것의 두 번의 출현(헬라어 사본들에서는 아니고 고대의 역본들에서)은 원 독법을 보존하고 있을 가능성은 없고 다만 본문의 **수정**일 것이다. 메이어가 주장하는 것처럼, 우크(*οὐχ*, "not")가 자필원고나 모든 다른 사본들이 기원하는 매우 초기의 복사본에서 우연히 생략되었다면, 그때에 변형된 독법들을 쉽게 설명할 수 있었을 것이다.

"나타나지 않을 것이라"는 표현은 실제로는 "있다", "존재하다"를 의미하는 님차(נמצא, "발견되다")의 흔한 히브리 용법에서 나온 히브리 어풍이나 칠십인경 어풍일 것이다. 따라서 "발견될 것이다"(*οὐχ εὑρίσκεσθαι* – 우크 유리스케스다이)는 사 35:9 LXX; 단 11:19 Θ 그리고 LXX *Pss. Sol.* 14:9; 계 16:20(참조. 18:21)에서 "존재하지 않을 것이다"나 "존재를 멈추게 될 것이다"를 의미한다. 이 모든 텍스트들은 베드로후서 3:10과 곧바로 비견할 수 있는 종말론적인 정황 속에 있다. 우크 유레데세타이(*οὐχ εὑρεθήσεται*)는 훌륭한 종말론적 형태가 될 것이다.

수정으로 우크(*οὐχ*)의 첨가는 가장 단순한 제기이고, 유레데세타이(*εὑρεθήσεται*) 독법이 만족스러운 해석을 줄 수 없다면 이것이 가장 좋은 해결책임을 고려해야 할 정도로 아주 탁월한 의미를 만들어준다.

(d) $P^{72}$의 독법인 유레데세타이 뤼오메나(*εὑρεθήσεται λυόμενα*, "풀어져 나타날 것이다")는 어느 학자들에게도 추천을 받지 못하는 것으로 보인다. 베드로후서의 기자가 단어들을 반복하는 경향이 있음에도 불구하고, 10-11절에서 뤼에스다이(*λύεσθαι*)를 세 번이나 서툴게 반복할 것 같지 않다. 모든 변형적인 독법들(그것은 유레데세타이[*εὑρεθήσεται*]의 고대의 수정으로 간주해야 한다)은 그 정황이 "파괴되다"라는 동의어를 필요로 한다는 확신에서 나온다고 관찰할 수 있을 것이다. 동일한 확신이 대부분의 현대의 수정들을 형성한다.

(2) 수정들

(a) 퓌로데세타이(*πυρωθήσεται*, "불살라질 것이다", Vansittart, JP 3[1871] 357

-59).

(b) 에크퓌로데세타이(*ἐκπυρωθήσεται*, "불로 소멸될 것이다"): 이런 수정에 대한 경우를 올리비어(Olivier, "Correction"; Windisch이 뒤좇는다)가 길게 논증했다. 에크퓌로데세다이(*ἐκπυροῦσθαι*)는 우주적인 대화제와 연관하여 사용된 전문적인 스토아철학 용어다(*ἐκπύρωσις* – 에크퓌로시스).

(c) 뤼에세타이(*ῥυήσεται*)나 류세타이(*ῥεύσεται*, "지나갈 것이다")는 호르트에 의해 제기되었고, 쉬루에세타이(*συρρυήσεται*, "함께 지나갈 것이다")는 나버(Naber)에 의해 제기되었다(Metzger, *Textual Commentary*, 706에 따르면; 그리고 Mayor, cc를 참조하라).

(d) 아르데세타이(*ἀρθήσεται*, "치워질 것이다")는 메이어에 의해 임의적으로 제기되었다.

(e) 유세타이(*εὔσεται*, "태워질 것이다"): 브루스(F. F. Bruce)는 드문 단어를 좋아하는 베드로후서의 기자가 라틴어 유로(*uro*)에 의해 잘못 인도되었다고 나에게 주장했다. 이것이 불태움에 대한 보다 일반적인 용어인 것으로 생각하고서 말이다(본래 기자가 라틴어를 말하였다는 주장에 대해서는 서론의 "언어" 항목을 참조하라).

(f) 크리데세타이(*κριθήσεται*, "심판당할 것이다")(Metzger, *Textual Commentary*, 706에 따르면 Nestlé).

(g) 이아데세타이(*ἰαθήσεται*)나 엑시아데세타이(*ἐξιαθήσεται*, "치유될 것이다"(Chase, according to Mayor, cc).

일부 다른 수정들은 유레데세타이(*εὑρεθήσεται*)를 수정하지 않고 그 어절의 다른 부분을 수정한다.

(h) 게 카이 하 엔 아우테 에르가 유레데세타이(*γῆ καὶ ἃ ἐν αὐτῇ ἔργα εὑρεθήσεται*, "땅과 그중에서 발견되는 일들")(Spitta, Bultmann이 뒤를 따름).

(i) 게 카이 타 엔 아우테 에르가 아르가 유레데세타이(*γῆ καὶ τὰ ἐν αὐτῇ ἔργα ἀργὰ εὑρεθήσεται*, "땅과 그 안에 일들은 쓸모없는 것들로 드러날 것이다")(James, lv에 따르면 H. Bradshaw).

(j) 게 카이 타 엔 아우테 아르가 유레데세타이(*γῆ καὶ τὰ ἐν αὐτῇ ἀργὰ εὑρεθήσεται*, "땅과 그 안에 모든 것이 혼돈으로 나타날 것이다")(Stauffer, *New Testament Theology*, 225, 320 n. 739; 참조. 4 Ezra 7:30).

(k) 게 카타 타 엔 아우테 에르가 유레데세타이(*γῆ κατὰ τὰ ἐν αὐτῇ ἔργα εὑ-*

ρεθήσεται, "그 안에 일들에 준하여 그것이 이 땅에 나타날 것이다", 즉 "땅은 그 안에 행한 일들에 따라서 심판받게 될 것이다"). 단커(Danker, 90-91에서 요약된 Danker, *ZNW* 53[1962] 82-86)는 이런 수정을 솔로몬의 시편(*Pss. Sol.*) 17:8을 유추함으로서 제기했다: 카타 타 하마르테마타 아우톤 아포도세이스 아우토이스, 호 데오스, 유레데나이 아우토이스 카타 타 에르가 아우톤(*κατὰ τὰ ἁμαρτήματα αὐτῶν ἀποδώσεις αὐτοῖς, ὁ θεός, εὑρεθῆναι αὐτοῖς κατὰ τὰ ἔργα αὐτῶν*, "그들의 죄에 따라서 하나님이여 당신이 그들에게 보응하실 것이라, 그들은 행한 일에 따라서 나타나게 될 것이다"). 단커는 사법적인 의미로 이해되는 독법인 유레데세타이(*εὑρεθήσεται*)의 독법을 지지한 것으로 가끔씩 인용되지만(아래의 (3)(b)을 보라), 솔로몬의 시편(*Pss. Sol.*) 17:8이 평행을 제공하는 것으로 보이는 특이한 사법적 의미(Spicq에 의해 인용된 Sir 16:14은 평행이 아니다. 거기서 유레세이[*εὑρήσει*]가 "얻다"를 의미하고 있을 것이기 때문이다)는 실로 단커의 수정을 요한다는 것을 주목해야 한다.

이렇게 제기된 일부 수정들은 다른 것들보다 더 그럴 듯하지만 유레데세타이(*εὑρεθήσεται*)가 만족스런 의미를 갖지 못하는 것으로 입증하지 못한다면 이런 수정에 의존해서는 안 된다.

(3) 유레데세타이(*εὑρεθήσεται*)의 독법

(a) 유레데세타이(*εὑρεθήσεται*, "그들은 나타나게 될 것인가?"). 스피크(Spicq), 켈리(Kelly) 그리고 마린(Marin, *EE* 50[1975] 233)은 이 어절을 수사적인 질문으로 독법하고(본래 Weiss가 제기했던 것처럼), 따라서 우크 유레데세타이(*οὐχ εὑρεθήσεται*, "나타나지 않겠는가?")와 동일한 일반적 의미를 얻게 만든다. 하지만 이것은 억지다(푸[*ποῦ*, "어디에?"]를 갖는 잠 11:31=벧전 4:18은 적절한 평행이 아니다).

(b) 유레데세타이(*εὑρεθήσεται*, "발견될 것이다", "나타날 것이다", "드러날 것이다"). 소수의 학자들(Chaine, Schelkle; Wilson, *ExpTim* 32[1920-21] 44-45; Bonus, *ExpTim* 32[1920-21] 280-81; Roberts, *RestQ* 6[1962] 32-33; Lenhard, *ZNW* 52[1961] 128-29; *ZNW* 69[1978] 136)은 그것에 "하나님과 하나님의 심판 앞에서 명확해질 것이다"라는 일반적인 의미를 주면서 유사한 흐름을 따라 이 독법을 논증한다.

구약성경에서 마차(מצא, "발견하다")와 칠십인경에서 유리스케인(*εὑρίσκειν*, "발견하다")의 비교되는 용법을 찾으려는 시도는 전적으로 성공적이지 못하다. 이 동사들은 도덕적이고 사법적인 조사와 관련한 문맥에서 확실히 흔하지만 베드로후서 3:10이 유레데세타이(*εὑρεθήσεται*)를 사용하는 것과 꽤 동일한 방식으로는 사용되지 않는다. 일반적으로 세 가지 관련된 용법의 범주가 있다: (i) "죄"나 "의"(또는 동의어)가 발견된다(나타난다)(예를 들면, 삼상 25:28; 26:18; 왕상 1:52; 시 17:3 (LXX 16:3); 렘 2:34; 50:20; 겔 28:15; 습 3:13; 말 2:6; 참조. 눅 23:4; 요 18:38; 19:4; 행 13:28; 23:9; 24:20; 계 14:5); (ii) 어떤 이는 의가 "발견된다"(또는 유사한 형용사)(예를 들면, Sir 44:17, 20; 단 5:27 *Θ*; 참조. 고전 4:2; 계 5:4; *1 Clem* 9:3; 10:1); (iii) "발견되다, 발각되다"를 의미하는 범죄가 "발견되다"(때로 "행위가 잡히다") 또는 "잡히다"(예를 들면, 출 22:8; 신 22:22, 28; 렘 50:24[LXX 27:24]; Ezra 10:18)라고 언급한다. 이 범주의 어느 것도 정확하게 베드로후서 3:10과 맞아떨어지지는 않는다. 구약의 용법은 "심판에 처하다"를 의미하는 유리스케인(*εὑρίσκειν*, "발견하다")의 절대적인 용법을 지원하는 것으로 보이지 않고, 솔로몬의 시편(*Pss. Sol.*) 17:8(위의 (2)(k)를 보라)이 일부 그러한 의미를 지원하는 것으로 보일지라도, 이 구문은 베드로후서 3:10의 구문과는 다르다. (*Barn.* 21:6: 포이에이테 히나 유레데테 엔 헤메라 크리세오스[*ποιεῖτε ἵνα εὑρεθῆτε ἐν ἡμέρᾳ κρίσεως*, "너는 심판의 날에 발견될 수 있도록 행동하라"]는 타당한 평행이 아니다. 그것은 마치 위의 (1)(c)의 용법에서 "발견되지 않도록"의 반대인 것처럼 긍정적인 의미로 "발견되는" 것으로 사용되기 때문이다.

그러나 구약의 용법이 베드로후서 3:10의 유레데세타이(*εὑρεθήσεται*)와 정확한 평행을 제공하고 있지는 않을지라도 그 용법과의 일반적인 관계는 베드로후서의 기자든 베드로후서의 자료의 저자이든 간에 단어들의 선택에 영향을 주었으리라는 것이 가능하다. 적어도 그것은 그 용어에 일반적으로 사법적인 뉘앙스를 제공할 수 있고, "하나님에 의해 발견될 것이다"를 의미하는 "신적인" 수동으로서 수동태 형태로 충분한 무게를 줄 때, 영어 번역이 암시하는 것처럼 이 절의 그러한 빈약한 클리이막스를 결코 의미하지 않는 그럴듯한 의미를 획득한다. 유레데세타이(*εὑρεθήσεται*)는 유사한 문맥에서 사용된 것처럼(막 4:22; 눅 18:17; 요 3:21; 고전 3:13; 14:25; 엡 5:13; *2 Clem* 16:3), 파네세타이(*φανήσεται*, "나타날 것이다"), 파네로데세타이(*φανερωθήσεται*, "명확해질 것이다"), 또는 파네라 게네세타이(*φανερὰ γενήσεται*, "명백하게 될 것이다")와 동의어적으로 사용되지만, 이 땅과 그 모든 일들을 "발견하는" 것은 재판장이신 하나님이라는 추가된 함축이 들어 있다.

윌슨은 이 사상은 다음과 같다고 제기한다: 중간에 낀 하늘은 소실되고 땅의 그 모든 것은 하나님의 관점에서 나타나게 된다. 이것은 종말론적인 심판에 하나님으로부터 숨으려는 사악한 자들의 모습과 아이러니하게 대조된다(사 2:19; 호 10:8; 계 6:15-16). 따라서 기자는 "훌륭한 클라이맥스의 의미를 갖고 하늘의 떠나감과 중간적인 영적 존재의 멸망을, 그 자체로도 끔찍할지라도, 이 땅에서 있는 그대로 노출되어 하나님에 의해 사람들과 사람들의 모든 일이 발각된다는 점에서 더 끔찍하게 만든다. 여기서 심판은 하나님의 파괴적인 행위로서라기보다는 어느 누구도 피할 수 없는 하나님의 계시로서 나타난다(*ExpTim* 32[1920-21] 44-45). 아마도 이 땅의 드러남이 하늘의 파괴의 결과라는 이런 견해는 카이(*καί*)가 역접의 의미를 주어야 하는 견해보다 선호된다: 다른 모든 것이 멸망하지만 인류 세계와 그들의 행위는 심판에 직면하게 될 것이다(Roberts, *RestQ* 6[1962] 32-33; Lenhard, *ZNW* 52[1961] 129).

아울러 이런 해석의 지지가 문맥으로부터 발생한다. 3:5-10의 항목은 우주의 해체와 같은 재림에만 관심이 있는 것이 아니라 악한 자의 심판으로서의 재림에 주로 관심이 있다. 7절에서 다가올 대화재에 대한 이전의 언급은, 제기된 해석에 따르면, 10절이 그렇게 하는 것처럼 심판의 동일한 논조로 끝난다. 10절에서 도적에 대한 서론적인 언급은 뒤이어지는 것이 단순히 물리적인 우주의 해체만이 아니라 회개하지 않은 자를 위협하는 심판을 묘사할 것을 필요로 한다(이전의 내용들을 보라). 유사하게 뒤이어지는 절들(11-14절)은 아주 명백하게 종말론의 도덕적 차원에 초점을 맞춘다. 14절(*ἄσπιλοι καὶ ἀμώμητοι αὐτῷ εὑρεθῆναι* – 아스필로이 카이 아모메토이 아우토 유레데나이, "주 앞에서 점도 없고 흠도 없게 나타나기를"; 유리스켄[*εὑρίσκειν*]의 이 용법에 대해서는 위의 범주 (ii)를 보라)에서는 10절의 유레데세타이(*εὑρεθήσεται*, "발견될 것이다")와 의도적인 대조가 있다. 악인의 악한 행위가 하나님에 의해 그들의 저주로 "나타나리라"(10절)는 것과 대조되어 베드로후서의 독자들은 순전한 것으로 "나타나도록" 힘써야 한다.

이런 해석과 대비되는 두 가지 반론이 제기된다. (i) 문맥은 땅의 소멸에 대한 언급을 요한다. 이 반론을 이미 대체로 반박했다: 사실상 악한 자의 심판에 대한 언급은 문맥상 10절에 더 적합한 클라이맥스다. 11a절이 10절의 마지막 단어들인 풀어지다(해체되다)를 가리키는 것을 전제하고 있다(Kelly; Fornberg, *Early Church*, 76)는 반론에 대해서는 11a절의 "주석"을 보라. (ii) 호이 우라노이(*οἱ οὐρανοί*, "하늘")를 뒤따르는 게(*γῆ*, "땅")는 물질적인 땅임이 틀림없고, 따라서 타 엔 아우토 에르가(τὰ ἐν αὐτῷ ἔργα, "그 속에/그것에 일들")는 하나님의 창조로서 땅의 내용물들을 가리켜야지 인간들의 (악한) 행위가 아니다. 이 문맥에서 게(γῆ)는 단순히 "인간"이란 의미를 줄 수 없고 **인류 역사의 장면으로서**, 인류가 거하는 장소로서의 물질적인 땅을 손쉽게 의미할 수 있다(참조. 마 5:13; 10:34; 눅 12:49, 51; 18:8; 요 17:4; 그리고 특히 롬 9:28). 기자가 우주의 대화재를 확실히 생각하고 있으나 악한 자의 심판의 수단으로서의 우주적 대화재를 생각하고 있는 것으로 가정하면 이 용법은 전적으로 자연스럽다.

마지막으로 (우리가 "양식/구조/배경"에서 논증했던 것처럼) 베드로후서가 여기서 따르고 있는 실제적인 자료로부터의 인용일 수 있는 클레멘트2서 16:3과이 비교는 제기된 해석을 지원해주고 그것에 대한 반론에 대응할 수 있게 해준다: "심판의 날은 이제 타는 냄비[오븐]과 같이 오고 있으며 하늘의 어떤 [권세들?]은 녹아질 것이고 모든 땅(πᾶσα ἡ γῆ – 파사 헤 게)이 불타서 녹는 납과 같을 [것이고], 그때에 사람들의 은밀한 것과 알려진 모든 것이 나타나게 될 것이다(*καὶ τότε φανήσεται τὰ κρύφια καὶ φανερὰ ἔργα τῶν ἀνθρώπων – 카이 토테 파네세타이 타 크루피아 카이 파네라 에르가 톤 안드로폰*)." 파네세타이(φανήσεται, "나타날 것이다")와 파네라(φανερά, "열린, 명백한")가 여기서 다소 어색하게 함께 사용되고 있을지라도 클레멘트2서에서 인용된 자료의 원문은 파네세타이(φανήσεται)라기보다는 베드로후서 3:10이 사용하고 있는 유레데세타이(εὑρεθήσεται)였고, 클레멘트2서의 저자가 정확하게 유레데세타이(εὑρεθήσεται)를 이해하고 있을지라도, 그것을 약간 이상한 용법임을 발견하고 더 자연스러운 파네세타이(φανήσεται)로 바꾸었다고 하는 것이 불가능하지 않다. 클레멘트2서 16:3이 베드로후서의 자료를 실로 대변한다면, 그때에 베드로후서의 기자가 땅("불에 녹는 납처럼")을 묘사하는 어구를 생략함으로써 게(γῆ, "땅")만이 아니라 타 에르가(τὰ ἔργα, "일들")를 유레데세타이(εὑρεθήσεται, "발견될 것이다", "나타날 것이다")의 주어로 만들었다는 것을 알게 될 것이다. 확실히 그는 심판의 개념으로 재빨리 나아가기를 원했기 때문에 그리고 땅을 악한 자의 행위가 드러나게 되었던 곳으로 생각하였기 때문에 확실히 그렇게 했다. 하지만 그가 자신의 자료를 요약한 것을 알 때 게(γῆ, 이전의 반론 (ii)을 보라)를 사용한 것의 약간의 어색함과 단수의 유레데세타이(εὑρεθήσεται, "발견될 것이다")의 문법적인 부정확성은 이해할 만하다(유다서의 요약이 난해함이나 부적절함을 낳았던 2:11, 17을 참조하라).

클레멘트 16:3이 베드로후서 3:10의 자료를 대변한다는 가정을 용인하지 않는다할지라도, 이 절은 여전히 훌륭한 평행을 제공한다. 이는 인간의 행위가 심판에서 드러나는 것에서 절정을 이루는 종말론적인 대화재에 관한 묘사가 베드로후서 3:10에서 전혀 놀라운 일로 생각할 필요가 없다는 것을 입증해준다(위의 반론 (i)에 반하여서 말이다). 게다가 회개와 관련한 클레멘트 16:3의 권고적 문맥(특히 16:1; 벧후 3:9과 함께 17:1)은 베드로후서 3:9, 11-14의 문맥과 비교된다.

## 해설

재림의 지연의 문제를 충족시키기 위해서 기자는 두 가지 논증 즉 종말론적인 연기에 관한 이슈를 다루는 유대 묵시에서 이미 전통적이 되었던 두 논증을 제기한다. 우선 재림의 시간을 결정하시는 하나님은 인간의 관점과는 다른 관점에서 그리 하신다. 그는 인간의 생명의 기한에 제한을 받지 않으시고, 인류 역사의 전체적인 과정을 살피심으로써 시편 기자가 관찰했던 것처럼(시 90:4), 인간의 기준으로는 길게 보이는 기간이 그의 관점으로는 매우 짧다. 자기가 살고 있는 일생으로 재림을 한정할 정도로 참을성이 없는, 재림의 지연을 불평하는 사람들은 잠시적인 인간 존재가 습관화되어 있는 짧은 기간의 기대에 대한 역사로 하나님의 계획을 제한하고 있다. 하지만 하나님의 목적은 그러한 기대를 초월하신다. 따라서 재림이 너무 늦어서 더 이상 기대할 수 없다는 거짓 선생들의 비난은 "더딤"에 대한 그들 자신의 평가에 기초해 있는 것이지 하나님의 평가에 필연적으로 기초해 있지 않다.

인간의 관점으로부터 재림이 지체되고 있는 것으로 보인다면, 이 지연은 역사를 운행하시는 하나님의 목적이 있다. 고로 기자의 두 번째 논증은, 전통적인 묵시적 사상을 다시금 따라서, 지연이 하나님이 자기 백성들에게 심판을 시행하기에 앞서서 은혜를 부여하는 유예기간이라고 설명한다. 그것은 "노하기를 더디 하시는"(출 34:6) 하나님을 특징짓는 그의 근본적인 속성인 오래 참으심으로부터 기원한다. 하나님은 자애롭게 심판을 연기하심으로써 죄인들이 정죄를 피하고 돌이킬 수 있는 기회를 가지실 수 있다. 하나님은 크리스천들의 어느 누구도 멸망당하는 것을 바라지 않기 때문에 재림을 지연하신다. 이런 관점으로부터 재림의 지연은 불평할 문제가 아니다. 오히려 독자들 특히 거짓 선생들이 죄로 유혹하는 사람들이 회개할 기회를 취할 수 있는 이점이 있다.

그러므로 회개하지 않고 재림의 지연을 이용함으로써 하나님의 오래 참으심을 죄인들이 활용할 수 있다고 생각하지 않도록 기자는 하나님이 그 심판을 무한정으로 연기하지 않으실 것임을 즉시 강조한다. 심판의 연기는 집주인이 잠자고 있는 동안에 도적이 들어오는 것처럼 예기치 않게 죄인들에게 임할 것이다.

뒤따라 나오는 묵시적 이미지들은 우주의 해체를 단순히 묘사하고 있는 것이 아니라, 더 중요하게는, 하나님의 심판자의 종말론적인 오심이다. 하나님의 진노의 소리가 하늘에 울리고 그의 심판의 불이 하늘을 벌겋게 물들일 때, 궁창과 하늘의 실체들은 멸망당할 것이고, 인간의 사악함의 장소인 이 땅은 그의 진노로 드러나게 될 것이다. 그때에 악한 자가 하나님의 사법적인 심사에서 피할 길은 없다. 그들과 그들의 악한 행위는 하나님에 의해 발각될 것이고 정죄당할 것이다.

이 단락과 이전 단락에서는 특별히 종말론에 대한 기독교적인 것이 없다. "기독론적인 지향"(Käsemann)이 부족한 것은 심지어 "주"가 하나님인지 그리스도인지를 말하기가 불가능할 정도다. 예수의 비유에서 나오는 도적의 이미지를 제외하고서 전체 단락을 유대 묵시론자가 작성하였을 수도 있었고, 사실상 기자가 유대 묵시적 자료를 긴밀하게 따랐을 가능성이 꽤 있다. 유대 묵시에서 빌려온 것은 이 단락의 변증적인 목적에 의해 정당화된다. 거짓 선생들의 반론은 종말론적인 **심판**의 기대와 하나님이 영원히 이 세상에서 악이 범람하게 하지 않고 결국에 그의 의를 변호하고 세우기 위해서 관여하실 것이라는 소망을 반대하는 것에 맞추어져 있다. 이런 기대에 대해서 원시 기독교는 유대 묵시에 빚을 졌다. 유대 묵시는 이런 주제에 많이 관심이 있었고, 또한 종말론적 심판의 분명한 지연이 가져온 신학적인 문제와 씨름했다. 따라서 베드로후서의 기자가 대적자들의 반론을 대응하기 위해서 유대 묵시적 전승의 자료에 의존하는 것은 적절하였다. 예수 그리스도와 관련한 종말론적 소망에 대한 특히 기독론적인 해석이 심판과 그 지연에 대한 새로운 관점을 제공할 수 있을지라도, 이 세상에서 하나님의 의의 승리에 대한 묵시적 소망과 종말론적 연기에 대한 묵시적 이해는 크리스천들에게 타당하다.

# 권면(3:11-16)

## 참고문헌

**Conti, M.** "La Sophia di 2 Petr. 3, 15." *RivB* 17(1969) 121-38. **Klein, G.** *Die zwölf Apostel,* 103-5. **Lindemann, A.** *Paulus,* 91-97, 261-63. **Rinaldi, G.** "La 'sapienza data' a Paolo(2 Petr. 3, 15)." In *San Pietro,* Associazione Biblica Italiana. Pp. 395-411. **Strobel, A.** *Untersuchungen,* 92.

## 본 문

| | |
|---|---|
| **11** 이 모든 것이 이렇게 풀어지리니 너희가 어떠한 사람이 되어야 마땅하뇨 거룩한 행실과 경건함으로 | **11** Since all these things are to be dissolved[a] in this way,[b] what sort of people ought you to be, holy and godly in all your conduct, |
| **12** 하나님의 날이 임하기를 바라보고 간절히 사모하라 그 날에 하늘이 불에 타서 풀어지고 체질이 뜨거운 불에 녹아지려니와 | **12** waiting for and hastening the coming of the Day of God, because of which the heavens will be dissolved in flames and the heavenly bodies melt in the heat. |
| **13** 우리는 그의 약속대로 의의 거하는바 새 하늘과 새 땅을 바라보도다 | **13** But according to his promise we are waiting for new heavens and a new earth, in which righteousness is at home. |
| **14** 그러므로 사랑하는 자들아 너희가 이것을 바라보나니 주 앞에서 점도 없고 흠도 없이 평강 가운데서 나타나기를 힘쓰라 | **14** So, my dear friends, since you are waiting for these, strive to be found without spot or blemish in his sight, at peace, |
| **15** 또 우리 주의 오래 참으심이 구원이 될 줄로 여기라 우리 사랑하는 형제 바울도 그 받은 지혜대로 너희에게 이같이 썼고 | **15** and regard the forbearance of our Lord as salvation, just as our dear brother Paul wrote to you in accordance with the wisdom given to him, |
| **16** 또 그 모든 편지에도 이런 일에 관하여 말하였으되 그 중에 알기 어려운 것이 더러 있으니 무식한 자들과 굳세지 못한 자들이 다른 성경과 같이 그것도 억지로 풀다가 스스로 멸망에 이르느니라 | **16** as he does in all his other letters, whenever he speaks of these matters. His letters contain some things that are hard to understand, which the uninstructed and unstable people distort, as they do the other scriptures, so as to bring about their own destruction. |

## 원문주해

a. 현재분사인 뤼오메논(*λυομένων*, 직역하면 "풀어지리니")은 미래의 의미로 사용된

다: 2:9의 "주석"을 보라(콜라조메누스[*κολαζομένους*], "벌을 받으리니").

b. 후토스(*οὕτως*, $P^{72}$ B C P. *al*)와 운(*οὖν*, ℵ A K L *al*) 사이에서 어떤 하나를 결정하는 것은 쉬운 문제가 아니다. 하지만 운(*οὖν*)이 10절과 더 논리적인 연관을 만들어주기 때문에 그것은 수정일 것이다.

## 양식/구조/배경

종말론적인 권면의 단락을 갖는 편지를 종결하면서 종말론적 가르침의 도덕적 의미를 경각시키는 기자는 적절한 방식으로 자신의 변증적인 논증을 수렴하지만 또한 자신이 적고 있는 두 문학적 장르의 필요조건을 충족시킨다: 변증적 편지와 유언. 종말론적인 권면은 신약 서신의 결론적인 항목에서 흔하고(참조. 고전 15:58; 갈 5:7-10; 엡 5:10-16; 빌 4:5; 골 4:5; 딤전 6:14; 딤후 4:1-5; 벧전 5:1-10), 많은 유언들이 종말론적인 상벌을 갖는 윤리적인 권면을 포함한다(*1 Enoch* 91:3-19; 94:1-5; *Jub.* 36:3-11; *2 Apoc. Bar.* 84-85; *Bib. Ant.* 33:1-3).

그 내용이 철저히 유대적인 분명히 12b절, 하지만 아마도 12a, 13절(주석을 보라, 그리고 von Allmen, *RTP* 16[1966] 263-64을 참조하라)은 이 장의 기저에 깔려 있는 유대 묵시에서 기원한다. 동사인 프로스도칸(*προσδοκᾶν*, "기다리다", 12, 13, 14절)은 종말론적인 기대와 관련해서 흔한 용어가 아닌데, 그것은 우리가 제기했던 (3:8-10의 "양식/구조/배경"을 보라) 베드로후서의 묵시적 자료에서 출원하는 클레멘트 23:5의 인용에서 나타난다.

베드로의 이름으로 "우리의 형제 바울"에게라고 언급한 직후에, 그리고 17a절에서 예언의 개념을 재개하기 직전에, 16b절에서 현재시제(미래 대신에)를 기자가 사용한 것은 가장 눈에 띄는 가명으로 글을 쓴 서신의 위반이다(*προγινώσκοντες* – 프로기노스콘테스, "미리 알았은즉").

## 주석

11 "이 모든 것이 이렇게 풀어지리니"(*τούτων οὕτως πάντων λυομένων* – 투톤 후토스 판톤 뤼오메논). 이 서두어구는 10절의 마지막 절의 우리의 해석과 모순되는 것으로 보이는데, 그때에 그 어절은 땅의 해체가 아니라 인간의 심판을 가리켰기 때문이다. 10절이 "이 모든 것들"의 해체를 명확하게 언급하지 않고(즉 하늘과 땅, 참조. 3절), 오직 하늘의 해체를 가리키고 있는 것은 사실이다. 하지만 이것은

7절과 13절에서 함축되어 있는 땅의 해체를 차단하기를 기자가 원했기 때문이 아니라 땅의 해체를 명확하게 하는 자료를 단순히 그가 생략하였기 때문일 것이다(10절의 "주석"을 보라). 하지만 우리의 해석에 따르면 10절이 목적하고 있는 인간 공력의 심판의 사상을 11절은 왜 취하지 않는가? 그 이유는 11-14절에서 기자는 독자들에 대한 그의 권면을 심판의 위협만이 아니라 의의 새로운 세계의 종말론적 기대에 폭넓게 기초하기를 바라기 때문이다(13절). 인간의 악의 장소인 현 세상이 사라지고 의로운 자의 집인 새 세상으로 대체될 것이기 때문에, 독자들은 세 세상에 살기에 합당한 종류의 사람이 되어야 한다. 하나님의 심판을 직면할 때, 그들은 옛 세계와 함께 멸망하지 않고 새 세계에 들어가기에 적합한 것으로 나타날 것이다(14절). 일반적으로 신약의 권면처럼 기자의 종말론적 권면은 부정적인 경고(회개하지 않는 자는 멸망할 것이다)를 담고 있을지라도, 그 강조는 긍정적이다(하나님의 의의 승리에 대한 소망은 지금 의로운 삶을 살 것을 요구한다).

엔 하기아이스 아나스트로파이스 카이 유세베이아이스(*ἐν ἁγίαις ἀναστροφαῖς καὶ εὐσεβείαις*, 직역하면 "행동의 거룩한 형태와 경건한 행위들": 거룩하고 경건한 행동의 많은 다른 형태들을 가리키는 복수의 의미(참조. 아셀게이아이스[*ἀσελγείαις*, "방종하는 행위들", 2:2, 18)는 의역에 의해서 영어로 의미가 전달될 수 있다("우리의 모든 행위들에서 거룩하고 경건한"); 참조. 벧전 1:15. 유세베이아스[*εὐσεβείαις*, "경건한 행위들"]에 대해서는 1:3의 "주석"을 보라; 그것은 아마도 기자의 자료의 어휘라기보다는 기자 자신의 어휘일 것이다.

12 "기다리고"(*προσδοκῶντας* – 프로스도콘타스, "바라보고" – 한글개역). 신약성경에서 종말론적인 "기다림"에 대해서는 유다서 21절의 "주석"을 보라. 동사 프로스도칸(*προσδοκᾶν*, 또한 종말론적인 기대로 사용되는 2 Macc 7:14; 12:44; 마 11:3; 눅 7:19-20; *1 Clem* 23:5; Ign. *Pol.* 3:2; Justin, *Dial.* 120.3; 참조. Ign. *Magn.* 9:3)은 12-14절에서 세 번 사용된다. 9절에서 하박국 2:3의 암시에 비추어, 이 구절에서 기다림에 대한 강조는 종말론적인 지연에 직면해서 "그것을/그를 기다리라"는 행동에 대한 요구가 있는 하박국의 구절에서 기원할 것이다(LXX: 휘포메이논 아우톤[*ὑπομείνον αὐτόν*]; Aquila: 프로스데쿠 아우톤[*προσδέχου αὐτόν*]; 참조. *1 Clem* 23:5; *2 Apoc. Bar.* 83:4; *b. Sanh.* 97b).

스퓨돈타스(*σπεύδοντας*, "서두르다", "사모하라" – 한글개역)는 아마도 "진력하다"를 의미할 수 있었으나(Reicke), 유대적 배경은 결정적으로 "서두르다"를 선호하게 만든다. 이사야 60:22b(RSV: "때가 되면 내가 속히 이루리라"; 칠십인경은 이 의미를 주고 있지 않다)은 종말의 시간을 서두르시는 하나님에 대해 말하는 유대 텍스트들의 전반적인 일련의 말들의 근간을 이루었다(Sir 33:8[36:7] LXX: 스퓨손 카이론[*σπεῦσον καιρόν*, "때를 서두르다"; *2 Apoc. Bar.* 20:1-2; 54:1; 83:1; *Bib. Ant.* 19:13; *Barn.*4:3; 또한 사 10:23 LXX을 참조하라). 그것은 엘리에세르(R. Eliezer)와 조수아(R. Joshua)의 논쟁으로도 특징지어진다(9절의 "주석"을 보라). 조수아는 회개에 상관없이 구속은 정한 시간에 올 것임을 의미한다고 그것을 해석했다지만, (논쟁의 다른 부분에서: *y. Ta'an.* 1:1) 에리에세르는 주님이 이스라엘의 회개에 응답해서 구속이 일어나는 것을 서두르실 것임을 의미한다고 가르쳤다. 유사한 해석을 조수아 레비(R. Joshua b. Levi, 약 A.D. 250)가 했다: "네가 은혜를 입는다면, 나는 그것을 서두를 것이다. 그렇지 않다면, 그것은 정한 시간에 임할 것이다"(*y. Ta'an.* 1:1; *b. Sanh.* 98a; *Cant. Rab.*8:14). 보통 이사야 60:22에서처럼, 종말이 임하는 것을 서두른다고 말하는 것은 하나님이시지만 엘리에세르의 견해는 하나님이 회개에 반응해서 서두르시기 때문에 회개 자체가 종말을 서두르게 한다고 말한다. 후대에 랍비 텍스트들은 실제로 회개(2세기 초의 갈릴리 사람인 R. Jose에게 해당되는 *b. Yoma* 86b; 또한 *y. Ta'an.* 1:1; *b. Sanh.* 97b; 행 3:19을 참조하라)나 사랑(약 A.D. 150년의 R. Judah에게 해당하는 *b. B. Bat.*10a)이 종말을 더 가깝게 한다고 실제로 말한다. 베드로후서가 출원하는 기독교적 환경에서 유대적 개념의 영향을 보여주는 중요한 평행은 클레멘트 12:6이다: "당신이 [선한 일, 특히 성적인 정결]을 행할 때, 그[예수]는 내 아버지의 나라가 올 것이다라고 말한다"(그리고 13:1의 즉각적인 회개에 대한 권고를 참조하라; 이 텍스트에 관해서는 Strobel, *Untersuchungen*, 126-27을 보라). 또한 *Herm. Sim.* 10:4:4을 참조하라.

분명히 종말을 서두른다는 개념은 하나님이 그리스도인들이 회개하기를 바라시기 때문에 재림을 연기하신다는 설명(9절)의 당연한 결과다. 따라서 그리스도인들의 회개와 거룩한 삶은 인간의 관점에서 종말을 서두르는 것이다. 이것은 종말의 시간을 결정하시는 하나님의 주권을 손상시키지 않고(9절의 주석을 참조하라), 하나님의 주권적인 결정은 인간의 상황을 은혜롭게 고려하신다는 것만을 의미한다.

"하나님의 날이 임하기를"(*τὴν παρουσίαν τῆς τοῦ θεοῦ ἡμέρας* – 텐 파루시안 테스 투 데우 헤메라스). 초기 기독교 문헌의 다른 곳에서 파루시아(*παρουσία*)는 항상 인격적인 주어를 가지며, 종말론적인 언급에서는 주어가 항상 그리스도다(벧후 1:16; 3:4에서처럼). 또한 통상적인 "주의 날"을 대신하는 "하나님의 날"이란 표현이 매우 특이하다(*Apoc. Pet.* E4는 "하나님의 날"을 갖지만 아마도 이 베드로후서의 단락에 의존하고 있을 것이다; 계 16:14은 테스 메갈레스 헤메라스 투 데우 투 판토크라토로스[*τῆς μεγάλης ἡμέρας τοῦ θεοῦ τοῦ πάντοκράτορος*, "전능하신 하나님의 위대한 날"; 참조. *2 Apoc. Bar.* 55:6: "전능하신 분의 날"). 베드로후서가 10절에 "주(=그리스도)의 날"과 여기서 "하나님(=성부 아버지)의 날"의 구분을 의도하고 있는지는 매우 불확실하다.

디 헨(*δι' ἥν*, "그 때문에")은 하나님의 날의 오심이 멸망의 원인이라는 것을 가리킨다. 따라서 그것은 "스토아사상에서 바라보는 주기적인 대화재처럼 어느 자연적인 순환의 과정에 따른 결과가 아니라 하나님의 모든 주권적인 의지의 직접적인 영향에 따른 결과다"(Kelly).

"하늘이 불에 타서 풀어지고"(*στοιχεῖα καυσούμενα τήκεται* – 스토이케이아 카우수메나 테케타이). 이 어절은 이사야 34:4 칠십인경로부터 발원한다(B, Lucian): 타케손타이 파사이 하이 뒤나메이스 톤 우라논(*τακήσονται πᾶσαι αἱ δυνάμεις τῶν οὐρανῶν*, "하늘의 모든 능력들이 녹아질 것이요"); 10절의 "주석"을 보라. (동사 테케오다이[*τήκεσθαι*, "녹다"]는 여기서 신약성경의 하팍스 레고메논인데, 하나님의 종말론적 오심에서 산의 풀어짐[녹아짐]에도 사용된다: 사 LXX 63:19-64:1; 미 1:4; *1 Enoch*1:6). 큰불(대화재)에 대한 묘사가 13절을 준비하기 위해서 10절과 약간 다르게 반복된다.

13 "우리는 그의 약속대로 의의 거하는 바 새 하늘과 새 땅을 바라보도다"(*καινοὺς δὲ οὐρανοὺς καὶ γῆν καινὴν κατὰ τὸ ἐπάγγελμα αὐτοῦ προσδοκῶμεν* – 카이누스 데 우라누스 카이 겐 카이넨 카타 토 에팡겔마 아우투 프로스도코멘). 새 하늘과 새 땅에 대한 소망이 이사야 65:17; 66:22에 기반하고 있고, 그것은 이 절이 참조하고 있는 "약속"임이 틀림없다. 또한 그 약속을 유대 묵시에서도 발견할 수 있고(*Jub.* 1:29; *1 Enoch* 45:4-5; 72:1; 91:16; *Sib. Or.* 5:212; *2 Apoc. Bar.* 32:6; 44:12; 57:2; 4 Ezra 7:75; *Bib. Ant.* 3:10; Pseudo-Sophocles, *ap.* Clem. Alex., *Strom.* 5.14.122.1; *Apoc. El.* 3:98), 초기 기독교에서도 사용되었다(마 19:28; 롬 8:21; 계 21:1). 10, 12절에서 묘사된 우주적 해체는 새로운 창조가 나타날 수 있도록 대홍수에서처럼(3:6) 원시적인 혼돈으로 되돌아가는 것이었다(참조. 4 Ezra 7:30-31). 그러한 단락들은 옛 세계와 새 세계의 근본적인 불연속성을 강조하지만 그럼에도 불구하고 그것들은 창조의 폐지가 아니라 갱신으로 묘사하고 있음이 분명하다(참조. *1 Enoch* 54:4-5; Rom 8:21).

"의의 거하는 바"(*ἐν οἷς δικαιοσύνη κατοικεῖ* – 엔 호이스 디카이오쉬네 카토이케이). "의"가 이사야 32:16에서처럼 의인화된다(LXX: 디카이오쉬네 엔 토 카르멜로 카토이케세이[*δικαιοσύνη ἐν τῷ Καρμήλῳ κατοικήσει*, "의가 갈멜에 거하리라"]). 기자가 관련이 있다고 생각한 새 세계의 유일한 특징은 하나님의 뜻이 이루어지는 세상일 것이다. 여기서 기자는 유대교와 기독교의 종말론의 흐름 속에 있다. 새 시대의 의에 대해서는 사 9:7; 11:4-5; *Pss. Sol.* 17:40; *1 Enoch* 5:8-9; 10:16, 20-21; 91:17; *2 Enoch* 65:8; 4 Ezra 7:114; 롬 14:17을 참조하라.

14 "너희가 이것을 바라보나니"(*ταῦτα προσδοκῶντες* – 타우타 프로스도콘테스). "이것들은"은 새 하늘과 새 땅이다. 오직 의인만이 들어갈 수 있는 의의 새 세계가 다가오고 있기 때문에 그리스도인들은 새 세계에 들어가기에 적합하기 위해서 이제 의롭게 살아야 한다. 의의 승리에 대한 소망을 버림으로써 거짓 선생들은 거룩함에 대한 이런 동기를 없애버렸다.

스푸다사테(*σπουδάσατε*, "바라보나니")에 대해서는 1:10의 "주석"을 보라.

"점도 없고 흠도 없이"(*ἄσπιλοι καὶ ἀμώμητοι αὐτῷ εὑρεθῆναι* – 아스필로이 카이 하모메토이 아우토 유레데나이). "점도 없고 흠도 없이"(*ἄσπιλοι καὶ ἀμώμητοι* – 아스필로이 카이 아모메토이)는 기자가 동의어의 짝을 좋아하는 사례이지만 이 경우에 그는 아마도 전통적인 어구를 따르고 있을 것이다. 아모모스 카이 아스필루(*ἀμώμου καὶ ἀσπίλου*)의 조합이 베드로전서 1:19에 나타나고 아모모스(*ἄμωμος*)나 아스필로스(*ἀσπίλος*)를 포함하는 유사한 어구가 초기 기독교 문헌에서 흔하다(동의어를 갖는 아모모스[*ἄμωμος*]: 엡 1:4; 5:27; 골 1:22; 1 *Clem* 1:3; 45:1; *Herm.Vis.* 4:2:5; 동의어를 갖는 아스필로스[*ἀσπίλος*]: 딤전 6:14; Herm. Vis. 4:3:5; Sim. 5:6:7; 이문이 아스필루스[*ἄσπιλους*]를 추가하는 유사한 문맥에서 오직 아모모스[*ἄμωμος*] 유 24절; 1 *Clem* 50:2; Ign. *Trall.* 13:3; 참조. 1 *Clem* 63:1; 그리고 비교할 만한 동의어의 짝들: 빌 1:10; 2:15; 약 1:27; 1 *Clem* 29:1; 2 *Clem* 6:9; *Herm. Man.*2:7; 참조. 살전 3:13; 5:23). 이런 평행의 대다수는 종말론적인 정황을 내포하고, 그 중에 많은 것들이 그리스도인들이나 교회가 재림 시에 마땅히 존재해야 할 상태를 언급한다(엡 1:4; 5:27; 골 1:22; *Herm Vis.* 4:3:5; Sim.5:6:7; 유 24절; Ign. *Trall.* 13:3; 1 *Clem* 63:1; 빌 1:10; 2:15; 살전 3:13; 5:23; 아마도 1 *Clem* 50:2; 또한 고전 1:8을 참조하라). 방금 괄호 안에 열거한 사례들 중에 세 가지는 베드로후서에서처럼 유리스케인(*εὑρίσκειν*, "발견하다") 동사를 사용한다(1 *Clem* 50:2; *Herm Sim.* 5:6:7; Ign. *Trall.* 13:3; 참조. 또한 Sir

31:8). 분명히 베드로후서의 기자는 여기서 예전적이거나 권면적인 전승의 표준적인 용어에 의거한다(2:13과 유다서 24의 주석을 참조하라). 그가 바울(그는 유사한 평행을 제공하지 않는다; 반대 견해로는 Fornberg, *Early Church*, 24-25)이나 베드로전서 1:19(거기서는 문맥이 꽤 다르다; 반대 견해로는 Kelly) 또는 유다서 24절에 의존하고 있을 가능성은 거의 없다.

"점도 없고"(*ἀσπίλος* – 아스필로스)는 희생 짐승을 묘사하지만(벧전 1:19; *TDNT* 1, 502에서 이교 용법), 그것은 도덕적인 정결을 나타내기도 한다(욥 15:15 심마크스역; 약 1:27). 희생제물에 대해 사용되는 통상적인 칠십인경 용어인 아모모스(*ἄμωμος*, "흠 없이", 예를 들어, 출 29:38; 레 1:3; 3:1; 히 9:14) 대신에 베드로후서는 성경의 하팍스 레고메논인 아주 드문 단어인 아모메토스(*ἀμώμητος*, "흠도 없이")를 사용한다(칠십인경 신 32:5을 따르는 빌 2:15 이문: 모메타[*μωμητά*]). 칠십인경은 한번 모메토스(*μωμητός*)를 "흠 있는"(신 32:5)을 의미하는 것으로 사용하지만 말이다. (오로지 칠십인경의 용법으로부터 희생적인 의미가 유래하는 아모모스[*ἄμωμος*]처럼) 통상적인 헬라 용법에서 아모메토스는 도덕적인 흠 없음을 언급할지라도 아스필로스(*ἀσπίλος*)와의 조합으로 그것은 희생적인 비유를 계속 존속시키는 것을 의도하고 있다(*TDNT* 4, 831). 두 단어들은 도덕적으로 정결한 크리스천, 즉 비유적으로 하나님께 흠 없는 희생제사를 묘사한다.

크리스천들은 심판으로 오실 때에 주님에 의해 그렇게 "발견되"(나타나)도록 해야 한다(참조. 빌 3:9; 1 *Clem* 35:4; 57:2; 2 Clem 6:9; *Herm. Sim.* 5:6:7; 9:13:2; Ign. *Trall.* 2:2; 13:3; *Magn.* 9:2). 아마도 여기에 3:10의 반영이 있을 것이다(그 절의 "주석"을 보라). 아우토(*αὐτῷ*)는 아마도 "그에 **의해서** 발견되다"(또는 "그와 **함께** 평강으로")라기보다는 "그의 보시기에"를 의미할 것이고, (유 24절에서처럼) 제의적인 뉘앙스보다는 사법적인 의미를 가질 것이다("재판관이 보기에").

엔 에이레네(*ἐν εἰρήνῃ*, "평강으로")는 크리스천의 구원이신 하나님과의 화해의 상태에서 "하나님과**의**(with) 평강으로"를 의미한다. 대부분의 초기 기독교 저작자들처럼 베드로후서의 기자는 독자들이 주님이 오실 때에 살아있을 것으로 기대한다.

15 "우리 주의 오래 참으심이 구원이 될 줄로 여기라"(*τὴν τοῦ κυρίου ἡμῶν μακροθυμίαν σωτηρίαν ἡγεῖσθε* – 텐 투 퀴리우 헤몬 마크로뒤미안 소테리안 헤게이스데). 재림의 지연을 "더딤"("lateness", 3:9)으로 해석한 거짓 선생들과 달리, 베드로후서의 독자들은 재림이 곧바로 왔다면 놓칠 수 있었던 구원을 회개를 통해

서 얻을 수 있는 기회로서 재림의 지연에 긍정적인 해석을 줄 수 있다(참조. 2 Clem 16:1).

"우리 사랑하는 형제 바울도"(*ὁ ἀγαπητὸς ἡμῶν ἀδελφὸς Παῦλος* – 호 아가페토스 헤몬 아델포스 파울로스). 아델포스(*ἀδελφός*, "형제")란 용어는 바울에 의해 동료 사역자들, 복음을 위해 봉사하는 그의 동료들에 대한 용어로 규칙적으로 사용되고(예를 들면, 고후 2:13; 빌 2:25; 살전 3:2), 베드로전서 5:12은 이 용법이 바울에게로 한정된 것이 아니라 로마 교회의 리더들 가운데서도 익숙했음을 보여준다. 이 용어는 사도들로 한정되지 않는다. 바울은 아가페토스 아델포스(*ἀγαπητὸς ἀδελφός*, "사랑하는 형제")를 에베소서 6:21; 골로새서 4:7, 9(참조. 골 1:7; 몬 1절; 그리고 오직 아가페토스[*ἀγαπητός*, "사랑하는"]에 대해서는 행 15:25; 롬 16:12; 요삼 1절을 참조하라)에서 사용하는데, 이는 아마도 아가페토스(*ἀγαπητός*)가 단순히 의례적인 것이 아니라 애정을 전달하는 것임을 가리킨다.

헤몬(*ἡμῶν*, "우리의")은 많은 주석가들이 그렇게 가정하고 있을지라도 단순히 "나의"를 의미하지 않을 것이다. 진정한 서간체의 복수가 신약성경에서 아주 드물게 나타난다. 바울에게서의 분명한 사례는 항상(또는 거의 항상) 바울의 동료들인 디모데와 다른 사람들을 포함한다. 바울이 "나의 형제"보다는 "우리의 형제"를 말할 때, 그것은 바울이 문자적으로 복수를 의미하고 있을 것이다(고후 8:22-23에서 일인칭 단수와 복수의 세심한 교대적 사용을 보라; 심지어 살전 3:2에서도 "우리의"는 아마도 "바울과 실루아노"일 것이다). 베드로후서에서 1:1, 16-19에 일인칭 복수는 "우리 사도들"을 의미하고 일인칭 단수는 1:12-15; 3:1에서 베드로 자신을 위해서 사용된다. 따라서 아마도 3:15에서 일인칭 복수는 "우리 그리스도인들"(Mayor)이 아니라 "우리 사도들"(Schrage)을 의미한다. 이것은 기자가 바울을 사도들의 반열에서 제외하였다는 것을 함축할 필요가 없다. 그렇게 하는 것은 매우 이례적인 일이 될 것이고(참조. 1 *Clem* 5:3-5), 단지 바울이 사도들의 나머지 사람들과 동료 사역자로 고려되고 있음을 의미한다. 다른 가능성(아마도 일인칭 복수가 1:16-18에서의 일인칭 복수와 다른 언급을 갖기 때문에 가능성이 덜한)은 "우리"가 베드로와 그의 측근 동료들, 즉 로마의 기독교 리더들의 베드로적 "범주"일 수도 있다.

대부분의 주석가들은 이 어구가 바울과 베드로간의 긴장 상태 때문에 역사적인 베드로에 의해서 사용되지 않았을 것이고(갈 2:11-14), 사도적 교회의 두 위대한 지도자들을 회고했던 사도 후 세대의 견해를 나타나고 있다고 말한다(사도행전; 1

*Clem* 5; Ign. *Rom.* 4:3; 참조. *Ep. Apost* 31-33). 사실상 갈라디아서 1:18; 2:7-9은 베드로가 바울을 동료 사도로 인정했다는 것을 보여주고, 안디옥에서 그들의 의견 대립이 베드로가 여기서 사용한 용어로 바울에 대해 쓰지 못하게 하였을 것이라고 상정하는 것은 순진하다. 안디옥에서의 사건은 그들의 오랜 관계에서 한 사건일 뿐이며, 단지 우리가 다른 관계들을 알지 못하고 있을 뿐이다. 베드로가 바울에게 비판적인 견해를 가졌다면 실루아노를 로마의 베드로 범주에서 찾게 되는 것은 이상한 일이 될 것이다(벧전 5:12). 우리의 증거가 보여주는 한, 여기에서 표현된 바울에 대한 베드로의 태도는 그럴 법하다(고로 또한 Mayor, Green; Robinson, *Redating*, 181을 보라). 아마도 베드로의 동료였던 베드로후서 기자는 역사적으로 바울에 대한 베드로의 우호적인 관계를 정확하게 사실상 반영하고 있다.

한편으로 사도 후 시대의 저자들은 보다 존경스러운 용어로 바울을 일반적으로 언급하고 있다는 사실(1 *Clem* 47:1; Ign. *Eph.* 12:2; Pol. *Phil.* 3:2; *Act. Verc.* 3)이 베드로 자신만이 베드로후서 3:15을 작성할 수 있었음을 보여주지 않는다(반대 견해로는 Green). 역사적인 베드로의 입술로 그럴법한 어구를 채택함으로써 이름을 빌려 쓴 저자들의 관례를 따른다. 그리하여 베드로후서의 기자는 동료 사도의 입술로 "복된 사도 바울"과 같은 심각한 시대적 불일치를 쉽게 해결할 수 있었다(참조. *Ep. Pet. Phil.* [CG 8,2] 132:13-14: "우리의 사랑하는 형제요 동료 사도인 빌립").

혹자는 바울에 대한 언급이 사도 베드로로서 기자가 말하고 있다는 주장을 지원하기 위한 너무 노골적인 시도라고 생각하지만, 이것은 남의 이름을 빌어서 쓰는 방식에 대한 오해다. 베드로의 저작권을 문학적으로 가정한 방식은 보통 사실상의 이야기처럼 전달되며, 바울을 언급하는 **방식**은 이런 사례에 해당하지만, 여기서 픽션(가상)은 속이려고 의도한 것이 아니다. 따라서 진실한 이야기처럼 전달할 필요가 기자가 바울을 언급하게 된 이유라고 설명할 수는 없다. 1:16-18의 다소 유사한 경우에서처럼, 바울에 대한 언급은 변증적인 목적을 갖는다. 기자는 자신의 가르침(특히 3:14-15a)이 바울의 가르침과 조화되고 있음을 지적하기를 원한다. 바울이 독자들에 중요한 권위를 갖고 있었기 때문이다. 이 같은 이유는 분명하다: 기자가 편지를 적어 보내고 있는 교회들(또는 적어도 그들 중에 몇 교회)은 바울의 선교에 의해 세워졌고, 이들이 보존하고 읽었던 바울의 서신들을 자연스럽게 대단히 높게 간주하였다. 바울의 서신에 대한 기자의 호소는 클레멘트 47:1이 고린도전서에서 만들고 있는 호소와 정확히 평행을 이룬다. 로마에서 바울에 의해 세워진(고린도)

교회로 편지를 보내고 있는 베드로후서의 기자와 동시대의 사람인 클레멘트는 자신의 가르침을 바울이 독자들에게 적었던 편지를 언급함으로써 유사하게 지지를 얻고자 한다.

"그 받은 지혜대로"(*κατὰ τὴν δοθεῖσαν αὐτῷ σοφίαν* – 카타 텐 도데이산 아우토 소피안)는 클레멘트1서 47:1의 프뉴마티코스(*πνευματικῶς*, "성령의 영감하에")와 동등하다. 양 경우에 자신의 서신들에서 바울의 가르침에 대한 호소는 사도가 하나님의 영감하에 썼다는 사실을 언급함으로써 강화된다. 도데이산(*δοθεῖσαν*, "주어진")은 함축된 대리자로서 하나님을 갖는 "신적인" 수동태이고, 따라서 바울의 "지혜"는 하나님의 카리스마적 은사다(참조. "지혜의 말씀"[*λόγος σοφίας* – 로고스 소피아스]: 고전 12:8; 하나님의 선물로서 지혜에 대해서는 Ezra 7:25; 단 1:19; Wis 7:7; 9:17; 엡 1:17; 골 1:9; 막 6:2; 약 1:5; 그리고 성령과 관련된 지혜를 위해서는 행 6:3, 10; 고전 2:13).

바울은 자신에게 주어진 "은혜"(*χάρις* – 카리스)를 자주 언급한다(롬 12:3; 15:15; 갈 2:9; 고전 3:10; 엡 3:2, 7; 참조. 골 1:25). 즉 그의 사도적 위임, 복음 안에서 하나님의 목적의 계시를 받고 이해하게 하는 하나님의 능력(엡 3:2-10), 그리고 그가 하나님의 말씀을 전할 수 있는 자의 권위로 말하고 쓰고 있다는 하나님의 능력(롬 12:3; 15:15-16)을 자주 말한다. 그의 은사적 지혜에 대한 베드로후서의 언급은 이와 동일하다. 일반적인 용어인 카리스(*χάρις*, "은혜")보다 소피아(*σοφία*, "지혜")란 말을 선택한 것은 바울의 서신들에서 그의 가르침에 대한 언급에 적합하다(참조. 고전 2:6-13). 바울이 서신을 작성했던 것은 지혜의 은사요 하나님이 주신 복음의 진리의 통찰이다. (영감된 저자의 은사로서의 지혜에 대해서는 *Prot. Jas.* 25: "나에게 이 역사를 쓸 수 있는 지혜를 주셨던 주님"; Pol. *Phil.* 3:2: 빌립보인들에 대한 바울의 설교와 글에 대한 언급인 "복되고 영광스러운 바울의 지혜.")

베드로후서의 기자는 바울의 슬로건인 "나에게 주신 은혜"를 의도적으로 반영하고 있을 가능성이 있고(Conti, *RivB* 17[1969] 129, 131-34; Fornberg, *Early Church*, 26), 가장 적절한 평행 두 가지가 로마서에 나타난다는 것은 의미가 있다(12:3; 15:15; 베드로후서의 기자가 로마서를 잘 알고 있었을 가능성에 대해서는 2:19의 "주석"을 보라). 하지만 이 어구를 논증적으로 보기에는 너무 자연스럽게 바울에 의존하고 있다. 어쨌든 이 구절에서 표현된 바울의 서신에 관한 영감의 개념을 "후대의 교회론적인 개념"(Knoch, "Vermächtnis," 154)으로 명명할 필요는 없다.

그것은 사도적 권위와 카리스마적 영감에 관한 사도 자신의 의식을 충실하게 반영한다.

콘티는 바울의 영감에 관한 묘사와 구약 선지자들의 영감에 관한 기사 간에 평행을 올바르게 지적한다(1:20-21). 구약의 선지자들처럼 바울은 자신의 지혜로 말하지 않고 하나님이 그에게 주신 지혜에 따라서 말하고 있다. 그것은 구약의 말씀들을 따라 "성경"으로서 바울의 서신들을 취급하고 있다(16절). 아직 정경적인 위치가 주어지지 않았을지라도 그들의 영감이 그들에게 규범적인 권위를 주고 있다(아래를 보라).

"너희에게 이같이 썼고"(*ἔγραψεν ὑμῖν* – 에그랍펜 휘민). 혹자는 "너희"가 모든 크리스천들이라고 생각하지만(Moffatt, Spicq, Kelly, Sidebottom, Schrage, Senior; Lindemann, *Paulus*, 92), 이것은 바울이 "너희에게" 썼던 것과 그가 "그 모든 편지들"을 썼던 것(16절) 간에 비교를 무의미하게 만든다. 이 두 구절들은 "당신이" 구체적인 교회나 하나 또는 그 이상의 바울서신의 수령자였던 특별한 교회들로 이해할 수 있고, 베드로후서가 모든 크리스천들에게 구분하지 않고 보내진 "가톨릭"(보편적) 서신이라는 주장은 이 구절들의 주해에서 특히 잘못 이해한 것이다. ("너희"가 모든 크리스천이었다면 제기될 수 있었던, 바울의 서신이 전체 교회에 의도적으로 쓰였다는 개념은 이 시기에 증거가 될 수 없다; 참조. 1 *Clem* 47:1; Pol. *Phil.* 3:2.)

이 구절은 바울의 어느 서신을 가리키는가? 바울전집에 속하는 대부분의 서신들이 제기되었다: 예를 들어, 로마서(Mayor; Selwyn, *Christian Prophets*, 157-58), 에베소서(von Soden), 데살로니가서(Plumptre, Reicke), 히브리서(R. P. C. Hanson, *Tradition in the Early Church*[London: SCM Press, 1962] 189; 이미 Bengel이 제기했었다), 또는 잃어버린 서신(Spitta; Zahn, *Introduction*, 198-99). 어떤 선택을 하느냐의 근거는 기본적으로 두 가지다: (1) 행선지. 만약 3:1이 수신된 교회들이 베드로전서 1:1의 교회들을 가리킨다면, 갈라디아서, 골로새서, 에베소서가 가능성이 있다. (2) 주제. 만약 카도스 카이(*καθὼς καί*, "이같이") 절이 오직 15a절과만 관련이 있다면 이 서신은 하나님의 오래 참으심을 다루는 서신(Mayor)이어야 할 것이고, 그럴 경우에 현존하는 서신들 가운데는 로마서가 유일하게 적합한 후보자가 될 것이다(특히 롬 2:4을 보라; 참조. 또한 3:25; 9:22-23; 11:22-23). 하지만 주제 문제를 너무 좁게 한정할 필요는 없다. 카도스 카이(*καθὼς καί*)절은 14-15a절 전체와 관련지어 자연스럽게 취해진다. 그 경우에 주제는 종말론적인 권고의 훨씬 더 일반적인 내용, 즉 거의 모든 바울서신에서 발견할 수 있는 주제인 다가올 재림에 견준 윤리적 권고이다(예를 들면, 롬 13:11-14; 고전 7:27-35; 15:58; 고후 7:1; 9:6; 갈 5:21; 6:7-8; 빌 2:15-16; 3:20 4:5; 골 3:4-6, 23-25; 살전 5:4-11). 하지만 유감스럽게도 에베소에서 재림에 비추인 윤리적 권고를 찾기가 쉽지 않다. 그렇지 않았다면 에베소서는 매우 적합한 후보자였을 것이다(참조. 4:30; 5:5, 16, 27; 6:13). 혹자는 주제가 더 넓게 3장의 종말론적 논의인 것으로 간주하고, 따라서 가장적합한 후보로서 데살로니가서들을 제기하지만 그것을 정당화할 수 있는지는 의심스럽다.

그러나 주제에 근거해서 서신을 선택하려는 시도는 잘못 인도되는 것이다. 16절에 따르면(거기서 페리 투톤[*περὶ τουτῶν*, "이런 일에 관하여"]은 메이어가 생각하는 것처럼 넓은 주제를 가리키지 않고 14-15a절의 언급을 계속 이어가고 있다), 동일한 주제가 바울의 서신 전체에 걸쳐서 다루어지고 있기 때문이다. 베드로후서의 독자들에 대한 서신이 15b절에서 특별히 언급하기 위해 선택하는 이유는 그것이 그 주제를 더 분명하고 더 충분하게 다루었다는 것이 아니라, 단지 그것이 베드로후서의 독자들에게 작성되었다는 것이다.

베드로후서의 행선지는 다른 근거, 즉 수신된 교회들이 베드로전서 1:1에 수신된 교회들(또는 그들 중에 몇 교회들)이라는 3:1의 지침에 주로 근거하여 결정되어야 한다. 그 언급이 현존하는 바울서신이라면, 따라서 그것은 갈라디아서, 골로새서, 또는 에베소서가 되었어야 한다. 이들 사이에서 결정할 수 있는 방도는 없고, 아마도 심지어 베드로후서의 기자도 그것을 결정하지 않았을 것이다. 그가 바울서신을 상당히 많이 알고 있었음을 보여주지 않기 때문에 우리는 바울이 그의 서신들에서 종말론적인 권고를 자주 포함시켰던 것과 바울이 자신의 서신을 수신하였던 몇몇 교회들에게 편지를 작성했던 것보다 더 많은 것을 기자가 염두에 두었다고 가정할 필요는 없다.

16 "그 모든 편지에도"(*ἐν πάσαις ἐπιστολαῖς* – 엔 파사이스 에피스톨라이스)는 기자가 많은 바울서신과 아마도 작든 비공식적이든 간에 그의 교회에서 사용하고 있었던 바울서신의 일종의 집합을 어느 정도 알고 있었다는 것을 함축해야 한다. 그러나 물론 기자는 자신이 알고 있었던 바울서신만을 가리키고, 또 우리는 그것이 얼마나 많은 서신인지를 알 방도는 없다. 베드로후서의 작품은 바울의 자료에 대한 확실한 암시를 포함하고 있지 않고, 그럴듯한 유일한 암시는 로마서(기자가 로마로부터 베드로후서를 쓰고 있다면 그리 놀라 일이 아닌)와 데살로니가전서(3:10에

서)에서다.

따라서 이 어구가 베드로가 죽기 이전에 로마에서 작성된 서신 속에 포함되었을 것 같지 않을지라도, 그것은 베드로후서의 연대를 결정하는 일에 거의 도움을 주지 못한다. 바울서신들은 바울이 죽기 이전에 보내졌던 교회들 이외에 다른 교회들에도 순환되기를 시작했을 것이고 아마도 바울의 서신의 작은 지역적 모음집이 10개의 서신들의 집합을 형성하기 이전에 존재했을 것이다(참조. L. Mowry, "The Early Circulation of Paul's Letters," *JBL* 63[1944] 73-86). 클레멘트는 로마서와 고린도전서를 확실히 알고 있었고(1 Clem 47:1), 아마도 다른 바울서신도 알고 있었을 것이다. 클레멘트2서의 저자는 바울서신의 집합을 알고 있었던 것으로 보이고(Donfried, *Second Clement*, 93-95, 108, 160-65), 이그나티우스(*Eph.* 12:2)와 폴리갑도 확실히 그러했다.

"그 중에 알기 어려운 것이 더러 있으니 무식한 자들과 굳세지 못한 자들이 다른 성경과 같이 그것도 억지로 풀다가"(*δυσνόητά τινα ἃ οἱ ἀμαθεῖς καὶ ἀστήρικτοι στρεβλοῦσιν* – 두스논타 티나 하 호이 아마데이스 카이 아스테리크토이 스트레블루신). 뒤스노에토스(*δυσνόητος*, "알기 어려운")는 해석하기 어려운 텍스트에 대해 사용되는 드문 단어이고(Diogenes Laertes, *Vit. Phil.* 9.13) 헤르마스의 상징적인 계시에도 사용된다(*Herm. Sim.* 9:14:4). 그것은 바울의 서신이 난해한 단락들을 포함하고 있다는 것을 인정하는 바울의 지혜(15절)에 대한 자격제한이 아니다. 그것들을 잘못 해석할 수 있는 것은 "가르침을 받지 못하고 굳세지 못하였고"(*ἀμαθεῖς καὶ ἀστήρικτοι* – 아마데이스 카이 아스테리크토이) 또 그들은 역시 "다른 성경"도 그렇게 잘못 해석하기 때문이다(아래를 보라; 참조. Lindemann, *Paulus*, 94). 그러므로 그것은 단순히 애매한 단락이라기보다는 바울의 가르침의 나머지 부분과 일반적으로 사도의 가르침에 비추어서 해석하지 않는다면 잘못 이해할 수 있는 단락을 가리킨다. (따라서 이 요지는 오리겐[Origen, *Comm. in. Rom.*6]에 의해 주어진 요지와는 다르다. 그는 바울에 대한 다양한 해석을 바울이 명확하게 표현하지 않았던 사실로 돌린다.) 그러한 단락들의 정확한 해석을 위해서 기독교적 가르침의 교육을 받는 것이 요구된다.

아마데이스(*ἀμαθεῖς*, 초대 기독교 문헌에서 다른 곳에는 사용되지 않은 흔한 단어)는 단순히 "무식한"이라기보다는 "교육받지 않은"을 의미한다. 이런 사람들은 성경의 어려운 단락을 정확하게 해석할 수 있는 신앙의 충분한 가르침을 받지 않았다. 아스테리크토이(*ἀστήρικτοι*, "굳세지 못한")는 유사한 뜻을 내포하고 있다(참조. 1:12; 2:14의 주석): 그들은 기독교적인 이해와 경험이 상대적으로 피상적이기 때문에 쉽게 호도된다. 이런 설명에는 정죄에 관한 요소가 들어 있다: 이 사람들은 배우려고 **하지 않기** 때문에 무지하고, **호도되도록** 내버려두기 때문에 굳세지 못하다.

"교육받지 못하고 굳세지 못한"이란 표현은 거짓 선생들보다는 거짓 선생들을 따르는 자들에 적합한 것으로 보일는지 모른다. 아스테리크토이(*ἀστήρικτοι*, "굳세지 못한")는 2:14에서 거짓 선생들에 의해 "유혹을 받은" 사람들에 대해 사용되고(*ψυχὰς ἀστηρίκτους* – 프쉬카스 아스테리크투스, "굳세지 못한 사람들"), 2:18은 최근의 회심자로서 그들이 희생자가 된 것을 보여준다. 하지만 성경의 남용은 거짓 선생들을 따르는 자만이 아니라 거짓 선생들에게도 적용된다. 우리는 기자가 여기서 이 두 부류를 언급하고 있다고 가정해야 할 것이다(고로 Zahn, *Introduction*, 228-29). 기자는 거짓 선생들은 무능력한 해석자로 간주한다. 그들은 기독교의 가르침을 철저히 알려는 노력을 기울이지 않기 때문이다(그들의 무지에 대해서는 2:12; 3:5을 참조하라). 거짓 선생들과 그들을 따르는 자들은 소경이 소경을 인도하는 경우다.

스트레블룬(*στρεβλοῦν*, "왜곡하다", "억지로 풀다" – 한글개역)은 네이리에 의해서 그들이 바울의 가르침을 거부한 것을 의미하는 것이라고 해석되지만(Neyrey, Polemic, 56-58)(그들이 구약성경의 예언을 그리했던 것처럼: 1:20-21), 뒤스노에타(*δυσνόητα*, "알기 어려운")와의 조합으로 그것은 "잘못 해석하다"라는 의미에서 "왜곡하다"를 의미한다. 이는 그들이 바울의 가르침에 용인할 수 없는 의미를 주고 그것을 배격하거나 자신들의 잘못된 관점을 지원하려는 방식으로 잘못 해석하고 있다는 것을 함축할 수 있었다. 첫 번째 경우에 그들은 재림의 임박함에 대한 바울의 진술(예를 들면, 롬 13:11-12; 16:20; 고전 7:29; 빌 4:5; 살전 4:15)을 바울의 기대가 성취되지 않았고, 따라서 바울의 미래에 관한 종말론은 배격되어야 한다는 것을 함축하는 방식으로 해석했다는 것일 수 있었다. 두 번째 경우에, 가장 그럴듯한 텍스트(대부분의 주석가들이 주장하는 것처럼)는 율법 폐기론(예를 들면, 롬 4:15; 5:20; 8:1; 고전 6:12; 그리고 전반적으로 이신칭의의 교리)과 거짓 선생들이 "자유"(2:19; 참조. 롬 8:2; 2 Cor 3:17)를 제공한다고 주장할 수 있었던 텍스트들일 것이다. 그러한 바울의 텍스트들은 2세기의 영지주의자들에 의해서도 그렇게 사용되었다(E. H. Pagels, *The Gnostic Paul: Gnostic Exegesis of the Pauline Letters* [Philadelphia: Fortress Press, 1975] 66-67). 일부 주석가들은 베드로후서의 대적자들이 바울의 텍스트를 재림의 미래적 종말론을 배제한 완전히 실현된 종말론으로 사용하였다고 생각한다. 하지만 이것은 그럴 것 같지 않은데, 왜냐하면 그러한 텍스트들은 발견하기가 훨씬 더 어렵고(2세기의 영지주의자들은 바울의 텍스트를 육체적이기보다는 영적인 부활을 지원하는 것으로 사용했지만, 그것은 베드로후서가 거론하지 않는 이슈다), 베드로후서가 대적자들이 실현된 종말론을 가르쳤다는 증거를 주기 않기 때문이다.

두 가능성 사이에서 결정하는 것은 어렵다. 첫 번째 가능성은 미래의 종말론에 대해서 회의하는 거짓 선생들에 대한 베드로의 묘사에 잘 어울린다. 두 번째 가능성은 2:19에 상응할 수 있었고, 아마도 바울에 대한 더 분명한 남용이며, 바울이 반박하고자 했던 그에 대한 오해에 기초한 것이다(롬 3:8 6:15; 갈 5:13).

두 번째 가능성이 정확한 해석이라 할지라도, 대적자들이 실로 급진적인 바울주의자였고 바울이 베드로후서의 대적자들에게 주요한 권위였기 때문에 베드로후서의 기자가 바울을 언급하고 있다는 공통된 견해에 두 번째 가능성이 상당한 지지를 제공해주지는 못한다. 베드로후서의 기자는 자신이 편지를 보내고 있는 **교회**들에 바울이 중요한 권위를 가졌기 때문에 주로 바울을 언급하고 있고(위를 보라), 이것이 거짓 선생들이 바울을 언급했던 이유이기도 할 것이다. 거짓 선생들이 바울의 가르침을 거부하기 위해서든 자신들의 견해를 지원하는 일에 이용하기 위해서든 간에 바울의 서신들이 대적자들의 주요한 영감이었기 때문이 아니라 바울의 서신이 그들의 교회에 주요한 신학적 권위를 가졌기 때문이다.

영지주의 이단이 바울서신들을 이용한 것 때문에 바울서신을 의심스럽게 보았던 "정통"적인 범주에서 바울을 재적응시키기 위한 시도를 베드로후서 3:15-16이 가졌다는 견해는 훨씬 덜 정당해 보인다. 린드만(Lindemann, *Paulus*, 95-96)은 "정통"적인 교회 범주에서 바울에 대해 부정적인 태도를 가졌다는 증거가 없음을 지적한다. 진정한 사도적 가르침의 증거로서 바울에 대한 베드로후서의 긍정적인 묘사는 바울에 대한 초대 기독교의 일반적인 태도의 흐름에 적합하다(사도행전, 클레멘트 1서, 이그나티우스, 폴리갑, 또한 뿐만 아니라 이름만 빌린 것이지만 이중적 바울서신들).

초기 기독교 문서들의 이단적인 남용에 대해서는 폴리갑의 빌립보서신(Pol. Phil.) 7:1을 보라. 그것은 "주의 말씀을 탐욕으로(*πρὸς τὰς ἰδίας ἐπιθυμίας* – 프로스 타스 이디아스 에피뒤미아스) 왜곡하는(*μεθοδευῃ* – 메도듀에) 사람들을 정죄하고, 위-클레멘트서인 *Ep. Pet. James* 2:4는 베드로가 율법의 폐지를 지원하기 위해서 자신의 말을 왜곡하려(*μετασχηματίζειν* – 메타스케마티제인) 했던 어떤 이들을 비판한다.

"다른 성경"(*τὰς λοιπὰς γραφάς* – 타스 로이파스 그라파스). 그라파스(*γραφάς*)를 "문서들"이라는 비전문적인 의미로 취하는 것은 일리가 없다. (신약성경에서 항상 그런 것처럼) 정관사는 우리들이 그것을 "영감된, 권위적인 문서들", 즉 "성경들"이란 전문적인 의미로 취할 것을 요구한다. 로이파스(*λοιπάς*, 직역하면 "남아 있는")는 바울의 서신들이 그라파이(*γραφαί*)의 범주에 포함된다는 것을 함축해야 한다(Green은 반대한다).

이에 대한 정확한 의미를 결정하기 위해서 우리는 먼저 그라페(*γραφή*, "성경")란 용어가 구약 정경 책에 제한되지 않고 묵시적인 문서들에도 사용할 수 있었다는 것을 먼저 유념해야 한다(약 4:5; Barn. 16:5; 1 Clem 23:3; 참조. *Herm. Vis.* 2:3:4: 호스 게그랖타이[*ὡς γέγραπται*, "쓰인 것처럼"). 따라서 그것은 전혀 성경의 **정경**을 함축할 필요가 없다. 바울의 서신을 이 범주에 포함시킨 것은 그것이 영감되고 권위적인 문서로서 간주되고(사실상 15절이 말하고 있는 것처럼 말이다), 구약성경과 아마도 다른 사도적 문서들을 포함하는 다양한 다른 책들과 같은 반열에 있다는 것을 의미한다. 아마도 이는 그 책들이 크리스천 예배에서 읽는데 적합했음을 의미한다. 하지만 이것은 베드로후서의 기자가 신약 정경을 알고 있었다는 결론을 요하지 않는다. 사도적 문서들을 확정된 신약 정경이 있기 오래 전에 크리스천 예배 시에 읽혀지는 적합한 권위적인 책으로 간주해야 한다.

바울의 서신들을 언제 그라파이(*γραφαί*, "성경들")로 불리기를 시작하였는지를 말하기는 어렵지만 베드로후서 3:16을 일세기말로 연대를 짓는 것에 별다른 어려움은 없다. 클레멘트2서 14:2에서 사도적 문서들이 구약과 같은 지위를 차지하였다: "그 책들(*τὰ βιβλία* – 타 비블리아, 즉 구약성경)과 사도들은 선언한다"(Donfried, *Second Clement*, 93-95을 보라). 아마도 그라파이(*γραφαί*, "성경들")라 불리는 신약 본문의 초기 사례들은 디모데전서 5:18(아마도 구약 본문과 함께 그라페[*γραφή*]라 불린 마 10:10의 인용); 클레멘트2서 2:4(구약의 인용을 따라서 복음서의 말씀을 헤테라 그라페[*ἑτέρα γραφή*, "다른 성경"]이라 부른다); *Barn.* 4:14(호스 게그랖타이[*ὡς γέγραπται*, "쓰인 바대로"]는 마 22:14로부터의 인용을 도입한다); 폴리갑의 빌립보서신(Pol. Phil.) 12:1(시 4:5과 엡 4:26은 "그의 성경들"이라 불린다)이다. 이런 네 사례들 속에서 신약의 인용은 구약 본문과 나란히 두어지고 있다는 사실은 의미가 있다. 그것은 복음서와 사도적 문서들이 구약 성경과 같은 지위를 차지하고 있음을 보여준다. 이런 발전은 전혀 놀라운 일이 아니다. 사도적 문서들은 처음부터 영감 되고 권위적인 것으로 간주되었다(위를 보라). 일단 그것들을 기독교 예배 시에 구약성경과 함께 나란히 읽었다면, 그라페(*γραφή*, "성경")란 용어를 그것들에 사용해야 한다는 것은 꽤 자연스러웠다.

"다른 성경들"은 복음서들을 포함할 수 있었고, 거짓 선생들은 이 복음서의 임박한 재림의 예언을 거짓 예언으로 해석하였고, 바울서신에 대해서 그리했던 것처럼 배격하였을 것이다. 우리는 (1:20-21로부터) 그들이 선지자들을 인간적인 개념으로서 해석하고 선지서를 배격했다는 점에서 구약의 예언을 잘못 해석했다는 것을 알고 있다. 그것이 거짓 선생들이 자신들의 견해를 지원하기 위해서 찾고자 하였던 구약성경과 비바울적 사도적 문서들을 함축하고 있는지는 말하기가 불가능하다.

"스스로 멸망에 이르느니라"(*πρὸς τὴν ἰδίαν αὐτῶν ἀπώλειαν* – 프로스 텐 이디안 아우톤 아폴레이안). 거짓 선생들과 그들의 추종자들에 의한 성경의 남용은 그들의 구원을 위험하게 할 정도로 충분히 심각하였다. 따라서 그것은 사소한 교리적 잘못의 문제가 아니라 부도덕을 정당화하기 위해서 그들의 잘못된 해석을 사용하는 문제다. 종말론적 심판(*ἀπώλεια*, "멸망")이 그들의 불경건한 삶 때문에 거짓 선생들에게 다가오고 있다는 것은 베드로후서의 끊임없는 가르침이다. 바울에 대한 그들의 잘못된 해석과 관련하여 이것은 그들이 방종을 정당화하기 위해서 기독교인의 자유에 대한 바울의 가르침에 호소하였던 경우를 말한다. 그들이 종말론적인 소망을 배격하기 위해서 바울을 잘못 해석한다면, 이것은 역시 자신들의 부도덕을 위해서다. 그렇게 하는 것은 종말론적인 동기를 기독교 윤리에서 제거하는 것이기 때문이다. 따라서 종말론에 대한 베드로후서의 독자들의 적합한 이해가 구원으로 인도하는 것처럼 거짓 선생들의 종말론에 대한 배격은 심판으로 인도할 것이다(14-15a절).

강조적인 이디안(*ἰδίαν*, "스스로")은 1:20을 상기시키고, 아마도 이 어구에 감추어진 아이러니를 암시한다. 기자는 거짓 선생들이 성경을 "자기 자신의 해석대로" 왜곡하고 있다는 것을 말하고 있고(*πρὸς τὴν ἰδίαν ἐπιλύσιν* – 프로스 텐 이디안 에필루신, 참조. 1:20), 선지자들에 대한 거짓 선생들의 비판을 바로 그들에게로 돌리고 있다. 그는 이것이 무슨 일에 해당하는지를 진술한다: "그들 자신의 멸망"(참조. Pol. *Phil.* 7:1: 프로스 타스 이디아스 에피뒤미아스[*πρὸς τὰς ἰδίας ἐπιθυμίας*, "그들 자신의 정욕").

## 해설

종말론에 대한 거짓 선생들의 부인은 당연히 그들의 방종적 생활을 낳았다. 권면의 이 항목에서 기자는 거짓 선생들과 대조적으로 그의 독자들의 종말론적 소망이 현재에 능동적인 크리스천의 의의 삶을 어떻게 자연스럽게 낳는지를 보여준다. 심판에 대한 부정적인 경고로서만이 아니라 하나님의 의가 전적으로 지배하는 새 세계에 대한 긍정적인 소망으로서 종말론은 윤리적인 행위에 대한 동기를 제공해준다. 악이 매우 지배하고 있는 현 세상은 종말에 가까워지고 있고, 의가 지배하는 세상으로 대체될 것이다. 이 새로운 세계를 소망하며 기다리고 있는 크리스천들은 옛 세계와 함께 멸망당할 사람의 종류가 아니라 새 세계에 들어가는 사람의 종류를 목표로 삼아야 한다. 재림의 연기에서 하나님의 목적을 이루는 회개와 의를 행함으로써 독자들은 재림의 도래를 "서두르게" 할 수 있다.

주의 오래 참으심을 재림이 "더딘" 것으로 해석했던 거짓 선생들은 이런 지연을 도덕적 해이에 대한 구실로 삼으로써, 심판의 날이 올 때 정죄의 위험 속에서 그들 자신을 두게 된다. 이에 비하여 주의 오래 참으심을 회개하고 구원의 확증을 이룰 수 있는 기회로 해석한 베드로후서의 독자들은 주님이 오실 때, 그와 화목하고 심판석 앞에서 순결한 자가 되는 것을 목표로 해야 한다.

재림에 대한 소망이 크리스천의 의의 동기가 되게 하고 재림 때까지 회개와 의를 위한 기회가 되게 하는 것은 바울의 편지에 나오는 가르침이었다. 기자는 베드로후서를 수신하고 있는 몇몇 교회들의 설립자로서 독자들에게 주요한 신학적 권위가 있었던 바울에 대한 부가적인 권위를 들어 자신의 논증을 지원하고자 하는 요지를 만든다. 소아시아에 이 교회들의 위치 때문에(벧전 1:1; 벧후 3:1), 바울이 베드로후서의 독자들에게 말했던 이 언급은 아마도 갈라디아서, 골로새서, 또는 에베소서거나 이 서신들 중에 한 가지 이상일 것이다. 기자 자신이 말한 것처럼, 종말론적인 권고가 바울의 현존하는 편지들에 전반적으로 나타나기 때문에 더욱더 구체적으로 말하는 것은 불가능하다.

바울은 하나님의 영감하에 편지를 썼던 것으로 들려진다. 지혜의 은사가 그에게 부여되었다는 언급은 은사적인 영감과 사도적 권위에 대한 바울 자신의 의식을 반영해준다. 영감 되고 권위적인 문서로서 바울의 서신들은 "다른 성경들" 즉 구약성경과 (아마도) 다른 사도적 문서들과 동등한 위치를 갖는다. 이것은 기자가 신약정경을 알고 있음을 시사하지 않고, 아마도 어떤 종류의 바울서신의 집합 – 우리는 얼마나 많은 수인 지를 말할 수는 없다-이 기자에게 알려져 있었고, 그것들이 구약성경과 함께 기독교 예배 시에 읽혀졌다는 것을 의미한다. 이 단락은 사도적 문서들의 공식적인 성경 정경에 대한 인식으로 인도되고 있는 과정에서 매우 초기 단계에 속한다.

바울에 대한 베드로후서 기자의 언급은 그에게 거짓 선생들에 대한 마지막 공격을 위한 기회를 제공해준다. 바울이 교회들에서 신학적인 권위가 있었기 때문에 거짓 선생들도 바울 서신에서의 바울의 가르침에 의뢰해야 했지만 기자의 관점에서 볼 때, 그들의 해석은 "교육받지 못하고 굳세지 못한(안정되지 못한) 이들"이 알기에는 매우 어려운 단락의 심각한 오역에 상응했다. 그러한 단락의 정확한 해석은 사도적 가르침에 대한 넓고 건전한 지식을 필요로 하였다. 그렇지만 기자는 바울서신에 대한 해석이 교회의 공식적인 교사들에게만 제한되어야 한다는 것을 의도하고 있지 않다: 그의 대적자들도 사실상 교회들에서 교사로서의 직위를 갖고 있다고 주장했다. 기자의 논증은 이런 교사들의 가정에도 불구하고 그들이 잘못 해석하고 있는 바울이나 다른 성경을 이해할 수 있는 기독교적 가르침에 대한 충분한 지식을 얻으려고 결코 노력하지 않았다는 것이다. 결과적으로 그들은 쉽게 잘못되고 만다. 하지만 교사들이건 아니건 간에 베드로후서의 독자들은 바울을 올바르게 이해하기 위해서 충분히 교습을 잘 받은 것으로 분명히 기대되고 있다.

거짓 선생들이 바울을 어떻게 잘못 해석했는지를 확실히 하기는 불가능하다. 그들은 이신칭의와 그리스도인의 자유에 대한 바울의 가르침을 도덕성에 대한 그들의 율법 폐기론적 태도와 그들이 주장하는 "자유"를 지원하는 것으로 사용했다(2:19). 나아가서 그들은 임박한 재림에 대한 진술을 재림의 연기로 잘못된 예언인 것으로 확증해주는 것으로 취함으로써 결과적으로 미래의 종말론에 대한 바울의 가르침을 버렸다. 바울과 "다른 성경들"에 대한 그들의 잘못된 해석이 무엇이든지 간에, 그들은 부도덕을 정당화하는데 그것을 사용하였고, 따라서 그들은 심판의 날에 멸망으로 인도될 것이다.

# 결론(3:17-18)

## 본 문

17 그러므로 사랑하는 자들아 너희가 이것을 미리 알았은즉 무법한 자들의 미혹에 이끌려 너희 굳센 데서 떨어질까 삼가라

18 오직 우리 주 곧 구주 예수 그리스도의 은혜와 저를 아는 지식에서 자라가라 영광이 이제와 영원한 날까지 저에게 있을찌어다

17 So you, my dear friends, since you know this in advance, be on your guard so that you may not be carried away by the error of these lawless people and fall from your stable position.

18 But grow in grace and in the knowledge of our Lord and Savior Jesus Christ. To him belongs[a] the glory both now and on the day of eternity.[b]

### 원문주해

a. 동사 "이다"(to be)로 이해되고, 대부분의 번역들은 송영을 기도로 만들면서 "be"를 공급한다. 하지만 송영에 통상적인 직설법적인 의미에 대해서는 유다서 24-25절을 보라.

b. 대부분의 사본들은 아멘(*αμην*-아멘)을 추가하지만 소수의 사본들은 그것을 생략한다(B 1739을 포함하여). 대부분의 송영들이 "아멘"으로 끝나고 모든 다른 신약성경의 송영들이 그렇게 하기 때문에 아멘이 생략된 것에서 아멘을 추가하였을 가능성이 더 높다.

### 양식/구조/배경

이것이 16절(특히 아스테리크토이[*ἀστήρικτοι*, "굳세지 못한", 16절; 스테리그무[*στηριγμοῦ*, "굳센 데서"], 17절을 주목하라)과 직접적으로 연관되어 있을지라도, 결론적인 권면(17-18a절)은 전체 서신을 결론짓는 것으로도 역시 기능한다. 그것은 이 서신의 전반적인 메시지를 요약하고 있기 때문이다. 프로기노스콘테스(*προγινώσκοντες*, "너희가 이것을 미리 알았은즉")는 유언 장르의 기자의 사용에 핵심적인 개념을 상기시킨다: 거짓 선생들에 대한 베드로의 예언. 권면의 나머지 부분은 이 서신의 이전 부분의 주제를 상기시킨다(플라네[*πλάνη*, "미혹"]: 참조. 2:15; 스테리그무[*στηριγμοῦ*, "굳센 데서", 참조. 1:12; v 18a, 참조. 1:5-7).

송영의 형태에 대해서는 유다서 24-25절의 주석을 참조하라. 베드로후서의 송영은 가장 근본적인 형태를 단순히 따르고 있으나 "아멘"의 생략과 시간에 대한 지침

이 있는 것을 특징으로 한다("원문주해"를 보라). 시간에 대한 지침은 현재와 미래를 언급하는 두 가지 형태이고(1 *Clem* 64; *Mart*. Pol. 14:3에서처럼; 참조. 1 Clem 61:3), 따라서 (유일한) 세 가지 형태를 갖는 유다서 25절을 모형으로 하고 있지는 않다(반대 견해로는 Fornberg, *Early Church*, 92). 통상적인 에이스 투스 아이오나스(*εἰς τοὺς αἰῶνας*, "영원히": 그리고 이에 대한 확대들)를 대신해서 에이스 헤메란 아이오노스(*εἰς ἡμέραν αἰῶνος*, "영원한 날까지")를 사용한 것이 독특하고, 아마도 베드로후서의 기자가 고안한 통상적인 형태의 수정일 것이다.

그리스도에게 주어지는 송영은 초대기독교 문헌에서는 특이하다(딤후 4:18; 계 1:5-6은 오직 다른 확실한 사례들이고, 히 13:21; 벧전 4:11; 1 *Clem* 20:12; 50:7은 덜 확실하다).

서신을 끝마치는 송영에 대해서는 유다서 24-25절의 "주석"을 보라. 대부분의 초기 기독교 서신과는 달리, 유다서처럼 베드로후서는 특히 서신적인 결론과 개인적인 인사를 갖지 않는다. 후자의 경우(개인적인 인사)는 가명을 사용한 형식을 정교하게 실행해야 하는 것과 관련이 있는데, 베드로후서의 기자는 자신이 말해야할 것을 전달하는 방책으로써만 순전히 그 형식을 활용하고 있을 뿐이다.

## 주석

17 "그러므로 사랑하는 자들아 너희가 이것을 미리 알았은즉"(*ὑμεῖς οὖν, ἀγαπητοί, προγινώσκοντες* – 휘메이스 운, 아가페토이, 프로기노스콘테스). 휘마스(*ὑμεῖς*, "너희가")는 이전 절의 주어였던 거짓 선생들과 그들의 추종자들과 대비되는 강조형이다. 프로기노스콘테스(*προγινώσκοντες*)는 타우타 프로톤 기노스콘테스(*ταῦτα πρῶτον γινώσκοντες*, "먼저 알 것은": 1:20; 3:3)와 동일하지는 않지만 "미리 아는 것"을 의미한다. 베드로의 예언의 가상 형식은 2:1-3; 3:3-4에서 재개된다. 베드로는 자신이 죽은 후에 거짓 선생들이 기승을 부릴 것을 예언한 것으로 나타남으로써, 가상형식에 따르면, 베드로의 죽음 이전에 서신을 받은 것으로 가정되는 독자들(1:13)은 거짓 선생들을 만나기 전에 미리 경고를 받는 것이 된다. 물론 실제로는 독자들이 거짓 선생들이 이미 자신들의 교회에서 활동하고 있을 때 그 서신을 받았지만(따라서 16절에서조차도 현재 시제다), 기자는 그러한 "기롱자들"에 대한 예상은 사실상 종말에 대한 사도들의 공통된 가르침의 일부를 형성한다는 것을 독자들에게 상기시키기를 원한다(참조. 유 17-18절). 그의 서신은 경고를

받았던 이런 종말론적 인물들이 지금 그들의 교회에서 가르치고 있는 바로 그 사람들임을 알린다.

"무법한 자들의 미혹에 이끌려 너희 굳센 데서 떨어질까 삼가라"(*ἵνα μὴ τῇ τῶν ἀθέσμων πλάνῃ συναπαχθέντες* – 히나 메 테 톤 아데스몬 플라네 쉬나파크덴테스). 플라네(*πλάνη*, "미혹")는 수동적 의미와 능동적 의미를 동시에 조합하고 있다(유 11절의 "주석"을 보라): 미혹을 당하기도 하고(참조. 2:15), 인도하는 다른 사람을 미혹하기도 한다. "무법한"(*ἀθέσμων* – 아데스몬)은 소돔사람들에 대해서 2:7에서 사용했다: 그것은 모든 도덕적 절제를 무시한 사람들로서 거짓 선생들을 특징짓는다. 쉬나파게인(*συναπάγειν*, "삼가라", "멀리하라")은 갈라디아서 2:13에서 유사하게 사용된다.

"너희 굳센 데서 떨어질까"(*ἐκπέσητε τοῦ ἰδίου στηριγμοῦ* – 에크페세테 투 이디우 스테리그무). 스테리그무(*στηριγμοῦ*, 16절의 아스테리크토이[*ἀστήρικτοι*, "굳세지 못한"]와 대조된다; 그리고 베드로후서에서 이 언어군에 대해서는 1:12의 "주석"을 보라)는 추상적인 것("불변")으로 취해진 것이 아니라 고정된 위치(Plutarch, Mor. 76D에 의해 행성들의 "정거장"으로 사용됨; Bigg에서 Pseudo-Longinus, De Sub. 40으로부터의 인용을 참조하라)로서 취해지고 있다. 기자는 경험 있고 잘 교육된 크리스천을 흔들리지 않는 고정된 위치에 확고하게 설정된 것으로 생각하고 있다. 확실히 이 동사는 피프테인(*πίπτειν*, "떨어지다"(T. *Gad* 4:3; 롬 11:11, 22; 14:4; 고전 10:12; 히 4:11; 계 2:5; 1 *Clem* 59:4; 2 *Clem* 2:6)의 흔한 사용 때문에 선택되어졌고, 도덕적인 타락과 배교에 대한 용어로 합성된다(에크피프테인[*ἐκπίπτειν*, "타락하다", 갈 5:4; 아포피프테인[*ἀποπίπτειν*: "떨어지다": 2 *Clem* 5:7).

18 "오직 우리 주 곧 구주 예수 그리스도의 은혜와 저를 아는 지식에서 자라가라"(*αὐξάνετε δὲ ἐν χάριτι καὶ γνώσει τοῦ κυρίου ἡμῶν καὶ σωτῆρος Ἰησοῦ Χριστοῦ* – 아욱사네테 데 엔 카리티 카이 그노세이 투 퀴리우 헤몬 카이 소테로스 예수 크리스투)는 1:5-10의 주제를 취하고 있다: 크리스천의 삶에서 진보를 이룰 필요. "우리 주와 구주 예수 그리스도"란 어구는 카리티(*χάριτι*)와 그노세이(*γνώσει*) 둘 다 취할 수 있었으나(즉 "우리 주와 구주 예수 그리스도의 은혜와 지식에서"["in the grace and knowledge of our Lord and Savior Jesus Christ"]), 카리티(*χάριτι*)로는 주격의 속격("예수 그리스도가 주신 은혜")이 될 것이고, 반면에 그노세이(*γνώσει*)로는 그것을 목적격의 속격("예수 그리스도를 아는 지식")으로 취

하는 것이 가장 자연스럽다. 동일한 어구를 두 방식으로 취하는 것이 불가능하지는 않지만, 어색하다(Mayor, Kelly). 혹자는 그노세이 투 퀴리우 헤몬(*γνώσει τοῦ κυρίου ἡμῶν*)을 예수 그리스도가 **주신** 지식으로 취한다. 기자가 그노시스(*γνῶσις*)와 에피그노시스(*ἐπίγνωσις*) 사이에 구분을 유지하고 후자가 예수 그리스도에 대한 지식을 보유하고 있다는 근거 위에서 말이다(고로 Bigg, Green). 하지만 베드로후서에서 사용된 두 용어들 사이에 구분은 에피그노시스(*ἐπίγνωσις*)가 회심 시에 받는 근본적인 기독교인의 지식을 지칭하는 반면에 그노시스(*γνῶσις*)는 크리스천의 삶의 과정에서 획득하고 발전해나갈 수 있는 지식이라는 점이다(1:2, 6의 "주석"을 보라). 둘 다 예수 그리스도의 지식이 될 수 있다. 여기서 그노시스(*γνῶσις*)는 재림이 그리스도에 대한 완전한 계시를 가져올 때까지 계속해서 성장해야 하는 그리스도의 진리에 관한 이해와 그리스도에 대한 깊은 경험을 일컫는다(참조. 고전 13:8-9, 12). 이단적인 그노시스(*γνῶσις*)에 관한 암시는 없다. 베드로후서는 그노시스 이단에 대해서 알지 못한다. "우리 주와 구주"라는 칭호에 대해서는 1:11의 "주석"을 보라.

"영광이…저에게 있을지어다"(*αὐτῷ ἡ δόξα* – 아우토 헤 독사). 그리스도에 대한 송영이 초기 기독교 문헌에서는 아주 드물지라도("양식/구조/배경"을 보라), 일세기로부터의 한 가지 명확한 사례가 적어도 있으므로(계 1:5-6), 2세기로 베드로후서의 연대를 정할 필요는 없다. 그리스도에 대한 송영이 가끔 나타나는 것은 그리스도에 대한 크리스천의 예배의 태도에 관한 또 다른 증거와 일치하며, 이는 초기 기독교에서 그리스도의 기능과 조화를 이룬다(참조. 마 28:9, 17; 요 5:23; 빌 2: 10; 히 1:6; Pliny, Ep. 10.96; 그리고 요한계시록에서의 자료와 *Asc. Isa.*에 대해서는 R. J. Bauckham, "The Worship of Jesus in Apocalyptic Christianity," *NTS* 27 [1980-81] 322-41을 보라). 베드로후서의 높은 기독론에 대해서는 1:1의 "주석"을 보라.

"영원한 날까지"(*εἰς ἡμέραν αἰῶνος* – 에이스 헤메란 아이오노스). 송영에서 통상적인 "영원히"(*εἰς τοὺς αἰῶνας* – 에이스 투스 아이오나스)를 대신하고 있는 이 독특한 "영원한 날까지"는 아마도 재림에서 시작되고(1:19) 영원히 이어질 날로서 종말론적인 세대를 가리킨다. 영원한 날의 개념은 이사야 60:19-20에서 유래한다: "다시는 낮에 해가 네 빛이 되지 아니하며 달도 네게 빛을 비취지 않을 것이요 오직 여호와가 네게 영영한 빛이 되며 네 하나님이 네 영광이 되리니 다시는 네 해가 지지 아니하며 네 달이 물러가지 아니할 것은 여호와가 네 영영한 빛이 되고 네

슬픔의 날이 마칠 것임이니라"(벧후 3:12에 반영된 60:22의 유사함을 보라). 본체인 헤메라 아이오노스(*ἡμέρα αἰῶνος*, "영원의 날")는 다른 곳으로는 오직 집회서 18:10에서만 나타난다: "바다의 물 한 방울처럼, 백사장의 모래 한 알처럼 영원의 날에서 몇 년은 그와 같다"(RSV). 이 단락이 시편 90:4에 의존하고 있기 때문에(3:8의 "주석"을 보라), 베드로후서의 기자가 헤메라 아이오노스(*ἡμέρα αἰῶνος*, "영원의 날")란 어구를 시편 90:4의 묵상과 연관시켰을 가능성이 있다: 다가올 세대는 이 세상의 시간 척도로 잴 수 없는 주의 시간 척도의 날이다.

## 해설

이 서신의 메시지는 결론적인 권면으로 요약된다. 베드로의 유언을 가정한 형태에 따라서, 독자들은 베드로의 사후에 발생하게 될 거짓 선생들을 미리 경고 받음으로써 위험스러운 사람들로서 거짓 선생들을 인식할 수 있고, 이 거짓 선생들이 대변하는 미혹과 배교의 위험을 피할 수 있다. 거짓 선생들을 조심하라는 부정적인 조언은 그것의 긍정적인 대응으로서 1:3-11에서 취해진 주제를 갖는다: 크리스천의 삶에서 진보에 대한 필요.

그리스도에게 주어진 결론적인 송영은 1:1의 높은 기독론("우리 하나님과 구주 예수 그리스도")에 일치하고, 그리스도에 대한 찬미와 예배의 기독교적 태도는 그리스도의 거룩한 위치를 인식하는 일의 중요성을 보여준다. 송영의 표준적인 형태를 기자 자신이 수정한 것은 이 서신의 종말론적인 주제를 반영한다. 영광은 "영원히"(통상적인 말) 또한 그가 영광중에 오실 때에 시작하는 끝없는 날을 통해서 그리스도에게 속하게 된다.

# 베드로후서

## 참고문헌

A. 주석들
이 책들은 본문에서는 저자의 이름으로만 언급된다.

**Barnett, A. E.** "The Second Epistle of Peter." *The Interpreter's Bible.* vol. 12. New York/Nashville: Abingdon Press, 1957. **Bigg, C.** *A Critical and Exegetical Commentary on the Epistles of St. Peter and St. Jude.* ICC Edinburgh: T. & T. Clark, 1901. **Boobyer, G. H.** "II Peter." *Peake's Commentary on the Bible,* ed. M. Black and H. H. Rowley. London: Thomas Nelson, 1962. **Bowman, J. W.** *Hebrews, James, I & II Peter.* LBC. London: SCM Press/Richmond, Virginia: John Knox Press, 1963. **Calvin, John**. *Commentaries on the Catholic Epistles.* Tr. J. Owen. Edinburgh: Calvin Translation Society, 1855. **Chaine, J.** *Les épîtres catholiques: La seconde épître de saint Pierre, les épîtres de saint Jean, l'épître de saint Jude.* EBib. 2nd ed. Paris: Gabalda, 1939. **Cranfield, C. E. B.** *I & II Peter and Jude.* TBC. London: SCM Press, 1960. **Danker, F. W.** "The Second Letter of Peter." *Hebrews, James, 1 and 2 Peter, Jude, Revelation,* by R. H. Fuller, G. S. Sloyan, G. Krodel, F. W. Danker, E. S. Fiorenza. PC. Philadelphia: Fortress Press, 1977. **Green, M.** *The Second Epistle General of Peter and the General Epistle of Jude.* TNTC. Leicester: Inter-Varsity Press, 1968. **Grundmann, W.** *Der Brief des Judas und der zweite Brief des Petrus.* THKNT 15. Berlin: Evangelische Verlagsanstalt, 1974. **Hauck, F.** *Die katholischen Briefe.* NTD 10. 3rd ed. Göttingen: Vandenhoeck & Ruprecht, 1937. **James, M. R.** *The Second Epistle General of Peter and the General Epistle of Jude.* CGTSC. Cambridge: Cambridge University Press, 1912. **Kelly, J. N. D.** *A Commentary on the Epistles of Peter and Jude.* BNTC London: A. & C. Black, 1969. **Knopf, R.** *Die Briefe Petri und Judä.* MeyerK 12. 7th ed. Göttingen: Vandenhoeck & Ruprecht, 1912. **Kühl, E.** *Die Briefe Petri und Judae.* MeyerK 12. 6th ed. Göttingen: Vandenhoeck & Ruprecht, 1897. **Leaney, A. R. C.** *The Letters of Peter and Jude.* CBC. Cambridge: Cambridge University Press, 1967. **Lumby, J. R.** *The Epistles of St. Peter.* ExpB. 2nd ed. London: Hodder & Stoughton, 1908. **Luther, Marlin**. "Sermons on the Second Epistle of St. Peter." Tr.

M. H. Bertram. *The Catholic Epistles*, ed. J. Pelikan and W. A. Hansen. Luther's Works 30. St Louis, Missouri: Concordia Publishing House, 1967. **Mayor, J. B.** *The Epistle of St. Jude and the Second Epistle of St. Peter.* London: Macmillan, 1907. **Michl, J.** *Die katholischen Briefe.* RNT 8. 2nd ed. Regensburg: Verlag Friedrich Pustet, 1968. **Moffatt, J.** *The General Epistles: James, Peter, and Judas.* MNTC. London: Hodder & Stoughton, 1928. **Plumptre, E. H.** *The General Epistles of St Peter and St Jude.* CBSC. Cambridge: Cambridge University Press, 1892. **Reicke, B.** *The Epistles of James, Peter, and Jude.* AB. New York: Doubleday, 1964. **Schelkle, K. H.** *Die Petrusbriefe, der Judasbrief.* HTKNT 13/2. Freiburg/Basel/Vienna: Herder, 1961. **Schlatter, A.** *Die Briefe des Petrus, Judas, Jakobus, der Brief an die Hebräer.* Stuttgart: Calwer Verlag, 1964. **Schneider, J.** *Die Briefe des Jakobus, Petrus, Judas und Johannes: Die katholischen Briefe.* NTD 10. 9th ed. Göttingen: Vanderhoeck & Ruprecht, 1961. **Schrage, W.** *Die "katholischen" Briefe: Die Briefe des Jakobus, Petrus, Johannes und Judas*, by H. Balz and W. Schrage. NTD 10. 11th ed. Göttingen: Vandenhoeck & Ruprecht, 1973. **Senior, D.** *1 & 2 Peter*. NTM 20. Dublin: Veritas Publications, 1980. **Sidebottom, E. M.** *James, Jude and 2 Peter.* NCB. London: Thomas Nelson, 1967. **Soden, H. von**. *Hebräerbrief, Briefe des Petrus, Jakobus, Judas.* HKNT 3/2. Freiburg i. B.: J. C. B. Mohr, 1899. **Spicq, C.** *Les Epîtres de Saint Pierre.* SB. Paris: Gabalda, 1966. **Spitta, F.** *Die zweite Brief des Petrus und der Brief des Judas.* Halle a. S.: Verlag der Buchhandlung des Waisenhauses, 1885. **Stöger, A.** *The Second Epistle of Peter.* Tr. W. Jerman.(One vol. with The First Epistle of Peter, by B. Schwank.) NTSR. London: Burns and Oates, 1969. **Wand, J. W. C.** *The General Epistles of St. Peter and St. Jude.* WC. London: Methuen, 1934. **Wettstein, J. J.** *H KAINH DIAΘHKH, Novum Testamentum Graece editionis receptae cure lectionibus variantibus codicum MSS, editionum aliarum, versionum et Patrum, nec non commentario pleniore ex scriptoribus veteribus Hebraeis, Graecis et Latinis Historiam et vim verborum illustrante opera et studio Joannis Jacobi Wetstenii.* Vol. 2. Amsterdam, 1752. **Windisch, H.** *Die katholischen Briefe.* HNT 15. 3rd ed., ed. H. Preisker, Tübingen: J. C. B. Mohr, 1951.

## B. 다른 작품들

**Abbott, E. A.** *Contrast or a prophet and a forger.* London: A. & C. Black, 1903.

**Abbott, E. A.** "On the Second Epistle of St. Peter. I. Had the Author Read Josephus? II. Had the Author read St. Jude? III. Was the Author St. Peter?" *Exp* 2/3(1882) 49-63, 139-53, 204-19. **Allmen, D. von.** "L'apocalyptique juive et le retard de la parousie en II Pierre 3:1-13." *RTP* 61(1966) 255-74. **Associazione Biblica Italians.** *San Pietro: Atti della XIX Settimana Biblica.* Brescia: Paideia, 1967. **Barnett, A. E.** *Paul becomes a literary influence.* Chicago: University of Chicago Press, 1941. **Bauckham, R. J.** "The Delay of the Parousia." *TynB* 31(1980) 3-36. **Bauer, W., Arndt, W. F.,** and **Gingrich, F. W.** *A Greek-English Lexicon of the New Testament and Other Early Christian Literature.* 2nd ed., ed. F. W. Gingrich and F. W. Danker. Chicago/London: University of Chicago Press, 1979. **Bishop, E. F. F.** *Apostles of Palestine.* London: Lutterworth Press, 1958. **Blass, F., Debrunner, A.,** and **Funk, R. W.** *A Greek Grammar of the New Testament and Other Early Christian Literature.* Chicago/London: University of Chicago Press, 1961. **Boobyer, G. H.** "The indebtedness of 2 Peter to 1 Peter." *New Testament Essays: Studies in Memory of Thomas Walter Manson,* ed. A. J. B. Higgins. Manchester: Manchester University Press, 1959. 34-53. **Cavallin, H. C. C.** "The False Teachers of 2 Pt as Pseudo-Prophets." *NovT* 21(1979) 263-70. **Charles, R. H.** ed. *The Apocrypha and Pseudepigrapha of the Old Testament.* 2 vols. Oxford: Clarendon Press, 1913. **Charles, R. H.** ed. *The Apocalypse of Baruch.* London: 1896. **Chase, F. H.** "Peter, Second Epistle of." *DB(H)*: 3, 796-813. **Collins, J. J.** *The Sibylline Oracles of Egyptian Judaism.* SBLDS 13. Missoula, Montana: Scholars Press, 1974. **Deissmann, G. A.** *Bible Studies.* Tr. A. Grieve. Edinburgh: T. & T. Clark, 1901. **Dillenseger, P. J.** "L'authenticité de la II[a] Petri." *MFOB* 2(1907) 173-212. **Donfried, K. P.** *The setting of Second Clement in early Christianity.* NovTSup 38. Leiden: E. J. Brill, 1974. **Dupont, J.** *Gnosis: La connaissance religieuse dans les épîtres de Saint Paul.* Louvain: Nauwelaerts/Paris: Gabalda, 1949. **Edmundson, G.** *The Church of Rome in the First Century.* BaL 1913. London: Longmans, Green, 1913. **Elliott, J. H.** "Peter, Silvanus and Mark in 1 Peter and Acts: Sociological-Exegetical Perspectives on a Petrine Group in Rome." *Wort in der Zeit: Neutestamentliche Studien.* K. H. Rengstorf Festschrift. Ed. W. Haubeck and M. Bachmann. Leiden: E. J. Brill, 1980. 250-67. **Falconer, R. A.** "Is Second Peter a Genuine Epistle to the Churches of Samaria?" *Exp* 6/5(1902) 459-72; 6/6(1902) 47-56, 117-27, 218-27. **Farrar, F. W.** "Dr. Abbott on the Second Epistle of St. Peter."

*Exp* 2/3(1882) 401-23. **Farrar, F. W.** "The Second Epistle of St. Peter and Josephus." *Exp* 3/8(1888) 58-69. **Fillion, L.** "Pierre(Deuxième Epître de Saint)." *DB(V)* 5, cols. 398-413. **Fornberg, T.** *An Early Church in a Pluralistic Society: A Study of 2 Peter.* ConB.NT 9. Lund: C. W. K. Gleerup, 1977. **Friedlander, G.** tr. *Pirḳê de Rabbi Eliezer.* 2nd ed. New York: Hermon Press, 1965. **Green, E. M. B.** *2 Peter Reconsidered.* TynNTL 1960. London: Tyndale Press, 1961. **Guthrie, D.** *New Testament Introduction.* 3rd ed. London: Inter-Varsity Press, 1970. **Harnisch, W.** *Eschatologische Existenz: Ein exegetische Beitrag zum Sachanliegen von 1. Thessalonicher 4, 13-5, 11.* FRLANT 110. Göttingen: Vandenhoeck & Ruprecht, 1973. **Hastings, J.** ed. *Dictionary of the Apostolic Church.* 2 vols. Edinburgh: T. & T. Clark, 1915, 1918. **Hastings, J.** ed. *A Dictionary of the Bible.* 5 vols. Edinburgh: T. & T. Clark, 1898-1904. **Hennecke, E., Schneemelcher, W.,** and **Wilson, R. McL.** *New Testament Apocrypha.* 2 vols. London: Lutterworth Press, 1963, 1965. **Holzmeister, U.** "Vocabularium secundae Epistolae S. Petri erroresque quidam de eo divulgati." *Bib* 30(1949) 339-55. **James, M. R.** *The Lost Apocrypha of the Old Testament.* London: S. P. C. K./New York: Macmillan, 1920. **Käsemann, E.** "An Apologia for Primitive Christian Eschatology." *Essays on New Testament Themes.* SBT 41. Tr. W. J. Montague. London: SCM Press, 1964. 169-95. **Kittel, G.** *Theological Dictionary of the New Testament.* Tr. G. W. Bromiley. 10 vols. Grand Rapids, Michigan: Eerdmans, 1964-76. **Klein, G.** *Die zwölf Apostel: Ursprung und Gehalt einer Idee.* FRLANT 59. Göttingen: Vandenhoeck & Ruprecht, 1961. **Klinger, J.** "The Second Epistle of Peter: An Essay in Understanding." *SVTQ* 17(1973) 152-69. **Knoch, O.** "Das Vermächtnis des Petrus: Der zweite Petrusbrief." *Wort Gottes in der Zeit.* K. H. Schelkle Festschrift. Ed. H. Feld and J. Nolte. Düsseldorf: Patmos-Verlag, 1973. 149-65.(=Knoch, O. *Die "Testamente" des Petrus und Paulus.* SBS 62. Stuttgart: KBW Verlag, 1973. 65-81.) **Kolenkow, A. B.** "The Genre Testament and Forecasts of the Future in the Hellenistic Jewish Milieu." *JSJ* 6(1975) 57-71. **Kümmel, W. G.** *Introduction to the New Testament.* Tr. H. C. Kee. 2nd ed. London: SCM Press, 1975. **Lightfoot, J. B.** *The Apostolic Fathers.* Ed. and ompleted J. R. Harmer. London: Macmillan, 1891. **Lindemann, A.** *Paulus im ältesten Christentum: Das Bild des Apostels und die Rezeption der paulinischen Theologie in eer frühchristlichen Literatur bis Marcion.* BHT 58. Tübingen: J. C. B. Mohr, 1979. **McNamara, M.** "The Unity of Second Peter: A Reconsideration." *Scr* 12(1960) 13-19. **Malan, S. C.** *The Book of Adam and Eve, also called The Conflict of Adam and Eve with Satan.* London: Williams & Norgate, 1882. **Marín, F.** "Apostolicidad de los escritos neotestamentarios." *EE* 50(1975) 211-39. **Mayer, R.** *Die biblische Vorstellung vom Weltenbrand: Eine Untersuchung über die Beziehungen zwischen Parsismus und Judentum.* BOS 4. Bonn: Selbstverlag des Orientalischen Seminars der Universität Bonn, 1956. **Metzger, B. M.** *A Textual Commentary on the Greek New Testament.* London/New York: United Bible Societies, 1971. **Migne, J. P.** *Patrologiae Cursus Completus. Series Graeca.* 167 vols. Paris: J. P. Migne, 1857-66. **Migne, J. P.** *Patrologiae Cursus Completus. Series Latina.* 217 vols. Paris: J. P. Migne, 1841-55. **Moulton, J. H.** *A Grammar of New Testament Greek. Vol. II. Accidence and Word-Formation*, by J. H. Moulton and W. F. Howard. Edinburgh: T. & T. Clark, 1929. *Vol. III. Syntax*, by N. Turner. Edinburgh: T. & T. Clark, 1963. *Vol. IV. Style*, by N. Turner. Edinburgh: T. & T. Clark, 1976. **Moulton, J. H.** and **Milligan, G.** *The Vocabulary of the Greek Testament illustrated from the papyri and other non-literary sources.* London: Hodder & Stoughton, 1929. **Neyrey, J. H.** "The Apologetic Use of the Transfiguration in 2 Peter 1:16-21." *CBQ* 42(1980) 504-19. **Neyrey, J. H.** "The Form and Background of the Polemic in 2 Peter." *JBL* 99(1980) 407-31. **Neyrey, J. H.** *The Form and Background of the Polemic in 2 Peter.* Unpublished doctoral dissertation, Yale University, 1977. **Olivier, F.** "Une correction au texte du Nouveau Testament: II Pierre 3, 10." *Essais dans le domaine du monde gréco-romain antique et dans celui du Nouveau Testament.* Geneva: Librairie Droz, 1963. 129-152.(=*RTP* 8(1920) 237-78.) **Pirot, L., Cazelles, H.,** and **Feuillet, A.** ed. *Supplément au Dictionnaire de la Bible*, Paris: Letouzey & Ané, 1928-. **Repo, E.** *Der "Weg" als Sebstbezeichnung des Urchristentums: Eine traditionsgeschichtliche und semasiologische Untersuchung.* STAT B.132,2. Helsinki: Suomalainen Tiedeakatemia, 1964. **Robinson, J. A. T.** *Redating the New Testament.* London: SCM Press, 1976. **Robson, E. I.** *Studies in the Second Epistle of St Peter.* Cambridge: Cambridge University Press, 1915. **Salmon, G.** *A Historical Introduction to the Study of the Books of the New Testament.* 1st ed. London: John Murray, 1885. **Schelkle, K. H.** "Spätapostolische Briefe als frühkatholisches Zeugnis." *Neutestamentliche Aufsätze für J. Schmid.*, ed. J. Blinzler, O. Kuss, F. Mussner. Regensburg: Verlag Friedrich Pustet, 1963. 225-32. **Schlosser, J.** "Les jours de Noé et de Lot: A propos de Luc,

XVII, 26-30." *RB* 80(1973) 13-36. **Schmitt, J.** "Pierre(Seconde épître de)." *DBSup* 7, cols. 1455-63. **Selwyn, E. C.** *The Christian Prophets and the Prophetic Apocalypse.* London: Macmillan, 1900. **Smith, T. V.** *Petrine Controversies in Early Christianity: Attitudes Towards Peter in Christian Writings of the First Two Centuries.* Unpublished doctoral dissertation, King's College, University of London, 1981. **Spicq, C.** *Notes de Lexicographie Néo-Testamentaire.* 2 vols. OBO 22. Fribourg: Editions Universitaires/Göttingen: Vandenhoeck & Ruprecht, 1978. **Stauffer, E.** *New Testament Theology.* Tr. J. Marsh. London: SCM Press, 1955. **Strobel, A.** *Untersuchungen zum eschatologischen Verzögerungsproblem auf Grund der spätjüdisch-urchristlichen Geschichte von Habakuk 2, 2 ff.* NovTSup 2. Leiden: E. J. Brill, 1961.(Talmud) **Epstein, I.** ed. *The Babylonian Talmud.* 35 vols. London: Soncino Press, 1935-52. **Vermes, G.** *The Dead Sea Scrolls in English.* 3rd ed. Harmondsworth, Middx.: Penguin Books, 1968. **Vermes, G.** *Scripture and Tradition in Judaism: Haggadic studies.* SPB 4. Leiden: E. J. Brill, 1961. **Vigoroux, F.** and **Pirot, L.** ed. *Dictionnaire de la Bible.* 5 vols. Paris: Letouzey & Ané, 1895-1912. **Vögtle, A.** *Das Neue Testament und die Zukunft des Kosmos.* Düsseldorf: Patmos-Verlag, 1970. **Werdermann, H.** *Die Irrlehrer des Judas- und 2. Petrusbriefes.* BFCT 17/6. Gütersloh: C. Bertelsmann, 1913. **Zahn, T.** *Introduction to the New Testament.* vol. 2. Tr. M. W. Jacobus and others. Edinburgh: T. & T. Clark, 1909. **Zmijewski, J.** "Apostolische Paradosis und Pseudepigraphie im Neuen Testament. 'Durch Erinnerung wachhalten'(2 Petr 1, 13; 3, 1)." *BZ* 23(1979) 161-71.

# 유다서·베드로후서


- 2012년 1월 20일 초판 2쇄 발행
- 지은이: 리차드 J. 보컴
- 옮긴이: 김철
- 펴낸이: 박영호
- 펴낸곳: 도서출판 솔로몬
- 등록번호: 제16-24호
- 등록일: 1990년 7월 31일


- 주소: 서울시 동작구 사당로 155 신주빌딩 B1
- 전화: 599-1482 팩스: 592-2104
- 직영서점: 596-5225



ISBN 978-89-8255-465-0
ISBN 978-89-8255-267-0(세트)